1. 비극적 분신 발생 후 인천 OO산업 노조

초년병 기자시절, 가장 안타까웠던 것은 극심한 노사갈등의 현장을 지켜보는 것이었다. 절대 밀릴 수 없다는 강대강 대치에 회사가 문을 닫고 노동자들은 일자리를 잃는 모순적 상황이 드물지 않았다. 최고조에 이른 갈등이 끔찍한 분신으로 이어지는 최악의 사건들도 종종 벌어졌다. 노조는 분신자들을 'OOO 열사'로 칭했지만 언론까지 'OOO 열사'라고 다 따라갈 수는 없었다. 용어와 표현에 대해 고민이 많았던 시기였다.

2. 한바탕 전투가 지나간 현장에서, 걸프전 종군

1991년 걸프전을 시작으로 소말리아, 수단, 유고 내전 등 분쟁지역을 취재했다. 호기롭게 자원은 했지만 어떤 교육 훈련도 없는 현실에 아찔함을 느껴야 했다. 위험수당은 물론 보험도 없었다. 그럼에도 때만 되면 나서는 나를 동료들은 미련스럽다했지만 현장에만 가면 가슴이 뛰었다. 쟁쟁한 외국 기자들과의 경쟁이 짜릿했고 새롭게 만나는 세상에 정신이 번쩍 들곤했다. 내가 더 커지고 깊어지는 느낌이었다.

3. 월간조선 1994년 5월호에 실린 기사

'아무리 정부가 외면하려도 해도 외면하지 못하도록 여론을 만들어 드리겠다. 내 모든 것을 그 일에 걸겠다...' 그렇게 굳게 약속하고 어렵게 취재했건만 방송 후 세상은 너무 조용했다. 불씨를 살리기 위해 주간지에, 월간지에 글을 쓰고 열심히 강연도 다녔다. 조언을 구하는 타사 기자들에게 자료를 다 넘겨주고 심지어 다른 방송에까지 출연해 탈북자들의 처지를 알리고 관심을 촉구했다. 기자생활 중 가장 간절했던 시기였다.

中國으로 탈출했다가 잡혀서
死地로 송환되는 北韓人들의 참상을
최초로 보도했던 KBS 기자의 끔찍한 취재기

『잡히면 자살하려고 늘 쥐약 갖고 다닌다』

북한으로 잡혀 가면 곧 처형될 다급한 처지의 脫北者들은, 엄청난 공포 속에 숨어 살면서도 「그래도 기댈 곳은 대한민국밖에 없다」고 했다. 우리가 모른 척하면 죽을 수밖에 없는 脫北者들은 우리가 그토록 강조하던 「민족」이요 「동포」가 아닌가. 이들을 끌어안지 못하면서 우리가 어떻게 「통일」을 말할 수 있으며, 어떻게 「민족」과 「인도주의」를 외칠 수 있겠는가. 朝鮮族들은 중국 公安기관의 끄나풀이 되어 脫北人사냥에 혈안이 되었지만 용기 있는 조선족과 한국 기업인들은 위험을 무릅쓰고 그들을 돕고 있는데 우리 대사관은 그들을 외면하면서 「정보적 가치가 있을 인간」만 선별적으로 빼돌리는 편법을 쓰고 있다. 이런 대한민국은 과연 나라인가, 없을인가?

朴先圭 KBS 기동취재부 기자

탈출자(50)
자동차를 타고 기차를
두시간 반이면 올 수...

탈출자(2천명)
대련: 800명 연길...
훈춘: 150명 단동...

탈출자(52)
사람이 먹을 수 있는 석...
수입 못합니다.

탈출자(20)

4. 북 · 중 · 러 3국이 만나는 지점 하산에서

북한과 러시아, 중국이 만나는 두만강변의 하산지역, 강물은 꽁꽁 얼어 있었다. 도착 직후부터
머리가 깨지는 것 같았던 두통이 모자를 쓰자 씻은 듯이 사라졌다. 기온이 워낙 낮아 머리 부분
의 혈액순환이 제대로 안 됐기 때문이라고 했다. 근처의 하산역에서는 의외로 많은 북한 노동자
들을 볼 수 있었다. 대부분 러시아에서 벌목공으로 일하다 돌아가는 사람들이라고 했다.

5. 동부아프리카 내전 취재로 관훈클럽상 수상

1994년 소말리아와 수단 등 동부아프리카 내전취재로 관훈클럽 최병우 기자상을 수상했다. 이듬해 이 상은 탈북자 문제를 집중 보도한 조선일보 특별 취재팀에게 돌아갔다. 당시 나도 주간조선과 월간조선에 제법 긴 기사를 썼었다. 의도치 않게 2년 연속 권위 있는 상에 연결됐다는 기쁨이 일었다. 수상도 좋았지만 그보다 더 좋았던 것은 '탈북자 이슈가 이제 누구도 막을 수 없는 대세가 됐다'는 사실이었다.

6. 금강산 만물상에 올라 기사 쓰는 저자

1998년 11월 역사적인 금강산 관광이 시작되면서 두 차례 금강산을 찾았다. 남녀노소, 남쪽에서 찾아간 관광객들의 거친 숨소리, 투박한 발걸음이 금강을 가득 채웠다. 빨강, 노랑, 파랑, 초록... 원색 등산복의 물결이 금강의 중심에 긴 줄을 이루어 꾸물꾸물 정상을 향해 움직이고 있었다. 문득 깨달음이 일었다. 그래, 통일은 이렇게 이루어지는 것이겠지. 힘들고 괴로워도 포기하지 않고, 한마음으로, 천천히 한 걸음씩 앞으로 움직일 때 성취되는 가슴벅찬 역사겠지...

7. 역사적인 금강산 마라톤 대회 완주 후

2001년 2월 사상 처음으로 금강산에서 마라톤 대회가 열렸다. 장전항에서 온정리까지 달리는
코스, 모두가 불가능하다고 고개를 저었던 행사였다. 하지만 형제같은 친구, 여행춘추의 정동
창 대표가 열정과 뚝심으로 엄청난 역사를 이뤄냈다. 그의 열정에 나도 국회 남북관계특위 위원
들에게 참가를 강권했다. 그리곤 아내, 두 딸과 함께 참가해 백설의 나라로 변한 북한땅을 마음
껏 달렸다. 당시 6살이었던 둘째 딸 성은이는 최연소 참가자였다.

8

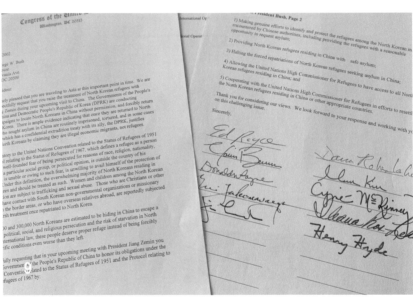

10

8. 탈북자 문제, 이스라엘의 지혜를 구하다

1994년 3월 첫 보도 이후 두 달여 만에 탈북자는 우리 사회에 가장 뜨거운 이슈로 자리 잡았다. 국내외적으로 여론이 확산되며 국내에 들어오는 탈북자 수도 급격하게 늘고 있었다. 하지만 그들 대부분은 적응에 실패하고 있었다. 단순한 실패를 넘어 사회의 부담요인으로 인식되는 상황까지 전개됐다. 그들을 위한, 또 대한민국의 미래를 위한 윈-윈의 방안이 필요했다. 이스라엘을 찾아 지혜를 구했다. 방송 후 정부는 하나원 설립 방침을 알리며 자문과 자료를 요청해 왔다.

9. '미-중 정상회담 시 탈북자 문제 제기해달라' 부시 대통령에 보낸 의원들의 편지

2002년 2월, 의원들은 중국을 공식 방문하는 부시 대통령에게 편지를 썼다. 편지를 쓰고 동료 의원들의 사인을 받는 모든 과정에 로이스 의원이 앞장섰다. 의원들은 탈북자들이 체포돼 북한으로 넘겨질 경우 심한 고문은 물론 처형되는 경우까지 있다는 사실을 강조하며 장쩌민 중국 수상과의 회담에서 탈북자 문제를 거론해 줄 것을 요청했다. 의원들은 구체적으로 탈북자들을 위한 안전한 피난처 제공 등 5가지 사항을 요구하라고 적시했다.

10. 탈북자 청문회 증인 폴러첸과 로이스 의원

2002년 5월 2일 미국 연방의회 하원에서 탈북자 청문회가 열렸다. 감격적인 일이었다. 로이스 의원이 청문회 계획을 알린 뒤 3주쯤 지났을까?... 당일 오전 9시 20분쯤 증인들이 우리 사무실을 방문했다. 북한에서 헌신적인 의료봉사활동을 벌여 훈장까지 받은 노르베르트 폴러첸과 북한에서 엘리트 시인이었던 김성민, 김정일 경호부대 출신 김영국, 정치범 수용소 출신 이순옥 씨 등이었다. 로이스는 그들에게 '당신들을 위해 애쓰고 있는 사람, 청문회의 제안자'라고 나를 소개했다.

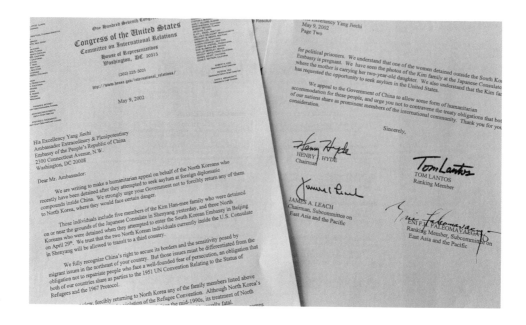

11. 체포된 탈북자 석방을 위한 의원들의 긴급 서한

2002년 5월 8일, 탈북자 일가족 5명이 중국 선양의 일본 영사관으로 뛰어들다 공안에 체포됐다. 이들이 북한에 넘겨질 것이라는 우려에 다음 날 헨리 하이드 하원 국제관계위원회 위원장과 로이스 등 49명의 의원들이 양제치 주미 중국대사에게 긴급 서한을 보냈다. 중국 정부가 아닌 대사에게 편지를 보낸 것은 그만큼 상황이 급박하기 때문이었다. 의원들은 중국 정부에 UN 난민협약을 준수할 것과 체포된 탈북자들을 북한에 넘기지 말 것을 강력하게 촉구했다.

12. 미국 하원 본회의장 C-SPAN 화면에 비친 저자

2002년 6월 11일, 하원에서 탈북자 보호를 위한 결의안이 만장일치로 통과됐다. 로이스 의원이 결의안을 제안하는 동안 그의 뒤에 앉은 나는 마치 꿈을 꾸는 것 같았다. 본회의장 입장은 사전에 어떤 언질도 없었던 그야말로 깜짝 선물이었다. 그는 '당신의 제안이 결국 여기까지 왔다'며 '축하한다'고 손을 내밀었다. 본회의장에 앉은 내 모습은 그날 C-SPAN을 통해 미국 전역에 방송됐다. 한국 특파원들과 동료 펠로우들에게서 인사를 참 많이도 받은 날이었다.

Porter New Chief of Staff For Royce

Continued from page 15
his new press secretary.

Walzak fills the vacancy left by **Brigid O'Brien**, who now serves as communications director for the Wisconsin lawmaker's gubernatorial campaign.

Walzak, a Milwaukee native, leaves the American Maritime Congress, an education and research group supporting the U.S Merchant Marines, where he had been director of public affairs.

Walzak also worked on Sen. Herb Kohl's (D-Wis.) 2000 re-election campaign as deputy director of communications.

A 1999 alumnus of the University of Chicago, Walzak holds a bachelor's in political science.

Royce Rolls. Rep. Ed Royce (R-Calif.) has been busy revising the rosters in both his D.C. and district offices.

Amy Porter takes the helm as chief of staff, replacing **Joan Bates Korich**, who recently retired and returned to California.

In addition to her new role, Porter also will continue her responsibilities as legislative director.

Porter, 31, joined the Golden State lawmaker's office in 1996 as a legislative assistant, moving over from the office of Rep. Frank Lucas (R-Okla.), where she had served as a legislative correspondent and staff assistant.

Photo by Tom Williams

Amy Porter (right) is the new chief of staff for Rep. Ed Royce. Other new staffers in the office include (from left) Sun-Kyoo Park, Josh Saltzman and Sacha Bice.

lier this year.

Josh Saltzman comes on board as a legislative assistant. He will focus on issues within the Financial Services Committee, on which Royce serves.

A former legislative correspondent for Rep. Pat Toomey (R-Pa.), Saltzman received a master's in international peace studies in 2001 from the University of Dublin's Trinity College.

He earned a bachelor's in government from the College of William and Mary in 1999.

The 24-year-old hails from Washington Crossing, Pa.

The office gains **Sacha Bice** as a staff assistant. Bice, who has interned in the lawmaker's district and D.C. offices, earned a bachelor's in international affairs in 2001 from George Washington University.

Park, 40, spent more than a decade at the Korean Broadcasting System, where he had served as a broadcast correspondent, reporter and anchor since 1987.

In addition to his work as KBS' anchor from 1997 until 2000, Park covered topics including the Persian Gulf War, Somalia's civil war and North Korean refugees.

A 1988 graduate of Korea University in Seoul, Korea, Park has a bachelor's in education.

Royce has also shored up his district staff with the addition of **Jennifer Cowen** and **Mark Sturdevant** as district director and special assistant, respectively.

Cowen, 29, is a familiar face in the office, having served a stint as a community relations representative until 2000.

13. 저자를 소개한 미국 의회 전문지 ROLL CALL

미국의회 전문지인 ROLL CALL에 내 사진이 실렸다. 로이스 의원실의 보좌관들을 소개하는 기사였다. 기사에는 내가 고려대학교를 졸업했으며 KBS 기자로 10년 이상 특파원과 뉴스 앵커로 활동했다는 사실, 걸프전과 소말리아 내전, 탈북자 문제 등을 집중 취재했다는 사실 등이 소개됐다. 기대하지도, 예상하지도 못했던 귀한 선물이었다.

14. 잊혀진 국민 납북자 취재 중 찾은 판문점

잊혀진 국민 납북자 취재를 정리하며 판문점을 찾았다. 너무도 평범한 건물들, 하지만 갈 때마다 낯선 긴장감과 함께 진한 답답함이 묵직하게 밀려오는 곳이었다. '국가의 가장 중요한 책무는 자국민을 보호하는 것입니다. 납북자는 납북자대로, 또 남겨진 가족들은 가족들대로 고통 속에 방치되고 있는 우리의 현실은 국가의 존재 이유에 대한 근본적인 의문을 제기합니다.' 온 마이크 촬영을 하는 동안 북한 병사가 뚫어지게 나를 쳐다보고 있었다.

15. 북경에서 열린 한–중 언론인 세미나

한국기자협회 부회장 자격으로 중국을 방문했다. 중국측의 대접은 극진했고 매사에 적극적이
었다. 양국의 기자들은 취재와 보도의 효율화를 위한 양국 언론의 협력방안, 기자들의 교류 활
성화 방안 등을 논의했다. 우리보다 한 발 앞서가고 있는 CCTV의 변화, 예상보다 훨씬 활기찬
사회 분위기, 자신감 넘치는 중국의 모습에 많이 놀랐던 시간이었다.

16. 캐시미르 UN사령관 안충준 소장

세계에서 가장 오래된 분쟁지 캐시미르, 그곳의 UN 사령관을 한국군 안충준 소장이 맡았다. 대한민국의 달라진 위상을 보여주는 가슴 벅찬 일이었다. UN 사령관은 인도와 파키스탄 양국의 UN 대사도 겸하고 있었다. 그를 취재하며 그와 그의 경험을 군사외교의 자산으로 활용한다면 정말 좋겠다는 희망을 품게 됐다. 종군기자 시절 확인한 안타까운 경험 때문이었다. 그러나 나의 기대는 실현되지 않았다.

17. 코리안 네트워크와 적극적인 자원외교를 제안한 특집 제작

1990년대 중반 김영삼 대통령의 문민정부는 '국가 경쟁력 10% 높이기'라는 목표를 제시했다. 시의적절한 판단이라는 생각에 '세계는 신국토 시대'라는 특집으로 호응했다. 지구촌 구석구석의 가능성 있는 지역과 자원을 찾아 적극적으로 나서라는 공격적인 투자 정책을 제안했다. 특별히 해외에서 활동하고 있는 교민 기업들과 국내 기업들을 연결해 활용하는 코리언 네트워크 구성의 필요성을 강조했다. 이 특집은 방송통신위원회의 '이달의 좋은 프로그램'에 선정됐다.

18. 조선과 조선인을 위해 헌신했던 일본인을 찾아서

과거사에 발목 잡혀 한 걸음도 나가지 못하는 한일 관계에 답답함이 많았다. 뭔가 다른 얘기를 전하고 싶었다. 자료를 찾던 중 일본인으로 조선의 독립과 독립투사들을 위해 헌신한 후세 다츠 지라는 변호사를 만날 수 있었다. 또 매년 9월 법요식을 열어 안중근 의사를 기리는 일본 사람들이 있다는 사실도 알게 됐다. 가슴 뭉클한 감동이었다. 그들 가운데 몇 명을 이듬해 3월 서울에서 다시 만날 수 있었다. 안 의사 순국 기념일 행사에 참석하기 위해 왔다고 했다.

19. 제주 모교에 걸린 고 현명근 기자 사진

뉴밀레니엄 특집을 위해 히말라야의 수직빙벽을 오르던 현명근 기자가 불의의 사고를 당했다. 그의 입장이 돼 생각하니 '잊히는 것'이 가장 서러울 것 같았다. 그의 아름다운 청년정신, 불굴의 도전정신을 동료기자들은 물론 고향의 후배들에게도 알려줘야겠고 생각했다. '현명근 장학금'을 만들어 매년 그의 고향 제주 위미중학교를 찾았다. 까마득한 후배들에게 그를 소개하고 자랑했다. 평소 그를 좋아했던 작은 기업인 친구가 힘을 더해 줬다.

20. 순직자들을 위한 추모 상징물을 만들다

현명근 기자의 순직을 계기로 추모 상징물이 만들어졌다. 1984년 이후 방송현장에서 산화한 42명의 이름이 새겨졌다. 위험수당을 법제화한 위험지역 취재준칙도 만들어졌다. 첫 번째 종군취재 이후 줄기차게 주장해왔지만 꿈쩍도 않던 문제였다. 노조의 반발에 주저하는 사장을 '언제까지 기자들의 열정에 기댈 것이냐? KBS가 가면 다른 언론사들도 따라올 것이다. 그건 대한민국 언론사에 의미 있는 걸음으로 기억될 것이다'라는 말로 압박했다. 사장이 기자출신이라는 사실이 고마운 시기였다.

21

22

23

21. 미르호 우주 특파원 선발에 도전하다

1995년 KBS는 위성방송시대 개막을 앞두고 우주특파원 후보자를 선발했다. 지구 상공 360km 지점에서 돌고 있는 러시아 미르호에 기자를 탑승시켜 직접 방송하게 한다는 야심차고 담대한 계획이었다. 훗날 앵커로 활약했던 박영환, 김철민, 박장범, 조재익 등 8명이 지원했고 나는 그들 가운데 가장 고참이었다. 지구를 벗어나 우주로 활동영역을 넓힌다는 것은 상상만으로도 가슴 설레고 멋진 일이었지만 그 야심찬 계획은 아쉽게도 실행되지 못했다.

22. 재임 시 아쉬웠던 경험담을 털어놓는 노태우 전 대통령

참여정부 출범을 앞두고 새 정부가 첫 단추를 꿰는 데 도움을 주고 싶었다. 그런 마음에 전직 대통령들과 비서실장들의 인터뷰 기사를 기획했다. 경험자로서 인수위 시절에 정말 집중해야 할 일은 무엇인지, 위기상황을 만나면 어떻게 하는 것이 좋은지, '그때 이렇게 했어야 했는데...' 하는 아쉬움이 있다면 어떤 것인지... 김영삼, 노태우 두 대통령과 노재봉, 박관용, 한광옥 비서실장 등을 만났다. 한 사람의 예외도 없이 진영을 뛰어넘는 인재발굴의 중요성을 강조했다.

23. 정부와 언론과의 발전적 관계를 고심했던 토론회

참여정부 내내 정권과 언론과의 관계는 날카로운 대립이었다. 대통령은 우호적인 언론에는 그렇지 않았지만 비판적 입장에 선 언론과는 정면충돌도 피하지 않았다. 급기야 대통령은 사상초유의 기자실 폐쇄를 단행하고 각 부처에도 언론에 기죽지 말고 적극적으로 싸우라는 단호한 지시를 내리기도 했다. 마음에 들지 않는 언론을 적으로 규정하고 완력으로 제압하는 방식에 있어서 참여정부는 이전 정부들과 크게 다르지 않은 모습이었다.

24

25

26

24. 언론의 숙제, 재난보도준칙 필요성을 제기하다

2003년 2월 18일 대구지하철 중앙역에서 343명의 사상자가 발생하는 최악의 참사가 빚어졌다. 사람들은 충격적인 사고내용과 함께 최악의 언론보도도 마주해야 했다. 한국기자협회에 재난보도준칙 제정의 필요성을 강조하며 토론회를 주문했다. 8년 전 삼풍백화점 붕괴 때도 제기됐지만 유야무야 끝나버렸던 문제였다. 기자협회는 2014년 세월호 참사 이후 똑같은 내용의 토론회를 또 열어야 했다. 우리 언론의 부끄러운 자화상이 분명했다.

25. 평균 검거율 46%를 기록한 '사건 25시'

강력범들을 공개 수배하는 '사건 25시'를 1년 6개월 동안 진행했다. 전체 수배자 가운데 46%를 잡아낼 정도로 강력한 프로그램이었다. 그러나 놀라운 성과에도 불구하고 '폭력적이다', '선정적이다', '모방범죄를 유발한다'는 비난에 늘 흔들렸다. 당당하게 민생치안을 위해 그런 프로그램이 필요함을 설득하면서 부작용을 최소화하는 노력을 이어갔으면 좋았을 것을... 성과보다 비판에 민감했던 KBS 지휘부는 프로그램 폐지라는 손쉬운 선택을 하고 말았다.

26. 취재와 뉴스 진행을 겸했던 앵커시절

방송 13년차에 '뉴스 파노라마'의 앵커를 맡게 됐다. 파트너는 직전까지 9시 뉴스를 진행하던 황현정 아나운서. 뉴스만 전담하는 앵커가 아니라 취재기자를 겸하는 투잡 방송인으로 바빠야 했다. 스튜디오에 주저앉기에는 아직 어리고 여전히 배울 것이 많다는 생각에 택한 길이었다. 말하는 사람의 의도와 그 말을 듣는 사람의 해석이 완전히 다를 수 있다는 사실을 깨달았던 값진 경험이었다.

27. 만년 꼴찌에서 부동의 1등으로, '일요진단'

참여정부 4년 내내 대한민국은 복잡했다. 공고하던 기존질서가 크게 흔들렸고 이슈에 따라 국
민은 쫙쫙 갈라졌다. 2년 동안 '일요진단'을 맡아 친미 반미, 국가보안법, 친일청산, 탄핵 등 뜨
거운 현안들을 다 다뤘다. 시청자만 바라보며 무섭게 중심을 잡았다. 덕분에 방송 3사 6개 토론
프로그램 가운데 부동의 1등을 유지할 수 있었다. 내가 맡기 전엔 만년 꼴찌 방송이었다. 시청
률 1위보다 훨씬 좋았던 것은 단 한 차례도 공정성 시비가 제기되지 않았다는 사실이었다.

기자는 무엇으로 사는가

기자는 무엇으로 사는가?

초 판 1쇄 2023년 05월 30일

지은이 박선규
펴낸이 류종렬

펴낸곳 미다스북스
본부장 임종익
편집장 이다경
책임진행 김가영, 신은서, 박유진, 윤가희, 정보미

등록 2001년 3월 21일 제2001-000040호
주소 서울시 마포구 양화로 133 서교타워 711호
전화 02) 322-7802~3
팩스 02) 6007-1845
블로그 http://blog.naver.com/midasbooks
전자주소 midasbooks@hanmail.net
페이스북 https://www.facebook.com/midasbooks425
인스타그램 https://www.instagram/midasbooks

© 박선규, 미다스북스 2023, *Printed in Korea*.

ISBN 979-11-6910-240-7 03330

값 25,000원

WHAT DOES

A

JOURNALIST

LIVE ON?

기자는 무엇으로 사는가?

박선규 지음

미다스북스

추천사

공직자로 살면서 언론의 힘, 기자의 중요성을 절감하고 있습니다. 물론 매서운 감시나 지나친 간섭이 불편할 때도 있습니다. 하지만 그보다는 정책의 건강성을 돕고 효과의 극대화를 이끄는 동반자로서의 역할에 고마움을 느낄 때가 더 많습니다. 심혈을 기울여 준비한 사업들이 현장에서 어떻게 받아들여지고 있는지, 책임을 맡은 공직자들은 최선을 다하고 있는지, 생각하지 못했던 부작용은 없는지... 언론은 늘 이런 문제들을 살펴 저는 물론 서울시가 바로 갈 수 있도록 잡아주곤 하지요. 급하게 가느라 소홀했던 문제, 아주 중요하지만 미처 관심을 갖지 못했던 문제를 일깨우는 고마운 조언자의 역할도 기꺼이 맡아주고 있습니다. 그런 면에서 같은 방향을 바라보는 언론, 같은 생각을 가진 동지적인 기자를 만난다는 것은 공직자에게 엄청난 행운이라는 사실을 순간순간 깨닫고 있습니다.

'기자는 무엇으로 사는가?' 사실 늘 궁금했던 내용이었습니다. 저들은 무엇을 위해 사는지, 저들을 움직이는 동력은 무엇인지. 특별히 문제의식으로 똘똘 뭉쳐 저돌적으로 움직이는 기자들을 보면서, 눈앞에 보이는 명백한 위험에도 몸 사리지 않고 뛰어드는 기자들을 보면서 그런 궁금증을 갖게 됐습니다. 고맙게도 이 책을 통해 그 궁금증의 상당 부분을 풀 수 있었습니다. 여러 요인 가운데 '역사에 대한 책임의식'이 그 중심에 있다는 사실에 가슴이 뭉클했습니다. 저 또한 공직자로서 그런 마음을 갖고 있기 때문이었습니다. 언젠가 저자와 나눴던 대화가 생각났습니다. 그는 '내가 살고 있는 시대에, 내가 발을 딛고 있는 삶의 현장에서, 내게 주어진 일에 최선을 다하는 것, 그래서 내 뒤에 오는 후배들에게 아주 조금이라도 오늘보다 나은 세상을 물려주는 것'을 역사의식이라고 얘기했었습니다. 거창하고 대단한 담론이 아니라 구체적인 삶의 실천이 역사에 대한 책임이라는 그의 얘기에 깊이 공감했었습니다.

이 책을 보면서 까맣게 잊고 살았던 지난 시절도 떠올릴 수 있었습니다. 사실 그리 오래되지 않은 과거인데도 어쩌면 그리도 철저하게 잊을 수 있었던 것인지... 그러면서 기자로서의 저자의 모든 활동이 역사로 남았음을 확인했습니다. 소명에 충실한 한 기자의 치열한 삶이 세상을 얼마나 바꿔 놓았는지도 깨달을 수 있었습니다. 세상을 떠들썩하게 했던 요란스런 기사뿐 아니라 큰 울림없이 조용히 지나갔던 기사들조차 변화를 이루는 데 큰 차이가 없었음을 목도하면서 저 스스로의 삶도 돌아보게 됐습니다. 저자 덕분에 달라진 세상에서 달라진 삶을 살게 된 사람들의 웃음소리가 들리는 듯합니다. 아마도 제가 걷고 있는 공직의 길도 크게 다르지 않겠지요. 의미 있는 기사들이 세상에 모습을 드러내기까지 얼마나 복잡미묘한 과정을 거쳐야 하는지, 내부 구성원들 사이에는 어떤 갈등요인이 존재하는지, 고발기자의 삶은 또 얼마나 고단하고 힘겨운 것인지... 잘 알지 못했던 언론사 내부의 구조와 기자로서의 삶의 애환에 대해서도 조금이나마 들여다볼 수 있었습니다. 그것은 기대하지 않았던 소득이었습니다.

또 하나의 역사를 이룬 저자에게 박수를 보냅니다. 어느 새 우리가 만인언론시대, 만인기자시대를 살고 있음을 확인합니다. 모쪼록 이 책이 스스로를 기자라고 생각하는 많은 사람들, 기자로서의 삶을 살고 있는 언론인들에게, 또 치열하게 기자의 꿈을 가꾸고 있는 언론 지망생들에게 많이 읽히면 좋겠습니다. 직업과 직책상 언론과 가까이 하면서 기자를 이해해야 하는 사람들, 기자들의 삶에 궁금증을 가진 많은 사람들에게도 큰 도움이 될 것이라 확신합니다.

오세훈 서울시장

프롤로그

2001년 2월 24일 금강산에서 마라톤 대회가 열렸다. 풀코스가 아닌 26km와 10.9km 의 단축 코스였지만 역사적인 의미가 작지 않았다. 분단 이후 북한 땅에서 열린 첫 마라톤 대회, 참가자들은 거의 우리 국민이었다. 전날 밤부터 쏟아진 눈으로 적설량이 70cm나 됐고, 영하의 날씨에 굵은 눈발이 여전히 이어지는 상황이었다. 하지만 대회는 강행됐다. 336명이나 되는 참가자들은 중장비들이 동원돼 눈을 치우는 동안 꼼짝없이 기다려야만 했다. 그럼에도 어디서도 짜증이나 불평의 소리는 들리지 않았다. 모두가 얼마를 기다려도 좋다는 넉넉한 마음, 하늘에서 돌멩이가 떨어지지 않는 한 무조건 달린다는 기세로 무장돼 있었다. 그런 사람들 가운데 나와 아내, 그리고 6살, 10살 된 두 딸도 있었다. 그러다... 예정을 2시간도 더 넘긴 11시 23분, 마침내 아홉, 여덟, 일곱... 참가자들의 카운트 다운이 시작됐고, 곧이어 '와아~' 하는 함성과 함께 사람들이 뛰쳐나갔다. 남녘 대한민국 사람들이 내지르는 함성이 북녘땅 장전항을 뒤덮었다.

온몸에 전율이 일었다. 이런 날이 오다니... 그것은 경기라기보다는 한바탕 축제였다. 순백으로 변한 세상을 즐기며, 여전히 쏟아지는 눈송이를 온몸으로 맞으며 사람들은 환호했다. 함박웃음을 숨기지 못했다. 뛰다가 걷다가... 그러다 걷는 사람을 만나면 서로 인사 나누며 오길 얼마나 잘했냐고 덕담을 나누고... 그러다 다시 뛰고 그러다가 또 걷는... 그런 사람들에게 굵은 눈방울은 결코 방해물이 아니었다. 그것은 축제의 분위기를 한껏 높여주는 기막힌 소품일 뿐이었다. 저만치에 눈 치우러 나왔다 신기한 듯 우리를 바라보는 북한주민들이 보였다. '비싼 밥 먹고 왜 그리 눈 속에 뛰느냐'고 묻는 것 같았다. 조금은 묘한 기분, 그러나 평화가 느껴지는 풍경이었다. 그런 모든 것들을 즐기며, 힘들다고 투정하지 않고, 응석 부리지 않고 열심히 발 맞추는 어린 딸의 손을 잡고 조금씩 조금씩 금강의 품으로 빠져들었다. 열지어 선 잘생긴 금강송들이, 온몸에 흰 눈을 뒤집어 쓴 도사님 같은 모습으로 우리를 맞았다. 행복했다. 말로 표현할 수 없는 감격이 온몸을 감쌌다.

사실 그 마라톤 대회는 형제같은 친구가 기획한 행사였다. 웬만한 사람들은 상상하기도 어려웠던 일, 나라 사랑의 마음으로 열정을 불태우는 친구를 보며 뭐라도 힘을 더 하고 싶었다. 그런 마음에 국회 남북관계특위 의원들에게 참가를 권했다. 국회의원들, 그것도 북한문제를 맡고 있는 의원들이 함께한다면 의미가 훨씬 더할 것 같았다. 특별히 남북관계특위의 이름으로 참가한다면 긍정적 파급력이 만만치 않을 것 같았다. 고맙게도 임채정 위원장을 비롯해 조성준, 김성순, 오세훈 등 4명의 여야의원들이 부부 동반으로 참가했다. 비록 내가 제안했던 특위차원의 참가는 아니었지만, 그만으로도 충분했다. 그들도 좋아했다. 임 위원장은 7천만 겨레의 통일염원을 실어나르는 희망의 전령사라며 참가자들을 격려했다. 그는 조금은 흥분하고 조금은 감동도 한 모습이었다. 내 손을 꽉 잡으며 '좋은 제안을 해줘서 고맙다'고, '오길 정말 잘한 것 같다'고 현장에서는 물론 서울로 돌아와서도 감동적인 표정을 짓곤 했다.

당시 6살이었던 둘째 딸 성은이는 최연소 참가자였다. 행사를 마치고 서울로 돌아온 후 방송 프로그램에 초청돼 함께 나갈 기회가 있었다. 인기 높은 아침 방송이었다. 사회자가 성은이에게 물었다. '성은 양은 힘들지 않았어요?' 녀석이 의젓하게 대답했다. '힘 안 들었어요, 아빠랑 손잡고 뛰어서 재밌었어요.' 사회자의 다음 질문이 이어졌다. '그런데 성은 양은 왜 마라톤 대회에 나갔어요?' 쉽지 않은 질문에 무슨 답이 나올지 나도 궁금했다. 한데 녀석은 잠시의 망설임도 없이 이렇게 대답했다. '아빠가요, 거기 가서 뛰면 통일이 빨리 된다고 했어요.' 순간 가슴이 쿵했다. 맞았다. 그건 내가 해 준 말이었다. 마라톤 대회에 참가를 결심하고 아이들에게 얘기를 꺼냈을 때 녀석이 물었었다. '아빠, 우리는 거기 왜 가는 거야?' 그 질문에 내가 그렇게 대답했었다. '우리가 가서 뛰면 뛰는 만큼 통일이 빨라지는 거야. 그래서 가는 거야.' 심각하게 무게 잡고 해 준 말도 아니었다. 그저 가볍게 웃는 얼굴로 툭 던진 말이었다. 무서운 깨달음이 있었다.

'아, 맞아. 이런 거지. 아이들은 엄마 아빠가 해주는 얘기를 철석같이 믿는 거지.', '마음이 깨끗한 사람들은 듣는 대로 모든 걸 스폰지처럼 빨아들이는 거지...'

***

1997년 12월, 나는 8시 뉴스의 앵커를 맡고 있었다. 앵커만 전담하는 것이 아니라 국방부에 출입하면서 앵커를 겸하는 일종의 투잡 기자였다. 오전 8시쯤 국방부로 출근해 기삿거리들을 챙긴 후 오후 4시쯤 회사로 이동해 뉴스를 준비해야 했다. 속 모르는 사람들에겐 폼 나고 화려해 보이는 일이었지만 그건 결코 만만한 일이 아니었다. 회사에서는 두 가지 일을 한다고 특별히 편의를 봐주지도, 그렇다고 수당을 더 주지도 않았다. 야근을 평일에 배정하지 않고 주말로 돌려준다는 것, 내근을 면제시켜준다는 것 정도가 혜택이라면 혜택이었다. 미안했던지 부장은 출입처를 조금 편한 곳으로 조정해줄 수 있다고 했다. 하지만 그건 내가 사양했다. 국방부는 한번 꼭 맡아보고 싶었던 곳이었다. 거기에 나는 여전히 배우고 익힐 것이 많은, 초보를 겨우 면한 상태일 뿐이었다. 앵커라고 무게 잡고 편한 곳 찾아다니기에는 모든 것이 부족하다는 걸 스스로도 잘 알고 있었다. 그럼에도 불구하고 앵커라는 새로운 경험은 행복했다. 취재만 할 때와는 분명 다른 즐거움이 있었다. 주변에서 더 많이 알아봐 주고, 더 많이 인정받는다는 느낌도 그런 즐거움 중 일부였다.

앵커를 맡으며 결심한 것이 하나 있었다. 오프닝에 최선을 다하자는 것이었다. 멋진 오프닝을 통해 박선규라는 앵커를 각인시키면서 프로그램의 특성도 만들어보자는 생각이 강했다. 그게 내게도 좋고 시청자들을 잡아놓는 데도 도움이 될 것이라고 판단했다. 때는 이회창, 김대중, 이인제 후보가 격돌했던 15대 대통령 선거를 얼마 남겨놓지 않은 시점이었다. 초반에 이회창 후보의 무난한 승리가 예상되던 대선은 시간이 지나면서 분위기가 달라져 승자를 예측할 수 없는 박빙의 상황으로 흐르고 있었다. 그러던 어느 날, 오프닝을 고민하며 사무실로 향하는 길이었다. 습관적으로 틀어놓은 라디오에서 진행자가 호들갑을 떨었다. '아이고오오. 올 겨울들어 오늘이 가장 춥다고 합니다. 방송국에 오는 길에도 어찌나 춥던지....' 옳다구나, 이거다 싶었다. '오늘은 날씨로 오프닝을 해야겠구나'

8시 뉴스 시그널이 나가고 오프닝 멘트를 시작했다. '시청자 여러분 안녕하십니까? 오늘 무척 춥습니다. 이번 겨울 들어 가장 추운 날씨라고 합니다. 우리가 이렇게 추운데 전방에 있는 군인들은 얼마나 더 춥겠습니까? 수고하는 군인들 생각해서라도 너무 움츠리지 말고 힘냅시다' 큰 의미없는 가벼운 오프닝이었다. 오프닝 멘트를 시작으로 큐시트에 맞춰 기사들이 잘 나갔고 뉴스도 깔끔하게 마무리됐다. 엉뚱한 사고도, 돌출된 문제도 없었던 또 한 번의 무난한 하루였다. 한데 오프닝 직후부터 야릇한 미소를 보이던 여성 앵커가 뉴스가 끝나자마자 웃음을 터뜨리며 말했다. '이회창 캠프에서 봤으면 정말 뜨끔했겠어요' 무슨 엉뚱한 소리인가 싶었다. 그때까지도 나는 전혀 생각을 못 하고 있었다. 여전히 웃는 모습으로 그녀가 설명했다. '안 그래도 아들의 병역기피 의혹으로 이회창 후보 지지율이 뚝뚝 떨어지고 있는데 오늘 군대 얘기를 하신 거잖아요. 그것도 추운 날씨에 고생하는 군인들 얘기.' 정신이 번쩍 들었다. 생각해 보니 맞는 말이었다. 정말 그런 의도는 추호도 없었는데... 말하는 사람의 의도와 그 말을 듣는 사람의 해석이 완전히 다를 수 있다는 사실을 깨닫게 된 결정적 사건이었다.

***

기자로 일하는 동안 수없이 많은 사람과 현장을 만났다. 헤아릴 수 없는 글을 쓰고 말도 했다. 그것은 실로 엄청난 축복이자 부담이었다. 한데 그 많은 글과 말들은 다 내 의도대로 전달됐던 것일까? 혹 내 의도와 관계없이 오해를 부른 것은 없는 것일까? 뒤늦게 그런 의문이 생겼었다. 괜시리 마음이 답답해져 왔다. 돌아보니 최선을 다한다고 노력했던 기억은 선명했다. 하지만 매번 기대했던 결과를 얻었던 건 아니었다. 예상 외의 결과에 당황했던 기억도 적지 않았다. 물론 그건 전적으로 나의 부족함에서 비롯된 일이었다. 순간순간 혼란스러웠던 기억, 힘겨웠던 상황들도 적지 않게 떠올랐다. 그런 순간이 참으로 많기도 했었다. 그럴 땐 잠시 멈춰서 스스로에게 물었었다. '나는 왜 기자로 사는 거지?', '내가 이 기사를 쓰려는 이유는 뭐지?'... 목적을 되새기는 작업이었다. 그렇게 숨을 고르다 보면 대부분의 경우 방향이 잡혔고 가야 할 길이 보였다.

돌아보니 그래도 20여 년 기자생활이 낙제점은 면한 것 같다. 적지 않은 일들이 의미 있는 결과로 이어졌음을 확인한다. 내 기사로 달라진 세상과 사람들을 보며 말할 수 없는 뿌듯함도 느낀다. 능력을 생각하면 과분한 결과가 아닐 수 없다. 좋은 파트너들과 귀한 협력자들이 있어 가능했던 일임이 분명하다. 감사한 일이 아닐 수 없다. 그러나 그런 마음의 한편으로 '그때 왜 그랬을까' 하는 아쉬움, 후회도 적지 않다. 아마도 그런 깨달음조차 닿지 않는 수없이 많은 실수와 잘못도 있었을 것이다. 어떤 경우든 의도했던 것은 아니라는 점을 얘기하고 싶다. 그건 미처 생각이 미치지 못했거나 능력이 따라주지 않아 일어났던 일이라는 점을 고백하고 싶다. 그럼에도 불구하고 혹여 그런 일들로 상처를 입은 분들이 있다면 진심으로 양해와 용서를 구하고 싶다.

또 하나의 숙제를 마친 느낌이다. 뿌듯함과 함께 약간의 민망함도 없지 않다. 개인도 국가도 정신없이 바쁘고 복잡했던 시대, 그 시대를 살았던 한 기자의 치열했던 경험으로 봐주면 좋겠다. 그를 통해 기자라는 직업인들의 내면세계를 들여다보고 당시 우리사회 곳곳의 단면들을 살필 수 있게 된다면 더욱 좋겠다. 그런 바람과 함께 이 경험의 기록들이 우리 시대의 소중한 역사로 새겨지기를 감히 소망한다. 또 현재도 '오늘보다 나은 내일'을 위해 분투노력하고 있는 어떤 기자들에게, 소명을 향해 가는 길에 암초를 만나 노심초사하는 귀한 후배들에게 참고할 만한 유용한 기록으로 소용되기를 진심으로 소원한다.

2023년 4월 18일

KAL 858기 사건과
김현희

1. 전화 한 통으로 시작된 세계적 특종

1987년 11월 29일, 대학교 본고사 원서접수 마감 하루 전날이었다. 수습 기자였던 나는 모교인 고려대학교에 나가 하루 종일 원서접수 상황을 취재해야 했다. 당시만 해도 방송사들은 한 시간 단위로 각 대학 학과들의 원서접수 상황을 주요 기사로 보도하고 있었다. 거의 중계방송 수준이었다. 그건 수험생들에게 가장 중요한 정보였다. 그런 방송이 눈치작전을 부추기고 적성을 무시한 '합격 제일주의'라는 부작용을 낳는다는 비판이 적지 않았지만 어느 대학도, 언론사도 수험생들의 현실적인 요구를 무시하지 못했다. 오히려 어차피 막판 눈치작전이 벌어질 것은 뻔한데 그럴 것이라면 차라리 정확하게 정보를 전해주는 것이 혼란을 덜어줄 수 있는 방안 아니겠냐는 민망한 합리화도 동원됐다. 그러다 보니 마감시간에 임박해 방송에 귀를 기울이다 경쟁률이 낮은 곳으로 떼 지어 몰려가는 수험생들, 그들로 인해 밀려 넘어지는 사람들과 찌그러지고 부서지는 출입문, 접수창구에서 급하게 지원대학과 학과를 바꾸는 학생들, 최대한 많은 정보를 수집하기 위해 동원된 가족과 친구들... 그런 해외토픽에나 나올법한 상황들이 해마다 되풀이되고 있었다.

그날 취재를 마치고 사무실에 돌아와서 얼마 지나지 않았을 때였다. 책상 앞의 전화가 울렸다. 5시 반쯤 됐던 것으로 기억한다. '예, KBS입니다.' 말을 다 마치기도 전에 수화기에서 다급한 목소리가 전해졌다. 'KAL 858기가 어떻게 됐는지 아세요?' 절박함이 느껴지는 목소리였다. 40대 중반은 됐을 것 같은 중년 남자의 목소리. 하지만 나는 바로 답을 할 수 없었다. 불행하게도(?) 그날 뉴스를 거의 모니터하지 못한 상태였다. 매시간 라디오 뉴스를 모니터해야 하는 것이 사건 기자의 가장 중요한 수칙이었지만 그날 나는 그러지 못했었다. 기자가 돼 모교를 찾았다는 기분에 들떠, 친구, 후배들과 잡담을 즐기느라 뉴스에 전혀 신경을 쓰지 못했었다. 그렇다고 곧이곧대로 모른다고 할 수도 없었다. 예사롭지 않은 전화라는 생각에 '잠시만요' 양해를 구한 후 송화기를 막고 내근을 하던 옆자리의 선배에게 물었다. '저 KAL 858기 어떻게 된 거죠?' 모니터 빼먹은 것을 들키지 않으려는 능청스런 방식이었다. '무슨 기사? 모르겠는데..' 그는 귀찮다는 듯 대답을 흘렸다. 확인을 위해 다시 물었다. '오늘 KAL기 관련 기사 없었나요?' 'KAL기 관련 기사? 오늘 없었던 것 같은데...' 그런 답을 들은 후 다시 내 전화로 돌아왔다. '우리는 잘 모르겠는데요. 무슨 얘기시죠?'

그가 한숨과 함께 입을 열었다. 아부다비를 떠나 방콕에 도착해야 할 KAL 858기가 몇 시간 째 행방불명이라는 것이었다. 자신은 대한항공의 기장이라고 했다. 회사가 난리가 났는데 확인되는 것은 없고... 혹시 방송국에서는 알고 있지 않을까 싶어 전화한 것이라고 했다. 심상치 않은 얘기에 잡담으로 웅성거리던 주변의 동료들에게 조용히 해달라는 신호를 보냈다. 옆의 동료가 그때까지 메모한 내용을 보고는 저만치 있던 김형태 캡(사건반장)에게 알리는 것 같았다. 통화가 계속 이어지고 있었다. 그는 행방불명된 비행기의 기장이 자신과 가장 친한 친구라고 했다. 그래서, 그 친구의 안부가 너무 걱정돼서 가만히 있을 수 없었다고 했다. 놀라운 얘기들이 쏟아지고 있었다. 나는 행여 전화가 끊길세라 그의 얘기에 반응을 보이면서 통화에 집중하고 있었다. 메모 내용을 전달 받은 후 심상치 않은 표정으로 지켜보던 캡이 바꿔달라는 신호를 보냈다. 안 그래도 넘기고 싶던 참이었다. 내가 감당하기엔 너무 큰 사건 같았다. 전화를 넘겨받은 캡은 몇 가지를 더 확인하더니 전화를 끊었다. 그러더니 바로 대한항공 본사로 전화를 걸었다. '여기 내무부 상황실인데, 당신들 KAL기 어떻게 된 겁니까?' 너무도 당당한 목소리였다. 졸지에 KBS 사회부가 내무부 상황실로 변한 셈이었다. 상대는 전혀 눈치를 채지 못한 것 같았다. 그만큼 그의 목소리나 태도엔 전혀 어색함이 없었다. '아, 저렇게 하는 거구나...' 입사 3주 차에 맞은 엄청난 상황에 나는 그저 어안이 벙벙할 뿐이었다. 사건의 실제적인 무거움도 제대로 실감하지 못한 채, 그렇게 긴박하게 진행되는 상황을 지켜보고 있었다.

내무부 상황실이라는 말에 저쪽에서는 얘기를 줄줄 다해주는 것 같았다. 대략 이런 내용들이 확인됐다. *방콕 도착 예정시간 45분 전, 인도양 안다만 제도 상공에서 마지막 교신을 한 뒤 연락이 끊겼다는 것, *사고기에는 승객 95명(전체 탑승객은 115명 이었지만 승무원 20명은 제외하고 얘기를 한 것 같았다.)이 타고 있다는 것, *현재 백방으로 확인하고 있지만 전혀 확인이 안 된다는 것 등.... 제보 내용들이 사실로 확인됐다. 아니 훨씬 구체화됐다. 캡의 심각한 모습에, 전해지는 심각한 상황에 사회부는 찬물을 끼얹은 듯 조용해졌다. 더 이상 의심의 여지 없는 초대형 사고였다. 그건 언론의 입장에서는 초대형 특종감이었다. 폭파됐다는 사실까지는 확인되지 않았지만 몇 시간째 실종상태라는 사실만으로도 엄청난 기사임이 분명했다. 간략하게 보고받은 부장이 캡과 함께 급하게 국장실로 달려갔다.

보도국이 바빠지기 시작했다. 한편으로는 추가 취재를 진행하면서 다른 한편으로는 방송 준비에 돌입했다. 국제부장과 경제부장, 영상취재부장이 급하게 국장실로 불려가는 모습이 보였다. 관련된 모든 부서가 그렇게 긴박하게 움직이고 있었다. 입사 한 달도 안 된, 수습기자인 내 눈엔 그저 놀랍기만 했다. 모든 것이 일사불란했다. 마치 미리 대비하고 있었다는 듯 움직임이 기민했다. 거대한 조직이 그렇게 움직일 수 있다는 사실이 그저 신기하게 느껴졌다. 그 모든 것이 내가 받은 전화 한 통에서 시작된 일이었다. 그 사실이 나를 더욱 들뜨게 했다. 부장과 국장은 뉴스 속보를 내야 하는지 정규뉴스 시간까지 기다려야 하는지, 낸다면 그 시작을 언제, 어떤 형식으로 할지에 대해 고심하고 있는 것 같았다. 그들의 얼굴이 붉게 상기돼 있었다. 당연한 일이었다. 실로 엄청난 사건이었으니. 한편에서 엄청난 사건에 대한 걱정과 안타까운 한숨이 없었던 것은 아니지만 전체적인 보도국의 분위기는 흥분이었다. 누군가는 평생 한 번 경험하기 힘든 일생일대의 사건이라며 쾌재를 부르기도 했다.

그런 상황에 내가 섞여 있다는 사실이 잘 믿기지 않았다. 하지만 그건 분명한 현실이었다. 그 순간 나는 분명 기자였다. 그리고 흥분의 다른 한편엔 작은 충격도 있었다. 분명 95명의 생명이 희생됐을 가능성이 높은 상황, 그건 어느 모로 보나 비극, 그것도 엄청난 비극이었다. 그러나 언론사인 KBS엔 안타까움과 애도의 분위기가 거의 없었다. 그런 감상적인 마음이 들어설 여유 자체가 아예 없는 것 같았다. 대신 가득한 것은 세계적인 특종 상황을 맞은 흥분과 분주함뿐. 그때 비로소 알았다. 입장에 따라 사람들의 마음이 그렇게 다를 수 있다는 것을. 어떤 사람들에겐 엄청난 비극이 다른 사람들에겐 엄청난 기회가 될 수 있다는 사실을. 기자라는 직업을 가진 사람들은 어떤 경우엔 피도 눈물도 없는 냉정한 직업인으로 돌변할 수 있다는 사실을... 보도국은 그렇게 긴장과 흥분의 뒤섞임 속에서 바쁘게 움직이고 있었다. 그런 분위기 속에 나 또한 인간적인 감상에 오래 젖어 있을 수 없었다. 그건 그저 잠시 스쳐 가는 감상일 뿐이었다. 탑승객과 가족들을 걱정하는 목소리가 전혀 없지 않았지만 그건 일사불란한 기자들의 움직임 속에 이내 묻혀버리고 말았다.

2. 속보 자막을 낼 것인가 말 것인가?

급하게 기자들에게 역할이 부여됐다. 김포공항과 대한항공 본사 등에 대한 중계차 배치도 결정됐다. 모든 움직임이 긴박했다. 긴장감도 증폭되고 있었다. 내게도 공항으로 나가라는 명령이 떨어졌다. 한편에서 그렇게 역할이 지정되는 동안 본부장과 국장 등 지휘부는 심각한 고민에 빠져 있었다. 방송으로 관련 사실을 전하기 전에 속보 자막을 내느냐 마느냐, 낸다면 언제 내느냐에 대한 고민이었다. 속보 자막은 방송사들이 자사의 특종을 대외적으로 과시하는 수단이었다. 사회부와 자신의 방을 분주하게 오가던 본부장은 속보 자막을 당장 내자는 쪽이었다. '승객 95명 태운 KAL 858기 실종'이라는 내용으로. '우리에게 전화를 건 제보자가 MBC에도 전화를 하지 않았겠냐'는 논리였다. 욕심부리다 MBC에서 자막이 먼저 나가버리면 우리가 물을 먹는 것 아니냐는 걱정이 강한 것 같았다. 그러나 사회부장과 대다수 일선 기자들의 입장은 반대였다. MBC에는 제보가 가지 않았을 것이라는 게 반대의 근거였다. 만일 제보가 갔다면 MBC는 지도부의 성격상 진작 자막을 냈을 것이라는 게 그들의 생각이었다. 당시 MBC는 모든 면에서 자신만만한 상태였다. 가장 영향력이 강한 방송으로 대접받으면서 매사에 그런 자신감을 드러내는 데 주저함이 없던 시절이었다.

사실 일선 기자들의 그런 주장 속엔 그동안의 서러움도 반영돼 있었다. 명색이 공영방송이긴 했지만 언론사로서의 존재감은 그리 강하지 않은 상황이었다. 국민 사이에선 여전히 편파 왜곡의 대명사, 국영방송이라는 인식이 강했고 그에 따른 시청료 거부 운

동의 상처가 채 가시지 않은 상태였다. 여러 출입처와 언론사 기자들 사이에서도 제대로 대접받지 못하며 마이너 언론과 비슷하게 취급받는 아픔도 있었다. MBC의 과도한 자신감과 우쭐댐의 이면에는 그런 KBS의 위축도 작용하고 있었다. 그들은 KBS에 대한 불신에서 비롯되는 반사이익을 최대한 즐기고 있었다. SBS를 포함한 다른 방송들은 존재하지 않던 시절이었다. 그런 우월적 지위(?)를 이용해 목에 힘주고 다니는 MBC 기자들의 모습에 속상한 적이 얼마나 많았던지... 개개인의 역량이나 열정은 전혀 뒤지지 않음에도, 아니 오히려 훨씬 뛰어남에도 그런 분위기 때문에 덩달아 2등 언론 취급을 받아야 했던 현실에 얼마나 속이 쓰렸던지.... 젊은 기자들은 그런 현실에 다들 속으로 칼을 갈고 있던 상황이었다. 한데 그런 분위기를 단박에 뒤집을 수 있는 호재를 만난 셈이었으니 욕심이 생긴 것이었다.

일선 기자들에게는 이번 기회를 철저하게 KBS만의 것으로 활용해야 한다는 생각이 분명했다. MBC를 확실하게 이겨보자는 투지와 다른 언론사들을 압도해 공영방송의 위상을 각인시켜 보자는 욕망도 강했다. 그럴 기회가 운좋게 찾아왔다는 사실에 흥분하고 있었다. 그만큼 당시의 KBS 기자들은, 특히 젊은 기자들은 맺힌 것이 많은 상태였다. 자막을 서둘러서는 안 된다는 주장은 그런 모든 상황이 고려된 판단이었다. 기자들은 우리가 자막을 먼저 낼 경우 MBC는 물론 다른 언론사들도 바로 따라올 수 있다는 점을 걱정하고 있었다. 그렇게 되면 KBS의 기쁨은 길어야 5분여에 불과할 터였다. 하지만 비밀스럽게 준비한 뒤 9시 뉴스에 방송으로 터뜨리면 MBC를 포함해 어느 누구도 최소한 몇 시간은 따라오지 못할 것이 분명했다. 그저 비명을 지르면서 허둥지둥... 하릴없이 우리 뉴스를 지켜보면서... 자존심 팽개치고 베낄 수밖에 없을 터였다. 상상만 해도 통쾌한 일이었다. 9시 뉴스까지는 2시간여가 남아 있는 상황이었다.

갑론을박 끝에 결국 '자막을 준비하되 먼저 내지는 말고 MBC에서 내면 우리도 바로 내자'는 것으로 결론이 났다. 현실적인 판단이라고 생각됐다. 거기까지 지켜보고 나는 백OO 선배와 함께 중계차에 올랐다. 곰이라는 별명을 가진 본부장이 생각보다 통이 크지 않다는 생각에 한편으론 실망하면서, 또 다른 한편으로는 한 번도 언론사로서 주도적인 역할을 해본 적이 없는 KBS 책임자라는 입장에서는 그럴 수 있겠다는 생각도 하면서… 공항으로 향하는 동안 가슴이 요동쳤다. 나는 이제 입사 3주밖에 안 된 병아리 중에서도 햇병아리였다. 내가 받은 전화 한 통이 이런 엄청난 특종으로 이어지고 있다는 사실에 새삼 뿌듯함이 살아났다. 스스로 생각해도 지혜롭게 잘 대처한 것 같았다. 잘 모르는 일이라고 퉁명스럽게 전화를 끊지 않은 것이 얼마나 잘한 일이었는지, 당황하지 않고 조목조목 물으면서 내용을 파악한 것은 또 얼마나 현명한 일이었는지… 스스로가 대견했다. 내 임무는 마중 나온 가족, 친지들을 인터뷰하는 것이었다. 그렇다고 독자 취재는 아니고 그렇게 취재한 내용을 마이크 잡을 선배에게 전달하는 것이었다. 그래서 방송에 가족들의 사연이 보도되도록 하는 것이었다. 내심 아쉬웠지만 그런 엄청난 사건에 한 달도 채 되지 않은 수습 기자에게 마이크를 잡게 할 방송사는 없을 터였다.

여의도 회사에서 김포공항까지 20분 남짓한 길, KBS 로고가 선명하게 박힌 취재차에 앉아 있는 동안 수 없는 생각들이 머릿속을 어지럽혔다. '그들은 사고 사실을 전혀 모르고 있을 텐데 어떻게 접근해야 하나' '뭐부터 물어봐야 하나?' '화를 내면 어떻게 해야 하나?' 다른 한편으로는 인간적인 걱정도 살아났다. '정말 그들은 다들 어떻게 된 것일까?' '단순 실종일까, 혹시 폭파된 것은 아닐까?' '가족들에게는 뭐라고 얘기하고 취재를 해야 하나?'….머리가 복잡하고 마음이 심란했다. 그런 복잡한 심경 속에 도착한 공항은 그러나 너무나 평온했다. 평상시 모습 그대로였다. 마중 나온 사람들로 입국장 앞만 제법 붐빌 뿐 전체적으로는 한산한 모습이었다. 개중에는 꽃다발을 손에 든 사람들도 있었고 아이들과 함께한 가족들도 보였다. 항공기 도착을 알리는 안내판을 살폈다. 문제의 방콕발 서울행 KAL 858기란에는 아직 특별한 표시가 돼 있지 않았다. 도착 시간이 아직 조금 남아있기 때문인 듯했다. '방콕발 KAL 858기 승객 마중 나오신 분 안 계십니까?' 소리를 질러봤지만 별로 관심을 표시하는 사람들이 없었다. 우리보다 조금 뒤에 도착한 중계차가 복잡한 라인을 깔면서 방송준비를 하는 상황을 보면서도 누구 하나 특별한 관심을 보이지 않았다. 그들은 그저 오랫동안 타지에서 고생하다 돌아오는 사랑하는 가족을 만날 기쁨에 조금씩 들뜬 모습일 뿐이었다.

3. '승객 95명 태운 KAL 858기 실종' 패닉상태로 변한 입국장

8시가 가까워지고 있었다. KAL 858기의 도착 예정시각은 8시 40분. 기다리는 사람들로서는 아직도 여유가 있는 시간이었다. 사람들의 표정을 살피며 해야 할 일을 생각하다 어느 순간 안내판을 살폈다. 도착 여부를 알리는 판이 'DELAY(지연)'라는 표시로 바뀌어 있었다. 대한항공도 'DELAY'라는 표시를 언제 할지 고심한 것이 분명했다. 하지만 연착은 종종 있는 일이었기 때문에 누구도 그것을 이상하게 여기는 분위기는 아니었다. 그렇게 그렇게... 중계차가 설치가 끝났고 작은 모니터용 화면에서 드라마가 흐르고 있었다. 주변의 몇몇 사람들이 모니터 앞에 모여 드라마를 보고 있던 상황... 갑자기 자막으로 속보가 떴다. '승객 95명 태운 KAL 858기 실종' 아, 결국... 본부장의 인내심이 거기까지였던 모양이었다. 회사 내부에서 어떤 일이 있었는지는 알 수 없었다. 하지만 결국 그렇게 자막이 뜨고 말았다. 그 자막 한 줄에 공항의 분위기가 뒤집어지고 말았다. 순식간이었다. 누군가 먼저 본 사람이 소리를 질렀고 중계차 앞으로 순식간에 사람들이 몰려들었다. 심각하게 얼굴이 굳은 사람들... 여기저기서 걱정스러운 탄식 소리가 들려왔다. 신음 소리, 비명 소리... 그런 소리들 가운데 울음인 듯 기도인 듯 낮게 웅얼거리는 소리도 섞여 있었다.

그 짧은 순간에 입국장 앞은 패닉 상태로 돌변했다. 한쪽에서 방송을 준비하던 우리 카메라 앞으로도 사람들이 몰려왔다. '어떻게 된 겁니까?' 다급하게 상황을 묻는 사람들이 있었다. 아는 대로 답해줄 수밖에 없었다. '오늘 낮, 방콕에 도착하기 전부터 실종 상태랍니다.' 혹시나 하던 사람들이 얼굴이 하얗게 변했다. 어떤 사람들은 울음을 터뜨렸고 또 어떤 사람들은 그대로 주저앉았다. 얼마 지나지 않아 MBC 화면에도 자막이 떴다. 토씨 하나 다르지 않은 똑같은 내용이었다. 우리의 자막에 엄청나게 허둥댔던 것임이 분명했다. 우리 것을 그대로 베낀 것이었다. 그들은 전혀 모르고 있었다는 확실한 증거였다. 잠시 후 우리가 탑승객 수를 115명으로 수정하자 그들은 그것까지 똑같이 따라 했다. 승객 95명 외에 승무원 20명이 더 있었다는 사실을 확인한 뒤 수정한 것이었다. 뒤늦게 우리 자막을 보고, 또 확인한 타사 기자들과 외신기자들까지 공항으로 들이 닥치면서 공항은 그야말로 아수라장으로 돌변했다.

온통 탄식과 울음이었지만 나는 기자였다. 해야 할 일을 해야 했다. 울고 있는 사람에게 다가가, 절망적인 표정으로 앉아 있는 사람에게 찾아가 물어야 했다. 누구를 기다리는지, 무엇 하는 분인지, 얼마 만에 돌아오는지, 지금 마음이 어떤지.... 그러면서 이름과 나이, 사는 곳까지 꼼꼼히 물어 수첩에 다 적어야 했다. 어떤 사람들은 답을 해줬지만 어떤 사람들은 답할 기력조차 잃은 것이 분명했다. 짜증스럽게 외면하는 사람도 있었다. 애써 슬픔을 참아내는 사람들에게 또박또박 묻는 것은 참으로 잔인한 짓이었다. 차마 못 할 짓이었다. 하지만 그게 기자의 일이었다. 고맙게도 대부분은 얘기를 해주는 편이었다. 그때까진 폭발이란 사실이 발표되지 않은 상태였다. 그 가능성을 걱정하지 않은 것은 아니었지만 '어딘가에 불시착했다 짠 하고 나타날 수도 있다'는 가능성에 실낱같은 기대를 걸고 있는 사람들이 많았다. 나도 그런 사람들 가운데 하나였다. 그런 가족들과의 인터뷰를 통해 피해자들 대부분은 중동지역에서 수년 동안 일하다 들어오는 귀국 근로자들이라는 사실을 알 수 있었다. 한 푼이라도 모으기 위해 열사의 나라를 자원했던 사람들, 가진 것은 없지만 소박하고 성실하게 가정을 이끌던 가장들이라는 사실을 확인할 수 있었다. 그 사실에 가슴이 더 먹먹해졌다. 살인적인 더위와 살벌한 모래바람 속에서 고생만 했을 텐데... 꿈같은 귀국, 꿈에 그리던 아내, 자식들과의 재회 생각에 잠 설치며 설렌 귀향길이었을 텐데... 선물을 사면서 좋아할 아이들 생각에 환하게 웃었을 저들의 모습이 떠올랐다. 평정심을 유지하기가 어려웠다.

솔직히 그날 밤을 어떻게 보냈는지 잘 기억하지 못하겠다. 하지만... 한숨도 자지 못했지만 전혀 피곤을 느끼지 못했다는 기억만은 분명하다. 한바탕 난리가 지나간 뒤... 망연자실한 가족들과 함께 대한항공이 마련한 대책본부로 옮겨 그들을 지켜봤다. 누구도 잠을 이루지 못하고 있었다. 시시각각 전해지는 국제뉴스(이 사건은 국제적으로도 큰 뉴스였다)에 귀를 기울이며 뜬눈으로 밤을 샜다. 그래도 괜찮을 것이라고, 아무 일 없을 것이라고, 그러니 희망을 버리지 말자고 서로 다독이고 기도하는 가족들 속에서 나도 더 이상 기자일 수만은 없었다. 함께 기도하고 함께 희망을 나눴다. 하지만... 그럼에도 불길한 상상, 가슴을 짓누르는 묵직한 걱정을 어쩔 수는 없었다. 밤이 깊어지자 어떤 이들은 애잔한 개인사들을 풀어놓았다. 결혼 후 서둘러 전셋집이라도 마련한다며 나갔다는 신혼의 남편, 아들, 딸의 교육비를 벌기 위해 두 번째 나섰다는 어느 가장, 부모님이 진 빚을 갚기 위해 나섰다는 30대 아들... 사연마다 기구하고 절절했다. 안타깝고 가슴 아픈 사연들... 저들의 얘기를 들어주며 '이제는 어떻게 하나?'는 하소연에 어쭙잖은 위로를 건네며 저들과 같은 심정에 빠져들었다. 이미 나간 엄청난 1보의 충격 때문인지 아니면 독자 취재로 더 나올 것이 없다는 판단 때문인지 기자들 사이에도 더 이상의 흥분은 없었다. 모두가 사고대책본부와 외무부의 발표에만 온 신경을 집중하고 있었다.

이튿날 안다만 해안에서 KAL기의 잔해로 보이는 물건들이 발견됐다는 태국 정부의 발표가 있었다. 우리 정부도 실종 858기가 폭파된 것으로 보인다고 공식 발표했다. 보도국장은 KBS가 세계적인 특종을 했음을 강조하며 기자들의 기민한 대응을 치하했다. 현지 취재를 위해 사건팀 이세강 기자를 현지로 급파하기도 했다. 국장의 얼굴엔 뿌듯한 미소가 가득했다. 그랬다. 누군가에겐 엄청난 슬픔이었지만 다른 누군가에겐 대단한 자랑이요 영광이었다. 현지에 파견된 이세강 특파원은 도착하자마자 해상에서 발견된 잔해물 등 속보를 전해왔다. 그 모습이 참으로 멋져 보였다. 부러웠다. '나는 언제나 저렇게 멋진 기자의 모습을 갖게 되려나?'... 상념에 젖어 있는데 비행기에 하치야 마유미라는 젊은 여인과 하치야 신이치라는 수상한 노인이 탑승했었다는 외신이 전해졌다. 외신은 그들이 아부다비에서 내린 것으로 확인됐다는 사실도 전했다. 위조여권으로 공항을 빠져나가려던 그들이 현지 경찰에 체포됐으며 조사과정에서 하치야 신이치가 독극물 앰플을 깨물어 자살했다는 속보도 이어졌다. KAL기의 실종이 단순 사고가 아니라 계획적인 폭파라는 사실, 치밀하게 준비된 테러라는 사실을 입증하는 확실한 단서였다. 뒤이어 안기부는 그들이 북한 공작원으로 밝혀졌다고 발표했다. 그리고 한동안 일본어와 중국어를 사용하며 수사 관계자들의 애를 태우던 마유미가 25살의 북한 공작원 김현희라는 사실을 자백했다는 뉴스도 이어졌다.

4. 김정일의 처조카, 입사 동기 이한영

그날 이후 우리 국민의 모든 관심은 KAL기 사건에 집중됐다. 시대가 변해도 달라지지 않는 북한의 무자비한 테러에 공포감도 커지고 있었다. 전문가들은 북한이 88서울 올림픽을 방해하기 위해 이런 끔찍한 일을 벌였을 것이라고 분석했다. 하지만 안타깝게도 새로운 소식은 거의 들려오지 않고 있었다. 공중 폭파된 것으로 추정된다는 발표는 났지만 어떤 잔해물도 발견되지 않고 있었다. 태국에 파견된 특별 취재팀도 관심을 끌 만한 소식을 전혀 보내오지 못하고 있었다. 믿을 것은 오직 하나, 북한 공작원 김현희로 확인된 마유미의 진술뿐이라는 얘기들이 전해졌다. 그리고 얼마 후 안기부의 중간수사결과 발표가 있었다. 두 사람이 11월 13일 북한을 출발했다는 사실, 의심을 피하기 위해 일본인 부녀로 위장해 바그다드에서 탑승했다는 사실, 비행기 좌석 위 선반 안에 라디오와 술로 위장한 고성능 폭탄을 두고 아부다비에서 내렸다는 사실, 체포 당시 자살한 하치마 신이치는 북한 공작원 김승일이라는 사실, 김현희도 독극물을 삼켰지만 소량이어서 살릴 수 있었다는 사실, 모든 일은 서울올림픽을 방해하기 위한 김정일의 지시였다는 사실... 등의 내용이었다. 모두 김현희의 진술을 통해 확인된 내용이라고 했다. 그러나 그런 진술에도 불구하고 여객기의 동체 파편이나 탑승객들의 유류품과 같은 폭파 흔적들은 여전히 발견되지 않았다. 그런 가운데 국민의 관심은 코앞으로 다가온 직선제 대통령 선거로 옮겨갔고 건설교통부는 12월 19일, 115명 탑승자 전원의 사망을 공식 발표했다.

그즈음 나는 회사의 신입사원 연수에 참여하고 있었다. 연수를 함께 받는 동기 가운데 이한영이라는 친구가 있었다. 갸름하고 곱상하게 생긴 외모에 만날 때마다 친근감을 표시하던 친구였다. 항상 웃는 표정, 어딘가 들떠 보이는 얼굴에 '대체 뭐하다 온 친구인가?' 궁금증을 갖게 하는 친구였다. 축농증이 있는 듯 말할 때는 약간 코맹맹이 소리를 냈는데 그게 오히려 정감을 높였다. 언제나 이 친구 얘기의 대부분은 어젯밤 어디에 가서 놀았는데 아주 좋더라는 것이었고 그 자리에는 어떤 친구들과 함께했다는 것이었다. 자랑이라기 보다는 '너도 함께하면 좋겠다'는 일종의 초대 제안으로 느껴졌다.

사람 좋아하고 놀기 좋아하는 성격을 숨기지 못하는 친구, 그리 길지는 않은 기간이었지만 단 한 차례도 그의 얼굴에서 진지함이나 그늘을 발견할 수가 없었다. 그래서 '부모 잘 만나 부러울 것 없이 자라온 어느 부잣집 아들이겠구나' 하고 짐작만 했었다. 그런 친구가 12월 어느 날, 연수 도중 소리 소문도 없이 사라졌다.

당시는 연수생들이 합숙을 하던 기간이었다. 그랬기에 누군가 보이지 않으면 금방 표시가 났다. 궁금했지만 그의 소식을 아는 사람은 아무도 없었다. 연수원 직원들도 뭔가 조심스런 모습만 보일 뿐 어떤 설명도 하지 않았다. 그렇게 사라졌던 그가 여러 날이 지난 후에 나타났다. 여전히 밝게 웃는 모습이었다. 그는 묻지도 않는 내게 KAL기 폭파범 마유미를 조사하러 바레인에 다녀왔다고 했다. 러시아어 통역을 맡았다고 했다. 그러고 보니 그는 국제방송국의 러시아어 전문 PD였고 내게 러시아에서 공부했다는 얘기를 했었다. 그때까지만 해도 그가 김정일의 전처, 성혜림의 조카라는 사실을 전혀 짐작조차 하지 못하고 있었다. 그러리라고는 상상도 못 했고 사생활에 관계된 내용을 물어볼 생각도 하지 않았었다. 한참 지나서야, 누군가의 얘기로 그의 감춰졌던 과거를 알게 됐지만 그렇다고 대놓고 물어보기도 그랬다. 나중에 기회가 되면 물어봐야겠다고 미뤄 놓았다.

아무튼 김현희가 압송돼 들어온 것은 그 친구가 사라졌던 그 기간이었다. 1987년 12월 15일, 폭파사건이 발생한 지 16일 만이었다. 물론 그때까지 속보가 계속 이어지며 폭파범 김현희에 대한 관심이 최고조에 달하고 있었다. 압송 당일엔 모든 언론이 김포공항에 집결했다. 방송사들은 예외 없이 중계차도 동원했다. 그녀는 처음 체포돼 공개될 당시의 체크무늬 자켓과 바지차림 그대로였다. 입에 재갈을 물린 상태에서 양쪽 팔을 수사관에게 잡힌... 지친 모습이 역력했다. 그렇게 비행기 트랩을 내려오는 그녀 모습은 많은 국민을 또 다른 충격에 빠뜨렸다. 어디를 봐도 끔찍한 테러리스트의 모습이 아니었다. 그저 가녀린 20대 여인의 모습이었다. '저렇게 연약한 여인에게 그렇게 끔찍한 테러를 저지르게 하다니...' 북한의 잔인무도함에 분노하며 혀를 차는 사람들이 많았다. 여기저기서 깊은 한숨도 터져 나왔다. 어떤 사람들은 115명의 목숨을 빼앗은 악녀에게 그 무슨 감상이냐고 힐난했지만 적지 않은 국민은 그녀의 모습을 안타까워했다. 그녀의 미모를 화제 삼는 엉뚱한 사람들도 있었다. 그들 가운데 일부는 방송국으로 전화를 해오기까지 했다. '옷을 한 벌 해주고 싶다'고. '연약한 여자를 너무 거칠게 다루는 것 아니냐'고, '굳이 입에 재갈까지 물리는 것은 너무 한 것 아니냐'고….

마침 그녀가 들어온 날 12월 15일은 이른바 1노3김(노태우, 김영삼, 김대중, 김종필)이 붙었던 13대 대통령 선거 바로 전날이었다. 선거는 그전까지 진행되던 간접선거가 아닌 국민의 직접선거였다. 엄청난 투쟁을 통해, 참으로 많은 이들의 피와 땀과 눈물을 통해 얻어낸 '대통령을 직접 뽑을 권리'가 행사되는 역사적인 선거였다. 선거의 열기가 최고조에 달했던 시점, 북한과 마주한 대한민국의 안보상황을 적나라하게 보여주는 사건에 유권자들의 마음은 혼란스러웠다. 안보위기는 통상적으로 여당에 유리하게 작용한다는 것이 전문가들의 일치된 견해였다. 당연히 강력한 야당 후보에 맞서야 하는 여당에는 더할 수 없는 호재였다. 하지만 야당에는 곤혹스런 상황이 아닐 수 없었다. 그런 상황을 다 알면서도 강하게 항의하기도 어려운 것이 야당 후보들의 현실이었다. 사안이 사안이었던지라… 그 절묘한 타이밍에 정치적 의혹이 제기된 것은 지극히 당연한 일이었다. 선거에 이기기 위한 안기부의 공작이라는 음모설이 제기된 배경이기도 했다. 후일 비밀해제된 외교문서는 당시 대통령 선거 전 김현희를 압송하기 위해서 정권 차원의 막후 노력이 치열했음을 확인시켜주기도 했다.

이한영에게 북한의 실상에 대해, 김정일에 대해, 또 북한 최고위층의 생활에 대해 들어보려던 나의 기대는 아쉽게도 실현되지 못했다. 얼마 지나지 않아 그가 회사를 퇴직했기 때문이었다. 그는 회사를 떠났고 나는 가장 바쁜 사회부 경찰기자 생활에 몰두하면서 서로 마주칠 기회 자체가 사라지고 말았다. 자연스레 그도 내 관심에서 멀어졌다. 가끔씩, 아주 가끔씩 몇몇 동기들을 통해 그가 사업을 하며 잘 살고 있다는 소식이 전해졌지만 연락할 여유를 갖지는 못했다. 그러다 그가 1996년 김정일과 가족, 측근들의 얘기를 담은 『김정일 로열패밀리』라는 책을 출간했다는 소식을 들었다. 책은 김정일의 사생활을 폭로하는 내용들을 담고 있었다. 은근히 걱정이 됐다. 북한에서 가만히 있을 것 같지 않았다. 신분을 감추기 위해 성형수술까지 하고 살았던 것을 알기에 든 마음이었다. 그러다 이듬해 2월 15일, 뉴스를 통해 그의 소식을 듣게 됐다. 경기도 분당에 있는 자신의 아파트 엘리베이터 앞에서 괴한들의 총격을 받고 숨졌다는 내용이었다. 공안당국은 북한에서 파견된 2인조 공작원들의 소행이라고 발표했다. 한국생활 15년 만의 일이었다. 분단이 만든 또 하나의 비극이 바로 내 주변에서 벌어졌다는 사실에 정신이 번쩍 들었다.

5. 김현희 기자회견, 한국 기자와 일본 기자

기자가 돼 처음으로 겪은 큰 사건, 그것도 내가 받은 전화 한 통으로 시작된 세계적인 특종, 이한영이라는 독특한 전력의 동기와 그의 안타까운 죽음... 이런 몇 가지 이유로 김현희는 늘 내게 관심과 관찰의 대상이었다. 김현희와 관련된 내용이라면 어떤 것이든 귀를 쫑긋 세워 들었고 KAL 858기 얘기라면 되돌아가서라도 한 번 더 살펴보곤 했다. 그러던 1991년 어느 날 눈에 확 들어오는 외신 기사를 보게 됐다. 일본발 기사였다. 북한에서 공작원 교육을 받을 때 김현희에게 일본어를 가르쳐 준 이은혜라는 여선생이 있는데 그가 실은 한국인이 아니라 일본인이라는 것, 그리고 그 여인은 일본에서 1978년에 실종된 다구치 야에코 씨라는 것이었다. 기사에는 그동안 종종 실종되던 일본인들의 소재를 쫓으며 북한 소행을 의심하던 일본의 관계기관이 김현희와의 면담을 통해 그런 사실을 확인했다는 설명이 붙어 있었다. 이 기사로 일본은 난리가 났다. 그동안의 북한 소행에 대한 의심이 실제로 확인됐으니 지극히 당연한 일일 터였다.

기사 내용이 사실이라면 엄청난 문제였다. 한 국가가 직접 나서서 다른 한 국가의 국민을 납치했다는 것이었으니... 국제법은 물론 어떤 명분을 붙여도 용납될 수 없는 중대 범죄행위임이 틀림없었다. 외신을 받아 우리 언론도 한바탕 난리를 치렀다. 하지만 북한은 관련 사실을 전면 부인했고 국내의 친북성향 기관들과 인사들도 북한의 입장을 대변하며 김현희의 주장에 의문을 제기했다. 그들은 여전히 KAL 858기 사건도, 김현희라는 인물도 조작된 것이라고 주장하고 있었다. 언론이 정부를 압박했다. '이 문제는 결국 김현희가 확인해 줄 수밖에 없는 문제 아닌가? 김현희를 직접 만나게 해달라' 정부도 꺼지지 않는 음모론에 신경을 쓰고 있는 상태였다. 국내외적 관심과 요청이 뜨거워지자 결국 안기부가 나섰다. 김현희를 내세워 기자회견을 가진 것이었다. 나의 출입처와는 관계가 없는 일이었지만 그 회견장에 자진해서 달려갔다. 프레스센터에 마련된 기자회견장은 국내외 기자들로 발 디딜 틈이 없었다. 특히 일본이 아닌가 싶을 정도로 많은 일본 기자들이 몰려 있었다. 서울에 있는 특파원들은 물론 직접 일본에서 건너 온 기자들도 적지 않은 것 같았다.

김현희로서는 3년 만의 등장이었다. 87년 폭파범으로 모습을 드러낸 후 처음이었다. 그동안 그녀는 KAL기 폭파범으로 사형을 선고받고(1990. 3.27) 그 보름쯤 뒤(4.12) 사면을 받은 상태였다. 조사과정은 물론 조사가 끝난 후에도 북한의 테러가 있을 수 있다는 걱정에 그녀는 안기부의 특별 보호를 받으며 은밀하게 숨어 지내고 있었다. 3년 만에 모습을 드러낸 김현희는 그동안 아주 정숙한 여인으로 변해 있었다. 화장기 없는 얼굴이었지만 이목구비의 윤곽이 뚜렷한 미인이었다. 그녀는 차분했다. 어떤 공격적인 질문에도 당황하거나 허둥대지 않았다. 발음이 또렷했고 조리가 있었다. 교양과 세련됨이 몸에 배 있었고 똑똑함 또한 그대로 드러나고 있었다. 좋은 환경에서 잘 훈련받은 모습이 분명했다. '하긴 그렇겠지. 국제무대에서 활동할 테러범으로 키웠다면 필요한 모든 것을 다 갖추게 했겠지...' 속으로 혼자 중얼거렸다.

기자회견은 먼저 김현희의 발표로 시작됐다. 그녀는 이은혜와 다구치 야에코가 동일인이라는 사실을 사진으로 확인했다고 했다. 일본어를 배우며 서로 가까워진 후 자신의 처지에 눈물을 흘리는 등 개인적인 얘기를 많이 나눴다는 사실도 털어놓았다. 잔잔하게 야에코와의 생활을 털어놓은 그녀는 이은혜와 야에코가 동일인이라는 것을 100% 확신한다고 했다. 야에코는 김현희가 조사 과정에서 일본어를 가르쳐 준 선생님의 모습을 묘사했고 그에 따라 그려진 몽타주를 일본 정부가 실종자의 사진들과 비교해 찾아낸 인물이라고 했다. 김현희의 발표에 이어 기자들과의 일문일답이 진행됐다. 거기서 나는 아주 재미있는 현상을 발견했다. 한국 기자와 일본 기자의 차이였다. 한국 기자들은 주로 이미 설명된 내용을 다시 확인하거나 그것을 기정 사실화한 가운데 후속 질문에 치중하는 모습을 보였다. 무엇보다 질문의 길이가 길고 장황했다. '당신은 이은혜가 이렇고 저렇다고 했는데... 정말 이은혜가 확실하다고 생각하는가?', '이러저러한 점을 고려할 때 이은혜는 이래서 그랬다고 생각하는데 당신은 어떻게 생각하는가?', '개인적인 얘기를 많이 나눴다면 주로 우울할 때였을 것 같은데 어떤 얘기들을 많이 나눴나?'... 진술 내용 자체에 의문을 제기하는 질문은 거의 없었다. 진술 내용을 근거로 한참 자기의 추론을 펼치고 나서 '그게 맞냐?'고 묻는 수준 이하의 질문들도 적지 않았다.

하지만 일본 기자들은 달랐다. 우선 질문이 짧고 명료했다. 그들은 기회를 갖기 위해 거의 필사적으로 손을 들었다. 놀랍게도 그들은 모두 한국말을 사용하고 있었다. 답변도 다 이해하는 것 같았다. 나를 경악하게 만든 것은 그들의 질문 내용이었다. 그들은 내가 상상치도 못한 것들을 묻고 있었다. '평양 아파트에 살았다는데 그 아파트의 외벽 색깔이 무엇이었나?', '아파트는 몇 층 건물이었고 당신은 몇 층에 살았나?', '아파트에 엘리베이터가 있었나 없었나?', '방 창문에서 내다보면 무엇이 보였나?'... 이런 것들이었다. 그들의 질문은 명백하게 증언의 신빙성을 확인하고 있었다. 주장에 앞서는 사실관계, 실제 살아보지 않았다면 제대로 답할 수 없는 것들이었다. 그리고 그런 질문들에 대해 답이 제대로 되지 않는다면 김현희의 말은 믿을 수 없다고 결론 내릴 수 있는 것들이었다. 증언의 사실 여부를 우선 확인하려는 기자들과 증언 자체에 대한 의심 없이 다른 얘기에 목을 매는 기자들의 질문은 그렇게 달랐다.

김현희의 답변도 인상적이었다. 그런 모든 질문에 차분하게 답변을 해 나갔다. 단 한 차례의 머뭇거림도 없었다. 표정 변화는 물론 자세의 흐트러짐도 거의 없는 상태였다. 그런 질문과 답변들을 지켜보자니 '분명 거짓은 아니구나' 하는 믿음이 절로 생겨났다. 그러면서 나도 내 질문을 준비했다. 그런 멋진 기회를 구경꾼으로 그냥 보낼 수는 없다. 질문은 이런 내용이었다. '당신은 다구치 야에코 씨가 당신에게 일본어를 가르쳤다고 했다. 그리고 그녀는 납치된 일본인이라고 했다. 그런데 내가 알기에 북한에는 일본에서 자발적으로 건너간 적지 않은 재일교포와 일본인들이 있다. 그런 사람들에게 일본어를 가르치게 해도 될 텐데 굳이 위험부담을 무릅쓰면서까지 일본인을 납치해 당신을 가르치게 했다는 사실을 이해하기 어렵다. 어떻게 생각하나?' 내가 생각하는 일종의 모순적 상황을 지적하며 그녀의 반응을 확인하기 위한 질문이었다. 이런 내 질문에 그녀는 잠시의 망설임도 없이 이렇게 대답했다.

'맞습니다. 북한에는 일본에서 온 사람들이 많습니다. 하지만 그들은 오래전에 북한에 건너온 사람들입니다. 그들은 일본어는 잘하지만 현대적인 일본어와 일본 문화를 가르치는 데는 적합하지 않은 사람들이었다고 생각합니다. 굳이 위험부담을 감수하면서까지 일본 사람을 납치한 것은 그런 이유 때문이 아닌가 싶습니다' 사실을 물은 것이 아니기에 그녀도 추정해서 답할 수밖에 없는 내용이었다. 질문의 의도도 정답보다는 태도와 판단력을 보기 위한 것이었다. 그녀의 대답에 고개가 끄덕여졌다. 정말 그럴 것 같았다. 나뿐 아니라 기자회견장에 참석한 다른 사람들의 생각도 다르지 않은 것 같았다. 정말 똑똑하다는 생각이 들었다. 차분하고 논리정연했다. 신뢰감이 있었다. 그런 그녀의 모습을 보면서 적어도 '그녀 자체'의 신분에 대해 의심하는 사람들은 없는 것 같았다. 오히려 의심의 눈길을 보낸 사람들도 그런 의심을 거둬들이는 분위기였다.

탈북자,
그 험난했던 역사의 시작

1. 여기 북한을 탈출한 사람들이 있다

1994년 2월 초, 유고 내전 취재를 끝내고 돌아온 지 1년쯤 지난 시점이었다. 유고를 포함해 소말리아 등 북동부아프리카 분쟁지역 취재로 관훈클럽 최병우 기자상을 받은 직후여서 기분이 약간 들떠 있는 상태였다. 김〇〇 보도국장이 급하게 찾았다. 취재를 하다 말고 회사로 복귀해야 했다. 국장의 표정이 진지했다. '북한을 탈출한 사람들 몇 명이 중국에 숨어 살고 있다고 한다. 중국으로 가 그들을 찾아봐라.' 긴급취재 명령이었다. 정신이 번쩍 들었다. '아니 그 체제에서도 탈출이 가능하단 말인가?' 지나친 반공교육의 영향 탓이었는지, 아니면 스스로의 소심함 때문이었는지 나는 그때까지 북한 탈출은 불가능한 것으로 생각하고 있었다. 한데 탈출한 사람들이 있다는 얘기 아닌가? 내 머릿속 첫 번째 반응은 그런 것이었다. 이어서 든 생각은 '북경 특파원들이 있는데 왜 나를?' 하는 궁금증이었다. 국장의 얘기가 이어졌다. '북경 특파원들이 관련 정보를 입수한 것 같다. 몇 가지 고려할 사항이 있어 판단에 시간이 좀 걸렸는데 이제 움직여도 될 것 같다...' 국장은 북경총국에서 지원을 요청하며 나를 콕 찍었다고 했다. 하지만 고려할 사항이 무엇이었는지에 대해서는 설명하지 않았다. 아마도 취재가 이뤄질 경우 발생할 수도 있는 중국과의 외교적인 문제, 정부와 회사와의 갈등과 같은 문제 등이 아니었을까 싶었다. 가슴이 뛰었다. 그들이 얼마나 되는지 숫자는 중요하지 않았다. 북한이라는 철의 장막을 뚫고 탈출한 사람들이 있다는 사실 자체가 중요했다. 성공만 한다면 세계적인 특종이 될 수 있겠다는 생각도 들었다. 그런 엄청난 취재에 내가 함께 하게 됐다는 사실에 흥분이 밀려왔다.

명령을 내리긴 했지만 국장도 정보가 많은 것 같지는 않았다. 구체적인 얘기는 전혀 없었다. 단지 '북경총국과 상의하라', 그리고 '부서원들은 물론 가족들에게도 말하지 말고 철저하게 보안을 지키라'는 것만 강조했다. 국장의 얘기를 듣고 물러나 생각하니 문득 떠오르는 기억이 있었다. 그 얼마 전 KBS 라디오 프로그램에 출연한 〇〇〇 주중 대사의 얘기였다. 재외 공관장 회의에 참석하기 위해 잠시 귀국한 그는 '요즘 북한에서 온 사람들 때문에 주중 대사관이 골치 아프다'는 얘기를 했다. 구체적인 내용에 대한 언급은 없었지만 그는 분명히 그렇게 얘기했었다. '그럼 혹시 그때 O 대사가 말했던 북한 사람들 얘기가 이 문제와 관련된 것이었단 말인가?' 여러 생각들이 머리를 스쳤다. 하지만 둘을 연결 짓는 것은 무리라는 생각이 들었다. 불과 몇 명의 북한 사람들 때문에 대사관이 골치를 앓는다는 것은 나로서는 이해되지 않는 일이었다. 정말 그런 문제였다면 대사가 그렇게 가볍게 얘기했을 리 없다는 합리적인 의문도 작용했다. 그는 스치듯 얘기했고 진행자는 물론 듣는 사람들도 그저 스쳐 듣고 말았다. 나도 그런 사람들 가운데 하나였다. 그저 북한 대사관이나 공관원들의 일탈행위에 대한 얘기 정도로만 생각했었다.

2. 1994년 2월의 중국, 암호명 제비작전

'제비작전!' 우리는 그날 이후 이 취재를 그렇게 불렀다. 북한이라는 숨 막히는 체제를 탈출한 사람들을 따뜻한 남쪽 나라를 찾아 이동하는 제비로 비유한 것이었다. 그런 숨은 의미 외에 외부는 물론 내부적으로도 철저하게 보안을 유지해야 한다는 현실적인 이유도 있었다. 그만큼 의미가 크고 보도될 경우 파장이 엄청날 것으로 예상되는 초대형 이슈였다. 당시 KBS 보도국은 일종의 보안 노이로제에 걸려 있었다. 심혈을 기울여 제작중인 기획기사가 경쟁사인 MBC 뉴스에서 한 발 빠르게 방송되는 일이 종종 있었다. 소재와 방향만 비슷할 뿐 취재도, 완성도도 많이 떨어지는 부실한 기사였다. 하지만 우리를 당황스럽게 만들기에는 충분한 기사였다. 그런가 하면 중요 기사가 방송되는 시간대에 관심도 높은 가십성 기사를 내보내 우리의 힘을 빼는 일도 드물지 않았다. 대부분 말초적인 흥미를 자극하는 내용들이었다. 그런 방식을 편집부에서는 '김 빼기 작전'이라고 불렀다. 그런 일의 빈발에 오죽하면 '보도국 내부에 간첩(?)이 있는 게 아니냐?'는 웃지 못할 농담까지 도는 상황이었다. 사실 상대사의 메인 뉴스 내용과 순서를 미리 입수해 그런 식으로 대응하는 일들은 경쟁 언론사들 사이에서는 종종 있는, 오래된 관행이었다.

그런 분위기였기에 '제비작전'에 대해 알고 있는 사람은 극소수뿐이었다. 보도국장과 북경 특파원 3명, 그리고 나와 우리 부장, 그렇게 5~6명 정도나 됐을까. 그만큼 비밀스러운 취재였다. 해서 북경총국과 연락을 주고받을 때조차도 가장 신경 쓴 것은 철저한 보안이었다. 진행 상황은 밤늦은 시각을 지정해 팩시밀리로 그 내용을 주고받았고 문건에도 '제비 한 마리 확보' '두 마리 중 한 마리는 날아감' 등과 같은 비밀스러운 용어들을 사용해야 했다. 과거 첩보영화에 나오는 것과 같이 은밀한 방식이었다. 누군가 문건을 보더라도 기록된 내용만으로는 내용을 짐작조차 할 수 없게 돼 있었다. 그러다 보니 종종 당황스러운 일도 벌어졌다. 어느 날인가 약속 시간보다 조금 늦게 국제부에 내려갔더니(팩시밀리는 국제부의 직통라인을 이용하고 있었다) 야근 중이던 후배 기자가 '이게 대체 무슨 소리냐?'며 북경서 보내온 문건의 내용을 큰 소리로 읽고 있었다. 녀석은 다른 문서를 기다리다 내 앞으로 보내온 문건을 우연히 보게 됐고 내가 나타나자 그런 행동을 취한 것이었다. 녀석의 짓궂은 행동에 별 것 아닌 듯 빙긋 웃어주긴 했지만 정말 당황스러운 순간이었다.

그렇게 취재가 결정된 후 첫 번째 일은 통일부의 승인을 받는 일이었다. '북한 주민을 만나려 하니 허락해 달라'는 내용이었다. 적성 국가인 '북한 주민'을 만나는 것은 법적으로 엄격하게 제한되던 상황이었다. 비록 북한을 탈출했다고 하지만 그들의 신분은 엄연한 북한 주민이었다. 따라서 취재 목적이라 할지라도 북한 주민을 만나는 일은 반드시 법적 절차를 따라야 했다. 특별히 만남의 비밀이 지켜질 수 있는 사안이 아니라 만남 이후 기사로 온 세상에 알려질 사안이었기에 절차를 지키는 일은 무엇보다 중요했다. 거기에 혹시 모를 상황, 향후에 제기될 수 있는 시비 상황을 대비해서도 그것은 필수적인 일이었다. 잘못될 경우 심각한 책임 문제가 제기될 수도 있기 때문이었다. 하지만 그렇다고 해서 준비과정에 '제비작전'을 노출 시킬 수도 없었다. 약간의 고민이 필요했다. 결국 신청서에는 연길에서 열리는 '조선족 학교 교장연수회와 연변의 민족풍습을 취재하기 위해서'라고 적었다. 거짓을 내세워야 하는 입장이 조금은 민망했지만 '더 큰 목적을 위해서 어쩔 수 없는 일'이라고 스스로를 달랬다.

그렇게 북한 주민 접촉허가는 받아냈다. 하지만 생각해 보니 통일부의 허가만 받는다고 될 일이 아니었다. 최악의 상황, 특별히 안전에 문제가 생길 경우도 대비해야 했다. 정보당국에 보안을 조건으로 취재계획을 알리고 협조를 요청했다. 솔직히 북한 당국의 테러나 납치와 같은 위험스러운 상황이 걱정됐다. 취재지역이 중국의 연길과 도문, 훈춘 등 국경 지역 중심이고 그들 지역엔 북한 정보요원들이 많음을 알기 때문이었다. 정보당국의 첫 번째 반응은 '안 된다'는 것이었다. '가지 말라'고 했다. '너무 위험하다'는 게 그들의 설명이었다. 취재내용을 고려하면 더욱 그렇다는 것이었다. 일일이 공개되지는 않지만 북한 요원들에 의한 테러가 종종 일어나고 간혹 북한으로 납치되는 경우도 있다고 했다. 그 지역들에선 자신들도 힘을 쓰기 어렵다고 했다. 그들은 진심으로 나의 안전을 걱정하는 모습이었다. 그런 표면적인 이유 외에 취재결과에 따라 자칫 곤혹스러워질 수도 있는 자신들의 입장에 대한 걱정도 있는 것 같았다. 취재가 성공할 경우 기사가 몰고 올 정치적, 사회적 파장을 그들은 걱정하고 있는 것 같았다. 그들을 설득하는 데 꽤 많은 공을 들여야 했다. 결국 '취재내용 가운데 정보 가치가 있는 것을 공유하겠다'는 약속을 한 뒤에야 원하던 답을 들을 수 있었다.

3. 있는 것은 맞지만 확실한 건 아무 것도 없다

2월 중순, 비행기 창밖으로 비치는 겨울 풍경이 을씨년스러웠다. 원인 모를 긴장감이 몰려왔다. 몇 차례 심호흡을 한 뒤 비행기 트랩을 내렸다. 천진공항. 처음 밟는 공산주의 국가, 중국 땅이었다. 사방에서 몰아치는 매서운 칼바람이 온몸을 때렸다. 체감온도가 족히 영하 20도는 될 것 같았다. 명색이 방송기자인데 카메라 기자도 없는 단독 출장이었다. 공항의 전체적인 분위기는 차가운 날씨만큼이나 차갑고 음산했다. 대합실엔 일반인들 대신 국방색 군복 차림의 사람들이 그득했다. 그 모습에 가뜩이나 위축된 몸과 마음이 더 오그라드는 느낌이었다. 저만치서 마중나와 있던 이동식, 백승민 두 특파원이 손을 흔들었다. 기분 탓이었는지 두 사람의 차림과 행동도 중국 사람처럼 보였다. 그 모습에 웃음이 나왔다. '공항에 왼 군인들이 그리 많으냐'는 내 얘기에 이동식 특파원이 빙그레 웃었다. 그들 대부분은 군인이 아니라 일반인들이라고 했다. 저들이 입고 있는 옷은 군복이 아니라 중국정부가 공급하는 인민복이라는 얘기였다. 북경으로 향하는 길, 차창 밖으로 비치는 풍경 또한 을씨년스럽기는 마찬가지였다. 황량하게 이어지는 벌판, 한참을 달리자 나타난 도시, 도시를 채우고 있는 묵직한 회색 콘크리트 건물들, 그 건물들마다 걸려 있는 크고 굵은 붉은색 글자들... 모든 것이 묘한 기분을 느끼게 했다.

차 안에서 이 선배가 대략적인 내용을 설명했다. '탈북자가 있는 것은 분명하다. 하지만 몇 명이나 되는지, 어디에 있는지는 확실하지 않다.' '중간에 연락책이 있는데 이것저것 따지기만 할 뿐 직접 만날 기회는 주지 않고 있다. 그래서 취재가 가능하기는 한 건지, 가능하다면 언제 어떻게 할 수 있는지도 아직은 명확하지 않다' '솔직히 어느 것 하나도 손에 잡히는 것은 없는 상태다. 결국 박선규 씨 하고 우리하고 죽으라고 뛰는 수밖에 없다...' 이런 내용들이었다. 기대에 훨씬 미치지 못하는 수준의 얘기들이었다. 서울에서는 그래도 어느 정도 진행이 된 것으로 알고 있었는데... 당황스러웠다. '그 정도라면 굳이 왜 서울에 있는 나까지 부른 것일까?' '결국 취재가 안 될 수도 있다는 얘기인데... 정말 그리 된다면 나는 어찌해야 한다는 말인가?'... 여러 생각들이 머리를 스쳤다. 그런 내 마음을 읽었음인지 이 선배가 한마디 덧붙였다. '그래도 희망적인 건 그들을 보호하고 있다는 사람과는 연락선이 유지되고 있다'는 얘기였다. 이 선배는 '일단 그를 만나보면 뭐가 나오지 않겠냐?'며 씩 웃어보였다. 느긋하기로 따지면 KBS에서 둘째가라면 서러워할 이 선배 특유의 표정이었다. 하지만 엄청난 기대를 안고, 최악의 상황까지 각오하며 서울서 날아간 나로서는 적잖이 실망스러운 얘기들이었다.

하지만... 취재와 관련된 현실은 그랬지만, 그래도 중국이라는 낯선 땅에 왔다는 사실이 기분을 들뜨게 했다. 전쟁터가 아닌 곳으로는 첫 번째 외국 출장이었다. 한국을 벗어나 풍경과 역사, 문화가 다른 이국을 방문한다는 것은 언제나 가슴 설레는 일이었다. 더욱이 중국은 우리에겐 특별한 나라 아니던가? 길고 긴 세월 동안 우리의 의식과 생활, 역사를 지배해 왔던 나라, 그러다 2차대전 이후에는 우리와는 완전히 다른 체제 속에서 수십 년 동안 문을 꽁꽁 걸어 잠근 채 외부의 접근을 허락하지 않던 비밀스러운 나라였으니... 그 설렘은 더 할 수밖에 없었다. 그동안엔 걸프전, 소말리아 내전, 수단

내전, 유고 내전 등 전쟁터들만 찾아다녔었다. 고맙게도 전쟁터를 향할 땐 출국과 동시에 엄청난 긴장이 엄습했었는데 그때에 비하면 이번엔 제법 여유가 있었다. 취재와 관계없는 강한 호기심도 발동되고 있었다. 중국이란 나라와 중국 사람들에 대한 호기심이었다. '그래도 오길 잘 했다'고, '잘 될 것'이라고 스스로를 다독이고 또 다독였다. 전쟁터를 다니며 갖게 된 일종의 습관이었다. 위기 상황을 만날 때마다, 돌발적인 상황에 한 치 앞을 예상하기 어려울 때마다 그렇게 마음을 다스리며 기도했었다. 그러고 나면 놀랍게도 문제가 풀렸었다. 무겁게 내려앉았던 마음이 조금씩 풀리고 있었다.

아쉽게도 특파원들이 일하는 북경총국의 사무실엔 들를 수 없었다. 인접한 곳에서 일하는 한국 다른 언론사 특파원들의 눈 때문이라고 했다. 중국 정부의 방침에 따라 한국 특파원들의 사무실은 북경 시내의 사무 단지 작은 블록 안에 모여 있다고 했다. 비록 사무공간은 따로 쓰고 있지만 전체가 개방형으로 오픈돼 있어 누가 오는지, 가는지, 무엇을 하고 무슨 일이 있는지를 서로 간에 다 알게 돼 있는 구조라고 했다. 외국 언론을 관리하고 감시하는 공산주의 국가 중국다운 발상이라고 생각됐다. 그런 상황이었기에 만일 내가 사무실을 방문하면 바로 타사 특파원들의 눈에 띄어 의심을 사게 될 것이고 (왜 서울에 있어야 할 박선규가 북경에 나타난거지? 무슨 일이 있는 건가?) 그렇게 되면 비밀 취재가 드러나 일을 그르칠 위험성이 높다는 것이 양휘부 총국장의 판단이었다. 다행스럽게 그때까지 다른 언론사들엔 탈북자들에 관한 정보가 전해지지 않은 상태인 것 같았다. 하지만 그들 또한 언제 정보를 갖게 될지 그것은 누구도 모르는 상황이라고 했다. 도착한 날 저녁 조촐한 환영파티(?)를 열어주며 총국장은 서둘러야 한다고 강조했다.

4. 연길에서 만난 1970년대 서울 풍경

이튿날 국내선 항공편으로 연길로 이동했다. 탈북자들이 있다는 곳이었다. 다른 언론사 특파원들에겐 연길의 조선족 학교를 취재하러 간다고 둘러댔다고 했다. 비행기는 낡은 40인승 쌍발 프로펠러기였다. 외형은 물론 내부도 오래된 티가 역력한, 뭔가 찜찜한 기분을 갖게 하는 비행기였다. 여행사를 통해 예약할 땐 자리가 없다고 해서 웃돈까지 줬는데 막상 비행기에 오르고 보니 빈 좌석이 여러 개 있었다. 놀라운 일이었다. 황당한 표정을 짓는 내게 누군가가 '이게 요즘의 중국'이라며 너털웃음을 터뜨렸다. 중국 사람들이 돈맛을 알아가고 있다는 얘기였다. 높은 자리든 낮은 자리든 예외가 없다고 했다. 이들에겐 비행기 좌석을 채워 회사의 수익을 올리는 것보다 자신의 주머니를 채우는 것이 훨씬 중요하다고 했다. 의도치 않게 변화하고 있는 공산주의 국가 중국의 일단을 확인한 셈이었다. '아, 그랬구나. 중국의 공산주의 체제가 이렇게 밑바닥부터 흔들리고 있구나.' 그의 얘기는 그 후로도 오랫동안 내 기억 속에 자리잡고 앉아 이해되지 않는 현상들을 해석하는 요긴한 근거가 됐다. 다양한 현장에서 다양한 사건과 많은 사람들을 만나며 나는 그의 진단이 정확한 것이었음을 확인하곤 했다.

비행기는 낡았지만 기장의 실력은 탁월했다. 3시간 정도의 비행 끝에 비행기는 연길공항에 사뿐히 내려앉았다. 이틀 전 천진보다 훨씬 더 차갑게 느껴지는 칼바람이 사정없이 얼굴을 때렸다. 공항에는 연길시의 외사판공실(우리의 공보실) 직원이 나와 우리를 기다리고 있었다. 덥수룩한 머리에 그리 단정하지 못한 옷차림… 일종의 게으름이 느껴지는 모습이었다. 특파원일지라도 북경을 벗어나 다른 지역을 취재할 경우에는 해당 지역의 외사판공실 안내를 받는 것이 중국 정부가 정해 놓은 룰이라고 했다. 따라서 취재계획이 세워지면 사전에 방문할 지역과 취재할 내용, 그리고 기간을 신고하고 현지에서는 반드시 그들의 지시에 따라야 한다고 했다. 이 역시 외국 기자들을 감시하고 관리하는 통제장치인 것이 분명했다. 안내를 맡은 외사판공실 직원은 조선족이었다. 김○○라고 자신을 소개했다. 그는 차까지 한 대 렌트해 놓은 상태였다. 연길에 체류하는 동안 그 차로 함께 움직이고 떠날 때 함께 일한 날 수 만큼의 비용을 지불하면 된다고 그가 설명했다. 그 모든 것이 너무도 자연스러웠다. 하지만 나로서는 몹시 당황스러운 상황이었다. 그건 우리의 행적과 취재내용이 다 공개된다는 의미였다. 그것은 곧 비밀 취재가 불가능하다는 의미이기도 했다. 취재편의를 빙자한 명백한 감시였지만 그들은 모든 것이 우리를 위해서라고 했다. 문제는 그런 중국의 원칙을 피하거나 거부할 방법이 없다는 것이었다.

연길의 전체적인 분위기는 우리의 1970년대 초반 모습이었다. 중학 시절 통학하던 서울 외곽의 모습과 유사했다. 미처 다 포장되지 못한 도로도, 그런 도로변의 허름한 건물들도, 가게들도, 거리 곳곳에 자리 잡은 초라한 행상들과 오가는 사람들도, 그들의 생김새와 차림도... 특별히 눈 닿는 곳 어디에나 걸려 있는 한글 간판들이 반갑게 느껴졌다. 모든 간판에 한글과 한자가 병기돼 있었는데 한글이 크게 위로 있고 한자는 작게 아래에 배치돼 있었다. 일종의 충격이었다. 중국 땅에서 한글이 그렇게 당당하게 내걸려 있다니. 놀라는 내 모습에 이 선배가 설명했다. 소수민족의 유산과 전통을 귀하게 여기는 중국 정부의 정책 덕이라고 했다. 56개에 달하는 소수민족이 고유의 말과 글을 사용하도록 장려하는 것은 물론 한 가족에 1명만 허용되는 자녀도 소수민족에겐 2명이 허용된다고 했다. 놀라운 얘기였다. 힘 있다고 약자들을 배제하지 않고 오히려 배려하는 정책이라니... 이런 걸 대국다운 여유라고 하는 것일까?... 그 모습이 인상 깊게 느껴졌다. 사방에서 들리는 말도 분명한 우리말이었다. 북한식 억양이 강하기는 했지만 알아듣는 데는 아무런 지장이 없었다. 영락없는 1970년대 대한민국 한쪽 구석의 모습, 마치 타임머신을 타고 20년 전으로 돌아온 것 같은 느낌이었다. 그런 정겨운 풍경들이 마음을 편하게 했다. 까맣게 잊고 살았던 그 시절의 기억도 살아났다. 그때는 우리도 저런 모습으로, 살았었는데...

5. 차마 눈 뜨고 못 보겠더라, 조선족들의 탄식

조선족들에게도 우리가 낯설지 않은 것 같았다. 그들은 용케도 한국에서 온 사람들을 알아봤다. 그리곤 스스럼없이 말을 걸어왔다. 놀랍게도 그들은 떠나온 부모의 고향을 다 기억하고 있었다. 이름을 묻고는 성이 같으면 본관을 확인하기도 했다. 그런 분위기 속에서 한국에서도 드문 친척(충주 박씨)을 만나는 뜻밖의 기쁨도 누릴 수 있었다. 겨울 외투를 입고 털로 짠 목도리까지 단단히 두른 체구가 작은 여인이었다. 나도 '충주 박'이라는 얘기에 그녀는 눈을 동그랗게 뜨고 반가움을 표했었다. 그러면 오빠가 되시겠다며... 조선족들 사이에도 충주 박은 아주 드물다고 했다. 집에 가서 얘기하면 가족들이 놀랄 것이라고도 했다. 그녀를 포함해 거리에 나와 있는 조선족들은 대부분

한국에서 온 관광객들을 상대로 장사를 하고 있었다. 조잡한 기념품이 대부분이었지만 북한 지폐나 우표를 내보이는 경우도 있었다. 그들은 한국 사람들이 북한 물건에 호기심이 많다는 사실을 잘 알고 있는 것 같았다. 딱히 거절하기가 뭐해 중국 돈이 없다고 하면 한국 돈이 더 좋다며 주머니 속에 있던 천 원짜리, 만 원짜리 지폐를 보여주기도 했다. 그런 모습들 또한 정겨웠다. 중국이라기보다는 우리나라의 지방 어느 작은 마을 풍경으로 착각될 정도였다.

그런 자연스러운 대화를 통해 몇 가지 흥미로운 사실을 알게 됐다. 그들 대부분은 여러 가지로 북한과 연결돼 있는 사람들이라는 사실이었다. 북조선에 형제와 친척이 있다는 사람, 양쪽을 오가며 보따리 장사를 한다는 사람, 가끔씩 방문 형식으로 다녀온다는 사람... 그런 사람들이 적지 않았다. 그런 사연들을 그들은 굳이 숨기려 하지 않았다. 연길 지역 조선족들의 상당수가 6.25 당시 북한을 도와 참전했다는 사실도 알게 됐다. 학창시절 배웠던, 1.4 후퇴를 촉발했던 바로 그 중공군 부대원들이었다. 조금 과장해 말하면 한 집 건너 한 집꼴로 참전용사(중공군) 가족들이라는 게 그들의 설명이었다. 그것은, 적어도 내게는, 참으로 놀라운 얘기였다. 그때까지 나는 단 한 차례도 조선족을 중공군으로 연결지어 생각해 본 적이 없었다. 단지 독립운동에 참여했던 애국지사들의 후손이 적지 않을 것이라는 생각만 했다. 그런 생각에 일종의 부채의식을 그들에게 품고 있었다. 그런 역사를 확인하니 그들이 북한과 가깝고 친밀한 것은 지극히 당연한 일이라는 생각이 들었다. 심정적으로는 북한을 자신들의 조국이라 생각할 수 있겠다는 생각도 들었다. 하지만 놀랍게도 그런 그들이 북한 정권을 신랄하게 비난하고 있었다. 대놓고 김정일을 포함한 북한 지도층을 나쁜 XX들, 강도 같은 X들이라고 욕하는 사람들도 적지 않았다.

북한을 향한 그들의 마음은 연민과 분노였다. 그들은 불과 20년 전만 해도 북한이 중국보다 잘살았다고 했다. 해서 자신들이 북한의 친척들에게 도움을 받기도 했다고 했다. 한데 지금은 완전히 뒤바뀌었다고 했다. 북한이 세상에서 가장 못사는 나라가 된 것 같다고 했다. 어쩌다 저리 불쌍하게 됐는지 모르겠다며 속상해 했다. 한 번씩 방문

할 때마다 차마 눈 뜨고 보지 못할 광경을 본다며 눈물짓는 사람들도 여럿 있었다. 그들은 그런 상태에서도 오히려 문을 더 걸어 잠그는 김정일을 도저히 이해할 수 없다고 했다. 한 해 전(1993년)까지만 해도 1년에 서너 차례씩 방문이 가능해 작으나마 도움을 줄 수 있었는데 지금은 그럴 수 없다고 했다. 1994년에 접어들면서부터 방문 횟수가 한 차례로 제한됐고 가져갈 수 있는 가방의 수도 2개로 줄었다는 얘기였다. 도와주고 싶어도 도와주기 어렵게 됐다는 말이었다. 도대체 누가, 왜 이런 짓을 하는지 모르겠다며 그들은 안타까워했다. 북한 얘기를 할 때마다 그들은 고개를 가로저었다. 깊은 한숨을 내쉬기도 했다. 어떤 사람들은 침통한 표정으로 아예 입을 닫기도 했다.

더 놀라운 일도 있었다. 그들의 우리에 대한 인식이었다. 혈연적으로나 역사적으로나 또 심정적으로나 북한과 가까운 그들이었기에 우리에게는 그리 우호적이지 않을 것이라고 생각했다. 더 나가 불편한 모습을 보일 수도 있을 것이라고 짐작했다. 하지만 그런 사람들은 단 한 명도 만나볼 수 없었다. 오히려 그들은 한국을 부러워하고 있었다. 대단한 나라로 인식하고 있었다. 그 결과 과하다 싶을 정도의 호감도 나타내고 있었다. 그들은 한국이 중국보다 훨씬 잘산다는 사실도 잘 알고 있다고 했다. 주변에 한국 가서 돈 벌어온 사람들이 있다며 부러워하기도 하고, 한국에 가고는 싶은데 방법을 모르겠다며 도움을 청하기도 했다. 한국에 대한 그들의 인식은 온통 호감 일색이었다. 그들에게 한국은 이미 꿈의 땅으로 새겨져 있는 것 같았다. 그 인식의 역전현상이 의미심장하게 느껴졌다. 적어도 연변 조선족 자치주의 조선족들 사이에 남과 북의 체제경쟁은 이미 끝났다고 봐도 무방할 것 같았다.

숙소로 돌아오는 길, 거리 한쪽에 곶감을 수북이 쌓아놓고 파는 노점상이 보였다. 60세는 족히 돼 보이는 노인이 깨끗해 보이지는 않는 두툼한 점퍼에 귀까지 가리는 털모자를 쓰고 있었다. 10위안을 내니 종이봉투에 참 많이도 담아주었다. 그중 하나를 입에 넣어봤다. 달착지근한 맛 뒤로 모래가 지금거렸다. 하지만 웃고 있는 노인의 얼굴을 보니 인상을 쓰기가 그랬다. 삼키지도 못하고 입속에서 우물거리며 그 자리를 벗어났다. 그래도, 고맙게도 맛만은 어릴 적 시골서 먹던 바로 그대로였다.

힘겨운 현실,
쫓는 자와 쫓기는 자

1. 감시 속에 시작된 숨바꼭질 취재

익숙한 풍경과 사람들이 그리 오래지 않은 과거의 기억들을 살려냈다. 그 기억들이 나쁘지 않았다. 놀랍게도 견디기 어려울 정도로 힘겨웠던 순간들조차 흐뭇한 추억으로 포장돼 있었다. 흥미로운 경험이었다. 하지만 그런 낭만적 감상에 빠져 있을 수만은 없었다. 일을 해야 했다. 그러기 위해서는 머리를 써야 했다. 무엇보다 외사판공실의 감시를 따돌릴 방책이 필요했다. 하지만 특별한 묘책이 있을 수 없었다. 공식적인 취재일정을 최대한 서둘러 마친 후 나머지 시간을 활용하는 심플한 방법을 쓰기로 했다. 이튿날부터 탈북자와 외사판공실 직원을 사이에 둔 숨바꼭질 취재가 시작됐다. 당연히 이른 아침부터 바쁘게 움직여야 했다. 여전히 덥수룩한 모습이기는 했지만 그는 정해진 시간엔 결코 늦는 법이 없었다. 어디를 가든, 누구를 만나든 '왜?'냐고 묻는 법도 없었고 불편한 감정을 내보인 적도 없었다. 그는 외국 특파원이 움직일 때는 그들과 함께 있어야 한다는 규정에만 충실한, 기계적인 공무원이었다. 그게 오히려 고마웠다. 때론 역할분담도 필요했다. 나나 이 선배 가운데 한 사람이 그와 함께하는 사이 다른 한 사람이 탈북자 취재를 진행하는 방식이었다. 정보를 가진 사람들을 만날 땐 시간과 장소를 우리가 정할 수 없는 까닭이었다. 그렇게 바쁘게 움직이면서 마음 한구석엔 부담도 느껴야 했다. 한결같이 순박한 웃음으로 우리를 믿어주는 그에 대한 미안함 때문이었다. 그를 속인다는 자책감, 그리고 어쩌면, 취재가 성공할 경우, 그가 곤란해질 수도 있겠다는 걱정이 마음을 불편하게 했다.

그렇게 하루하루 취재를 이어갔다. 사전에 신고된 취재를 서둘러 마치고 나면 우리는 일이 끝났다며 그를 돌려보내곤 했다. 그는 아무런 의심 없이 우리 얘기를 믿어줬고 깍듯한 인사도 잊지 않았다. 아마도 일이 일찍 끝났다고 내심 좋아했을지도 모를 일이었다. 그렇게 그가 떠나고 나면 우리는 택시를 잡아타고 본격적인 취재를 시작하곤 했다. 사흘째 되던 날, 미안한 마음에 그에게 재미있는 책이 있는데 한번 읽어보지 않겠냐고 권했다. 출발하며 집에서 챙겨간 『무궁화 꽃이 피었습니다』라는 3권짜리 소설이었다. 박정희 대통령 시절 우리의 핵무기 개발을 소재로 한, 김진명 작가의 당시 최고 인기 소설이었다. 실제 인물을 등장시켜 남과 북, 거기에 미국을 연결시킨 내용이 흥미진진하게 그려져 있었다. 내가 워낙 재미있게 읽었기에 당연히 그도 관심이 있을 것이라고 생각해 던진 얘기였다. 다행히 그는 책을 좋아한다며 크게 반색했다. 그날 이후 그는 소설에 푹 빠진 모습이었다. 차에서도 식당에서도 그 책을 손에서 놓지 않았다. 그러더니 나중엔 집으로 빌려 가기도 했다. 연길에서의 취재를 마치고 헤어지던 날, 그는 자신에게 책을 선물해주면 안 되겠냐고 조심스럽게 물었다. 다른 친구들에게도 읽히고 싶다고 했다. 그건 오히려 내가 고마운 일이었다. 기꺼이 그에게 책을 건네며 혹시 또 보고 싶은 책이 있으면 연락하라고 했다. 그의 어깨를 안아줬다. 미안한 마음이 조금은 가셔지는 느낌이었다.

그렇게 숨바꼭질 취재를 하며 많은 사람들을 만났다. 단서가 나오면 찾아가고 거기서 새로운 얘기를 들으면 또 찾아가고… 꼬리에 꼬리를 무는 취재방식이었다. 그렇게 탈북자들과 관련된 소문이 있는 곳이라면 때와 장소를 가리지 않고 찾아다녔다. 그런 과정에서 의외로 많은 사람들이 탈북자들의 존재를 알고 있다는 사실을 확인할 수 있었다. 그것도 간접적으로 경험한 사람들이 아니라 직접 경험한 사람들이었다. 탈북자들을 봤다는 사람들, 직접 도왔다는 사람들, 비참하게 잡혀 끌려가는 것을 봤다는 사람들… 아쉽게도 탈북자들을 직접 만날 수는 없었지만 관련 경험담은 충분히 들을 수 있었다. 그들의 얘기 가운데 충격적인 내용도 적지 않았다. 경험을 전하는 그들의 얘기 속에 공통적인 것은 애처로움과 안타까움이었다. '불쌍해 못 봐 주겠더라' '같은 동족으로 도저히 외면하지 못하겠더라'… 그들의 얘기에 심장이 쿵쾅거리고 있었다. 역시 기자에게 중요한 것은 현장이었다. 현장을 뛰어보니 이렇게 간단하게 확인되는 것을… 현장을 확인하기 전 북경에서, 연길의 호텔에서 노심초사만 했던 시간들이 부끄러웠다. 그랬다. 적어도 연길과 도문 등 지역에서 탈북자들의 존재는 전혀 비밀이 아니었다. 그건 생각했던 것보다 탈북자들의 수가 훨씬 많다는 의미였다.

탈북자들의 얘기를 전해주는 사람들에겐 또 다른 공통점이 있었다. 한국 정부와 대사관에 대한 분노였다. 비참한 처지의 그들을 도와주기는커녕 고개를 돌려 외면하고 있다는 얘기였다. 천신만고 끝에 북경의 대사관에 찾아가 도움을 청하면 겨우 돈 몇 푼 쥐어주며 황급히 쫓아버린다는 것이었다. 대체 무슨 자격으로 도움을 청하냐고 호통치는 경우도 있다고 했다. 그런 얘기들 가운데는 위험을 각오하고 대사관 앞까지 데려다줬다는 사람들의 직접 경험담도 있었다. '아, 이 얘기였구나. 북한에서 온 사람들 때문에 골치가 아프다는 ○○○ 대사의 얘기는 바로 이런 얘기였구나....' 뒤늦은 깨달음에 속에서 욱하는 기운이 올라왔다. '그때 그 얘기는 그들을 도울 수 없는 현실에 대한 안타까움의 고백이 아니었구나. 그들을 귀찮은 존재로만 생각한 몰인정, 몰염치의 자백이었구나' '죽을 고비를 넘겨 가며 대사관까지 찾아온 동포들의 간절한 염원을 한낱 골치 아픈 문제로 치부해버린 무책임의 고백이었구나. 그게 바로 대한민국 정부와 대사의 인식수준이었구나'.... 가슴이 답답했다. '대한민국의 영토는 한반도와 그 부속도서로 한다'는 헌법의 정신을 따른다면 그들은 분명한 대한민국 국민이 아니던가? 굳이 헌법조항을 거론하지 않더라도 그들은 사지를 탈출해 목숨까지 위협받을 정도의 심각한 위기상황에 처해 있는 동포들이 아니던가?

2. 잡혀가면 화형당한다는 사실을 아는가?

목숨 걸고 찾은 대사관에서 보호를 거절당했을 때 그들은 어떤 심정이었을까? 대사관 직원이 돈 몇 푼 쥐어주며 '골치 아프게 굴지 말고 어서 가라'고 등 떠밀 때 그들의 머릿속엔 어떤 생각이 떠올랐을까? 절망과 좌절 아니었을까? 보호될 수 없는 처지에 대한 엄청난 공포가 아니었을까? 공포 가득한 얼굴로 눈물 흘리며 돌아섰을 그들 생각에 가슴이 먹먹했다. 소리 높여 항의도 못 하고 황급히 물러나와 급하게 몸을 숨겼을 그들 생각에 미안함이 밀려왔다. 화도 났다. '도대체 대한민국 대사관은 무엇을 위해 존재하는 기관이란 말인가?' '공무원이란 사람들은 대체 무슨 생각으로 그 자리를 지키고 있는 것이란 말인가?' '적지 않은 공관원들 가운데 그런 현실에 대해 문제의식을 가진 사람이 단 한 명도 없었단 말인가?'... 정말이지 이해할 수 없었다. 그러나 그런 못나고 못된 공직자들과 달리 헌신적으로 탈북자들을 돕는 사람들이 있었다. 마음 따뜻한 조선족들과 현지에 진출한 기업인들이었다. 그들은 상당한 수준의 위험부담을 감수하며 불쌍한 동포들을 돕고 있었다. 눈물겹고 가슴 찡한 스토리들이 넘쳐났다. 공안들이 수시로 찾아와 묻고 뒤지는 바람에 아찔한 상황을 맞기도 하지만, 걸리면 추방되거나 심할 경우 옥살이를 해야 한다는 것을 잘 알지만, 그런 상황에서도 그들은 기꺼이 위험을 감수하고 있었다. '잡혀가면 죽을 수밖에 없다는 것을 잘 아는데 어떻게 저들을 외면할 수 있겠냐'는 것이 그들의 얘기였다.

주변 취재는 그렇게 기대 이상으로 잘되고 있었다. 역시 기자에게는 현장만큼 중요한 것이 없다는 사실을 거듭, 거듭 확인하고 있었다. 북경과 연길 사이에는 물리적 거리와는 비교할 수 없을 정도의 정보 차이가 존재하고 있었다. 하지만 소문과 경험담은 그렇게 많았지만 당사자들에 대한 취재는 여전히 쉽지 않은 상태였다. 무엇보다 접근 자체가 쉽지 않았다. 그들을 감싸고 있는 보호막이 정말 두터웠다. 직접 연결돼 있다는 인사를 졸라봤지만 자신에게는 권한이 없다며 말을 돌렸다. 일단 연길로 오면 방법을 찾을 수 있을 것이라며 적극성을 보였던 분이었다. 이분도 나름 노력을 하고 있는 것 같기는 했다. 그러나 그 자신이 결정권자는 아닌 것 같았다. 결국 며칠 후 이분은 '당사자들이 응하지 않겠다'고 한다며 완전히 발을 빼고 말았다. 언론의 관심에 잔뜩 겁에 질려 있다는 얘기였다. '목숨 걸고 탈출해 어렵게 숨어 살고 있는데 취재에 응하게 되면 신분이 드러날 것이고 그렇게 될 경우 잡혀서 북한으로 보내져 죽을지 살지 모르는데 어떻게 취재에 응하느냐'는 게 그들의 얘기라고 했다.

이해가 안 되는 얘기도 아니었다. 그러나 그렇다고 물러날 수 없었다. 어떻게든 그들을 만나야 했다. 방법을 찾기 위해 여기저기 뒤진 끝에 어렵게 그들의 마음을 돌릴 수 있는 사람이 있다는 사실을 확인했다. 이름만 대면 알 수 있는 국내 대형교회의 목사였다. 그의 교회가 투자한 교육시설과 복지시설이 연길에 있다고 했다. 그리고 그 기관들이 탈북자 보호에 연결돼 있다고 했다. 마침 그 목사가 연길에 들어와 있다고 했다. 소식을 전해준 인사는 고맙게도 자신이 그분과의 자리를 한번 만들어 볼 수 있을 것 같다고 했다. 고마운 일이 아닐 수 없었다. 깜깜했던 터널에 한 줄기 빛이 비치는 느낌이었다. 같은 크리스찬의 입장에서 통하는 부분이 있을 것 같았다. 마침 그 교회는 아내가 결혼 전 다니던 교회이기도 했다. 시간을 늦출 여유가 없었다. 얘기가 나온 당일 저녁, 연길 외곽의 한적한 사무실에서 그 목사를 만났다. 직접 대면한 것은 처음이었지만 얼굴과 명성은 익히 아는 분이었다. 반갑게 인사를 건네며 우선 만나주신 데 대해 감사를 전했다. 그러나 그분은 기대와 완전히 다른 모습으로 나를 당황하게 했다. 처음부터 못마땅한 표정을 감추지 않더니 인사를 다 마치기도 전에 날선 얘기들을 쏟아내기 시작했다.

기자와 언론을 향한 격한 언어들이 이어졌다. '기자라는 존재는 문제 해결에는 눈곱만큼의 관심도 없이 특종에만 목을 매는 못된 인간들'이라고 힐책했다. '정작 중요한 문제는 손도 못 대면서 선정적인 얘깃거리에만 매달리는 못난 놈들'이라고도 했다. 당황스러웠다. 나를 언제 봤다고. 초면인 기자 앞에서 이리도 함부로 말한단 말인가? 그것도 목사의 용어가 아니라 시정잡배의 수준의 언사로. 상상도 못 했던 일이었다. 그건 기본적으로 대화 상대에 대한 예의가 아니었다. 그것도 처음 대하는 사람에게. 그 옆에는 좋은 마음으로 자리를 만들어 준 주선자도 있었다. 그가 흥분한 상태에서 말을 이었다. '당신들 욕심으로 이 사람들에게 어떤 어려움이 닥치게 될지 상상이나 해봤냐'고. '이 사람들에게 불행한 일이 닥치면 책임지겠냐'고. 그건 대화가 아니라 다그침이었다. 예상치 못했던 상황에 내 얼굴이 벌겋게 달아올랐다. 하지만 나까지 흥분할 수는 없는 노릇이었다. 더구나 나는 모태 크리스찬, 그는 존경받는 큰 목사 아니던가? 최대한 정중한 모습으로 '결코 그렇지 않다'고, '그분들을 위한 해결책을 만들기 위해 위험 무릅쓰고 여기까지 온 것 아니겠냐'고 설명했지만 그는 아예 들으려고도 하지 않았다. 그분은 작심하고 기자를 혼내주기 위해 그 자리에 나온 게 분명했다.

한참 동안 목소리를 높이던 그분의 얘기가 어느 순간 북한 땅으로 튀었다. '북한 땅에서 끔찍한 화형이 자행되고 있는 걸 아느냐? 이 사람들도 잡혀갈 경우 불 태워져 죽게 된다는 걸 알고 있느냐'는 얘기였다. 그의 말이 이어졌다. '당신이 정 이 사람들을 취재하고 싶으면 우선 북한 땅에 들어가 화형장면을 촬영해 갖고 나와라. 그것을 먼저 방송에 내라. 그러면 당신의 진심을 믿어주겠다…' 말도 안 되는 억지였다. 그건 탈북자들을 걱정하는 얘기도 아니었다. 오직 언론과 기자를 향한 원색적인 조롱일 따름이었다. 이미 마음속에 활활 타고 있는 분노가 터져 나오려고 했다. 이런 수준의 얘기를 어디까지 참아줘야 하나? 한쪽에 조용히 앉아 지켜보기만 하던 주선자와 눈이 마주쳤다. 그의 눈빛이 정말 미안하다고 말하고 있었다. 그도 심하게 당황하고 있음이 분명했다. 가까스로 감정을 추스르며 벌떡 일어났다. 문을 열고 나와 버렸다. 인사도 하지 않은 채였다. 속이 끓어올랐다. 수도 없이 심호흡을 해댔다. 그러면서 '아마도 기자들에 대해 좋지 않은 경험이 있었기 때문이겠지'라고 스스로를 다독이고 또 다독였다. 그렇게 숙소까지 1시간여의 어두운 밤길을 씩씩거리며 걸었다. 아프리만치 차디찬 2월 연길의 밤공기가 전혀 차갑게 느껴지지 않았다.

3. 협조하는 사람만이라도 한국으로 데려가겠다 약속하라

큰 기대를 가졌던 만남은 그렇게 허망하게 끝나고 말았다. 마음속으로 존경하던 교계 지도자에 대한 실망과 분노만 생긴, 차라리 안 만났으면 좋았을 만남이 되고 말았다. 아무리 생각해도 그의 방식과 태도는 이해할 수 없는 것이었다. '왜 그렇게까지 적개심을 드러냈을까?' '도대체 어떤 기자와 무슨 일이 있었길래 그런 모습까지 보였을까?' 하지만 그날의 일이 소득없이 끝난 것만은 아니었다. 그날 이후 주선자가 적극적으로 움직이기 시작했다. 그가 오히려 많이 미안하고 민망했던 모양이었다. '박 기자 고맙소. 참기 어려웠을 텐데 잘 참아줬어. 내가 대신 사과하고 싶소. 그러려고 만든 자리가 아니었는데...' 진심이 느껴졌다. 그 마음이 참으로 고마웠다. '사실 ○○ 님 때문에 참았습니다. 몇 번이나 당신이 목사냐고 소리치고 싶었습니다. 자리를 박차고 뛰쳐나가고 싶었습니다. 당신이 그렇게 섬기는 예수님은 제자들의 발까지 씻었는데 당신은 무엇이 대단해 그리 오만하냐고 묻고 싶었습니다. 이게 그분께 배운 모습이냐고 따지고 싶었습니다...' 그는 잔잔히 웃으며 듣기만 했다. 그도 독실한 크리스찬이었다.

주선자와의 관계가 한결 편해졌다. 나를 대하는 눈빛이 달라졌고 호칭도 달라졌다. 그는 나를 박 기자가 아닌 박 동지라고 부르기 시작했다. 나중에 알았지만 그는 단순한 주선자가 아니고 직접 탈북자를 보호하고 있는 핵심인사였다. 다만 그가 하는 일에 문제의 목사 교회가 적지 않은 재정지원을 하고 있어 그의 영향력에서 자유롭지 않은 상태였다. 그 또한 탈북자들을 직접 대하며, 그들의 비참한 상황을 직접 확인하며, 그럼에도 불구하고 해결책이 보이지 않는 현실에 답답해 하며 뭔가 근본적인 대책이 필요하다는 것을 느끼고 있었던 것이 분명했다. 다만 언론을 통해 그들의 존재를 알리는 것이 단기적으로 얼마나 큰 위험이 될지에 대해 고심하고 있는 것 같았다. 나를 기자가 아닌 동지로 부른 것은 문제를 풀기 위해 함께하겠다는 의지를 밝힌 것으로 해석됐다. 문제가 풀리고 있다는 신호였다. 그가 더 이상 목사를 의식하지 않고 직접 나서고 있다는 것이 느껴졌다.

그를 통해 수 차례, 여러 의견들이 오갔다. 어느 날 그가 뜻밖의 제안을 전해 왔다. '취재에 협조하는 사람들만이라도 한국으로 데려가 줄 수 있겠는가? 그렇게 해준다면 취재에 응하도록 하겠다'는 내용이었다. 그와 다른 두 사람이 자리를 함께하고 있었다. 귀가 솔깃한 제안이었다. 그건 엄청난 진전이기도 했다. 만남이 시작된 후 처음 얻은 긍정적인 변화, 조건을 달기는 했지만 '협조 의사'를 밝혔다는 사실 자체가 무엇보다 중요했다. 그들은 정말 두려워하고 있다고 했다. 그 두려움의 핵심은 신분이 탄로나 다시 북으로 잡혀가는 것이라고 했다. 머릿속이 복잡해졌다. 우선 '그렇게 하겠다' 대답하고 취재를 진행할까? 하는 생각이 머리를 스쳤다. 그렇게 취재를 하고 나서 그들을 데려갈 방법을 알아보면 되지 않을까? 그들의 얘기가 세상에 알려지게 되면 뭔가 길이 만들어질 수도 있을 텐데… 많은 생각들이 꼬리에 꼬리를 물고 이어졌다. 모두 예스라는 대답을 합리화시키는 방향이었다. 물론 그럴 가능성이 없는 것도 아니었다. 일단 보도되기만 한다면 엄청난 반향이 일어날 것이 분명했다.(나는 정말 그렇게 믿고 있었다) 세계적인 특종에 외신들도 가세해 힘을 더해 줄 터였다. 당연히 변화가 만들어질 가능성이 상당히 높았다. 전 세계에 충격적인 북한의 실상이 알려지면서 인도주의적 관심과 여론이 증폭될 것이 분명했다. 하지만… 하지만 아무리 그렇다고 하더라도 그건 기대 섞인 예상일 뿐이었다. '탈북자들을 한국으로 데려가겠다'는 것은 내가 할 수 있는 약속의 범주를 넘어서는 일이었다.

'죄송합니다. 그런 약속은 할 수 없습니다. 그건 제 권한 밖의 일입니다' 솔직하기로 했다. 당장의 이익을 위해 거짓말을 할 수 없었다. 그들의 표정이 어두워졌다. '그렇다면 취재에 응할 수 없습니다.' 그들도 단호하게 반응했다. 예상했던 반응이기도 했다. 그렇다고 물러설 수 없었다. 설득이 필요한 단계였다. 한번 열린 긍정의 가능성을 그렇게 닫을 수는 없는 일이었다. 차분하게 서울에서 취재 비자가 아닌 관광비자를 가지고 중국에 온 이유, 연길에 도착한 이후 갖게 된 생각, 목격자들과 관계자들을 통해 다지게 된 기자로서의 책임감, 이 문제가 가지게 될 역사적인 의미 등... 솔직한 마음을 털어놓았다. '위험할 수 있다는 것 잘 압니다. 잘못돼 붙잡힐 경우 당해야 하는 고통에 대해서도 충분히 짐작합니다. 하지만 그들에게 언제까지 이런 불안하고 비참한 생활을 견디게 하시겠습니까? 이 상태로 숨어만 있으면 시간이 아무리 흘러도 상황은 결코 나아지지 않는다는 사실, 잘 아시지 않습니까? 당신들 입으로 이미 탈북을 시도하는 10명 가운데 8명은 잡혀간다고 얘기하지 않았습니까?'

그들은 별 반발없이 내 얘기를 다 들어주고 있었다. 그들의 표정이 복잡해졌다. 그런 모습에 무겁게 한마디를 더했다. '위험부담을 좀 감수하시면 안 되겠습니까? 저도 그 부담을 함께 지겠습니다. 이미 상당한 위험도 느끼고 있습니다. 솔직히 한국으로 데리고 간다고 거짓 약속을 할 수도 있습니다. 그렇게 취재한 후 모른 척 도망가면 되지 않겠냐는 약삭빠른 계산도 전혀 없지는 않습니다. 하지만 그래서는 안 된다고 생각합니다. 그건 정말 부끄러운 일 아니겠습니까?... 한국으로 데리고 간다는 약속은 못 하지만 한 가지만은 분명하게 약속할 수 있습니다. 그분들을 위한 여론을 만드는 데 제 모든 것을 걸겠습니다. 지금 대한민국 정부는 중국 눈치를 보느라, 중국은 북한 눈치를 보느라 이 문제에 적극적으로 나서지 못하고 있습니다. 하지만 대한민국은 여론으로 움직이는 나라입니다. 대한민국 정부가 아무리 눈을 감으려 해도 감지 못하도록, 외면하려 해도 외면하지 못하도록 여론을 만들어 드리겠습니다. 중국 정부가 인권차원에서 이 문제를 다루도록, 공안당국이 그들을 잡아 북한으로 다시 돌려보내지 못하도록 국제적인 압력을 만들어 내겠습니다. KBS는 그런 힘을 가진 언론기관입니다. 제 모든 것을 그 일에 걸겠습니다. 자신도 있습니다....' 저들의 눈빛이 흔들리는 것을 느낄 수 있었다.

4. 쥐약입니다. 체포돼 죽느니 차라리 자살하려고...

그로부터 얼마의 시간이 더 지나고 있었다. 그들도 고심을 하고 있는 것이 분명했다. 조바심이 났지만 기다리는 것 말고는 달리 할 수 있는 게 없었다. 그러던 어느 날 연락이 왔다. 모처에서 만나자는 것이었다. 더 이상의 말은 없었지만 '결심이 섰다'는 의미로 해석됐다. 장비를 챙겨 약속장소로 나갔다. 그곳엔 주선자와 초라한 차림의 청년(?) 두 명이 함께 있었다. 심한 곱슬머리에 유난히 눈빛이 맑은 청년들이었다. 그들의 눈빛에 긴장감이 가득했다. 북한에서 온 탈북자 형제라고 했다. 청년이라고 했지만 체구나 인상은 우리 중학교 2~3학년 정도로밖에 보이지 않았다. 형이 20살, 동생은 18살이라고 했다. '중국제 쥐약입니다.' 간단한 소개 후 이야기를 시작하자마자 형이 툭 던진 말이었다. 그의 손엔 언제부터 들고 있었던지, 주머니에서 꺼낸 작은 비닐봉지가 들려 있었다. '북한에서 나올 때 농약을 가지고 나왔습니다. 그런데 탈출할 때 강을 헤엄치다 보니 다 떠내려가 버렸습니다. 그래서 중국에서 쥐약을 구했습니다. 북한놈들한테 체포돼 죽느니 차라리 이것 먹고 자살하는 게 낫습니다...' 앳된 얼굴답지 않게 그의 표정이 비장했다. 그는 함경북도 회령의 탄광에서 광부로 일하다 그 전해 6월 압록강을 넘었다고 했다. 몇 달 동안 계획해 경비가 허술한, 비가 많이 내리는 때를 택했다고 했다. 하지만 예상보다 훨씬 많이 내린 비로 수량이 늘고 물살이 강해져 거의 죽을 뻔했다고 했다.

형제가 탈북을 결심한 이유는 배고픔 때문이라고 했다. 7년 선 어느 날, 어머니가 식량배급을 안 주는데 대해 불평한 것이 문제의 시작이었다고 했다. '이렇게 까지 배급을 안 주면 어떻게 살겠는가?... 굶어죽지 않는 것이 재간이다. 왜정 때 만큼만 살았으면 원이 없겠다...' 당장 먹을 것이 막막한 상황에 어머니가 이런 넋두리를 했다고 했다. 이런 불평을 누군가가 밀고했고 어머니가 교화소로 끌려갔다고 했다. 어머니가 끌려간 후 공장의 경리과장이던 아버지도 쫓겨나고 건설군관이던 외삼촌도 막노동자로 밀려났다고 했다. 그렇게 집안 전체가 엉망이 됐다고 했다. 자신들이 13살, 11살 때 일이라고 했다. 얼마 지나지 않아 엎친 데 덮친 격으로 아버지가 쓰러지면서 최소한의 식량을 구하는 것도 어려워졌다고 했다. 수년 동안 참기 힘든 배고픔의 시절이 이어졌다고 했다. 너무 힘들었다고 했다. 여기저기서 굶어죽는 사람들에 대한 소문이 돌기 시작했고 식량을 구하겠다며 고향을 떠나는 사람들이 늘었다고 했다. 중국에 가면 먹을 것이 많다는 소문이 돌았고 비밀리에 국경을 넘었다는 사람들의 얘기도 들려왔다고 했다. 자기 동네에서만도 조용히 사라진 사람들이 10명이 넘었다고 했다. 해서 집에서 굶어죽느니 중국에라도 가보자는 마음으로 집을 나섰다고 했다.

병석에 누워 있던 아버지에게는 나물을 캐러간다고 거짓말을 했다고 했다. 대신 양말 속에 '죄송하다' '못 돌아오지 모른다'는 편지를 남겼다고 했다. 말없이 바라보기만 하던 아버지는 아마도 돌아가셨을 것이라고 했다. 그들은 중국에 들어온 지 거의 8달이 됐다고 했다. 그동안 연길과 훈춘 대련 등을 떠돌며 한국으로 가는 방법을 모색했고 지금도 찾고 있다고 했다. 먹을 것을 구하기 위해 외딴 농가에서 일을 돕기도 하고 때론 구걸도 하면서 하루하루를 버티고 있다고 했다. 탈북자들을 체포하려는 중국 공안들과 북한 조교들의 눈을 피해다니는 것이 힘들기는 하지만 그래도 북한 생활보다는 훨씬 낫다고 했다. 그렇게 다른 것은 다 견딜 만한데 동생이 아플 때가 제일 힘들다고 했다. 병원도 못가고 그렇다고 배불리 먹이지도 못하는 것이 너무 가슴 아프다고 했다. 두 살 터울이었지만 녀석은 동생을 지키고 돌봐야 한다는 책임감으로 똘똘 뭉쳐 있었다. 형제는 북한을 떠날 때만 해도 한국에 대해 전혀 알지 못했다고 했다. 처절한 배고픔만이라도 면하면 좋겠다는 생각으로 국경을 넘었다고 했다. 하지만 연길에서 만난 좋은 사람들에게 얘기를 듣고 한국행을 꿈꾸게 됐다고 했다. 극동방송을 들으며 하나님을 믿게 됐다고도 했다.

형제는 북경의 한국 대사관을 찾았던 아픈 기억도 털어 놓았다. '연길에서 만난 한국 아저씨가 도와줬습니다. 아저씨는 한국 대사관에 가면 안전할 거라고 했습니다. 한국으로 보내줄 거라고. 가다가 공안에게 잡히면 큰일 난다면서 직접 북경까지 데려다줬습니다. 북경에서는 남조선 대사관이라고 수첩에 적어주며 그것을 택시기사에게 보여주라고 했습니다. 아저씨가 가르쳐준 대로 해서 대사관까지 찾아갔습니다. 택시에서 내려서는 무조건 안으로 뛰어 들어갔습니다. 들어가서 창구에 앉은 직원에게 '북조선에서 왔다, 한국에 가고 싶으니 도와달라'고 했습니다. 그런데 그 직원은 잠깐 쳐다보더니 냉정하게 '도와줄 수 없다, 나가라'고 했습니다. 말도 들어보려고 하지 않고… 우리가 당황해서 머뭇머뭇하자 인상을 쓰면서 빨리 나가라고… 그래서 말도 제대로 못해보고 쫓겨났습니다. 대사관에만 가면 다 되는줄 알았는데… 그땐 정말 막막했습니다.' 형제는 그때 정말 무섭고 슬펐다고 했다. 자세히 보니 그의 오른 손등에 굵고 긴 상처가 나 있었다. 혹시 중국에서 다친 것이냐 물으니 그건 아니라고 했다. 아무 것도 먹지 못한 상태로 탄광에서 탄을 캐다가 넘어지면서 기계에 찢겨 생긴 상처라고 했다.

3시간 가까운 인터뷰가 끝났다. 녀석의 표정은 많이 풀려 있었다. 해맑게 웃는 녀석을 안아준 뒤 얼마간의 달러를 손에 쥐어주었다. 포기하지 말고, 용기 잃지 말고 잘 견디라고. 녀석은 고맙다며 아주 깍듯하게 인사했다. 겁먹은 표정의 동생은 여전히 주눅든 모습으로 말 한마디 없었다. 그들에게, 주선자에게 당장 직접적인 도움을 줄 수 없음에 미안함을 표했다. 그 의미를 알고는 있는 것인지 녀석은 괜찮다며 씩 웃어보였다. 돌아서는 녀석들의 뒷모습이 아주 조그맣게 보였다. 너무 안타까웠다. 무사해야 할 텐데… 잘 버텨줘야 할 텐데… '주여, 저들을 지켜주소서. 저들을 한국땅에서 다시 만날 수 있도록 길을 열어주소서' 신음같은 기도가 새어나왔다. 정말 막내 동생 같았다. 그날 밤, 헤어지고 나서도 한참 동안 저들의 모습이 어른거려 잠을 이룰 수 없었다. 숙소에서 녹화된 테입을 돌려보며 속으로 얼마나 빌고 또 빌었던지…. 취재 과정에 만난 가장 안타깝고 안쓰러운 경우였다. 고맙게도 형제는 두 달쯤 뒤 한국으로 들어왔다. 많은 사람들의 노력이 있어 가능한 일이었다. 귀국한 후에도 이들의 모습이 지워지지 않아 마음이 정말 무거웠는데 다시 만나 얼마나 반가웠던지… 감사 기도가 저절로 터져나왔다.

5. 서울대 영문과 출신 탈북자 박영세의 비극

일단 탈북자를 직접 만났다는 사실에 마음이 한결 편해졌다. 하지만 그것으로 만족할 수 없었다. 기사를 쓰려면 더 찾고 더 만나야 했다. 다른 경로를 탐색해야 했다. 그 과정에서 놀라운 얘기를 확인할 수 있었다. 우리가 도착하기 직전 탈북자 한 사람이 체포돼 끌려가던 중 스스로 목숨을 끊었다는 얘기였다. 나를 놀라게 한 것은 그가 서울대 출신이라는 사실이었다. 거기에 서울대 재학 중 일본으로 밀항한 뒤 자발적으로 북송선을 타고 북한으로 갔던 자진 월북자 출신이라는 사실도 있었다. 그의 이름은 박영세라고 했다. 부산중학교와 경복고등학교를 졸업하고 서울대 중문과에 입학한 사람이라고 했다. 2학년 때, 월북한 아버지를 못 잊고 그리워하는 어머니를 위해, 또 사회주의 조국을 동경하는 마음에 월북을 결행했었다고 했다. 서울대 입학, 일본을 통한 북한으로의 밀입국, 30년 만의 탈출, 체포 그리고 자살로 이어진 그의 삶은 한편의 드라마와 같았다. 안타깝게도 그 드라마는 그러나 비극 중에서도 너무도 안타까운 비극이었다.

그의 얘기는 그를 도와줬다 곤욕을 치렀다는 기업인들을 통해 들을 수 있었다. '2월 16일 새벽 누군가 다급하게 문을 두드렸습니다. 나가보니 앙상한 몰골의 사내가 북조선에서 왔다며 도와달라고 하더군요. 마침 그날이 김정일 생일이어서 북한의 특무(중국에서 활동하는 공작요원)가 뭔가 일을 꾸미는 것 아닌가 하는 생각에 겁이 덜컥 났습니다.. 내가 주저하는 모습을 보이자 그가 급하게 주머니 속에서 낡은 흑백사진 한 장을 꺼내더군요. 어머니와 함께 부산항에서 찍었다는 사진이었습니다. 서울대학교 교복을 입은 사진이었습니다. 사진과 함께 북한 공민증도 내보였습니다.' 당시의 상황이 떠오르는지 그가 잠시 말을 멈춘 뒤 긴 한숨을 내쉬었다. '서울대 문리대 중문과 2학년이던 1964년 5월 29일 일본으로 밀항했다고 하더라고요. 6.25 전 남로당 영등포당 위원장으로 지내다 월북한 아버지를 찾아 북한으로 가기 위해서였답니다. 사진은 밀항 직전 부산에서 찍은 것이라고 했습니다. 일본에서는 북송선을 타고 6월 4일 북한으로 갔고 거기서 아버지를 만났답니다. 그렇게 평양에 들어간 직후에는 김일성 대학 영문학부에 편입해 졸업하는 등 우대를 받았다고 했습니다. 지방 한직에 있던 아버지도 아들과 부인이 입북하자 중앙부처로 옮겨졌고요. 아버지는 그곳에서 새로 결혼해 살고 있었는데 어느 날 당이 결정했다며 새어머니를 쫓아낸 뒤 자신과 어머니, 아버지가 함께 살 수 있도록 해줬다고 했습니다. 그러다 1972년 출신성분 재배치작업이 벌어졌는데 거기서 남조선 출신이라고, 출신 성분이 나쁘다고 남포탄광에 배치됐다고 했습니다.

그 후로 모든 것이 달라졌답니다. 추위와 배고픔, 외로움을 견뎌야 하는 짐승같은 생활이 이어졌다더군요...'

　그의 얘기가 계속 됐다. '3개월을 준비했다더라고요. 3일을 걸어 두만강을 건넜다는데... 그날 아침을 어찌나 잘 먹던지... 고등어는 25년 만에, 김은 30년 만에 먹어본다며 감격스러워 했습니다. 천천히 여유 있게 드시라고 했지만 그게 잘 안 되는 것 같았습니다. 저렇게 먹다 탈나지 않을까 걱정스러울 정도였지요.... 그는 북한에는 강도 절도범이 참 많다고도 했습니다. 다 밥과 반찬을 훔치는 사람들이라더라고요. 먹는 것 외에는 훔쳐갈 것도 없다고 했습니다. 그렇게 허겁지겁 식사를 마친 후 긴장이 좀 풀린 것 같았습니다. 김일성 김정일은 인민의 배를 곯리는 것을 통치수단으로 삼고 있다며 목소리를 높이더군요. 배를 불리고 잠을 재우면 그 다음엔 불평이 나온다는 것을 그들은 잘 알고 있다고 했습니다. 아마도 지구상에 그런 나라는 없을 것이라며 눈물을 글썽였지요. 그는 부인에게도 탈북계획은 알리지 않았다고 했습니다. 김책공대 출신으로 당성이 강한 여자라서 말했다면 분명히 신고했을 거라면서요. 아내와 어린 자식을 두고 떠나온 것이 가슴 아프다고 했습니다. 하지만 30년간 북한에 산 것으로 자신의 잘못된 선택에 대한 대가는 충분히 치뤘다고 생각한다며 말을 다 잇지 못하더군요. 그는 자신의 한 목숨 살리기 위해 탈출한 것이 아니라는 사실을 강조했습니다. 배운 사람으로 북한의 참상을 알리는 것이 민족에 대한 마지막 양심이라고 생각해 탈출을 결행했다고 힘주어 말했습니다.'

　그의 표정이 정말 비장하더라고 했다. 그러나 가족 얘기를 할 때는 말없이 한참을 허공만 응시하더라고 했다. 그러더니 결국 눈물을 떨구더라고 했다. '혹시 두고온 가족은 없냐?'고 물었던 자신이 큰 잘못을 저질렀다고 느낄만큼 처연했다고 했다. 그의 여러 밀들도 그랬지만 그 겨울에 두꺼운 옷없이 꼬질꼬질한 여름옷만 잔뜩 끼어입은 모습, 목욕을 시키면서 보니 뼈만 앙상한 채 그나마 살도 푸석푸석해 병자같았던 모습, 고등어와 김을 정신없이 먹던 모습, 사탕 서너 개를 한꺼번에 입에 넣고 허겁지겁 먹어치우던 모습... 그런 전혀 상상도 못 했던 모습들이 정말 가슴 아팠다고 했다. 그러나 그런 강한 의지를 가졌던 박 씨는 이틀 후 다른 곳에 숨어 있다 체포됐다고 했다. 돌봐주던 사람의 아들이 그에게 줄 신발을 사러 나간 사이 공안들이 덮쳤다고 했다. 자신을 포함해 주변 사람들은 북한 국적의 조교가 신고한 것이 분명한 것으로 믿고 있다고 했다. 우리가 취재에 나서기 직전인 2월 18일 새벽에 벌어진 일이라고 했다. 박씨는 체포된 지 몇 시간 후에 용정 교화소에서 스스로 목숨을 끊었다고 했다. 그의 나이 52살이라고 했다. 박 씨의 소설 같은 얘기는 연길 지역에 제법 넓게 퍼져 있었다.

6. 은밀하게 찾아온 북한 정보원 부부

일단 물꼬가 트이니 진행도 빨라졌다. 그때까지 접촉하던 곳과 다른 쪽에서 인터뷰가 가능한 사람이 있다고 했다. 그의 안내를 따라 허름한 민가에서 김〇〇 씨를 만났다. 그는 당 간부 출신이라고 했다. '몇 년 전부터 탈출을 계획해서 두 달 전에 압록강을 넘었습니다. 자동차를 타고 기차를 타면 두시간 반이면 올 수 있는 길을 산길을 더듬어서 일주일 만에 도착했습니다. 자강도로 해서 양강도 후창까지 이동한 뒤 국경 근처에 와서는 가지고 있던 물건들을 모두 버렸습니다. 북조선에서 넘어온 사람이라는 것이 탄로나면 다시 북조선으로 보내져 공개처형을 당합니다.' 그는 긴박했던 탈출 과정을 담담하게 설명했다. '하루하루 살다보니 죽도록 충성을 바칠 가치가 없다고 생각됐습니다. 아무리 피땀을 흘려도 김일성 김정일에게나 좋지 2천만 겨레는 살 길이 막막합니다. 먹을 것도 입을 것도 없습니다. 선생님들은 짐작도 못 할 겁니다. 쒸빠지게 일해도 한 달에 쌀 5~6키로 사기 힘듭니다. 당 간부인 내가 그렇다면 일반 대중이야 말할 필요도 없지요. 그나마 몇 년전부터는 식량공급도 제대로 안 합니다. 보름에 한 번씩 주게 돼 있는 배급도 몇 달에 한 번씩 주고... 쌀은 구경할 수도 없고 강냉이를 수입하는데 여기서는 돼지들이나 먹는 강냉이를 줍니다.'

45살이라는 그는 나이보다 훨씬 늙어보였다. 온몸에 피곤과 무력감이 가득한 인상이었다. 하지만 말에는 거침이 없었다. 그는 정말로 충성을 다했다고 했다. 공부도 열심히 했다고 했다. 그래서 당 간부가 됐다고 했다. 그것이 억울하다고 했다. '앞으로 전망이 보이는 조건이라면 까짓것 몇 년 더 못 참을 이유도 없습니다. 그러나 저쪽에서는 그런 전망이 보이지 않고... 근본적으로 체제가 바뀌지 않는다면 나아질 수 없다는 판단이 들었습니다' 그는 체제의 변화를 얘기하고 있었다. 드러내 놓고 말하지 못할 뿐 자신과 같은 생각을 가진 사람들이 많다고 했다. 아주 가까운 친구 몇 명과는 그런 얘기들도 나눴다고 했다. 그는 굳이 자원해서 인터뷰에 나선 이유를 숨기지 않았다. '한국행'을 타진하기 위해서라고 했다. 한국에 들어갈 수 있도록 도와달라고 했다. 그의 눈빛이 간절했다. '유감스럽게도 당장 해줄 수 있는 것은 없다'는 말에 그는 실망감을 감추지 않았다. 약간의 달러를 쥐어주는 것으로 미안함을 대신해야 했다.

생각지도 않았던 북한 사람, 조교도 만났다. 조교란 북한 국적을 가지고 중국에 사는 사람들을 통칭하는 말이었다. 북한 당국의 공식 허가를 받아 중국에 사는 그들은 당성이 강한 해외교민인 셈이었다. 그런 조교들이 연길에만 수천 명에 이르는 것으로 알려져 있었다. 그들은 조선족들이 많은 곳에 살면서 그 지역과 사람들의 동향을 파악해 보고하는 것을 주 임무로 하고 있다고 했다. 어떤 사람이 남조선에 다녀왔는지, 어떤 사람들이 북조선을 비방하고 다니는지, 지역에 남조선 기업인들의 동향은 어떤지... 특별히 그 즈음에는 북한에서 공식적으로 친척 방문을 위해 나온 사람들의 행동을 감시하고 탈북자들을 찾아내는 것을 가장 중요한 임무로 삼고 있다고 했다. 말하자면 조선족 사이에서 북한의 눈과 귀 역할을 하는 정보원들인 셈이었다. 주로 여성들로 이뤄진 조교는 보통 중국 남자들과 결혼해 살기 때문에 외형적으로는 쉽게 드러나지 않는다는 특징이 있다고 사람들은 귀띔했다. 한데 어느 날 밤 그런 조교가 우리를 직접 찾아온 것이었다. 물론 사전에 믿을 만한 사람이 다리를 놓아주긴 했었다. '밤 9시쯤 중요한 사람이 찾아갈 것이니 한번 만나봐라. 도움이 될 것이다.' 그 정도의 얘기를 전했었다. 조교란 말은 전혀 없었기에 우리는 또 다른 탈북자 중 한 사람이겠거니 했다.

의외로 약속된 시간에 찾아온 사람들은 부부였다. 40대 중반쯤 됐을까... 소박한 모습이었다. 놀랍게도 조교라는 신분은 그들 스스로 밝힌 것이었다. 남편은 중국 국적, 부인은 북조선 국적이라고 했다. 수더분한 모습과 달리 목소리 톤이 높은 편인 부인은

'조교들은 외국인 임시거류증을 발급받아 살고 있는데 5년에 한 번씩 갱신해야 한다'고 했다. 당황스러웠다. 탈북자들을 취재하는 상황에 그들을 잡으러 다니는 북한의 정보원들이라니. 그렇다고 당황하는 모습을 보일 수도 없었다. 소개한 사람은 믿어도 된다고 했지만 과연 믿어도 될지, 이게 일종의 덫은 아닐지, 혹시 밖에 북한 공작원이나 중국 공안이 와 있는 것은 아닌지... 짧은 순간에 수많은 생각들이 머리를 스쳤다. '침착하자' '당황하는 티 내지 말자'... 속으로 마음을 다지면서 그들과 얘기를 이어갔다. 다행히(?) 불안하기는 그들도 마찬가지인 것 같았다. 부인의 눈동자가 자주 흔들렸고 처음부터 말 한마디 없이 앉아만 있는 남편은 부인만 계속 쳐다보고 있었다. 그 모습이 오히려 마음을 가라앉게 했다.

'여기서 선생님들 만나 이런 말 하는 것 알려지면 우리 큰일 납니다. 북조선에 아버지도 있고 어머니도 있습니다. 연변지역에는 우리 공민(조교)들이 집중돼 있어서 이런 건 엄두도 못 낸단 말입니다.' 상당한 위험부담을 감수하고 찾아왔다는 말이었다. 연변지역에 조교의 수가 얼마나 되나 물어보니 정확하게는 모른다면서도 2천 명쯤 되지 않을까 싶다고 했다. 다른 경로를 통해 확인한 것보다 훨씬 적은 숫자였다. 말과 태도를 통해 그녀도 긴장하고 있다는 사실을 확인할 수 있었다. 잠시 후 그들의 입에서 상상도 못 했던 말이 흘러나왔다. 대한민국 국적을 얻고 싶다는 얘기였다. '대한민국 국적을 얻고 싶은데 도와주실 수 있겠습니까?' 단도직입적이었다. 망치로 한 대 맞은 기분이었다. 최대한 침착함을 유지하며 '왜?'냐고 물으니 '북조선 국적으로는 아무 것도 할 수 없기 때문'이라고 했다. 그 또한 놀라운 말이었다. 북한의 정보원인 그들도 북한체제의 문제를 심각하게 보고 있다는 말이었다. 그런 식의 장면과 대화는 정말이지 상상도 못 했던 일이었다. 북한 정보원이 한국의 기자에게 북한 체제의 문제를 얘기하며 대한민국 국적을 얻을 수 있게 해달라고 부탁하는 상황이라니.

단박에 안 된다고 자르면 대화가 중단될 것 같았다. '제가 답할 수 있는 얘기가 아니어서... 하지만 뭔가 특별한 정보를 가지고 있는 경우라면 가능할 수도 있는 것으로 알고 있습니다. 혹시 그런 것이 있나요?' 대화를 이어가기 위해, 어쩌면 큰 정보를 얻을 수도 있다는 기대에 던진 질문이었다. 그들은 서로 얼굴을 마주보더니 그런 건 없다고 했다. 정말 대한민국 국적을 원해서 찾아온 것인지 아니면 남조선 기자들을 대상으로 뭔가를 알아내기 위해서 온 것인지... 많이 혼란스러웠다. 그런 그들에게 유도성 질문을 던져봤다. '대한민국 가고 싶어하는 분들이 많은 모양이군요. 요즘은 대한민국에 가겠다고 북한을 탈출하는 사람들도 있다던데 혹시 그런 얘기는 들어보셨습니까?' 순간적으로 부인의 표정이 달라졌다. 말의 톤도 낮아졌다. '우리 소식 들어도 그거이 말 못 합니다. 잘못 붙들려가려면...' 그녀는 말을 맺는 대신 한 손으로 목을 긋는 시늉을 했다. 죽는다는 의미였다. '혹시 잡혀가는 사람들 보셨습니까?' 잠시 멈칫하던 부인이 말을 이었다. '아, 붙들려 간 사람들 많습니다. 그저 붙들려만 가면 아예... 나머지 가족들도 다 재난 당하는데...' 이번에도 역시 말을 맺지 못하고 깊은 한숨으로 마무리를 대신했다. 더 이상의 얘기는 없었다. 하지만 그들의 표정과 말투가 많은 것을 말해주고 있었다. 그런 솔직해 보이는 모습에 팽팽했던 긴장도 어느 정도 풀리고 있었다. 그쯤에서 나도 솔직해지지 않을 수 없었다. '아무리 생각해도 제가 도울 방법은 없는 것 같습니다. 미안합니다.' 그들은 실망한 빛이 역력했다.

그렇게... 그렇게 3명의 탈북자들을 직접 만날 수 있었다. 각기 사연들이 애절했다. 구체적인 배경이야 다 달랐지만 모두 '배고픔'과 '절망'이라는 공통점을 갖고 있었다. 도왔던 사람들의 경험담, 목격자들의 목격담은 예상보다 훨씬 많았다. 하나같이 생생했다. '많습니다. 아주 많아요. 두만강이 얼면 더 많이 넘어옵니다. 요즘엔 아예 일가족이 넘어오는 경우도 있습니다. 고급간부도 있고요. 작년에는 김정일 호위병도 한 사람 넘어 왔어요.' '처음에는 불쌍해서 숨겨줬는데... 벙어리 행세하라고 했는데 보는 사람마다 '나 북에서 왔어요. 서울 보내주세요' 하는 거야. 그러니 겁나서 어디 더 데리고 있을 수 있어야지...' '특무들이 와서 머리를 잡아당기는데.. 머리가 다 빠져버렸어. 야.. 독하대 독해. 차라리 죽는다카데. 잡혀가 죽으니 차라리 여기서 죽겠다고... 무슨 여자의 힘이 그리 세냐? 아마 마지막 힘이겠지....' '아가씨를 끌고 가는데 갈고리 같은 거예요. 뒤에 줄이 연결돼 있는데 줄을 당기면 갈고리 양쪽이 벌어지게 돼 있더라고요. 그걸 아가씨 입에 넣고 줄을 당기니까 양볼이 툭 튀어나와가지고... 아가씨는 제 정신이 아니고... 차마 눈 뜨고 못 보겠더라고요...' '소에 코를 뚫어가지고 다니지 않습니까? 바로 그렇게 해가지고 끌고 가는데... 작년 9월에 넘어왔던 김정일 경호원도 그렇게 끌고 갔어요. 야, 그 사람들 무지막지 합니다...'

7. 철책도 감시초소도 없는 너무도 허술한 국경

이제 탈북자들이 많이 넘어온다는 현장을 확인할 차례였다. 당사자들과 주변 취재가 어느 정도 이뤄진 상태였기에 조금은 가벼운 마음이었다. 중국과 북한 접경지역으로 차를 몰았다. 50분쯤 달리니 양국간의 공식적인 통로, 도문대교가 나타났다. 도도히 흐르는 두만강 위로 중국의 도문과 북한의 남양시를 연결하는 다리였다. 폭 6m, 길이 500여m의 콘크리트 다리는 낡고 초라한 모습이었다. 다리 중간이 국경이라고 했다. 자세히 보니 다리 아랫부분이 중국쪽은 붉은색, 북한쪽은 파란색으로 칠해져 있었다. 다리 건너편 남양을 바라보는 기분이 묘했다. 김일성 김정일의 대형초상화가 걸린 회색 건물이 눈에 들어왔다. 남양역이라고 했다. 하지만 사람도 차량도 보이지 않는, 한산하다 못해 적막감이 느껴지는 풍경이었다. 그건 생명 없는 죽은 도시의 모습이었다. 건물 뒤편의 높지 않은 산들은 나무가 거의 보이지 않는 민둥산, 그 산을 배경으로 몇 동의 회색빛 콘크리트 건물들이 더 있고... 전체적인 느낌은 쓸쓸함, 스산함이었다. 바라보는 마음이 무거웠다.

반면 중국 쪽은 완전히 다른 모습이었다. 대형건물들이 적지 않았고 그 사이로 통행하는 차량들과 사람들도 제법 많았다. 군데군데 관광객들의 모습도 보이고... 그들을 대상으로 한 상인들의 호객행위, 조금은 거친 톤이 섞인 사람들의 얘기소리들, 거기에 시도때도 없이 울리는 차량들의 신경질적인 경적소리까지... 분주함과 어수선함이 가득했다. 그것은 분명 사람들의 향기, 생기였다. 불과 다리 하나를 사이에 두고 있을 뿐인데 중국과 북한의 두 도시는 그렇게 달라도 너무 다른 모습이었다. 누군가, 북한을 탈출한 사람이 태연하게 그런 도문의 풍경에 섞인다면 별 표시가 나지 않을 것 같다는 다소 엉뚱한 생각이 들었다. 어쩌면 분주히 오가는 저들 가운데 탈북자가 있을 수 있겠다는 생각도 들었다. 그렇게 흥미있게 주변을 관찰하는데 평양 번호판을 단 트럭들 몇 대가 눈에 들어왔다. 초등학교시절 보던 구형들이었다. 세관 앞, 뭔가를 잔뜩 실은 채 북으로 건너갈 준비를 하고 있는 것 같았다. 물어보니 광물이라고 했다. 가까이 다가가 촬영을 해도 되겠냐 물으니 기사는 '일 없소' 짧게 한마디를 던지고는 아예 신경도 쓰지 않았다. 귀찮은 건지 지친 건지... 하나 안타깝게도 트럭의 외양 말고는 촬영할 것이 별로 없었다.

그곳을 벗어나 두만강 상류쪽으로 차를 몰았다. 탈북자들이 건넜다는 현장을 확인하기 위함이었다. 얼마 달리지 않았는데 이제까지와는 완전히 다른 모습이 펼쳐졌다. 전형적인 겨울 농촌의 풍경이었다. 황량했다. 강을 따라 몇몇 집들이 듬성듬성 나타났다 사라졌다 하더니 어느 정도 지나자 그런 집들마저 보이지 않았다. 오른 편으론 폭이 넓지 않은 두만강이 흐르고 있고... 북쪽으로 이동할수록 강의 폭은 더 좁아졌다. 중심부에만 물이 차 있는 강은 그나마 꽁꽁 얼어 있는 상태, 마음만 먹으면 후다닥 건너갔다 올 수 있을 만큼 거리는 짧았다. 중국쪽에도 북한쪽에도... 주변엔 아무 것도 없었다. 오가는 사람은 커녕 철책과 같은 인공 경계선도 없고 군인들의 초소도 거의 보이지 않는 곳, 내가 머릿속에 그리던 국경과는 달라도 너무 다른 모습이었다. 그런 풍경들을 조심스럽게 카메라에 담았다. '그리 어렵지 않게 국경을 넘을 수 있었다'던 탈북자들의 얘기가 비로소 실감이 났다. 국경을 넘는 것보다 탈출을 결심한 뒤 들키지 않고 국경까지 도착하는 것이 훨씬 더 어려웠다던 그들의 얘기도 비로소 이해가 됐다.

그런 국경을 조금씩 더 이동하며 북쪽으로, 북쪽으로 들어갔다. 그러다 무엇인가 나타나면 차를 멈추고 조심스럽게 살폈다. 그리곤 그 주변을 모두 카메라에 담는 과정을 반복했다. 어디에도 국경이란 단어가 주는 삼엄함은 없었다. 쓸쓸함이 더해지기는 했지만 그저 소박하고 평화로운 분위기일 뿐이었다. 마치 어릴 적 고향마을 냇가에 나와 앉은 기분이라고 할까... 마음 때문이었는지 강건너 북한 지역은 더 쓸쓸한 느낌이었다. 어디쯤이었을까? 북한 지역에 국경 초소인듯한 허름한 건물이 보였다. 주위에 소총을 든 병사 2명이 마주서서 뭔가 얘기하고 있었다. 긴장감 없는 느슨한 분위기, 한참 동안 지켜봤지만 더 이상의 움직임은 없었다. 거기서 또 조금 이동하니 역사인 듯한 자그마한 건물이 나타났다. 전면에 김일성의 초상화와 붉은색 구호가 걸려 있는 것이 보였다. '위대한 수령 김일성 동지 만세!' '영광스러운 조선로동당 만세!'라고 쓰여 있었다. 건물 앞에 작은 마당같은 것이 있었다. 소달구지가 보이고 그 옆으로 주민인 듯한 사람 2~3명이 지나는 것이 보였다. 어릴 적 익산의 깡촌, 내 고향마을에서 보던 바로 그 모습이었다. 목청껏 소리쳐 부르면 충분히 들릴 것 같은 거리였다. 별것도 아닌 그런 풍경들이 마음을 들뜨게 했다. 기분이 야릇했다.

거기까지였다. 더 이상 특별한 풍경은 없었다. 사실 한국을 떠나올 때는 '혹시 운이 좋으면 탈출 현장을 잡을 수도 있겠지…' 하는 기대를 했었다. 그런 기대 속에 '그들을 마주친다면 어떻게 해야 할까?' '그들에게 첫 질문은 어떤 것으로 던져야 할까?' '인터뷰를 끝낸 후에는 또 어떻게 해야 할까?… 등의 문제를 고민하기도 했었다. 생각만으로도 가슴이 뛰는 일이었다. 쉽지는 않겠지만 그런 행운을 위해서라면 국경지역에서 며칠쯤 숨어 기다려 볼 수 있겠다는 투지도 다졌었다. 민망함에 실없는 웃음이 새 나왔다. 그 모든 것이 참으로 터무니없는 생각이었구나… 그건 현장을 전혀 모르는 상태에서의 무모한 열정, 헛된 망상이었음이 분명했다. 애초부터 그런 일은 불가능한 것이었음을 국경지역을 돌아보며 깨달을 수 있었다.

8. 아찔했던 순간, 공안에 끌려가다

그렇게 그렇게… 취재는 무난하게 마무리됐다. 이제 연길역에서 열차를 타고 장춘으로 떠나야 할 시간이었다. 장춘에서 북경행 비행기를 타는 것으로 예약이 돼 있는 상태였다. 한데 역앞에 도착해 보니 공안 숫자가 눈에 띄게 늘어 있었다. 무엇인가를 쫓는 듯 그들의 움직임이 분주했다. 열차를 이용해 빠져나가려는 범법자나 탈북자들을 찾기 위한 것이 아닌가 싶었다. 그렇다면 그건 당연히 기사에 활용할 수 있는 좋은 소재였다. 카메라 기자에게 조심스럽게 촬영해 줄 것을 부탁했다. 알았다고 눈짓한 백 선배는 하지만 무슨 생각이었는지 당당하게 카메라를 어깨에 올리고 촬영을 하기 시작했다.

누가 봐도 눈에 확 띄는 대담한 행동이었다. 잠시 후 갑자기 요란스런 호루라기 소리가 울려대더니 공안들이 우리 주위로 몰려들기 시작했다. 순식간에 10여 명의 공안이 우리를 둘러쌌다. 팀장인 듯한 여자가 우리를 향해 손가락질하며 신경질적으로 소리를 지르자 몇몇이 달려들어 우왁스럽게 카메라를 빼앗았다. 하마터면 바닥에 내동댕이쳐질 뻔했다. 그러더니 그들은 역사 내 공안 사무실로 우리 모두를 끌고 갔다. 주변 사람들이 호기심 어린 표정으로 무슨 죄인을 바라보듯 우리 모습을 지켜봤다. 백 선배의 얼굴이 하얗게 변했다. 이 선배의 얼굴 빛도 변했고 내 가슴도 쿵쾅거리고 있었다. 정신이 번쩍 들었다. 심각한 상황이라는 생각밖에 들지 않았다.

그곳까지 동행한 연길시 외사판공실 직원도 놀란 얼굴이었다. 그는 여전히 우리가 연길의 조선족 학교를 취재한 것으로만 알고 있는 상태였다. 중국과 북한의 국경, 탈북자들을 취재했을 것이라고는 상상도 못 하고 있을 터였다. 그가 사무실까지 따라 들어와 정부의 허가를 받고 온 북경 특파원들이라고 설명을 했지만 그들은 막무가내였다. 그들은 카메라의 뷰파인더로 촬영된 테이프를 꼼꼼하게 확인했다. 그러면서 자신들이 찍힌 화면을 다 지우라고 했다. 그러더니 가방 속에 있던 다른 테이프들도 봐야겠다며 다 꺼내라고 했다. 최악의 상황이 오고야 말았다는 생각에 가슴이 철렁했다. 그렇다고 못 하겠다고 버틸 수도 없는 상황이었다. 국경지역과 국경너머 북한땅, 병사들을 찍은 것을 보면 어떤 일이 벌어질지... 생각만으로도 아찔했다. 백 선배가 더듬거리며 테이프를 하나씩 꺼냈다. 나중에 물어보니 시장과 거리 풍경 등을 찍은 테이프들만 골랐다고 했다. 그들은 하나하나 꼼꼼하게 확인했다. 그러는 사이 우리가 타기로 한 장춘행 열차가 도착했다는 안내방송이 흘러나왔다. 중간에서 안전부절 못하던 외사판공실 직원이 '이 열차를 타지 못하면 북경행 비행기도 탈 수 없게 된다'고 거듭 사정했다. 그제서야 그들은 빼앗았던 카메라와 테이프들을 돌려줬다. 여전히 고압적인 그들은 장비들을 내주면서도 조심하라는 경고를 잊지 않았다. 정신없이 뛰어 급하게 열차에 오르고서야 우리는 한숨을 내쉴 수 있었다.

생각할수록 아찔한 순간이었다. 하지만 그렇게 올라탄 열차에도 황당한 상황이 기다리고 있었다. 우리 자리를 다른 사람들이 차지하고 있었다. 그들에게 비켜줄 것을 요구하니 자기들 자리가 맞다며 표까지 내보였다. 확인해 보니 그들 자리가 맞았다. 이게 어찌된 일이란 말인가? 그제서야 우리표를 살펴보니... 아뿔사, 우리가 가진 것은 하루가 지난 표였다. 외사판공실 직원에게 사흘 전에 예매를 부탁했었는데 이 친구가 날짜를 착각했던 모양이었다. 우리는 확인할 생각도 않고 의심없이 받아 가지고만 있었고... 민망하고 아찔한 상황이 되고 말았다. 열차는 침대칸만 운영하는 장거리 운행 열차였다. 검표원이 오더니 무조건 내리라고 했다. 하지만 그럴 수 없었다. 그 열차를 못 타면 다음 날 장춘에서 북경으로 가는 비행기도 탈 수 없을 터였다. 몸짓 발짓을 섞어가며 그에게 매달렸다. 그러는 사이 열차가 움직이며 속도를 내기 시작했다. 그게 그렇게 고마울 수가 없었다. 요금보다 훨씬 많은 현찰을 검표원에게 쥐어줘야 했다. 그가 선심 쓰는 듯한 표정으로 식당칸으로 옮기라고 했다. 식당칸으로 옮겨서는 맥주와 안주들을 푸짐하게 시켰다. 영업이 끝나면 의자들을 모아 그 위에서 자면 되겠다는 계산이었다. 하지만 웬걸... 12시가 지나자 종업원들이 의자들을 한쪽으로 모으더니 그 위에 자신들의 침구를 폈다. 허탈했다. 희망이 사라진 것이었다. 더 심각한 것은 영업이 끝나자 식당차에 공급되던 난방까지 끊겼다는 사실이었다. 한 겨울의 중심, 만주 벌판의 차가운 공기가 뼛속까지 파고들었다. 한쪽 구석에 몸을 최대한 웅크린 채, 서로의 체온에 의지하며 새벽 5시 30분까지 버텨야 했다. 내 생애 가장 길고 힘들었던 9시간 열차여행이었다.

정신없이 지나간 시간들이었다. 취재를 통해 북한 주민들의 탈출은 90년대 초반부터 시작된 현상임을 확인할 수 있었다. 간혹 정치적인 이유도 있었지만 대부분은 식량사정이 최악에 이른 상태에서 굶주림을 견디지 못해 국경을 넘는다는 사실도 알게 됐다. 그리고 중국땅에서 비로소 북한과 자신들의 문제를 바로 보게 된다는 사실도 확인할 수 있었다. 중국의 자유로운 분위기와 풍요로운 상황을 보며 '철저하게 속아 살았다'는 사실을 깨닫고는 마음을 바꾸는 경우가 대부분이라는 게 관계자들의 설명이었다. 처음엔 식량만 조금 구하면 다시 돌아가려고 했는데, 돌아가 북조선의 인민으로 살려고 했는데 북한과 너무 다른 세상에 독하게 마음을 바꾸는 경우가 많다고 했다. 그래서 돌아가는 대신 중국의 조용한 농촌마을이나 깊숙한 내륙지역으로 숨어들어 사는 쪽을 택하는 사람들이 많다고 했다. 한국행을 원하는 탈북자들은 풍요로운 중국에 놀란 상태에서 '한국은 중국보다 훨씬 잘 산다' '한국에 가면 집도 주고 직업도 주고.. 잘 대접해 준다'는 조선족이나 현지 기업인들의 얘기를 듣고 마음을 정하는 경우가 대부분이라고 했다. 취재 기간에 만난 탈북자들은 다 그런 사람들이었다. 그들은 한국행을 위해 위험스럽게 대련, 천진, 위해, 북경 등 도시 지역에 숨어지내며 기회를 엿보고 있다고 했다. 대사관의 관계자는 한국행을 위해 북경의 대한민국 대사관을 찾았던 사람들만도 100명이 넘는다고 귀띔했다.

　예상 못 했던 변수들에 예정보다 취재일정이 길어졌다. 덕분에 둘째 성은이의 세상 구경이 며칠 늦어졌다. 중국으로 떠나기 전 수술날짜를 잡아 놓았었는데 부득이 늦출 수밖에 없었다. 녀석에게도, 아내에게도 미안하기 짝이 없는 일이었다. 하지만 취재는 성공적이었다. 아쉽게도 탈북 현장을 잡지는 못했지만 그들의 존재를 확인하고 카메라에 담았다는 사실이 중요했다. 가슴 저미는 사연들도 충분히 들을 수 있었다. 그들을 통해 충격적인 북한의 현실도 살필 수 있었다. 겁에 질린 그들의 얼굴을 대하며, 그들의 절절한 얘기를 들으며 북한에 대한 나의 인식은 뿌리째 흔들리고 있었다. 기자이기 이전에 한 인간으로 끓어오르는 분노를 참기 어려웠다. 국민이야 굶어죽던 말던 자신들의 배만 채우는 북한땅의 지도자란 인물들은 대체 어떤 자들이란 말인가? 국민을 최악의 상황에 빠뜨린 뒤, 견디다 못해 자구책을 찾아나선 이들을 찾아내 혹독하게 처벌하는 저들은 대체 무슨 생각으로 그 자리에 앉아 있단 말인가? 부끄러웠다. '명색이 기자라는 놈이 이리도 무지했다니...' '잘 알지도 못하면서 그토록 무모하게 목소리를 높였다니...' 그동안 외신보도와 정보기관을 통해 전해지던 충격적인 북한 소식에 냉소를 보냈던 스스로에 민망함이 밀려왔다. '설마 거기도 사람 사는 세상인데....' 안일했던 의식이 뼈저리게 아팠다. 사실 확인없이 느낌으로 내리는 감성적인 판단이 얼마나 위험할 수 있는지 절감하는 계기가 됐다. 취재는 기대이상으로 잘됐지만 전혀 기쁘지 않았다. 세계적인 특종을 했다는 자부심보다 그들을 그 위험 속에 그대로 두고 올 수밖에 없는 현실에 마음이 무거웠다.

탈북자,
그 존재를 세상에 드러내다

1. 역사적인 날, 1994년 3월 19일

1994년 3월 19일 토요일, 드디어 9시 뉴스 현장추적 코너를 통해 제비작전의 실체가 공개됐다. 아쉽게도 기사는 톱이 아니라 중간쯤에 배치돼 있었다. 동의하기 어려웠지만 그건 내가 정할 수 있는 것이 아니었다. 드디어 기사를 소개하는 앵커멘트가 시작됐다. 그런데 멘트 내용이 이상했다. '북한주민들의 대규모 탈출이 계속되고 있습니다. 한 사람씩, 혹은 한 가족 전체가 중국 땅으로 탈출하고 있습니다. 많을 때는, 하루에도 수십 명에 달하는 이들은, 배고픔을 이기지 못해서, 그리고 자유를 찾아서 국경을 넘고 있습니다...' '어? 이게 뭐지?' 김OO 앵커의 멘트는 기대와 전혀 다른 방향이었다. 북한주민들의 대규모 탈출이 계속되고 있다니? 아니 그럼 언제 북한주민들의 대규모 탈출 기사가 보도된 적이 있다는 말인가? 앵커의 멘트는 명확하게 기사가 새로운 내용이 아니라 이미 세상에 나왔던 기사를 반복하는 것이란 의미였다. 세계에서 가장 폐쇄적인 나라 북한을 탈출한 사람들이 중국에 숨어 살고 있고 그런 사람들을 KBS가 처음으로 찾아내 취재했다는 것이 기사의 가장 큰 의미인데... 그는 기사의 의미를 분명 잘못 전달하고 있었다. 그것도 단순한 잘못이 아니라 세계적인 특종 기사의 의미를 스스로 깎아내리는 결코 작지 않은 잘못이었다. 기뻐야 할 기사의 시작부터 마음이 불편해지고 있었다. 그는 내가 적어준 멘트는 물론 기사 자체도 제대로 보지 않았음이 분명했다. 이 무슨 일이란 말인가? 앵커가 어찌 저리도 무심하단 말인가? 얼마나 공을 들이고 앞으로 얼마나 큰 역할을 해야 할 기사인데...

그나마 다행인 것은 앵커의 멘트와 관계없이 기사가 제대로 나가고 있다는 사실이었다. 그 사실에 마음이 풀리고 있었다. 화면에 눈물겨운 탈북자들의 얘기가 흐르고 있었다. '며칠 밤을 낮에는 다른 데 숨어 있다, 밤이면 국경선 근처에 나와서, 어느 시간에 보초병들이 교대하는가, 그것까지 알아낸 다음에, 새벽 6시 반이 적당한 것으로 판단해 후창으로 해서 압록강을 건넜습니다' '조용히 하라고... 마침 그때 변방 경비병이 자전거 순찰 중이었습니다. 엎드리라고 내가 멀리서 손짓하자 동생이 엎드려 기어서 나무 뒤로 숨었습니다. 그렇게 위기를 피할 수 있었습니다' 아찔하고, 안타깝고 또 가슴 아픈 얘기들이 이어졌다. 압록강과 두만강변의 북한과 중국 접경지대, 그리고 도문, 훈춘, 연길 등의 황량한 모습이 그들의 생생한 스토리와 함께 화면을 채우고 있었다.

충격적인 목격자들의 인터뷰도 포함됐다. '오는 사람들 많아요. 이제 두만강이 얼면 아예 한 집씩 넘어오기도 하고, 고급간부들도 여러 명 있어요.', '우리는 소식 들어도 말 못합니다. 붙들려 간 사람들도 많습니다...' 그렇게 먹을 것과 자유를 찾아 국경을 넘은 탈북자들의 수가 최대 1만 명에 달할 것으로 추산된다는 얘기, 탈출을 시도하는 사람 10명 가운데 8명은 잡혀간다는 얘기도 소개됐다. '조교위원회라는 게 있습니다. 어느 마을이나, 연길에도 흑룡강에도 있어요. 대개 이런 사람들을 통해서 체포됩니다. 불쌍한 동포들이 다 이런 놈들 때문에 잡혀갔어요'

그런 애절한 사연들과 충격적인 내용들에 어느덧 보도국이 조용해졌다. 기자들은 물론 그때까지 남아 일하던 보조요원들, 사무실 입구에서 모니터를 훔쳐보던 보안요원들까지... 모두가 하던 일을 멈춘 채 기사에 빠져들고 있었다. 바라보는 표정들이 무거웠다. 철저한 보안 덕에 기자들은 물론 대부분의 간부들조차 기사가 방송될 때까지 눈치조차 채지 못한 상태였다. 그랬기에 놀라움이 더 컸을 터였다. 도저히 배고픔을 견딜 수 없어 죽을 각오로 국경을 넘었다는 얘기, 벙어리 행세를 하다 들켜 정신없이 도망쳤다는 얘기, 잡혀가며 몸부림치는데 차마 못 봐주겠더라는 얘기 등 안타까운 인터뷰에는 간간이 한숨도 새어나왔다. 7분 가까운 분량의 보도가 끝나기 무섭게 여기저기서 박수가 터져나왔다. 드디어 우리가 한 건 했다는 자축의 박수였다. 스스로 이룬 성과에 대한 자부심의 표출이 분명했다. 그런 보도국의 반응에 가슴이 뛰었다. 초반의 서운함은 이미 많이 가신 상태였다. '그래, 앵커멘트보다 기사가 중요하지. 앵커가 뭐라고 했던 기사 내용은 충격을 가득 담고 있으니...' 작지 않은 뿌듯함도 일고 있었다.

이튿날은 '왜 넘어와 어떻게 살고 있나?'를 중심으로 후속 보도가 이어졌다. 첫 방송이 전반적인 상황에 관한 것이었다면 2편은 개별적인 사연들이 중심이었다. 역시 7분이라는 이례적으로 긴 시간이 할애됐다. 취재 기간 내내 나를 아프게 했던 사람들과 그들의 절절한 사연들이 화면속에서 다시 펼쳐졌다. 방송을 보자니 도와달라며 애절하게 눈물짓던 그들의 모습들이 다시 살아났다. 다시 가슴이 아려왔다. '다들 무사해야 할 텐데... 별일 없이 잘 버텨줘야 할 텐데... 어서 저들을 데려와야 할 텐데...' 자유를 잃고 최소한의 존엄마저 짓밟힌 저들의 모습엔 비참만이 가득했다. 그렇게, 그렇게... 한달 가까이 혼신의 힘을 다한 취재의 결과물은 시청자들의 눈과 가슴으로 파고들었다. 차분하게, 그러나 힘 있게... 그것은 그 자체로 자유의 소중함, 인권의 중요성을 제기하는 묵직한 웅변이었다. 북한이라는, 현존하는 가장 폐쇄적인 국가의 충격적인 현실을 드러내는 통렬한 고발이었다. 취재기자로서 가슴이 뭉클했고 국민의 한 사람으로 마음이 무거웠다. 탈북자의 존재와 위태로운 현실을 세상에 처음으로 알린 세계적인 특종보도는 그렇게 세상에 나왔다. 그것은 단순 보도물이 아니라 보는 사람들의 가슴에 결코 외면해서는 안 될 과제를 안긴 무거운 고발장이었다.

2월 어느 날 보도국장의 호출을 받던 날부터 마침내 취재를 마치고 북경을 벗어나던 순간까지... 모든 과정이 주마등처럼 스쳤다. 특별히 절박했던 저들의 얼굴과 목소리가 또렷하게 살아났다. 다시 돌이켜 봐도 쉽지 않은 과정이었다. 취재 자체의 어려움도 작지 않았지만 그보다 더했던 것은 저들의 힘겨운 처지와 불확실한 미래에 대한 걱정이었다. 당장 실질적인 도움을 줄 수 없는 스스로에 대한 무력감, 할 수 있는 게 기사 쓰는 것 말고는 없다는 현실에 대한 답답함, 보도 이후 더 커질 위험부담을 감당해야 할 저들의 처지에 대한 안타까움, 무슨 수를 써서라도 근본적인 대책을 만들어내야 한다는 책임감에 대한 압박.... 해냈다는 자부심에 갈 길이 아직 멀다는 책임감이 뒤섞여 마음이 복잡했다. 그날 밤 그대로 퇴근을 할 수 없었다. 취재수첩을 다시 꺼냈다. 깨알같은 기록들과 함께 지난했던 당시의 상황들이 툭툭 살아서 튀어 올라왔다.

다음 날 출근해 보니 보도국의 분위기가 한껏 달아 있었다. 여기저기서 MBC를 따라잡을 수 있다는 자신감도 표출됐다. 당시만 해도 KBS 뉴스는 시청률에 있어 MBC에 한참 뒤지고 있었다. 과분한 칭찬과 격려가 이어졌다. 종군취재에 이어 박선규가 또 한 건 해냈다며 부러운 시선을 보내는 사람들도 적지 않았다. 저들에게 마이크는 내가 잡

앉지만 중요한 역할은 이동식, 백승민 선배와 양휘부 총국장이 다했다는 사실을 설명했다. 처음 기획부터 최종 방송까지 중심은 북경총국이었고 나는 그들의 계획 속에 운 좋게 합류한 행운아라는 사실도 강조했다. 어떤 사람들은 탈출 현장이나 체포되는 모습과 같은 극적인 장면이 없다며 아쉬움을 표하기도 했지만 그런 얘기엔 그저 웃어주고 말았다. 그런 것은 영화에서나 가능한 일이었다. 연출을 하지 않고서는 거의 불가능한 일이었다. 모자이크를 많이 써 단순해진 화면에 대한 아쉬움을 표하는 사람들도 있었다. 그것은 탈북자들의 얼굴과 은신처를 드러내지 않기 위한 필수적인 조치였다. 행여 기사가 빌미가 돼 그들의 신분이 드러나고 잡혀가는 일이 생긴다면... 그건 결코 있어서는 안 될 일이었다. 그랬기에 화면에 대한 욕심은 애초부터 다 버렸다. 중요한 것은 충격적인 화면이 아니라 묵직한 사실과 메시지라는 사실을 새기고 또 새겼었다. 생생한 화면에 대한 욕심이 누구보다 많은 나였지만 욕심을 부려서는 안 된다고, 과한 욕심으로 저들을 위험에 빠뜨려서는 안 된다고 스스로를 다잡고 다잡았었다.

2. 성공적인 방송, 그러나 너무나 조용한 세상

방송은 그렇게 잘 나갔다. 이틀 연속 15분 가까이 세상을 울렸고 내용에 대한 스스로의 만족감도 최고였다. 한데 이상했다. 반응이 없었다. 세상이 너무 조용했다. 상황이 예상하고 기대했던 방향과 너무 달랐다. 결코 외면할 수 없는 메시지에도 불구하고, 기사에 대한 충격과 호평에도 불구하고 세상은 조용하기만 했다. 마치 아무 일도 없었던 듯... 일부러 무시하는 것인지 아니면 정말 모르는 것인지... 정부도, 종교기관도, 시민단체도, 심지어 다른 언론사들도... '대체 이 무슨 일이란 말인가? 충격적인 방송이 이틀 연속 15분 가까이 나갔는데도 관심도 여론도 거의 없다니... 이렇게 철저하게 무시되다니... 다른 곳은 다 그렇다고 쳐도 통일부나 외교부는 뭔가 입장을 내야하는 것 아닌가? 입만 열면 북한 동포들을 위해 목소리를 높이던 교회와 각종 단체들은 뭔가 반응을 보여야 하는 것 아닌가?...' 속에서 꿈틀꿈틀 올라오는 것이 있었다. 그것은 당혹감과 초조함, 그리고 일종의 분노가 뒤섞인 복잡한 감정이었다.

사실 기사를 최종 정리하며 방송 이후의 상황을 상상했었다. 대한민국의 모든 언론이 KBS 보도를 인용하며 합류하고, CNN 등 외신이 가세하고, 정부는 대책 마련을 서두르고, 시민단체들은 탈북자돕기 운동을 전개하고…. 한데 현실에선 그 어떤 일도 일어나지 않고 있는 것이었다. 당황스러웠다. 이 정도라면 통신과 신문들도 받아주는 게 마땅한 기사였다. 경쟁 방송사도 그대로 넘길 수 없는 중요한 기사임이 분명했다. 그런데… 도대체 이게 무슨 일이란 말인가? 방송 이틀 전부터 사상 최초로 '뉴스 예고'(지금은 뉴스 예고가 자연스런 일이지만 이때까지 뉴스 예고는 어느 방송사에도 없었다)까지 할 정도로 심혈을 기울였는데… 무엇보다 기사의 의미가 중대하고 내용이 충격적인데… 맥이 풀렸다. 도무지 이해되지 않는 상황에 온몸의 기가 다 빠지는 느낌이었다. 온갖 상상이 다 떠올랐다. 하지만 그보다 더한 것은 걱정이었다. 저들에게 약속했던 '여론형성'이 불가능할 수도 있겠다는 불길한 예감이 들었다. 위험부담을 감수하고 용기 있게 나서준 저들만 더 위험스러워질 수 있겠다는 두려움도 일었다.

　조심스럽게 확인해 보니 모두 알고 있기는 한 것 같았다. 하지만 당혹스러움 속에서 어찌 해야 하는지를 두고 고심하고 있는 것으로 보였다. 우선 정부는 워낙 크고 중한 사안이기에 섣부르게 아는 체할 수 없는 입장이라고 했다. 여론이 뜨거워질 경우 상황이 복잡해질 것이고 그럴 경우 정부에 불똥이 떨어질 것이 분명하다며 그런 상황에 대해 걱정하고 있다고 했다. 그래서 일단 입장표명을 보류하고 추이를 지켜보는 것으로 방향을 잡았다고 했다. 다른 언론사들 또한 고민스러워 하고 있다고 했다. 기사의 내용은 엄청난데 KBS를 인용해 그대로 받자니 자존심 상하고 그렇다고 스스로 당장 확인할 방법도 마땅치 않고… 그래서 일단 의도적으로 무시한 뒤 정부의 움직임을 지켜보는 쪽으로 입장을 정했다고 했다. 종교단체나 시민단체들 가운데는 보도된 사실 자체를 알지 못하는 곳이 대부분이었다. 그들에게 KBS 뉴스가 별 호감을 얻지 못하던 시절이었다. 인터넷과 SNS가 생활의 중심이 된 지금이야 상상도 할 수 없는 일이지만 당시엔 그런 일들이 드물지 않았다. 다른 언론사의 특종 기사를 인용하는 데 있어 우리 언론들이 무척이나 인색했던 시절이기도 했다.

거기에 KBS 자체의 문제도 단단히 한몫한 것으로 드러났다. 가장 큰 것은 시청률이었다. 당시만 해도 KBS 9시뉴스 시청률은 경쟁사에 절대 열세였다. 민주화 시대가 열리면서 KBS가 많이 달라졌고 그 이후 시간이 짧지 않았지만 오랫동안 각인됐던 편파 왜곡의 이미지가 여전히 KBS를 짓누르고 있었다. 그런 분위기가 그대로 시청률로 이어지고 있는 상황이었다. '아무리 좋은 취재를 하면 뭐하나? 시청자들이 안 봐주면 아무런 의미가 없는건데...' 간혹 선배들이 자조적으로 그런 푸념을 읊조릴 때 남의 일인 양 신경을 쓰지 않았었는데... 비로소 시청률의 위력을 확인하는 계기가 됐다. 방송의 영향력에 있어 시청률은 거의 절대적인 요인이라는 사실을 그때까지 나는 잘 이해하지 못하고 있었다. '아니, 기사만 좋으면 되지 기자가 왜 시청률에 연연하냐'며 다소 고매한 입장까지 취하던 나로서는 크게 한 방 먹은 셈이었다. 그렇게 가뜩이나 시청률이 저조한 상황에 택일의 실패가 더해졌다. 방송이 나간 날은 토요일과 일요일, 평일에 비해 시청률이 더 떨어지는 날들이었다. 기자와 공무원 등 오피니언 리더들은 물론 일반 국민들도 복잡한 뉴스보다 부드러운 연성 프로그램을 찾는다는 사실이 이론적으로, 또 시청률 조사를 통한 실제 사례로 이미 확인된 상태였다. 거기에 토요일과 일요일은 그나마 경쟁력이 있다는 '보도본부 24시'도, 아침 '뉴스광장'도 없는 날이었다.

그런 상황에 KBS 내부의 엉성한 시스템도 기사를 키우지 못한 요인이었다. 세계적인 특종기사, 그것도 스스로 발굴한 의미 있는 기사였기에 탈북자 기사는 9시 뉴스는 물론 다른 뉴스에서도 비중 있게 다뤄지는 것이 마땅했다. 텔레비전 뉴스는 물론 라디오와 PD들이 만드는 교양프로그램까지 동원해서. KBS는 이미 그런 훌륭한 네트웍과 시스템을 갖춘 국내 최고의 방송사였다. 그렇기에 그런 프로그램들을 연결해 콘텐츠를 얻기만 하면 될 일이었다. 하지만 그런 시도나 노력이 거의 이뤄지지 않았고 결국 9시 뉴스만의 기사가 되고 말았다. 정말 이해되지 않는 일이었다. 지휘부들 사이에 아예 그런 인식조차 없었던 것이 아닌가 의심될 정도로 모든 것이 엉성했다. 그것은 여론형성을 가장 중요한 목표로 삼고 있는 언론기관의 속성, 특별히 시청률이 높지 않은 KBS의 입장에서는 당연한 일이었기에... 그건 방송 전 기획단계에서부터 논의되고 준비돼야 하는 마땅한 과정이었기에... 그 야심찬 기사를 그나마 영향력 있는 '보도본부 24시'도 방송되지 않는 날, 뉴스의 절대 시간과 양이 평일의 절반에도 미치지 못하는 휴일에 편성했다는 사실이 하나의 반증이었다. 그랬으니 어찌 기대했던 여론을 이끌어 낼 수 있었을까?

거기에 또 한 가지 심각한 문제가 있었으니 보도국 내부의 유기적 협조체제였다. 청와대와 통일부, 외교부를 포함해 관련부처에 출입하는 기자들은 1보 기사를 근거로 속보를 끌어냈어야 했다. 당국자들에게 묻고 따져서 답을 내도록 하고 기사를 써야 했다. 그들이 피하고 싶어도 피하지 못하도록 집요하게 매달렸어야 했다. 그리고 그렇게 나온 기사가 속보형태로 KBS 뉴스에 계속 보도되도록 해야 했다. 그렇게 해서 지속적으로 국민의 관심을 유도하고 여론을 끌어내는 것이 마땅했다. 그건 사실 별도로 지시하거나 강조할 필요도 없는, 기자들에게는 기본중의 기본이었다. 그러나 그런 당연한 일들도 거의 이뤄지지 않았다. 대부분의 다른 기자들에게 탈북자 문제는 북경총국과 박선규만의 문제일 뿐이었다. 그들은 유기적 시스템에 대한 문제의식을 갖고 있지 않거나, 있더라도 실제로 그렇게 움직이지 않았던 것이 분명했다. 나타난 결과로 유추해 본다면 지휘부조차 그런 인식을 갖고있지 않았던 것으로 보였다. 모든 것이 엉성했다는 말 외에는 어떤 말로도 설명되지 않는 일들의 연속이었다. 당시 KBS의 현실이 그랬다.

야심차게 준비한 세계적인 특종 기사는 결국 그렇게 낮은 시청률과 택일의 실패, 우유부단한 정부와 언론의 못난 관행, KBS의 답답한 현실 속에서 흐릿해지고 있었다. 가슴앓이가 이어졌다. 하지만 특별한 방책이 없다는 사실이 답답함을 더하게 했다. 지금처럼 종편방송들이 여럿 있는 것도 아니고 인터넷이 활성화된 시기는 더욱 더 아니었기에… 방송이라고 해봐야 KBS와 MBC, SBS 셋 밖에 없던 시절이었기에…

3. 흔들리는 약속, 기사의 불씨를 살려야 한다

'탈북자들을 위한 여론을 만들어 드리겠다'던 약속은 그렇게 시작부터 크게 흔들리고 있었다. 일단 방송이 나가면 다른 언론사들이 기사를 받아줄 것이고, 시민단체와 종교

기관들도 관심을 보일 것이고, 그렇게 되면 자연스럽게 여론이 일어날 것이고 결국 정부도 움직이지 않을 수 없을 것이라고 생각했었는데... 그렇게 되면 실질적인 보호책이 마련되고 그들을 향한 문도 활짝 열릴 것이라고 기대했었는데... 정말 당황스런 상황이었다. 무엇보다 위험을 무릅쓰고 취재에 협조해 준 탈북자들에게 결과적으로 거짓말을 한 셈이 됐으니... 그런 현실에 불쑥 불쑥 화가 났다. 짜증도 올라왔다. 하지만 그보다 앞서는 것이 있었으니 그건 걱정이었다. '만약 이대로 기사가 사그라져 버린다면....' 그건 상상하기도 싫은 일이었다. 약속을 못 지킨다는 것은 오히려 덜 중요한 문제였다. 정말 걱정되는 것은 저들이 더 심각한 위험에 빠지게 된다는 것이었다. 그대로 지켜보기만 해서는 안 되는 상황이었다. 가만히 앉아서 기도만 해선 안 된다는 생각이 들었다. 움직여야 했다. 기사의 불씨를 살려야 했다. 이 상황을 어떻게 돌파할 것인가? 어떻게 해야 목표로 하는 여론을 만들어낼 수 있을까? 잠 못 이루는 밤들이 이어졌다.

그때야 비로소 나는 방송과 신문의 근본적인 차이를 이해할 수 있게 됐다. 방송은 순간적인 영향력은 크지만 안 보면 그만이었다. 상대사의 입장에서, 관계 기관에서 눈 딱 감고 무시해 버리면 그만이었다. 그렇다고 뉴스를 재방송할 수도 없는 노릇이었다.(지금이야 중요 뉴스는 몇 번이고 다시 틀고 인터넷으로 SNS로 거의 무제한 전파되지만 당시는 그랬다) 하지만 신문은 아침에 못 보더라도 점심 때 볼 수 있는 매체였다. 집에서 못 보면 회사에서 볼 수 있고 음식점이나 지하철에서도 볼 수 있는 매체였다. 심지어 며칠 지난 것도 장소를 가리지 않고 돌아다니기 때문에 그 영향력의 지속성이 방송과는 비교가 되지 않았다. 누가 뭐래도 이제 방송의 시대라고, 신문의 영향력은 크게 떨어질 수밖에 없고 그 공백을 방송이 메꾸게 될 것이라고 겁 없이 떠들어댔던 무모함이 부끄러웠다. 방송의 영향력이 큰 것은 순간적인 부분에 한정될 뿐이었다. 당연하게 그 모든 것들을 고려했어야 했다. 후회가 밀려왔다. 치밀하지 못한 제작진의 실수에 KBS 내부의 구조적인 문제까지 겹쳐 세계적인 특종이 완전히 단발성 기사로 끝나버릴 위기상황이었다.

보도국장에게 '뉴스초점'(9시 뉴스 바로 뒤에 붙어 그날의 이슈를 집중 분석하는 프로) 15분을 요청했다. 이미 첫 방송 이후 사흘이 지난 시점이었다. 나로서는 방송에 대한 칭찬보다 탈북자들과의 약속이 훨씬 중요했다. 그들의 안전이 최우선이었다. 겁에 질려 취재를 완강하게 거부하던 저들에게 '여러분들을 위한 여론을 만들어 주겠다'고 했던 굳은 약속을 저버릴 수 없었다. 그들은 이제나 저제나… 보도 후 변화될 상황을 학수고대하며 하루하루를 견디고 있을 터였다. 그들을 통해 폭압적인 북한정권의 실체를 드러내고 그럼으로써 강고한 저들의 변화를 유도해보겠다는 스스로의 다짐도 쉽게 포기할 수 없었다. 국장도 외부의 무반응에 답답했던 모양이었다. 내 요청을 흔쾌하게 수용했다. 국장은 그 15분을 꾸릴 수 있는 전권도 내게 주었다. 강하게 정부와 우리 사회의 책임을 얘기할 수 있는 전문가를 찾겠다고 보고했다. 그렇게 방송시간을 얻고 나서는 선이 닿는 모든 곳에 연락을 취했다. 중요한 방송이니 꼭 봐달라고. 보고 원론적인 선에서 논평이라도 한 줄 내달라고.

먼저 국무총리실의 이홍주 비서실장에게 관심을 요청했다. 반드시 총리에게 보고해 달라고 부탁했다. 황해도 출신으로 대쪽같은 원칙주의자의 면모를 지닌 이회창 총리라면 이 문제를 외면하지 않을 것 같았다. 서청원 정무장관에게도 전화했다. '인권을 핵심가치로 내세우고 있는 문민정부가 탈북자들을 외면한다면 그건 심각한 자기모순이 되지 않겠느냐'고 압박했다. 그를 통해 김영삼 대통령이 현실을 인식하게 되고 그를 계기로 정부와 여당이 관심을 갖게 되길 진심으로 기대했다. 야당인 민주당의 박지원 대변인에게도 '꼭 봐 달라'고, '보고 나서 원론적인 입장에서라도 논평하나 내 달라'고 간곡하게 부탁했다. 북한문제, 특별히 비참한 형편의 북한 주민들에 관한 문제는 김대중 총재의 중요 관심사가 아니냐며 은근한 압박도 전했다. 청와대 출입 기자들과 호흡을 맞추고 있던 박영환 춘추관장에게도 같은 얘기를 전했다. 대통령께 보고해 달라는 부탁도 빠뜨리지 않았다. 그리고 언론사들의 통일부 출입기자들과 개인적으로 안면 있는 기자들에게 닥치는 대로 전화하고 몇몇 대형교회에도 방송을 보고 관심을 표해 달라고 당부했다. 영향력 있는 사람들이 많이 보게 하는 것 말고는 다른 대책이 없다는 것이 내 판단이었다. 몸도 마음도 절실했다. 그 전에도 그 후로도 그때만큼 기사에 절실하게 매달렸던 기억이 내게는 없었던 것 같다.

그리고 방송 당일, 보도국장의 사회로 김찬규 경희대 법대 교수와 내가 마주 앉았다. 탈북자들을 국제법상 '정치적 난민'으로 볼 수 있느냐를 대담의 주제로 삼았다. '정치적 난민'으로만 인정된다면 국제법적으로 보호받을 수 있기 때문이었다. 김 교수는 열정적이었다. 극심한 인권탄압과 죽음의 위험을 피해 국경을 넘은 그들은 당연히 난민이라고 강조했다. 따라서 시급하게 난민지정이 돼야 하며 당장 어렵다면 우선 최소한의 안전장치라도 마련해야 한다고 주장했다. 그는 구체적인 방안도 제시했다. 중국내 한 지역을 정해 탈북자들이 국제기구의 관리하에 집단 생활을 하도록 하면 된다는 내용이었다. 그렇게 해서 중국 공안이나 북한의 체포조에게 잡혀 북한으로 송환되는 일이라도 우선 막는 것이 시급하다고 강조했다. 그런 일들을 위한 정부의 역할을 김 교수는 특히 강조했다. 서둘러 관계 당사국은 물론 UN 등 국제기구들과 긴밀한 협의에 나서라는 얘기였다. 김 교수는 특별히 '대한민국의 영토는 한반도와 그 부속도서로 한다'는 헌법 제 3조를 들어 그들은 헌법상 분명한 대한민국 국민이며 따라서 대한민국 정부가 그들을 외면할 경우 정부는 자국민을 사지에 방치하는 중대한 범죄를 저지르는 것이라고 일갈했다.

　이런 노력의 덕이었을까? '뉴스초점'이 방송된 후 변화의 조짐이 보이기 시작했다. 국회 외무통일위원회의 강신조 의원이 '시베리아 벌목장 소위'에 탈북자 문제도 포함시키겠다고 자료를 요청해 왔다. 그는 방송을 보고 많이 놀랐다며 새롭고 중요한 사실을 알게 해 줘 고맙다는 인사까지 전했다. 탈북자 문제는 여야가 있을 수 없다고 강조한 강 의원은 국회차원에서 대책을 마련해 보겠다고 약속했다. 며칠동안 애써 외면하며 입을 닫고 있던 정부에서도 입장이 나왔다. '현장 방문을 통한 실태조사가 필요하다'는 정부 고위 관계자의 발언이었다. 지나치게 소극적인 감은 있었지만 고위 관계자가 공식적으로 언급했다는 사실이 중요했다. 그것만으로도 나에게는 고무적인 일이었다. 그와 별도로 여러 언론사와 기관에서 관심을 표하며 자료와 함께 취재 협조도 요청해왔다. 특히 '주간조선'에서는 그 다음 주 커버스토리로 다루고 싶다며 글을 써달라고 했다. 시베리야 벌목공 문제와 엮어 '봇물 터진 북한탈출'이라는 제목으로 엮을 예정이라고 했다. '월간조선'에서도 매수 제한 없이 써 달라는 청탁과 함께 취재팀을 중국 현지에 보내겠다는 계획을 알려왔다. 이들 외에 조선일보와 신동아 등 몇몇 언론사에서는 기자들이 직접 찾아와 특별취재 계획을 전하며 구체적인 정보와 취재원 연결을 부탁하기도 했다.

반가운 일이었다. 원고 청탁도, 정보 요청도, 취재원 연결도... 마다할 이유가 없었다. 특종기사의 취재원을 공개하고 공유한다는 것이 언론 관행상 쉬운 일이 아니었지만 그런 것을 따질 계제가 아니었다. 오히려 짙은 고마움이 느껴졌다. 방송기자로서 신문이나 잡지에 글을 쓴다는 것 또한 적지 않이 부담스런 일이었지만 기쁜 마음으로 모든 요청에 응했다. 피곤하고 귀찮기 보다는 오히려 고마웠다. 이제야 탈북자들과의 약속을 지킬 수 있게 됐다는 사실에 뿌듯하기까지 했다. 그들을 위한 여론을 만드는 데 모든 것을 걸겠다고 단단히 약속했으므로... 주간지와 월간지, 신문 가리지 않고 정신없이 글을 쓰고 KBS 라디오와 극동방송 등 라디오 프로그램에도 열심히 나갔다. 그러는 사이 서서히 여론이 만들어지고 있었다. 조금씩, 그러나 분명하게 변화가 일어나고 있는 것이 느껴졌다. 그렇게 국내에서 적극적으로 움직이는 동안 내게서 정보를 받아 가지고 중국으로 달려간 타사 기자들도 경쟁적으로 기사들을 쏟아내기 시작했다. 조선일보와 신생 방송인 SBS가 그 선두에 섰다. 그들은 놀라운 취재력으로 내가 미처 확인하지 못했던 내용까지 발굴해 전국민의 관심을 고조시켰다. 거의 매일 탈북자들에 관한 굵직굵직한 기사가 지면과 화면을 장식했다. 고마운 일이었다. 그렇게 연일 쏟아지는 충격적인 기사에 우리 사회가 흔들리는 것이 느껴졌다. 그렇게 탈북자들과 약속했던 '여론'은 서서히, 그러나 힘있게 만들어지고 있었다.

4. 뜨겁게 불붙은 취재 경쟁, 드디어 여론이 만들어지다

그렇게 1994년 4월과 5월, '탈북자'는 대한민국 언론의 가장 뜨거운 이슈가 됐다. 현지에 특별 취재팀을 파견한 조선일보는 4월 9일 '30년 전 월북한 서울대생, 탈출 5일 만에 잡히자 자살'이라는 제목의 기사를 1면에 올렸다. 당사자의 사진과 함께 1면의 절반을 채운 눈에 확 들어오는 기사였다. 앞서 언급한 박영세씨의 안타까운 사연이었다. 과감한 파격적 편집에 현장감 넘치는 기사는 단숨에 독자들의 관심을 사로잡았다. 기사를 통해 사람들은 탈북자 문제가 자신들과는 전혀 관계없는, 동떨어진 문제가 아니라는 사실을 깨닫게 된 것 같았다. 기사의 위력은 엄청났다. 그날 박영세 씨는 기자실은 물론 관공서 사무실, 음식점 등에서 가장 뜨거운 이슈였다. 사람들은 '일본 밀항과 북송선을 통한 입북, 30여 년 만의 탈북과 비극적인 자살'로 마무리 된 명문대생의 비극적인 인생을 안타까워하며 분노했다. 현지에 특파된 김연광 기자는 1보의 여세를 몰아 연일 새로운 비극적 스토리를 1면에 올리며 탈북자 이슈를 주도했다. 이미 나의 기고를 통해 탈북자 이슈를 다루기 시작한 '주간조선'과 '월간조선'도 관련 보도를 이어가며 여론 형성에 힘을 더했다.

여기에 SBS도 중국과 북한의 국경지대를 샅샅이 훑는 연속 방송으로 투지와 의지를 과시했다. 특별히 김천홍 특파원의 활약은 발군이었다. 나보다 연차가 꽤 위였던 김 특파원은 마치 사회부 사건기자와 같은 투지와 열정으로 연일 새로운 기사를 발굴해 냈다. 꽤 오랫동안 이어진 그의 보도에 시청자들의 관심은 증폭됐고 SBS도 언론사로서의 위상을 다질 수 있게 됐다. 국내 언론사들의 이런 적극적인 움직임에 CNN 등 외신들도 합류했다. 때로는 국내 보도를 인용하고 또 때로는 독자적인 취재를 통해 북중 국경지대를 무대로 한 탈북자들의 움직임에 대한 관심을 키워나갔다. 탈북자라는 생소한 주제는 그렇게 국내를 넘어 국제적 이슈로 커지는 단계에까지 이르고 있었다.(이듬해 조선일보는 이 특집 보도로 95년 관훈클럽 최병우 기자상을 수상했다. 나로서는 94년 소말리아, 수단 등 내전 취재로 같은 상을 수상한 데 이어 2년 연속 의미 있는 상에 관여하는 뜻밖의 기쁨도 맛본 셈이었다.)

언론의 열정적인 보도가 이어지자 각급 기관과 단체들도 달라지기 시작했다. 처음에 냉담한 반응을 보이던 교회와 기독교 관련 단체들도 그들 가운데 하나였다. 사실 기독교계의 냉담한 반응은 초기에, 기사를 내보내고 가장 당황스러웠던 일 가운데 하나였다. 방송이 나가자마자, 탈북자들의 얘기가 소개되자마자 적어도 교회는 적극적으로 도와줄 것으로 나는 기대했었다. 전국의 모든 교회에서 매번 예배시간마다, 기도시간마다 '북한의 동포들을 불쌍히 여겨 달라'는, '평화통일의 그날이 속히 오게 해 달라'는 기도가 끊이지 않는다는 사실을 잘 아는 까닭이었다. 그들에게 북한 땅은 복음이 들어온 성지이며 북한 동포들은 뜨겁게 끌어안아야 할 형제들임을 알기 때문이었다. 그렇기에 처참한 북한 동포들의 얘기가 소개되면 누구보다 먼저 관심을 표명하고 적극적인 행동에 나서줄 것으로 기대했었다. 하지만 그들은 그러지 않았었다. 무관심을 넘어 냉담하기까지 했었다.

심지어 기독교계 잡지에 싣기로 했던 내 글이 무단으로 내려지는 일까지 있었다. 'OO소금'이라는 월간지, 그들이 먼저 요청한 원고였다. 탈북자들 기사 잘 봤다고, 기독교인들에게도 알려주고 함께 기도하고 싶다고 요청해 기쁜 마음으로 써준 원고였다. 예수님의 가르침 가운데 '강도 당한 사람의 참 이웃' 얘기를 인용해 곤경에 처한 탈북자들에 대한 관심을 촉구한 일종의 권유문이었다. 원고가 보내진 후 '고맙다'는 편집 책임자의 인사까지 받았던 글이었다. 한데 그런 글이 실리지 않은 것이었다. 뒤늦게 책임자에게 확인하니 '죄송하다'는 말만 반복할 뿐 더 이상의 말은 하려고 하지 않았다. 정말 이해가 되지 않는 일이었다. 그가 아닌, 잡지에 영향력을 가진 힘센 사람들의 결정임이 분명했다. 아마도 민감한 이슈를 다뤄 정부와 관계가 껄끄러워질 것을 경계했거나 아니면 교회가 탈북자들을 외면한다면 강도당한 이웃을 모른 체하고 피해 간 종교 지도자와 같지 않겠는가고 표현한 부분에 불편함을 느낀 것 아닌가 싶었다. 하지만 누구에게서도 그 이유에 대해서는 그때도, 그 후로도 듣지 못했다. 나는 지금도 당시 그들을 포함한 교회의 무관심과 냉담함을 이해하지 못한다.(초기에 그렇게 냉담했던 이들은 후에 여론이 움직이자 경쟁적으로 '북한돕기운동'을 벌이는 열성으로 나를 한 번 더 당혹스럽게 만들기도 했다)

물론 그런 분위기 속에서 큰 힘이 된 곳들도 있었다. '뒤늦게 탈북자들의 얘기를 알게 됐다'며 실질적인 지원과 협조를 아끼지 않은 극동방송이 대표적이었다. 대표인 김장환 목사님은 관련 사실을 알게 되자 마자 나를 방송국으로 청했다. 그리고는 모든 직원들에게 나의 강연을 듣게 함으로써 직원들의 관심과 책임감을 자극했다. 또 정규 방송 시간에도 몇 차례 불러 탈북자들의 실상과 북한의 심각한 상황을 소상하게 알릴 수 있도록 했다. 극동방송은 그렇게 알리는 것을 넘어 국내에 들어온 탈북자들의 정착을 돕는 독자적인 프로그램을 만들어 운영하기도 했다. 관계기관에서 일정기간 교육을 받고 나온 그들에게 가전제품 등 생필품을 지원하고 인적 네트워크를 만들어 정착과정에 도움을 주고 받을 수 있도록 하는 내용이었다. 탈북자들 가운데 상당수는 중국에서 숨어살 때 극동방송을 들으며 위로와 희망을 얻었다고 말했는데 목사님은 그들의 얘기에 감동하며 큰 책임감을 느꼈다고 했다.

일단 불이 붙자 여론은 걷잡을 수 없이 커지고 있었다. 여기서도 탈북자, 저기서도 탈북자... 탈북자들의 얘기가 넘쳐났다. 도대체 정부는 뭐하는 것이냐는 따가운 질책도 이어졌다. 특히 힘겹게 찾아온 탈북자들을 대사관에서 그대로 돌려보낸다는 얘기에 사람들은 분노를 감추지 않았다. XXX들, 저런 XX들을 외교관이라고... 거친 욕설, 격앙된 반응이 표출됐다. 연민과 분노, 사람들의 반응은 그 두 단어로 요약됐다. 당연히 정부도 더 이상 외면할 수 없는 상황이 됐다. 통일부와 외교부 등의 움직임이 분주해졌다. 그런 변화를 바라보는 마음이 뿌듯했다. 그러나 그렇다고 여유를 부릴 수 없었다. 관심이 높아지면서 여러 정부 관계자들은 물론 각종 기관과 단체들의 면담, 인터뷰, 강연 요청이 쇄도했다. 그들을 돕겠다고 나선 민간단체들의 자문요청도 이어졌다. 모든 일에 기꺼이 응했다. 언제, 어디서 부르던 탈북자들과 관련된 일이라면 지체없이 달려갔다. 글 쓰는 일이고 강연하는 일이고 토론하는 일이고를 가리지 않았다.

5. OOO 외교안보수석의 탄식

순식간에 몇 달의 시간이 지나고 있었다. 비로소 안도의 한숨을 내 쉴 수 있었다. '여론을 만드는 데 모든 것을 걸겠다'던 약속이 어느 정도 지켜지고 있었다. 하루가 다르게 커지는 여론에 마음이 한결 편해졌다. 본 업무와 관계없는 일들이 늘고 있었지만 조금도 힘들지 않았다. 오히려 흐뭇했다. 이제 적어도 탈북자들을 위한 대책과 정책은 시기가 문제일 뿐 피할 수 없는 대세가 됐다는 생각도 들었다. 상황 변화에 따라 태도를 180도 바꾼 여러 단체들과 자칭 운동가들의 모습이 거북하기는 했지만 허허 웃어줄 정도의 여유도 생겼다. 그즈음 OOO 청와대 외교안보수석과 점심 약속이 있었다. 탈북자 정책에 관한 조언을 듣고 싶다며 청해 온 자리였다. 자리를 주선한 외교부 출입 기자는 국제감각이 탁월하고 성실함이 트레이드 마크인 분이라고 그를 소개했었다. 한데 약속

당일, O 수석은 약속 시간이 30분이 지나도록 나타나지 않았다. 물론 전화로 급한 일이 생겨 조금 늦는다는 양해는 있었지만 그 시간이 생각보다 훨씬 길었다. 40분을 넘겨서야 약속 장소에 나타난 그는 정말 죄송하다며 늦은 이유를 설명했다.

'북한주민돕기 운동을 벌이는 시민단체 대표들에게 잡혀 있었습니다. 어찌나 억지를 부리던지 말이지요...' 약간은 짜증이 섞인 얼굴이었다. '일주일 전쯤 그사람들을 만났었습니다. 어려움에 처한 북한주민들에 대해 어떤 대책을 갖고 있는지 듣고 싶다며 면담을 청해 왔었지요. 바쁜 시간을 쪼개 그들에게 소상하게 정부의 입장을 설명했습니다. "북한주민을 결코 외면하지 않을 것이다. 적극적으로 도울 것이다. 다만 방법적으로 무조건적으로 지원하는 것보다 북한의 변화를 유도하는 방향에서 현안과 연계하는 방안을 고심하고 있다. 지금 그런 논의를 진행하고 있으니 조금만 기다려 주기 바란다. 곧 결과가 나올 것이다." 그런 얘기와 함께 남북관계가 경색된 상황에서도 최소한의 인도적인 지원은 계속 이뤄지고 있다는 사실, 북한으로 들어가는 외부 지원의 50% 이상은 우리가 하고 있다는 내용까지 밝혔습니다. 그런 설명에 그들은 잘 알겠다며 돌아갔었지요.' 거기까지 설명한 O 수석이 목이 타는 듯 물 한 잔을 다 들이켰다. 그리곤 숨을 고른 후 설명을 이었다. '그런데 그렇게 돌아갔던 그들이 오늘 느닷없이 다시 들이닥친 겁니다. 그들은 앉자마자 글이 빡빡하게 채워진 B4용지를 내밀더군요. 살펴보니 일주일 전 제가 했던 얘기를 풀어쓴 것이었습니다. 그 내용들 군데군데에 밑줄이 그어져 있고 그 옆에 그걸 반박하는 내용이 적혀 있었습니다. 예를 들면 '현안과 연계하는 방안을 고심하고 있으니 조금만 기다리려 달라'는 얘기에 밑줄을 그은 뒤 '그러면 그때까지 북한주민들이 다 굶어 죽어도 좋단 말이냐' '그게 인권을 중요하게 생각한다는 김영삼 정부의 인도주의냐'고 따지는 식이었습니다.' 수석의 얼굴이 어둡게 변해 있었다.

기가 막히더라고 했다. 한 시간 가까웠던 만남에서의 얘기를 다 녹음해서 그 내용 하나하나에 시비를 거는 그들의 방식이. 선의를 갖고 소상하게 설명한 부분들까지 입맛대로 왜곡해 터무니없는 주장을 펼치는 그들의 마음이. 충격이 컸다고 했다. 그럼에도 인내심을 갖고 차분하게 설명을 하려 했지만 이번엔 대화 자체가 되지 않더라고 했다. 무슨 말만 하면 말꼬리를 잡고 늘어지는 통에... 들으려하기 보다 장황하게 자신들의 주장만 펼치는 통에... 말도 안 통하고 정말 곤혹스러웠다고 했다. 특별히 '그런 몰인정한 방식이 인권을 중요하게 생각한다는 대통령의 생각이냐, 아니면 참모들의 생각이냐' '외교안보수석이 그렇게 비정한 소리를 해도 되느냐'고 독하게 쏘아붙일 땐 일종의 모욕감까지 느껴지더라고 했다. 어둡게 굳은 그의 얼굴이 좀처럼 펴지지 않고 있었다. 단체들의 이름을 들어 보니 낯익은 기관들이 섞여 있었다. 처음 기사를 쓰며 도움을 요청했을 때는 미동도 하지 않던 곳들이었다. O 수석은 그들이 어찌나 모질게 정부를 공격하던지 '그러는 당신들께서는 개인적으로 얼마나 돕고 있느냐?'고 묻고 싶은 것을 억지로 참았다고 했다. '자기 것은 하나 내놓지 않으면서 다른 사람들의 선의에 올라타 생색만 내려는 사람들, 스스로 감당할 마음은 눈곱만치도 없으면서 무책임한 주장만 일삼는 사람들'이라는 게 그들에 대한 수석의 평가였다.

바야흐로 북한주민돕기, 북한돕기가 세상의 큰 흐름이 되고 있었다. 그 틈을 타 여기저기서 북한을 앞세운 사이비 운동가들도 목소리를 높이고 있었다. 대부분은 이슈가 생길 때마다 모습을 바꿔가며 앞장서는 단골 꾼들이었다. 참으로 대단한 사람들이었다. 그런 모습을 허탈하게 바라보며 정신없이 뛰던 중 문득 한 가지 생각이 떠올랐다. 현실을 알리는 것에서 한 단계 더 나갈 필요가 있다는 생각이었다. 적어도 내 생각에 탈북자의 급증은 급작스런 북한체제의 붕괴 가능성을 의미했다. 그것은 필연적으로 통일로 이어질 수밖에 없는 과정이라는 판단도 들었다. 그건 비단 나만의 생각이 아니라 적지 않은 전문가들의 분석이기도 했다. 그 상황에 대한 대비가 필요하다는 생각이었다. '그렇게 오랫동안 통일을 준비했던 독일도 통일 이후 큰 어려움을 겪고 있지 않은가? 한데 아무런 준비도 없이 덜컥 통일이라는 상황을 맞게 된다면...' 생각할수록 끔찍한 일이었다. '탈북자들을 향한 관심이 통일을 위한 준비로 이어지도록 하자!' 그것이야말로 정말 중요한 문제라는 생각이 들었다. 그건 기자적 욕심이라기보다는 지식인으로서의 역사에 대한 책임감이었다. 내 아이들의 미래를 걱정하는 부모의 마음이기도 했다. '우리 아이들에게까지 위험스런 갈등과 극한적 충돌이라는 엄청난 부담을 넘겨줘서는 안 되지 않겠는가?' 탈북자 문제로 국민의 관심이 고조되고 있는 상황이기에 타이밍도 좋았다. 내가 할 수 있는 일을 하기로 했다.

6. 통일기금 조성을 제안하다

목표는 하나였다. '통일을 구체적인 자신의 문제로 인식하게 하는 것!' 추상적인 개념이 아니라 모든 생활 속에서 부딪히는 현실로 받아들이게 하자는 것이었다. 초청 받아 강연을 할 때마다 참석자들에게 통일을 원하는지, 원하지 않는지 물어봤다. 세대 간에 차이가 확연했다. 40대 이상 중장년들이 모인 곳에서는 대부분 70% 이상의 찬성이 있었다. '동족이니까 같이 살아야 한다'는 당위론이 가장 많았다. 그러나 대학생들의 찬성률은 절반에도 미치지 못한 경우가 대부분이었다. 30%선인 경우도 적지 않았다. '각자 편하게 살면 되지 굳이 복잡한 문제 감수하면서 왜 같이 살아야 하냐'는 것이 그들의 생각이었다. 그들에게 '통일은 하고 싶다고 마음대로 할 수 없듯이 하기 싫다고 마음대로 피할 수 있는 것이 아니라는 사실'을 설명했다. '통일은 치밀한 계획을 통해 이뤄지는 폼나는 합의가 아니라 어느 날 느닷없이 닥치는 복잡한 상황'이 될 수 있다는 사실을 강조했다. 독일의 경우를 살피면서 북한과 우리의 경우도 그럴 가능성이 아주 높다는 사실을 일깨웠다. 그렇기에 '아무 준비없이 있다가 느닷없이 당하느냐, 아니면 준비하고 있다가 차분하게 맞이하느냐'가 관건이 될 것이라고 설득했다.

통일을 해야 한다는 사람들에겐 구체적인 문제를 일깨웠다. 통일은 거대한 담론이 아니라 구체적인 현실임을 강조했다. '통일을 한다는 것은 지금보다 세금을 최소 1.5배 이상 내야 한다는 것을 의미한다.' '사회적으로는 지금과는 비교할 수 없는 갈등과 혼란이 있을 수 있다는 것을 의미한다' '청년들에겐 취업문이 지금보다 훨씬 더 좁아진다는 것을 의미한다' '일시적으로 절도와 강도, 폭행 등 범죄가 더 많아져 생활이 불안해질 수 있다는 것을 의미한다'... 그건 조금만 생각하면 쉽게 예상할 수 있는 일들이었다. 그럼에도 대부분 전혀 생각하지 않거나 못하는 문제였다. 대부분의 통일론자들은 그저 통일만 되면 좋은 것 아니냐는 낭만적 감상주의에 빠져 있는 상황이었다. 당황스러워하는 그들에게 묻고 또 물었다. '이런 상황들을 다 받아들일 준비가 돼 있는가? 이런 모든 상황들을 받아들일 수 없다면, 함께 이겨내겠다는 각오가 없다면 통일을 말하지 말아야 한다. 그것은 지극히 무지한 만용이며 모두를 위험에 빠뜨릴 수 있는 무책임의 전형이다. 그런 각오없이 막연하게 통일을 찬성한다고 목소리를 높이는 것은 결국 자신과 가족을 위험속에 내모는 일일 뿐이다...' 이쯤 얘기가 진행되면 찬성론자도, 반대론자도 표정이 심각해지는 게 보통이었다.

그런 그들에게 특별히 '이산가족 상봉의 경험'을 상기시켰다. 1983년 6월, 위신도 체면도 다 팽개친 채 카메라 앞에서 엉엉 울며 부둥켜 안았던 사람들이, 그를 통해 전 세계를 눈물바다로 만들었던 엄청난 휴먼 다큐멘터리의 주인공들이 1년도 채 되지 않아 차라리 안 만났더라면 좋았을 것이라고 후회했다는 얘기였다. 그런 사람들이 절반에 달한다는 설문결과가 1년쯤 지나서 발표됐었다. 핏줄이니까 만나야 한다는 당위론에만 매달려 만난 뒤에 어떻게 할 것인지에 대해서는 아무런 준비를 하지 않았던 것이 후회의 가장 큰 이유였다는 사실을 강조했다. 그런 사실을 설명하며 '이왕 느닷없이 닥치는 상황이라면 준비하고 맞는 것이 옳지 않겠느냐'고 설득했다.

준비의 한 방법으로 나는 '통일기금'의 조성을 제안했다. '급작스럽게 통일 상황이 된다면 가장 필요한 것은 돈 아니겠는가?' '정부차원의 예산만으론 부족하고 그들과 부딪히는 현실 속에서 해결해야 할 일들이 많지 않겠는가?' 방송에서는 기회를 갖지 못했지만 초청받아 강연을 할 때는 이런 통일기금 얘기를 빼놓지 않았다. 특별히 교회와 기독교 단체에서 강연할 때는 헌금형식의 '통일기금'을 제안했다. 적어도 1년에 두 번씩은 전교인이 통일을 위해 기도하며 마치 성전건축헌금 하듯이 '통일헌금'을 하자는 내용이었다. 그를 통해 통일시대를 구체적으로 대비하고 통일시대에 필요한 '자금'을 비축해 놓자고 설득했다. 그 돈으로 멀지 않은 통일시대, '최소한 북한에서 온 사람 몇 명만이라도 우리 교회가 책임지겠다'는 각오를 다지자고 독려했다. 개인적으로 나는 그것이 분단시대를 살고 있는 교회가 감당해야 할 역사적인 소명이라고 인식하고 있었다.

학생들을 대상으로 한 강연에서는 추상적인 통일 운동을 구체적인 행동으로 전환하자고 제안했다. 적어도 분기에 한 번씩 학생들 스스로 통일을 주제로 '바자회'나 '일일 찻집' 같은 것을 열어 기금을 모으는 방안을 제시했다. 단순히 돈을 모으는 것을 넘어 그런 과정을 통해 구체적으로 북한을 생각하면서 통일시대를 위한 마음을 다지는 것이 필요하다는 판단에 따른 것이었다. 바로 그것이 '탈북자'라는 존재가 우리사회에 던지는 메시지이며 따라서 우리가 감당해야 하는 시대적 소명임을 강조했다. 그런 제안을 하면서 매번 출연료와 강사료로 받는 돈은 그 자리에서 초청 기관에 다시 돌려드렸다. 그 돈을 시작으로 기금을 만들어 달라고 부탁하면서. 그러던 어느 날, 민족사관학교의 초청을 받았다. 대한민국에서 가장 똑똑한 학생들이 모인 학교였다. 학생들에게 그런 통일 얘기를 하며 '관심'과 '실질적 준비의 중요성'을 강조했다. 소문난 수재들답게 학생들은 진지했고 질문도 많았다. 그 자리엔 학생들뿐 아니라 최명재 이사장과 교사들까지 함께했다. 강의가 끝나자 최명재 이사장이 '한마디 하고 싶다'고 발언을 청했다. 그는 생각하지 못했던 문제를 제기해줘 고맙다면서 그 자리에서 5,000만 원을 통일기금으로 내 놓겠다고 약속했다. 학부형들과 교사들의 참여도 독려해 그해 말까지 1억 원의 기금을 조성하겠다는 포부도 밝혔다. 참으로 화통한 분이셨다. 물론 나도 강연료를 내 놓았다. 그 기금이 얼마나 자랐는지 궁금할 때가 가끔 있다.

7. 청와대 인사와의 조우, '박 형, 당신 너무 나이브해'

초기 탈북자 문제를 보도하고 후속 취재를 이어가면서 답답한 것이 많았다. 그 가운데 으뜸은 정부의 움직임이었다. 처음엔 아예 무시하는 태도를 보였었다. 그러다가 여론이 일어나자 움직이는 시늉을 하기는 하는데 그게 영 미덥지 않았다. 마지못해 움직이는 모습이 역력했다. 해서 기회가 생길 때마다 정부의 책임을 촉구했다. '우리 헌법은 한반도와 그 부속도서를 대한민국의 영토로 규정하고 있다. 당연히 북한 주민도 헌법정신으로 본다면 대한민국 국민이다. 그런데 위기에 처한 그들을 대한민국 정부가 외면하고 있다. 이게 과연 온당한 일인가?', '대통령은 야당 정치인 시절 인권에 목숨을 건 분이셨다. 그런데 그렇게 인권을 강조하던 분이 이런 문제에 왜 아무 말이 없는지 모르겠다.', '목숨 걸고 탈출해 비참한 처지에 있는 탈북자들을 외면하면서 함께 잘

사는 통일을 얘기하는 것은 심각한 자기모순 아닌가?', '훗날 지금의 상황을 다 알게 된 북한 주민들이 당신들은 그렇게 잘 먹고 잘 살면서 그때, 왜 죽어가는 우리를 그렇게 외면했냐'고 물으면 뭐라고 할 것인가?...' 어디에 가든 기회가 생기면 그렇게 겁 없이, 신랄하게 탈북자 문제에 미온적인 정부를 비판하곤했다.

그러던 어느 날이었다. 시내의 한 음식점에서 청와대 고위 관계자와 마주쳤다. 사회부장과 몇몇 부원들이 모여 저녁 식사를 함께 하던 자리였다. 공교롭게도 그를 마주친 곳은 아무도 없는 화장실이었다. 그도 나도 서로 얼굴만 알고 지낼 뿐 가까운 사이는 아니었다. 그는 약간 술기운이 오른 상태였다. 나를 보고 흠칫 놀라는 표정을 짓던 그는 내 옷자락을 잡더니 한쪽 외진 곳으로 이끌었다. 그가 낮은 목소리로 말했다. '박형, 당신 너무 나이브해. 지금 당신이 무슨 일 하고 있는지 알아?' 톤은 낮았지만 위압감이 느껴지는 말투였다. '우리가 조사를 다 해봤어. 잘 알지도 못하면서 그렇게 막 떠들지 말라구...' 느닷없는 상황, 예사롭지 않은 말투에 머리끝이 쭈뼛했다. 노골적인 불쾌감이 드러난 얼굴이었다. '지금 우리 사회에는 통일 하자는 사람보다 하지 말자는 사람이 더 많아. 탈북자 문제는 그렇게 감성적으로만 접근해서는 안 된단 말이야. 당신 그거 알아? 자꾸 그러면 정부의 운신 폭이 좁아지고... 중국과 우리 사이에 나 있는 오솔길마저 막히게 된단 말이야...' 그는 내 활동을 불쾌하게 지켜보고 있었음이 분명했다.

'오솔길이 막힌다'는 것은 이런 의미였다. 간혹 북한 인사들 가운데 중요한 지위에 있거나 의미 있는 정보를 가지고 국경을 넘는 경우가 있었다. 그런 경우 정보당국은 중국 정부와의 협조를 통해 은밀하게 국내로 데려오곤 했었다. 그 채널을 오솔길이라 표현한 것이었다. 그런데 탈북자 문제를 자꾸 떠들어대면 중국의 입장이 곤란해져 그마저 불가능하게 될 것이라는 얘기였다. 표현은 점잖았지만 위축될 수 밖에 없는 어조와 표정이었다. 그는 내가 쓰는 기사는 물론 어디서 어떤 강연을 하고 다니는지도 꿰고 있었다. '아, 내가 어느새 정권에 못마땅한 인물로 인식돼 있었구나.', '주목과 감시의 대상이 돼 있었구나...' 작은 충격이었다. '중요한 기사를 쓸 때는 어디를 가든 감시하는 사람들이 있으니 각별히 주의하라'던 선배의 얘기가 떠올랐다. 그 선배는 만나는 사람도,

장소도, 주고 받는 얘기도 각별히 신경 써야 한다고 당부했었다. 분명 신경 쓰이는 상황이었다. 그렇다고 그에게 위축된 모습을 보여서는 안 된다는 생각이 들었다. '그러면 우리 헌법의 영토조항부터 바꾸셔야죠. 통일하겠다는 얘기를 하지 말던지...' 살짝 웃는 얼굴로 그렇게 맞대응을 하고 자리를 벗어났다. 자리로 돌아와 앉았지만 기분이 영 꺼림칙했다.

그날의 작은 해프닝은 내게 청와대와 정부의 분위기를 확인시켜준 셈이었다. 대통령도 여론의 흐름에 민감하게 신경쓰고 있다는 얘기였다. 그럴 수밖에 없을 터였다. 연일 계속되는 언론의 집중적인 관심은 자연스럽게 우리 사회 전반에 북한 주민과 통일에 대한 관심으로까지 이어지고 있었다. 탈북자들을 통해 확인된 북한 주민들의 처참한 현실은 그들을 적극적으로 도와야 한다는 집단적 인식으로 급속도로 확산되고 있었다. 정부 입장에서도 그런 관심이 나쁜 것만은 아닐 터였다. 그건 이전의 권위주의 정부들과 달라진 대한민국을 어필할 수 있는 기회이기도 했을테니. 하지만 그럼에도 불구하고 탈북자들을 위한 당장의 대책으로까지는 이어지지 않고 있었다. 그 배경에 이른바 오솔길론이 자리잡고 있던 것이었다. 고맙게도 얼마간의 시간이 지나자 그렇게도 고대하던 변화가 찾아왔다. 정부가 입장을 확 바꾼 것이었다. 민간차원의 북한지원을 허용하는 방향이었다. 물론 걷잡을 수 없을 정도로 커진 여론의 영향임이 분명했다. 그런 움직임은 시간이 더 지나며 '계란 보내기' '비료 보내기' '밀감 보내기' '쌀 보내기'.....등 전국적인 움직임으로 발전됐다. 가히 '북한돕기' 열풍이라고 할 만 했다. 그런 운동을 표방한 단체들이 우후죽순처럼 생겨났고 지방자치단체들까지 앞다퉈 그 대열에 뛰어 들었다. 초창기의 냉랭했던 분위기와는 달라도 너무 다른 현상이 펼쳐지고 있었다.

그런 국내의 폭발적인 여론 속에 중국과 북한의 국경이 강화됐다는 보도가 나왔다. 북한당국이 급증하는 탈북자들을 막기 위해 후방 부대를 국경으로 배치했다는 정보도 전해졌다. 정보당국의 핵심 관계자가 전해준 얘기였다. 중국정부에 탈북자 체포와 관련한 협조를 긴급하게 요청했다는 얘기와 함께였다. 당연한 일일 터였다. 북한의 입장에서 탈북자는 자신들의 심각한 현실, 부끄러운 치부를 그대로 드러내는 곤혹스런 존재임이 틀림없었다. 그러나 그런 조치에도 불구하고 목숨을 걸고 국경을 넘는 탈북자들의 수는 계속 늘고 있었다. 어느덧 탈북자라는 용어가 국민들 사이에 아주 익숙해졌다. 여러 언론을 통해 지속적으로 보도되는 그들과 관련된 비극적인 스토리들이 여론의 상승 작용을 견인하고 있었다. 오랜 군부중심의 권위주의 체제를 벗어나 문민정부가 들어섰다는 사실, 그에 따라 사회 전반에 과감한 민주화 조치가 취해지며 북한에 대해서도 한결 유연해진 분위기가 여론 확산에 또 다른 요인으로 작용하고 있음이 분명했다.

최초 보도 후 10개월,
탈북자 그 후

1. 이른 새벽의 전화, '당신 때문에 죽게 됐으니 좀 살려주시오'

첫 보도 후 8개월이 흐르고 있었다. 그동안 탈북자 문제는 우리 사회의 핵심 이슈로 확실하게 자리 잡았다. 공식화할 수는 없었지만 국내로 들어오는 탈북자들의 수도 급증하고 있었다. 문제를 제기했던 당사자로서 흐뭇한 일이 아닐 수 없었다. '여론을 만들어 주겠다' '그를 통해 해결책을 이끌어 내겠다'던 그들과의 약속이 지켜지고 있다는 사실에 작지 않은 뿌듯함도 있었다. 하지만 그런 외형적인 변화에도 여전히 공식적인, 과감한 대책은 나오지 않고 있었다. 변화가 반갑기는 했지만 기대하는 수준에는 못 미치는 현실이 답답하기만 했다. 그러던 어느 날 중앙부처 공무원으로 일하는 친구의 전화를 받았다. '선규야, 멋지다. 언론의 힘이 정말 대단하네...' 초기단계부터 탈북자 문제에 관심이 많던 친구였다. '기자라는 네 직업이 정말 부러워. 아마도 네 기자생활 중 가장 의미있는 기사가 될 거야...' 그는 정말 나를 부러워하는 것 같았다. '정부가 너무 소극적이어서 답답하다'는 내게 친구는 '몰라도 너무 모르는 소리'라며 '정부의 변화를 이정도까지 끌어낸 것도 엄청난 변화'라고 설명했다. 전화를 끊고 생각하니 그의 말이 맞는 것 같았다. 정말 엄청난 변화요 진전이었다. 막막하기만 했던 8개월 전을 생각하면 현실은 엄청난 기적임이 분명했다.

그렇게 시간이 흘러가던 10월 어느 날 이른 새벽, 전화벨 소리에 잠이 깼다. 기자라는 직업을 가진 이후 종종 겪는 일이었다. 그런 전화는 대부분 큰 사건과 관련된 것이어서 늘 긴장을 불러왔다. 뭔가 급박한 일이 생겼다는 의미였다. 수화기 속 목소리가 무거웠다. '박 기자시오? 나 중국의 ○○○이오.' 독특한 억양과 목소리만으로도 누구인지 대번에 알 수 있었다. 탈북자 기사를 취재하며 만났던 연길의 교민 사업가였다. 그는 당시 자신의 사무실에 탈북자 2명을 보호하고 있었다. 체구는 작았지만 강단이 느껴지던 분, '처지가 딱해서 돌봐주고는 있는데 어떻게 해야 할지 모르겠다'며 연신 담배를 피우던 분이었다. 그의 목소리가 이어졌다. '당신 때문에 나 죽게 됐어. 어떻게 좀 해 줘야겠소. 나 좀 살려주시오..' 낮게 깔렸지만 절박감이 느껴지는 목소리였다. 정신이 번쩍 들었다. 탈북자들을 도와 준 사실이 공안당국에 적발돼 추방명령을 받았다는 것이었다.

그는 일단 연길을 떠나 모처에 숨어 지내고 있다고 했다. 한국으로 돌아갈 처지도 못 돼 이리저리 떠돌고 있다고 했다. 혹시 걸릴까 봐 전화도 아무도 없는 시간에 하는 것이라고 했다. 그는 심한 불안 증세를 보이고 있었다. '알겠다'고 '어떤 상황인지 자세하게 알려달라'고 달래며 우선 그를 안심시켰다. 그리고 조금은 차분해진 상태에서 자초지종을 들어봤다. 긴 한숨을 내쉰 그가 말을 이었다. 어느 날 집으로 중국 공안들이 들이닥쳤다고 했다. 가족들이 보는 앞에서 수갑이 채워져 공안국으로 끌려갔다고 했다. 그들의 위세가 얼마나 대단하던지... 겁에 질려 자신도 가족들도 아무 말도 못 했다고 했다. 공안국에 끌려가 조사실에 들어가 앉으니 별별 생각이 다 나더라고 했다. 잠시 후 들어온 조사관이 '북한에서 온 사람들을 왜 도와줬나?', '그들은 지금 어디있나?'고 추궁해 탈북자 문제로 끌려간 것을 알게 됐다고 했다. 처음엔 다 부인했다고 했다. 도와준 일 없다고, 그들이 누구인지도 모른다고. 그렇게 잡아떼자 '월간조선'에 난 기사를 펴 보이며 '이게 당신 아니냐?'고 추궁하더라고 했다. 살펴보니 내가 쓴 기사였다고 했다. 거기에 자신이 내게 했던 말이 말투까지 그대로 기록돼 있었다고 했다. 그 부분에 빨간 줄이 쳐져 있더라고 했다. 정신이 번쩍 들더라고 했다.

그래도 잡아뗐다고 했다. 자신은 모르는 일이라고. 그랬더니 주변 사람들의 이름을 대며 그 사람들이 이미 다 불었노라고, 시인을 강요하더라고 했다. 상황을 보니 공안에 신고를 한 것도 아는 사람인 것 같았다고 했다. '시인하면 추방명령으로 끝내주겠다. 하지만 버티면 감옥에 보낼 수밖에 없다'는 조사관의 말에 어쩔 수 없이 시인했다고 했다. 그러자 진술조서에 지장을 찍게 한 뒤 '48시간 안에 중국을 떠나라'며 풀어주었다고 했다. 추방명령은 사무실에서 함께 일하던 동생에게도 내려졌다고 했다. 그는 그런 상황을 전하며 여러 차례 깊은 한숨을 내쉬었다. 정말 겁이 나더라고 했다. 어찌 안 그랬을까? 그렇게 집으로 돌아온 그는 부인에게 대강의 내용을 설명하고 바로 집을 나왔다고 했다. 그리곤 다른 지역으로 옮겨 몸을 숨겼다고 했다. 공장 운영을 포함한 여러 문제들을 하나도 정리하지 못한 채로. 한국으로 돌아올 수 없었던 이유는 중국으로 떠나기 전 어떤 문제로 기소중지가 돼 있었기 때문이라고 했다. 그는 침통한 목소리로 앞으로 어떻게 해야 될지 모르겠다며 깊은 한숨을 내쉬었다.

미안하고 또 미안한 일이었다. 죄송하게 됐다고 그럴 의도가 전혀 없었는데 그리 돼 어찌할 바를 모르겠다고 거듭 미안한 마음을 전했다. 사실 상상도 못 했던 일이었다. 달리 그를 위로해 줄 말도 없었다. 그저 그의 얘기를 들어주는 것 말고는 달리 할 수 있는 게 없었다. 이미 잠은 한참 달아났고 심상치 않은 전화에 놀란 아내도 걱정스럽게 지켜보고 있었다. 말을 마친 그에게 '그러면 사업체는 어떤 상태인가'고 물었다. 부인이 돌보고 있다고 했다. 다행이 중국 당국이 자신에게는 추방명령을 내렸지만 부인과 가족들에 대해서는 별다른 조치를 취하지 않았다고 했다. 그래서 당장은 부인이 꾸리고 있는데 상황을 더 알아볼 수도, 코치를 해 줄 수도 없어서 답답해 미칠 지경이라고 했다. 조심스럽게 내가 어떻게 도와주면 좋겠냐고 물었다. 그는 조금 멈칫하는 듯하더니 돈이 필요하다고 했다. 민망함이 밴 목소리였다. 숨어 사는 처지라 돈을 마련하기 어렵다고 했다. 우선 공민증만 하나 만들면 큰 어려움은 없을 것 같은데 거기에 4만 위안이 든다고 했다. 이른 새벽 시간에 내게 전화를 한 것도 결국은 돈 문제를 부탁하기 위해서였던 것 같았다. 그날부터 고민이 시작됐다.

내 기사가 빌미가 됐다는 사실에 책임감을 느끼지 않을 수 없었다. 물론 기사는 인물과 장소가 드러나지 않도록 최대한 신경을 썼었다. 탈북자는 물론 그들을 보호해주는 사람들까지 처벌받는 것을 알기 때문이었다. 그건 도와주는 사람들도 다 알고 있는 사실이었다. '위험이 따르는 것은 알지만 그들의 비참한 처지를 보면서 어떻게 돕지 않을 수 있느냐?'는 것이 그들의 공통된 얘기였다. 그랬기에 기사는 신분노출을 막기 위해 취재원들의 경우 가명을 쓰고 그들을 만난 지역도 엉뚱하게 묘사했었다. 지역의 이름을 특정하지 않고 공공건물의 1층에 있는 사무실 위치를 시장통의 2층 건물로 바꾸는 것과 같은 방식이었다. 그러나 다른 것들은 그렇게 바꿨지만 인터뷰 한 사람들의 말투는 바꾸지 않고 그대로 썼다. 기사의 사실성을 유지하기 위한 것이었는데 결국 그것이 꼬투리가 된 것 같았다. 기사가 나간 시점과 추방 명령 사이에 여러 달의 시차가 있는 점으로 미루어 오랜 동안 분석한 뒤 추적을 한 것이 분명했다.

대단한 중국 공안이었다. 그건 중국이 탈북자 문제에 얼마나 신경 쓰고 있는가를 보여주는 또 다른 단서이기도 했다. '내가 더 치밀했어야 했던 것 아닌가?' 하는 자책이 일었다. 한데 그런 상황에서도 그는 나를 원망하지 않았다. 왜 알리지도 않고 월간지에 기사를 썼냐고 따지지도 않았다. 자신의 고단한 처지를 설명하며 가능한 대로 도와달라고만 했다. 한 걸음 더 나가 그는 지금 어려움을 겪고 있기는 하지만 탈북자들을 도운 사실을 후회하지는 않는다고도 했다. 그래서 더 미안하고 안타까웠다. 그런 그에게 '그때 돌보던 탈북자 두 사람은 한국에 들어와 잘 살고 있다'는 사실을 알려줬다. '그들이 생명의 은인으로 ○○○ 사장님을 꼽더라'는 얘기도 전해줬다. 한참 동안 아무 말이 없었다. 감정을 추스르는 것 같았다. 그리곤 무겁게 고맙다고 했다. 그의 목소리에 물기가 묻어 있었다.

2. 다시 중국으로, '취재목적 외 활동 절대불가'

다시 잠자리에 들 수 없었다. 살려달라는 그의 목소리가 귓전을 맴돌았다. 절망적인 상황에서도 원망 한마디 없는 그의 의연함과 자존심이 마음을 더욱 무겁게 했다. 4만 위안이면 우리 돈으로 4백만 원쯤 되는 돈이었다. 공민증이라도 하나 만들게 도와주면 그래도 마음이 조금은 편할 것 같았다. 적어도 그 문제만은 도와줘야 할 것 같았다. 아침에 출근하자마자 부장과 국장에게 차례로 보고했다. '모른 체할 수 없는 일'이라고, '도의적인 책임은 져야 할 것 같다'고 의견을 냈다. 불법이 수반되는 공민증 얘기는 일단 빼놓은 상태였다. 부장은 난처한 표정만 지을 뿐 말이 없었다. 그러나 국장은 한마디로 딱 잘랐다. '그의 처지가 딱하기는 하지만 그런 부분까지 언론사가 책임질 수는 없는 일'이라는 것이었다. 국장은 중국과의 관계까지 염두에 두고 있는 것 같았다. 추방 명령이라면 중국 정부 차원의 강력한 조치인데 KBS가 어떤 형식이든지 관여하게 될 경우, 그것이 자칫하면 외교문제로 비화될 수 있다는 걱정을 하고 있는 것 같았다. 비겁하고 무책임하다는 생각이 들었지만 한편으로는 이해가 안 되는 것도 아니었다. 조심스럽게 '혹시 회사 차원에서 돈이라도 조금 지원할 수 있을까?' 물었지만 그 역시 안 된다는 답이었다. 톤이 예상보다 훨씬 강했다.

다른 선배들에게도 자문을 구했다. 대부분 같은 반응이었다. 안타깝기는 해도 그건 기자가 책임질 일이 아니라는 것이었다. 나는 인간의 도리를 얘기하는데 저들은 책임의 문제에만 집중하고 있었다. 동의할 수 없었지만 그게 현실이었다. 더 이상 회사의 도움을 기대하는 것은 의미가 없을 것 같았다. 다른 방법을 찾아야 했다. 회사와 연계시키면 문제만 더 어려워지고 실망감만 커질 것 같았다. 여러 궁리 끝에 중국에 다시 들어가 그를 만나보는 것이 좋겠다는 결론을 내렸다. 급하게 기획안을 만들었다. '탈북자, 그 후'라고 제목을 정한 취재계획서였다. 최초로 탈북자 이슈를 세상에 드러낸 후 10개월 가까이 지난 시점이었다. 현지 취재를 통해 문제제기 후 10개월 동안 '무엇이 어떻게 달라졌나?'를 살핀다는 기획이었다. 이미 기사의 파장이 커질 대로 커졌고 여론도 기대 이상으로 형성됐기에 최초로 문제를 제기한 언론으로서 충분히 의미 있는 기획이었다. 고맙게도 기획안은 어렵지 않게 받아들여졌다. 분명 부장도 국장도 기획안 뒤에 감춰진 나의 의도를 짐작하고 있을 터였다. 하지만 기획 자체가 가지는 의미가 작지 않았기에 취재 자체를 막지는 않은 것으로 보였다. 대신 국장은 결재서류 한쪽 편에 선명한 자필 메모를 남겨 놓았다. '취재목적 외 활동 절대불가'. 절대 그들을 만나지 말라는 강력한 경고였다.

그렇게 계기가 만들어졌다. 내겐 무엇보다 중국에 갈 수 있게 됐다는 사실이 중요했다. 준비를 해야 했다. 가장 중요한 것은 돈이었다. 통장을 털고 이렇게 저렇게 모아보니 1,000만 원쯤 됐다. 두 사람 몫의 공민증 비용은 마련된 셈이었다. 마음이 한결 편해졌다. 그 돈을 출장비와 함께 달러로 환전했다. 출장 준비는 순조롭게 진행됐다. 충격적인 1편에 이어 의미 있는 후속 기사가 될 것이라는 동료들의 덕담도 더해졌다. 물론 그들은 내 속 마음을 짐작도 하지 못하고 있을 터였다. 나 또한 후속 취재에 대한 기대가 작지 않았지만 그보다 훨씬 신경 쓰이는 건 힘겨운 처지의 취재원들과 다시 만나는 것이었다. 그러던 중 문제가 생겼다. 잘 진행되던 준비가 전혀 엉뚱한 곳에서 틀어진 것이었다. 비자가 나오지 않고 있었다. 그것도 출발 당일 오전까지. 급행료까지 내고 (중국 대사관은 비용을 더 낼 경우 비자를 빨리 내주는 급행료 제도를 공식적으로 운영하고 있었다) 여행사를 통해 신청한 비자였다. 출발 당일 오전까지 중국 대사관을 지키고 있던 여행사 직원이 다급한 목소리로 전화를 걸어왔다. '다른 사람들 것은 다 나왔는데요, 박기자님 것만 안 나옵니다. 이상합니다. 이런 일이 없었는데... KBS 기자가 아니냐고 묻습니다.'

나는 취재비자가 아닌 관광비자를 신청한 상태였다. 당연히 신청서에도 직업을 기자가 아닌 회사원이라고 기록했었다. 취재비자를 신청할 경우 절차가 까다롭고 잘 내주지도 않기 때문이었다. 그래서 택한 일종의 편법이었다. 그것은 그즈음 중국을 방문하는 기자들 대부분이 택하고 있는 관행적인 방식이기도 했다. 탈북자의 존재를 처음 세상에 드러낼 당시도 나는 관광비자로 중국을 찾았었다. 그래서 관광비자를 신청했던 것인데... 더욱이 이번 취재는 목적을 알릴 경우 100% 비자거부가 될 수밖에 없는 내용이어서 불가피하기도 했는데... 중국은 나를 기억하고 있는 것이 분명했다. 비자를 내줘서는 안 되는 블랙리스트에 올려놓고 있는 것임이 분명하다는 판단이 들었다. 입장을 바꿔 생각하면 그건 당연한 일이었다. 내가 쓴 기사 때문에 세상엔 한바탕 소동이 벌어지고 자신들은 곤혹스런 상황에 빠졌으니... 다만 중국이 그렇게까지 치밀할 것이라고는 예상하지 못했던 나의 불찰이었다. 당장 문제를 해결하지 않으면 취재 자체가 무산될 상황이었다. 여의도에서 회사를 운영하고 있던 친구에게 급하게 도움을 청했다. 그 회사의 직원이라는 재직증명서가 급하게 만들어졌다. 그리고 증명서는 즉시 팩시밀리를 통해 대사관으로 보내졌다. 그제서야 비자가 나왔다. 출발 3시간쯤 전이었다. 그렇게 겨우 비행기에 오르니 정신이 번쩍 들었다. '정말 조심해야겠구나. 내가 중국의 감시대상에 올라 있구나. 예상치 못한 일이 생길 수도 있겠구나...'

중국의 12월은 복잡했다. 탈북자 문제는 중국에서도 이미 뜨거워질 대로 뜨거워져 있었다. 심각한 정치적 이슈의 하나가 돼 있었다. 뜨거운 여론에 곤란해진 중국 당국은 그러나 기대와는 전혀 다른 방향으로 문제를 풀고 있었다. 탈북자들을 적극적으로 찾아낸 후 체포해 북한으로 돌려보내는 것이었다. 그들은 탈북자를 중국을 곤란하게 만들고 있는 거추장스럽고 짜증나는 존재로 인식하고 있는 것이 분명했다. 무단으로 국경을 넘은 범법자들이었고 형제의 나라 북한이 절실하게 요구하는 범죄자들이기도 했다. 그런 그들에게 인권을 앞세운 언론의 주장이나 국제사회의 호소는 아무런 영향도 미치지 못하고 있었다. 그런 분위기 속에 한국 대사관과 공관들도 많이 위축돼 있었다. 탈북자들을 부담스러워 하는 눈치가 역력했다. 대사관은 중국과 북한 양쪽의 눈치를 살피느라 여전히 어정쩡한 모습이었고 직원들은 심할 정도로 몸을 사리고 있었다. 그러다보니 어렵게 대사관을 찾은 탈북자들이 어쩔 수 없이 발길을 돌리는 현상도 여전한 상태였다. 하지만 그런 상황임에도 불구하고 탈북자들의 수는 계속 늘고 있었다.

3. 위기의 순간, 국경 경비병에게 체포되다

고맙게도 취재는 생각만큼 어렵지 않았다. 우선 탈북자들의 수가 크게 늘어 그들을 찾고 만나는 것이 한결 쉬워졌다. 10개월 전에는 함경도 등 국경지역 사람들이 대부분이었는데 이젠 내륙과 도심 등 다른 지역 사람들도 적지 않게 확인할 수 있었다. 거기에 탈북자들도 당시보다는 훨씬 적극적으로 변해 있었다. 스스로가 먼저 우리에게 만남을 청할 정도로 대담한 사람들도 있었다. 물론 중간에 소개하는 사람을 세워 약속 장소는 잡아야 했지만. 그런 사람들의 경우는 자신이 겪은 일을 다 얘기해주는 것은 물론이고 북한 정보가 있다며 돈을 요구하기도 했다. 그들은 다른 사람들을 소개해 줄 수 있다고도 했다. 생각도 못했던 상황이었다. 그런 분위기였으니 목격자나 주변 사람들의 경험담 정도는 마음만 먹으면 얼마든지 들을 수 있었다. 모든 면에서 10개월 전과는 달라도 엄청나게 달랐다. 당시와는 비교할 수 없을 정도로 단속이 강화된 것도 크게 달라진 것 가운데 하나였다. 주의를 기울여 살펴보니 한국대사관 주변과 시내 시장통, 역 주변엔 공안의 숫자도 부쩍 늘어나 있었다. 탈북자들이 많이 움직이는 곳을 중심으로 공안활동이 강화된 것임이 분명했다. 그런 모든 것들이 취재와 판단의 주요 대상들이었다.

10개월 전에 찾았던 중국과 북한의 국경지대도 다시 한 번 돌아봤다. 외형상 큰 변화는 없었다. 회색빛 스산함도 여전했다. 강 건너 보이는 북한 땅엔 낡고 황량한 건물들뿐 아무 것도 보이지 않았다. 경비병들도, 오가는 사람들도... 그렇게 이동하며 살피던 중 어느 지점인가 꽁꽁언 얼음 위에 서너 사람이 모여 있는 것이 보였다. 중국 사람들인 줄 알았는데 북한 주민들이라고 했다. 그들은 얼음에 구멍을 뚫어 낚시를 하고 있었다. 가까이 다가가 '많이 잡았냐?'고, '춥지 않냐?'고 말을 건네봤지만 그들은 쳐다보지도 않았다. 그들이 있던 곳에서 저만치 떨어진 곳에서는 녹색 군용트럭이 얼음 위에서 목재를 나르고 있었다. 크지 않은 낡은 트럭이었고 실린 목재도 많지 않았다. 아무것도 없는 황량한 풍경과 얼음 위를 천천히 운행하는 트럭의 모습이 비현실적으로 느껴졌다. 근처에서 만난 국경지역의 조선족들은 북조선 사람들이 많이 넘어온다고 했다. 몇 년 사이 북한 주민들의 생활이 더 비참해진 것 같다고도 했다.

조금 더 북쪽으로 차를 달렸다. 국경의 겨울 바람이 매서웠다. 체감온도가 족히 영하 30도는 될 것 같았다. 강 건너 북한쪽에 경비초소가 보였다. 10개월 전엔 못 봤던 것이었다. 가만히 보니 초소의 수가 늘어난 것 같았다. 간격이 더 촘촘해진 느낌이었다. 도로변에 차를 세워두고 강 가까이 접근했다. 경비병 두 명이 보였다. 긴장 풀린 모습으로 뭔가를 얘기하는 것 같았다. 그들에게 들켜서는 안 된다는 생각에 몸을 웅크린 채 촬영에 열중하던 중이었다. 한데 갑자기 무엇인가 옆구리를 쿡 찔렀다. 아뿔싸. 총구였다. 돌아보니 중국 군인들이 험한 얼굴로 노려보고 있었다. 그들은 거칠게 카메라부터 나꿔챘다. 촬영하던 카메라 기자도 나도 얼굴이 하얗게 변했다. 그들은 마치 포로를 끌고 가듯 총을 들이댄 채 우리를 근처의 초소로 끌고 갔다. 덜컥 겁이 났다. 심각한 상황이었다. 빼앗긴 카메라와 테이프속에는 북한 초소와 병사들, 탈북자들의 인터뷰 등 민감한 내용들이 들어 있었다. 손짓 발짓을 섞어 가며 '우리는 한국에서 온 관광객들이다. 호기심 차원에서 국경을 찾아 촬영하고 있었던 것이다'라고 설명했지만 그들은 들으려고도 하지 않았다. 그들은 패스포트를 내놓으라고 했다. 요구에 응할 수밖에 없었다. 여권까지 뺏은 그들은 더 이상 위협적인 행동을 취하지는 않았다. 다만 우리 문제를 보고하는 듯 바쁘게 전화통을 붙잡고 통화만 해댔다.

머릿속에 온갖 상상이 다 피어올랐다. 대부분 불길한 내용들이었다. 이대로 잡혀가게 된다면... 잡혀가 구금이라도 되게 된다면... 서울에서 출발할 때 비자가 나오지 않던 상황, 그를 통해 확인한 내가 블랙리스트에 올라 있을 가능성, 첫 보도 이후 중국 정부의 감시대상이 돼 있을 것이라는 걱정... 그런 생각들이 꼬리에 꼬리를 물며 불안감을 키우고 있었다. 옆을 보니 카메라 기자인 전○○ 선배의 마음도 다르지 않은 것 같았다. 입을 굳게 닫은 채 그저 멍한 표정이었다. 바로 옆에 있었지만 우리는 서로 얘기 한마디 나누지 못한 채 모든 일을 그저 지켜 보고만 있었다. 그렇게 3~4시간이 흐르고 있었다. 그러던 어느 순간 어디에선가 다른 군인이 들어왔다. 우리를 잡아온 병사들보다 상급자 같았다. 그는 우리를 이리저리 살펴보더니 군인들에게 몇 가지를 묻는 것 같았다. 안 그래도 위축된 마음이 더 쪼그라들었다. 한동안 뭔가를 묻고 듣던 그가 다시 우리를 주시했다. 그러더니 잠시 후 손짓으로 우리에게 그냥 가라고 하는 것 같았다. 전혀 예상 못한, 의외의 상황이었다. 혹 그의 마음이 변할까 봐 서둘러 그곳을 빠져나왔다. 카메라도 여권도 돌려받지 못한 상태였지만 그런 것을 묻고 따질 계제가 아니었다.

조치를 취해야 했다. 급하게 연길로 돌아오자마자 실력자로 알려진 ○○○ 씨를 찾았다. 10개월 전 취재 때 만났던 분이었다. 조선족인 그는 공산당과 군부에 상당한 인맥을 갖고 있는 것으로 알려져 있었다. 그분께 상황을 설명하고 도움을 청했다. 빼앗긴 장소와 시간 등 얘기를 다 들은 그의 표정이 심각해졌다. 뭔가 골똘히 생각하는 모습이었다. 그는 탈북자 문제로 중국 군부의 신경이 무척 날카로워진 상태라며 골치아프게 됐다고 했다. 조심스럽게 준비해 간 봉투를 내밀었다. 민망했지만 할 수 없었다. 당황스럽게도 그는 그 자리에서 액수를 확인했다. 그 모습이 너무 자연스러웠다. 그는 조금 전보다는 많이 풀린 얼굴로 너무 걱정하지 말라며 일단 돌아가 쉬고 있으라고 했다. 확인해 보고 연락을 주겠다고 했다. 그를 믿는 것 말고는 달리 할 수 있는 게 없는 상황이었다. 숙소로 돌아와 발생 가능한 모든 상황을 상상하며 가슴을 졸여야 했다. 만일 일이 잘못돼 저들이 테이프에 녹화된 내용을 근거로 문제를 삼는다면... 그렇게 되면 꼼짝없이 당할 수밖에 없다는 생각이 들었다. 거기에 우리는 취재비자도 없이, 관광비자로 들어가 취재활동을 한 일종의 범법자이기도 했다. 생각만으로도 아찔했다. 낙천주의자로 소문난 전 선배는 옆에서 거의 넋이 나간 표정으로 술잔만 비우고 있었다. 여권을 뺏긴 상태였기에 밖으로 다닐 수도 없었다. 시간이 그렇게 더디게 느껴질 수가 없었다.

다음 날 오후 ○○○ 씨에게서 전화가 왔다. 부드러운 목소리에 여유가 느껴졌다. 카메라와 패스포트가 어디 있는지 확인했다고 했다. 얘기 중이니 조금만 더 기다려 보라고 했다. 당장은 어렵지만 늦어도 3일 후면 받을 수 있을 것 같다고도 했다. 그쪽에서도 약간의 절차가 필요하다는 얘기였다. 전화를 끊으며 그는 걱정말고 편하게 식사하시고 잠도 주무시라는 인사도 잊지 않았다. 그는 우리 마음을 꿰뚫고 있는 것이 분명했다. 우리가 사람을 제대로 찾기는 찾은 것 같았다. 오, 주여! 감사합니다. 입에서 기도가 저절로 새 나왔다. 그의 목소리와 얘기로 미루어 잘 풀리고 있는 것 같다는 판단이 들었다. 최소한 최악의 상황만은 피할 수 있겠다는 생각이 들었다. 조금은 마음을 풀어도 될 것 같았다. 전 선배의 얼굴도 많이 풀렸다. 그리고 정확하게 3일 후, 우리는 모든 것을 돌려받을 수 있었다. 카메라도 테이프도 우리가 뺏겼던 상태 그대로였다. 우리를 괜찮은 음식점으로 초대해 식사까지 대접하는 ○○○ 씨의 얼굴에 여유 있는 미소가 넘쳤다. 그는 분명 대단한 실력자였고 중국이란 나라는 정말 재미있는 나라였다.

4. 100일 기도가 응답 됐다고 생각했습니다

탈북자들은 크게 3부류로 구분됐다. 우선 한국행을 꿈꾸며 대사관 주변을 맴도는 사람들이 있었다. 그들은 그래도 기댈 곳은 한국 대사관 뿐이라며 북경을 떠나지 못하는 사람들이었다. 김영삼 대통령의 중국 방문 이후 상황 변화를 기대하며 그런 사람들이 더 많아졌다고 했다. 두 번째는 한국행을 꿈꾸지만 대사관의 도움을 포기하고 스스로 한국으로 갈 방법을 찾는 사람들이었다. 대부분 대사관을 찾았다 문전박대 당한 경험을 가진 사람들이었다. 그들은 대련 등 항구 주변에 숨어 지내며 기회를 엿보거나 아예 홍콩으로의 밀입국을 노린다고 했다. 중국돈 1만 위안 (우리 돈 100만 원)이면 외항선을 탈 수 있다고 했다. 숨어 지내는 동안의 생계를 위해, 또 비용 마련을 위해 그들은 폭력조직에서 마약을 운반하는 등 위험한 일도 감수하고 있다고 했다. 그리고 세 번째는 중국 내륙 깊숙이 숨어드는 사람들이었다. 이들은 아예 한국행은 생각하지 않는 사람들이었다. 먹는 문제를 해결하는 것만으로도 탈출의 의미가 충분하다며 체포될 염려가 없는 내륙 쪽으로 아예 몸을 숨기는 경우라고 했다. 가족이 함께 탈출한 경우 이런 선택을 하는 사람들이 많은데 이들의 수도 적지 않다고 했다. 충격적인 북한 탈출 첫 보도 이후 중국은 그렇게 각자의 애절한 사연을 가진 더 많은 탈북자들의 희망의 땅으로 변해 있었다.

취재는 기대이상으로 잘 진행됐다. 국경에서의 체포구금 사건 이후로는 특별히 무리한 시도를 하지 않았다. 무엇보다 나를 지키는 것이 중요하다는 판단에서였다. 내게는 취재 외에 또 하나의 특별한 목적이 있는 상태였다. 한편으로 취재를 진행하면서 다른 한편으로는 절박하게 도움을 청했던 ○○○ 씨를 찾아야 했다. 그러나 여러 경로를 통한 노력에도 불구하고 그의 소재는 파악되지 않았다. 시간은 계속 흐르고 있었고... 뭔가 다른 방법을 찾아야 했다. 하는 수 없이 연길에 남아 있던 그의 부인을 대신 만나기로 했다. 어렵게 통화가 이뤄진 날, 부인은 한국에서 온 기자라는 말에 대뜸 울음부터 터뜨렸다. 당황스러웠다. 모든 상황을 홀로 견뎌내고 있는 몸 고생, 마음 고생이 진하게 느껴졌다. 미안함이 밀물처럼 밀려왔다. 흐느낌을 멈추고 대화가 이어지기까지 한참을 기다려야 했다. 그 부인을 연길의 은밀한 곳에서 만났다. 고급스런 무스탕 차림의 부인은 40대 중반의 기품 있는 모습이었다. 온화한 인상에 침착하고 의연했다. 어떻게 지내시냐는 물음에 부인은 '너무 힘들고 막막해서 기도를 시작했다'고 했다. 그런데 내가 전화를 한 것이 정확하게 기도를 시작한 지 100일째 되는 날이었다고 했다. 그래서 '하나님께서 내 기도를 들어주시는구나' 하고 감격해서 자신도 모르게 울음이 터져 나온 것이라고 했다. 부인은 기독교 신자가 아니라고 했다. 그러나 지푸라기라도 잡아야 하는 처지여서 하나님께 매달리게 됐다고 했다.

남편의 근황을 묻자 얼굴이 어두워졌다. 중국을 떠나지 못하고 어딘가에 숨어 사는데 어디에 있는지는 자신도 모른다고 했다. 가끔씩 잘 있다는 안부 전화만 온다고 했다. 다행히 남편에게 추방명령이 떨어진 후에도 자신과 가족들에겐 별 얘기가 없다고 했다. 아마도 공장을 포함해 재산을 정리하고 떠나라고 나름의 배려를 해 주는 것 아닌가 싶다고 했다. 부인은 당장 먹고 사는 데는 지장이 없다고 했다. 다만 남편의 건강과 안전이 걱정돼 잠을 이룰 수 없다고 했다. 의연한 부인의 모습에 뭐라 위로의 말을 전하기도 어려웠다. '죄송하다'는 얘기에 '그게 어떻게 기자님 잘못이냐?'며 '그러지 말라'고 했다. 오히려 관심갖고 찾아와 준 것만으로도 고맙다고 했다. 비록 추방명령을 받기는 했지만 탈북자를 도왔던 자신들의 행동에 대해서는 후회하지 않는다고 했다. 남편도 마찬가지라고 했다... 추방의 빌미가 됐던, 위험 무릅쓰고 도와주셨던 탈북자 두 사람이 한국에서 잘 살고 있다고 소식을 전하자 부인은 굵은 눈물만 흘렸다. 손을 잡아드렸다. 힘 내시라고, 저도 기도하겠다고... 그런 말미에 조심스럽게 준비해간 봉투를 내밀었다. 부인은 당황스러워 하며 받지 않으려고 했다. 한사코 뿌리쳤다. 실갱이 끝에 거의 반강제적으로 주머니에 찔러 넣어 주고 일어섰다. 돌아서는 마음이 천근만근이었다. 100일 기도 끝에 만남이라니... 구세주라도 나타난 것으로 기대를 했을 텐데... 그 정도로밖에 도움을 주지 못하는 마음이 너무 미안했다.

추방 명령을 받은 다른 한 사람, ○○○ 씨의 동생은 직접 만날 수 있었다. 그는 대범하게도 북경에 살고 있었다. 북경총국의 이동식 선배에게도 자주 연락을 취한다고 했다. 사실 그래서 어렵지 않게 그를 만날 수 있었다. 그와는 일부러 사람들이 많이 모이는 광장 같은 곳에서 만났다. 그게 오히려 안전하다며 그가 제시한 방법이었다. 조금 일찍 나가 그를 기다렸다. 멀리서 그가 오는 모습이 보였다. 어딘가 부자연스런 걸음걸이, 허름한 옷차림에 마구 자란 수염까지... 그는 영락없는 중국 노동자였다. 그는 걸으면서도 습관적으로 주변을 두리번 거리고 있었다. ○○○ 씨 부인과는 달리 그는 앉자마자 나와 KBS에 대한 원망부터 쏟아냈다. '당신들 때문에 잘 나가던 사업 다 망치고 숨어살고 있다'고 목청을 높였다. 노골적이었다. '지금 숨어 사느라 힘들어 죽겠는데 어떻게 할 것이냐'고 따져 물었다. 마치 빚쟁이 대하듯 반말로 거칠게 몰아붙치는 그의 태도에 마음이 불편해졌다. '인터뷰는 본인이 동의해서 한 것 아닌가? 선의를 갖고 찾아온 기자에게 이게 무슨 짓인가?' 속에서 이런 반발이 올라왔지만 입밖으로 내지는 않았다. 힘든 현실이 그를 많이 화나게 한 것일 테니 그 정도는 들어주자고 스스로를 다독였다.

사실 그의 입장이 돼 생각하니 이해 못 할 바도 아니었다. 지금의 상황이 얼마나 힘들고 속상할까? 어려운 사람들 도우려다 오히려 본인의 처지가 어렵게 됐으니... 그의 형이나 형수와는 완전히 다른 모습이었으나 충분히 있을 수 있는 모습이었다. 하지만 그렇다고 하더라도 마음속 불편함은 어쩔 수 없었기에 자리는 가능하면 빨리 마무리하고 싶었다. 거듭 미안한 마음을 전하며 준비해간 봉투를 내밀었다. 그는 바로 그 자리에서 돈을 세어 보더니 액수가 너무 적다고 짜증을 냈다. '이 정도 돈 받으려고 위험 감수하고 이 자리까지 온 것이 아니다...' 그는 너무 당당했다. 황당하기도 하고 민망스럽기도 한 반응이었다. 사실 그의 봉투엔 1만 위안만 넣었었다. 나머지 돈은 1차 취재 때 만나 나를 동지라 부르던 ○○ 님께 드렸었다. 탈북자들을 위해 헌신하고 있는 분이었다. '1만 위안이면 한 사람 보낼 수 있다니 이 돈으로 5명은 꼭 보내셔야 합니다' 외항선에라도 태워 한국으로 보내라는 의미였다. 당시 그의 표정이 재미있었다. 놀람과 당황과 감동이 교차하는 미묘한 표정... 그는 기자에게 돈을 받는 것은 평생 처음이라며 내 손을 굳게 잡았었다. 생각해보니 그게 나을 것 같아 현장에서 계획을 바꾼 것이었다. 하나 1만 위안이라고 해도 결코 적은 돈은 아니었다. 대체 그는 내게 무엇을 기대했단 말인가? 기자를 어떤 사람으로 이해하고 있기에 이런 반응을 보인단 말인가? ○○○ 씨의 부인과는 달라도 너무 다른 그의 말과 태도에 내 마음도 달라지고 있었다. 이런 사람이라면 굳이 이해하려 노력할 필요가 없겠다는 생각도 들었다. 여전히 투덜거리는 그를 뒤로하고 자리를 빠져나왔다. 나중에 알아보니 북경의 우리 특파원들도 이 사람에게 많이 시달렸다고 했다.

5. 짧으면 5년, 길어도 10년 안에 북한은 무너진다

가슴 졸인 2차 취재도 성공적으로 끝났다. 최초로 탈북자들의 존재를 세상에 드러낸 후 달라진 국경지대와 중국 내부의 상황도 살필 수 있었다. 탈북자들을 돕다 추방된 사람들을 만나겠다는 별도의 목적도 달성했다. 여러 명의 탈북자를 만나고 '탈북자 색출의 임무'를 띤 북한 사람들도 만날 수 있었다. 놀랍게도 그들조차 간절히 한국행을 원하고 있었다. 흥미로운 사실은 김일성에 대한 탈북자들의 태도였다. 그 체제가 죽도록 싫어 목숨 걸고 탈출했다면서도 김일성에 대한 존경심만은 대단했다. 일종의 충격이었다. 신랄하게 체제를 비판하다가도 김일성 이름을 말할 때면 옷매무새를 고쳤다. '위대하신 수령님이 계실 때에는 모든 것이 좋았댔지요. 아, 그때는 부족한 것 없이 행복했다 말입니다...' 그럴 때는 얼굴 표정도 환하게, 완전히 달라졌다. 오랜 세뇌교육의 영향이라고 해야 할까... 놀랍게도 만나본 사람들 가운데 김일성을 욕하는 사람은 단 한 명도 없었다. 김일성은 탈북자들에게도 여전한 신이었다. 그러나 김정일에 대해서는 완전히 달랐다. 온갖 험한 욕을 쏟아 부었다. 김일성이 이뤄놓은 지상낙원을 망친 XX라고 대놓고 상욕을 했다. 자기 배만 채울 줄 알았지 인민들 굶어 죽는 것은 신경도 쓰지 않는다고, 지도자가 아니라고 목청을 높였다.

그렇게 탈북자들을 만나며, 북한 사정에 정통하다는 사람들을 만나며 나름 갖게 된 생각이 있었다. 북한 정권이 얼마 남지 않았다는 것이었다. '짧으면 5년, 길어도 10년 안에 북한 정권은 무너지게 될 것'이라고 나는 예상했다. 취재 과정에서 확인한 모든 사실과 정보들을 바탕으로 한 결론이었다. 첫 보도이후 가는 곳마다 '통일 기금'의 필요성을 강조한 것도 그 때문이었다. 준비할 시간이 그리 많지 않다고 느꼈었다. 구체적으로 돈을 강조한 것은 돈이 가는 곳에 마음이 함께 간다는 믿음 때문이었다. 성공적인 통일시대를 위해서는 정부 못지 않게 개인의 준비가 필요하다는 것이 나의 믿음이었다. 갑작스런 정권의 붕괴로 북한 주민들이 쏟아져 들어오는 상황, 그들로 세상이 혼란스러워질 때 조금씩이나마 모두가 역할을 나눠 맡는 다면, 우리 가족이, 교회가, 또는 우리 학교가, 우리 단체가 적어도 그들 중 몇 명은 돌보겠다는 계획을 갖고 그대로 실행한다면 혼란과 소모를 많이 줄일 수 있지 않겠는가? 정기적으로 통일기금을 모으는 국민운동이 펼쳐진다면 적어도 그때마다 통일에 대비한 나름의 각오를 다지는 계기는 되지 않겠는가? 그것이 나의 생각이었다. 강연료를 돌려주면서까지 '통일기금'의 필요성을 강조한 것은 그런 이유 때문이었다.

짧으면 5년, 길어도 10년이라는 내 예측의 근거는 이랬다. 만나본 탈북자들은 예외 없이 중국을 경험해 본 사람들이었다. 친척 방문 등의 목적으로 직접 방문한 경우도 있고 중국에서 방문한 조선족들을 통해 간접적으로 경험한 사람들도 있었다. 어떤 경우든 탈북자들은 제한적으로나마 북한 밖의 세상을 경험한 사람들이라는 공통점을 갖고 있었다. 완전히 폐쇄된 사회에서 어느 날 바깥 세상을 경험한 사람들이 탈출에 나서게 된다는 사실은 시사하는 바가 컸다. 바깥 세상의 경험은 곧 자신들이 속아 살아온 삶을 확인시키는 충격적인 각성제라는 의미였다. 그것은 어떤 경우든 바깥 세상을 접하게 될 경우 더 많은 사람들이 흔들리며 움직이게 될 것이라는 의미이기도 했다. 때마침 최악의 식량난과 경제난을 마주한 북한은 제한적으로나마 문을 열 수 밖에 없는 상황이었다. 당연히 더 많은 북한 주민들이 자연스럽게 북한 밖 세상을 접하게 될 것이 분명하고 그럴 경우 급속도로 주민들의 동요가 일어나 걷잡을 수 없는 상황에 이를 것이라는 게 내 판단이었다.

거기에 북한이 국경 통제능력을 상당 부분 상실하고 있다는 사실도 중요한 근거가 됐다. 탈북자들 가운데는 국경 수비대에게 잡혔다가 돈을 주고 풀려났다는 경우가 적지 않았다. 탈북자들을 막고 잡아내라고 배치된 군인들이 돈을 받고 그들의 행위를 눈감아 준다는 것은 질서가 생명인 군의 명령체계가 무너졌다는 것을 의미했다. 북한의 국경 통제능력에 심각한 문제가 생겼다는 반증이기도 했다. 취재과정에서 만난 정보기관의 핵심 관계자는 94년 초 탈북자 문제가 최초로 보도된 후 북한 당국엔 비상이 걸렸다고 했다. 탈북자들에 대한 단속을 강화하고 체포된 탈북자들을 시범 케이스로 혹독하게 처벌했다고 했다. 그와 동시에 탈출을 막기 위해 후방의 1개 사단을 중국과의 국경으로 옮기는 전격적인 조치도 취했다고 했다. 한데 그런 상황에서도 탈북자 수가 줄기는커녕 계속 늘고 있고 적지 않은 경우 군인에게 잡혔다가도 돈을 주고 풀려났다는 것이었으니…. 돈만 있으면 얼마든지 국경을 넘을 수 있다는 얘기, 그 또한 북한체제의 수명이 얼마 남지 않았다는 사실을 일깨우는 중요한 요인으로 해석됐다.

다른 문제도 아닌 '국가망신' 사태를 막기 위해 특별히 보강된 군대가 그렇다면 다른 건 볼 필요도 없지 않겠는가? 거기에 경비를 맡은 군인들까지 탈북행렬에 가세하고 있다는 소식까지 들려오는 상황이었으니… 북한은 국가로서의 기본 기능을 급격하게 상실하고 있었고 그런 구체적인 모습들은 곳곳에서 목격되고 있었다. 심각한 내부의 동요 상황에 국경 통제능력 마저 흔들리는 나라, 그렇다고 당장 아무런 해결책도 갖지 못한 나라... 그런 나라가 별 문제없이 계속 굴러간다면 그것이 더 이상한 일 아니겠는가?... 하지만 다행인지 불행인지 이런 나의 예측은 보기 좋게 빗나가고 말았다. 비전문가로서 현상에 초점을 맞춘 예측이 섣불렀던 것일 수 있다고 생각한다. 또 북한체제가 외부에서 생각하는 것보다 훨씬 단단하다는 반증일 수도 있다고도 생각한다. 하지만 나는 중간에 전혀 고려하지 못했던 변수가 있었던 것을 더 큰 이유로 보고 있다. 햇볕정책으로 상징되는 우리 정부의 무조건적 퍼주기였다. 천문학적인 대한민국 정부의 지원이 숨통이 끊어져 가던 북한정권을 살렸다고 나는 판단하고 있다. 그것이 없었다면 내 예상이 틀리지 않았을 것이라고 나는 지금도 믿고 있다. 그건 나뿐 아니라 세계의 북한 전문가들, 당시 북한정권에서 핵심적인 역할을 하다 탈출한 고위급 인사들의 공통적인 의견이기도 하다.

죽을 고비 넘겨 가며
대한민국 땅에 들어왔건만

1. 실패하는 탈북자들, 무엇이 문제일까?

1994년 이후 탈북자라는 용어가 너무도 익숙한 세상이 됐다.(탈북자라는 용어는 94년 나의 월간조선 기사에서 시작됐다. 그 후 너무 직접적이라는 지적에 북한이탈주민이라는 용어로 대체되기도 했지만 그 또한 비슷한 문제를 갖고 있다는 지적에 어느 순간부터는 새터민이라는 다른 이름으로 불렸다. 그러다 지금은 다시 탈북민이라는 용어로 불리고 있다.) 기자라는 직업인으로서 보람과 자부심이 한껏 높아졌다. 상복도 터졌다. 회사 내의 특종상에 한국기자협회에서도 큰 상을 주며 격려했다. 또 방송과 관련해 가장 큰 국제행사 가운데 하나인 뉴욕 페스티벌에서도 수상작으로 선정됐다고 알려왔다. 뉴욕 페스티벌 상은 전혀 예상 못한 일이었다. 보도국이 아닌 회사의 국제부에서 나에게도 알리지 않고 출품했었다고 했다. 회사에서는 KBS 차원에서도 경사스런 일이라며 시상식에 다녀올 수 있도록 배려했다. 마침 겨울방학 기간이었기에 교직에 있던 아내와 부부동반으로 행사에 참여할 수 있었다. 덕분에 험지만 찾아다니는 남편 때문에 몸 고생, 마음 고생이 만만치 않았던 아내에게 조금은 면을 세울 수 있었다. 고맙고 감격스런 일이었다.

탈북자들에 대한 관심이 높아지면서 국내로 들어오는 그들의 수도 급격하게 늘고 있었다. '겁 없이 목소리를 높이는 당신 때문에 오솔길마저 막힐 수 있다'던 청와대 고위 관계자의 걱정은 기우였던 것으로 판명됐다. 오히려 오솔길이 제법 넓은 포장길로 바뀌고 있었다. 그 배경엔 인권차원의 국제적인 관심과 그에 따른 우리 정부의 정책기조 변화가 있었다. 1993년까지 해마다 손가락으로 꼽을 정도이던 국내입국 탈북자들의 수가 급격하게 늘었다. 내가 탈북자의 존재를 알렸던 1994년부터 십여 명에서 수십 명 단위로 매년 그 수가 늘더니 1999년엔 100명을 넘어섰다. 그리고 2001년이 되자 급기야 천 명을 훌쩍 넘기는 선에 이르고 그 후로도 추세가 이어지더니 2007년부터는 우리 사회의 탈북자 수가 1만 명을 넘는 상황에 이르렀다. 엄청난 변화였다. 분명 의미 있는 변화였지만 마냥 기뻐할 수 있는 일만도 아니었다. 그러한 놀라운 변화 뒤에서 걱정스런 일들이 벌어지고 있었다. 그들 가운데 상당수가 정착에 실패하고 있다는 사실이었다.

그 실패가 개인적인 차원을 넘어 사회의 문제요인으로 지적되는 수준으로까지 이어지고 있었다. 안타까운 일이 아닐 수 없었다.

무엇이 문제일까? 도대체 무엇이 문제이기에 절대다수가 적응에 실패하는 것일까? 최초 문제 제기자로서 마음이 편치 않았다. 책임감이 느껴졌다. 꾸준히 그들을 만나면서 주의깊게 관찰했다. 몇가지 문제를 발견할 수 있었다. 대략 이런 것들이었다. 우선 그들에겐 돈에 대한 개념이 거의 없었다. 그건 전적으로 자본주의에 대한 경험이 없는 데서 비롯된 문제였다. 그들은 돈이 수중에 들어오면 내일을 생각하지 않고 순식간에 다 써버렸다. 그들의 소비행태엔 도무지 절제라는 게 없었다. 정부에서 주는 정착금도 여기저기서 들어오는 보조금도 한 순간에 그렇게 다 날려버렸다. 돈을 기분 좋게 쓸 줄만 알았지 스스로 벌 줄도, 그것을 지혜롭게 나눌 줄도, 또 모을 줄도 몰랐다. 돈 문제에 관한한 그들은 철부지 어린아이였다. 적어도 정착 초기 탈북자들을 가장 어렵게 한 것은 돈에 대한 무지였다.(뒤늦게 이런 문제를 인식하게 된 정부는 정착금을 일시불로 주지 않고 시간을 두고 나눠 지급하는 형식으로 방식을 바꿨다. 하지만 근본적인 인식을 바꾸는 데는 훨씬 더 많은 시간과 노력이 필요했다.)

거기에 모든 것을 국가에서 배급받던 오랜 습관도 심각한 장애요인으로 작용했다. 그들에겐 더 많은 것을 얻기 위해선 더 열심히 일해야 한다는 개념 자체가 아예 없었다. 일은 그저 주어진 시간을 채우기만 하면 되는 형식일 뿐이었다. 같은 월급을 받으면서 남보다 열심히 일하는 사람들이 그들에겐 이상한 존재였다. 그런 마음이었으니 치열한 경쟁사회에서 잘 사는 것은 애초부터 불가능에 가까운 일이었다. 그들에겐 '스스로'라는 개념도 희박했다. 돈이 다 떨어져도, 심각한 문제가 생겨도... 그들은 스스로 나서 적극적으로 해결하려 하지 않았다. 누군가 나서 도와주기를 기다렸다. 그러다 도움을 받으면 좋고 도와주는 사람들이 없으면 그 상태를 그대로 견디는 방식으로 대응했다. 그 또한 '자율'과 '자결'이라는 개념이 없는 공산주의 체제에서 갖게 된 습관일 터였다. 새로운 자본주의 체제에서 그들은 '책임감'이라는 것을 아예 내려 놓고 있었다. 그것은 어쩌면 스스로는 어찌 할 수 없는 현실에 대한 무력감일 수도 있었다. 자신에 대한 책임감, 주변에 대한 책임감, 역할에 대한 책임감... 이런 것들에 대한 책임감 부족은 결국 실패로 연결될 수밖에 없었다.

그러다보니 어렵게 직장을 알선해 줘도 잘 적응하는 경우가 드물었다. 배가 아프다고 안 나가고, 상관에게 꾸중을 들었다고 도망가고, 일이 마음에 들지 않는다고 대책 없이 뛰쳐나오고... 그런 어처구니없는 일들이 드물지 않았다. 도무지 책임감과 자기관리에 대한 개념이 그들에겐 없었다. 그렇다고 호감을 갖고 도와주는 사람들에게 고맙다는 인사를 할 줄도 몰랐다. 교회를 포함한 종교기관이나 복지단체 등 어디에서든 도움을 받으면서도 고마워하기 보다는 그것을 당연한 것으로 여겼다. 당연한 것으로 여길 뿐만 아니라 어떤 경우엔 노골적인 불평까지 터뜨렸다. 그들의 도움이나 선물이 자신들의 기대에 미치지 못할 경우엔 '겨우 이까짓 것 주려고 불렀는가'고 짜증내고 항의하는 식이었다. 그런 불편한 반응이 반복되면서 초기에 호감을 갖고 돕던 사람들조차 고개를 젓고 돌아서는 경우가 많았다. 그들은 감사하는 법을 몰랐고 관계에 있어 기본은 상호작용이라는 사실을 이해하지 못했다. 그들의 삶은 그만큼 더 외로워질 수밖에 없었다. 새로운 민주사회, 자본주의 체제에 대해 그들의 인식과 대응의 수준은 거의 어린아이와 같았다. 몸은 달라진 체제속에 살면서 인식과 행동양식은 전혀 달라지지 않은, 그런 현실과 인식의 부조화가 실패하는 탈북자들에게서 발견되는 공통적인 요인이었다.

일시불로 받은 정착금을 다 날리고 나서야 후회하는 사람, 뒤늦게 현실을 깨닫고 일용직 노동자로 나서는 사람, 일용직에도 적응 못해 노숙자로 전락한 사람, 술 취해 거리를 헤매다 싸우는 사람... 탈북자들과 관련된 그런 얘기들이 점점 늘고 있었다. 강도, 절도행위로 감옥에 가는 탈북자들까지 생겨났다. 먼저 온 탈북자들이 나중에 들어온, 어리숙한 다른 탈북자들을 상대로 사기를 치는 사건도 빈발했다. 거기에 북한에 있을 때의 성분과 계급을 둘러싼 자기들 끼리의 갈등... 이런 일들은 종종 충격적인 사건으로 이어지기도 했다. 아무 생각없는 자신을 꼬드겨 탈북하게 한 뒤 죽을 고생만 하게 했다며 흉기로 형을 찌른 20대 초반의 ○○○, 차라리 다시 북한으로 돌아가겠다며 인천에서 밀항선을 탔다 잡힌 ○○○, 실제로 북한으로 되돌아가 '그곳은 사람이 살 곳이 아니었다'며 우리사회 비난에 앞장 선 ○○○.. 이런 부정적인 일들이 꼬리에 꼬리를 물었다. 이런 현실에 탈북자들에 대한 관심과 온정이 급격하게 식으면서 국민들 사이에 피로감이 생겨나기 시작했으니... 이 또한 탈북자들의 적응을 어렵게 하는 요소였다. 안타까운 일이 아닐 수 없었다.

하지만 곰곰이 생각해보니 그런 실패를 그들만의 책임으로 돌릴 수 없다는 생각이 들었다. 그들의 부적응은 어쩌면 당연한 일이었다. 달라진 현실과 인식의 차이는 그들만의 노력으로, 그것도 단기간에 해결할 수 있는 일이 아니었다. 수십 년 동안 전혀 다른 체제에서 살아온 사람들이 어떻게 순식간에 달라질 수 있을 것인가? 그랬다면 오히려 그게 더 이상할 터였다. 그렇게 생각하니 비로소 구조적인 문제가 보이기 시작했다. 불쌍하다고 데려오는 데만 신경 썼지 그들을 맞을 준비가 안 된 우리가 더 큰 문제라는 생각이 들었다. 호기심 차원에서만 바라볼 뿐 그들의 혼란스런 마음을 살피지 못한 우리의 인식이 더 문제였음을 깨닫게 됐다. 데려다 풀어놓기만 했을 뿐 그들의 적응을 돕는 어떤 실질적 노력도 없었던 우리의 게으름이 문제였다. 거기에 그들의 다름을 인정하는데 너무 인색한 우리의 방식과 무지도 문제였다. 오랫동안 전혀 다른 체제에서 살아왔기에 많은 면에서 우리와 다르다는 사실, 그렇기에 이해할 수 없는 행동은 어쩌면 자연스런 것이고 그만큼 적응하는 데 시간이 걸린다는 사실, 그것을 위해 도움이 필요하다는 사실을 우리는 생각하지 못하고 있었다. 그런 일들이 개인적인 노력만으로 해결되기 어렵기에 제도적인 방안이 마련돼야 했지만 정부도 그런 면에선 전혀 준비가 안 됐다는 사실을 깨닫지 못하고 있었다. 비행기 태워 데려다 놓고 그저 간단한 안내교육 정도를 한 뒤 사회로 내보냈으니 그들이 어찌 제대로 정착할 수 있었을까...

어느 날 한 탈북자의 얘기가 뒤통수를 때렸다. '형님. 탈북자들이 왜 교회를 싫어하는지 아십니까?' 부모 형제 두고 와서, 또 고향도 버리고 와서 외롭다면서도 왜 도와주겠다는 교회에 나가지 않느냐는 내 얘기에 대한 답이었다. '교회에서 예배하는게 그 지긋지긋하던 북한의 정치총화하고 너무 똑같다 말입니다. 기도한다면서 자기 입으로 이런거 이런거 잘못했다고 자아비판한 뒤 용서해달라고 빌고 그러고 나면 목사가 나와서 이게 문제다 저게 문제다, 이래라 저래라 지적하면서 교양하고... 솔직히 저도 처음엔 깜짝 놀랐습니다. 형식이 너무 똑같아서요. 그래서 탈북자들이 교회 안 가려고 하는 겁니다. 북에 있을 때 그 지긋지긋하던 정치총화 생각이 나서요. 혹시 선물 같은 거 준다면 그거 받을 욕심에 꾹 참고 가지만...' 짐작도 못했던 얘기였다. 그는 이런 얘기도 했다. '탈북자들이 직장 가서 제일 힘든 게 뭔지 아십니까? (지금은 없어졌지만 1990년대 후반까지만해도 탈북자들에게는 정부가 직장을 알선해 줬었다.) 한자입니다. 북한에서는 한문을 아예 안 배우거든요. 그런데 회사에서 쓰는 문서에는 한자가 많은 거예요. 그게 참 난감한 거지요. 일일이 다 물어볼 수도 없고... 자꾸 물어보자니 창피하고.. 처음엔 도와주던 사람들이 그것도 모르느냐고 비웃는 것 같고.. 그러니까 직장 생활이 불편해지고... 그런 상태에서 조금 마음에 맞지 않는 것이 생기면 그걸 핑계로 안 나가는 겁니다.' 그 역시 상상도 못했던 얘기였다. 나름대로 그들을 조금은 안다고 생각했던 나조차 전혀 짐작도 못했던 얘기였다.

2. 윈-윈을 위하여, 이스라엘의 지혜를 구하다

고민이 깊어졌다. 따져보니 그들의 실패엔 내 책임도 작지 않았다. 사지에 있는 그들을 무조건 구해야 한다고, 그들을 대한민국으로 데려와야 한다고 외치기만 했지 이후의 그들 생활에 대해서는 아무런 고민을 하지 않았었다. 평생 기억될 만한 특종했다고 뿌듯해 할 줄만 알았지 그들의 삶을 세세히 살피지 못했었다. 그들이 일으키는 사건 사고들을 보며 혀만 끌끌찼지 왜 그렇게 됐는지에 대해 자세하게 살필 마음이 없었다. 가끔 그들을 불러 함께 운동하고 밥 사주고 얘기 나누는 정도로 나는 그들을 돕는다고 착각하고 있었다. 그들이 형님, 형님 부르고 따른다고 그들이 진심으로 나를 따르고 의지한다고 생각하고 있었다. 나는 왜 그렇게 못났을까? 속을 들여다보지 못하고 눈앞에 드러난 현상에만 집중했던 기자로서의 인식에 부끄러움이 밀려왔다.

사실 탈북자들 개개인을 살펴보면 그들은 대단한 사람들이었다. 아무리 어렵다고 하더라도 부모형제와 고향, 수많은 인연 등... 수십 년 기반을 훌쩍 떨칠 수 있는 일은 아무나 할 수 있는 일이 아니었다. 누구나 생각은 할 수 있지만 그것을 실천으로 옮기는 것은 완전히 다른 차원의 일이었다. 목숨을 건 모험을 통해, 그것도 다름 아닌 적대국 (?)으로의 전환이라면 더 말할 필요가 없을 터였다. 내가 만난 탈북자들은 실제로 그런 엄청난 일들을 직접 실행해 낸 친구들이었다. 한마디로 그들은 과감한 결단력과 경이로울 정도의 생존능력을 갖춘 인물들이었다. 그래서 그들을 볼 때마다 놀라곤 했다. 눈동자가 살아 있었다. 자기 생각이 분명하고 상황판단이 빨랐다. 실없이 굴지 않았고 어쩌다 집으로 찾아 오는 날에는 선물을 챙길 정도로 예의도 알았다. 그건 나이나 배움의 정도와 관계없이 공통적이었다. 그런 사람들 대부분이 적응에 실패하는 상황이라면 그건 결코 본인들만의 문제라고 할 수 없었다.

그들의 존재를 알린 첫 보도 후 3년이 지나고 있었다. 그들을 위한 새로운 취재를 고심했다. 이스라엘이 눈에 들어왔다. 이스라엘은 2차 대전 후 다시 세워진 나라였다. 나라 없는 민족으로 2천년 가까이 전 세계에 흩어져 살던 유태인들이 모여 재건한 나라였다. 재건국 후 전세계에 흩어져 살던 유태인들을 불러들이는 이민정책을 통해 누구도 쉽게 넘보지 못하는 강국을 이룬 그들의 비결을 들여다 보고 싶었다. 거기서 힌트를 얻고 싶었다. 적극적인 이민 정책 덕에 건국 당시 60만 명 정도였던 인구는 45년 만에 600만 명 가까이 늘어난 상태였다. 이민자들은 미국과 유럽을 포함해 남미와 아프리카 등 전세계에 걸쳐 살던 사람들이었다. 자본주의와 공산주의 체제에서 살아온 사람들이 섞여 있었고 역사적 문화적 배경도 제 각각인 사람들이었다. 그런데도 그들은 큰 문제 없이 서로 어울려 잘 살고 있었다. 잘 살뿐 아니라 강한 이스라엘을 가능케 한 핵심요인으로 인정받고 있었다. 내가 이스라엘에 주목한 이유는 바로 그것이었다. 우리는 겨우 50년 정도 떨어져 살았는데도 이렇게 힘든데 저들은 어떻게 그렇게 오래 떨어져 살았으면서도 함께 사는데 별 문제가 없는 것일까? 갈등의 요인을 어떻게 발전의 동력으로 전환시킨 것일까? 그 비결이 정말 궁금했다.

이스라엘에 가면 뭔가 실마리가 있을 것 같았다. 그들만의 특별한 비결이 있을 것 같았다. 유대교라는 민족종교가 큰 역할을 했겠지만 그것 외에도 분명 다른 뭔가가 있다는 생각이 들었다. 그것을 확인하는 것이 취재의 목표였다. 관련 자료를 모으고 취재 포인트를 정하는 예비취재가 무리없이 진행됐다. 그러나 이스라엘로 출발하기 며칠 전 예상치 못한 변수가 발생했다. 우리사회를 크게 흔들어 놓은 이른바 노동법 파동이었다. 임기를 불과 40여일밖에 남겨놓지 않은 김영삼 정부가 정리 해고제, 근로자 파견제, 대체 근로제를 중심으로 하는 노동법 개정안을 처리한 것이었다. 그것도 이른바 날치기라는 형식을 통해. 오랜 권위주의 시대를 거쳐 등장한 문민정부에서 지난 시대의 악습이 자행된데 대해 비판의 목소리가 높았다. 국가경쟁력을 위해 그러한 법들이 필요하다고 주장하는 사람들 가운데서도 날치기라는 방식에 아쉬움을 표하는 사람들이 많았다. 나도 그런 사람들 가운데 하나였다. 당연히 노동계는 강력 반발하며 전면투쟁을 선포했고 시민단체들이 그들과 함께 했다. KBS를 비롯한 언론사 노조들도 파업을 결의하며 투쟁에 동참했다.

노조에서 취재와 제작, 야근 등 일체의 업무를 해서는 안 된다는 파업지침이 내려왔다. 기한은 법개정 철회까지, 즉 무기한이라는 얘기였다. 문제는 '일체의 업무' 범주 속에 국내 취재뿐 아니라 해외 취재도 포함됐다는 것이었다. 속이 탔다. 의미있는 취재가 전혀 엉뚱한 문제로 막히게 된 상황이었다. 속을 더 답답하게 한 것은 나의 입장이 노조의 입장과 다르다는 것이었다. 비록 노조원이기는 했지만 나는 정리해고제 등 노동법 개정안의 내용에 동의하는 입장이었다. 나는 그것을 세계 경제의 흐름상 피할 수 없는 대세라고 보고 있었다. 그래서 중요한 것은 무조건 반대가 아니라 적용의 요건을 강화하고 불가피한 대상자들에 대한 구제책을 마련하는 것이라고 생각하고 있었다. 그러나 마음이 그렇다고 결정이 이뤄진 마당에 개인적인 입장을 내세울 수도 없었다. 그렇게 답답한 마음이 이어지던 어느 날, 노조에서 변경 지침이 내려왔다. 이미 결재가 끝난 해외 취재는 다녀와도 된다는 것이었다. 상대국 정부를 포함한 외국 취재원들과의 관계를 고려한 조치라는 설명과 함께였다.

고마운 일이었다. 스스로 동의할 수 없는 파업에 동참하지 않아도 된다는 홀가분함, 탈북자 취재의 매듭을 지을 수 있게 됐다는 안도감에 오랜만에 웃을 수 있었다. 때마침

심장이 좋지 않으신 어머니의 수술 일정이 잡혔지만 크게 걱정이 되지 않았다. 일이 이렇게 잘 풀리니 어머니의 수술도 잘 되지 않겠는가 하는 생각이었다. 병상에 계신 어머니를 살피면서도 나의 머리는 차곡차곡 취재계획을 정리하고 있었다. '특별히 중앙 정부의 역할을 집중적으로 살피리라. 그를 통해 탈북자들의 문제는 결국 대한민국 정부의 문제라는 사실을 일깨우리라. 평화통일을 최고의 목표로 삼고 있는 우리 입장에서 그들의 문제는 통일시대의 기반을 닦는 중대하고 시급한 문제라는 사실을 반드시 인식시키리라...' 목숨을 걸고, 자발적으로 대한민국을 찾은 그들마저 품지 못한다면 우리의 통일 구호는 한낱 정치적 수사일 수밖에 없지 않겠는가? 그것이 나의 믿음이었다.

3. 이스라엘 취재, 하나원 탄생의 계기를 만들다

이스라엘로 향하는 비행기는 만석이었다. 자료를 뒤적이며 취재계획을 점검하는데 누가 반갑게 불렀다. 고개를 돌려보니 조선일보 강○○ 기자였다. 아라파트를 단독 인터뷰하기 위해 팔레스타인으로 가는 길이라고 했다. 이스라엘에 영토를 내주고 그 때문에 졸지에 나라없는 민족이 된 팔레스타인 사람들의 지도자, 세계의 화약고로 변한 중동평화를 위해 그 원수같은 이스라엘과 역사적인 오슬로 평화협정을 맺어 세계를 놀라게 한 결단의 지도자였다. 나도 '언젠가 꼭 인터뷰를 해보리라' 마음속에 품고 있던 인물이기도 했다. 평화협정의 공로로 이듬해 노벨 평화상을 받았지만 그 직후 상대였던 이자크 라빈 총리가 이스라엘의 강경파들에게 암살당하면서 그의 행보가 더욱 주목받는 상황이었다. 부러움이 일었다. 묘한 감정도 들었다. 공교롭게도 그리 크지 않은 나라 대한민국의 두 기자가 같은 시간에 세계대전으로 졸지에 운명이 바뀐 두 나라를 취재하러 가는 상황이라니... 근원을 따져보니 탈북자도 팔레스타인 사람들도 결국 2차대전이 만들어낸 비극이었다. 세계의 질서와 방향을 바꾼 전쟁의 무게가 실감났다.

이스라엘의 이민부는 정부의 여러 부처 가운데서도 핵심부처로 꼽히고 있었다. 해외에 흩어져 살고있는 유태인들의 국내이민과 정착문제가 국가적으로도 그만큼 중요한 일이라는 의미였다. 청사는 아주 소박한 건물이었다. 이민부 장관은 검소한 차림에 덩치가 아주 크고 유쾌했다. 환한 미소로 우리를 맞은 그의 한 마디가 아프게 느껴졌다. '안 그래도 한국에서 오긴 올텐데 왜 안 오나?' 하고 기다렸다는 것이었다. 그는 외신을 통해 탈북자들의 문제에 대해 잘 알고 있다고 했다. 그는 탈북자들이 한국 땅에서 정착에 어려움을 겪고 있다는 사실, 그리고 한국 정부가 그 문제로 심각한 고민에 빠져 있다는 사실까지 잘 알고 있다고 했다. 그래서 '아 우리에게 뭔가 얘기를 들어보려고 오겠구나' 하고 생각했는데 오지 않아 의아해 하고 있었다고 했다. 그 얘기가 민망하게 들렸다.

그는 장관이라기 보다는 자상한 선생님 같았다. 2차대전 후 국가는 다시 탄생했지만 인구가 너무 적어 적극적인 이민정책을 추진할 수밖에 없었다는 얘기, 정책을 제도화하기 위해 1950년 귀환법(Law of Return)을 제정한 뒤 54년 개정했다는 얘기, 그에 따라 32년전 러시아에서 처음으로 유태인들을 받아들인 뒤 모두 32개국에서 이민자들이 들어왔고 지금도 들어오고 있다는 얘기, 이민 정책을 통해 개국 초기 60만도 채 안 됐던 인구가 600만 명에 가까울 정도로 늘었다는 얘기 등... 그는 자신들도 '이민자들이 기존의 국민들과 어떻게 조화롭게 살아갈 수 있도록 할까?', '그들이 큰 어려움 없이 평화롭게 정착할 수 있도록 어떻게 도울까?'가 가장 중요한 고민거리였다고 했다. 초기에 시행착오가 있었다는 아픈 경험담도 숨기지 않았다. 하지만 꾸준한 노력을 통해 문제들을 극복할 수 있었다는 얘기, 그 결과 이민정책은 당사자들과 국가 모두에게 윈-윈의 결과를 안겨준 대표적인 성공정책이 됐다는 얘기까지... 그의 얼굴에 뿌듯함이 가득했다. 이민정책을 통해 국가는 더 강해졌고 국민들도 더 행복해졌다는 얘기였다. 그는 대한민국도 탈북자들과 서로 윈-윈할 수 있는 정책을 고심해야 할 것이라고 충고했다.

1시간으로 예정됐던 인터뷰가 2시간 가까이 이어졌다. 하지만 전혀 지루하지 않았다. 선생님의 열강을 듣는 학생의 기분으로 인터뷰를 마쳤다. 그도 기분이 좋았던지 유쾌하게 한마디를 더 던졌다. 내가 탈북자 문제로 자신을 찾은 첫 번째 한국인이라는 것이었다. 처음 인사 때 했던 얘기를 다시 반복한 것이었다. 그는 웃었지만 '왜 이제야 왔느냐?'는 핀잔으로 들려 괜히 민망했다. 한편으로는 부끄러웠고 다른 한편으로는 살짝

화가 나기도 했다. 언론은 그렇다 치고 공무원들은 도대체 뭘 했단 말인가? 이스라엘 주재 대사관 직원들은 뭘 보고 있었고 통일부 당국자들은 대체 무슨 생각으로 살고 있단 말인가? 탈북자들 문제가 제기된 지 벌써 몇 해인데.... 정부의 역할, 공무원들의 존재이유를 떠올리니 서글퍼졌다. 벌써 몇 번째이던가? 취재과정에서 마주했던 그런 경험들이... 정말 그럴 때마다 속이 상했다. 우리 아닌 다른 사람들을 통해 우리의 부끄러운 모습이 확인될 때. 그러나 그 부끄러움 조차 느끼지 못하고 너무나도 태연하고 당당한 당국자들의 모습을 대할 때. 결국 시간이 지나도 아무 것도 달라지는 것 없이 같은 문제가 반복되고 또 반복되는 못난 관행을 마주하게 될 때...

예상대로 이민자들을 위한 이스라엘의 프로그램은 정교했다. 국내로 불러들이는 단계에서부터 국내 도착과 도착 이후 분류와 교육, 지원, 배치까지... 이런 프로그램이 1년 과정으로 제도화 돼 있었다. 먼저 6개월은 정착을 위한 기초교육 단계. 히브리어를 배우고, 사회제도와 문화, 관습을 익히고 또 효과적으로 돈을 모으고 쓸 수 있는 재정교육까지... 그 기간 교육의 핵심은 문화적 충격을 줄여주는 것이라고 했다. 그리고 후반 6개월은 실제정착 준비 단계. 자신에 맞는 직업을 찾고 그에 필요한 준비를 갖춰 실제 직장으로 연결되는 과정이었다. 그렇게 1년이 지나면 이민자들은 자신들이 원하는 곳에서 새로운 삶을 시작할 수 있다고 했다. 당연히 훈련기간엔 생활보조비가 지급된다고 했다. 그렇게 교육과 훈련을 돕는 기관이 전국에 40개 있다고 했다. 5년전까지만 해도 100개가 넘던 것이 이민자의 수가 줄어들며 함께 줄었다고 했다.

그렇다고 모든 이민자들이 똑같은 과정을 다 밟는 것은 아니라고 했다. 이미 익숙한 사람들은 빠질 수도 있고 교육이 더 필요한 사람들은 추가교육을 받을 수도 있다고 했다. 모든 과정에 본인의 선택을 존중하는 것이 첫 번째 원칙이라고 했다. 그래서 대부분의 경우 과거의 직업으로 자연스럽게 연결되지만 본인이 원할 경우 희망과 적성에 따라 새로운 직업교육을 받을 수도 있다고 했다. 이런 직업교육과정이 분야별로 다양하게 마련돼 있었는데 당연히 모든 과정을 마친 후엔 직장으로 연결하는 데까지 지원이 이뤄진다고 했다. 또 대학생의 경우엔 학업을 이어갈 수 있도록 하는 것이 원칙이라고 했다. 1

년 동안의 준비과정을 거쳐 시험을 보게 한 뒤 학교를 결정하게 한다고 했다. 준비기간 동안에는 기숙사 생활을 통해 학습뿐 아니라 사회전반에 관한 적응이 용이하도록 돕고 일정액의 보조금도 지급한다고 했다. 그렇게 해서 대학에 합격하면 전 과정을 무료로 공부할 수 있게 하고 대학원 공부하던 사람들은 대학원 공부도 할 수 있다고 했다.

여러 제도 가운데서도 가장 신경 쓰는 부분은 과학자들에 대한 정책이라고 했다. 과학자들의 이민은 국가적 차원의 '두뇌유치' 전략으로 진행되고 있다고 했다. 그들은 입국과 동시에 전문 분야의 연구소나 기업 등으로 연결된다고 했다. 구체적으로 알려 줄 수는 없지만 첨단 방위산업 등 그들을 통해 이룬 성과들은 실로 대단하다고 했다. 이민자들을 능력과 필요에 따라 국가자원으로 적극 활용하고 있다는 얘기가 참으로 인상적이었다. 젊은 이민자들의 창업을 유도하고 지원하는 이른바 벤처 지원시스템도 있는데 성과가 크다고 했다. 정부가 지원하는 인큐베이터 프로그램엔 젊은 이민자들이 몰린다고 했다. 그런가 하면 특별한 지역에서 온 특별한 사람들을 위한 별도의 맞춤 프로그램도 운영되고 있다고 했다. 그렇게 단계별로, 대상별로 마련된 모든 프로그램이 톱니바퀴처럼 잘 맞물려 돌아가고 있다고 했다. 마침 우리가 머무르는 동안 구 소련 지역 유태인들을 태운 특별기 도착이 예정돼 있다고 했다. 이른 아침 시간이었다. 공항에 나가보니 막 도착한 200명쯤 되는 사람들이 조금은 어색한 표정으로 서 있었다. 그들은 하나같이 남루한 차림이었다. 낯선 땅, 익숙하지 않은 상황에 대한 긴장감이 엿보였지만 잔잔한 미소도 머금고 있었다. 그 미소 뒤로 새로운 삶에 대한 기대감도 읽을 수 있었다.

만족스런 취재였다. 궁금증을 해결하면서 방향을 잡을 수 있었다. 우리가 참고할 것이 너무 많았다. 보고 느꼈던 얘기들, 우리에게 필요하다고 생각한 내용들을 프로그램에 담았다. 그런 얘기들을 국내 탈북자들의 힘겨운 실상과 함께 50분짜리 프로그램으로 만들었다. 다행히 파업은 끝난 상태였다. 짧지 않았던 파업의 후유증으로 모든 작업이 만족스럽지 않았지만 방송을 할 수 있다는 사실이 감사했다. 담고 싶은 게 너무 많아서였을까? 다 만들어 놓고 보니 몇가지 아쉬운 점이 있었다. 하지만 어쩌랴... 그럼에도 방송은 잘 나갔다. 시청률도 9.7%로 괜찮았다. 고맙게도 방송 후 여러 곳에서 자료와 강연 요청이 들어왔다. 정부도 탈북자들을 위한 교육기관 설립 계획을 밝히며 자료를 요청해왔다. 무엇보다 반가운 얘기였다. 모든 자료들을 아낌없이 다 넘겨줬다. 취재에 나서며 내가 기대했던 일들이 그렇게 착착 진행되고 있었다. 그리고 2년쯤 후 탈북자들을 위한 교육기관 하나원이 경기도 안성에 설립됐다. 마음이 조금은 편해졌다.

4. 어머니의 아들이 된 탈북자들

그렇게 맺어진 탈북자들과의 인연은 어쩌면 숙명이었다. 처음 기자와 취재원의 만남이 형님 아우로 발전됐다. 그리고 그런 인연이 늘면서 자연스럽게 그들의 모임으로 연결됐다. 어느 순간 나는 5~60여 명 탈북자들이 편하게 찾고 어울리는 '기자 선생님' '형님'이 돼 있었다. 스스럼 없이 함께 밥을 먹고 이야기를 나누고 공을 차면서 그들과 가까워졌다. 처음에 웃음 중심이던 만남에 진지함이 더해졌다. 그들은 내게 속을 털어놓기 시작했다. 속상한 얘기, 아픈 얘기, 힘든 얘기... 그들의 얘기 속엔 늘 내가 상상하지도 못하던 내용들이 들어 있었다. 그들을 통해 북한을 조금 더 이해하게 됐고 탈북자들의 어려움에 조금 더 다가가게 됐다. 하지만 유감스럽게도 그들에게 필요한 만큼의 큰 도움을 주지는 못했다. 고맙게도 그들은 그렇게 얘기할 상대가 있다는 것만으로도 위로를 받는 것 같았다. 그들 가운데 비교적 일찍 자리를 잡은 친구들은 명절 때면 식혜며 냉면, 만두 등 자신들이 취급하는 상품들을 가져오기도 했다. 한데 그 양이 어마어마했다. 배달을 시켜도 될 텐데 군이 왜 직접 가져왔느냐는 내 물음에 그들은 빙그레 웃곤했다. 아마도 그걸 핑계 삼아 얼굴을 한 번 더 보고 싶었던 것일 거라고 짐작했다.

그들을 통해 나는 탈북자들에게 가장 필요한 것이 '정'이라는 사실을 확인할 수 있었다. 비록 한국땅에 오는 데까지는 성공했지만 그들은 지독한 외로움을 앓고 있었다. 무엇으로도 메워지지 않는 일종의 향수병 같은 것이었다. 좋을 때나 안 좋을 때나 스스럼 없이 찾아갈 누군가가 그들에겐 필요해 보였다. 많은 경우 같은 처지의 탈북자들끼리 만나 마음을 풀었지만 그것 만으론 충분치 않은 것 같았다. 안타깝게도 그들끼리의 사이가 좋지 않은 경우도 적지 않았다. 운 좋게, 정말로 운 좋게 가족과 함께 들어오거나 한국에 친척이라도 있는 경우에는 덜 했지만 부모형제 다 두고 혈혈단신으로 떠나 온 사람들은 예외가 없는 듯했다. 특별히 전 국민이 고향을 찾고 떨어져 지내던 가족, 친지를 만나는 설이나 추석은 그들에게 더 힘든 시간이 되는 것 같았다. 보통 사람들의 잔치 시간이 그들에겐 지독한 몸살을 앓는 시간이 되는 것을 보며 마음이 무거워지곤 했다. 그런 그들에게 우리집을 개방했다.

주택조합으로 장만한 자그마한 아파트였다. 하지만 그들과 어울리는 데는 부족함이 없었다. 그것이 오히려 그들을 편하게 하는 것 같았다. 회갑을 넘기신 어머니는 아들처럼 그들을 반기셨고 유치원생, 초등학생인 내 아이들도 그들을 잘 따랐다. 물론 그들도 좋아했다. 나이 드신 어른과 꼬맹이들까지 3대가 모여 사는 가정의 분위기가 그들에겐 정말 편한 것 같았다. 어머니는 자신들의 어머니처럼, 아이들은 자신들의 조카처럼… 우리집에서 그들은 두고 온 가족과 집에 대한 그리움을 달래는 것 같았다. 그래서인지 조금 편해지자 그들의 방문은 내가 있고 없고를 가리지 않았다. 내가 없을 때도 예고도 없이 불쑥불쑥 찾아와 어머니가 끓여주시는 된장 찌개를 맛있게 먹고 한참씩 놀다가곤 했다. 아마도 북에 두고온 가족들 생각이 간절할 때였을 것이다. 그들중 몇몇은 어머니를 '엄마'라고 불렀고 아이들은 그들을 삼촌이라 부르며 어울렸다.

그들 가운데 ○○○이란 녀석이 있었다. 첫 번째 중국 취재 때 잡히면 자살하겠다며 쥐약을 내보였던 녀석이었다. 스스로 우리 집의 막내 아들이라고 자처한 이 녀석은 붙임성이 좋았고 나이에 걸맞지 않게 생활력도 대단했다. 북한에서 공부 못한 한을 풀겠다며 ○○대학에 입학해 향학열을 불태웠다. 녀석의 목표는 사법고시 합격이었다. 편한 집을 두고 고시원에 들어가 몇 달씩 소식이 끊길 정도로 투지도 대단했다. '형님. 두고 보세요. ○○이는 꼭 해낼 겁니다. 탈북자 최초로 사법시험에 합격할 거예요. 그때가 되면 아우 ○○이 기사 멋있게 써주세요.' 활짝 웃는 표정으로 녀석은 언제나 그렇게 자신만만했다. 너무나 자신만만한 모습에 조금은 걱정도 됐지만 목표를 향해 최선을 다하는 녀석을 보면 항상 기분이 좋았다. 녀석은 특별히 딸 둘 뒤에 얻은 나의 막내 아들에게 정을 듬뿍 쏟았다. 나도 사주지 못하는 비싼 장난감을 사주고 함께 뒹굴며 놀아주고... 그렇게 정을 붙인 녀석은 결국 어머니의 막내 아들 노릇을 톡톡히 해냈다.

어머니는 여러 탈북자들 가운데 녀석을 특별히 아끼셨다. 아직 앳된 모습으로 동생까지 살뜰하게 챙기는 녀석이 대견하고 대단하다 하셨다. 선한 눈망울로 엄마, 엄마 살갑게 구는 이 녀석이 정말 사랑스러우셨던 것 같았다. 뭐라도 좋은 것이 생기면 먼저 챙기셨고 생신 때, 명절 때는 꼭 불러 우리 가족들과 어울리게 하셨다. 그러던 중 어머니가 갑작스럽게 병원에 입원을 하셨다. 나와 가족들은 미국에 연수로 나가있을 때였다. 녀석은 막내 동생과 번갈아 가며 여러 날 동안 병실을 지켰다. 밤을 새며 식사를 챙기고 거동을 돕는 쉽지 않은 일이었다. 녀석은 인상 한 번 쓰지 않고, 불편한 내색 한 번 하지 않고 그 모든 일을 다 해냈다. 어머니도 ○○이가 있는 게 제일 편하다며 행복해 하셨다. 그리고 녀석은 하늘나라로 떠나시는 어머니의 병상을 마지막까지 지켜드리기도 했다. 녀석은 지금도 어머니께 여자친구를 보여드리지 못한 것을 못내 아쉬워하고 있다.

○○○이란 녀석도 있다. 지금은 결혼해 아름다운 아내와 예쁜 두 딸까지 둔 멋진 가장이지만 처음엔 많이 달랐다. 한국에 들어온 직후만 해도 녀석은 우리를 갓 탈출한 한 마리의 야생동물 같았다. 말씨도, 모습도 거칠었고 특히 그의 눈에서는 맹수의 날카로움까지 느껴졌었다. 그도 그럴 것이 그는 북한을 탈출해 거의 들짐승처럼 생존을 위해 몸부림치며 살아 온 녀석이었다. 대책 없는 탈북자로, 중국에서는 범죄단체의 조직원으로, 부둣가 밀수조직의 운반책으로.... 녀석이 걸어온 길은 그야말로 한 편의 드라마와도 같았다. 기대를 품고 찾아갔던 대사관의 외면에 스스로 한국에 들어오는 길을 찾기 위해 베트남 땅까지 밟았고, 그랬다가 공안에 체포돼 압송되는 도중에 다시 탈출한 녀석이었다. 결국 바다를 헤엄쳐 홍콩까지 건너 간 뒤 한국으로 들어온 빠삐용같은 친구였다. '아버지가 보고 싶어요'라는 그의 수기를 읽으며 나는 몇 번이나 눈물을 훔쳤는지 모른다. 여기에 대남공작원 출신으로 다부진 체격의 O, 서글서글한 눈빛의 그는 명절 때면 큰 깡통에 든 식혜를 몇 박스씩 싣고 와 나를 당황스럽게 하곤 했다. 또 잘생긴 얼굴로 올 때마다 막내의 장난감을 사들고 오던 L, 훗날 북한 관련 TV프로그램의 패널

로 방송에 나오는 그를 보며 얼마나 흐뭇했던지... 그리고 북한식 냉면 공장을 차려 사회적 기업 승인을 받았다며 자랑하던 L, 아내가 다니던 대학 후배가 됐다며 '이제 형수가 색시 하나 찾아줘야 한다'고 너스레 떨던 K 등... 그들을 보며 성공적인 정착을 위해서는 '마음'을 채워주는 것이 무엇보다 중요하다는 확신을 갖게 됐다.

그런 관찰과 경험을 토대로 세미나에 나설 때나 강연을 할 때나 탈북자의 정착을 돕는 방안의 하나로 '가정결연'을 제안했다. 소박하고 평범한 가정. 어린아이들이 있고 노부모가 있는, 3대가 모여 사는 가정이라면 최고의 조건일 것이라고 강조했다. 사실 당시에도 가정결연이 없었던 것은 아니었지만 대부분 실패하고 있었다. 대부분 목사나 복지단체 책임자, 기업체 사장 등 '표시 나는 가정'과 결연되는 경우였다. 구체적인 이유를 다 밝히지는 않았지만 탈북자들은 그런 가정을 불편하다고 했다. 고맙게도 우리 집을 찾던 탈북자들은 대부분 정착에 성공해 잘 살고 있다. 평범한 직장인으로 자리잡은 친구, 북한 전문가로 어엿하게 활동하고 있는 친구, 소문난 맛집 음식점을 운영하는 친구도 있다. 물론 가깝게 지내던 모든 탈북자들이 다 성공한 것은 아니었다. 안타깝게 실패한 경우도 여럿 있다. 그들은 어느 날 갑자기 연락을 끊고 숨어버렸다. 그 후로는 아무리 연락을 취해도 연결이 되지 않았다. 시간이 지나 다른 친구들을 통해 '힘들어하고 있다' 심지어 '교도소에 있다'는 소식을 듣기도 했다. 그들을 생각하면 지금도 가슴이 아프다.

■

8년 만의 성과,
탈북자 이슈, 워싱턴을 달구다

1. 썬큐, 탈북자 청문회 준비합시다

탈북자들과의 인연은 미국으로까지 이어졌다. 2001년 11월, 미국정치학회에서 주관하는 의회연수프로그램(Congressional Fellowship)에 참가할 기회를 얻었다. 엄청난 행운이었다. 1년 동안 의원 사무실에서 보좌관으로 일하며 의회의 역할을 익히고 미국을 관찰할 수 있는 소중한 기회였다. 6주간의 오리엔테이션 후 나는 에드워드 로이스라는 공화당 하원의원 사무실에 자리를 잡았다. 그는 5선으로 국제관계위원회 위원이면서 동아시아태평양 소위 핵심 멤버이기도 했다. 자리를 잡기 위해 그와 인터뷰를 하는 날 나는 그에게 북한 정권과 정권의 폭압에 눌려사는 북한 주민들을 구분해야 한다고 강조했다. 그리고 중국에 힘겹게 숨어 살고 있는 탈북자들에게 관심을 가져달라고 부탁했다. 진지하게 내 얘기를 경청한 그는 북한 정권과 북한 주민을 분리하는 것은 미국 공화당의 기본입장이라며 손을 굳게 잡아줬다. 그는 북한 문제 외에 소말리아와 유고, 중동, 캐시미르 등 나의 분쟁지역 취재경험에도 큰 관심을 보였다. 그 지역들은 국제관계위원회의 주요관심 지역이라고 했다.

그의 사무실에서 일한 지 4개월쯤 되던 어느 날 아침이었다. 그가 환한 표정으로 불렀다. 전날 동아시아태평양 소위원회 위원장과 식사를 하며 탈북자들에 관한 청문회를 열기로 의견 일치를 봤다고 했다. '당신 제안이 받아들여졌으니 얼마나 좋으냐?' 하는 표정이었다. 그러면서 청문회에 세울 증인을 3명만 찾아보라고 했다. 가급적이면 미국에 체류하고 있는 사람이면 좋겠다는 의견도 덧붙였다. 정신이 번쩍 들었다. 가슴도 마구 뛰었다. 상상도 못했던 일이었다. '미국 의회가 탈북자 청문회를 연다니...', '그것도 내 제안을 받아들여서...' 그건 기적같은 일이었다. 사실 기회가 있을 때마다 로이스에게 탈북자들에 대한 얘기를 했지만 청문회까지 기대했던 것은 아니었다. 국제관계위원회 위원으로 관심을 가져달라는 건의 차원이었다. 내심으로는 상임위에서 한 번 논의만 해줘도 좋겠다는, 그 정도도 대만족이라는 희망을 품고 있었다. 그게 뉴스가 되고, 그렇게 되면 중국과 우리정부는 물론 북한에도 압력요인으로 작용할 수 있을 테니... 그런 목적으로 다른 것 다 떠나 인권차원에서 미국의회가 관심을 가져야 할 사안이라는 점을 특별히 강조했었다. 한데 청문회라니... 너무 신나서 그의 손을 잡고 땡큐를 연발했다.

알아보니 청문회를 열기로 했을 뿐 날짜 등 구체적인 것은 아직 정해지지 않은 상태였다. 하지만 증인 선정은 빠를수록 좋다고 했다. 상황을 살피니 미국에서 생활하고 있는 탈북자는 없었다. 그때까지 대한민국 외에 탈북자들에게 문호를 개방한 나라는 없는 상태였다. 사정을 설명하고 한국에 있는 탈북자들을 부를 수밖에 없을 것 같다고 보고했다. 그리곤 주미 한국대사관에 협조를 요청했다. 그런 과정을 통해 김형직 사범대학을 졸업한 엘리트 군인 출신 김성민, 김정일 경호원 출신 김영국, 정치범 수용소 출신 이순옥씨가 증인으로 선정됐다. 이들이라면 탈북자들의 비참한 현실과 김정일 정권의 포악성을 적나라하게 증언해 줄 수 있을 것 같았다. 북한 내부의 정세와 주민들의 생활도 생생하게 얘기해 줄 수 있을 것 같았다. 그들이 청문회에 서는 모습을 생각하니 그만으로도 가슴이 뛰었다. 이런 시간이 오다니... 드디어 탈북자 이슈가 세계의 중심 미국, 그것도 정치의 심장부인 워싱턴까지 오게 된 것이었다. 그건 국제적인 여론을 불러일으킬 수 있는 절호의 기회였다. 여론을 만드는 단계를 넘어 구체적인 대책까지 마련할 수 있는 엄청난 계기가 될 터였다. 흥분 뒤에 문득 깨달음이 찾아왔다. '아, 이것이었구나. 전혀 예정에 없었던 미국 연수가 갑자기 성사된 것이 바로 이 일을 위해서였구나. 이 엄청난 일을 위해 하나님께서 나를 미국으로 보내주신 것이었구나...'

2. 2002년 5월, 탈북자 이슈 워싱턴을 달구다

증인이 결정된 후 청문회 준비 과정에 특별히 내가 할 일은 없었다. 로이스 의원에게 탈북자와 관련된 자료를 정리해 주고 특별히 증인으로 오게 된 세 사람에 관한 간략한 스토리를 요약해 설명하는 정도였다. 나머지는 의회의 잘 갖춰진 시스템이 다 감당했다. 흥분과 설렘 속에 날짜가 흐르고 있었다. 드디어 2002년 5월 2일, 역사적인 그날이 왔다. 청문회 시작까지는 아직 1시간쯤 남은 시각, 들뜬 마음으로 상황을 점검하는데 밖에서 웅성거리는 소리가 들렸다. 김성민 씨 등 증인들이 방문한 것이었다. 그들 외에 독일인 의사 노르베르트 폴러첸 씨도 함께 와 있었다. 그도 청문회 증인 중 한 명이었다. 청문회 시작 전 긴장을 풀 겸 차 한잔 나누자고 로이스가 불렀다고 했다. 하지만, 명분은 그랬지만 그건 나를 위한 로이스 의원의 배려였다. 로이스는 그들에게 청문회 제안자로 나를 소개하며 오늘 좋은 얘기들을 해달라고 당부했다. 5선 하원의원의 세심한 배려에 진한 감동이 밀려왔다. 놀랍게도 김성민, 김영국 두 사람은 나를 알고 있다고 했다. KBS 뉴스에서 봤다고 했다. 그들은 KBS 기자가 미국의회에서 의원 보좌관으로 일하고 있다는 사실에 많이 놀라는 모습이었다.

청문회장은 시작 전부터 열기가 뜨거웠다. 시작 30분 전에 자리는 이미 만석이 됐고 회의장 옆과 뒤에도 서 있는 사람들이 적지 않았다. 오전 10시, 드디어 청문회가 시작됐다. 북한의 식량난과 처참한 인권상황이 증인들에 의해 적나라하게 폭로됐다. 식량난으로 무너진 배급체계, 굶어죽는 사람들, 멈춰선 공장, 이어지는 탈북 행렬과 그들에 대한 극심한 탄압, 그런 가운데서도 호의호식하는 김정일 일당과 당간부들.... 그들은 굶어죽는 사람들로 동네마다 줄초상이 일상화됐지만 어디에서도 곡하는 소리를 들을 수 없다고 했다. 감정이 무뎌지기도 했지만 곡할 힘도 남아있지 않아서라고 했다. 여성인 이순옥씨는 수용소 내의 강제낙태 실상과 여성들에게 가해지는 끔찍한 행위들을 고발했다. 수령신을 믿지 않고 하나님을 믿는 것이 가장 큰 죄악이라는 종교탄압의 실체도 증언했다. 특별히 폴러첸씨는 줄무늬 수용복을 입은, 영양실조에 걸린 어린아이들의 사진을 공개했다. 영락없는 2차대전 중 유태인 수용소의 모습이었다. 그는 북한에서 1년 반동안 헌신적인 의료활동을 한 공으로 훈장까지 받은 사람이었다. 증인들은 진지한 모습으로, 때론 한숨과 함께 격앙된 모습으로, 때론 감정이 복받쳐 눈물을 흘리며 자신들이 경험한 처참한 북한을 증언했다. 방청석 곳곳에서 탄식이 터져나왔다. 증인들은 이구동성으로 북한의 인권상황을 개선하기 위해 국제사회가 압력을 행사해야 한다고 목소리를 높였다.

청문회의 열기는 뜨거웠다. 점심시간까지 줄여가며 4시간 넘게 진행됐다. 예정시간을 1시간 이상 초과한 것이었다. CNN을 비롯한 방송들도 매시간 주요 뉴스로 청문회 소식을 전했다. 그만큼 관심이 크다는 의미였다. 청문회가 진행되는 동안 나는 보좌관 자격으로 의원들의 뒷 자리에 앉아 모든 과정을 지켜봤다. 의원들은 거의 자리를 뜨지 않았다. 불가피하게 자리를 비우게 될 때는 보좌관을 자신의 자리에 대신 앉게 했다. 단 한마디도 놓치지 않고 집중하려는 마음이 그대로 느껴졌다. 자신들과는 직접적인 관계가 없는 먼 나라, 북한이라는 폭압정권의 인권상황을 개선하려는 그들의 열정이 놀랍고 감동적이었다. 탈북자들의 증언을 진지하게 또 짙은 한숨 내쉬며 경청하는 의원들의 모습에서 무엇보다 인권에 집중하는 그들의 마음을 확인할 수 있었다. 그들의 모습에서 인권 외에 다른 어떤 정치적 의도도 나는 읽을 수 없었다. 로이스도 내게 그런 속내를 드러낸 적은 단 한 차례도 없었다. 열심히 들으며 적는 방청석 기자들 사이에서 낯익은 한국 특파원들이 보였다. 그들의 모습에 조금은 야릇한 감상이 일기도 했다.

청문회는 대성공이었다. 증인들이 밝힌 충격적인 내용들은 그날 모든 언론의 주요 뉴스로 소개됐다. 특히 이순옥씨가 증언한 수용소 내 여성들에 대한 폭행과 무자비한 학대를 언론은 집중 조명했다. 그렇게 드러난 북한의 실상에 시민들은 경악했다. 북한과 탈북자들에 대한 관심이 폭발적으로 커지는 것이 눈에 보였다. 청문회가 기폭제 역할을 한 것이 분명했다. 여기서도 북한 얘기, 저기서도 북한 얘기, 워싱턴에 온통 북한 얘기가 넘쳐났다. 그런 뜨거운 열기에 상원도 자극을 받은 듯했다. 6월 21일 별도의 청문회를 열었다. 하원 청문회 후 50일쯤 지난 시점이었다. 상원 청문회에서도 증인들은 탈북자들과 북한주민들에 가해지는 인권침해의 실상을 생생하게 증언했다. 그들은 하원에서 미처 언급되지 못했던 얘기들까지 쏟아냈다. 언론은 그렇게 연일 탈북자들과 그들이 고발하는 북한 인권상황에 관한 기사에 집중했고 중국과 북한 국경지역에 특파원을 보내 심층취재를 하기도 있었다. 그렇게 탈북자는 2002년 5월과 6월 워싱턴 정가를 달구는 가장 뜨거운 이슈였다. 그런 상황에 내가 그 한복판에 중요한 관계자의 한 사람으로 서 있었다. 그건 실로 꿈같은 일이었다.

3. 406:0 하원 탈북자 결의안의 감격

그런 분위기에 고무돼서였을까? 그즈음 중국에서는 탈북자들이 외국 공관으로 진입하는 기획탈북이 빈발했다. 그것도 한두 명이 아니라 5~6명, 때론 10명이 넘는 집단으로. 외국 공관엔 치외법권이 적용돼 들어가기만 하면 중국 공안도 어쩔 수 없다는 사실을 노린 방식이었다. 그런 시도는 일부는 성공하고 또 일부는 실패했지만 탈북자들에 대한 관심을 높이는 데는 결정적인 기여를 하고 있었다. 언론은 필사적으로 담을 넘는 탈북자들과 그들을 막으려는 중국 공안들의 무지막지한 몸싸움 장면을 집중적으로 조명했다. 장면 하나하나와 관련돼 소개되는 사연 하나하나가 그야말로 엄청난 휴먼 드라마였다. 그러던 중, 청문회 며칠 후인 5월 8일, 탈북자 일가족 5명이 선양의 일본 영사관에 진입하려다 실패하는 사건이 발생했다. 놀랍게도 그 모든 과정이 카메라에 다 찍혔다. 신문과 방송엔 2살 된 어린아이가 영사관 철문 안에서 바라보는 가운데 젊은 엄마가 공안에 끌려가지 않으려고 필사적으로 버티는 사진이 공개됐다. 기사는 일가족 5명중 2명은 영사관 진입에 성공했으나 아이를 업은 엄마는 문앞에서 잡혔고 결국 중국 공안은 영사관 마당까지 들어가 이들 일가족 모두를 연행했다고 전하고 있었다.

치외법권 지역인 외국 영사관까지 들어가 탈북자를 연행한 공안과 중국 정부에 대한 비난이 빗발쳤다. 특히 끌려가지 않기 위해 영사관의 철제 문을 잡고 누워 버티는 젊은 엄마와 그녀를 무자비하게 끌어내는 공안의 모습에 대한 안타까움과 분노의 목소리도 커졌다. 거기에 그 모든 과정을 지켜보면서도 탈북자들을 돕기 위해 어떤 조치도 취하지 않고, 심지어 탈북자들을 잡아가도록 영사관 안으로 공안을 불러들인 일본 영사관과 직원들에 대한 질타와 비난의 목소리도 쏟아졌다. 그날 오후 로이스 의원이 급하게 찾았다. 중국 정부에 편지를 써야겠다며 의견을 달라고 했다. 치외법권 지역이라는 장소의 의미와 중국정부의 책임을 얘기했다. 얼마 지나지 않아 무자비한 공안의 체포 행위를 비난하고 체포된 탈북자들이 북한으로 강제송환 돼서는 안 된다는 내용의 편지가 작성됐다. 중국정부에 대한 항의와 경고를 담은 긴급 서한이었다. 여기에 헨리 하이드와 제임스 리치, 톰 토렌스 등 동료의원 49명의 사인을 받은 로이스는 편지를 양제치 워싱턴 주재 중국대사 앞으로 보냈다. 공식적인 절차를 밟을 만큼의 시간 여유가 없다는 판단 때문이었다. 그리고 며칠 뒤에는 미국의 종교지도자 250여 명이 워싱턴에 모여 북한의 종교 자유와 중국내 탈북자들의 송환금지를 촉구하는 선언문을 발표하기도 했다. 북한 인권문제가 연일 미국을 뜨겁게 달구고 있었다.

그리고 한 달쯤 뒤인 6월 11일 놀라운 역사가 이뤄졌다. 내 평생 잊지 못할 역사적인 사건이었다. 하원에서 탈북자들을 위한 결의안이 통과된 것이었다. 406:0, 만장일치였다.(8일 후인 6월 19일, 상원도 만장일치로 결의안을 통과시켰다) 중국정부의 탈북자 강제송환을 반대하며 중국은 UN난민협약에 따른 국제의무를 준수하라고 강력하게 촉구하는 내용이었다. 나는 지금도 그 날만 생각하면 뛰는 가슴을 진정시키기 어렵다. 점심시간 직후 나른함을 쫓기 위해 애쓰고 있는데 로이스 의원이 불렀다. 같이 가자며 그가 나를 데려간 곳은 본회의장이었다. 사전에 전혀 언질이 없었고 예상도 못했던 일이었다. 하필이면 그날따라 간편 복장이었던 나는 옆 자리의 다른 보좌관에게 넥타이를 빌려야 했다. 본회의장에 입장하려면 반드시 넥타이를 매야 하는 것이 미국의회의 규칙이었다. 로이스는 본회의장 자신의 뒷자리에 나를 앉게 했다. 잠시 후 의장이 들어오자 그가 앞으로 나가 결의안 제안서를 읽기 시작했다. 의장만 의장석에서 있을 뿐 다른 의원들은 다 자리를 비운 상태였다. 그렇게 제안 단계에서는 해당 의원과 의장만 참석하고 나중에 표결할 때만 의원들이 참석하는 것이 미국의회의 관행이었다. 그정도의 시간도 나눠 써야 할 만큼 의원들의 일이 많다는 의미이기도 했다.

로이스 의원은 차분하게, 그러나 힘있게 중국내 탈북자들의 처지와 그들에 대한 북한의 인권상황, 중국정부 대응의 문제점 등을 설명했다. 그는 탈북자들의 문제는 이념이나 정치의 문제가 아닌 고귀한 인권의 문제임을 강조했다. 따라서 중국 정부는 탈북자들의 보호에 적극 나서야 하며 그들을 사지로 내모는 북한 강제송환은 결코 허용해서는 안 된다고 힘주어 말했다. 그런 로이스의 모습을 지켜보자니 울컥하고 올라오는 게 있었다. 가슴이 뜨거워졌다. 잠시 눈을 감았다. 만감이 교차했다. 비밀스럽게 관광 비자로 들어갔던 중국, 의욕적인 계획이 탈북자들의 취재거부로 막혔던 상황, 취재 협조할테니 한국으로 데려가 달라던 그들의 애절했던 요구, 북한 국경지역을 촬영하다 공안에 잡혀 테이프를 다 뺏기고 감금까지 당했던 아찔했던 상황, 잡히면 자살하겠다며 쥐약 봉투를 내보이던 형제의 눈물, 거기에 내 기사 때문에 추방명령 받았다며 도와달라고 사정하던 심야 전화까지.... 1994년 취재를 시작할 때부터의 중요한 순간들이 파노라마처럼 머릿속에 펼쳐졌다. '정부가 아무리 외면하고 싶어 해도 외면하지 못하도록 최선을 다하겠다. 여러분을 위한 여론이 일어나도록 내 모든 것을 다 걸겠다.' 당시 비장하게 약속하던 상황도 선명하게 살아났다. '아! 드디어 여기까지 왔구나.' 그 무거웠던 약속을 국제적인 차원으로까지 연결시켰다는 생각에 주책없이 눈물이 흘렀다.

이날 하원은 탈북자 결의안 외에 2002 한·일 월드컵 지원결의안도 통과시켰다. 이 결의안의 제안자 또한 로이스 의원이었다. 결의안 통과는 의회 전문 방송인 C-SPAN을 통해 미국 전역에 그대로 중계됐다. 당연히 한국에서 파견된 워싱턴 특파원들도 모든 과정을 TV로 지켜봤을 터였다. 결의안 통과는 어쩌면 미국보다 우리에게 더 중요한 기사였기에. 놀랍게도 그 화면에 로이스 의원뿐 아니라 그의 뒤에 앉은 내 모습도 잡혔던 모양이었다. 몇몇 특파원들이 연락을 해왔다. 자신들도 화면을 보며 놀랐다고 했다. 미처 내가 워싱턴에 있는 줄 몰랐던 일부 특파원들은 화면속의 내가 진짜 박선규 인지 아닌지 작은 내기까지 걸었다고 했다. 그것은 또 다른 기쁨이었다. 다음날 MBC 신경민 특파원이 전화를 했다. 시간 날 때 한번 사무실에 들러달라는 얘기였다. 며칠 뒤 사무실을 방문한 내게 그는 당시 방송이 녹화된 테입을 내밀었다. '당신에게 좋은 수버니어(기념품)가 될 것 같아 녹화해 놓았지.' 선물도 고마웠지만 그 마음이 더 고마웠다. 정말이지 귀한 선물이었다. 다른 나라에서 온 동료 펠로우들에게서, 워싱턴의 한국 특파원들에게서 부러움 섞인 인사를 참 많이도 받은 날이었다.

청정수역
남해안이 죽어간다

1. 휴가 때 보니 남해안이 개판이더라

1992년 KBS 보도국은 심각한 고민에 빠져 있었다. MBC라는 거대한 벽에 막혀 무엇 하나 제대로 해내기가 어려운 상태였다. MBC는 절대 강자의 위세를 과시하고 있었고 KBS는 존재감조차 희미한 약자의 처지에 심하게 위축돼 있었다. 고심에 고심을 거듭하던 지휘부가 특단의 대책을 내 놓았다. 보도국에 기자와 PD를 묶어 특별팀을 하나 만든 것이었다. 이름하여 뉴스기획부, 기자적 시각에 PD적 감각을 더해 경쟁력을 강화해 보자는 취지였다. 회사 내 구조적 라이벌인 두 직종을 묶었다는 것은 사장이 강력한 의지를 갖고 있다는 의미이기도 했다. PD들 가운데 시사적 감각이 탁월한 것으로 소문난 장윤택 PD가 부장으로 내정됐고 그가 선발한 젊은 PD 10명이 보도국으로 넘어왔다. 보도국에서는 사건기자로 명성을 쌓은 이명구 기자를 데스크로 나를 포함해 6명의 기자가 합류했다. 명분은 기자와 PD의 결합을 통한 시너지 효과, 대담한 시도였다. 그러나 그건 다른 한편으로는 위험한 시도이기도 했다. 자부심 강한, 완전히 이질적인 두 직종간의 반목과 갈등으로 이어질 가능성도 작지 않은 실험이었다. 다행히 한 부서에서 일하게 된 기자와 PD들은 리더십 강한 두 데스크의 무난한 지휘 아래 그런대로 팀을 꾸려갔다. 문제는 기대만큼의 히트작을 만들어내지 못하고 있다는 사실이었다. 그로 인한 심리적인 압박감이 커지고 있는 상황이었다.

뉴스기획부가 야심차게 출범한 지 한 달쯤 지났을 때였다. 편집부장이 지나가면서 한마디 툭 던졌다. '휴가때 고향 갔다 왔는데 바다가 정말 개판이더라!' 딱 그 한 마디 뿐이었다. 더 이상의 얘기는 없었다. 경남 고성이 고향인, 인상이 선한 분이었다. '뭔가 하고 싶은 얘기가 있는 거구나' 하는 생각에 자리까지 따라갔다. 빙긋이 웃으며 그가 얘기를 더했다. 한려수도의 아름다운 해변과 바다가 온갖 쓰레기에 덮여 죽어가고 있더라는 얘기였다. 고향 바다에 대한 개인적인 안쓰러운 마음도 녹아있는 것 같았다. 사실 그건 처가인 충무(통영의 과거 지명)를 찾을 때마다 나도 느끼던 문제였다. 내 눈에 비친 한려수도는 결코 교과서에서 봤던 아름다운 모습만은 아니었다. 화려한 명성과 달리 구석구석마다 하얀 스티로폼과 마구 버려진 쓰레기들로 지저분하기 그지 없는 곳이 적지 않았다. 마침 아이템을 고민하고 있던 중이었다. 팀은 팀대로 나는 나대로 이렇다할 대표작이 없어 조바심이 일던 상태이기도 했다. '그래, 남해안을 한번 파보자.' 환상적인 쪽빛 바다, 그것도 세계에 자랑하는 국립해상공원 한려수도와 그를 덮고 있는 쓰레기, 오염... 그 극적인 대비가 좋은 기사로 이어질 수 있을 것 같았다. 방송뉴스에 어울리는 아주 적합한 소재라는 생각도 들었다.

PD부장은 흔쾌하게 내 생각을 받아줬다. 최대한 지원할 테니 마음껏 취재해 보라는 격려도 잊지 않았다. 시작하는 발걸음이 상쾌했다. 취재는 창원에서 지역 전문가들을 만나는 것으로 시작됐다. 도청 청사에서 경상남도 새마을 회장인 김보운 씨와 도청의 실무책임자 이영섭 과장을 만났다. 서울서 떠나기 전 도움이 될것이라고 소개받은 분들이었다. 각각 거제와 진주가 고향이라는 이분들은 바닷가의 상황을 구석구석까지 다 꿰고 있었다. 어디가 오염이 심각한지, 어디는 상대적으로 조금 나은지, 제대로 촬영을 하려면 몇시쯤 가는 것이 좋은지... 그들은 물의 흐름에 맞춰 시간대별로 쓰레기들이 이동하는 상황까지 파악하고 있었다. 아마도 현장을 직접 보면 상상을 초월하는 모습에 깜짝 놀랄 거라며 원한다면 안내해 주겠다는 고마운 제안도 했다. 안 그래도 매달려 보려던 참이었다. 그들은 '고맙다'는 내말에 오히려 고마운 건 자신들 이라고 했다. 지금까지 바다에 기대 잘 살아왔는데 이대로 가다가는 삶의 터전을 잃게 될 것이 분명하다고 걱정했다. 그래서 KBS의 관심이 고맙다고 했다. 바다사랑, 고향사랑의 마음이 짙게 느껴졌다.

이분들의 제안에 따라 우선 심각하다는 지역들을 한바퀴 돌아보기로 했다. 창원에서 전남 고흥 앞바다까지 짧지 않은 길이었다. 약간의 피곤함이 있었지만 거절할 수 없는 제안이었다. 오염기 전혀 없는 파란 하늘에 바닷바람이 시원했다. 예상과 달리 대로를 달리며 바라보는 바다 풍경은 환상적이었다. 전혀 지저분하지 않았다. 오히려 깨끗하고 아름답기만 했다. 복잡한 도심과는 완전히 다른, 주변과 어울린 풍광은 탄성이 나올 정도로 대단했다. 쪽빛 바다에 떠있는 양식장의 하얀 스티로폼들은 그런 풍경에 낭만을 더하는 멋진 소품이었다. 그야말로 해안도로를 기분좋게 드라이브하는 기분이었다.

풍경에 경탄하는 나를 보며 이 과장이 의미심장한 미소를 지었다. 그 미소의 의미를 알아채는데 채 30분도 걸리지 않았다. 어느 순간 차가 큰 도로를 벗어나 마을쪽으로 들어섰다. 그렇게 조금을 더 가니 완전히 다른 세상이 펼쳐졌다. 큰 도로에선 보이지 않던 하얀 스티로폼으로 뒤덮인 해안들이 이어지고 있었다. 그야말로 거대한 쓰레기장이었다. 물결을 따라 해안에 집결된 쓰레기들은 층을 이룬 상태였다. 그런 거대한 쓰레기더미가 물결의 움직임에 따라 둥실둥실 춤을 추고 있었다. 방송 용어로 '그림이 되는 현장'이었다. 그런 곳이 한두 군데가 아니었다. 특히 양식장이 밀집된 통영 고성쪽 바다는 깨끗한 곳을 찾기 어려울 정도였다. '아, 잘 꾸미면 제법 좋은 기사가 되겠구나' 회심의 미소가 돋았다.

2. 오염의 주범은 양식장이었다

이튿날 이른 아침, 장비를 챙겨 본격적인 취재에 나섰다. 시작지점은 거제대교에서 멀지 않은 작은 마을이었다. 경남 통영군 용남면 해안 마을. 다리 아래로 견내량이라는 해협의 이름이 먼저 눈에 들어왔다. 견내량이라면 임진왜란 당시 한산대첩의 주요 배경이 됐던 곳이었다. 수적인 열세에 있던 당시의 조선 수군은 폭이 좁아 물살이 거세기로 유명한 이곳으로 왜군을 유인해 격퇴시켰다고 학창시절 배웠었다. 선생님은 이순신 장군이 없었다면 한산대첩이 없었고 한산대첩이 없었다면 이후의 조선도 없었을 것이라며 이순신 장군의 영웅적 리더십을 강조했었다. 기억이 거기에 미치니 내가 엄청난 역사의 현장을 밟고 서 있다는 자각이 일었다. 기분이 묘했다. 뭔가 뭉클한 기분도 들었다. 그 견내량을 딛고 길게 뻗어있는 콘크리트 다리가 예사롭게 느껴지지 않았다. 이 다리의 완성으로 제주도 다음으로 큰 섬 거제도는 비로소 육지와 직접 연결될 수 있었다고 했다. 그러나 그런 역사적인 상념에 깊게 빠져들 상황이 아니었다. 저만치서 이영섭 과장이 부르고 있었다.

다리에서 안쪽으로 얼마간 들어가니 스티로폼들이 나타났다. 해안선을 따라 길게 띠를 이룬 상태였다. 흰색띠가 물결을 따라 출렁이고 있었다. 멀리서 바라보는 풍경은 아름답기까지 했다. 하지만 가까이 접근해서 보니 완전히 다른 모습이었다. 깨지고 부서진채 물때가 잔뜩 낀 지저분한 쓰레기들일 뿐이었다. 근처 양식장에서 떨어져 나온 것들이라고 했다. 자세히 보니 스티로폼만이 아니었다. 크고 작은 플라스틱과 패트병, 깡통, 비닐 등 각종 생활쓰레기도 뒤섞여 있었다. 땅과 맞닿은 한쪽으론 부숴진 자전거와 냉장고 같은 가전 제품들도 흉하게 모습을 드러내고 있었고... 그야말로 거대한 해안 쓰레기장이었다. 양이나 전체적인 규모로 볼 때 한두 해에 걸쳐 형성된 게 아님이 분명했다. 근처에 마을은 있었지만 어쩐 일인지 사람들은 단 한명도 보이지 않았다. 문득 죽어가는 마을 같다는 생각이 들었다. 기이한 풍경이었다.

비포장 도로를 달려 다른 곳을 둘러봤다. 20분쯤 거리에 있는 광도면의 해안마을, 그곳도 마찬가지였다. 입구에서부터 물결에 출렁대는 쓰레기의 양이 만만치 않았다. 그런 쓰레기 더미 한쪽에서 3~4명의 아이들이 긴 막대기로 무엇인가를 뒤지며 놀고 있었다. 저만치엔 수영을 하는 아이들도 있었다. 아이들은 방송국 카메라가 보이자 가까이 다가와 관심을 보였다. 뭐하냐는 질문에 그냥 노는 것이라고 했다. 평소에 그렇게 노는 모양이었다. 천진난만한 미소가 예쁜 아이들이었다. 카메라 기자인 이중완 선배가 출렁이는 쓰레기 더미와 그속에서 활짝 웃고 있는 아이들을 함께 영상에 담았다. 마음이 편치 않은 대비였다. 결코 어울릴 수 없는 부조화의 한 단면이었다. 아이들과 어우러진 쓰러기더미 뒤로는 마을이 들어서 있었다. 야트막한 산을 배경으로 들어선, 평화가 느껴지는 마을이었다. 이 선배가 한번 와서 보라며 뷰파인더를 내줬다. 말이 필요 없는 충격적인 대비가 그 안에 자리 잡고 있었다. 지나가던 주민이 툭 한 마디를 던졌다. '여기는 약과예요. 저쪽 마을 뒤쪽으로 돌아가 보세요.'

안 가볼 수 없었다. 멀리서 보니 눈쌓인 벌판 같았다. 어림잡아 200여m쯤 되는 해변이 하얀섬으로 변해 있었다. 거긴 물결 따라 움직이는 단순한 띠 수준이 아니었다. 오랫동안 밀리고 밀리며 아예 자리를 잡은 것들이었다. 폭도 제법 넓어 50m쯤 되는 것 같았다. 크고 작은 스티로폼, 오래도록 부딪히고 깨져 분말처럼 부서진 하얀 알갱이들... 그 밑으로는 각종 생활쓰레기들이 섞여 있었다. 그렇다고 표면에 보이는 그게 다가 아니었다. 밑을 들춰보니 각종 병, 기름통, 망가진 자전거, 의자, 세탁기... 없는 것이 없었다. 스티로폼 쓰레기가 쌓이며 일부 주민들이 생활 쓰레기를 마구 내다버린 것임이 분명했다. 그 기간이 만만치 않게 오래된 것 같았다. 냄새도 고약했다. 어느 새 옆에 온 주민은 어쩌다 이 지경까지 됐는지 모르겠다며 혀를 찼다. 점심 시간이 훨씬 지나고 있었다. 하지만 심각한 현장에 허기도 전혀 느껴지지 않았다. 안타까운 한숨만 터져 나왔다.

짐작은 했지만 가까이서 확인한 현장은 예상을 훨씬 뛰어넘고 있었다. 통영군의 산양면, 도산면을 거쳐 고성군의 안정면, 삼산면, 전남 고흥군의 포두면까지... 양식장이 있는 주변은 어느 한곳도 예외가 없었다. 마음이 무거웠다. 걱정스러운 것은 한려수도 중심 부분의 상태가 가장 심각하다는 사실이었다. 통영과 고성의 해안은 정도의 차이만 있을 뿐 다 마찬가지였다. 그저 아름다운 줄로만 알았던 한려수도의 자락자락이 이렇게 쓰레기 천지일 줄은 짐작도 못했었다. 정말이지 충격이었다. 하지만 놀라운 것은 쓰레기가 떠다니는 해변도, 폐선이 흉하게 가라앉아 있는 해안도... 물은 더할 수 없이 맑고 투명하다는 사실이었다. 하늘과 바다와 섬이 어우러진 경관은 그야말로 환상적이라는 것이었다. 햇살에 빛나는 물결은 영락없는 보석이었고 그 반짝임 너머의 풍경은 영혼까지 흔들어 놓을 정도의 비경이었다. 그래서 더 가슴이 아팠다. 고흥을 포함한 전라도 해안도 문제가 없는 것은 아니었지만 경상도 지역에 비할 바는 아니었다. 원인은 분명했다. 양식장이었다. 전라도 지역이 상대적으로 깨끗한 것은 상대적으로 양식장이 적기 때문일 터였다. 바다를 이용할 줄만 알았지 보살피는 데는 전혀 관심이 없는 이기적인 양식업자들이 문제의 주범이라는 얘기였다. 거기에 양심을 버린 일부 주민들이 가세하고 있었다.

특별히 어려울 것이 없는 취재였다. 갖다 대기만 하면 그림이 되는 현장이 널려 있었다. 예정했던 취재는 나흘만에 다 마무리됐다. 현장 그림도 좋고 인터뷰도 좋고... 그렇게 취재는 만족스러웠다. 뉴스기획부 출범 이후 드디어 작품다운 작품을 만들었다고 평가받을 수 있을 것 같았다. 이제 배 타고 바다로 나가 양식장 그림만 몇 커트 찍으면 완벽한 작품이 될 터였다. 구석구석 안내하며 열심히 도와준 이 과장도 취재가 아주 잘 된 것같다며 흐뭇해 했다. 그런데... 그렇게 만족스럽게 일은 잘 됐는데... 왠지 마음이 편치 않았다. 찜찜한 기분이 사라지지 않았다. 일의 성과와는 다른 차원에서 갖게 된, 망가지고 있는 한려수도에 대한 안타까움 때문이었다. 나로서는 일종의 신화가 깨진 셈이었으니... 사실 그런 감정은 고발기사를 쓰며 종종 갖게 되는 것이었다. 성과에 대한 만족과 드러난 현실에 대한 안타까움, 그 고약한 이중성이 머리를 어지럽히곤 했다. 그건 어쩌면 고발기자의 숙명이었다.

3. 썩어가는 양식장 바닥, 그런데도 바다는 아름다웠다

결과에 흐뭇해 하며 마무리를 준비하고 있는데 이 과장이 한 마디를 툭 던졌다. '다음에 기회가 되시면 양식장 밑으로도 한번 들어가 보세요. 사실 거기 비하면 스티로폼은 아무것도 아닙니다.' 아니, 이건 또 무슨 소리인가? 지금까지 내가 본 것이 최악이 아니었단 말인가? 그게 최악이 아니라면 도대체 어떤 상태란 말인가? 지나가듯 한마디를 툭 던진 이 과장은 '궁금하면 한번 들어가 보라'며 빙긋 웃을 뿐 더 이상은 아무런 말도 하지 않았다. 서울로 올라가려던 계획을 변경해야 했다. 몰랐다면 모를까 어찌 알고도 모른체 할 수 있단 말인가? 양식장 밑을 확인해야 할 것 같았다. 출장기간을 연장하며 부장에게 수중 촬영팀을 보내달라고 요청했다. 고맙게도 KBS에는 국내 최고수준의 수중 촬영팀이 있었다.

'해변을 포함한 지상 취재는 잘 됐는데요, 취재를 하면서 사람들을 만나보니 양식장 밑은 훨씬 더 심각하다네요. 이왕 시작한 것이니 한번 들어가 보는 게 좋을 것 같습니다.' 부장은 더 묻지 않았다. '그래? 그렇다면 당연히 들어가 봐야지. 언제, 어디로 보내주면 되는거야?' PD 부장은 시원시원했다. 그전까지 경험하지 못한 리더십이었다. 물론 1차 보고를 받은 이명구 차장이 먼저 얘기를 해 놓았기 때문이리라. 하지만 그렇다고 하더라도 '어이, 기획단계에서 얘기했어야지 이제와 그러면 어떻게 하나...' 하는 정도의 짜증으로 존재감을 확인시킬만도 한데.... 그랬었다. 그때까지 내가 경험했던 부장들은 그런 식으로 자신의 위치를 확인시키는 것이 보통이었다. 한데 PD 부장은 그렇지 않았다. '최대한 자율을 보장하고 지원하겠다'던 처음의 약속을 지키고 있었다. 빈말이 아니었구나. 내심 기분이 좋았다.

수중 촬영팀은 다른 일정이 있어 이틀 후에야 도착했다. 나로선 이틀의 여유가 더 생긴 셈이었다. 바다에서 거꾸로 해변을 살필 수 있는 기회였다. 배를 빌려 바다로 나갔다. 육지에서 보이지 않던, 숨어있던 쓰레기 더미들이 나타났다. 그 또한 적지 않았다. 해안에서 조금 떨어진 섬 주변에는 예외없이 하얀 띠가 만들어져 있었다. 육지에서 바라볼 때와는 느낌이 많이 달랐다. 이 선배가 그림에 욕심이 생긴 것 같았다. 섬으로 접근, 더 접근... 위험하다는 선장을 설득해가며 쓰레기를 향해 접근하는 모험이 이어졌다. 그러다... 아뿔싸. 결국 스크루가 바위에 걸려 부서지고 말았다. '일이 잘 풀린다' 했었는데... 선장에게 머리를 조아리며 몇 번씩 사과하고 변상을 해야 했다. 겉으론 괜찮다면서도 그의 얼굴은 잔뜩 구겨져 있었다. 어찌나 미안하던지... 항구로 돌아와 다른 배로 갈아탄 뒤 다시 나가야 했다. 하지만 그러는 동안 물때가 바뀌어 있었다. 다시 현장을 찾았을 땐 넘실넘실 춤추던 쓰레기 더미들이 해변에 다 주저앉은 상태였다. 오전의 느낌이 살아나지 않았다. 아쉬웠다. 하지만 어쩌랴.

수중 촬영은 양식장 밀집지역인 고성군 거류면 당동만에서 진행됐다. 배를 타고 1시간 정도 나간 지점이었다. 전날 거친 비바람에 '혹시 촬영이 어렵지 않을까?' 걱정했지만 다행히 날이 활짝 갰다. 햇살이 따가웠고 물결은 잔잔했다. KBS가 취재하는 김에 자신들도 몇 가지 조사를 하고 싶다며 통영수산전문대 조사팀이 합류했다. 그들의 배까지 배 2척에 취재팀 포함 현장 인원이 20명을 넘었다. 그들도 수중촬영팀까지 동원한 KBS의 취재가 신기한 모양이었다. 평화로운 바다가 마치 영화 촬영 현장처럼 복잡했다. 30여분 물속에 드나들며 상황을 실피던 촬영팀의 유인태 팀장이 준비가 다 됐다는 신호를 보내왔다. 그들에겐 이미 양식장의 쓰레기, 배설물 등 '오염'이 촬영대상이라고, 취재목적이 전달된 상태였다. 준비가 다 됐다는 것은 촬영 포인트를 잡고 서로 역할분담도 끝냈다는 의미였다. 그림이 좋을 테니 걱정말라며 나를 향해 찡긋 웃어준 촬영팀이 물속으로 뛰어들었다. 물속에 들어가면 한번에 20여 분 가까이, 그들은 무거운 산소통에 카메라까지 들고 부지런히도 뛰어들었다 나왔다를 반복했다. 배 위에 설치된 모니터에 그들이 촬영하는 양식장 아래의 모습이 적나라하게 드러났다.

처음에 화면에 비친 양식장 속은 아름답기만 했다. 물은 수정같이 맑았고 해초들이 물결에 따라 흔들리고 있었다. 산들산들 해초들 사이로 탐스런 굴들이 가지런하게 박혀 있고... 그런 모습의 수직 밧줄들 수십, 수백 개가 화면을 가득 채웠다. 장관이었다. 그건 차라리 양식장이 아니라 신비한 해저 풍경화였다. 색감은 왜 그렇게 곱고 또렷하던지.... 하지만 촬영팀원들이 방향을 틀때마다 카메라는 양식물들과 부딪히며 지지직 소리를 냈다. 그만큼 줄과 줄 사이의 간격이 좁다는 의미였다. 그러다 카메라가 아래쪽을 비추자 완전히 다른 풍경이 펼쳐졌다. 바닥에서 삐죽삐죽 솟아 올라온 것들이 있었다. 장어같기도 하고 키 큰 식물같기도 했다. 놀랍게도 그것들은 잘린 밧줄들이었다. 몸통의 대부분이 짙은 갈색의 바닥에 덮여 장어처럼, 식물처럼보인 것이었다. 잘린 부위를 확인하니 밧줄들은 낡은게 아니라 새것이었다. 뭔가 날카로운 것으로 싹뚝 잘라낸 흔적이 역력했다. 그런 밧줄들에는 굴 껍데기들도 주렁주렁 매달린 채 수북하게 쌓여 있었다. 양식장에서 수확을 마친 뒤 걷어내지 않고 그대로 잘라 버린 것들이라고 했다. 하지만... 분명 버려진 폐기물이었지만 겉으로 보이는 모습만은 참으로 아름다웠다. 환상적인 주변 풍경에 녹아 그조차 아름다움의 한 부분이었다.

하지만 거기까지였다. 아름다움은 딱 거기까지였다. 촬영기자의 몸이 닿을 때마다 진갈색 바닥에서 엄청난 양의 부유물들이 일어났다. 밧줄을 들어올리자 수정같이 맑았던 물속이 순식간에 흐려지며 렌즈까지 뿌옇게 막았다. 그런 밧줄들이 참으로 많기도 했다. 둘둘 말린채 뭉텅이로 있는 것들, 거기에 찢어진 그물까지 더해 복잡하게 엉긴 것들이 바닥에 그득했다. 촬영기자 한 사람이 그런 밧줄에 발목이 걸려 허우적 대는 모습이 포착됐다. 그의 몸 주변으로 거무죽죽한 부유물들이 퍼지고 있었다. 나중에 배로 올라온 그는 빠져나오는 것이 쉽지 않았다고 했다. 그래서 많이 당황했었다고 했다. '저런 밧줄들이 지나가는 배의 스크류에 걸린다면...' 갑자기 그런 생각에 정신이 번쩍 들었다. 끔찍한 상상이었다. 아무튼 부유물이 한번 올라오면 다시 가라 앉을 때까진 촬영조차 쉽지 않았다. 그 부유물의 정체가 궁금했다. 물어보니 양식물들이 싸 놓은 배설물이라고 했다. 그 양이 어느 정도나 되는지 한번 발로 디뎌보라고 주문했다. 촬영기자의 발이 쑥 들어갔다. 발목을 다 덮고도 한참을 더 들어갔다. 그 배설물들을 뚫고 여기저기 쑥쑥 올라와 있는 밧줄들은 마치 거기서 자라는 외계식물같았다.

다른 곳도 한번 확인해 봐야 할 것 같았다. 그곳에서 멀지 않은 멍게 양식장으로 자리를 옮겼다. 상황은 마찬가지였다. 겉으로 보이는 모습은 환상적이었다. 스며든 빛을 받아 멍게의 붉은 색감이 더욱 도드라졌다. 마치 가을산의 진한 단풍을 보는 느낌이었다. 한데 군데군데 하얗게 변해있는 것들... 죽어있는 것들이 적지 않았다. 손으로 만지니 힘없이 부서져 내렸다. 카메라가 부딪히는 지점에선 그대로 쏟아져 내리기도 했다. 대부분이 그런 상태였다. 왜 그럴까? 무엇이 문제이기에... 동행한 수산전문대의 조창환 교수는 아마도 멀지 않은 곳에서 진행되는 매립작업이 영향을 미친 것 같다고 했다. 그도 충격이라고 했다. 멍게 양식장이 거대한 멍게 무덤으로 변했다고 조 교수가 탄식했다.

4. 최초로 바닷 속에서 마이크를 잡다

모니터가 아닌 내 눈으로 직접 상황을 확인해 보고 싶었다. 바닷속에서 온 마이크를 하면 의미도 있을 것 같았다. 마음을 알아차린 듯 유인태 팀장도 나를 부추겼다. 하지만 나는 스쿠버는커녕 수영도 잘하지 못하는 물치였다. 현실적으로 불가능하다는 의미였다. 하지만 그렇다고 포기하고 싶지 않았다. 현장에서 30분 정도 속성 교육을 받은 뒤 잠수복으로 갈아 입었다. 그리곤 물속으로 뛰어들었다. 산소통은 물론 허리에 묵직한 납벨트까지 맨 상태였다. 그 시절 나는 정말로 못 말리는 기자였다. 그렇게 무모하게 뛰어든 내 눈앞에 그야말로 엄청난 풍성이 펼쳐졌다. 모니터로 보던 것과는 완전히 다른 차원이었다. 맑은 물, 햇살을 받아 영롱한 색상, 물결에 따라 흔들리는 해초들... 언빌리버블! 환상적이란 말 외에 어떤 표현이 가능할까? 말로 표현할 수 없는 아름다움이 거기 있었다.

아, 이래서 스킨스쿠버들이 틈만 나면 바다로 달려가는 것이었구나. 불과 몇 미터 내려가지 않았는데도 환상적인 신세계를 만날 수 있었으니... 그 엄청난 아름다움에 매료되면 안 빠져들기 어려울 것 같았다. 나는 군이 바닥까지는 내려가지 않아도 될 것 같았다. 수직 밧줄들을 배경으로 마이크를 잡았다. 납벨트까지 한 상태였지만 몸이 자꾸 위로 떠 오르려고 했다. 중심도 자꾸 흔들리고 있었다. 촬영팀 2명이 밑에서 발을 잡아당기며 올라가지 못하도록 막는 수고를 해야 했다. '물은 맑습니다. 그러나 맑은 물, 탐스런 굴들 사이로 양식장 바닥은 썩어가고 있습니다...' 그렇게 다소 우스꽝스런 모습으로 온 마이크를 마칠 수 있었다. 물론 화면에 발을 잡은 그들의 모습은 나오지 않았다. 유팀장은 아주 만족스러워했다. '아마도 바다 속에서 마이크를 잡은 최초의 대한민국 기자일 것'이라며 엄지척을 해 보였다. 기자를 돋보이게 해주려는 그의 마음이 고마웠다.

도대체 바다의 밧줄은 얼마나 되는 것일까? 그게 궁금했다. 눈에 보이는 모든 양식장들의 바닥이 같은 상황일 것이라는 게 조 교수의 설명이었다. 그렇다면 양이 엄청날 터였다. 수확이 끝나면 당연히 다 뭍으로 걷어내야 하는데 귀찮고 비용이 많이 든다는 이유로 대부분 업자들이 그대로 잘라 버리기 때문이라고 했다. 문제는 그런 밧줄들 가운데 물결을 따라 이동하는 것들도 적지 않다고 했다. 언제라도 지나다니는 배가 걸릴 수 있다는 얘기였다. 그럴 경우 치명적인 사고로 이어질 수 있다는 얘기였다. 그건 버려진 밧줄이 위험천만한 흉기로 돌변할 수 있다는 의미였다. 조금 전 나의 상상이 결코 무리가 아니라는 얘기였다. 만일 정말 그런 일이 생긴다면... 그건 상상만으로도 끔찍한 일이었다.

심각한 수준의 배설물에도 분명한 이유가 있다고 했다. 무릇 모든 살아있는 생물은 배설을 하는 것이 자연의 법칙이라는 점을 조 교수는 강조했다. 양식장의 굴과 멍게들도 당연히 배설을 하고 그 배설물들은 바다로 떨어질 수밖에 없게 돼 있다는 의미였다. 모든 양식장은 그런 배설물들이 쌓이지 않고 자연스럽게 물결의 흐름에 따라 흩어질 수 있도록 전체 규모와 수직 밧줄의 간격이 정해져 있다고 했다. 하지만 그 규정이 거의 지켜지지 않는다고 했다. 100m 길이에 최대 143개까지 설치할 수 있는 수직 밧줄을 200개 이상 설치하는 게 보통이라고 했다. 250개까지 설치하는 곳도 종종 있다고 했다. 그렇게 되다 보니 배설물은 더 많이 나오고 자유롭게 흐르지 못하는 바닷물이 그 배설물을 흩어놓지 못해 쌓이기만 하는 것이라고 했다. 그 얘기에 바로 옆 양식장의 수직밧줄을 직접 세어봤다. 221개나 됐다.

그렇게 쌓이기만 하는 배설물은 또 다른 치명적인 문제도 낳고 있다고 했다. 분해과정에 엄청난 양의 산소를 소모하면서 이산화탄소를 뿜어내는 것이라고 했다. 당연히 양식물들의 건강한 생장에 악영향을 미칠 수밖에 없다고 했다. 취재과정에서 만난 양식업자들은 한결같이 '옛날만큼 양식이 잘 안된다'고 탄식했었는데 그 이유가 바로 거기 있었던 것이었다. 그리고 보면 업자들의 호소는 지극히 당연했고 과학적 합리성을 반영한 것이었다. 문제는 그것이 자신들의 못난 행동에서 비롯된 결과라는 사실, 결국 자신들의 발목을 스스로가 잡고 있다는 사실을 깨닫지 못하고 있다는 것 뿐이었다. 아니 다 알면서 시치미를 떼고 있는지도 모를 일이었다. 오염의 정도를 확인하기 위해 뻘을 떠올려봤다. 찰기가 거의 없는 흐물흐물한 상태였다. 시궁창 썩는 냄새가 진동했다. 겉으론 멀쩡한 쪽빛 남해바다가 바닥으로부터 심각하게 죽어가고 있음이 그렇게 확인되고 있었다. 그런 상태인데도 양식장들의 허가가 계속 늘고 있었으니… 얼마나 양식장이 많은지 배가 지나다니기도 쉽지 않은 상태라고 했다. 통영군의 경우를 확인해보니 적정 수준의 5배를 넘는 양식장이 바다를 덮고 있는 상태였다.

양식장 밑으로 한번 들어가보라며 야릇한 미소를 흘리던 이 과장의 마음을 이해할 수 있을 것 같았다. 더 이상 얘기하지 않은 것은 차마 다 얘기하기 부끄러웠기 때문 아닐까 생각됐다. 바닷속까지 확인하고 나니 또 다른 욕심이 생겼다. 하늘에서도 한번 내려다 보고 싶어졌다. 항공촬영을 해보면 모든 것이 분명해질 것 같았다. 특별히 '적정 규모의 5배에 달한다는 양식장의 규모'를 생생하게 확인할 수 있을 것 같았다. 헬기를 요청했다. 이번에도 부장은 단박에 OK였다. 현장에서 수중 촬영팀을 부르고 헬기까지 호출할 수 있는 KBS는 정말 대단한 조직이었다. 기상 관계로 한 차례 연기되기는 했지만 KBS 취재 헬기가 통영까지 내려왔다. 바람 한 점 없는 맑은 날, 하늘에서 내려다 본 한려수도는 비경 그 자체였다. 쪽빛 바다와 점점이 떠 있는 작은 섬들, 그 사이에 드문 드문 자리잡은 하얀 구조물, 평화로이 오가는 배들, 구불구불 접혔다 펼쳐졌다 길게 펼쳐져 있는 아름다운 해안선... 이런 환상적인 풍경을 어디서 또 볼 수 있으랴?

하지만 조금 지나자 하얀 구조물들이 조금씩 늘더니 어느 순간 바다의 한 지점이 흰 점들로 빼곡해졌다. 양식장 밀집 지역이었다. 비전문가의 눈에도 빽빽함의 심각성이 느껴질 정도였다. 하지만 그 자체로는 아름답기만 했다. 푸른 바다와 어우러져 여유와 평화가 느껴지기도 했다. 아마도 양식장의 속을 들여다 보기 전에 그 광경을 봤다면 그저 감탄만 했을 것임이 분명했다. 학창시절 극장에서 봤던 애국가 화면이 떠올랐다. 그 화면에선 아름답고 푸른 바다와 그 바다에 알알이 박혀있는 양식장들을 성장과 풍요의 상징으로 자랑했었다. 하지만 나는 이미 그 깊숙한 속살을 들여다 본 뒤였다. 평화롭고 풍요로와 보이는 그 하얀섬들의 끔찍한 바닥에 경악한 상태였다. 가슴이 답답했다. 높게.. 낮게.. 조금 더 낮게... 고도를 조정해가며 그림을 넉넉하게 담았다. 별도의 주문 없이도 헬기를 최적의 위치로 움직여주는 강태흥 기장은 역시 최고의 베테랑이었다.

마침 양식장들 사이를 힘겹게 빠져나가고 있는 배 한척이 있었다. 영문 모르는 뱃사람은 KBS 마크가 새겨진 헬기를 올려다보며 손을 흔들어 줬다. 지상에서 봤던 해변의 스티로폼 쓰레기들도 선명했다. 섬의 크기에 따라 크게 또는 작게... 해안선을 따라 하얀띠를 이루고 있었다. 정말 많기도 했다. 통영항 수협건물 주변으로는 건물을 길게 휘감고 있는 짙누런 기름띠가 보였다. 멸치 기름이라고 했다. 삼천포 화력발전소에선 시커먼 물이 콸콸 쏟아지고 있었고... 그렇게 통영에서 고성으로, 거제를 거쳐 삼천포 앞바다까지... 남해안의 구석구석을 다 살폈다. 2시간 항공촬영이 끝나고 있었다. '남해안이 죽어간다' 육해공 취재도 그렇게 마무리 되고 있었다.

5. 보도국으로 찾아 온 수산청 사람들

꼬박 열흘이 걸린 심층 취재, 제작은 어려울 것이 없었다. 좋은 그림들이 넘쳤다. 버리기 아까운 수많은 그림을 포기해야 했다. 현장이 그만큼 엉망이라는 얘기였다. 방송은 사흘 연속 9시뉴스에 주요 뉴스로 전파를 탔다. '남해안이 죽어간다'라는 큰 타이틀 아래 1) 죽어가는 해변 2) 오염주범은 양식장 3) 위협받는 청정해역으로 나눴다. 매 리포트에는 편당 평균 8분 정도의 시간이 할애됐다. 일반적인 리포트 길이가 1분 10초~1분 20초인 점을 감안하면 전례가 없는 파격적인 배려였다. 매번 10초를 더 받기 위해서 편집부와 치열한 신경전을 벌여야 하는 다른 기자들에게 미안할 정도였다. 보도국 차원에서도 그만큼 중요하게 보고 있다는 의미였다. 방송에서는 양식장 상황과 별도로 특별히 버려진 밧줄의 위험성을 강조했다. 오염 문제를 넘어 항해하는 선박에 치명적인 위협이 될 수 있다는 사실을 일깨웠다.

방송의 파장은 대단했다. 우리의 자랑이라고 여기던 한려수도, 그 한려수도의 생생한 오염 상황에 시청자들은 큰 충격을 받은 것 같았다. 전화로 메일로 격려와 문의가 쇄도했다. '굴을 먹어도 되느냐'는 걱정의 소리, 양심이 마비된 업자들을 비난하며 그냥 둬서는 안 된다는 분노의 소리가 정말 많았다. 감독관청의 문제를 질타하는 목소리도 적지 않았다. 무분별하게 허가를 남발하고 감독엔 눈 감고 있는 책임자들을 처벌하라는 성난 주장이었다. 그런 전화는 뉴스가 끝나고도 한참을 이어졌다. 3번째 방송이 나간 다음 날 목소리가 차분한 한 어르신의 전화를 받았다. 굳이 취재기자와 통화하고 싶다고 고집해 여러 군데를 거쳐 어렵게 연결됐다고 했다. '방송 잘 봤다. 수고했다.'고 운을 뗀 그분은 '박 기자께서는 혹시 나폴리를 가본 적 있소?' 하고 물으셨다. 톤은 낮았지만 무게감이 느껴지는 목소리였다. '유감스럽게도 아직 없다'고 답하자 '그럴 줄 알았다'는 반응이 이어졌다. 그러면서 '앞으론 충무를 나폴리에 비교하지 않는게 좋겠다'고 점잖게 충고하셨다. '그건 우리의 자랑 충무에 대한 모독'이라는 얘기였다. 나폴리는 충무의 발뒤꿈치도 따라오지 못할 정도로 지저분한 곳이라는 게 그분의 설명이었다. 3편 방송에서 헬기 화면 가운데 충무항의 누런 기름띠를 보며 '한국의 나폴리라는 충무항도 오염으로 몸살을 앓고 있습니다'라고 표현했는데 그게 영 마음에 들지 않았던 모양이었다. 공연히 관행적인 표현 한번 썼다가 망신만 당한 셈이었다.

1보의 충격이 2, 3보를 거쳐 더욱 커지면서 여론도 심상치 않게 돌아가고 있었다. 수산청 고위 관계자들이 사무실로 찾아왔다. 잠도 제대로 자지 못한 듯 얼굴에 피곤함이 배어 있었다. 그들은 수산청 전체가 거의 패닉상태라고 했다. 항의 전화가 빗발치는 가운데 상급기관과 국회의원들의 자료 요구까지 이어져 거의 업무를 보지 못할 지경이라고 했다. 아마도 수산청이 문을 연 이래 가장 큰 관심을 받는 것 같다며 곤혹스런 웃음을 흘렸다. 당연히 힘들 터였다. 하지만 얘기는 그렇게 하면서도 그들은 고맙다고 했다. 문제를 알고 있었지만 어쩌지 못하고 있었다고 했다. 워낙 문제의 뿌리가 깊은데다 업자들의 반발도 의식하지 않을 수 없었다고 했다. 그런데 KBS가 바로 잡을 계기를 만들어 줬다고 했다. 우리 때문에 엄청 힘들어졌다면서도 고맙다니... 조금은 당혹스런 상황이었다. 그러면서 그들은 또 죄송하다고 연신 고개를 숙였다. 그건 부탁을 할 게 있다는 의미였다. 아마 방문 목적도 그것일 터였다. 그들의 마음과 상황이 충분히 짐작됐다.

한참 동안 어려움을 토로한 그들의 입에서 방문 목적이 새 나왔다. 'KBS 보도로 굴을 포함한 해산물의 수출길이 막히지 않을까 정말 걱정이 많습니다. 수입국에서 방송을 봤거나, 앞으로라도 본다면 분명히 문제를 제기할 것으로 저희들은 예상하고 있습니다. 그러니 외국으로 나가는 국제 뉴스에 이번 취재내용만은 포함시키지 말아주시면 고맙겠습니다...' 이런 내용이었다. 지극히 조심스런 태도였다. 그들은 KBS 뉴스가 일본 NHK를 비롯해 여러 나라에서 그대로 방송되고 있다는 사실을 알고 있었다. 그런 나라들에서 방송이 그대로 나갈 경우 문제가 제기될 가능성, 그리고 그게 결국 수출길을 막는 요인으로 작용할 가능성을 걱정하고 있었다. 방송에서 너무 적나라하게 상황을 다 보여줘 만일 보게 된다면 충격을 받을 것이 분명하다는 얘기였다. 그들은 외국에 내보내지 말라는 부탁과 함께 국제선 여객기에 제공하는 기내 뉴스 서비스에도 포함시키지 않았으면 좋겠다고 거듭 고개를 숙였다. 적어도 외국인들은 관련 뉴스를 접하지 못하도록 도와달라는 의미였다. 그들은 최대한 자세를 낮춘 채 국익을 생각해 달라고 하소연하고 있었다. 그들의 표정이 간절했다.

사실 '국익을 생각해 달라'는 표현은 곤란한 처지에 놓인 힘있는 기관들이 동원하는 상투적인 수법이었다. 그래서 대개의 경우 그런 부탁이 오면 싱긋 웃어주는 수준으로 대응을 했었다. 하지만 이번의 경우는 그래선 안 될 것 같았다. 그저 엄살로 치부할 수는 없다는 생각이 들었다. 우리 굴을 수입하는 나라에서 방송을 보게 되면 분명 문제를 제기할 터였다. 또 그들이 문제를 제기한다면 복잡한 통상문제로 이어질 것도 자명한 일이었다. 원칙만 고집할 수는 없다는 판단이 들었다. 다행스럽게 그들의 부탁은 그리 어려운 것도 아니었다. 그들의 걱정스런 눈빛들이 온통 내게 쏠려 있었다. '솔직히 그런 문제는 생각을 못했습니다. 그리 해드려야 할 것 같네요. 다만 분명한 약속이 필요합니다. 이 문제를 확실하게 해결해 주실 수 있겠습니까?...' 그들은 걱정 말라고 했다. 심각한 현실을 보면서도 가슴앓이만 하던 입장에서 KBS 덕분에 이제야 해결의 계기가 생겼는데 그대로 넘기겠냐고 반문했다. 그저 입에 발린 소리같지 않았다. 그런 그들에게 믿겠다고, 만약 약속이 지켜지지 않으면 더 복잡한 속보가 이어질 것이니 각오해야 할 것이라고 경고하며 손을 잡아줬다.

6. '연안해역 청소공사' 설립을 제안하다

방송의 여진이 이어지고 있었다. 일요일 PD들이 만드는 뉴스인 '기동취재현장'에서도 출연요청이 들어왔다. 마다할 이유가 없었다. 생방송으로 15분 가까이 9시 뉴스에서 다루지 못했던 얘기들까지 다 끄집어 냈다. 이 방송에서는 특별히 양식업자들의 각성과 관계당국의 책임을 강조하면서 '연안해역 청소공사'의 설립을 제안했다. 취재과정 내내, 또 취재를 마치고 나서도 깊이 생각해 내린 결론이었다. 양식업을 포함해 바다를 활용한 사업을 하다보면 쓰레기는 어쩔 수 없이 나오게 돼 있는 것, 그 업무를 전담하면서 청결을 관리하게 하는 기구를 만들자는 것이었다. 3면이 바다인 우리나라, 그 바다를 자원으로 활용해야 하는 우리 입장에서는 반드시 필요한 기구라는 생각이 들었다. 양식업자나 시민단체들의 개별적인 노력에만 맡기기에는 일의 양이나 규모가 엄청나다는 판단 때문이었다. 연안해역의 청소만 전담하는 기구를 만들어 수익자 부담 형식으로 운영한다면... 정부로서도 반대할 이유가 없을 터였다. 큰 재정부담 없이 심각한 문제를 해결할 수 있을 것이었다. 거기에 적지 않은 일자리도 창출할 수 있을 터였다. 처음 취재의 단초를 제공했던 편집부장도 비슷한 아이디어를 냈다.

회사 안팎에서 프로그램에 대한 좋은 평가가 이어졌다. *신문과 다른 텔레비전 뉴스의 특징을 확실하게 보여줬다, *단순히 현상에 머물지 않고 구조를 탐사하며 대안까지 제시하는 완결성을 보여줬다 *텔레비전 탐사보도의 모범을 제시했다... 기분 좋은 얘기들이었고 여기저기서 상도 받았다. 의욕적인 출범 이후 이렇다할 작품을 보여주지 못했던 뉴스기획부의 입장에서도 비로소 체면치레는 한 셈이 됐다. 보도국 간부들은 그런 기사가 PD가 아닌 기자에 의해 만들어졌다는 사실에 다행스러움을 느낀다고 했다. 동료들도 기동취재부가 아니면 만들어내기 어려웠을 아이템이었다며 부러움 섞인 칭찬을 쏟아냈다. 그런 동료들에게 설명했다. '운이 참 좋았다고 생각한다. 사실 내가 한게 아니었다. 단편으로 끝날 수 있었던 아이템을 3편, 4편으로 늘려주고 전폭적으로 지원해준 데스크가 없었다면 불가능한 일이었다. PD 부장에게 배우는 것이 참으로 많다...'

방송 후 반가운 소식들이 이어졌다. 먼저 경상남도 새마을 운동 중앙본부에서 매달 정기적으로 바다청소를 벌이기로 했다고 알려왔다. 문제를 알면서도 엄두가 나지 않아 눈을 감고 있었는데 더 이상 그러지 않겠다는 약속이었다. 바다에 기대 사는 입장에서 방송을 보고 크게 느낀 바가 있다며 자발적인 청소를 시작했다는 개인들과 단체들도 여럿 있었다. 그들 가운데 자신의 배에 간이 소각설비를 만들어 시간나는대로 연안을 돌며 쓰레기를 치우고 있다는 사람도 있었다. 통영에 사신다는 그분은 자신의 활동을 찍은 사진을 보내오기도 했다. KBS 보도가 양식업자들과 관계 당국에 확실한 경계가 된 것은 분명한 것 같았다. 고마웠다. 사실 그런 반응만큼 기자들을 행복하게 하는 것은 없었다. 한결 좋아진 기분으로 두 달쯤 후 취재했던 현장들을 다시 찾았다. 워낙 반향이 컸던 기사라 후속 기사를 쓰고 싶었다. '남해안, 그 후 어떻게 달라졌나?'였다. 11월 바닷 바람은 생각보다 훨씬 차가웠다. 살을 파고 들었다. 추운게 아니라 아픔이 느껴지는 칼바람이었다. 하지만 행복했다. 고맙게도 바다가 많이 깨끗해져 있었다. 적어도 눈에 보이는 지저분함은 많이 사라진 것을 확인할 수 있었다.

이듬해 기쁜 소식이 들려왔다. 정부가 바다 청소의 날을 지정했다는 내용이었다. 그리고 청소의 날 당일, 정부의 주도 아래 수산업자들과 어민, 시민단체들이 함께 하는 청소 이벤트가 진행됐다. 전국적으로 진행된 대대적인 행사였다. 방송사들은 중계차를 동원했고 다른 언론들도 비중있게 이 뉴스를 다뤄줬다. 수산청이 내게 약속했던 '노력' 가운데 하나였다. 고마웠다. 바다 청소의 날은 그 후로도 계속 이어지며 업자들은 물론 모든 국민에게 경각심을 일깨웠다. 바라보는 마음이 흐뭇했다. 그러나 아쉬운 점도 있었다. '연안해역 청소공사' 얘기가 어디서도 들려오지 않는다는 것이었다. 거기까지는 힘이 닿지 않는 것 같았다. 뒤늦게 아쉬움이 일었다. 그때 수산청과 함께 국회를 압박했어야 했는데... 여야의 해양수산위원 정도는 취재에 포함시켜 문제의식을 공유하게 했어야 했는데... 왜 그런 생각을 하지 못했을까.... 진한 아쉬움이었다. 수산청의 힘만으로는 해결할 수 있는 문제가 아니었는데...

이듬해 10월 10일 전라북도 부안 앞바다에서 서해훼리호가 침몰하는 대형사고가 일어났다. 사망자만 292명에 이르는 끔찍한 사고였다. 사고 직후 나는 현장으로 파견됐다. 일주 동안 바쁘게 움직이며 수습과정과 사고처리 과정을 다 지켜볼 수 있었다. 정원도 규정도 무시한 후진적 관행, 기분에 취해 불법과 위법의 당사자가 된 무모한 사람들, 그 모든 것들을 알면서도 눈을 감아 버린 게으른 행정, 희생자들을 둘러싼 가슴 절절한 사연들... 많은 것을 볼 수 있었다. 당시 가장 가슴 아픈 것은 시신을 기다리는 유가족들의 모습이었다. 배에 탔던 것으로 확인은 됐지만 바로 시신이 발견되지 않은 희생자들의 가족들이었다. 그들은 군산공설운동장에 마련된 대기실에서 힘겨운 시간을 보내야 했다. 이제나저제나 시신 발견 소식이 들려오기만을 고대하며... 그러다 현장에서 기다리던 가족이 발견됐다는 소식이 전해지면 그들은 만세를 불렀다. 두 팔을 번쩍 들고 환호성을 질렀다. 어떤 이들은 덩실덩실 춤을 추기도 했다. 주변의 다른 유가족들은 부러운 눈길로 그런 그들에게 축하의 박수를 아끼지 않았다. 더러는 손을 맞잡고 함께 눈물을 흘리기도 했다. 그렇게 축하를 마친 다른 유족들은 잠시 후 자리로 돌아가 고개를 떨궜다. 그들의 눈엔 진한 부러움이 가득했다. 살아 돌아온 것도 아니고 그렇다고 생존 소식이 전해진 것도 아닌데... 그저 시신을 발견했다는 소식일 뿐인데...

그리고 얼마 후 시신을 태운 앰뷸런스가 운동장에 도착하면 또 다른 풍경이 연출됐다. 앰뷸런스가 대기실 앞에 서기 무섭게 유가족들이 달려나갔다. 그들은 차 안으로 뛰어들어 시신을 확인했다. 거의 그와 동시에 차안에서는 통곡소리가 터져 나왔다. 확인의 기쁨이 대성통곡으로 변하는데 거의 시차가 없었다. 더러는 고꾸라져 몸부림치며 오열하기도 했다. 박수와 환호를 거쳐 통곡, 오열까지... 그 짧은 시간 속에 감정의 진액이 다 녹아 있었다. 그 변화 속에 죽음을 대하는 사람들의 마음이 적나라하게 드러나고 있었다. 1993년 10월의 군산공설운동장은 그렇게, 또 다른 차원의 삶과 죽음, 망자와 유족의 오묘한 관계를 돌아보게 하는 성찰의 마당이 되고 있었다.

사고 직후 경찰은 정원초과와 선박의 구조적 결함 등이 침몰의 원인이었다고 밝혔다. 예상됐던 내용, 그건 외부적인 상황만 봐도 추론할 수 있는 1차적인 결과였다. 그리고 여러 달 후 사고원인에 대한 전문가들의 정밀 조사 결과가 발표됐다. 놀랍게도 '버려진 밧줄'이 직접적인 침몰 원인으로 지목됐다. '기상조건이 악화돼 배가 회항하던 도중 버려진 밧줄이 프로펠러(스크루)에 걸려 엔진이 속도를 낼 수 없게 됐고 그 상황에서 배가 높은 파도에 맞아 전복된 것'이라는 게 최종발표 내용이었다. 양식장을 취재하며 우려했던 문제가 엄청난 비극으로 현실화 된 것이었다. 전율이 일었다.

10년 만에 무너진
우암상가 아파트

1. 익스큐즈가 허용되지 않는 직업, 기자

1993년이 밝았다. 희망의 새해 첫날이었다. 하지만 내겐 새날을 챙길 여유가 없었다. 특집용 프로를 제작해야 했다. 소말리아와 수단 등 내전 취재를 마치고 전날 6시 30분에야 김포 공항에 내렸었다. 위험스런 내전지역을 좌충우돌 뛰어다녔던 3주, 결코 만만치 않은 일정이었다. 정신적 부담에 육체적 피로가 겹쳐 온 몸이 정상이 아닌 상태였다. 하지만 그건 내 개인 사정일 뿐이었다. 기자라는 프로페셔널리스트에겐 어떤 익스큐즈도 허용되지 않았다. 방송이 최우선이었다. 전날 공항으로 마중나온 이명구 차장은 신년특집으로 방송이 잡혔다고 했었다. 그건 새해 첫날에도 쉴 수 없다는 의미였다.

전날 집에 도착해서는 뜨거운 물에 몸부터 담갔었다. 얼마나 그리던 시간이었던가? 짧지 않았던 출장 기간, 순간순간의 위험 못지 않게 힘들었던 것은 그 긴장과 피로를 풀 수단조차 하나도 없다는 것이었다. 숙소로 돌아오면 마주했던 끔찍한 기억들을 그저 툴툴 털어내고 익숙해진 불편함 속에서 그저 기록하고 또 기록하는 일상만 반복했었다. 물 속에 들어가니 온몸이 녹아 가라앉는 기분이었다. 그럼에도 정신만은 또렷했다. 지난 시간들이 주마등처럼 스쳐 지나갔다. 어깨에 총을 걸친 채 살기 가득한 눈빛으로 쏘아보던 소말리아 청년들, 당장 꺼지라며 총구를 들이 대던 아이디드의 경호원들, 고름과 땟국물 가득한 모습으로 매달리던 난민촌 아이들, 목발을 짚은 채 한발로 헝겊공을 차고 놀던 소년 부상병들, 매번 숙소를 벗어날 때마다 마주해야 했던 날선 긴장과 공포들, 계속되는 고열과 설사에 풍토병이 아닌가 걱정해야 했던 시간들, 피난처에서 웃음을 팔고 몸을 팔던 젊은 소말리아 여인들... 정말 만만치 않은 시간들이었다. 건강한 몸으로 다시 집에 돌아올 수 있었음에 절로 감사의 기도가 나왔다. 이제 더 이상 긴장하지 않아도 된다는 생각에 행복한 미소가 번졌다.

그렇게 몸을 푼 후 어머니가 차려주신 된장찌개로 속을 달랬었다. 천국의 맛이었다. 그새 부쩍 큰 하은이가 아빠 품을 파고들며 이쁜 짓을 해 댔다. 비로소 내 집, 내 가족들과 함께 있다는 사실이 실감났다. 식사를 마치니 밤 9시, 나이로비 시간으론 새벽 3

시였다. 눈꺼풀이 너무 무거웠다. 뉴스를 보다가 하은이를 안은 채 그대로 곯아 떨어졌다. 그리곤 그야말로 죽은 듯이 잠에 빠져들었다. 몸이 물먹은 솜처럼 무거웠다. 그리고... 얼마나 잤을까?... 문득 눈을 뜨니 해가 중천이었다. 시계를 보니 1시 50분. 정신이 번쩍 들었다. 2시에 사무실에서 만나 제작 관련 논의를 하기로 했었는데... 일단 잠이 들면 깨기 힘들 것이라는 생각에 알람을 3개나 맞춰 놓았었는데... 이 차장은 점심 먹고 바로 회사로 나오라고 했었다. 부랴부랴 준비하고 나서 회사에 도착하니 2시 30분, 다행히 취재팀원은 아무도 도착하지 않은 상태였다. 저들도 분명 나처럼 죽은 듯이 뻗었을 터였다. 그렇게 피곤이 찌든 몸으로 새해 첫날과 둘째 날을 밤 11시까지, 그리고 셋째 날엔 오후 7시까지 제작에 매달려야 했다. 그 또한 전쟁같은 일이었다. 그렇게 20분짜리 소말리아, 수단 특집물이 만들어졌다. 하지만... 그렇게 열심히 만들었건만 정작 방송이 나가는 시간엔 보지도 못하고 곯아떨어지고 말았다.

　방송에 대한 평이 좋았다. 속 모르는 어떤 사람들은 KBS가 공영방송답게 신년특집을 스케일 있게 잘 준비했다고 칭찬했다. 고마운 말이었지만 실상은 그것과는 거리가 조금 있었다. 떠날 때만 해도 우리는 신년특집은 생각도 않고 있었다. 대한민국의 어떤 언론사도 특파원을 보내지 않고 있는 세계적인 분쟁현장을 KBS의 이름으로 취재해 보자는 단순한 생각일 뿐이었다. 특집이 아닌 뉴스 참여가 우리의 임무였다. 사실 그것은 경쟁사인 MBC에 심하게 당하고 있던 처지에서 국면 전환용으로 마련된 아이디어이기도 했다. 때는 1차 걸프전 이후 채 2년이 되지 않은 시점, 중동에서 2차 걸프전의 위기가 고조되던 상황이었다. 거의 매일 관련 소식이 국제 뉴스의 톱을 장식했는데 국내에서는 MBC만이 바그다드 현지에서 그 내용을 생생하게 전하고 있었으니... 보도국 지휘부로서는 시청자들의 관심을 빼어올 다른 특별한 것이 필요한 상황이었다. 그 특별한 방안으로 선택된 것이 소말리아 등 분쟁지역 취재였다. 하지만, 의도는 그렇게 단순했지만 현장에 파견된 기자와 PD가 일 욕심이 많은 사람들이었다. 그들의 의욕이 상당한 무리를 감수해가며, 때론 위험을 무릅쓰며 이곳저곳을 누비게 했고 그 결과로 특집용 재료가 생긴 것뿐이었다.
　첫 방송에 대한 시청자들의 반응에 보도국 지휘부가 고무된 것 같았다. 그 다음 주(1

월 10일)용으로 한편을 더 만들어 달라는 주문이 들어왔다. 사실 그건 귀찮은 일이라기보다는 고마운 일이었다. 특집을 만들었음에도 여전히 우리에게는 소개하지 못한 귀한 취재물들이 많이 남아있는 상태였다. 수단과 케냐의 국경 마을에 위치한 소년병 캠프도 그런 것들 가운데 하나였다. 치열한 내전에 동원됐다 다쳤거나 전투와 폭압의 공포를 견디지 못하고 탈출해 나온 소년병들이 모여 있는 곳이었다. 그때까지, 국내언론에서 아프리카 내전에 동원된 소년병들을 취재한 적은 없었다. 간혹 외신 기사로는 짧게 소개된 적은 있었지만 국내 취재팀이 현지를 직접 찾아가 소개한 적은 단 한 번도 없는 의미있는 소재였다. 10살 내외의 어린아이들이 팔 다리가 잘린 모습으로, 온몸에 붕대를 칭칭 감은 모습으로, 웃음기 전혀 없는 무심한 표정으로 우리를 바라보는 상황은 정말이지 안타깝고 당혹스러웠었다. 기자이기 이전에 어른의 한 사람으로, 특별히 딸을 둔 아빠의 한 사람으로 가슴이 먹먹하기도 했었다. 그들을 통해 전쟁의 죄악상을 고발할 수 있는 기회가 생긴 셈이었으니… 고맙게도 이번엔 일주일이라는 시간적 여유도 있었다. (당시 종군취재와 관련된 내용들은 이전에 발간된 『전쟁 25시』에 자세히 기록돼 있다)

2. 편집 중 내려온 긴급 명령, 당장 헬기를 타라

그렇게, 조금은 여유있는 마음으로 2편 특집을 준비하고 있었다. 이번엔 스튜디오 출연까지 포함한 15분짜리였다. 기분 좋게 기사를 구상하며 자료를 챙기는데 갑자기 명령이 떨어졌다. 하던 일 중지하고 당장 헬기를 타라는 것이었다. 1월 7일 오전 11시 30분쯤이었다. 이명구 차장이 급하게 뜯어온 듯한 연합통신 기사를 내밀었다. 별 내용이 없었다. 두 줄로 인쇄된 제목만 비교적 선명했다. '청주 우암아파트 붕괴, 원인은 가스 폭발로 추정.' 당황스러웠다. 뭐가 뭔지 내용도 잘 모르는 상태인데 헬기를 타라니… 그것도 방송을 준비하고 있는 사람에게… 하지만 그게 사건 기자의 방식이었다. 나머지는 능력껏 챙겨야 했다. 현장에 도착하면 바쁘겠다는 생각만 들었다. 본관 옥상 헬기장으로 나가니 영상취재부의 강형식 기자가 먼저 와 있었다. 카메라 취재부의 에이스였다. 잠시 후 도착한 헬기에 급하게 올랐다. 통신기사 쪼가리 하나에 달랑 취재수첩만 든 상태였다.

　동승한 이 차장을 통해 헬기 안에서 조금은 자세한 내용을 들을 수 있었다. '새벽 0시 40분 상가아파트에 불이 났다. 그 불이 번져 새벽 2시 10분 지하 1층 지상 4층짜리 건물이 붕괴됐다. LP 가스통에서 새 나와 고여있던 가스가 불길을 만나 폭발하면서 붕괴된 것으로 추정된다. 아파트에는 58가구, 398명이 살고 있다.' 이 차장은 내 임무도 설명했다. 헬기로 사고현장 전체를 조망하면서 현장의 분위기를 전하는 것이라고 했다. 그건 톱기사라는 의미였다. 머릿속으로 현장의 상황을 그려봤다. 현장에 출동할 때마다 습관이 된 이른바 비주얼라이즈(visualize)였다. 그렇게 현장을 그림으로 그려보면 상황을 정리하는데 도움이 됐다. 가스 폭발이라면 파괴의 정도가 심각할 것이고, 주변 건물들도 피해를 입었을 것이고, 4층 건물이라고 했으니 잔해가 주변으로 날랐을 것이고, 구조작업이 진행되며 주변은 통제됐을 것이고... 하지만 그 정도뿐, 지형에 대해서도, 구체적인 상황에 대해서도... 특별한 사전 지식이 없었던 탓에 현장이 잘 그려지지 않았다. 1시간 가까이 비행한 것 같았다. 강태흥 기장이 청주라고 했다. 하늘에서 내려다 본 청주는 생각보다 크고 잘 정리된 도시였다.

　붕괴현장은 주택가였다. 사방으로 아파트 등 크고 작은 건물들이 둘러싸고 있는 위치, 어렵지 않게 위치를 찾을 수 있었다. 여전히 희뿌연 연기가 뿜어져 나오며 하늘을 덮고 있었다. 접근해 내려다보니 4층짜리 건물 3개 동이 흉하게 꺼진 모습이었다. 층과 층이 포개져 마치 시루떡 같은 모습, 곳곳에서 소방관들이 진화작업을 벌이고 있고 중장비 차량들도 분주하게 움직이고 있었다. 진화작업과 건물 해체 작업, 그리고 구조작업이 동시에 진행되는 것 같았다. 도로 한쪽 편엔 구급차들도 대기하고 있고... 무너진 잔해더미들 사이로 구조작업에 나선 군인들의 모습도 보였다. 구석구석 돌며 조심스럽게 찾고 뒤지는 모습, 하지만 군복에 그저 맨몸일　뿐 특별한 장비는 보이지 않았다. 그리고 소방차들과 중장비들의 뒤편으로는 몰려든 구경꾼들... 그런 것들이 널찍한 4각형의 현장 주변을 가득 채우고 있었다. 복잡하고 소란스러웠다. 대형사고가 난 지 13시간이 지난 현장의 모습이 그랬다. 적지 않은 인명 피해가 났고 실종자들에 대한 구조작업이 진행되는 상황, 하지만 어디서도 통제는 이뤄지지 않는 것 같았다. 오랫동안 헬기로 돌며 살필 만큼 현장이 크지 않았다. 기장에게 얘기해 근처 공터에서 내렸다. 착륙할 공간이 마땅치 않다고 해서 최대한 지상으로 접근하게 한 뒤 뛰어내리는 조금은 무리한 방법을 택했다.

착잡한 마음으로 현장을 돌아봤다. 위험이 다 가신 상태가 아님이 곳곳에서 확인됐다. 하지만 누구도 접근을 막지 않았다. 최대한 가까이 접근해 붕괴의 흔적들을 살폈다. 마구잡이로 깨지고 구겨진 잔해들, 주저앉은 층과 층들은 위에서 찍어 누른 것처럼 바짝 붙어 있었다. 무너진 콘크리트 더미 사이 사이로 가재도구 등 살림살이들이 보였다. 옷가지들과 이부자리, 그릇들과 책상, 널부러진 책들도 보였다. 시선을 옆으로 돌리니 밖으로 튕겨 나온 식탁과 의자들도 많이 보였다. 아마도 식당이 있었던 곳 같았다. 불과 13시간 전까지 너무 자연스러웠을 삶의 흔적들이었다. 생존자들을 만나보니 한밤중 불이 났다는 고함소리에 자다 말고 급하게 빠져나왔다고 했다. 미처 미처 밖으로 나오지 못한 사람들은 옥상으로 대피했는데 구조를 기다리던 중 느닷없이 건물이 무너지면서 함께 묻혔다고 했다. 그들 대부분은 죽거나 다쳤다고 했다. 경찰은 확인된 사망자가 27명, 부상자는 48명이라고 설명했다. 4명은 생사가 확인되지 않고 있다고 했다. 참담한 마음으로 현장을 돌아보는데 여전히 맹렬한 기세로 뿜어져 나오는 연기가 마음을 심란하게 했다. 여기저기 흉하게 쓰러져 있는 LP 가스통에서는 퍽퍽 소리가 이어지고... 아마도 남아 있던 가스가 마지막 단계에서 불꽃을 만나 내는 소리 같았다.

3. 가스폭발? 현장엔 부실공사 흔적만 가득했다

그런데 이상했다. 원인이 가스폭발이라고 했는데 그게 아닌 것 같았다. 어디서도 엄청났을 폭발의 흔적이 보이지 않았다. 눈을 크게 뜨고 찾아보려 했지만 발견할 수 없었다. 놀랍게도 무너진 건물은 처참했지만 바로 옆의 주변 건물들은 너무도 멀쩡했다. 무엇보다 유리창들이 온전한 모습이었다. 4층짜리 건물을 무너뜨릴 정도의 폭발력이라면 다른 건 몰라도 주변 건물이 심하게 흔들리며 유리창은 다 깨졌어야 했다. 또 유리창뿐 아니라 날아간 파편에 건물 자체도 심하게 상처를 입었어야 했다. 엄청난 폭발의 압력을 생각하면 그건 상식에 속하는 일이었다. 한데 현장의 모습은 전혀 그렇지 않았다. 불과 4~5m 떨어진 주변 가게들에 아무런 상처가 없었다. 유리창과 문짝은 물론 외벽에도 상한 흔적이 없었다. 날아든 파편들이 없었다는 의미였다. 심지어 주민들은 폭발음도 듣지 못했다고 했다. 흔들림도 없었다고 했다. 한 차례 꽝음이 있기는 했지만 그건 폭발음이 아니라 건물이 무너질 때 난 소리였다고 했다.

대신 현장엔 부실공사의 증거들만이 가득했다. 꺾여진 콘크리트 기둥 안엔 온통 생자갈들 뿐이었다. 손으로 긁어보니 그대로 쏟아져 내리기도 했다. 시멘트와 버무려진 흔적조차 없는 순수 자갈들, 그런 모습이 곳곳에 많기도 했다. 더 놀라운 것은 그런 기둥들이 하나 같이 천정이나 바닥에서 분리돼 있다는 사실이었다. 그건 기둥들이 바닥과 천정에 결합되지 않고 그저 그 사이에 버팀목처럼 세워져 있었다는 의미였다. 기둥 속 철근들도 부실하기 짝이 없었다. 시멘트와 단단히 결합돼 있어야 할 철근들이 깔끔하게 분리돼 있는 경우가 많았다. 그렇게 모습을 드러낸 철근들은 굵기가 눈에 띄게 얇았고 그 수도 턱없이 부족해 보였다. 그건 결합강도가 약했을 뿐만 아니라 하중을 지탱하는 것도 어려웠다는 것을 의미했다. 모두가 부실공사를 설명하는 것들이었다. 비전문가인 내 눈에도 확연한 심각한 부실의 흔적들이 그렇게 널려 있었다. 주변 상인들의 얘기가 놀라웠다. 원래 3층 건물이었는데 나중에 4층을 올리고 옥탑까지 얹었다고 했다. 지은 지 10년 정도밖에 안 됐는데 진작부터 벽체에 균열이 심해 빗물이 샜고 최근 들어 시멘트 덧칠까지 했다고 했다.

모든 정황과 증언들이 한 가지 방향을 향하고 있었다. 부실공사가 붕괴의 원인이라는 것이었다. 가스폭발이 원인이 아니라는 것이었다. 혹 작은 규모의 가스폭발이 있었다 해도 그게 붕괴의 직접적인 원인은 될 수 없다는 것이었다. 심각한 부실공사 속에서 겨우겨우 버텨오던 건물이 화재를 만나, 더 이상 버티지 못하고 무너진 것이라는 게 나의 결론이었다. 그렇게 생각하니 한밤중의 불은 비극을 부른 원인이 아니라 주민들의 대피를 도와 오히려 피해를 줄일 수 있게 해준 고마운 것이었다는 생각도 들었다. 만일 불이 나지 않고 한순간에 그대로 무너져 내렸다면 안에 있던 모든 사람들이 희생됐을 수도 있었을 것이라는게 내 판단이었다. 그렇게 생각을 정리하니 의문이 생겼다. '경찰은 왜 그렇게 성급하게 '가스폭발'이라고 추정했던 것일까?' '판단을 하기 전에 현장을 제대로 한번 살펴보기는 했던 것일까?' 하는 것이었다. 물론 경찰도 추정이 그랬을 뿐 최종 결론을 낸 것은 아니었지만 시작단계의 판단이 향후 조사과정에 큰 영향을 미친다는 점을 감안하면 아쉬운 판단이 아닐 수 없었다. 부실한 철근, 생자갈이 그대로 드러난 꺾어진 기둥을 배경으로 '부실공사'를 지적하는 온 마이크를 하나 했다. 예정엔 없었지만 써먹을 데가 있을 것 같았다.

서둘러 서울로 복귀해야 했다. 복귀해 9시용 리포트를 만들어야 했다. 시간이 별로 없었다. 우선 전화로 데스크에게 기사의 방향을 보고했다. '가스폭발 때문이 아닙니다. 부실공사가 원인으로 보입니다. 그렇게 가겠습니다.' 뉴스 편집의 혼선을 피하기 위한 조치였다. 이른 아침부터 KBS를 포함한 모든 언론은 가스폭발을 원인으로 보도하고 있는 상태였다. 그건 경찰의 발표에 따른 결과였다. 몇 가지 판단의 근거를 설명해야 했지만 부장은 내 판단을 믿어줬다. 편집부와의 의견조율을 통해 나는 예정대로 헬기 상황만 맡고 부실공사 문제는 다른 기자에게 맡기는 쪽으로 결정이 났다. 급하게 헬기에 올라 다시 한번 현장을 돌아보며 온 마이크를 하나 했다. 사고 후 16시간이 지나고 있었다. 2시간 이상 구석구석 돌아본 상태였지만 하늘에서 내려다본 현장은 내게는 여전히 비현실적이었다. 지하 1층, 지상 4층짜리 건물이 어떻게 그렇게 맥없이 무너질 수 있었는지, 그것도 겨우 10년을 조금 넘긴 상태에서. 대담하게 그런 건물을, 그렇게 부실하게 지은 사람들은 대체 무슨 배짱으로 그런 것인지, 그런 건물이 어떻게 준공검사는 통과를 한 것인지...

4. 20초 차로 면한 방송사고, 수사의 방향이 바뀌다

김포공항에 내리니 5시 30분이었다. 정상적이라면 30분이면 충분히 도착할 수 있는 거리, 하지만 행주대교를 조금 지나면서부터 도로가 꽉 막혀버렸다. 꼼짝달싹하지 못하는 상황에서 흐름을 따라가는 수밖에 없었다. 시간은 흐르는데 차는 움직이지 않고... 속이 탔다. '왜 이런 상황을 예상 못했을까? 김포에 내리지 말고 회사 옥상 헬기장으로 바로 갔어야 했는데...' 후회가 밀려왔다. '나는 그렇다 치고 왜 기장은 그런 생각을 하지 못했을까? 판단 빠르기로 소문난 강 선배는 왜 또 생각을 못했단 말인가?...' 하지만 다 소용없는 생각들이었다. 그러는 동안에도 시간은 계속 흐르고 있었다. '차분하자' '차분하자' 마음을 다지면서 현장을 복기했다. 어떤 그림(영상)을 어떻게 쓸 것인지... 내가 기억하는 현장들이 잘 촬영돼 있기를 기대하면서... 원래 방송뉴스의 리포트물은 기사를 먼저 써 녹음한 뒤 내용에 맞춰 그림을 붙이는 것이 일반적이었다. 하지만 이런 상황의 기사는 순서를 바꾸는 것이 효과적이었다. 좋은 그림을 먼저 붙인 뒤 그에 맞춰 기사를 쓰는 방식이었다. 좋은 화면을 최대한 활용하기 위한 것인데 그러기 위해서는 기사를 쓰기 전에 촬영된 그림을 확인하는 것이 필수였다. 하지만 이날은 자칫하면 그런 시간을 갖기 어려울 것 같았다.

회사에 도착하니 7시 30분이 가까워지고 있었다. 그나마 최악의 상황은 면한 셈이었지만 마음이 급했다. 바로 편집실로 달려가 촬영된 테입들을 확인하기 시작했다. 좋은 그림들이 많았다. 내가 미처 확인하지 못한 것들도 제법 있었다. 역시 에이스는 다르다고 생각했다. 우리가 촬영할 수 없었던 사고 직후 모습과 오전의 구조작업 상황은 가편집이 돼 있는 상태였다. 청주에서 올라오기 직전 전화로 부탁을 해 둔 덕이었다. 고마웠다. 시간을 꽤 절약할 수 있게 된 것이었다. 한데 예상보다 나아진 상황에 마음을 너무 놓아버린 탓일까? 이게 긴장을 푸는 요인이 되고 말았다. 나도, 강 선배도 더 나은 그림을 찾겠다는 욕심에 필요 이상의 시간을 소모하고 말았다. 좋은 영상과 좋은 리포트에 관한 욕심에 있어서 우린 둘 다 둘째 가라면 서러워 할 사람들이었다. 그렇게 작업을 하다보니 그림을 붙이는데만 1시간이 넘게 걸렸고 그제서야 시간을 보니 8시 30분이 넘고 있었다. 비상상황이었다. 25분 안에 기사를 쓰고 오디오 편집까지 다 마쳐야 하는 위기상황이었다.

아무 생각도 나지 않았다. 최대한의 속도로 기사를 완성해 마이크 앞에 앉은 것이 8

시 54분, 리포트의 길이는 4분 30초였다. 단 한 번이라도 NG를 낸다면 사고로 이어질 수밖에 없는 상황이었다. 부스 안에서 보니 공정표 편집주간, 이봉희 전국부장, 심의표 부장이 다 나와 걱정스런 표정으로 나만 지켜보고 있었다. 그저 지켜볼 뿐 어떤 작은 동작도 없었다. 그런 상황에 닥달하는 것은 위험할 수 있다는 사실을 그들은 너무 잘 알고 있었다. 그들에게 '걱정말라'고 사인을 보낸 뒤 원고를 읽기 시작했다. 절체절명의 상황에 오히려 마음은 차분하게 가라앉아 있었다. 영상을 봐가며, 내용에 맞춰, 목소리 톤 신경 쓰며... 그렇게 녹음을 마쳤다. 그렇게 5분 가까운 리포트가 완성됐다. 시간을 보니 9시 10초, 작업이 끝나자마자 편집부 AD가 테입을 빼 들고 전속력으로 뉴스룸을 향해 뛰었다. 나도 바로 그의 뒤를 따랐다. 테이프는 헤드라인이 나가는 사이 겨우 플레이어에 걸렸다. '됐습니다. 큐시트대로 갑니다' 하는 PD의 외침이 들렸다. 앵커와 스탭들에게 톱 리포트가 왔으니 준비된 대로 가면 된다는 사인이었다. 휴~우! 그렇게 방송은 차질없이 나갈 수 있었다. 20초만 늦었어도 방송사고였다. 사회부를 벗어나면 그런 일은 없을 줄 알았는데... 피가 마르는 것 같은 시간이었다.

그렇게 아슬아슬하게 나가기는 했지만 방송에 대한 평가는 최고였다. 이튿날 아침 회의 시간에 부장이 박수까지 받았다고 했다. 특별히 대부분의 언론들이 '가스폭발'을 원인으로 지목하는 상황에 '부실공사'라고 과감하게 치고 나간 것이 의미가 있었다고 했다. 기분 좋은 얘기였다. 다른 언론들의 기사도 하룻밤 사이에 다 바뀌어 있었다. 심지어 경찰과 검찰도 부실공사가 원인으로 보인다며 철저하게 조사하겠다고 입장을 바꿨다. 분명 우리 뉴스의 영향일 터였다. 그런 요인들이 보도국 지휘부를 흐뭇하게 만든 것 같았다. 과분한 칭찬들이 쏟아졌다. 덕분에 나는 이날도 예정에 없던 리포트를 하나 더 해야 했다. 부실공사의 문제를 더 깊이 있게 파고 든 리포트였다. 사실 그건 내심 기다렸던 것이기도 했다. 전날의 리포트에서 '부실의 흔적'을 짚기는 했지만 깊이 있게 파고들지는 못했었다. 그게 많이 아쉬웠다. 거기에 나는 현장에서 부실공사를 지적하는 온 마이크도 하나 해놓지 않았던가... 그게 마치 둘째 날 방송을 미리 알고 준비한 것처럼 되고 말았다. 그 덕분에 현장에 다시 가지 않고도 현장에 간 것과 같은 효과도 충분히 낼 수 있었다. 그렇게 3분 40초짜리 리포트가 완성됐고 전날에 이어 9시 뉴스 톱이었다. 전혀 의도치 않게 연초부터 이틀 연속 9시 뉴스 톱 기사를 장식한 것이었다. 왠지 1993년이 잘 풀릴 것 같은 기분이 들었다.

시화호 물기둥
미스터리

1. 어부의 전화, 호수 한복판에 이상한 게 있어요

1994년 여름의 끝자락, 한 통의 제보 전화가 걸려왔다. '저는 안산에 사는 사람인데요 시화호에 이상한 게 있습니다. 뭔지는 모르겠지만... 호수 한복판에.. 아무튼 이상한 게 있어요.' 무언가 투박함이 느껴지는, 때묻지 않은 사람임이 확인되는 목소리였다. '구체적으로 좀 설명해 주시죠. 뭐가 이상하다는 거죠? 이상하다고 느끼시는 이유가 있을 것 아니에요?' 그의 좀 어눌한 설명이 이어졌다. '아니 그게... 물이 좀 이상해요. 우린 겁이 나서 가까이 가 보지 못했는데... 아무튼 호수 중심 부분의 물이 이상해요...' 호기심이 발동했다. 목소리의 톤으로 미뤄 장난 전화는 아닌 것 같았다. '제가 가면 언제든지 그 이상한 현상을 볼 수 있나요?', '그건 잘 모르겠는데요. 항상은 아닌 것 같은데... 아무튼 저는 아주 자주 봅니다...'

다음 날 안산으로 그를 찾아갔다. 목소리만큼이나 모습도 투박한 인상이었다. 그는 시화호에서 고기를 잡아 생계를 꾸리는 어부라고 했다. 의외였다. 시화호는 오염으로 심하게 몸살을 앓는 상태였다. 심각한 오염문제가 여러 차례 제기되며 환경단체들의 표적이 되는 곳이기도 했다. 그런데 그런 곳에서 고기를 잡으며 산다니... 그곳에 고기를 잡는 사람이 있을 것이라고는 상상도 하지 못했었다. 그런 나의 마음을 아는지 모르는지 그는 자신 말고도 고기 잡는 사람들이 3~4명 더 있다고 했다. 방조제가 들어서기 전에는 아주 많았지만 오염 얘기가 나오면서 다 떠나버렸다고 했다. 하지만 그 자신은 오염문제에 대해서는 별 관심이 없는 듯했다. 단지 고기가 예전만큼 잡히지 않아 재미가 없는 것이 불만이라고 했다. 무엇보다 현장이 궁금했다. 확인이 급했으므로. 그를 재촉해 시화호로 나가봤다. 그의 배로 10여 분을 달린 후 그가 멀찍이 떨어진 한 지점을 가리켰다. '저깁니다. 보이세요? 물이 이상하잖아요.' 그가 가리키는 곳을 봤다. 정말 이상했다. 물이 움직이고 있었다.

한 지점이 주변보다 조금 높게 솟아 흔들리고 있었다. 마치 작은 섬 같았다. 자세히 보니 움직임은 상하로 진행되고 있었다. 예사롭지 않은 현상이었다. 조금 더 배를 몰아가니 움직임이 보다 선명하게 들어왔다. 전체 폭이 한 10m쯤 될까.. 한 지점의 중심이 솟구쳐 올랐다 무너져 내리는 모습이 이어지고 있었다. 조금 더 접근해 보고싶었다. 하지만 그가 무섭다며 가기 싫다고 버텼다. 찝찝하고 겁이 나기도 해서 더 가까이 가본 적이 없다고 했다. 언제부터 그런 현상이 생겼느냐는 물으니 자신도 최근에야 발견했다고 했다. 일단 그의 제보가 거짓이 아니라는 사실은 확인된 셈이었다. 호수 한복판의 이상한 현상 자체만으로도 충분히 재미있는 기사 거리가 되겠다는 생각이 들었다. 시화호는 인공제방으로 바다의 물길을 막은 후 오염문제가 불거지면서 논란의 중심에 서 있는 상태였다. 더 갈 수 없다는 그를 다시 설득했다. 영 내키지 않는 표정이었지만 마지막까지 요구를 거절하지는 않았다. 한데 가까이 접근할수록 기분 나쁜, 이상한 냄새가 코를 찔렀다. 마치 하수구에서 나는 것과 같은 비릿한 내음에 썩은 냄새가 섞인, 거기에 화학약품 냄새까지... 뭐라고 표현하기 어려운 고약한 냄새였다. 그럴수록 호기심도 더 강해졌다. 마침내 현장 가까이 도착했을 때 나는 눈을 의심할 수밖에 없었다.

그것은 수면 아래로부터 솟구쳐 오르는 거대한 물줄기였다. 탁하디 탁한 엄청난 양의 물이 수중에서 용솟음치듯 뿜어져 나오고 있었다. 그것은 어떤 개인의 소행일 수 없는 규모였다. 누군가 거대한 압력으로 배출하고 있는 것임이 분명했다. 전혀 걸러지지 않은 심각한 폐수, 그것도 온갖 것들이 뒤섞인 폐수였다. 결코 호수바닥에서 자연적으로 샘솟는 물이 아니었다. 그렇다면 누구일까? 호수 한가운데로 대형관을 만들어 엄청난 양의 폐수를 버리고 있는 간 큰 사람은 과연 누구란 말인가? 시화호 주변으로 반월공단과 시화공단이 자리잡고 있는 상태였다. 공단에서는 천여개의 크고 작은 공장들이 밤낮없이 가동되며 쉴새없이 폐수를 만들어 내는 상황이었다. 엄청난 폐수를 배출하는 범인은 그런 공장들 가운데 규모가 큰 곳일 터였다. 머릿속이 복잡해졌다. 어떻게 확인해야 하나? 어쩌면 공단의 큰 업체들을 다 뒤져야할지도 모를 일이었다. 정상적인 호수였다면 수중 촬영팀을 불러 수중의 관을 역추적 하는 방법을 시도했겠지만 그럴 수 없었다. 그 냄새와 규모에 질려 아예 그런 엄두조차 낼 수 없었다.

사무실로 돌아와 시화호에 대한 자료를 찾아봤다. 1994년 1월 완공된 면적 56.5㎢의

인공호수였다. 방조제 공사에만 6년 반이 걸렸다고 했다. 그러니까 제보를 한 어부는 완공 6개월쯤 지나 내게 전화를 한 것이었다. 기록에는 방조제 건설에만 6천 200억 원의 사업비가 들었다고 돼 있었다. 실로 엄청난 규모였다. 애초의 목적은 바닷물을 빼낸 뒤 담수호로 만들어 주변 간척지에 농업용수를 공급하는 것이었다고 했다. 당연히 방조제 공사와 동시에 주변에선 간척사업도 진행됐다고 했다. 그 규모가 세계 최대였다고 했다. 그만큼 담수호 시화호에 대한 기대가 엄청났다는 의미로 이해됐다. 그러나 의도와 달리 주변 공장의 폐수와 생활하수가 유입되면서 급속도로 오염이 진행됐다고 했다. 설상가상 방조제로 바닷물의 흐름이 막히면서 호수의 오염은 더 가속화 될 수밖에 없었고 결국 희망의 상징이었던 호수는 심각한 골칫거리로 전락하고 말았다고 했다.

방조제 공사를 끝낸지 불과 6개월 정도밖에 되지 않은 시점이었다. 이해가 되지 않았다. 사업 완공후 불과 6개월여 만에 애초 목표와 완전히 다른 골칫거리로 전락했다면 대체 예측을 어떻게 했단 말인가? 주변 공단의 폐수에 대한 계획을 어떻게 세웠길래 이 모양이란 말인가? 세계적인 대역사라는 사업이 왜 이리도 허술했단 말인가? 6개월 상황에 이렇게 오염이 심각하다면 앞으로는 또 어떻게 될 것이란 말인가? 끝도 없는 질문들이 꼬리에 꼬리를 물고 이어졌다. 우선 눈으로 확인한 엄청난 폐수의 출처를 확인하는 것이 급선무였다. 그와 함께 호수의 전반적인 오염이 어느 정도인지도 살펴보기로 했다. 현재의 문제를 적나라하게 드러내며 앞으로를 위한 대책마련을 강조하기로 했다. 의미가 있을 것 같았다.

2. 범인은 하수도 관리사무소였다

일단 폐수가 솟구쳐 오르는 현장을 중심으로 역추적을 하기로 했다. 이틀 후 다시 그곳을 찾았다. 이번엔 카메라 기자와 수질분석 전문가를 대동한 상태였다. 폐수는 여전한 모습으로 분출되고 있었다. 카메라 기자도 신기한 모양이었다. 멀리서 보면 영락없는 작은 섬이었다. 역한 냄새에 가까이 다가가는 것이 쉽지 않았다. 호기심을 보이던 카메라 기자는 언제부터인지 휴지를 말아 양쪽 코를 막고 있었다. 중심부의 물을 떠서 수질을 분석해 봤다. 오염정도를 나타내는 요소인 화학적 산소요구량 (COD)이 심각한 수준으로 확인됐다. 서울지역 하천 가운데 가장 심하다는 중랑천의 8배에 달하는 것으로 나타났다. 짐작했던 그대로였다. 이번엔 현장에서 3km쯤 떨어진 호수의 가장자리를 조사해 봤다. 중심부보다는 덜 했지만 이곳 역시 심각한 수준이었다. 중랑천의 4배 정도였다. 결국 중심은 물론 가장자리까지 심각하게 죽어가고 있다는 의미였다. 오염이 심각하다는 그때까지의 보도들을 구체적인 수치로 직접 확인한 순간이었다. 현장까지 따라와 준 수질 분석전문가의 얘기가 의미심장했다. '이 정도라면 조만간 '죽음의 호수'라는 표현이 나올 겁니다. 저도 기사와 별도로 심각성을 알려야겠습니다.'

다음 순서는 과연 누가, 어디에서 이렇게 폐수를 쏟아내고 있는가를 확인하는 작업이었다. 일단 쏟아져 나오는 양으로 미루어 볼 때 작은 공장일 수는 없었다. 관의 크기를 감안하고 그것을 비밀스럽게 매설했다고 볼 때 호수에서 멀리 떨어진 곳이 아닐 것이라는 생각도 들었다. '호수 주변의 규모가 큰 공장'이라는 심증이 자연스럽게 생겼고 그런 추론을 근거로 추적을 벌여 나가기로 했다. 차를 타고 무작정 의심되는 곳을 살피는 원시적 방법이었다. 그렇게 살펴 나가던 중 '안산시 하수도사업소'라는 간판이 눈에 들어왔다. 마침 잘 됐다는 생각에 이곳에 도움을 요청하기로 했다. 하수도사업소라면 폐수를 처리해 방류하는 책임을 맡고 있는 기관이니 분명 이런 문제에 같이 공분할 것이라고 판단했다. 혹시 모르는 척 한다면 책임을 방기하고 있다고 추궁하면서 관련 정보를 얻을 수 있겠다는 기대도 있었다. 몰래 카메라가 유용할 수 있을 것 같았다. 카메라 기자에게 계획을 설명한 뒤 카메라를 켠 상태로 따라 들어와 달라고 부탁했다. 자연스럽게 책임자의 맞은 편에 자리를 잡을 테니 요령껏 촬영해달라고 당부했다.

무작정 소장실을 찾아 문을 열고 들어갔다. 다행히 막아서는 사람은 없었다. 소장도 피하지 않는 눈치였다. 그에게 그때까지의 취재 내용을 설명하고 알고 있느냐고 물었다. 소장이 빙그레 웃으며 말했다. '아, 그거 여기서 나가는 겁니다.' 호수 중심으로 솟구치는 폐수를 자신들이 내보내고 있다는 얘기였다. '기자님은 모르셨나 보군요. 높은 사람들까지 다 알고 있는 문제예요. 어제 오늘의 얘기가 아닙니다...' 허탈했다. 그는 그런 방식의 폐수방류가 1986년부터 계속되고 있는 일이라고 했다. 10년가까이 됐다는 의미였다. 폐수는 공단내 공장이나 각 가정들에서 나오는 것들이라고 했다. 원래는 정화처리를 해서 깨끗하게 내보내야 하는데 예산문제로 그렇게 하지 못하고 있다고 했다. 할 수 없이 간단한 침전처리만 한 뒤 내보내고 있다는 얘기였다. 물론 자신도 문제가 있다는 사실을 잘 알고 있다고 했다. 하지만 방법이 없다고 했다. 그나마 처리장에서 2.4km 지점까지 관을 묻어 중심부분으로 배출하는 것은 문제의 심각성을 잘 알기 때문이라고 했다. 그것이 나름대로 생각해낸 고육지책이라고 했다. 그렇게 배출되는 양이 하루에 12만 톤쯤 된다고 했다.

어이가 없는 얘기였다. 그렇게 신경 곤두세우며 찾고 있던 폐수 방류의 주범이 바로 처리 책임을 맡고 있는 기관이라니. 그것도 민간 업체가 아니라 안산시에서 운영하는 하수도사업소라니... 충격이었다. 나를 더 놀라게 한 것은 책임자의 태도였다. 상황을 설명하는 그의 모습 어디에도 민망하거나 부끄러움이 없었다. 안타까움도 주저하는 마음도 느껴지지 않았다. 그는 그저 현실을 있는 그대로 건조하게 설명하는 제 3자의 모습일 뿐이었다. 그는 '그게 말이 되는 얘기냐? 어떻게 이런 일이 10년 가까이 계속 될 수 있다는 말이냐?'는 내 얘기에 조금은 어이없다는 표정으로 나를 바라보기도 했다. 그걸 몰라서 묻느냐는 표정이었다. 그런 그의 모습이 나를 더 불편하게 했다. 놀랍게도 상황이 이랬지만 안산시는 공단에 입주한 개별 공장들에게서는 폐수처리 비용을 다 받고 있었다. 처리비용은 다 받으면서 처리는 하지 않는 관, 그것은 명백한 직무유기이자 일종의 사기행위였다.

모든 궁금증이 한꺼번에 다 풀렸다. 하지만 기쁘기보다는 맥이 풀렸다. 방류의 주체도, 규모도, 구조적인 문제도 다 확인했는데... 허탈했다. 기가 막혔다. 해결의 책임을 맡고 있는 기관이 오히려 문제를 악화시키는 데 앞장서고 있다는 사실도 놀라웠지만 기자 앞에서도 너무나 당당한 책임자의 자세는 더욱 놀라웠다. 환경운동가들이 대표적인 실패사업으로 꼽는 시화호와 그의 오염의 배경에는 이런 관의 무책임과 무감각도 크게 작용하고 있다는 사실을 확인한 셈이었다. 그것 또한 소득이라면 소득이었다. 찜찜한 기분으로 하수도사업소를 나섰다. 기분이 영 말이 아니었다. 허탈하고 마음이 불편했다. 취재는 잘 됐는데, 아니 기대했던 것보다 깔끔하게 모든 것이 정리가 잘 됐는데, 그리고 준엄하게 지방자치단체의 문제를 제기할 수 있는 근거도 마련했는데... 밀려오는 무력감을 견디기 어려웠다. 문제를 제기하면 당황하는 기색이라도 보여야 하는 것이 정상이거늘 오히려 그렇게 당당하다니... 취재를 위해 찾아온 기자의 무지(?)를 책하려 하다니...

회사로 복귀하기 전, 제보자를 다시 찾았다. 마침 전날 쳐 놓은 그물을 걷으러 간다고 했다. 고기는 얼마나 올라올까? 고기들에 이상은 없는 것일까?... 호기심에 그의 배에 함께 올랐다. 뱃머리에 앉아 문제의 현장을 바라보니 나를 비웃듯 물기둥은 여전한 모습으로 올랐다 스러졌다를 반복하고 있었다. 제보자가 공단에서 멀리 떨어져 있는 지점으로 배를 몰았다. 가장자리 쪽으로 수풀들이 많이 나 있는 지점에 여러 개의 그물이 보였다. 물속의 그물을 걷어 올리니 각종 물고기들이 적지 않게 올라왔다. 생각보다 많은 양이었다. 아직도, 이런 물속에서도 고기들이 많이 살고 있구나. 자세히 보니 죽어 있는 고기들이 섞여 있었고 등이 굽은 것들도 간혹 눈에 띠었다. 기사로만 보던, 사진으로만 대하던 기형 물고기들이었다. 마음이 착잡했다. 오염이 만들어낼 호수의 미래가 보이는 듯했다. 나직이 유행가를 읊조리던 제보자의 부인이 죽은 것들을 골라내배 밖으로 던졌다. 유심히 살피니 등이 굽은 것을 따로 골라내지는 않았다. 남편도 부인도 오염에 대해서는 전혀 신경 쓰는 것 같지 않았다. 그들은 옛날에 비해 고기가 덜올라온다는 푸념만 반복하고 있었다.

문득 궁금증이 일었다. 여기서 잡은 고기들은 어디로 갈까?... 머릿속에 온갖 상상이 일어났다. 하지만 그들에게 묻지는 못했다. 그들의 입에서 무슨 답이 나올지 겁이 났다. 안산시 하수도 사업소에서 확인한 얘기를 전해줬다. '알고보니 하수 사업소에서 버리는 폐수더라구요. 벌써 10년쯤 됐다고 합니다...' 웬만한 사람들이라면 '그래요? 어떻게 그럴 수가...'라는 식의 맞장구라도 있으련만 그들은 아무 반응도 없었다. 제보까지 했으면서도 그런 사실에 별 흥미를 못 느끼는 것 같았다. 꺼림찍한 모습의 정체가 확인됐다는 사실에만 안도하는 것 같았다. 시화호의 오염과 하수도 사업소, 당당한 공무원, 오염된 호수의 어부, 순박한 그의 부인, 기자의 역할...... 복잡한 여러 생각에 잠겨 있는데 아까부터 그물을 뒤지며 고기가 많이 잡혔네 줄었네 신나게 떠들던 제보자 부인 목소리가 나를 흔들었다. '이것 좀 드셔보세요. 아주 고소해요' 그녀는 조금 전 그물에서 건져 올린 작은 물고기 한 마리를 내 입으로 내밀었다. 배를 가른 뒤 뱃전 너머 시화호 물에 한 번 휘휘 저어 초고추장까지 듬뿍 찍은 상태였다. 난감했다. 하지만 순박하게 웃고 있는 그녀의 얼굴을 보며 차마 거절할 수가 없었다.

■

녹즙기에서
쇳가루가 나온다

1. 신문에 난 이상한 광고

1994년 7월, 대한민국엔 녹즙 열풍이 불고 있었다. 진원지는 미국에서 의사로 활동했다는 이상구 박사라는 인물, 그는 혜성처럼 방송에 등장해 채식의 효능을 강조했다. 야채 위주로 식단을 바꾸면 암도, 독한 성인병도 쉽게 고칠 수 있다는 주장이었다. 경험담을 곁들인, 설득력 있는 그의 주장과 말솜씨에 주부들이 열광했다. 싱싱한 채소를 짜내 만든 녹즙은 그런 그의 주장에 가장 들어맞는 식품이었다. 여기 저기서 녹즙 얘기가 쏟아졌고 그런 분위기에 힘입어 녹즙은 거의 만병 통치약과 같은 인기를 누리고 있었다. 암 환자, 성인병 환자, 그런 병을 걱정하는 사람들, 가족의 건강을 생각하는 사람들이 너도 나도 녹즙을 찾고 있었다. 녹즙의 효능을 무시하거나 가족에게 녹즙을 먹이지 않는 사람은 심각한 문제가 있는 사람으로 간주될 정도의 분위기였다. 이런 열풍에 힘입어 가정에서 녹즙을 쉽게 만들어 먹을 수 있는 녹즙기가 그해의 최고 히트 상품으로 등극했다. 워낙 찾는 사람들이 많다보니 우후죽순 녹즙기 회사들도 생겨났다. 당연히 업자들 사이에 치열한 경쟁도 벌어졌다.

그 즈음이었다. 어느 날 신문을 뒤적이고 있던 내 눈에 재미있는 광고가 들어왔다. 같은 신문의 양쪽 면에 실린 두 회사의 녹즙기 광고였다. 한 광고는 녹즙의 효능을 강조하며 자신들의 녹즙기가 가장 순도 높은 녹즙을 만들어 내는 최고의 제품이라는 내용을 담고 있었다. 녹즙기라고 다 같은 녹즙기가 아니라는 것이었다. 당시 가장 큰 회사가 낸 이 광고는 한 면의 하단 전체를 장식하고 있었다. 하지만 바로 옆면의 다른 회사 광고는 완전히 다른 내용이었다. 녹즙이 좋은 것은 분명하지만 녹즙기를 잘못 쓸 경우엔 오히려 독이 될 수 있다는 점을 강조하고 있었다. 이 광고는 녹즙을 짤 때 기어에서 쇳가루가 떨어져 나와 녹즙에 담긴다는 충격적인 내용을 담고 있었다. 쇳가루에는 철은 물론 니켈, 크롬까지 섞여 있어 인체에 치명적일 수 있다는 점도 강조하고 있었다. 그건 업계 2등 회사의 광고였다. 흥미롭게도 두 광고는 모두 대한민국 최고의 분석기관인 한국과학기술연구원(KIST)의 실험성적서를 근거로 제시하고 있었다. 대체 이게 뭐지? 같은 날, 같은 신문에 실린 전혀 상반된 내용의 두 광고라니... 시장을 둘러싼 치열한 광고 전쟁의 단면이었다. 문제는 그 내용이 경쟁사들끼리의 광고전이라고 치부하고 넘기기엔 너무 중요한 주장을 담고 있다는 것이었다.

녹즙기에서 인체에 해로운 쇳가루가 떨어져 나온다니?... 확인을 해봐야 했다. 먼저 분석을 담당했던 과학기술연구원에 전화를 했다. 담당자는 양쪽 회사 사이에서 자신도, 기관도 입장이 무척 곤란하게 됐다며 아무런 말도 하지 않으려고 했다. 그런 그를 국민 보건을 위해 중요한 문제이니 실험결과만 확인해 달라고 설득했다. 만일 쇳가루가 나오는 게 사실이라면 그건 업체간의 경쟁을 넘는 심각한 문제 아니냐고, 당신의 가족이 그런 기계를 써도 괜찮겠냐고 압박했다. 곤혹스러워하던 그는 조심스럽게 쇳가루가 떨어져 나오는 것은 사실이라고 했다. 떨어져 나온 쇳가루가 녹즙에 섞일 수 있는 가능성도 아주 높다고 했다. 문제는 기어가 타이트하게 맞물려 돌아가며 즙을 짜내는 기계의 구조에 있다고 했다. 그런 구조라면 어떤 제품도 쇳가루 문제에서 자유로울 수 없을 것이라고 그는 강조했다. 귀가 번쩍 뜨이는 얘기였다. 어느 한 회사 제품만의 문제가 아니라는 의미, 모든 녹즙기가 구조적으로 가질 수밖에 없는 공통적인 문제라는 얘기였다. 그런데 그런 물건들이 건강식품 기계로 비싼 값에 불티나게 팔리고 있다는 얘기였다. 재미있는 기사가 될 수 있겠다는 생각이 들었다.

바로 공업진흥청에 전화를 했다. 녹즙기라는 기계의 형식승인을 내준 기관이었다. '문제가 없으니 소비자들에게 판매해도 된다'는, 판매 허가증을 내준 곳이라는 얘기였다. 담당자에게 쇳가루가 나온다는 사실을 알고 있는지, 쇳가루가 나와도 괜찮은 것인지, 그런 제품이 판매돼도 문제가 없는 것인지를 물었다. 그러나 전혀 엉뚱한 답변이 돌아왔다. 제품에 대한 형식승인은 자신들이 내준 게 맞지만 승인 후 사용과정에 나타나는 문제는 자신들의 소관사항이 아니라는 얘기였다. 녹즙기의 경우 식품을 만드는 것이기 때문에 그 과정에서 문제가 생겼다면 그건 보건복지부 소관이고 문의도 당연히 그곳에 하는 것이 맞다고 주장했다. 명백한 발뺌이었다. 그는 친절하게 보건복지부의 해당 과까지 알려줬다. 동의할 수 없는 일이었지만 일단 그가 가르쳐준 대로 보건복지부에 전화를 걸었다. 하지만 담당과장은 펄쩍 뛰었다. 자신들의 소관이 아니라는 얘기였다. 분명히 기계에서 비롯되는 문제인데 그게 어떻게 복지부 소관이 될 수 있냐는 것이었다. 공진청 소관이 맞다고 그들은 딱 잘랐다. 두 기관 사이의 발뺌, 그것은 전형적인 책임 떠넘기기의 모습이었다. 동시에 '분명 뭔가 있다'는 확신을 갖게 하는 확실한 단서이기도 했다.

답답하기도 하고... 화가 나기도 하고... 그들에게 문제의 신문 광고를 제시했다. '상반된 광고로 국민이 혼란스러워하고 있다. 국민보건과 관련된 문제인데 소관만 따지고 손 놓고 있어서는 안 되는 것 아니냐?'... 그래도 그들은 달라지지 않았다. '그것은 업자들의 문제일 뿐 정부가 관여할 사안이 아니다'라는 답변이 돌아왔다. '아니 그럼 혼란스런 국민들은 어쩌란 말이냐?', '정부가 이런 중요한 문제에 뒷짐만 지고 있어도 된다고 생각하느냐?'... 그렇게 여러 말로 압박을 해봤지만 그들은 요지부동이었다. 기가 막혔다. 그렇다면 정부는 왜, 무엇을 위해 존재한단 말인가? 그동안 여러 차례 공무원들의 그런 방식에 익숙해진 상태였는데도 여전히 감정 조절이 쉽지 않았다. 다른 방법이 없었다. 그렇다면 우리가 직접 확인해 볼 수밖에... 책임 있는 기관들이 외면한다면 언론이 나서는 방법밖에 없다고 생각했다. 엇갈린 광고로 혼란스런 소비자들에게 바른 정보를 주는 차원에서라도 검증을 해 봐야 할 사안임이 분명했다. '철저하게 취재하되 그 과정에서 확인되는 정부의 문제도 무겁게 짚어 주자.' 그렇게 취재가 결정됐다.

하지만 의욕적으로 시작한 취재는 초기단계에서 벽에 부딪히고 말았다. 의미 있는 결과를 얻어내기 위해서 두가지 전제가 필요했다. 첫째는 최소한 6개 이상의 새 제품을 분석해야 한다는 것, 그리고 실험은 누구도 시비할 수 없는 공신력있는 기관에서 진행해야 한다는 것이었다. 6개 이상의 제품으로 정한 것은 제조회사가 10개가 넘고 모델은 수십가지에 달하기 때문에 전체를 살피기 위해서 그 정도는 돼야 한다는 판단 때문이었다. 사실 그건 별로 어려울 게 없는 문제였다. 시중에서 구하기만 하면 되는 간단한 일이었다. 정말 중요한 문제는 실험을 맡아줄 기관이었다. 취재계획을 밝히자 실험을 맡아주겠다는 기관이 없었다. 이미 양사의 광고전을 통해 곤욕을 치르고 있는 한국과학기술연구원은 '함께 해보자'는 제안에 '한번만 봐 달라'고 오히려 통사정을 했다.

보건복지부 산하의 국립보건원은 다른 일들이 많이 밀려 해 줄 수 없다고 발뺌했고 이미 취재 목적을 잘 알고 있는 공업진흥청은 노골적으로 '왜 그런 일을 하냐?'며 자신들은 해 줄 수 없다고 거절했다. 이들 기관 외에 국립환경연구원과 심지어 국립과학수사연구소까지… 정부 기관을 중심으로 10여 군데 접촉을 해 봤지만 다 어렵다고 손사래를 쳤다. 모두 각각의 이유를 댔지만 기사의 파장을 고려한 몸사리기가 분명하다는 게 내 판단이었다.

이런 와중에 내부에서도 엉뚱한 문제가 돌출됐다. 좋은 아이디어라고 공감하던 부장이 느닷없이 비용이 너무 많이 든다며 제동을 걸고 나선 것이었다. 당시 녹즙기 한 대의 가격은 50만 원 정도였다. 최소 6개 회사 제품분석을 계획했으니 녹즙기 구입 비용은 300만 원 정도, 여기에 분석비용이 추가돼야 했다. 그렇게 계산하니 총 5~600만 원 정도의 비용이 예상됐다. 부장은 그것이 너무 비싸다는 얘기였다. 말도 안 되는 소리였다. 1년 예산이 1조원에 달하는 KBS에서 취재비용 5~600만 원이 비싸다니…. 헛웃음밖에 안 나왔다. 선의로 해석하면 심리적 부담감 때문일 수 있다고 생각됐다. 그때까지 KBS는 뉴스 아이템에 그만큼의 예산을 들이는 경우가 드물었다. 말이 안되는 얘기지만 당시까지만 해도 KBS엔 그런 분위기가 강했었다. 웬만하면 협찬받고 웬만하면 공짜로 제공받는 분위기. 하지만 그보다는 여기저기서 들어오는 압력과 청탁의 결과일 수 있다는 의심이 훨씬 강했다. 취재를 불편하게 생각하는 녹즙기 회사들과 정부 관계자들이 가만히 앉아 있지는 않았을 터였다. 여기저기 알아보는 과정에 이미 취재 계획이 많이 알려진 상태였다. 어느 쪽이든 민망한 일이었다. 그렇다고 포기하기에는 너무 아까운 기사였다. 모든 기관들이 극도로 몸사리기에 들어가는 것을 보니 오히려 욕심이 더 생겼다. 방법을 모색해야 했다.

2. 아찔함으로 변한 소비자단체의 호의

어떻게 해야 하나?… 두어 차례 부장에게 더 얘기해 봤지만 요지부동이었다. 부장은 그 기사는 포기하고 다른 아이템을 찾으라고 했다. 그 벽을 뛰어넘는 것이 쉽지 않았다. 그게 위계가 분명한 언론사의 현실이었다. 하지만 오기가 생겼다. 그깟 5~600만 원 때문에 포기해야 한다고? 그건 아무리 생각해도 말이 안 되는 얘기였다. 그런 분위기에 오히려 투지가 더 생겼다. '실험은 해야겠는데 돈은 없다. 제품을 구한다고 해도 공신력 있는 기관에서는 실험을 해주려고 하지 않는다..' 이 2중의 난제를 어떻게 풀어낼 것인가?... 궁즉통이라고 했던가? 이리저리 방법을 궁리하던 중에 한 가지 아이디어가 떠올랐다. '소비자 단체를 활용해 보자.' '녹즙기에서 쇳가루가 나온다면?' 그것은 소비자 단체들로서도 당연히 관심을 가질만한 사안이었다. 그들도 광고를 봤을 터, 나와 같은 궁금증을 가지고 있을 것이 분명했다. 전화번호부를 뒤져가며 각 단체에 차례차례 전화를 걸었다. 하지만 반응들이 신통치 않았다. '한번 해볼 필요성은 있어 보이는데 아직 계획은 없다'는 비슷한 답변들만 이어졌다.

'결국 안 되나 보다...' 거의 희망을 포기한 상태에서 마지막으로 남은 한국○○○○○에 전화를 걸었다. 그들의 반응에 하마터면 소리를 지를 뻔했다. '안 그래도 녹즙기에 관한 민원이 많아 한번 분석을 해 볼 계획이었다.'는 답이 돌아왔다. 한 걸음 더 나가 그 단체의 대표는 'KBS에서 먼저 연락을 해 왔으니 결과가 나오면 다른 곳은 주지 않고 KBS에만 주겠다'는 기대하지 않았던 선물까지 약속했다. KBS의 특종 기사를 만들어주겠다는 얘기였다. ○○○ 대표, 그녀는 특유의 뚝심과 똑 부러지는 말투로 당시 소비자운동을 이끌던 핵심 인물 가운데 한명이었다. 고생한 보람이 있었다. 이게 무슨 복이란 말인가? 그들의 호의에 나는 한 걸음 더 나갔다. 'KBS만 주고 다른 곳엔 자료를 주지않겠다'는 제안에 쐐기를 박아놓고 싶었다. '그렇다면 이번 일은 KBS와 한국 ○○○○○이 공동으로 하는 것으로 하시면 어떨까요?' 뻔뻔한 제안이었다. 그러면 결과에 대한 신뢰도가 높아지고 영향력도 더 생기지 않겠냐는 설명을 덧붙여서였다. 소비자 단체의 활동에 편승해 돈 한 푼 들이지 않고 공짜로 다 먹으려는, 일종의 도둑놈 심보였다. 고맙게도 연맹은 그런 내 제의까지 흔쾌하게 받아줬다. 속으로 쾌재를 불렀다.

확인해 보니 ○○○○○은 이미 여러 대의 녹즙기를 분석기관에 맡겨 놓은 상태였다. 신문에 광고가 나기 훨씬 전부터 소비자들의 민원이 많이 들어왔다고 했다. 그래서 분석을 진행하고 있는데 내가 전화를 건 것이라고 했다. 정말 부지런하게 서둘기를 잘 했다는 생각이 들었다. 운이 좋았다는 생각도 들었다. 하지만 한 가지가 마음에 걸렸다. 분석 대상으로 맡겨진 제품들을 내가 전혀 살피지 못했다는 사실이었다. 실험결과가 신뢰를 갖기 위해서는 시료(분석대상)에 대한 신뢰성이 첫 번째 조건인데 그 부분을 전혀 확인하지 못한 데 대한 찜찜함이었다. 시료의 중요성을 알기 때문에 처음 기사를 구상할 때도 새 제품을 구입해서 하자고 했던 것이었다. 하지만 ○○○○○의 호의에 기대가는 처지에 그런 문제를 대놓고 따질 수도 없었다. 직접 현장을 찾아가서 눈으로 확인해 보는 수밖에 없었다. 분석을 맡은 기관을 물어보니 '한국수도연구소'라고 했다. 수소문해 찾아가 보니 포이동에 있는 자그마한 민간 연구기관이었다.

실험실에서는 이미 분석이 한창 진행되고 있었다. 각기 다른 회사의 제품들 15개 정도가 가지런히 정리돼 있었다. 한데 한 눈에도 제품들의 상태가 다 제각각이었다. 어떤 것들은 새 것으로 보였지만 명백히 오래돼 보이는 제품들도 적지 않았다. 정신이 번쩍 들었다. 혹시 그럴 가능성도 있겠다고 우려했는데 그게 현실로 드러난 것이었다. 분석 대상의 조건이 다르면 결과를 제대로 해석할 수 없는데... 제품별 비교는 불가능한데... 걱정이 밀려왔다. 현장을 찾아 확인해 보기를 잘했다는 생각과 함께 자칫 잘못하면 난처한 상황을 맞을 수 있겠다는 걱정도 피어올랐다. 시료의 조건이 동일하지 않다는 것은 과학적 분석에 있어 결정적 결함이었다. 만일 그렇게 만들어진 분석결과가 그대로 발표된다면 그건 사실에 대한 심각한 왜곡이 될 수밖에 없을 터였다. 그런데 왜 그랬을까? 그런 중요성을 누구보다 잘 알고 있을 소비자단체가 왜 이런 터무니없는 방법을 택했을까? 더군다나 그 단체의 대표는 그런 문제를 너무 잘 알고 있는 기자 출신 아니던가?

머리가 복잡해졌다. 어떤 의도가 개입됐을 수 있다는 생각이 들었다. 그런 특별한 목적 때문에 KBS의 등장을 반기고 '공동분석'이라는 제안도 흔쾌하게 받아들인 것은 아닐까? 그로서는 연맹의 분석결과에 신뢰를 더해 줄 막강한 우군인 셈이었으니... 그런 많은 생각들이 머리를 어지럽혔다. 까딱하다가 그릇된 의도에 KBS가 공범이 될 수 있겠다는 위기감까지 몰려왔다. 미리 분석 현장을 확인했기에 망정이지 그러지 않고 나오는 결과만 받아 썼다면 꼼짝없이 당하고 말았을 터였다. 생각이 거기에 미치니 아찔했다. 연구소의 책임자에게 솔직하게 방문 목적을 설명하고 그런 내 우려를 전달했다. 그는 자신들은 미처 생각하지 못했었다면서 내 지적과 우려에 전적으로 동의한다고 했다. 하지만 자기들은 의뢰가 들어온 제품을 분석만 할 뿐 시료에 대해서 문제를 제기할 수는 없다고 했다. 당연한 말이라고 생각됐다. 신생 연구소인 그 기관에 ○○○○○은 큰 고객이 분명했다. 하지만 그렇게 말하는 그의 얼굴빛도 무겁게 변해 있었다.

3. 기사를 포기할 것인가, 일단 그대로 갈 것인가?

고민스런 상황이었다. 그대로 계속 갈 것인가, 아니면 포기할 것인가? 하지만 그 판단은 잠시 보류하기로 했다. 일단 전제조건을 더 확인한 뒤 다음 단계를 생각하기로 했다. 그만큼 기사에 대한 애착이 강한 상태였다. 확인할 게 한 가지 더 남아 있었다. 결과의 신뢰를 위한 또 다른 조건, 연구소의 능력에 관한 부분이었다. 분석장비 등 중요 설비와 연구원들의 수준에 대한 자료도 살펴봐야 했다. '자격도 없는 엉터리 전문가들이 내놓은 결론이라 신뢰할 수 없다'는 시비가 불거질 경우 그를 차단하기 위한 것이었다. 솔직히 수도연구소의 겉모습은 내가 기대했던 수준과는 거리가 좀 있었다. 규모도 그렇고 포이동 외진 건물의 2층이라는 위치도 그렇고, 뭔가 정리되지 않은 듯한 분위기도 그렇고… 모든 조건이 믿음을 갖기에는 많이 부족해 보였다. 내 눈에 그렇다면 다른 사람들에게도 다르지 않을 터였다. 특별히 결과를 인정하고 싶지 않은 사람들에게는 그것이 더 할 수 없이 좋은 공격 포인트가 될 터였다.

책임자에게 그런 마음 또한 솔직하게 털어놓았다. 그러면서 연구소의 실력을 확인하고 싶다고 했다. 다행이 책임자는 내 모든 걱정을 이해한다고 했다. 속으로는 어땠을지 모르지만 적어도 겉으로는 어떤 서운한 감정도 드러내지 않았다. 오히려 공신력을 중요하게 생각하는 방송사의 입장에서 그건 당연하다는 말로 나를 감동(?)시키기도 했다. 짧은 시간의 대화였지만 그도 분명하게 문제의식을 갖게 된 것 같았다. 그는 내가 요구하는 모든 서류들을 다 내왔다. 그동안 연구실적과 관련된 자료, 연구소가 가진 최신 장비에 관한 자료, 연구원들의 수와 그들의 실력과 관계된 자료, 심지어 연구소의 책임자와 재정관련 자료까지… 고맙게도 그는 회사의 보안과 관련된 민감한 부분까지도 숨기지 않았다. 어떤 것도 숨기지 않는 그런 모습이 믿음을 갖게 했다. 그가 제시한 서류들을 통해서 수도연구소는 규모는 크지 않지만 실력은 국내 최상급 수준임을 확인할 수 있었다. 그렇게 두 번째 조건, 연구소의 실력과 관련된 부분은 정리가 됐다.

그 단계에서 미뤄놓았던 고민이 시작됐다. 위험스런 이 취재를 어떻게 진행할 것인가? 시료의 문제를 어떤 방법으로 정리할 것인가? 과연 말끔한 정리가 가능하기는 한 것일까? 그만큼 의뢰된 제품들의 문제는 심각한 것이었다. 자칫하면 엉뚱한 오해는 물론 위험스런 상황에 빠질 수도 있는 중차대한 문제임이 분명했다. 그렇다고 발을 뺀다면 아까운 기사는 날아가는 것이었다. 더 중요한 것은 내가 발을 뺀다고 하더라도 실험은 계속 진행될 것이고 위험스런 분석결과도 그대로 발표될 것이라는 거였다. 그러면 시장과 소비자들은 더 혼란스러워질 것이 분명하다는 거였다. 포기한다고 해도 내가 홀가분해지고, 비겁해진다는 것 말고는 얻어지는 실익이 없다는 판단이 들었다. 생각이 거기에 미치니 답은 자명했다. 그대로 가야한다는 것이었다. 다만 결과를 그대로 인용해서는 안 된다는 것이었다. 확인된 문제를 바로 잡으면서 제대로 된 결과를 얻어 낼 묘수를 찾아야 한다는 것이었다. 그것도 은밀하게. 수도연구소의 도움이 절대적으로 필요한 상황이었다. 책임자에게 모든 상황과 걱정을 설명했다. 만약 내 생각이 맞는다면 연구소도 그 책임에서 자유롭지 못할 것이라는 일종의 경고도 섞었다. 책임자의 표정은 나보다 더 무거워져 있었다. 말이 새나갈 수 있는 위험한 방식이었지만 달리 방법이 없었다. 혹시 실험 중에, 또는 결과에 이상한 점이 있으면 연맹에 보고하기 전에 반드시 내게 먼저 알려달라는 간곡한 당부를 남기고 연구소를 물러나왔다.

기분이 영 개운치 않았다. 도대체 ○○○○○은 무슨 생각일까? 어떤 계획을 갖고 있기에 저런 이해 못 할 일을 벌이는 것일까? 혹시 단순하게 무지에서 비롯된 실수를 내가 너무 심각하게 생각하는 것은 아닐까? 온갖 생각이 머리를 어지럽혔다. 어느새 내 관심은 녹즙기라는 본질에서 벗어나 OOOOO을 향하고 있었다. 회사로 들어오는 길에 OOOOO 사무실을 직접 찾아가 볼까 하다가 마음을 바꿨다. 얼굴을 마주하고 얘기하다 보면 감정이 드러날 수 있을 것 같았다. 혹, 정말 어떤 일을 꾸미고 있다면 미리 방어막을 칠 수 있을 것이라는 걱정도 됐다. 그렇게 되면 관계가 다 깨지고 자칫 취재 자체가 물거품이 될 수 있을 거란 생각도 들었다. 시치미를 뚝 뗀 채 그들에게 전화를 했다. '어떤 제품들은 새것으로 보이는데 어떤 것들은 오래 쓰던 것으로 보입니다. 왜 그런 것인가요?'라고 물었다. 최대한 담담함을 유지한 상태였다. 특별한 이유는 없다고 했다. 워낙 가격이 비싸 다 새것을 사지는 못하고 일부 회사의 제품은 그동안 신고가 들어온 것 가운데서 갖다 줬기 때문일 것이라고 했다. 너무 태연한 말과 태도였다. 담당자는 그게 가지는 문제의 심각성을 전혀 인식하지 못하고 있는 것이 분명했다. 그에게 더 이상의 얘기는 필요가 없을 것 같았다.

그로부터 정확하게 이틀 뒤 수도연구소에서 전화가 왔다. '긴히 상의드릴 일이 있는데요…' 목소리만으로도 심상치 않은 일임을 직감할 수 있었다. 책임자는 웬만하면 연구실로 와 달라고 했다. 예정됐던 다른 일정들을 취소하고 포이동으로 달려갔다. 그의 얼굴이 심각했다. 그는 실험 결과표를 손에 들고 있었다. 분석한 모든 제품에서 상당량의 크롬과 니켈이 떨어져 나왔다는 사실이 기록돼 있었다. 차분하게 살펴보니 특정 회사의 2개 제품이 두드러져 있었다. 다른 회사 제품들과 비교할 수 없을 정도로 많은 양, 신문 광고전을 벌이던 두 회사 가운데 하나였다. 왜 그런가고 물으니 책임자가 조심스럽게 말을 받았다. '사실 그 문제 때문에 급하게 오시라고 했습니다. 저희도 결과가 좀 이상해서요. 너무 이상해서 기어들을 빼내 살펴봤습니다. 그랬더니 기어에서 이런 흔적들이 발견됐습니다…' 그가 문제의 제품에서 빼낸 기어들을 보여줬다. 기어 몇곳에 심각하게 파손된 흔적이 역력했다. 누가 봐도 일부러 부딪혀 깨뜨린 흔적이었다. '누군가 기어를 맞잡고 힘 있게 부딪친 것이 분명해 보입니다..' 그는 '혹시나 해서 그회사의 다른 제품들을 살펴봤더니 다른 것에서도 같은 현상이 발견됐다'고 했다. 연구소를 찾았을 때 유난히 오래된 것으로 보이던 바로 그 제품들이었다. 다른 회사의 제품들은 어땠는가고 물으니 미처 다 살피지는 못했지만 괜찮은 것 같다고 했다.

아찔했다. 혹시나... 했던 일이 현실로 확인된 것이었다. 왜 그런 일들은 예상했던 방향에서 한치도 어긋나지 않는 것인지... 뒤통수를 한 대 세게 맞은 느낌이었다. 연구소 책임자도 당황하는 빛이 역력했다. 결과가 그대로 발표된다면 문제의 회사는 심각한 타격을 받을 수밖에 없을 터였다. 반면 경쟁사는 엄청난 반사이익을 얻게 될 것이 분명했다. '어쩌면 ○○○○이 의도했던 게 바로 이게 아닐까?', '그랬기에 일부러 만만한 작은 연구소를 택했던 것 아닐까?', '그런 계획에 도움이 된다는 생각에 KBS의 손을 덥석 잡았던 것은 아닐까?' 설마설마하면서도 그런 생각들이 머리를 맴돌았다. 책임자는 심각한 문제가 확인되기는 했지만 자기들로서는 의뢰기관에 결과서를 그대로 제출할 수밖에 없다고 했다. 자기들의 입장에서 시료의 문제를 제기할 수는 없다는 입장도 다시 한번 설명했다. 당연한 말이었다. 어쩌면 ○○○○은 신생 수도연구소의 명운까지 쥐고 흔들 수 있는 갑중의 갑이었다. 그를 포함한 연구원들은 정말 곤혹스런 표정이었다. 머리가 더 복잡해졌다. 이것을 어떻게 할 것인가? 이 위기를 어떻게 넘길 것인가? 그건 분명 내게도, KBS에도 심각한 위기였다. 결과는 나왔지만, 그러나 절대로 그대로 발표돼서는 안 되는 상황, 연맹과 약속한 발표 날짜가 불과 사흘밖에 남지 않은 상황이었다.

4. 너무 잘 팔려서 기어를 바꿀 여유가 없었습니다

약속된 결과 발표일, 한남동 한국○○○○의 강당으로 업체 대표들을 다 모았다. 공업진흥청과 보건복지부의 담당자도 함께 불렀다. 수도연구소에는 결과지뿐 아니라 실험 대상이 된 제품들도 다 가져오게 했다. 그리고 그것들을 발표장 한쪽에 전시하도록 했다. 예정에 없던 절차였다. 결과를 살리면서 위기를 극복하기 위해 며칠 동안 머리를 짜낸 결과였다. 내 속을 알 리 없는 ○○○○의 대표는 그렇게까지 할 필요가 있냐고 했지만 텔레비전의 화면 효과를 위해서라고 둘러댔다. 예정보다 많이 커진 분위기에 다소 의아해하는 모습이었지만 ○○○ 대표도 특별히 이의를 제기하지는 않았다. 발표장의 전면에는 참석자 모두가 볼 수 있도록, 또 그들 모두를 촬영할 수 있도록 카메라를 배치했다. 촬영기자에게는 현장에서 일어나는 모든 과정을 하나도 놓지 말고 다 녹화해 달라고 주문했다. 느닷없이 소비자단체에 불려온 업자들은 방송 카메라까지 동원된 모습에 긴장하는 빛이 역력했다.

먼저 수도연구소 분석 책임자의 실험 방법에 대한 설명이 있었다. 각기 다른 방식으로 두 번 실험을 했다고 했다. 한번은 일정량의 물을 떨어뜨리면서 녹즙기를 작동시켜 결과를 얻어냈고 또 한번은 가정에서 사용하는 방식 그대로 야채를 넣어 200ml의 녹즙을 만들면서 얻어 낸 결과라고 했다. 식품공전에 분석과 관련된 규정이 따로 없어서 최대한 목적에 맞춰 방법을 택했다는 설명도 덧붙였다. 실험결과 정도의 차이는 있었지만 모든 제품에서 쇳가루가 떨어져 나왔다는 분석결과가 발표됐다. 쇳가루에는 니켈과 크롬이 섞였는데 니켈은 음용수 기준치의 14배, 크롬은 58배까지 나왔다고 했다. 그런 발표에 업자들 사이에 웅성거림이 일더니 누군가 소리쳤다. 실험 방법이 잘못됐다는 얘기, 그래서 받아들일 수 없다고 얘기였다. 그 얘기에 몇몇이 박수로 동조했다. 그들은 녹즙기 분석과 관련해서는 표준화된 실험방법이 없다는 사실을 믿고 있는 것 같았다. 그들 모두의 표정이 결연했다. 수도연구소가 별 볼일 없는 작은 연구소라는 사실도 인식하고 있는 것 같았다. 내가 끼어들었다. '그렇다면 어떤 방법으로 실험을 했어야 할까요?' 가정에서 즙을 짤 때 사용하는 그대로의 방법 이외에 달리 어떻게 하는 것이 옳았겠냐는 내 질문에 그들은 답을 하지 못했다. 결정적으로 물을 떨어뜨리면서 작동을 시키는 것은 공진청이 녹즙기 형식승인을 내 줄 때 사용하는 방법 그대로라는 지적에 그들은 더 이상 말을 하지 못했다.

결과의 해석에 대한 문제제기도 있었다. 기어에서 나오는 금속 이외에 식물 자체에도 철 성분이 들어 있을 수 있는데 그것을 어떻게 기어에서 나온 것이라고 단정할 수 있느냐는 얘기였다. 하지만 결과표는 그런 문제제기에 대비해 원래 재료에 있는 철분 등의 양을 미리 측정해 그를 따로 기록해 놓고 있었다. 그것은 분석과정의 기본 중의 기본이었다. 결정적으로 철 이외에 니켈과 크롬 성분이 나오는 것에 대해서 그들은 어떤 설명도 하지 못했다. 검사결과에 대한 설명과 업자들의 반박, 그 반박에 대한 재반박... 한참 동안 그런 과정이 이어졌다. 업자들은 결과의 신뢰성을 부정하기 위해 온갖 주장들을 쏟아냈고 그런 주장들은 객관적 자료에 의해 다 무너지고 있었다. 그렇게 한참 동안의 공방이 이어진 뒤에야 업자들이 달라졌다. 그들은 기가 많이 꺾인 모습으로 문제를 시인하기 시작했다. '여기까지 온 마당에 솔직해집시다. 쇳가루가 안 나온다는 사람 있으면 이 자리에서 나와보십시오. 다 나옵니다...' 한 회사 대표의 고백이었다. 거기에 다른 회사 대표가 말을 이었다. '한 번만 봐주십시오. 한 번만 봐주신다면 기어를 다 바꾸겠습니다. 솔직히 지금까지는 바꾸려 해도 바꿀 시간이 없었습니다...' 회의장 안의 분위기가 찬물을 끼얹은 것처럼 조용해졌다. 잠시 동안 무거운 침묵이 강당을 휘감았다. 물론 카메라는 이 모든 과정을 다 담고 있었다.

본격적으로 내가 나설 차례였다. '여러분들께서 인정을 해 주시니 감사합니다. 진작 좀 바꾸시지 그랬습니까? 녹즙기는 다른 사람들이 아니라 건강을 잃은 사람들이 주로 쓰는 것인데... 이제 한 과정이 남아 있습니다. 실험 방법이 아무리 옳다고 하더라도 실험 대상이 된 제품에 하자가 있다면 결과를 신뢰하기 어려울 것이라고 생각합니다. 혹시 이의가 제기될 수 있을 것 같아 실험 대상이 된 제품들을 다 가져왔습니다. 이제 각자 자사의 제품들을 살펴보시고 혹 문제가 있다고 판단되면 말씀해 주시기 바랍니다. 중대한 문제가 있는 것으로 인정될 경우 그 제품에 한해서 실험을 다시 해 드리겠습니다.' 내 얘기가 끝나기 무섭게 업자들이 진열된 제품 앞으로 가 자사 제품들을 살피기 시작했다. 그때까지 ○○○ 회장은 태연한 표정으로 그 모든 과정을 지켜보고 있었다. 속으론 어땠는지 모르겠지만 겉으론 옅은 미소까지 지으며 여유 있는 모습이었다. '아니 이게 뭐야? 누가 기어를 다 깨놓았어요' 날카로운 목소리가 분위기를 흔들었다. 걱정했던 문제의 녹즙기 회사 대표였다. '우리 건 다시 해야 합니다. 이 기어를 보세요..' 그는 얼굴이 벌개진 채 기어를 들어 보이며 소리치고 있었다.

예상했던 일이었다. 의도했던 일이기도 했다. 덫을 피하기 위해 여러 날 동안의 고심 끝에 마련한 방법이었다. ○○○○○ 사람들이 당황하는 빛이 역력했다. 그들의 입장에선 심각한 변수가 돌출한 상황, 문제가 전혀 엉뚱한 방향으로 전환될 수도 있는 위기였다. 하지만 뭐라고 끼어들 수도 없는 상황이었다. 만일 '기어 파손'이 의도적인 일이었다면 그들로서는 기겁하지 않을 수 없었을 터였다. 내가 다시 나섰다. '흥분하지 마십시오. 문제가 있으면 다시 해 준다 하지 않았습니까? 그런 문제를 우려해 확인할 기회를 드린 것 아닙니까?' 그리고 나서는 옆에 앉은 다른 회사 사람들에게 그의 항변이 일리가 있는지 확인해 줄 것을 요청했다. '이건 완전히 기어를 깨뜨려 놨구먼...' 기어를 살핀 그들도 고개를 가로 저었다. 이 회사 제품 외에 실험실에서 확인하지 못했던 다른 한 회사의 제품에서도 비슷한 문제가 발견됐다. 역시 다른 회사 사람들이 문제가 있다고 확인했다. 그런 과정을 거쳐 두 개 회사의 이의가 받아들여졌다. 참석한 다른 회사 사람들도 모두 동의한 결과였다. 이의가 제기된 두 회사의 제품을 다시 분석한 후 최종 결과를 발표하기로 하고 자리를 정리했다.

자리가 파하자마자 나는 OOOOO의 관계자와 함께 백화점으로 가 두 회사의 제품을 구입했다. OOO 회장은 자칫 엉뚱한 방향으로 흐를 수 있었던 발표장의 분위기를 엑설런트하게 정리해줬다며 내게 고마움을 표했다. 그러면서 이왕 하는 것 OO의 제품도 다시 해보는 것이 어떠냐고 제안했다. 광고전의 당사자였던 다른 회사였다. 하지만 내가 완곡하게 거절했다. '이의가 제기되지도 않았는데 그 제품만 다시 한다면 오해가 생기지 않겠습니까?' 그 말에 그도 더 이상은 얘기하지 않았다. 상황은 그렇게 정리가 됐다. 아찔했던 시료의 위기를 그렇게 넘길 수 있었다.

5. 녹즙기인가 독즙기인가, 엄청난 방송의 파장

그렇게 1차 결과를 알린 그날부터 여기저기서 전화가 걸려오기 시작했다. 일면식도 없던 높은 사람들에 녹즙기 회사의 고위 관계자들도 있었다. 그들 외에 회사 동료들, 한번 연락도 없던 학교 선후배들까지... 정신을 차리기 어려울 정도였다. 내용도 형식도 다양했다. 한 번만 만나 달라는 읍소형에서부터 이제 개선하겠다는 마당에 굳이 방송할 필요까지 있느냐는 설득형, 거기에 방송 나가면 책임을 져야 할 것이라는 협박형까지... 어떤 사람들은 무작정 회사로 쳐들어 오기도 했고 어떤 이들은 저녁 늦게 집으로 찾아 오는 경우도 있었다. 불편하고 부담스런 일이었다. 사실 고발의 대상자가 집으로 찾아오는 것은 찜찜하고 두렵기까지 한 일이었다. 집과 가족들이 다 노출되는 상황에 당황하지 않을 사람이 누가 있을까?... 회사의 누군가가 알려준 것이 분명했다. 이때 이후로 나는 회사에도 집의 정확한 주소와 전화번호를 남기지 않았다. 취재 초기부터 심드렁한 반응이었던 부장은 그런 상황에도 여전히 못마땅한 표정이었다. 달라진 것이 있다면 전화를 받고 자리를 비우는 시간이 더 많아졌다는 것뿐.

두 개 회사의 2차 분석결과도 나왔다. 처음과는 확연하게 다른 결과였다. 그렇다고 두 회사가 웃을 수 있는 상황도 아니었다. 다시 ○○○○○ 회의실에 업자들과 관계자들을 모았다. 그들에게 결과를 설명하고 방송 계획을 알렸다. 이번에는 일체의 이의제기가 없었다. '분명 작지 않은 타격이 있을 겁니다. 하지만 제대로 개선해 주시기 바랍니다. 문제를 다 극복하시면 적절한 시점에 도와드릴 방법을 찾겠습니다....' ○○○ 회장은 이번에도 아무런 말이 없었다. 각 회사의 대표들은 이번엔 작전을 바꾼 것 같았다. 일체의 반발이나 항의가 없었을 뿐더러 표정도 달라져 있었다. 웃음을 머금은 모습으로 제발 살살 때려 달라고만 부탁했다. 그동안 마음을 다졌는지 처음보다 확실히 대범한 모습들이었다. 일부러 다가와 손을 잡으며 문제를 다 해결할 테니 지켜봐 달라고 하는 사람도 있었다. 물론 이런 모습 역시 다 카메라에 다 담겼다.

7월 25일, 기사는 당일의 주요 뉴스로 방송됐다. 4분 30초. 통상적인 리포트의 3배가 넘는 길이였다. '녹즙기인가 독즙기인가'. 편집부에서는 그렇게 제목을 뽑았다. 예상보다 훨씬 강한 톤이었다. 강렬한 제목에 시작부터 시청자들의 관심이 집중될 것 같았다. 앵커의 맨트에 이어서 실험내용과 결과, 전문가의 인터뷰까지... 그동안의 과정이 차분하게 소개됐다. 특별히 실험내용은 화면을 통해 전 과정을 거의 그대로 공개했다. 리포트가 끝나자마자 보도국의 거의 모든 전화가 요란스럽게 울려대기 시작했다. 업무를 보지 못할 정도의 폭주였다. 그런 전화들이 밤 늦게까지 이어졌다. '녹즙기를 계속 써도 되느냐?', '반납하고 싶은데 도와줄 수 없느냐?'는 선량한 소비자들의 걱정스런 전화가 대부분이었다. 하지만 '엉터리 방송 그만둬라', 'KBS가 뭘 안다고 그따위 방송을 하느냐?'는 관계자로 추정되는 사람들의 전화도 더러 있었다. 직접 전화를 받으며 안타까운 질문에 답변도 해가며 그날 밤 거의 자정까지 사무실을 지켜야 했다. 다음 날 아침 간부회의에서 사장이 '고발기사의 새로운 방향을 제시한 기사'라고 극찬했다는 소식이 전해졌다. '사장이 정확하게 내 의도를 읽었구나' 하는 생각에 마음이 흐뭇했다. 과학적 기법을 동원한 고발로 TV 탐사보도의 새로운 시대를 열었다는 과분한 평가도 들을 수 있었다.

방송의 충격에 공업진흥청이 발빠르게 움직였다. 모든 녹즙기에 대해 정밀검사 방침을 밝힌 것이었다. 물론 소비자들의 분노와 질타에 떠밀린 결정이었다. 뒷짐지고 발뺌만 하던 취재 초기를 생각하면 놀라운 태세전환이었다. 그러나 방송에 대한 격한 반응은 전혀 예상치 못했던 방향으로도 이어졌다. 엄청난 항의와 분노에 놀란 제조사들이 그동안 했던 모든 약속을 팽개치고 신문에 전면 반박광고를 낸 것이었다. 그것도 거의 모든 유력 일간지들에. 광고 내용은 KBS 보도는 실험 방법에 문제가 있고 분석기관이 엉터리이니 믿지 말라는 것이었다. 녹즙기는 이상이 없으니 믿고 써도 된다고 강변하는 내용이었다. 그건 KBS와 나를 향한 명백한 선전포고였다. 거기에 신문광고의 다른 편에선 나에 대한 음해성 소문도 퍼뜨려댔다. 특정업체에서 수천만 원을 받고 엉터리 기사를 썼다는 내용이었다. 황당했다. 화도 났다. 순식간에 안면을 완전히 바꿔버린 저들에 대한 배신감과 그럴 정도로 심각한 곤경으로 내몰린 저들의 처지에 대한 일종의 연민이 교차했다. 물론 강한 것은 배신감이었다. 겸연쩍은 표정과 한창 낮춘 몸짓으로 개선을 약속했던 사람들 아니던가. 다 고칠 테니 지켜봐 달라고 다짐했던 사람들 아니던가. 그래놓고 이렇게 달라져도 된단 말인가... 물론 방송의 충격이 그만큼 컸다는 의미겠지만 마음이 영 편치 않았다. 대응에 나서지 않을 수 없었다.

대응은 공진청의 움직임과 함께 그동안 두 차례 모임에서 녹화해 뒀던 업자들의 얘기로 꾸려졌다. '여기까지 온 마당에 솔직해집시다. 쇳가루가 안 나온다는 사람 있으면 이 자리에서 나와보십시오. 다 나옵니다.'(S사 대표) '한 번만 봐주시면 기어를 다 바꾸겠습니다. 솔직히 바꾸려 해도 바꿀 시간이 없었습니다.(A사 대표) 애초에 이런 경우를 대비해서 녹화해 둔 것이었다. 거기에 소비자들의 반응까지 더했다. '방송을 보고 기어를 확인해 보니 기어가 매끈하게 다 닳아 있더라고요', '뭉툭해진 기어를 보고 충격받았습니다. 그 쇳가루를 우리 가족이 다 먹은 것 아니겠습니까?' 그런 내용의 속보들이 이틀 연속 이어졌다. 그걸로 싸움은 끝이었다. 아마도 업자들은 경악했을 터였다. 자신들의 고백이 녹화돼 그렇게 생생하게 방송될 것이라고는 상상도 못했을 것이었다. 그 속보 두 방에 업체들은 더 이상의 대응을 포기한 것 같았다. 저들은 아마도 신문에 반박 광고를 낸 것을 엄청나게 후회했을 것이었다. 얻은 것은 없고 결국 그것 때문에 한번만 맞아도 될 매를 세 번이나 맞은 셈이었으니… 그건 소비자들의 관심을 증폭시켜 스스로를 회복불능의 상태로 내몬 악수 중의 악수였다.

그후부터 전화의 내용이 달라졌다. 항의 전화는 거의 사라졌다. '이제 어떻게 해야 하냐?'는 내용이 대부분이었다. KBS가 문제를 제기했으니 반품이 될 수 있도록 도와 달라는 전화가 많았다. 어떤 사람들은 반질반질해질 정도로 닳아버린 기어와 녹즙기를 아예 들고 회사로 찾아 오기도 했다. 그런 녹즙기 10여 대가 한동안 우리 사무실 한편을 차지하고 있었다. 가슴 아픈 사연들도 적지 않았다. '아버님이 위암 말기로 녹즙기로 갈아 드리는 음식만 드셨다. 그런데 KBS 방송을 보신 이후로는 아무 것도 안 드신다. 어떡하면 좋으냐?', '녹즙기 장사가 잘 된다고 해서 남편 퇴직금 털고 은행 융자받아 대리점 차렸다. 아직 융자금도 다 못갚았는데 이걸 어쩐단 말이냐?' '대리점 영업 6개월째인데 반품만 쏟아지고 있다. 본사에서는 전화도 받지 않고… 어떻게 해야 할지 막막하다.'… 전혀 생각하지 못했던 문제들이었다. 그런 전화의 한편에서 '너 때문에 다 망했으니 너도 한번 당해 봐', '밤길 조심하라'는 협박전화도 간혹 있었다. 처음의 기쁨이 다 사라지고 안타까움만 밀려왔다. 특별히 가슴 아픈 사연들을 담은 전화들에 마음도 무거워졌다. 정말이지 그 정도의 파장은 예상을 못했었다. 그게 아닌데… 그러라고 쓴 기사가 정말 아닌데….

6. 비겁한 공업진흥청, 엉터리 판정

공업진흥청에도 비상이 걸렸다. 그건 당연한 일이었다. 녹즙기 회사들을 향했던 소비자들의 분노도 공진청으로 방향을 틀고 있었다. 어떻게 그런 제품의 판매를 허가할 수 있었느냐는 것이 핵심이었다. 도대체 무엇을, 어떻게 검사했기에 그렇게 엉터리냐는 지적, 신문에 쇳가루 광고전이 벌어질 정도로 문제가 드러났는데 그동안 도대체 무엇을 했느냐는 질타도 이어졌다. 그런 상황에 '녹즙기는 원래 일본에서 고기갈개로 사용하던 것'이라는 한 보건 전문지의 보도가 이어졌다. '애당초 일본에서 고기를 부드럽게 만드는데 사용되던 것인데 기어의 간격만 더 타이트하게 만들어서 야채즙을 짜는 녹즙기로 용도변경했다'는 내용, '그러다 보니 당연히 관련 규정이 허술할 수밖에 없다'는 내용도 포함돼 있었다. 소비자들의 분노지수가 더 높아지고 있었다. 놀란 공업진흥청은 급기야 담당국장을 중심으로 한 대책위원회를 만들기에 이르렀다. 소비자단체와 분석기관의 전문가들에 문제를 제기했던 나까지 포함시킨, 겉모양은 그럴듯한 조직이었다.

첫 모임에서 담당 국장은 문제의 심각성을 잘 알게 됐다며 문제를 제기해준 KBS에 고마움을 느낀다고 했다. 이왕 문제가 불거진 마당이니 미진한 규정을 고치는 등 근본적인 대책을 마련하겠다는 약속도 했다. 그리고 쇳가루가 떨어지는 등 문제 있는 제품들에 대해서는 단호한 조치를 취하겠다는 다짐도 내 놓았다. 반가운 얘기였다. 기사의 피드백이 분명하게, 그리고 바람직한 방향으로 잡힌 셈이었다. 그러나 첫 모임 후 나는 대책 위원회에서 제외되고 말았다. 특별한 이유는 설명하지 않은채 그냥 '그렇게 됐다'는 통보를 받았다. 조금 황당한 일이었지만 서운하지는 않았다. 내심 잘 됐다는 생각도 들었다. 첫 모임을 통해 해결의 방향이 잡힌 상태였고 기자의 입장으로 그런 위원회에 소속된다는 것이 어색하기도 했었다. 애초 위원회에 참여했던 것도 문제 제기자로 꼭 함께 해 달라는 그들의 간청 때문이었었다. 나중에 전화를 걸어온 국장은 민망한 목소리로 자신이 책임지고 해결하겠다고, 그러니 걱정하지 말고 지켜봐 달라고 거듭거듭 다짐했다.

그러나 국장의 그런 다짐은 다 거짓이었던 것으로 드러났다. 불과 2주만에 나를 뺀 이유가 확인된 것이었다. 나를 배제시킨 후 위원회의 방향이 완전히 달라졌다는 얘기가 들려왔다. '근본적인 대책을 마련하는 것이 아니라 업자들에게 면죄부를 주는 쪽으로'라고 했다. 위원회 내부의 노골적인 움직임이 시시각각 내게 전해졌다. 그런 황당한 움직임에 소비자 단체 대표로 참여하고 있던 한 인사는 회의가 끝날 때마다 전화를 걸어 울분을 토하기도 했다. 그녀는 위원들이 공진청 중심으로 똘똘 뭉쳤다며 자신의 힘으로는 역부족이라고 하소연했다. 그들은 대책을 마련하는 데는 아무런 관심이 없고 어떻게 하면 상황을 벗어날까 하는 데만 골몰하고 있다고 했다. 자신들의 책임을 피하는 데만 모든 신경을 집중하고 있는 것 같다고 했다. 그런 그들이 내놓을 결과에 신경이 쓰였다. 하지만 지켜보는 것 말고는 내가 할 수 있는 일이 없었다. 얼마간의 시간이 지나 결과가 발표됐다. 예상대로 '녹즙기엔 문제가 없다'는 뻔뻔한 결론이었다. 결론이 그러니 당연히 어떤 대책도 나오지 않았다. 책임을 질 이유도, 사람도 없었다. 참으로 어이없는 결정이었다.

하지만 그날의 발표는 검사결과도 제대로 반영하지 않은 엉터리였다. 엉터리 결론을 발표하는 것이 부담스러웠던지 공진청은 기막힌 타이밍을 택했다. 기자실에서 출입기자들을 대상으로 발표한 것이 아니라 각 언론사의 팩시밀리를 이용했다. 그것도 기자들이 거의 퇴근을 한 시간, 추석 연휴가 시작되는 첫날 (9월 17일)인 토요일 오후 6시쯤이었다. 달랑 두 장으로 된 결과서에는 구체적인 수치도, 분석 방법에 대한 설명도 없이 '적합'이라는 글자만 새겨져 있었다. 그리곤 출입 기자들에게 결과를 보냈다는 연락도, 잘 받았는지 확인하는 절차도 없었다. 팩시밀리를 챙겨보지 않았다면 누구도 발견할 수 없게 돼 있는 참으로 이상한 보도자료였다. 당시 녹즙기 검사결과는 기자들의 가장 중요한 관심사였다. 이미 전국의 소비자들이 엄청난 혼란을 겪었고 업체들은 회복 불능의 상태에 빠져들고 있었다. 적지 않은 업체들은 문을 닫기도 한 상태였다. 한데 그런 중요한 문제와 관련된 내용을 누구도 신경쓸 수 없는 시점과 방식을 택해 공개했으니…. 참으로 대단한 공무원의 잔머리였다.

7. 동의할 수 없는 결론, 그러나 대응을 포기한 KBS

위원회의 결론과 발표 방식에 결코 동의할 수 없었다. 다른 곳은 몰라도 KBS는 당연히 문제점을 짚는 리포트를 해야 하는 상황이었다. 공진청의 발표는 '아무 문제가 없는 것을 KBS가 잘못 보도해 혼란을 초래했다'는 의미로도 해석될 수 있는 것이었다. 대책위원회에 포함돼 있던 소비자 단체를 통해 구체적인 결과표를 구해봤다. 말이 되지 않는 엉터리 결론이었다는 사실이 바로 확인됐다. 그들의 실험에서도 쇳가루가 다 나오는 것으로 돼 있었다. 검출된 양도 KBS 뉴스가 보도했던 내용과 별 차이가 나지 않았다. 그런 결과에 판정만 문제가 없는 것으로 내린 것이었다. 쇳가루는 나오지만 문제는 없다는 결론, 당연히 반박 리포트를 만드는 것은 전혀 어렵지 않을 일이었다. 공진청의 분석결과를 그대로 보여주기만 해도 충분할 일이었다. 검사결과가 별로 다르지 않은데 판단이 180도 다르다는 것은 오히려 그들의 못된 의도를 확인시켜 주는 확실한 근거가 될 터였다. KBS 보도의 공신력을 생각할 때, 혼란스런 소비자들의 입장을 생각할 때, 무책임한 데다 교활하기까지 한 공무원의 책임을 생각할 때, 또 이후 벌어질 수 있는 법적인 문제까지 고려할 때 그건 분명하게 짚어 줘야 할 문제였다. 그러나 나의 리포트 주장은 받아들여지지 않았다. 더 황당했던 것은 KBS조차도 공진청 자료를 인용해 '문제가 없는 것으로 확인됐다'는 기사를 작성했다는 사실이었다.

도무지 이해할 수 없는 일, 정상적인 언론기관에서는 결코 있을 수 없는 일이었다. 강한 문제 제기에 부장은 '정부에서 내놓은 결론을 우리가 어떻게 쉽게 뭉갤 수 있느냐?'는 논리를 내세웠다. 공진청의 발표로 업자들이 소송을 제기할 수 있다는 우려도 제기했다. 지나가던 소가 웃을 일이었다. 참으로 어이없는 자백이기도 했다. 비판과 감시라는 언론의 존재이유를 정면으로 부정하는 얘기, 정부의 논리를 무조건 이해하고 받아들여야 한다면 도대체 언론은 왜 존재한단 말인가? '그렇다면 KBS 보도가 잘못됐었다고 인정하자는 것이냐?'고 묻자 그건 아니라고 했다. 도무지 말이 되지 않는 상황이 이어졌다. 뭔가 다른 이유가 숨어있는 것이 분명했다. 그 이유가 무엇인지 짐작도 할 수 있었다. 하지만 그런 것을 따지는 건 의미가 없는 일이었다. 중요한 것은 반박기사를 내야 한다는 것이었다. 억지 앞에서는 논리도, 합리도, 기록도, 경험도 아무 소용이 없다는 것을 잘 알고 있었지만 그래도 포기할 수 없었다. 요지부동인 부장에게 '정 그러시면 공진청의 발표를 다 인용하고 그 뒤에 문제점을 아주 짧게 지적하면 되지 않겠냐'고 제안했다. 일종의 타협안이었다. 하지만... 부장은 그조차도 받아들이지 않았다. 다른 방법을 찾아야 했다.

고심 끝에 먼저 기사를 썼다. 공진청 발표의 문제점을 조목조목 지적하는 내용이었다. 물론 구체적인 근거들도 다 제시했다. 그 기사를 부장 책상 위에 올려놓았다. 일종의 실력행사였다. 당연히(?) 부장은 거들떠보지도 않았다. 최대한 감정을 누른 채, 차분히 봐 달라고, 고칠 곳이 있으면 알려달라고 요청했지만 부장은 들은 척도 하지 않았다. 물론 다 예상했던 일이었다. 마음 속에 품었던 다음 단계에 돌입했다. 외부 언론에 기고하는 것이었다. 장문의 기사를 만들어 한 월간지에 보냈다. 회사의 동의 없이 외부에 기고하는 것은 사규 위반으로 처벌받을 수 있었지만 그 단계가 되면 한번 쎄게 붙어 보자고 마음을 독하게 다졌다. 오케이 사인이 나지 않을 것을 예상하면서 기사를 부장에게 들이밀었던 것도 그럴 경우 절차적 정당성을 주장하기 위해서였다. 그렇게 해서라도 기사를 지켜야 한다고 생각했다. 그렇게 하지 않으면 스스로 견딜 수 없을 것 같았다. 무책임한 데다 부도덕하기까지 한 윗사람들의 행태에 그대로 주저 앉아서는 안 된다고 생각했다. 하지만... 안타깝게도 기사는 월간지에도 실리지 못했다. 좋은 기사라고, 비중있게 실어주겠다고 약속도 했었는데... 아쉬움이 컸다. 하지만 '왜?'냐고 묻지는 않았다. 그들 사이에서도 그러저러한 과정이 있었다는 사실을 나중에 전해 들었다.

공진청의 '적합' 발표에도 불구하고 시장의 상황은 달라지지 않았다. 소비자들은 이미 녹즙기에서 마음이 떠난 것이 분명했다. KBS를 향한 업자들의 소송도 없었다. 당연한 일이었다. 공진청의 분석에서도 쇳가루가 나왔다는 사실을 그들도 다 확인했을 터였다. 취재과정에서 녹화된 자신들의 고백을 뒤집을 수 없다는 사실, 그리고 무엇보다 날카로운 새 녹즙기의 기어와 날카로움을 잃고 뭉툭해진 6개월쯤 사용한 기어의 차이를 그들은 어떤 말로도 설명할 수 없었을 것이었다. 공진청의 발표는 그들 스스로에게 면죄부를 준 것을 제외하고는 아무런 의미도 갖지 못한 것이 분명했다. 하지만 공진청의 발표 때문에 난 한동안 주변의 걱정 어린 시선과 질문을 받아야 했다. '박선규 씨. 녹즙기 문제.. 그거 괜찮아?' 그들은 걱정 반, 호기심 반의 모습이었다. 그럴 때마다 이렇게 대답했다. '물론 괜찮지요. 우리 기사가 잘못된 것이었다면 그들이 가만히 있겠습

니까? 고문 변호사를 몇 명씩 두고 있는 회사들인데요...'

　방송을 보고 시청자들이 가져온 녹즙기들은 그 후로도 꽤 오랫동안 우리 사무실을 지켰다. 특별히 닳고 닳아 날이 뭉툭해질 대로 뭉툭해진 녹즙기들은 볼 때마다 복잡 미묘한 감정을 불러 일으켰다. 그리고 녹즙기 기사는 지금까지도 가슴 아픈 기억으로 마음 한 구석에 깊이 자리 잡고 있다. 그 사건 이후 주저앉은 녹즙기 업계는 많은 사람들의 필사적인 노력에도 불구하고 결국 이전 수준을 회복하지 못했다.

8. 1위 회사의 부도, 그러라고 쓴 기사가 아닌데...

　녹즙기 문제를 취재하는 동안 내 머릿속에는 다음 아이템이 결정돼 있었다. 막 바람이 불기 시작한 정수기였다. 갈수록 강해지는 수돗물 불신 풍조 속에서 정수기가 분명한 대안으로 떠오르고 있던 때였다. 그런 정수기에도 녹즙기 못지 않은 문제가 있다는 사실을 나는 확인하고 있었다. 취재과정에서 만난 검사기관 연구원들이 전해준 얘기였다. 녹즙기 방송이 마무리되는 대로 바로 나선다는 취재일정도 잡아놓은 상태였다. 그러나 예상치 못했던 녹즙기 사태가 정수기 취재를 뒤로 미루게 했다. 개별 회사가 아닌 업계 전체가 흔들리는 모습에, 특별히 그 흔들림이 잘못을 저지른 당사자들에 머무르지 않고 힘 없고 약한 일반 소시민들에게까지 전해지는 모습에... 그것은 정말 짐작도 못했던 일이었다. 진한 아픔이었다. '바보같은 사람들. 그냥 약속했던 대로 사과하고 개선에 나섰으면 됐을 것 아닌가? 대체 무엇을 위해 신문에 대대적인 광고하고 지저분한 소문을 만들어냈단 말인가? 결국 그러다 다 죽게 된 것 아닌가?...'

　하지만 아무리 그들의 행동에 핑계를 대봐도 별 도움이 되지 않았다. 확실한 것은 내가 쓴 기사로 수많은 사람들이 일자리를 잃고 힘들어졌다는 것이었다. 내가 쓴 기사로 일개 회사가 아닌 잘 나가던 한 업계 전체가 주저앉게 됐다는 사실이었다. 그런 자각에 아무 일 없었다는 듯, 태연하게 비슷한 후속 취재에 들어갈 수가 없었다. 어느덧 백화점 매장에서, 거리에서, 또 방송에서 그렇게 많이 보이던 녹즙기들과 판매점들이 다 사라진 상태였다. 그런 현실을 대하는 마음이 많이 불편했다. 몸도 마음도 편치 않은 그런 날들이 한참 동안 이어졌다. 답답한 마음에 대학에서 언론학을 강의하는 교수 친구를 만났다. 기자가 되고 싶었는데 학교로 가게 됐다며 나를 부러워하던 친구였다. 그 친구는 자신도 녹즙기 기사와 그 후의 상황에 관심이 많다고 했다. 언론학자의 입장에서 녹즙기 기사의 시작부터 후속 사태까지 주의 깊게 지켜보고 있다고 했다. 녹즙기 보도와 그에 맞선 업계의 대응은 향후 언론학자들과 광고전문가들에게 굉장히 중요한 사례로 연구될 것이라는 게 그 친구의 얘기였다. 시사하는 바가 너무 많다는 것이었다. '그럴 수 있겠다'는 생각이 들었다. '반드시 그렇게 되면 좋겠다'는 바람도 생겼다.

그렇게... 그렇게 시간이 흘러가고 있었다. 그러던 중 1994년 10월 17일 오후, 경제부 정○○ 기자가 손바닥만한 연합통신 기사를 가지고 찾아 왔다. 내가 관심 있을 거라며. 그가 내민 기사엔 '○○녹즙기 최종부도'라는 제목이 도드라져 있었다. 방송 후 3개월쯤 지난 시점이었다. 녹즙기 업계 부동의 1위 회사였다. 충격이었다. 그는 무표정하게 기사만 전한 채 사라졌지만 나는 망치로 머리를 한 대 맞은 느낌이었다. 이미 그 회사를 제외한 나머지 회사들은 견디지 못하고 쓰러지거나 쓰러지기 직전의 상태였다. 그 회사는 단순한 1위가 아니었다. 월평균 100억 원 가까운 매출로 전체 시장의 50% 이상을 차지하던 절대 강자였다. 첫 방송 직후 약속을 깨고 신문광고를 통해 대대적으로 반발했던 것도 바로 그 회사였다. 이 무슨 일이란 말인가? 정말 그러라고 쓴 기사가 아닌데... 누구를 힘들게 하려고, 골탕 먹이려고 쓴 기사가 아니었는데... 왜 이렇게까지 되고 말았을까?... 그날 저녁 나는 친한 동료기자를 붙잡아 놓고 잘 마시지도 못하는 술을 많이도 마셨다. 평소와 다른 내 모습에 그 친구가 많이 놀라는 눈치였다. 그는 '그건 가슴 아픈 일이 아니라 기자로서 뿌듯한 일 아니냐?'고 위로했다. 말도 안 되는 얘기였다. 아무리 기자라고 해도 남의 아픔을 기쁨으로 생각하다니. 그 친구도 분명 진심은 아니었을 터였다. 그는 나보다 훨씬 여린 친구였다. 나를 위로하기 위해 던진 말임이 분명했을 것이다.

이걸 어쩐단 말인가? 그래도 어려움을 극복하고 다시 일어서서 주기를 간절히 기원했는데... 지난했던 취재과정이 되살아났다. 짧지 않았던 기간, 혼란스러웠던 신문광고부터, 기획, 답답하고 이해할 수 없었던 회사의 반응, 데스크의 억지와 소비자 단체와의 연결... 과정 과정에서 있었던 사소한 에피소드까지 모든 것이 또렷했다. 특별히 마음에 걸리는 것은 없었다. 최선을 다했고 운도 많이 따라줬던 취재였다. 아찔한 위기도 지혜롭게 넘겼었다. '그래도 의미 있는 기사 아니었냐'고, '만일 ○○○○○에서 의도한 대로 됐더라면 더 심각한 문제가 벌어지지 않았겠냐'고 자위도 해봤다. 그런데도 미안했다. 입장을 바꿔 생각하니 박선규라는 기자가 어떤 사람들에게는 직장을 뺏은 사람, 생업을 망친 사람으로 인식되고 있을 것 같았다. 그런 일을 통해 가정을 위기에 빠뜨린 가정 파괴범으로 기억될 것 같았다. 생각이 거기에 미치니 가슴이 요동쳤다. 나는 이제까지 그런 사람이 아니었는데... 그런 목적으로 기사를 쓴 것이 아니었는데... 처음으로 기자라는 직업에 회의가 들었다. 숱한 항의와 원망 전화를 받을 때도, 입에 담지 못할 욕설과 심각한 위협을 당할 때도 그렇게 아프지는 않았었는데... 대체 내가 무엇이기에, 무슨 자격으로 이런 일을 벌인단 말인가?... 기자라는 존재와 역할에 대해 진지하게 다시 생각해보지 않을 수 없었다.

9. 녹즙기 취재로 얻은 사람들

그렇게... 그렇게... 녹즙기 사태는 정리됐다. 안타깝게도 처음의 뿌듯함은 다 사라지고 미안함과 찜찜함만 가득한 상태의 마무리였다. 많은 것들을 생각하고 깨달았던 시간이었다. 무엇보다 기자라는 존재의 힘, 기사라는 말과 글의 힘을 절감할 수 있었다. 한 마디 말, 한 컷의 영상, 내가 쓰는 한 건의 기사가 가지는 영향력이 그 정도일 줄은 차마 상상도 못했었다. 그런 사실을 확인하고 나니 기자라는 옷이 정말 무겁게 느껴졌다. 두렵고 떨리는 마음을 갖지 않을 수 없었다. 기자의 옷을 입었다고 다 기자가 아니라는 사실, 언론인이라기보다 비즈니스맨 같은 가짜들이 적지 않다는 사실도 알게 됐다. 그들은 너무도 쉽게 평소의 주장과 모습을 던져 버렸다. 일단 계기가 생기면 남의 눈을 의식하지 않는다는 특징, 부끄러움을 모른다는 공통점도 그들은 갖고 있었다. 그건 유감스런 발견이었다. 무능하고 교활한 공직자들이 생각보다 많다는 사실, 그리고 그들의 놀음에 대다수 국민이 속수무책 놀아날 수 있다는 사실도 깨닫게 됐다. 그리고 또 하나, 큰 일이 생긴 뒤 만들어지는 무슨 위원회나 대책회의 같은 것이 많은 경우 문제의 해결보다는 잘못을 합리화하고 덮기 위해 활용되는 기만적 장치라는 사실도 인식하게 됐다.

하지만 녹즙기 취재가 안 좋은 기억만 남긴 것은 아니었다. 그저 아픔뿐이었다면 아마도 녹즙기는 내게 가장 우울한 기억으로만 남았으리라. 두고두고 나를 따라다니며 괴롭혔을 것임이 분명했다. 고맙게도 아픔의 다른 한편에 감사한 일도 있었다. 취재과정에서 얻은 친구들이었다. 김OO, 그는 녹즙기 사업자 가운데 한 명이었다. OOOOO과 함께 KBS가 분석에 들어가면서 녹즙기 회사들엔 비상이 걸렸었다고 했다. 특별히 분석결과를 설명한 1차 모임 이후 각 회사들은 거의 사활을 걸고 전방위 로비에 돌입했었다고 했다. 그들의 입장에선 당연한 일이었을 터였다. 방송이 나가기 며칠 전, 어떻게 알았는지 그가 집 앞까지 찾아왔었다. 그의 양손에 자기회사 제품인 두 개의 녹즙기 박스가 들려있었다.(박스 안에 돈이 잔뜩 들어있었다는 사실을 나중에야 알았다) 그는 잠시 설명할 것이 있다며 시간을 내달라고 했다. 하지만 집 앞까지 찾아온 그를 편하게 맞을 수는 없었다. 강하게 불쾌감을 표시한 뒤 그런 행동은 오히려 마이너스가 될 것이라고 경고하고 돌려보냈었다. 본인도 민망했던지 더 이상 매달리지 않고 그냥 돌아갔었다. 로비를 위해 찾아온 사람치고는 참 어설픈 모습이었다. 그런데 그랬던 그가 방송이 나간 후 다시 찾아왔다. 이미 시장에는 난리가 난 상황이었다. 그는 덤덤한 표정에 옅은 미소까지 보이고 있었다. '그동안 사업하면서 많은 기자들을 만나봤지만 당신 같은 사람은 처음이다'라며 '나이도 비슷한 것 같으니 앞으로 친구처럼 지냈으면 좋겠다'고 손을 내밀었다. 멋쩍어하는 그의 표정과 몸짓이 오히려 믿음을 갖게 했다. 그런 모습과 미안한 마음에 거절할 수가 없었다.

그날, 그 친구와 집 근처의 커피숍에 마주 앉았다. 정말 미안한 마음이었다. 하지만 상투적인 위로의 말을 던지고 싶지는 않았다. 그런 마음을 읽었음인지 그가 먼저 입을 열었다. '미안하게 생각하지 마시게. 친구는 기자로서 당연한 일을 한 것이네. 내가 기자였더라도 똑같은 기사를 썼을 것이네. 뚝심 있게 밀어붙이는 그대가 참 멋져 보였다네...' 그가 오히려 나를 위로했다. 커피는 한 모금도 마시지 않은 채였다. 그가 말을 이었다. '한 가지 약속하겠네. 친구를 봐서라도 나는 이 사업을 다시 일으킬 것이네. 걱정 말고 지켜만 보시게...' 당황스러워 하는 내 앞에서 친구는 그렇게 장담했었다. 그 또한 내가 그때까지 만나본 사업가들과는 전혀 다른 모습이었다. 나는 그의 한 마디 한 마디에 놀라며 감동하고 있었다. 그러나 그런 호언장담에도 불구하고 이 친구의 회사도 방송의 파장을 비켜 가지 못했다. 한창때 한 해 수백억 원대였다는 매출이 바닥으로 곤두박질쳤고 얼마 지나지 않아 부도를 맞았다. 본사는 물론 연구소와 공장까지 다 넘어간 상태에서 살던 집에서마저 쫓겨났다는 소식이 들려왔다. 미안하고 민망해 아는 척을 할 수도 없었다. 그에게도 내 아이들 또래의 어린 자식들이 있음을 알고 있는 까닭이었다. 정말이지 내가 큰 잘못을 저지른 것 같았다.

그러나 친구는 수도권의 허름한 곳으로 옮긴 상태에서도, 공장에서 일하던 부인이 빈혈로 쓰러지는 상황에서도 녹즙기를 놓지 않았다. 아픈 현실이 자각될 때마다 과거의 좋았던 시절이 떠오를만도 했건만, 나에 대한 원망이 생길 법도 했건만 그는 단 한 차례도 내색조차 하지 않았다. 술 기운을 빌어서라도. 그게 더 가슴을 아리게 했다. 그렇게 몇 년이 지난 어느 날 술기운을 핑계 삼아 내가 한 마디 던졌다. '그때 약속 때문에 녹즙기를 못 놓는 것이라면 이젠 신경 안 써도 되네. 이미 나는 그 약속을 다 잊었다네. 친구의 능력과 열정이라면 다른 어떤 것을 해도 성공할 수 있을 테니 다 죽은 사업 만지작거리지 말고 다른 일을 찾아 보시게...' 나를 봐서라도 반드시 사업을 다시 일으키겠다던 그 약속을 말한 것이었다. 물론 주제넘고 건방진 얘기였다. 하지만 진작부터 해주고 싶은 얘기이기도 했다. 그런 내게 친구는 정색하고 말했었다. '내가 좋아서 하는 일이니 신경쓰지 마시게. 분명 다시 일으켜 세울 것이니 지켜보기나 하시게...' 친구는 너털웃음까지 터뜨리고 있었다.

그러고도 얼마간의 시간이 더 지난 어느 여름날, 그 친구가 전화를 했다. 저녁때 공장 근처로 와 달라는 얘기였다. 오랫동안 연락이 없어 궁금하던 차여서 만사 제껴놓고 달려갔다. 한껏 고무된 표정의 친구는 저녁을 사겠다며 근처 일식집으로 나를 이끌었다. 음식점으로 옮기는 길에 친구가 주머니에 뭔가를 쿡 찔러넣었다. 꺼내보니 흰 편지봉투였다. 안에 100달러 짜리 지폐 5장이 들어있었다. 봉투 겉면엔 이렇게 쓰여 있었다. '친구, 출장비에 보태쓰시게나' 그 친구는 부도 후 처음으로 미국에 수출하고 받은 돈이라고 했다. 그 기쁨을 함께 나누고 싶어 나를 불렀다고 했다. 나는 아무 말도 할 수 없었다. 까딱했으면 눈물을 보일 뻔했다. 고맙게도 그 친구와의 우정은 가족끼리의 교류로 이어졌다. 와이프들끼리, 아이들끼리도 친하게 지내고 있으니 어찌 감사하지 않을 수 있을까?

수도연구소의 백○○ 사무국장도 녹즙기를 통해 얻은 귀한 인연이었다. 자칫 크게 흔들릴 수 있었던 위기를 이 친구 덕분에 무사히 넘길 수 있었다. 특별히 취재 초반 분석 대상으로 맡겨진 제품들에 문제가 있다는 사실을 바로 알린 것은 결정적인 일이었다. 만일 그때 그가 모른 척하고 그냥 넘어갔다면, ○○○○○을 의심하는 내 마음을 그들에게 은밀하게 전했다면... 그건 생각만해도 아찔한 일이 아닐 수 없었다. ○○○○○과의 오랜 인연, 관계가 악화될 경우 감수해야 할 불이익 등을 무릅쓰고 정의의 편을 택한 그의 행동은 정말 고마운 것이었다. 그렇게 맺어진 인연으로 그는 그 후 다른 취재에서도 적극적인 조언과 실질적인 도움을 아끼지 않는 동지의 역할을 기꺼이 맡아줬다. 덕분에 나는 과학적 분석을 트레이드 마크로 삼는 탐사보도 전문기자로 자리매김 할 수 있었다. 그 또한 작은 연구소의 실무 책임자에서 자타가 공인하는 물과 환경전문가로 존재감과 영향력을 키울 수 있었고... 윈-윈의 관계가 된 셈이었다. 간혹 방송에서, 세미나에서 당당하게 전문가로 활약하는 그의 모습을 지켜보는 것, 또 그와 함께 날로 발전해 가는 수도연구소의 모습을 확인하는 것은 또 다른 기쁨이었다.

물론 그런 일들이 그 혼자만의 결심으로 된 것은 아니었을 터였다. 연구소의 최고 책임자인 김○○ 이사장의 승인이 없었다면 불가능했을 것임이 분명했다. 짧은 스포츠형 머리에 잔잔한 미소가 인상적이었던 김 이사장에게선 언제나 뚝심 있는 원칙주의자의 면모가 강하게 풍겼다. 그는 눈앞의 이익보다 의리를 선택하는 사람이었고 대의와 원칙 앞에서 겸손한 사람이기도 했다. 고맙게도 일이 막힐 때 찾아가면 늘 답을 찾을 수 있도록 도왔고 때론 무리하다 싶은 부탁도 거절하는 법이 없었다. 그를 통해 '은근한 인간미' '든든한 응원'의 의미를 깨칠 수 있었다. '보잘 것 없던 포이동 시절부터 믿어줘 여기까지 올 수 있었다. 그 시절 나눴던 얘기들을 잊지 않고 있다', '당신 기사로 우리나라에 식품의약품안전청 설립이 최소 5년 이상 앞당겨졌다고 확신한다. 어디 가서도 자신있게 하는 얘기다. 그 과정에 수도연구소가 함께 할 수 있었다는 사실이 뿌듯하다' 어쩌다 만나면 그는 이런 말로 나를 감동시키기도 했다. 해서 그를 만나고 나면 용기가 생기곤 했다. 백○○, 김○○ 두 사람을 통해 나는 '연구기관의 존재 이유와 역할'에 대해 분명한 인식을 가질 수 있었다 '대한민국이 잘 되려면 각 분야의 전문 연구기관들, 특히 민간 연구기관들이 제 역할을 해 줘야 한다'는 사실이었다. 취재 초기, 국가분석기관들이 모두 '해 줄 수 없다'고 거절했을 때 수도연구소마저 없었다면 어쩔 뻔했을까?

KIST 이○○ 박사도 고마운 인연에서 빼놓을 수 없는 사람이었다. 처음에 난색을 표하긴 했지만 마음을 정한 후론 일이 막힐 때마다 필요한 조언으로 흔들리는 방향을 잡아주곤 했다. 궁금한 것이 생기면 시도 때도 없이 묻고 따지는 기자를 귀찮아하지 않는 신사이기도 했다. 특별히 취재 초기, 분석기관인 수도연구소의 능력을 검증해야 했을 땐 무엇을 봐야 하는지, 어떤 것들을 물어야 하는지 등에 관해 꼼꼼하게 가르침을 준 것도 그였다. 그 덕분에 나는 조금은 덜 어설픈 모습으로 그들을 대할 수 있었다. 취재가 어려울 때, 잘 나가던 기사가 막힐 땐 따로 불러내 맥주를 사주며 신나는 노래를 불러주는 낭만가객의 면모도 지닌 그였다. 그런 그의 말과 행동에선 자주자주 어린아이 같은 순수함이 묻어나오곤 했다. 그를 통해 과학자들의 생각과 고민, 그리고 독특한 생활방식을 엿볼 수 있었는데 그것은 기대하지 않았던 소득이었다.

김○○, 백○○, 김○○, 이○○... 고맙게도 그들 모두는 취재원들로 인연을 맺은 후 가까운 친구로 관계가 깊어졌다. 분명 녹즙기가 가져다 준 선물이었다. 그들 덕분에 기자로서는 물론 자연인으로서의 내 삶도 더 풍부해질 수 있었다.

가스 새는
위험천만 가스밸브

1. 수도용 물밸브가 가스용으로 사용된다고?

1994년 5월 초, 점심 식사 후 나른함이 몰려오던 시간이었다. '박선규 기자'를 찾는 한 통의 제보 전화가 걸려왔다. 전화의 주인공은 평소 방송을 통해 눈여겨 보고 나를 택했다고 했다. 그는 시중에서 사용되는 밸브와 그 유통구조에 중대한 문제가 있다고 했다. 구체적으로 무슨 문제가 있느냐고 물으니 그는 만나서 얘기하고 싶다며 우선 만나자고 했다. 순간적으로 망설임이 일었다. 대부분의 경우 다짜고짜 만나서 얘기하자는 사람들 치고 특별한 것이 없다는 게 그 동안의 경험이었다. 물론 얘기가 안 된다는 것은 아니었다. 단지 당사자들에게는 절절한 사연일 수 있지만 대부분은 방송에서 취급하기 어려운, 지극히 개인적인, 사소한 일인 경우가 많다는 것이었다. 하지만 그럼에도 그분은 일단 만나보기로 했다. 딱히 예정된 일이 없는데다 새로운 분야에 대한 호기심이 약간 작용했다. 지금도 그렇지만 나는 밸브에 대해 상식 수준의 지식도 없는 상태였다. 무엇보다 전화기를 통해 전해진 제보자의 진지한 목소리가 마음을 끌었다.

회사 휴게실로 찾아 온 사람은 둘이었다. 한눈에 보기에도 엔지니어들이었다. 그들의 차림새와 인상에 엔지니어의 티가 깊게 배어 있었다. 그들은 밸브를 제조해 판매까지 하는 업자들이라고 했다. 그들은 우리나라 밸브 시장의 구조적인 문제에 대해 설명했다. 아직 핵심 기술이 부족해 가스관에 사용하는 밸브를 자체 생산하지 못한다는 사실, 그를 틈타 특정회사가 외국 밸브를 독점 수입해 폭리를 취하고 있다는 사실, 그래서 행여 우리 기술력으로 밸브를 생산해도 전혀 판매를 할 수 없게 돼 있다는 구조 등.. 그러면서 자신들도 많은 돈을 들여 국산 밸브를 자체 생산하고 있지만 입찰에도 제대로 참여하지 못하고 있다고 하소연했다. 문제의 특정회사는 당시 정치권의 실력자인 모 씨가 뒤를 단단히 봐 주고 있다는 사실도 강조했다. 단순히 밸브의 문제만이 아니라 우리 사회에 만연한 부패구조와도 닿아 있다는 얘기였다. 하지만 조곤조곤 물어보니 그들도 심증은 있지만 확실한 물증은 없는 상태였다. 거기에 자신들이 고발하는 회사와 경쟁관계에 있는 사람들이기도 했다. 조심해야 한다고 마음을 다졌다. 명백히 제보를 통해 반사이익을 기대하는 사람들이기 때문이었다.

그들의 얘기는 나름 의미가 있었지만 크게 구미를 자극하는 내용은 아니었다. '역시 나…' 하고 속으로 일어날 구실을 찾는데 이어지는 얘기 한 마디가 귀에 확 꽂혔다. '물에 사용돼야 할 밸브가 가스밸브로 사용되고 있다'는 얘기였다. 수도용 밸브로 제작돼 당연히 외국에서는 상하수도관에 사용되는 제품이 우리나라에서는 가스용 밸브로 사용되고 있다는 얘기. 더 묻지 않을 수 없었다. '그게 가능한 건가요?' 당연히 그럴 수 없고, 그래서는 안 된다고 했다. 문제의 제품은 우리나라에서 가장 큰 업체가 네덜란드에서 독점 수입하는 것이라고 했다. 국내 가스관 공사의 90% 정도는 바로 그 회사 밸브를 사용하고 있다고도 했다. 우리 기술력으로는 가스밸브를 만들지 못하기 때문이라는 설명이 이어졌다. 그렇다면 물밸브를 가스밸브로 쓸 경우 어떤 위험성이 있는가고 다시 물었다. 요구되는 밀도가 달라 밸브를 차단해도 가스가 샐 가능성이 높다고 했다. 결국 대형 폭발사고로 이어질 수 있다는 얘기였다. 취재본능이 꿈틀거렸다. 그건 그때까지와는 완전히 다른 차원의 얘기였다. 저들의 주장이 사실인지 확인해 볼 필요를 느꼈다. 사실이라면 심각한 문제가 아닐 수 없었다.

다음날 기초 자료를 수집하기 위해 시내를 돌아봤다. 마침 도시가스 사용이 폭발적으로 늘고 있는 상황이었다. 제보자들의 말대로 네덜란드에서 수입된 밸브들이 가스회사 창고들마다 가득 쌓여 있었다. 네덜란드의 특정회사 제품들뿐 다른 회사 것은 전혀 없었다. 크기와 종류도 다양했다. 회사 관계자들은 그 제품들을 나발밸브라고 부르고 있었다. 작은 것이 몇 십만 원에서 큰 것은 몇 백만 원이나 할 정도로 크기도 가격도 만만치 않다고 했다. 독점 수입업체가 적지 않은 돈을 벌었겠다는 생각이 들었다. 그들에게 창고에 있는 것들이 물밸브인지 가스밸브인지 물었다. 가스밸브 뿐이라는 답이 돌아왔다. 자신들의 공사현장에서 다 그 밸브들을 사용하고 있다고 했다. 당연한 대답, 그들로서는 의심할 여지가 없는 일일 터였다. 제보자들의 얘기가 들어맞고 있는 상황이었다. 가스안전공사에 문의를 해 봤다. 제품의 이름을 밝히며 '그게 물밸브라는데 가스밸브로 써도 괜찮은 것이냐'고. 하지만 공사 관계자는 처음 듣는 얘기라며 그럴 수 없고, 그럴 리도 없을 것이라고 했다. 문제가 발생한 적도, 문제가 있다고 보고된 적도 없다고 했다.

조금은 혼란스러웠다. 이것을 어떻게 풀어야 하나? 가스 공사현장에서 사용되는 밸브들이 사실은 물밸브라는 것이 제보자들의 얘기인데... 그런 사실을 어떻게 입증할 수 있을까? 머릿속으로 이런저런 생각을 해가며 현장의 밸브들을 살피는데 이상한 점이 눈에 들어왔다. 분명 같은 회사의 같은 모델인데 모양이 약간 다른 두 가지 형태의 제품이 섞여 있는 것이 보였다. 그냥 보면 구분이 안 될 정도로 비슷했지만 자세히 살피니 분명한 차이가 있었다. 둥근 머리부분의 크기가 약간 달랐고 거기서 길게 연결된 막대부분의 굵기에서도 조금 차이가 났다. 그러나 두 개 모두 같은 모델이었고 가스안전공사의 까다로운 검사에 통과했다는 '검'자 마크도 새겨져 있었다. '왜 이럴까?...' 주의 깊게 살펴보니 2가지 모양의 밸브들은 꽤 높은 비율로 섞여 있었다. 업자인양 시치미를 떼고 같은 모델로 모양이 다른 2개의 밸브를 구입했다. 그리곤 제보자에게 전화를 걸어 도움을 청했다. 면밀하게 두 개의 밸브를 살핀 그들이 고개를 갸웃거렸다. 뭔가 이상하다고 했다. 그들은 겉만 봐서는 확언하기 어려우니 두개 모두 절개해 단면을 비교해 보는 것이 좋겠다는 의견을 냈다. 그들과 함께 서울 문래동의 철제상으로 달려가 절개작업을 진행했다. 워낙 강하고 단단한 강철제품이라 절개하는데도 꽤 많은 시간이 걸렸다.

2. 품질보증 '검' 마크까지 위조됐다

드디어 날카로운 파열음과 함께 불꽃을 튀기던 절개작업이 끝났다. 내부 구조는 복잡하지 않았다. 겉의 둥근 보호막이 4각형의 긴 쇠막대를 둘러싸고 있는 형태, 아주 단순했다. 하지만 절개작업을 통해 드러난 둘 사이에는 확연한 차이가 있었다. 우선 쇠막대를 둘러싸고 있는 둥근 외부막의 두께에 큰 차이가 있었다. 육안으로도 쉽게 구분될 정도의 차이였다. 거기에 막대의 끝 부분이 하나는 매끈했지만 다른 하나에는 용접된 자국이 있었다. 그 모습에 제보자들이 황당하다는 반응을 보였다. 가스밸브에는 어떤 경우도 용접을 할 수 없게 돼 있다는 것이었다. 용접 부분이 부식될 경우 가스가 샐 수 있고 그렇게 되면 치명적인 폭발사고로 이어질 수 있기 때문이라고 했다. 막대의 모양과 두께도 달랐다. 하나가 매끈한 일자형 막대인데 비해 용접된 것은 거칠고 두꺼웠다. 거기에 결정적인 것이 하나 더 있었으니 하나에는 고유번호표가 붙어 있었지만 다른 하나에는 그런 표가 아예 없었다. 하지만 그렇게 다른 두 개 모두 막대 끝에 '검'자 마크는 또렷하게 새겨져 있었다.

혼란스러웠다. 용접 자국과 일련번호 등 조잡한 모양을 볼 때만 해도 하나는 위조된 것이 분명하다고 확신했었다. 그런데 '검'자 마크가 문제였다. 대체 이게 뭐란 말인가? 이 표시는 까다로운 가스안전공사의 품질검사에 합격했다는 의미 아닌가? 또 가스안전공사의 품질검사에 합격했다면 그건 제대로 된 제품이라는 의미가 되는 것이고... 혹시 제조회사가 두가지 형태의 밸브를 같이 생산하고 있다는 말인가? 의문을 풀기 위해 해당 회사의 브로슈어를 구해 꼼꼼하게 살펴봤다. 하지만 그런 내용은 어디에서도 찾을 수 없었다. 제보자들도 그런 얘기는 들어보지 못했다고 했다.

신중한 나와는 달리 제보자들은 '위조'를 확신하고 있었다. 애초 본인들이 제보했던 것과는 전혀 다른 방향으로 일이 진행되는 상황이었다. 하지만 그들은 분해작업이 다 끝나고도 떠나려고 하지 않았다. 나보다 더 큰 관심을 가지고 이해 안 되는 상황을 추론하고 있었다. 그들은 두 제품은 겉모양만 비슷할 뿐 완전히 다른 제품들이라고 단언했다. 하나는 진짜를 흉내낸 명백한 가짜라는 얘기였다. 다른 것 다 떠나서 용접을 했다는 사실만으로도 그건 진품일 수 없다고 했다. 다른 것도 아니고 가스밸브를 위조하다니... 놀라운 얘기였다. 사실 그들은 큰 충격을 받은 모습이었다. 물밸브가 가스밸브로 사용된다는 의심은 했지만 제품 자체를 위조할 것이라고는 짐작도 못했다고 했다. 더욱이 위조된 가짜가 백주대낮에 버젓이 유통되고 있으리라고는 상상도 못했다고 했다. 기사의 방향이 완전히 다른 쪽으로 바뀌고 있었다. 상식적으로 생각해도 위험천만한 일이 아닐 수 없었다. 위조된 가짜들이 다른 곳도 아닌 도시가스회사의 창고에 쌓여 있다는 것은 그것들이 공사현장에서 실제로 사용되고 있다는 의미였다. 도대체 누가 그런 위험한 짓을 벌이고 있다는 말인가? 도대체 관리체계나 시장의 구조가 어떻길래 그런 일이 일어날 수 있다는 말인가?

가짜라는 의심이 강한 이상 안전도를 확인해 보는 것이 중요할 것 같았다. 안전도를 테스트해 보면 모든 것이 분명해질 것 같았다. 설사 가짜라고 할지라도 안전도에만 문제가 없다면 차분하게 대처해도 될 것 같았다. 가짜로 의심되는 밸브 하나를 추가로 구입했다. 그 밸브를 들고 가스안전공사를 찾았다. 공식적으로 안전도를 시험하는 기관이었다. 책임자는 어떤 제품이든 엄격한 검사에 합격해야만 시중 판매가 가능하다는 사실을 강조했다. 제품에 새겨진 '검'자 마크를 확인한 그는 자신들이 품질보증을 한 제품이라면 문제가 없을 것이라고 자신하기도 했다. 바로 시험에 들어갔다. 테스트에서 가장 중요한 것은 기밀시험(높은 압력에서 공기가 새는지 새지 않는지를 가리는 시험)이었다. 관 내부에 물을 채운 후 밸브를 잠근 상태에서 한쪽에 압력을 가해 변화를 살피는 방식이었다. 아무런 변화가 없으면 합격, 하지만 물방울이 올라온다면 불합격이었다. 물방울이 생긴다는 건 공기가 샌다는 의미였고 공기가 샌다는 건 밸브가 제 역할을 하지 못한다는 뜻이었다.

30초쯤 지났을까? 연결부위에서 공기 방울이 만들어지는 게 보였다. 잠시 후 몸집을 키운 방울이 올라왔다. 잠시 후 또 다른 방울이 이어졌다. 방울은 급격하게 늘지는 않았지만 천천히 그 수를 늘려갔다. 그건 공기가 샌다는 의미, 밸브에 문제가 있다는 의미였다. 검사 책임자가 두어 번 고개를 가로 저었다. 그리곤 단호하게 사용할 수 없는 밸브라고 판정했다. 함께 한 가스안전공사 홍보책임자의 얼굴이 달라지고 있었다. 당황하는 표정이 역력했다. 자신들이 내주는 '검'자 마크가 선명한 밸브에서 가스가 샌다는 사실이 확인됐으니... 당연한 일일 터였다. 놀라기는 나도 마찬가지였다. 기밀시험까지 해보겠다고 나서기는 했지만 속으로는 '설마'했었다. 다른 것이 아닌, 폭발의 위험성을 안고 있는, 폭발이 일어난다면 엄청난 피해를 낼 수 있는 가스 밸브 아닌가? 실제로 가스배관 공사현장에서 사용되고 있다는 바로 그 밸브 아닌가? 정신이 번쩍 들었다. 끔찍한 상상, 무서운 생각도 들었다. 하지만 답답한 마음을 알지 못하는 공기 방울은 계속 올라왔다. 가스안전공사 관계자의 얼굴이 거의 사색으로 변하고 있었다.

기밀시험은 그렇게 끝났다. 이제 다른 것은 더 볼 필요도 없었다. 충격이 큰 듯 한동안 침통한 표정으로 생각에 잠겨 있던 책임자가 부하 직원을 불렀다. 무슨 생각이 들었는지 그는 '검'자를 찍을 때 쓰는 봉을 가져오라고 했다. 검자 마크는 제품을 꼼꼼하고 까다롭게 검사한 후 합격할 경우 합격의 표시로 내주는 품질보증 마크였다. 이것저것 살피던 그가 잠시 후 나를 불렀다. 여전히 심각한 표정이었다. '막대에 새겨진 '검'자가 우리것과 다릅니다' 가스가 새는 것으로 확인된 밸브의 검자 마크가 자신들이 사용하는 것과 다르다는 얘기였다. 그가 보여주는 '검'자 봉의 도장과 밸브에 새겨진 '검'자를 비교해 봤다. 글씨체는 비슷했지만 크기와 모양이 달랐다. 여전히 심각한 표정의 그는 또 다른 차이도 지적했다. 정품엔 '검'자 마크가 두개인데 비해 위조로 의심되는 것엔 하나 뿐이라는 것이었다. 그건 내가 미처 확인하지 못한 것이었다. 그가 단호한 표정으로 말했다. '검자 마크가 위조된 것이 분명합니다.' 놀라운 얘기였다. 그도 상당히 충격을 받은 것이 분명했다. 누군가 제품만 위조한 것이 아니라 국가공인기관의 품질표시 인증까지 위조했다는 얘기였다.

그에게 용접된 부분도 있다는 사실을 알렸다. 그때까지만 해도 그는 용접 흔적에 대해서는 알지 못하는 상태였다. 눈 앞에 펼쳐진 엄청난 사실에 다른 것은 살필 여유가 없었던 것 같았다. 그가 용접부위를 확인하더니 무겁게 고개를 끄덕였다. 어금니를 꽉 깨문 상태, 다 알겠다는 표정이었다. 이것저것을 더 살피던 그는 잠시 후 평정심을 되찾은 듯 했다. '그러면 그렇지'... 그는 한편으로는 한숨을 내쉬면서도 다른 한편으로는 충격을 받은 모습이 역력했다. '우리가 검사한 제품이 아니어서 다행이기는 하지만...' 그는 말을 다 잇지 못했다. '도대체 누가 이런 위험천만한 일을 벌이고 있는지 정말 궁금하네요...' 그의 목소리가 살짝 흔들리고 있었다. 정말 상상을 초월하는 일이라고 했다. 그는 KBS 취재와 관계없이 자신들도 실태조사를 해봐야겠다고 했다. 그러면서 취재과정에 새롭게 드러나는 것이 있다면 꼭 알려달라는 부탁도 잊지 않았다. 기사가 처음의 의도와 전혀 다른 방향으로 엄청나게 키지고 있었다.

3. 시중 유통량의 30%가 가짜?

그렇게 가짜를 확인하고 나니 다음 단계가 자연스럽게 결정이 됐다. 전국을 돌며 가스회사 창고에 쌓여있는 밸브들 가운데 가짜를 확인하는 일이었다. 다행히 지역별로 가스회사가 하나 정도씩밖에 없어 확인작업이 어렵지는 않았다. 단면 절개까지 해 가며 가짜를 구분할 수 있게 된 내게 가짜를 찾아내는 일은 그리 어려운 일이 아니었다. 처음에 자신들의 문제를 취재하는 줄 알고 몸싸움까지 걸어오던 가스회사와 직원들은 나중에 설명을 듣고는 물끄러미 바라보기만 했다. 그들은 잔뜩 쌓인 밸브들 가운데 내가 가짜라며 골라내는 것들을 침통하게 들여다 보기만 할 뿐이었다. 그들의 표정도 복잡했다. 나는 그들에게 가짜로 골라낸 것들을 절대 사용해서는 안 된다고 강하게 경고했다. 그들 또한 진짜와 가짜의 차이점, 가스안전공사의 시험 결과를 듣고는 적지 않은 충격을 받은 모습이었다. 그도 그럴 것이 이미 땅속에 묻은 밸브 가운데도 가짜가 상당수 섞여 있다는 것을 그들은 누구보다 잘 알고 있었다. 그리고 그것이 언제 어떤 문제를 일으킬 지 누구도 장담할 수 없다는 사실도 그들은 이미 인식하고 있었다.

가짜는 예상보다 훨씬 많았다. 가장 먼저 들른 구미의 도시가스회사에서는 확인 가능한 4개 가운데 2개가 가짜였다. 대구에서는 9개 가운데 8개, 서울에서는 40개 가운데 13개가 가짜로 확인됐다. 그런 식으로 일일이 확인해 보니 가짜의 비율이 평균 30%에 달했다. 놀라운 사실이었다. 나보다 더 놀란 것은 회사 관계자들이었다. 그들은 거의 경악하고 있었다. 꿈에도 몰랐다며 고개를 저었다. 그들을 통해 문제의 밸브가 어디서 공급되는지 확인할 수 있었다. 네덜란드 밸브의 독점 수입권을 가지고 있다는 바로 그 회사, 한국○○○○이었다. 관련 자료들을 조사해보니 그 회사는 독점수입을 할 뿐 아니라 자체적으로 밸브를 만들기도 하는 회사였다. 가스관으로 사용하는 밸브는 워낙 정밀함을 요구해 만들기가 쉽지 않지만 상·하수도관에 쓰는 밸브들은 이미 국내업체들도 자체 제작을 하고 있는 상태라고 했다. 아마도 수입밸브가 워낙 고가인데다 수요가 많다보니 이 회사가 욕심을 부린 것 아닌가 싶었다. 때는 정부의 계획에 따라 도시가스 공급이 확대되면서 전국적으로 가스관 매립공사가 한창 진행되는 상황이었다.

그렇게 주변 취재를 마무리 지은 상태에서 이 회사에 전화를 걸었다. 이 회사는 가스회사들을 통해 KBS가 취재한다는 사실을 이미 알고 있었다. 아마도 가스회사들의 항의성 문의에 엄청나게 시달리기도 했을 터였다. 회사로 와 설명하고 싶다는 것을 직접 찾아가겠다며 막았다. 공장을 직접 보고 싶었다. 사장뿐 아니라 기술개발 책임자까지 함께 만나고 싶다는 희망도 함께 전했다. 경기도 안산에 있는 회사는 번듯한 규모였다. 밸브의 생산라인이 바쁘게 돌아가며 시끄러운 소음이 공장 안을 채우고 있었다. 직원들이 바쁘게 움직이는 모습도 보였다. 내 손에는 문래동에서 절개한 밸브 2개가 들려 있었다. 2층의 약속장소로 들어가기 전 카메라 기자에게 카메라를 작동시킨 상태로 따라와 달라고 주문했다. 그리고 나와 공장 책임자의 중간부분 맞은 편에 자리를 잡고 모든 움직임을 다 잡아 달라고 부탁했다. 사무실에 들어서 자리에 앉자마자 절개한 밸브를 책상 위에 올려 놓았다. '다른 말씀은 나중에 듣기로 하고 우선 사실 관계부터 확인하고 싶습니다' 내 얘기에 그들은 당황하는 모습이 역력했다. 그들에게 펼쳐진 제품이 본인들이 공급한 제품이 맞는가 물었다. 난처한 표정으로 바라보던 대표가 그렇다고 했다. 네덜란드에서 수입한 제품이라고 했다. 이번엔 수입 진품을 그 옆에 올려놓았다. '그런데 두 개의 제품이 왜 이렇게 다를까요?' 나는 두 제품의 차이나는 부분을 설명해 달라고 요구했다. 그들의 얼굴이 하얗게 변했다. 거기까지는 전혀 예상을 못했던 듯 했다. 특히 막대 부분의 용접에 대해 해명을 요구하자 그들은 완전히 질린 표정이었다.

한참 동안 아무도 말이 없었다. 얼마쯤 흘렀을까... '그렇게 세세한 내용까지 알고 오셨으면...' 사장 옆에 앉아 있던 젊은 임원이 침울하게 말끝을 흐렸다. '죄송합니다....' 사장도 힘없이 고개를 숙였다. 하지만 사장은 자신은 몰랐다고 했다. 자신의 결백을 강조하려는 듯 밖을 향해 공장장을 불러오라고 소리쳤다. 길지 않은 기자생활이었지만 많이 익숙해진, 못난 높은 사람들의 전형적인 모습이었다. 헐레벌떡 달려온 공장장은 담담한 얼굴이었다. 무뚝뚝한 표정으로 연습 삼아 몇 개를 공장에서 만들었는데 그것이 현장으로 나간 모양이라고 둘러댔다. 말도 되지 않는 변명이었다. 자그마치 창고에 쌓여있는 밸브들의 30%가 가짜로 확인된 상태였다. 전국을 돌며 확인한 자료를 제시했다. 그런 상황이 민망했던지 죄송하다고 했던 젊은 임원은 슬그머니 자리를 떴다. 이규종 기자는 한 순간도 놓치지 않고 모든 과정을 카메라에 다 담고 있었다. 열심히 준비한 자료를 펴보지도 못하고 정곡을 찔린 사장은 허둥대느라 어쩔 줄을 몰랐다. 듣고 싶은 얘기를 다 들은 후 그에게 마지막 질문을 했다. '사장님. 다른 게 아니라 위험천만한 가스에 사용될 것인데요, 그것도 한두 해 쓰는 게 아니고 반 영구적으로 쓰는 것인데요, 사고나면 어떻게 하시려고 이런 위험한 제품을 유통시키시는 겁니까?' 질문이 끝남과 동시에 나를 잡고 있던 카메라가 사장의 얼굴로 방향을 옮겼다. 그리고 잠시 후 사장의 얼굴을 크로즈업했다. 난감한 표정의 사장은 눈만 껌벅거릴 뿐 아무런 답을 하지 못했다.

4. 속속 확인되는 가짜들, 엉뚱한 신경전

낯선 분야에 대한 호기심이 뜻밖의 특종으로 연결된 취재였다. 결국 제보는 사실이 아닌 것으로 판명됐다. Naval이라는, 바다와 관련된 상호가 오해를 부른 것 같았다. 하지만 전혀 엉뚱한 방향에서 의미 있는 기사가 건져졌으니 결코 제보자들의 공이 작다고 할 수 없을 터였다. 취재가 잘 됐으니 이제 잘 정리해 편집만 하면 될 일이었다. 그러나 이때부터 복잡한 상황이 전개됐다. 사무실에 낯선 사람들이 드나들기 시작했다. 부장을 찾는 전화가 많아졌고 전화를 받은 후 자리를 뜨는 일도 잦아졌다. 나름 괜찮은 고발기사를 쓸 때마다 반복되는 현상이었지만 이번엔 그 정도가 훨씬 심했다. 그런 일이 있고 나면 부장은 으레 엉뚱한 말로 신경을 자극했다. '어이. 그거 다른 나라에서도 다 그렇게 한다던데 우리가 너무 까다로운 것 아니야?', '위조된 게 3~4개밖에 안 된다던데.... 별 것 아닌 것 가지고 너무 호들갑 떠는 것 아니냐구....' 그런 식이었다. 그럴 때마다 애써 환한 표정을 지어가며 구체적인 자료를 가지고 설명을 해야 했다. 하지만 부장은 못마땅한 표정을 풀지 않았다. 마음이 편할 수 없었다.

부장의 시비는 거기서 끝나지 않았다. 기사의 데스킹 과정으로도 이어졌다. 취재의 방식을 문제삼고, 제시된 숫자를 따지고, 편집된 화면을 간섭하고, 기사의 길이를 트집 잡고... 이해할 수 없는 일들이 단계마다 벌어졌다. 그 모든 과정에서 설명하고 설득하느라 적지 않은 에너지를 소모해야 했다. 그는 나나 부원들의 눈을 전혀 의식하지 않는 것이 분명했다. 완전히 얼굴에 철판을 깔기로 작정한 것 같기도 했다. 기사 작성부터 최종 편집까지 수도 없는 의도적인 시비에 맞서야 했다. 모든 일의 방향은 오직 하나, 기사의 강도를 낮추는데 맞춰져 있었다. 그만큼 스트레스도 커질 수밖에 없었다. 힘들었다. 솔직히 순간순간 올라오는 '욱' 하는 감정을 다스리는 것도 쉽지 않았다. 그렇게 그렇게... 짧지 않은 우여곡절 끝에 기사가 완성됐다. 고맙게도 부장과 달리 편집부에서는 기사의 의미를 평가해줬다. 주말 뉴스의 3번째 아이템, 현장추적으로 방송될 수 있었다. 방송의 형식도, 순서도 기대했던 것 이상이었다. 사실 부장이 집요하게 시비를 걸 때만 해도 방송이 제대로 나갈 수나 있을지 걱정했었는데... 기사를 알아봐 준 편집 부장에 고마움이 밀려왔다. 그동안의 서운함을 다 날려버릴 정도의 시원함이 있었다.

위험천만한 가스밸브를 대놓고 위조했다는 사실에 사람들은 충격을 받은 모습이었다. 만일 그런 밸브가 사고를 일으킨다면... 끔찍한 상상에 사람들은 경악하는 모습이었다. 전문가들의 평가도 만족스러웠다. '단순히 위조사실을 밝히는데 머물지 않고 실제 위험성까지 입증한 수작'이라는 평가가 사내외에서 이어졌다. 그동안의 서운함과 속상함을 다 털어버릴 정도의 만족감이 일었다. 1차 목표는 충분하게 달성된 셈이었다. 그러나 방송은 그렇게 잘 나갔는데... 아쉽게도 속보가 나오지 않았다. 당연히 검찰이 나서고 정부 주무 부처에서 입장을 밝히는 것이 마땅한 사안이었다. 실태를 확인하고 수사에 나서 숨어 있던 범죄행위를 응징하고 국민을 안심시키는 것이 그들의 할 일이었다. 하지만 조용했다. 며칠이 지나도록 기사와 관련해 어떤 후속 움직임도 감지할 수 없었다. 답답했다. 사정은 언론들도 마찬가지였다. 그들이 스스로 움직이지 않으면 기자들이라도 나서서 묻고 따져줘야 하는데... 그리고 그건 당연히 해당 출입처의 KBS 기자가 앞장 서줘야 할 일인데...

지켜보려던 입장에서 마음을 바꿨다. 나까지 거기서 멈춰서는 안 되겠다고 생각했다. 그건 일종의 오기이기도 했다. '당신들이 움직이지 않는다면 내가 끝까지 파 보리라.' 땅속에 묻힌 밸브들을 직접 확인해 보기로 했다. 일일이 땅속 밸브를 뒤져 가짜가 매설돼 있는 실태를 드러내 보이기로 한 것이었다. 사실 위조품의 유통이 확인됐기에 그건 당연한 과정이었다. 하지만 그건 전문기관의 도움 없이는 불가능한 일이었다. 물론 도움을 받아 시도해 볼 수도 있었지만 그건 부장과 또 한 차례 부딪혀야 한다는 것을 의미했다. 이미 충분히 지친 마음, 더 이상은 그러고 싶지 않았었다. 그런 마음에 따라 관계기관이 나서 확인해주기를 기다리기로 했었는데... 그렇게 마음을 접은 상태였는데... 달라진 계획에 따라 다시 한번 마음을 다잡아야 했다. 어쩌면 더 심하게 부딪혀야 할 것이라고 각오를 다져야 했다. 이미 취재 과정에서 적지 않은 수가 땅속에 묻혀 있을 가능성을 확인했기에 결코 꽝이 날 기사가 아니었다. 관건은 과연 얼마나 나올 것이냐였다. 그 결과에 따라 엄청난 파장이 생길 수 있을 터였다. 한국가스안전공사에 도움을 요청했다. 전부는 어렵겠지만 위조품이 많이 발견된 지역만이라도 몇 곳을 확인해 보자는 내용이었다.

5. 경악! 땅속 밸브의 10%가 가짜로 확인되다.

한국가스안전공사는 당위와 책임, 그리고 예상되는 후폭풍 사이에서 깊은 고심을 하는 것 같았다. 여러 날이 지난 후 공사는 정중하게 거부 의사를 밝혀왔다. 인력을 포함한 제반 여건을 고려할 때 불가능하다는 것이었다. 하지만 그 말이 곧이곧대로 들리지 않았다. 거의 확실시 되는 '위조밸브 매설'의 후폭풍을 우려하는 것임이 분명하다고 생각됐다. 어쩌면 상급기관이 막았을 것이라는 생각도 들었다. 취재 후 방송까지의 힘겨웠던 과정을 생각하면 그 판단이 오히려 합리적일 것 같았다. 아무튼 그들은 자신들이 협조를 거부하면 취재를 포기할 것이라고 기대했던 것 같았다. 그렇지 않다면 자신들의 업무와 관련된 그 중대한 일에서 그렇게 쉽게 발을 뺄 수는 없을 터였다. 물론 그건 잘못된 판단이었다. 나로서는 그렇게 쉽게 물러설 수 있는 사안이 아니었다. '만일 단 한 개라도 위험스러운 가짜가 묻혀 있다 사고가 날 경우 어떻게 하겠느냐?'고 그들을 압박했다. 실재 가능성이 대단히 높은 위험한 현실에 여건만 탓하고 있는 저들의 자세를 질타했다. 그리고 '독자적으로라도 확인할 것이다. 만일 문제가 드러날 경우 가스안전공사에도 엄중하게 책임을 물을 것이니 각오하라'는 무거운 경고를 전달했다.

그런 압박에 놀란 것일까? 가스안전공사가 입장을 바꿨다. 문제의 수입밸브를 사용하고 있는 공사를 전면 중단시키고 정확한 실태 확인작업에 나서겠다고 했다. 전국의 도시가스회사들을 대상으로 위조밸브 유통실태를 확인하고 특별히 땅속에 묻혀 있는 밸브 가운데 가짜를 가려내는 작업도 진행하겠다고 강조했다. 1보 방송이 나간 후 일주일만이었다. 그런 입장에 따라 가스안전공사의 현장조사가 시작됐다. 물론 나도 그 현장에 함께 했다. 첫 조사지역은 서울 외곽의 연립주택 단지였다. 그 얼마 전 도시가스 공사를 마친 지역이라고 했다. 가짜를 확인하는 작업은 의외로 간단했다. 땅속에 묻히기는 했지만 밸브가 연결된 부분에는 예외 없이 맨홀 뚜껑이 덮여 있었다. 그 뚜껑을 열어 위로 드러난 '검'자 마크만 확인해 보면 되는 일이었다. 이미 진짜 '검' 마크와 가짜 '검' 마크의 차이를 확인한 상태였기에 그것은 그리 복잡한 작업이 아니었다. 맨홀 뚜껑을 열고 '검' 마크가 보이면 나와 가스공사 직원이 일일이 대조하는 방식이었다. 이른 아침부터 가스안전공사 직원에 KBS 카메라까지 동원돼 맨 홀 뚜껑을 열고 닫고 하는 모습에 주민들은 큰 관심을 보였다. 호기심 반, 걱정 반의 모습이었다. 뭐하는 것이냐고 묻는 사람들이 있었지만 차마 '위험한 가짜 밸브를 찾고 있다'고 답하지는 못했다. 그건 그들을 심각한 불안에 빠지게 할 말이었다. '좀 확인할 것이 있어서 왔다'고 둘러댔다.

작업을 시작하며 처음 확인한 것은 다행히 정품이었다. 하지만 10여 분이 지나면서부터 위조된 가짜가 나타나기 시작했다. 여기저기 많기도 했다. 동행한 가스안전공사 직원의 표정이 굳어졌다. 예상은 했지만 여기저기서 확인되는 실제 상황에 나도 적잖이 놀라고 있었다. 그렇게 2시간여 동안 그 동네와 주변에서 확인된 가짜만 10여 개에 달했다. 이제는 뚜껑을 열어보기 겁날 지경이었다. 더 길게 확인할 필요가 없을 것 같았다. 가스안전공사 직원은 이 정도라면 공사를 다시 해야 할 것 같다고 했다. 그는 깊은 한숨을 자주도 내쉬었다. 일을 진행하면서 보니 '인력 부족'을 내세웠던 가스안전공사의 애초 변명은 말이 되지 않는 것이었다. 확인되는 결과에 대한 걱정이 앞선 핑계였음이 분명했다. 그런 작업이 한팀에 3명이면 충분했다. 확인작업은 하루에 수백 개라도 할 수 있을 만큼 간단했다.

다음 날 다른 지역을 찾았다. 전날과 같은 일들이 그대로 반복됐다. 1시간도 채 안 됐는데 벌써 4개의 가짜가 확인되고 있었다. 난감한 표정으로 현장을 지켜보던 가스안전공사 책임자가 앞을 막아서며 그 정도로 끝내자고 했다. 전날에는 나오지 않았던 꽤 직급이 높은 간부였다. 첫날의 결과에 그들도 적지 아니 충격을 받은 것이 분명했다. 그는 나머지 지역은 자신들이 책임지고 다 확인할 테니 맡겨달라고 했다. 전국을 다 조사하겠다는 약속도 했다. 나로서도 방송을 위한 취재는 충분히 이뤄진 셈이었다. 현장성 있는 화면도 부족하지 않다. '그러시면 대충하지 말고 철저하게 조사해 조치를 취해 주시라', '최종 결과가 나오면 반드시 알려 주시라'는 당부를 하고 확인작업은 거기서 정리하기로 했다. 이틀 동안의 작업에서 드러난 가짜 매설 사례가 14건에 달하고 있었다. 겨우 3시간 남짓한 조사였다. 생각해 보니 문제도 보통 문제가 아니었다.

일단 거기까지 진행한 후 가스안전공사의 연락을 기다렸다. 기사의 충격이 만만치 않을 것 같았다. 닷새쯤 지난 후 연락이 왔다. 조사결과를 팩시밀리로 보내주겠다는 얘기였다. 잠시 후 도착한 서류는 달랑 한 장짜리였다. '1차 조사결과'라고 기록된 자료에는 3천 6백여 개를 확인한 결과 377개가 위조된 가짜로 확인됐다는 내용이 담겨 있었다. 지역별로는 대구가 조사대상의 30%가 가짜로 판명돼 가장 많았고 경남과 경기는 20%선, 인천이 15%선으로 나타나 있었다. 전체적으로 10%를 조금 넘는 수준, 그러나 솔직히 그대로 믿어지지는 않는 내용이었다. 무엇보다 취재 과정에서 가짜가 가장 많은 것으로 확인된 서울의 비율이 가장 낮은 편에 속해 있었다. 전국의 도시가스 창고와 두 차례 현장을 취재한 내 판단으로는 최소한 20%에서 30%까지는 나오는 것이 정상이었다. 하지만 구태여 따지지 않기로 했다. 그만으로도 엄청난 수치였다. 위험천만한 가짜의 대량 매설이 현실로 확인됐으니 '절대로 그대로 넘기지는 않겠지' 하는 믿음이 있었다. 거기에 1차 조사결과라고 했으니 조사가 계속 이어질 것이라는 희망도 있었다. 무엇보다 중요한 사실은 '매설된 가짜가 실제로 확인됐다는 사실'이었다. 그것도 엄청나게 많이. 거기까지 파고 들어간 것만으로도 기사는 충분한 역할을 했으니 한발 물러서 지켜봐도 되겠다고 생각했다.

6. 다시 벌어진 신경전, 차라리 나를 잘라 주시오

　취재는 아쉬울 것 없이 잘 됐다. 위조된 가짜의 매설이 실제로 확인됐고 현장 상황과 인터뷰도 충분했다. 전체적으로 아주 만족스러웠다. 내용도 1차 때의 '위조 자체'보다 훨씬 더 심각한 것이 분명했다. 실제로 그런 위험한 밸브들이 전국 곳곳에 묻혀 있다는 사실이 확인됐으니… 그러나 기사의 의미와 관계없이 넘어야 할 관문, 가장 신경 쓰이는 절차가 하나 더 남아 있었다. 1차 때와 마찬가지로 데스크와의 신경전이었다. 속보 취재에 나서겠다고 했을 때부터 탐탁치 않게 생각하던 부장은 이번에는 더욱 노골적이었다. 1보 때 그렇게 속보이게 방해를 하고도 별로 좋은 소리를 듣지 못한 모양이었다. 그게 2보에 대해 더욱 신경질적인 반응으로 나타나는 것 같았다. 부장은 '별 것 아닌 문제를 가지고 지나치게 불안을 조성하고 다닌다'며 취재 내내 나를 불편하게 했다. 차라리 '사정이 이러저러하니 어떻게 했으면 좋겠느냐?'고 상의하는 형식이라도 취해줬으면 좋으련만 그는 터무니없는 억지와 주장으로 나를 공격했다. 마음이 편치 않았지만 이번에도 내게 가장 중요한 것은 기사를 지키는 일이었다.

　해서 최대한 마찰을 줄이자고 마음 먹었다. 부장이 시비를 걸 수 있는 내용들은 처음부터 아예 배제시켰다. 구체적인 수치에는 증거로 뒤를 받쳤고 현장은 생생한 현장음을 포함시켰다. 그렇게 기사를 작성했다. 당연히 기사는 주목도가 높은 '현장추적' 감이었다. 현장추적에 나간 1보에 이은 속보, 거기에 1보보다 훨씬 충격적인 사실이 담겨 있었기에 그건 당연한 일이었다. 방송이 나가고 나면 계속해서 관련 속보가 이어질 기사, 대대적인 재공사 등 정부의 대책도 뒤따를 수밖에 없는 기사였다. 그러나 부장은 편집회의도 하기 전에 '현장추적'으로 낼 수 없다고 못 박았다. 동의하기 어려웠지만 그것은 크게 중요한 문제는 아니었다. 어떤 형식이든 방송만 나가면 된다고 생각했다. 하지만 데스킹 과정에서 정말 심각한 일들이 벌어지고 말았다. 중요한 내용들이 대거 드러내진 것이었다. 가짜가 10여 개나 확인된 매설현장 한곳이 완전히 사라졌고 다른 한곳조차 흔적만 겨우 남겨졌다. 기사의 생명인 현장성이 거의 사라져버린 것이었다. 거기에 가스안전공사에서 보내온 조사결과도 분량이 절반 수준으로 축소돼 있었다. 매설

된 것 가운데 가짜가 377개나 확인됐다는, 그 심각한 내용과 관련된 부분이었다. 그렇게 기사를 고치면서도 부장은 내게 아무 것도 묻지 않았다. 물론 '왜'라는 설명도 하지 않았다. 그 정도는 데스크로서 당연히 할 수 있는 권한이라고 시위하는 것 같았다.

1보 때와 마찬가지로 기사의 강도가 많이 약해졌다. 속에서 불이 올라왔지만 그 마저도 참기로 했다. 이미 나는 많이 지친 상태였다. 그리곤 마음 속으로 확실하게 결정을 내려버렸다. 적어도 내게 그는 더 이상 기자가 아니라고. 더더욱 윗사람 일 수도 없다고. 비록 자리는 차지하고 있을지라도 참으로 못나터진 불쌍한 사람일 뿐이라고. 그런 그와 더 이상 말을 섞고 싶지 않았다. 다행히 그렇게 약화시키긴 했어도 기사는 위조된 가짜밸브가 묻혀 있다는 사실만큼은 분명하게 보여주고 있었으므로... 상식을 가진 시청자라면 그 내용만으로도 위험성을 분명하게 인식할 수 있을 터였다. 거기에 방송이 나가면 다른 언론사들의 속보가 이어질 것이라는 기대도 있었다. 비록 1보 때는 애써 눈을 감았지만 실제 위조밸브가 다량 묻혀있는 사실이 확인된 이상 계속 외면할 수는 없을 것이기 때문이었다. 그렇게 생각하니 어느 정도 마음이 안정됐다. 그렇게 상식 밖의 일까지 벌이는 부장이 오히려 안 돼 보이기까지 했다.

2보와 관련된 신경전은 그렇게 마무리됐다고 생각했다. 하지만 아니었다. 상상도 못했던 다음 관문이 하나 더 기다리고 있었다. 편집을 마치고 며칠이 지났는데도 방송이 잡히지 않고 있었다. 전례가 없는 일이었다. 통상 그런 취재물은 편집되기 무섭게 방송을 내는 것이 관례였다. 특히 청탁과 로비가 많은 기사는 서둘러 방송을 내고 손을 털어버려 복잡한 상황을 일찍 마무리하는 것이 일종의 요령이었다. 한데 사흘이 지나도록 방송 일자도 잡히지 않고 있었으니... 아무런 설명도 없었다. 마음을 다 비운다고 했지만 그 상황에서도 입을 닫고 있을 수는 없었다. '왜 방송이 나가지 않느냐'고 물었다. 부장은 오히려 짜증스러운 표정이었다. 별 설명없이 '기다려 보라'고만 했다. 그런 상황이 또 며칠 이어져 일주일이 지나고 있었다. '무슨 이런 경우가 있냐'고, '정말 이래도 되는 것이냐'고 따졌다. 이번엔 내 목소리도 조금 높아져 있었다. 그는 듣는지 마는지 고개를 돌린 채 담배만 빨아 댈 뿐이었다.

참으로 답답한 시절이었다. 속절없이 시간만 그렇게 흐르고 있었다. 그런 상황에 '이러다 방송이 못 나갈 수도 있겠다'는 걱정이 들었다. 그렇게... 그렇게... 마음을 다 접으려는 순간에 방송이 이뤄졌다. 제작이 끝나고 열흘이 더 지난 시점이었다. 1분 30초, 그것도 뉴스 끝 부분에 걸쳐진 일반 아이템 수준이었다. 방송이 됐다는 안도감보다 허탈감, 열패감이 더 했다. 속이 끓었다. 그건 어디를 봐도 치밀한 노력으로 일궈낸 탐사보도물이 아니었다. 그저 가스안전공사에서 조사한 내용을 전하는 수준의 단순 보도물일 뿐이었다. 그런 리포트를 보고 있자니 속이 편할 수 없었다. 스스로가 '참 안 됐다'는 생각, '부장은 대체 왜 그럴까' 하는 생각, 'KBS는 왜 이런 모습일까' 하는 생각... 밤 늦도록 잠도 이룰 수 없었다. 왜 의미있는 취재를 하고도 이런 민망한 신경전을 벌여야 하는 것인지, 왜 박수받을 취재를 하고도 깊은 속앓이를 하는 일들이 반복돼야 하는 것인지... 정말이지 이해할 수 없었다.

다음날 오전, 부장과 마주 앉았다. 심호흡을 몇 번 한 뒤 무겁게 입을 열었다. 'OOO 씨, 나는 더 이상 당신 밑에서 일 할 수 없소. 나를 기동취재부에서 빼 주시오' 오랫동안 생각해 온 마음이었다. 그를 위해서도, 나를 위해서도 그게 가장 나은 방법이라고 판단했다. 부장이라는 호칭 대신 OOO 씨라고 이름을 부르는 내게 그는 흠칫 놀라는 모습이었다. 그에겐 엄청난 모욕이 분명했을 터였다. 그의 입장에서 나는 까마득한 후배였으니. 더욱이 그는 스스로에 대한 프라이드가 넘치는 사람이었으니. 그건 내가 할 수 있는 최대한의 표현 방식이었다. '내가 먼저 국장에게 얘기하면 당신에게 좋지 않을 것이오. 그러니 박선규 데리고 일 할 수 없다고 먼저 얘기하시오. 그러면 나는 아무 소리도 않고 그대로 빠져주겠소. 당신같은 사람과 단 한 순간도 같이 하고 싶지 않소.' 놀랐는지, 겁을 먹었는지 침통한 표정의 부장은 아무 말도 하지 못했다. 연신 담배 연기만 뿜어댔다. 그날 이후 나는 그를 마주치지 않았다. 그가 사무실에 있을 땐 밖을 맴돌았고 멀리서 그가 보이면 굳이 다른 길을 돌았다. 그런 세월이 몇 달간 이어졌다.

그로부터 6개월쯤 후인 1994년 12월 7일 오후 3시쯤, 서울 아현동에서 가스 폭발사고가 일어났다. 대형 폭탄이 터지는 폭발음과 함께 불기둥이 50m 이상 치솟는 초대형 폭발이었다. 사고는 서울 거의 전역에서 감지될 정도였고 그 엄청난 위력에 점심시간 이후 약간의 나른함에 빠져 있던 시민들은 경악해야 했다. 그 폭발로 12명이 숨지고 백 명 넘는 부상자가 발생했다. 건물 145채가 부서지고 차량 92대도 파손됐다. 불길이 가스관을 타고 빠르게 확산되면서 아현동은 물론 공덕동, 만리동, 노고산동 일대가 검은 연기와 유독가스로 뒤덮이기도 했다. 대낮에, 다른 곳도 아닌 서울 한복판에서 일어난 후진적 사고에 주변에 살던 주민들은 물론 국민이 받은 충격은 이만저만이 아니었다. 당연히 모든 언론은 앞다투어 가스관리의 문제와 정부의 무능을 질타했고 당연히 KBS도 빠지지 않았다. 며칠 후 사고 조사반의 공식 발표가 있었다. '불량 밸브에서 새 나온 가스가 지하 공간에 고여있다 불씨를 만나 폭발한 사고였다'는 내용이었다. 정신이 번쩍 들었다. 엄청난 몽둥이로 뒤통수를 세게 맞은 느낌. 당시 그 정도의 현장에 사용되던 밸브를 취급하는 곳은 내가 아는 한 단 한 곳뿐이었다. 위조 밸브를 만들어 팔던 문제의 바로 그 회사였다.

7. 고발 기자의 아픈 숙명, 관계의 단절

비록 2보가 실망스럽기는 했지만 밸브기사의 파장은 작지 않았다. 회사에 대한 수사가 진행됐고 공장장을 비롯한 직원들이 사법처리 됐다는 소식이 전해졌다. 왜 사장이 아닌 공장장이 책임을 뒤집어썼는지 의문이었지만 더 이상의 관심은 접기로 했다. 누군가 실력자가 뒤를 봐주고 있는 회사라면 그리 될 수밖에 없었을 터였다. 그 문제까지 따라잡기에 나는 너무 지쳐있었다. 거기에 내 관심은 그들의 사법처리가 아니라 '제도 개선'이었다는 일종의 자기 합리화도 한몫했다. 취재 당시 공장에서 어색하게 만난 후 사장은 시도 때도 없이 회사로 찾아왔다. 참으로 선하게 생긴 얼굴에 서글서글한 눈웃음이 좋아 보이는 분이셨다. 그런 분이 나이도 한참 어리고 경험도 부족한 내 앞에서 눈물 흘리는 모습을 보는 것은 참으로 곤혹스러운 일이었다. 정말 난감했었다. '내가 뭐라고 이런 사람들에게...', '내가 지금 제대로 하고 있는 건가?'... 고발 기자의 역할에 회의가 일기도 했다. 특별히 사장의 모습이 지방에 살고 계신 친척 어른의 인상과 아주 비슷해 마음속 불편함은 더했다.

고발기사를 쓰는 기자 입장에서 참으로 난감한 것이 이런 취재원과의 관계였다. 일단 뭔가 잘못을 해 취재의 대상이 된 기업이나 사람들은 거의 필사적으로 매달렸다. 한 번만 봐 달라고. 한 번만 눈감아 주면 정말 잘 하겠다고. 그들은 때론 읍소로 또 때론 인맥을 총동원해 사정을 호소했다. 어떤 경우엔 거액의 돈을 동원하기도 하고 또 어떤 경우엔 심각한 물리적 압박을 앞세우기도 했다. 어느 한 가지 만만한 스타일이 없었다. 많이 불편하고 때론 겁이 나기도 했다. 해서 경력이 일천했던 초년병 시절엔 아예 그들을 외면했었다. 취재가 끝나면 전화를 받지 않는 것은 물론 접근자체를 허용하지 않았다. 그들과 인연이 있는 선배나 동료들이 찾아와 분위기를 잡을라치면 '제발 그러지 말라'고, '그러면 안 되는 것 아니냐'고 매몰차게 쏘아 붙이기도 했었다. 간혹 회사까지 찾아오는 사람들이 있었지만 그들에게도 차 한잔 나눌 시간조차 내주지 않았다. 만나봐야 하는 소리가 뻔했기 때문에... 그런 그들의 눈에 '꿈쩍도 않는 나'는 오만한 모습일 수밖에 없었을 터였다. 솔직히 '그러기에 진작 잘 하시지...' 하는 마음 속 비아냥, '당신들은 당해도 싸다'는 모진 마음도 없지 않았던 시절이었다. 초년병 시절 나는 냉정한 인과응보론, 당위적 책임론으로 단단하게 무장된 일종의 투사였다.

그러나 그러다 보니 불편한 일들이 적지 않았다. 인정머리 없는 놈으로 치부되는 일이 잦아졌다. 선배도 몰라보는 놈, 혼자만 깨끗한 척 하는 놈으로 몰리기도 했다. 어느새 나는 목소리 큰 사람들 사이에서 기피인물이 돼 가고 있었다. 그렇게 주변의 관계가 조금씩 무너지고 있다는 사실을 나는 뒤늦게야 깨달을 수 있었다. 그건 충격이었다. 결코 그런 의도가 아니었는데... 사람 좋아하고 무엇보다 많은 친구를 가진 것을 자랑으로 생각하며 살아 왔는데... 기자가 되고 나서도 인간미 잃지 않으려고 무던히 애써왔는데... 물론 기자로서의 내 입장을 이해하지 못하고 공격과 비난에 앞장서는 동료와 친구들에 서운함이 일기도 했었다. 잘못은 내가 아니라 그들에게 있는 것이라고 합리화도 해 봤다. 적어도 내 기준으로 그들은 그래서는 안 되는 사람들이었기에. 누구보다 내 입장을 이해하고 내편을 들어주는 것이 마땅한 사람들이라 여겼기에. 그러나 그런다고 현실이 달라지지는 않았다. 그 사실이 못견디게 아팠다.

물론 잘못은 자신들이 저질렀으면서도 나를 나쁜놈으로 매도하는 못된 사람들도 받아들이기 어려웠다. 그들 가운덴 심지어 나를 원수로 생각하는 경우까지 있었다. 말도 안 되는 일이었지만 실상이 그랬다. 하지만... 어느 순간 입장을 바꿔 생각하니 '그럴 수 있겠다'는 생각이 들었다. 그들의 입장에서 볼 때 나는 평생 일군 회사와 단란한 가정, 장밋빛 미래를 망친 사람임이 분명했다. 그건 시청자들의 박수, 환호와는 근본적으로 다른 차원의 문제였다. 당하는 당사자들의 입장에서 나는 원수일 수밖에 없는 것이 그들과 나를 둘러싼 본질적 구조였다. 기본적인 구조자체가 그렇게 돼 있는 상황에 한 번만 만나달라는 애원조차 받아주지 않으니 저들의 반감은 더 커질 수밖에 없었을 터였다. '전화조차 안 받는 것을 보니 우리를 죽이려고 작정한 것이 분명하구나.', '시작부터 뭔가 의도가 있었던 것이 분명하구나.'... 뭔가 머리를 때리는 것이 있었다. 그런 모습이 필요 이상의 감정을 자극하며 부추기고 있다는 깨달음이었다. 그것은 저들에게도 내게도, 세상에도 결코 도움이 되지 않는 일임이 분명했다.

8. 사장님이 제 입장이라면 어떻게 하시겠습니까?

유감스럽게도 이런 깨달음을 얻은 것은 고발기사를 쓰기 시작하고도 한참이 지나서였다. 누구도 그런 위험성을 가르쳐주지 않았었다. 당연히 현명하게 대처하는 방법을 일러주는 사람도 없었다. 어느 순간 주변에서부터 껄끄러워하는 분위기가 감지되고 노골적으로 수군거리는 소리가 들려오고 나서야 자각하게 된 현실이었다. 그런 자각에 돌아보니 나는 참 상황 판단이 느린, 모자란 사람임이 분명했다. 여러 날 동안의 고민 끝에 방법을 바꾸기로 했다. '전화 피하지 말자.', '찾아오겠다는 사람들은 기꺼이 다 만나주자'는 것이었다. 그렇게 해서 불가피한 선은 있겠지만 최소한 '불필요한 감정의 상처'는 만들지 말자는 것이었다. 그날 이후 나는 최대한 밝은 표정으로 찾아오는 사람들을 다 만났다. 차를 나누며, 때론 된장 찌개를 앞에 두고 그들의 얘기를 들어줬다. 다만 원칙을 정해 장소는 회사 휴게실과 근처 음식점으로 한정했다. 혹 외부의 차단된 공간에서는 어떤 일이 생길지 모른다는 걱정 때문이었다. 가급적이면 내 말은 줄이고 무조건 많이 들어주자는 것도 원칙 가운데 하나였다. 바뀐 방법은 분명 효과가 있었다.

그들은 얼굴 마주하고 하소연을 다 털어놓는 것만으로도 마음을 어느 정도 푸는 것 같았다.

밸브 회사 사장은 그렇게 해서 자주 만나게 된 사람 가운데 하나였다. 그분은 내가 원하는 답을 주지 않는데도 지치지도 않고 꾸준히 찾아왔다. 그는 자신이 처음 회사를 세울 때부터 그때까지의 어려웠던 과정, 그를 딛고 이룬 회사의 실적, 위상, 심지어 소소한 가족사까지 다 털어놓았다. 자기의 잘못과 책임도 다 인정한다고 했다. 그렇게 말하는 그의 눈과 표정에서 어떤 악의도 읽을 수 없었다. 그래서 안타까움이 더 했다. 그런 얘기 끝에 매번 그의 결론은 '한 번만 봐 주신다면'... 으로 이어졌다. 내가 편안한 표정으로 얘기를 다 들어주니 그분의 입장에서는 '잘 하면 되겠다'고 생각한 것인지도 모르겠다. 때론 공감도 해주었으니까. 정말이지 쉽지 않은 일이었다. 그런 그를 보며 분명하게 정리를 해줘야 할 필요를 느꼈다. 또 한 차례 긴 그의 하소연을 다 듣고 난 어느 날, 웃음기를 거두고 진지하게 물었다. '만약 사장님이 제 입장이라면 어떻게 하시겠습니까?'... 조금 전까지 여유를 보이던 그의 표정이 굳어졌다. 말을 잃고 멍한 표정으로 내 얼굴만 빤히 쳐다봤다. 양쪽 눈에 눈물이 고이고 있었다.

'사장님. 이럴 땐 저도 제가 기자인 것이 싫습니다. 하지만 어떻게 하겠습니까? 제가 기자인 것을... 기사가 안 나갈 수는 없습니다. 그래도 매일 찾아오셔서 이렇게까지 말씀하시니 취재한 내용들 가운데 이러이러한 것들은 빼드리겠습니다...' 나는 구체적인 내용을 들어 설명했고 그는 듣기만 했다. '그러나 그런 내용들을 들어낸다고 해도 힘드실 겁니다. 그 힘든 부분은 견뎌주시는 방법 밖에 달리 방도가 없습니다. 최선을 다해 정상적으로 이 위기를 극복해 보십시오. 그리고 그렇게 최선을 다해 노력하는데도 힘 느는 일이 계속 이어진다면 그때는 제가 다른 방식으로 도울 방법을 찾겠습니다...' 그는 여전히 망연자실한 표정이었다. 그 상태로 한참을 더 앉아 있었다. 내가 먼저 일어섰다. 그도 힘없이 일어서며 손을 내밀었다. 어깨가 축 늘어진 상태였다. 뭐라고 더 할 말이 없었다. 마음 속으로 '제가 의도적으로 힘들게 하려는 게 아닌 것만은 이해해주십시오..' 조용히 속삭였다.

밸브 기사가 나간 지 3년 후쯤, 거의 기억에서 사려져 갈 즈음 한 통의 전화를 받았다. 그때 눈물을 흘리던 사장이었다. '아, 박 기자. 나요. 당신 덕분에 고생 죽게 하고 있지...' 얼굴은 보이지 않았지만 목소리가 밝았다. 웃음기도 잔뜩 묻어있었다. '이제 좀 나아지셨나요? 건강은 괜찮으시고요?' 약간의 미안함을 담아 나도 가볍게 받았다. '아직도 힘들지. 하지만 이제 당신한테 소주 한잔 살 수 있을 만큼 형편이 나아졌소. 한번 봅시다.' 마다할 이유가 없었다. 이런 전화를 받을 때 정말 기분이 최고였다. 그 날 나는 이 분과 잘 마시지도 못하는 술을 진탕 마셨다. 어깨동무하고 한바탕 노래도 부르면서. 소주잔을 부딪히며 3년 전의 아픈 기억도 유쾌하게 추억했다. 그분은 '알아보니까 당신 정말 대단한 기자더라구. 그날 밸브 들고 사무실에 찾아왔을 때, 조목조목 가짜라는 사실을 지적할 때 이 친구하고 맞서서는 안 되겠구나 하고 일찌감치 결론을 냈지...' 그도 웃고 나도 웃었다. 감옥 갔던, 순박한 인상의 공장장은 어떤가고 물었다. 그도 출소해서 다시 일을 하고 있다고 했다. 마음이 더 편해졌다. 고맙게도 고발기사를 쓰면서도 이런 업자들로부터의 전화를 가끔씩, 아주 가끔씩 받을 때가 있었다. 그런 전화가 세상 어떤 전화보다 고맙고 반가웠다.

■

값싼 엑기스의 비밀,
중국 인삼을 찾아라

1. 왜 엑기스 제품에서만 농약성분이 검출됐을까?

1992년 역사적인 한·중 수교는 여러 면에서 우리 사회에 변화를 가져왔다. 마치 기다렸다는 듯 양국 사이에 활발한 교류가 진행됐다. 특별히 인적 물적 교류의 확대는 가히 폭발적이었다. 분명 엄청난 변화였고 압도적으로 긍정적인 측면이 많았다. 하지만 그 틈새에서 무시할 수 없는 부작용도 나타나고 있었다. 중국산 농산물의 불법 유입은 그런 문제 가운데 하나였다. 검역을 거치지 않은 많은 농산물이 밀수를 통해, 또 여행객들의 보따리를 통해 흘러들어 왔다. 그런 농산물들은 슬금슬금 유통구조의 저변을 흔들면서 종종 안전성 문제를 제기하기도 했다. 기자로서 그런 흐름에 신경이 쓰였다. 그런 여러 물품 가운데 특별히 인삼이 눈에 들어왔다. 중국이 적극적으로 인삼재배에 나서고 있는 것을 아는 까닭이었다. 정부 당국은 기회 있을 때마다 인삼 시장은 안전하다고 강조했지만 심심치 않게 터지는 중국산 인삼밀수 사건은 그런 발표의 신빙성에 의문을 제기하고 있었다.

기자로서의 취재본능이 발동됐다. '정말 인삼 시장은 문제가 없는 것일까?' 현장의 전문가들은 아닐 것이라고 했다. 공식수입된 것은 없지만 이미 적지 않게 들어와 유통되고 있을 가능성이 높다고 했다. 그들은 이구동성으로 중국산엔 농약이나 중금속이 많이 들어있다며 그것이 가장 큰 문제라고 했다. 한번 확인해 볼 필요를 느꼈다.

일단 취재 계획을 세웠다. 하지만 방법이 마땅치 않았다. 밀수현장을 잡는다면 가장 좋겠지만 그건 거의 불가능한 일이었다. 설혹 유통되고 있는 현장을 찾는다고 해도 중국삼과 우리 인삼을 구별해 내는 것 또한 만만치 않은 일이었다. 내게는 물론 그런 능력이 없었고 전문가들도 쉽지 않은 일이라고 했다. 심증이 있다 하더라도 확신할 정도로 명확한 단서를 잡는 것은 거의 불가능하다는 것이 그들의 고백이었다. 난감한 일이었다. 궁리 끝에 취재 방식을 바꿔 진행해 보기로 했다. 일반적인 방식은 중국삼을 먼저 찾아낸 뒤 그게 유통되는 경로를 확인하고 최종적으로 어떤 제품에 사용돼 어떻게 판매되는지를 밝히면 끝이었다. 하지만 이번에는 그 방식을 거꾸로 하기로 한 것이었다. 먼저 시중에서 판매되는 인삼 회사들의 제품을 분석한 뒤 그것을 근거로 역추적하는 방식이었다. 그렇게 해 보면 뭔가 실마리가 잡힐 것 같았다. 다행히 국내산 인삼에서는 철저한 감독과 관리 덕에 다년간 농약이나 중금속이 검출된 사례가 없다고 했다. 그렇기에 만일 시판제품에서 농약이나 중금속이 검출된다면 그 제품엔 중국산이 쓰인 것으로 일단 의심해 봐도 된다는 것이 전문가들의 공통된 얘기였다.

그렇게 분석대상이 결정됐다. 시중에 판매되고 있는 인삼 회사 9곳의 엑기스와 대표 제품들이었다. 인삼 판매점이 밀집돼 있는 남대문 시장과 몇 곳의 전문 매장을 돌며 분석할 제품들을 구입했다. 그리고 이젠 든든한 파트너가 된 한국수도연구소에 성분분석을 의뢰했다. 농약 성분이 나오는지, 나온다면 어떤 것들이 얼마나 나오는지를 확인하는 과정이었다. 비용을 포함한 몇 가지 문제로 일단 중금속은 제외했다. 과학적 분석을 통해 문제를 찾아내고 그를 근거로 원인을 추적하는 방식은 이제 거의 내 취재의 트레이드 마크가 된 상태였다. 일주일 후 나온 결과는 그야말로 충격적이었다. 8개 회사 엑기스(농축원액) 제품에서 농약이 검출됐다. BHC 성분은 오이 허용치의 30배, PCNB계열은 감자 기준치의 최대 160배에 이르는 수준이었다. 그나마 우리나라에는 기준치조차 없어 일본의 경우를 적용한 것이 그랬다. 유명제품과 무명제품, 큰 회사와 작은 회사의 차이가 없었다. 그러나 특이하게도 엑기스가 아닌 다른 제품들에서는 아예 나오지 않은 경우가 대부분이었고 나온 경우에도 그 양이 아주 미미했다. 그 또한 놀라운 일이었다. 제조 회사와 관계없이 특정 제품에서만 공통적으로 농약이 나오고 다른 제품에서는 거의 나오지 않는 현상이라니... 쉽게 이해가 되지 않는 일이었다.

2. 원인은 밀수된 중국제 미삼이었다

며칠 동안의 고심 끝에 '중국산 인삼이 선택적으로 사용됐을 가능성이 높다'는 쪽으로 잠정 결론을 내렸다. 당연히 '왜?'라는 이유를 찾아내야 했다. 값싼 중국삼을 확보한 상태라면 왜 모든 제품에 다 사용해도 될 텐데 왜 유독 엑기스에만 사용한 것일까? 사실 그건 이해가 잘 안 되는 일이었다. 일단 시판 제품에서 농약성분이 확인됐기에 그 결과만 가지고도 충분히 기사는 쓸 수 있는 상태였다. 그만으로도 제조회사들의 책임을 추궁하고 소비자들의 경계를 불러일으키는 데는 부족함이 없을 터였다. 하지만 계획한 것이 있었기에 거기서 만족하고 멈출 수는 없었다. 그건 취재 계획상의 1단계 성공에 불과했다. 구체적인 증거를 찾고 구조적인 문제를 확인하는 다음 단계로 들어가야 했다. '어떻게 밀수경로를 추적할까?' 방법을 고민하고 있는데 충남 금산에서 연락이 왔다. 현지 취재를 하며 안면을 익힌 전문가였다. 중국산 인삼이 발견되면 신속히 연락해 달라고 부탁을 해 놓은 상태였다. 그는 금산의 한 농협 창고에 밀수현장에서 압수된 중국산 인삼이 보관돼 있는 걸 확인했다고 했다. 망설일 이유가 없었다.

차를 달려 현장에 도착해 보니 눈 앞에 엄청난 광경이 펼쳐졌다. 꽤 넓은 창고의 바닥부터 천정 근처까지, 거의 전부를 압수된 중국산 인삼이 채우고 있었다. 엄청난 양이었다. 미삼이라는, 대부분 뿌리만 모은 것들이었다. 충격이었다. 다른 곳도 아닌 인삼의 고장에 그 정도의 밀수 인삼이 보관돼 있을 것이라고는 상상도 하지 못했었다. 밀수 인삼이 다른 곳이 아닌 금산에 보관된 것은 그 행선지가 바로 그곳이었기 때문이라고 했다. 그말은 밀수가 성공했다면 그 삼들이 금산 인삼으로 둔갑했을 것이라는 의미였다. 그리고 그말은 그렇게 둔갑한 밀수 인삼들이 전국에 퍼져 팔렸을 것이라는 것을 의미하기도 했다. 그 외에도 또 하나 밀수 인삼이 설명해 주는 놀라운 사실이 있었으니 그것은 밀수된 일반 인삼 또한 적지 않을 것이라는 사실이었다. '가치 떨어지는 미삼이 그렇게 대범하게 그 정도 규모로 밀수된다면 그보다 훨씬 가치 높은 제대로 된 인삼은 더 말해 뭐하겠는가?' 하는 생각이었다.

한데 그곳에 한 가지 이상한 게 있었다. 거의 창고를 가득 채울 정도로 양이 많은데도 인삼 특유의 향이 별로 나지 않는다는 것이었다. 그 또한 생각치 못했던 놀라움이었다. 현장에 동행한 관계자들에게 물으니 '향기가 강하지 않은 것이 중국 인삼의 특징'이라고 했다. 그것이 중국삼과 우리 인삼을 구별해 내는 가장 쉬운 방법이라고 했다. 그날 확인한 '냄새가 나지 않는다는 사실'의 발견은 이후 취재 과정에 큰 도움이 됐다. 어떻게 압수한 것인가 물으니 한밤중에 공해상에 나가 중국 배에서 옮겨 싣고 들어오는 것을 적발했다고 했다. 운이 좋았다고 했다. 휘영청 밝은 보름달이 없었다면 잡지 못했을 것이라고 했다. 인삼뿐 아니라 중국과의 밀수는 대부분 그런 방식으로 이루어진다고 했다. 하지만 바다가 워낙 넓어 여간해선 적발이 되지 않는다고 했다. 당시까지 공식적으로 외국에서 수입된 인삼은 우리나라에 단 한 뿌리도 없는 상태였다.

궁금했다. 전혀 상품 가치가 없어 보이는 미삼들은 도대체 어디에 사용되는 것일까? 어디에 쓰이기에 이렇게 엄청나게 밀수되고 있는 것일까? 현장의 관계자에게 물으니 엑기스의 핵심 원료라고 했다. 깨지거나 쭈그러져 부실하게 보이는 인삼과 함께 농축액을 만드는 데 쓰인다고 했다. 자체로는 상품 가치가 떨어지기 때문이라고 했다고 했다. 뿌리만으로는 상품성이 없지만 고온으로 찐 뒤 농축하면 훌륭한 원액이 된다는 것이었다. 또 말려서 보리차처럼 한 줌씩 물에 넣고 끓여 먹기도 한다고 했다. 살아있는 인삼차라며 그렇게 먹는 것을 즐기는 사람들도 꽤 많다고 했다. 아하, 그래서였구나. 비로소 의문이 풀렸다. 인삼 제품을 분석할 때 유독 엑기스 제품에서만 농약 성분이 많이 검출된 이유가 바로 거기 있었던 것이었다. 엑기스 제품에는 값싼 중국산 밀수 인삼, 그중에서도 미삼이 많이 쓰인다는 의미였다. 얘기를 들어보니 중국산 미삼은 국내산의 10~20% 정도 가격에 거래된다고 했다. 당연히 제조업체들은 중국산을 선호할 수밖에 없고 이미 중국에서부터 각 제조 회사까지 연결되는 공급망이 형성돼 있을 것이라는 설명도 이어졌다. 그 말은 중국산 밀수 인삼이 내 생각보다 훨씬 많이 들어와 유통되고 있다는 의미, 회사의 규모를 가리지 않고 그런 밀수 인삼을 광범위하게 사용하고 있다는 의미로도 연결됐다. 유통시장을 한번 확인해 보는 것이 좋을 것 같았다.

3. 수입된 건 한뿌리도 없는데... 시장에 널린 중국인삼

실상을 확인하기 위해 인삼조합 관계자와 함께 청량리 경동시장을 찾았다. 수도권에서 인삼이 가장 많이 거래된다는 곳이었다. 규모가 엄청났다. 입구에서부터 인삼 향기가 진동했다. 길가에 펼쳐놓은 인삼들을 중심으로 꼼꼼하게 살펴봤다. 미심쩍은 것은 냄새를 맡아가며 확인하고 묻기도 했다. 향이 약한 것들이 적지 않았다. 그런 것들을 중국산 아니냐고 집어내니 동행한 관계자가 깜짝 놀랐다. 놀랍게도 상인들은 중국산이 있다는 사실을 굳이 부인하지 않았다. 솔직히 중국산이 많이 들어와 있고 대부분의 가게가 중국산을 팔고 있다고도 했다. 다만 중국산만 따로 팔지는 않고 국내삼과 섞어 판매하고 있다고 했다. 당당하게 중국산이나 국산이나 인삼은 같은 것인데 왜 그게 문제가 되냐고 반문하는 상인들도 있었다. 중국삼이 들어와 있을 가능성은 있지만 확인된 것은 없다던 정부 관계자들의 얘기가 기억났다. 그들은 대체 무슨 생각으로 그런 말을 했던 것일까? 이렇게 한 번만 나와보면 쉽게 확인이 되는 것을...

이제 회사들을 찾아 설명을 들을 차례였다. 분석 결과서를 들고 8개 회사를 일일이 다 찾았다. 책임자들은 내가 내미는 결과표에 얼굴이 벌개졌다. 놀라운 것은 그들이 부인하지도, 변명하지도 않는다는 사실이었다. 이미 결과를 다 알고 있었기 때문일까? 아니면 너무 많이 사용해 발뺌해도 소용이 없다고 판단한 것일까? 그들은 마치 경찰서에 잡혀 온 현행범들처럼 고분고분했다. 일체의 거부나 반발 없이 순순히 모든 것을 시인하고 협조하는 모습이었다. '2년 전부터 썼다. 국내삼으로는 도저히 가격을 맞출 수 없게 돼 있다. 모든 제품에 다 중국산을 쓰는 것은 아니다. 고급제품에는 금산 인삼만 쓴다' '같은 회사 제품이라도 고급과 일반으로 구분돼 있다. 중국산은 일반에만 쓴다. 아예 엑기스 상태로 들여오기도 한다. ○○도 작년에 800kg 정도 들여온 것으로 알고 있다'... 통상적으로 이런 취재에는 항의나 반발, 그게 아니라면 낮은 수준의 불만이라도 나타나는 것이 보통인데 그들은 그러지 않았다. 덕분에 어렵지 않게 취재를 진행할 수 있었다. 원료 인삼들을 보관하고 있는 창고들도 확인할 수 있었다. 창고에는 중국산과 국내산이 따로 분류돼 있었다. 국내산에서는 정말이지 진한 향기가 났다. 그 향기가 냄새 없는 중국산들까지 전부 커버해서 전체적으로 창고는 진한 인삼향으로 가득했다. 하지만 중국산은 향기가 거의 없었다. 해서 일일이 손으로 집어 냄새를 맡아보며 중국산과 한국산을 구별해 내야 했다. 회사 관계자들은 그런 내 모습을 그저 묵묵히 지켜보기만 할 뿐이었다.

저들은 나를 단순한 기자가 아닌 전문가로 인식하는 것 같았다. 하긴 짧은 기간이었지만 심도있는 취재를 통해 나는 인삼에 관해 적지 않은 지식을 갖춘 상태였다. 엑기스의 제조과정을 꿰고 있었고 사포닌의 효능에 대해서도 잘 알고 있었다. 거기에 6년근과 4~5년근의 차이도 알고 있었고 결정적으로 중국산과 국내산을 너무도 간단하게 구별해 내고 있었다. 그 효과인 듯 저들은 항변하기보다는 내가 듣고 싶은 얘기를 다 해줬다. 중국산 사용 사실을 순순히 다 시인했고 구입경로도 털어놓았다. 직거래는 없고 중간에 전문 브로커가 있다고 했다. 그들은 불필요하게 나를 자극하지 않으려 신경 쓰는 것 같았다. 하지만 엑기스와 고급제품들과는 다르다는 사실만은 믿어달라고 했다. 엑기스를 포함한 일반 제품에는 중국산을 섞어 쓰지만 고급제품에는 국산만 사용하고 있다는 얘기였다. 중국산을 쓴 것은 국교 정상화 직후부터라고 했다. 놀라운 일이 아닐 수 없었다. 공식적으로 단 한뿌리도 수입된 것이 없는데 제조업체들은 수년 전부터 중국삼을 사용하고 있었다는 얘기였으니… 그런 얘기들과 함께 그들은 열악한 국내 시장의 현실을 하소연했다. 중국산을 쓰지 않으면 도저히 계산을 맞출 수 없다는 얘기였다.

취재가 마무리됐다. 농약이 다량 검출된 분석결과에 밀수품과 경로까지 확인했고 거기에 관계자들의 증언까지 다 들었다. 방송 준비는 다 끝난 셈이었다. 하나 막상 기사를 쓰려고 하니 한 가지 걸리는 게 있었다. '혹시 중국 인삼 문제로 국내 인삼까지 타격을 받게 되는 것은 아닐까' 하는 걱정이었다. 인기있는 유명회사 제품에서까지 농약이 다 나왔으니 그럴 가능성도 전혀 배제할 수 없다는 생각이었다. 소비자들의 소비행태를 생각하면 그건 자연스러운 일이기도 했다. 인삼 제품에서 농약성분이 검출됐다면 소비자들의 입장에서는 일단 외면하는 방식을 택할 것이 뻔했다. 중국산과 국내삼의 구별도 없을 터였다. 만일 그런 일이 생긴다면… 그건 빈대 잡겠다고 나섰다 초가삼간까지 다 태우는 일이 될 터였다. 분명하게 구분을 해줄 필요가 있을 것 같았다. 국내삼은 중국삼과 다르다는 사실을 함께 언급해 준다면 좋을 것 같았다. 하지만 약간의 불안감도 피어 올랐다. '그런데 국내삼은 정말 믿어도 되는 것일까?' 예정에 없던 국내삼 분석 과정이 추가됐다.

금산에서 국내 인삼을 구해 같은 방식으로 성분 검사를 의뢰했다. 혹시 중국산과 같이 농약이나 중금속이 나오면 어떻게 하나? 은근히 신경이 쓰였다. 국내삼에서까지 농약이 나온다면 기사의 방향과 내용은 완전히 달라질 수밖에 없을 터였다. 솔직히 기사는 더 커지겠지만 그건 내가 원하는 방향은 아니었다. 취재 과정에서 만난 전문가들은 그런 일은 없을 것이라고 자신했었다. 나도 그렇지 않으리라 생각했고 어느 정도의 믿음도 있었다. 하지만 그게 확신의 단계까지는 아니었다. 과연 어느 누가 그것을 장담할 수 있단 말인가? 검사 결과가 나오는 순간까지 가슴을 졸여야 했다. 다행히, 정말 다행히 며칠 후 국내 인삼에서는 농약이 검출되지 않았다는 통보가 왔다. 그제서야 홀가분하게 기사를 쓸 수 있었다.

4. 야심한 시각 집으로 찾아온 손님

모든 취재를 만족스럽게 마치고 조금은 여유가 생긴 상황, 늦은 저녁 시간에 아파트의 벨이 울렸다. '여기 박선규 기자님 댁이지요?' 낯선 목소리였다. 하지만 나를 찾아왔다는 말에 아내는 의심 없이 문을 열어주었다. 문을 열고 들어오는 손님의 얼굴을 보는 순간 나는 소리를 지를 뻔했다. 낮에 찾아갔던 한 회사의 사장이었다. 파주에 있는 제법 이름이 알려진 회사, 나는 이 회사 창고에서 중국삼을 확인한 뒤 관계자에게 '중국삼이 맞다는' 고백(?) 인터뷰까지 하고 돌아왔었다. 취재가 진행되는 동안 사장은 침통한 표정으로 지켜보기만 했었다. 한데 그 사장이 야심한 시각에 집으로 찾아왔으니…. 나는 늦은 저녁을 먹고 있었다. 어린 딸들을 포함해 가족들이 다 보고 있어 놀라는 표정도 지을 수 없었다. 표정을 들키지 않기 위해 반가운 듯 맞은 후 아내에게 밥 한 그릇을 더 가져오게 했다. 한데 이분은 말 없이 고개를 떨군 채 식사만 했다. 의도적이었는지 아니면 걱정 때문이었는지… 그 모습에 아내가 미심쩍은 눈치를 보냈다. 서둘러 식사를 마친 후 밖에서 차 한 잔 하고 오겠다며 그를 데리고 집 밖으로 나왔다.

집 근처 커피숍에 앉은 그는 어색한 표정으로 자신은 00학번이라고 했다. 나의 대학 선배라는 의미였다. 어이가 없었다. '그 상황에 선배임을 내세우다니…' 동문들의 유대가 유난히 강한 학교 분위기를 의식한 행동임에 틀림없었다. 그는 나에 대해 조사를 많이 한 듯 했다. 아마도 주소도 그렇게 알아냈으리라. 그에게 단도직입적으로 말했다. '원하시는 게 뭡니까?' 우리 집도 알았고 아이들과 아내, 어머니의 얼굴까지 봤으니... 솔직히 많이 찝찝했다. 낮게 깊은 숨을 몰아쉰 그가 대답했다. '기사에서 우리 회사를 빼주십시오.' 여전히 풀죽은 목소리였지만 내용만은 분명했다. 예상보다 훨씬 노골적이고 뻔뻔한 요구였다. 취재 과정에서 '이 회사만 취재하는 것이 아니라 다른 회사들도 함께 취재하는 것이니 너무 걱정하지 말라'고 했던 얘기를 주의 깊게 들은 것 같았다. 또 조사를 통해 박선규라는 기자는 문제를 제기할 때 특정한 곳만 타겟으로 하지 않고 업계 전체를 대상으로 삼는다는 사실도 잘 알고 있는 것 같았다.

　많이 당황스러웠다. 기사 때문에 찾아온 사람이 그렇게 대놓고 빼달라고 하는 경우는 처음이었다. 대부분은 '정말 잘못했다. 한번만 봐 주시면 다시는 그런 일 없도록 하겠다'며 최대한 비굴한 모습을 보이는 것이 일반적이었다. 본론을 말하기 전에 회사의 어려운 상황, 개인적인 사연들을 털어놓으며 분위기를 잡는 것이 보통이었다. 한데 그는 그 모든 과정을 생략하고 그냥 빼달라고 얘기하고 있었다. 황당했다. 하지만 감정을 드러낼 수는 없었다. 나에 대해 그는 이미 많은 것을 알고 있는 것이 분명했다. 머릿속이 복잡했다. 사실 취재 대상이 9개나 됐으니 한 회사를 뺀다고 해도 기사를 쓰는데 어려울 것은 없었다. 하지만 그럴 수는 없었다. 그건 말도 안 되는 얘기였다.

　'그럴 수는 없죠. 어디서 무슨 얘기를 들으셨는지 모르겠지만 잘못 알고 오셨군요. 저나 KBS라는 조직을 너무 가볍게 보신 것 같습니다...' 단호한 내 얘기에 그도 조금은 당황하는 눈치였다. 더 이상의 말이 없었다. 나도 그랬고 그도 그랬다. 한참 동안 그런 어색한 침묵이 이어졌다. 그는 자신의 마음을 분명하게 밝혔으니 더 이상의 얘기는 불필요하다고 생각하는 것 같았다. 나 또한 너무 터무니없는 요구에 마땅한 대응방법을 찾지 못하고 머리만 굴리고 있었다. 그런 상황이 더 부담스러웠다. 은근히 겁도 났다. 그는 고개를 숙인 채 내 반응을 기다리고 있는 것 같았다. 머릿속이 복잡했다. 한 가지 분명하게 정리된 생각은 그대로 감정을 상하게 한 채 그를 돌려보내서는 안 된다는 것이었다. 집에까지 찾아와 노골적인 요구를 할 정도라면 보통 사람이 아닐 것이었다. 목적 달성을 못 하게 되면 무슨 일이라도 저지를 사람이라는 생각까지 들었다.

　한참을 생각한 후 이렇게 말했다. '회사의 이름을 직접 거명하지는 않겠습니다. A, B, C.. 형식으로 해 드리지요. 물론 다른 회사도 다 마찬가지로 할 겁니다. 그 이상은 안 됩니다....' 내가 제시할 수 있는 최대한의 양보였다. 사실 그것은 그때까지의 경험을 반영한 판단이기도 했다. 집으로까지 찾아온 것을 보면 그는 회사에 가까운 사람이 있는 것이 분명했다. 그런 사람이라면 회사 내부는 물론 외부 인사들까지 동원해 모든 로비를 다 할 것이라는 사실도 자명했다. 그렇게 되면 데스크가 또 중심없이 흔들리며 나를 괴롭힐 것이고... 그로 인한 갈등이 커질 것임 또한 분명했다. 그러다가 데스크는 아마도 나를 배려하는 척하며 '굳이 소비자들 불안하게 회사 이름을 다 밝힐 필요는 없잖아'라는 식으로 유도할 것이고... 그러면 내가 저항을 한다고 해도 결국 회사 이름 대신 A, B, C 식으로 나갈 수밖에 없을 터였다. 그것이 그동안 윗사람들과의 갈등상황을 겪을 때마다 반복돼 온 일종의 패턴이었다. 나의 제안은 그런 판단에 따른 것이었다.

　비로소 그의 얼굴이 조금 풀렸다. 그렇게라도 해주시면 고맙겠다고 했다. 당연히 고맙고 또 고마워해야 할 일임이 분명했다. 회사의 이름이 공개되지 않는다는 것은 확실히 빠져나갈 구멍이 생긴다는 의미였다. 시치미를 뚝 떼고 자기 회사는 해당되지 않으니 안심하라고, 다른 회사들을 비난하면서 오히려 역으로 선전할 가능성도 농후한 방식이었다. 그런 사람들이 너무 많은 세상이었고 실제 경험한 사례들도 여러 차례 있었다. 고발기사를 쓸 때 인물과 회사, 제품 등 구체적인 내용을 다 밝히는 것은 바로 그런 이유 때문이었고 그건 내 스스로 세워놓은 원칙이기도 했다. 한데 이번엔 나 스스로 그 원칙을 허물겠다고 약속한 셈이 됐다. 찝찝했다. 하지만 어쩌겠는가?.... 한결 여유가 생긴 그에게 이번엔 내가 물었다. '우리 집은 도대체 누가 가르쳐 준겁니까?' 그는 대답을 하지 않았다. 하지만 짐작은 갔다. 그날 낮 나를 찾아와 분위기를 살피고 간 선배가 한 사람 있었다. 그는 비상 연락망을 주의 깊게 살폈었다. 한숨만 나왔다. 도대체 왜 이런 일이 끊이지 않는단 말인가?

결국 방송은 회사와 구체적인 제품 이름을 밝히지 못한 채 나갈 수밖에 없었다. 하지만 그만으로도 의미전달에 큰 문제는 없었다. 소비자들은 국내의 거의 모든 업체가 문제 투성이의 중국산 인삼을 사용하고 있다는 사실을 알게 됐다. 생각보다 훨씬 많은 양의 중국삼이 밀수되고 있다는 사실, 그를 막아야 하는 관계기관의 역할에 심각한 문제가 있다는 사실도 인식하게 됐다. 방송은 그렇게 내 성에 차지 않게 나갔지만 주무 부처에는 세세한 내용이 기록된 검사결과표를 전달했다. 제조 회사와 제품명이 그대로 기록된 자료였다. 반드시 체크해 필요한 조치를 취해달라고 당부했다. 만일 흐지부지 넘긴다면 다음엔 정부를 대상으로 훨씬 더 독한 기사를 쓰겠다고 엄포를 놓았다.

5. 고등학교 시절 친구의 고백

그렇게 기사가 정리돼 나가고 얼마간 시간이 흐른 시점이었다. 오랫동안 잊고 지내던 친구가 찾아왔다. 새까만 교복에 까까머리로 어울리던 고등학교 친구였다. 학교 다닐 때는 가까웠지만 졸업 후 서로 바쁘게 지내다 보니 거의 만나지 못하고 있었다. 회사로 찾아온 친구는 여전히 환하게 웃는 모습이었다. 학창시절에도 그랬었다. 크지 않은 체구에 자존심이 유달리 강했던 친구, 다른 친구들과는 종종 부딪히기도 했지만 내 앞에서는 항상 밝게 웃었던 친구였다. 친구는 저녁을 함께 하자고 했다. 미리 잡혀있던 약속을 뒤로 미뤄야 했지만 전혀 불편하지 않았다. 반가움과 기쁨이 훨씬 더 컸다. 사실 그 즈음 나는 기자생활의 재미에 푹 빠져 있었다. 새로운 사람들을 만나고 새로운 일들을 경험하는 하루하루가 그렇게 즐거울 수 없었다. 특별히 감춰져 있던 사실을 드러내 세상에 알리고 그런 과정을 통해 문제가 바로 잡히는 모습을 지켜보는 것은 엄청난 보람이었다. 하루하루 알지 못했던 세상을 익히면서 스스로가 점점 더 커지는 느낌, 그건 참으로 행복한 경험이었다. 빡빡한 일정에 가까운 사람들을 자주 볼 수 없다는 것이 조금 아쉽기는 했지만 그 정도는 성장의 비용으로 간주할 수 있었다. 그런 상황에 그리웠던 친구가 찾아왔으니 어찌 안 반가울 수 있었을까...

친구는 남대문시장에서 제법 규모 있는 인삼가게를 운영하고 있다고 했다. 부친이

하시던 사업을 이어받은 것이라고 했다. 경기도 파주에는 자그마한 제조 공장도 있다고 했다. 그런 얘기들을 들으면서도 나는 그 얼마 전의 인삼 취재를 떠올리지 못하고 있었다. 그저 아주 오랜만에 만난 친구가 반갑기만 했다. 말 몇 마디 나누니 함께 했던 고등학교 시절이 그대로 살아났다. 겸사겸사 얼굴 한번 보고싶어 왔다며 친구는 그동안의 얘기를 쏟아냈다. 텔레비전 방송에 나오는 날 보며 반가웠다는 얘기, 걸프전, 소말리아 내전 종군하는 모습 보며 가슴 졸였다는 얘기, 방송에서 보니 학창시절 촌티가 다 사라졌더라는 얘기 등... 느릿느릿, 가끔씩 쑥스런 미소를 섞어가며 털어놓는 친구의 얘기가 더없이 정겨웠다. 그렇게 분위기가 익어가던 어느 순간 친구가 한마디를 툭 내뱉었다. '이제야 얘긴데 나 정말 힘들었다. 너 때문에 정말 힘들었어.' 친구는 여전히 웃는 표정이었다. 하지만 나는 머리를 한 대 맞은 느낌이었다. 나 때문에 힘들었다니... 갑자기 이 무슨 소리란 말인가?

이어진 친구의 얘기는 이랬다. 어느 날 인삼 업계의 대표 몇 사람이 가게로 찾아왔더라고 했다. 이들은 대뜸 KBS 박선규 기자가 당신 친구 아니냐며 밑도 끝도 없이 당신이 나서줘야겠다고 압박하더라고 했다. 언젠가 함께 모였던 자리에서 뉴스에 나오는 나를 보며 친구라고 자랑했었는데 그걸 기억한 것 같았다고 했다. 친구는 그때까지만 해도 내가 인삼을 취재한다는 사실 자체를 모르고 있었다고 했다. 거기까지 얘기한 친구는 잠시 뜸을 들였다. 그리곤 멋적은 웃음을 흘리더니 돈은 얼마가 들어도 좋으니 기사만 막아 달라고 통사정을 하더라고 했다. 여러 개 회사가 분담하면 그런 비용쯤은 아무 것도 아니라고 설명하면서. 그들의 표정이 정말 절박해 보이더라고 했다. '이건 개별 회사 차원의 문제가 아니다. 업계 전체가 위기를 맞을 수 있는 심각한 상황이다. 당신 회사도 예외가 되지 않을 것이니 무슨 수를 써서라도 막아야 한다'며 자신을 몰아붙이더라고 했다. 그날에야 친구는 내가 업계의 핵심 9개 회사를 취재하는 얘기를 전해 들었다고 했다. 친구는 자신의 회사가 9개에 포함되지 않은 것을 얼마나 다행으로 여겼었는지 모르겠다며 얘기를 이었다.

그들의 얘기를 들으니 솔직히 자기 회사 걱정도 되더라고 했다. 일단 방법을 찾아보겠다고 그들을 돌려보낸 후 고민에 빠졌다고 했다. '무조건 찾아가서 친구 한번 살려달 라고 부탁해 볼까?', '아니면 정말 돈을 싸 들고 가서 미친 척 한 3억쯤 갖다 안겨볼까? 돈은 얼마든 써도 된다고 했으니... 이왕 받는 것 저들에게는 5억쯤 필요하다고 한 뒤 3 억만 주고 2억은 내가 써 버릴까? 안 그래도 회사가 어려운데...' 별별 생각이 다 들더 라고 했다. 그러다 어느 순간 생각하니 그렇게 머리를 쓰는 자신의 모습이 너무 쪽팔리 더라고 했다. 거기다 자기가 아는 박선규는 그런 것에 꿈쩍도 안 할 놈이었기에 자칫 망신만 당할 수 있겠다는 생각도 들었다고 했다. 해서 눈치를 보며 차일피일 시간만 끌 었다고 했다. 많이 시달리고 많이 고민하면서... 친구의 얼굴은 여전히 웃고 있었다. 하 지만 그동안 마음고생의 흔적이 군데군데 묻어 있었다. 녀석의 솔직한 고백이 아리고 고마웠다. 아림보다 고마움이 더 컸던 것은 그런 상황에서 나를 찾아오지 않아 준 녀석 의 자존심 때문이었다. 찾아왔다면, 녀석의 부탁을 들었다면 정말 힘들었을 것이었다. 막걸리를 곁들인 기분 좋은 저녁 후 녀석은 이제 속이 다 풀렸다며 일어났다. 돌아서며 손을 흔드는 녀석의 얼굴이 활짝 웃고 있었다. 홀가분함이 느껴졌다.

이 친구는 이듬해부터 매년 추석이 되면 나를 찾아왔다. 자기 회사 제품들을 작은 트 럭에 잔뜩 실은 채였다. '기자라고 사람들에게 대접 많이 받고다닐 테니 고마운 사람들 에게 선물해라. 나는 니가 내 친구인 게 정말 좋다...' 녀석은 별 것 아닌 듯 짐을 내려 놓고는 차도 한잔 마시지 않고 훌쩍 떠나곤 했다. 그건 감동이었다. 웬만한 사람은 흉 내도 못 낼 속 깊은 배려였다. 그건 돈이 많다고, 공장이 있다고 쉽게 할 수 있는 일이 아니었다. 녀석의 말대로 나는 기자가 된 후 정말 많은 대접을 받고 있었다. 하지만 받 기만 했지 갚을 생각은 전혀 못 하고 있었다. 어느 순간부터인가 대접 받는 것에 익숙 해져 고마움을 표하는 것도, 그런 스스로에 대한 민망함도 다 잊은 상태였다. 친구의 선물은 그런 나를 돌아보게 했다. 정말 많이 변해 있는 나를 확인할 수 있었다. 당연히 나는 그 추석 이후 썩 괜찮은 기자로 소문이 났다. 선물을 받아든 취재원들은 기쁨을 넘어 감동하는 표정이었다. '평생 기자에게 선물 받아보기는 처음'이라며 유쾌하게 웃 어주는 사람들도 많았다. 그들과의 관계가 더 깊어졌음은 물론이었다.

과자에서
톨루엔이 나온다

1. 정부산하 연구기관 연구원의 전화

1990년대 대한민국은 참으로 사건 사고가 많은 나라였다. 오죽하면 서울에 주재하는 외국 언론사의 특파원들은 기사 걱정을 안 해도 된다는 것을 서울 근무의 장점 중 하나로 꼽을 정도였다. 굳이 머리 써가며 무슨 기사를 쓸까 고민하지 않아도 매일매일 기삿거리들이 넘쳐난다는 얘기였다. 어떤 사람들은 그런 현상을 다이나믹하다는 단어로 표현하기도 했지만 분명 바람직한 현상은 아니었다. 1994년 10월도 그랬다. 9월 중순 언론 보도로 알려진 인천 북구청 세무비리의 규모가 눈덩이처럼 커지고 있었다. 애초 29살 9급 여직원의 개인 비리로 시작된 수사는 세무직원들과 법무사들이 결탁된 구조적인 범죄로 바뀌어 있었다. 검찰의 중간수사결과 확인된 횡령액이 60억 원을 넘었고 구속된 사람만 21명에 이르렀다. 그런가 하면 부자들에 대한 증오심으로 폭력조직을 결성한 뒤 엽기적인 살인 행각을 벌여온 지존파 소식이 세상을 흔들기도 했다. 조직원들의 단합을 다진다며 살해한 피해자들의 인육을 나눠 먹고 흔적을 남기지 않기 위해 사체 소각장까지 만들었다는 검찰의 발표에 세상은 충격에 빠졌다. 선량한 시민들은 극도의 공포감에 몸을 떨어야 했다. 누구라도 피해자가 될 수 있다는 무차별 증오범죄의 공포가 사회를 무겁게 짓눌렀다. 이런 분위기와 맞물려 문민정부 출범이후 처음으로 사형수 15명에 대해 형 집행을 단행했다는 소식도 들려왔다.

KBS도 중요한 전기를 맞고 있었다. 10월 1일부터 1TV의 광고를 폐지하고 수신료 징수업무를 한국전력에 위탁하기로 한 것이었다. 수신료를 받으면서 광고까지 한다는 비판, 그와 함께 일고 있는 수신료 거부 움직임에 대응하면서 20여 년 전에 정한 요금에서 한푼도 오르지 않은 수신료를 현실화하기 위한 나름의 방책이었다. 어느 모로 생각하나 1970년대 정한 월 2,500원 수신료가 경제규모가 커지고 물가도 비교할 수 없을 정도로 오른 20여 년 후에도 그대로 유지된다는 것은 정상적인 것은 아니었다. 물론 KBS는 기회가 있을 때마다 회사 차원에서, 때론 정치권의 도움을 받아가며 수신료 인상을 시도하곤 했다. 하지만 그때마다 강한 여론의 저항에 막혀 실패했었다. 여러 이유가 있었지만 공영방송답지 못하다는 국민의 불만과 불신이 가장 중요한 요인으로 꼽히곤 했다. 안팎으로 그런 복잡한 상황에 공영방송다운 취재 아이템을 고민해야 했다. 그러던 어느 날 한 통의 전화가 걸려왔다. 정부산하 연구기관에서 일하는 이○○ 박사였다. 소박한 미소에 금테 안경이 잘 어울리는, 그 분야의 최고 전문가였다.

'애들이 많이 먹는 과자에서 톨루엔이 나오는데 혹시 알고 계십니까?' 의례적인 인사가 끝나자마자 그가 질문을 던졌다. 도발적인 방식이었다. '톨루엔이라구요? 처음 듣는 얘긴데... 왜 문제가 있는 건가요?' 당시 나는 톨루엔에 대해서는 전혀 아는 것이 없는 상태였다. 이름조차 처음 들어보는 것이었다. '당연히 문제가 있지요. 톨루엔은 중추신경 억제제로 쓰이는 성분이거든요. 중독성이 강하고 심하게 노출될 경우에는 현기증을 일으키고 구역질을 유발합니다. 먹는 데는 쓸 수 없는거죠.' 그의 목소리에 힘이 들어가 있었다. '그렇다면 과자에는 절대 들어가서는 안 된다는 얘기네요.', '당연하죠. 들어가면 큰일 나는 거죠. 더군다나 과자는 애들이 먹는 건데...' '그렇다면 그런게 어떻게 과자에서 나온다는 겁니까?' 그가 말꼬리를 흐렸다. '글쎄 말입니다. 그걸 저도 모르겠어요. 아무튼 분명한 건 톨루엔이 나온다는 겁니다...'

그는 나에게 한번 확인해 보라고 했다. 그 정도 얘기해줬으면 원인을 찾아내는 일은 기자인 당신이 해야 하는 것 아니냐고 꾸짖는 것 같았다. 이○○ 박사, 그는 녹즙기의 쇳가루 취재로 가까워진 사람이었다. 경쟁 관계에 있던 두 녹즙기 회사의 의뢰를 받아 제품을 시험 분석해 줬다가 결국 그게 양 회사의 치열한 싸움으로 이어지면서 곤욕을 치른 사람이었다. 당시 두 회사는 자신들에게 유리한 부분만 발췌해 상대를 자극하는 광고에 활용함으로써 그와 그의 연구소를 곤혹스럽게 했었다. 결국 그 광고가 눈에 띄어 나오는 기자와 취재원으로 만나게 됐고, 또 녹즙기 회사들은 또 회복 불능의 상태에 빠지게 됐고... 일련의 일들로 생각지 않았던 어려움은 겪었지만 그는 기자인 나와 가깝게 된 것이 좋은 것 같았다. 자신이 직접 개입된 일로 취재가 이뤄지면서 결과까지 만들어내는 언론의 영향력에 매료된 것 같기도 했다.

구미가 확 당기는 얘기였다. 어린이들이 밥 못지 않게 많이 먹는 과자에 그런 유해성분이 들어있다면 심각한 일임에 틀림없었다. 의미 있는 기사가 될 수 있을 것 같았다. 바로 사실 확인작업에 들어갔다. 분석기사를 쓸 때마다 파트너로 삼아 이제는 제법 유명해진 수도연구소에 분석을 의뢰했다. 시중에서 판매되고 있는 유명 회사의 과자 5종류를 맡긴 후 가능한 한 서둘러 달라고 부탁했다. 사흘 후 연락이 왔다. '톨루엔이 나오는데요. 하나도 예외가 없습니다. 왜 나오는지는 좀 더 살펴봐야 알 수 있을 것 같습니다.' 분석 책임자도 놀란 눈치였다. 일단 사실관계를 확인하고 나니 마음에 여유가 생겼다. 며칠 후 그에게서 또 연락이 왔다. '경로를 확인했다'는 것이었다. 그들도 많이 궁금했던 모양이었다. '포장지에서 전이된 것으로 보입니다.' 포장지를 인쇄하는 과정에서 용제로 톨루엔을 사용하는데 그 성분이 남아 있다가 과자 속으로 옮겨간 것 같다는 얘기였다. 톨루엔은 기름 성분만 만나면 찰싹 달라붙는 성질이 있는데 기름으로 튀겨진 과자는 톨루엔이 옮겨 앉기에 최상의 조건이라는 것이었다. 본격적으로 취재에 나서도 될 것 같았다.

사실 '과자에서 톨루엔이 검출됐다'는 사실은 그 자체만 가지고도 훌륭한 기사가 될 수 있는 내용이었다. 아니 대부분의 기사는 그렇게 쓰는 것이 일종의 방식이었다. 우선 '과자에서 톨루엔이 나왔다'는 기사로 한방 터뜨려 세상을 깜짝 놀라게 하고, 그 뒤에 '왜 나오는지' 경로를 추적해 구조를 밝혀내고, 이어서 회사와 관계 당국의 반응 등 대책을 끌어내고… 그런 식으로 충격을 안긴 뒤 속보로 뒤를 받치는 방식이 방송 뉴스에서는 일반적이었다. 당연히 기사의 영향력이 커지고 회사는 중요 기사를 미끼(?)로 상당 기간 시청자들을 잡아두는 효과도 누릴 수 있기 때문이었다. 거기에 실질적인 대책까지 마련된다면… 그건 기사의 완결성을 높이면서 언론기관으로서의 위상도 높일 수 있는 확실한 방법이었다. 하지만 이번엔 그러고 싶지 않았다. 무엇보다 아이들이 먹는 과자였기에 필요 이상의 충격을 줘서는 안 된다고 생각했다. 그래서 그 모든 것을 종합해 문제와 대책을 한꺼번에 제기하는 방식을 취하기로 했다.

국내 대표적인 과자회사 6곳을 취재 대상으로 정했다. 그런 후 일일이 전화를 걸었다. '여기 KBS 기동취재부입니다. 긴급하게 상의드릴 일이 있습니다. 귀사의 제품과 관련된 문젭니다. 책임 있는 위치에 있는 사람을 보내주시면 좋겠습니다. 가급적이면 연구파트에 있는 분이 좋겠습니다....' 한꺼번에 관련된 모든 회사들과 상황을 공유하면서 전체적인 반응까지 살피기 위한 방식이었다. 물론 시간과 노력도 줄일 수 있었다. 그들에게 날짜와 시간을 알렸다. 전화를 받는 곳마다 긴장하는 빛이 역력했다. 당연한 일일 터였다. 일단 그들의 공포심(?)을 덜어줄 필요가 있을 것 같았다. '너무 걱정은 마십시오. 귀사만 부르는 것이 아닙니다. 해태와 롯데, 크라운, 오리온 등 제과회사 모두를 부르는 겁니다. 자세한 것은 오시면 설명하겠습니다...' 모두들 자신들만 부르는 것이 아니라는 얘기에 조금은 마음을 놓는 듯했다. 하지만 긴장을 다 풀지는 못하는 것 같았다. 전화를 준 곳이 KBS, 그것도 고발기사를 전문으로 하는 기동취재부였으니 그럴 수밖에 없었을 터였다.

이틀 후 우리나라의 내로라하는 제과업계 관계자들이 보도국 회의실로 다 모였다. 그건 단일회사가 아닌 업계 전체를 대상으로 할 때 주로 활용하는 나만의 취재방식이었다. 6개 회사에서 최소한 2명 이상은 왔으니 회의실이 복잡했다. 하지만 누구 하나 크게 목소리를 내지 않는 무거운 분위기였다. 그들의 얼굴 표정도 하나같이 심각했다. 예사롭지 않은 상황에 내근하던 다른 기자들까지 기웃거리는 진풍경이 벌어졌다. 그런 모습들이 오히려 긴장감을 높이고 있었다. 한편으론 이들을 상대하면서 다른 한편으론 KBS에 드나드는 다른 언론사 기자들이 눈치채지 못하도록 하는데도 신경을 써야 했다. 타사 기자들이 그런 모습을 본다면 분명 이유를 궁금해 할 것이고 결국 취재내용이 새나갈 수 있을 터였다. 불려온 사람들은 영문을 몰라 어리둥절해 하면서도 자신들만이 아니라 경쟁사 관계자들도 불려왔다는 사실에 조금은 안도하는 분위기였다. 그때까지 그들은 KBS가 왜 자신들을 불렀는지 전혀 알지 못하는 상태였다.

2. 톨루엔은 결코 나올 수 없습니다. 기자님께서 오해하신 겁니다

회의실은 책상을 둥글게 배치했다. 모두가 서로 얼굴을 볼 수 있게 하기 위함이었다. 그런 상태에서 카메라 2대를 동원했다. 각각의 위치에서 모든 사람들의 움직임을 촬영하기 위해서였다. 녹즙기 취재 당시 사용했던 방식, 취재의 모든 과정을 기록하기 위한 것이었다. 기록된 내용은 기사의 중요한 자료일 뿐만 아니라 만일의 경우를 대비한 증거물이기도 했다. 긴장하고 있는 그들에게 내가 말했다. '번거롭게 방송국까지 오시게 해서 죄송합니다. 하지만 여러 회사를 상대하려니 다른 방법이 없었습니다. 혹시 여러분들이 만드는 과자에서 톨루엔 성분이 나온다는 사실을 알고 계셨습니까?' 그들이 뜨악한 표정을 지었다. '톨루엔이라고요?' 대부분 고개를 가로저었다. 그런 상황에 누군가가 대답했다. '박 기자님이 뭔가 착각을 하신 것 같습니다. 그럴 리가 없습니다. 과자에서는 톨루엔 성분이 나올 수 없습니다.' 저들은 내 얘기가 터무니없다고 생각했음인지 오히려 마음을 놓는 표정이었다. 그만큼 과자에서 톨루엔이 나온다는 것은 상식을 초월하는 일이었다. '아, 모르고 계신 것 같군요. 그렇다면 이렇게 여쭤보죠. 톨루엔이 과자에서 나와서는 안 되는 성분이라는 것엔 이의가 없으신 건가요?' '물론입니다. 그건 당연한 거죠. 들어가서도 안 되지만 들어갈 수도 없습니다.' 모두가 고개를 끄덕여 같은 생각임을 표시했다. 한 사람의 예외도 없었다.

분위기를 보니 저들은 확신을 하고 있었다. '당신, 실수하는 거야' 하는 표정이었다. '네. 쉽게 동의해주시니 저도 좋네요. 사실 그래서 여러분들을 모셨습니다. 제가 조사해 보니 톨루엔이 나오더라고요. 그것도 적지 않게. 같이 한번 확인해 볼 필요가 있을 것 같습니다. 이렇게 하시죠. 저와 함께 슈퍼마켓에 가서 과자를 구한 뒤 각자 분석해 보시고 나흘 뒤에 이 자리에서 다시 만나시면 어떨까요?…' 반대가 있을 리 없었다. 그들은 올 때와 달리 아주 여유만만했다. 어떤 사람은 '그동안 박 기자님이 쓴 기사는 많이 봤지만 이번만은 잘못 짚은 것 같네요'라며 여유있는 농담을 던지기도 했다. 물론 이 모든 과정은 카메라에 다 담겼다. 그렇게 얘기를 마친 뒤 여의도의 한 슈퍼마켓으로 함께 이동해 과자를 구입했다. 각 회사별로 네 종류씩, 한 종류 당 두 개씩 샀다. 그렇게 구입한 과자들은 종류별로 해당 회사들과 내가 하나씩 나눠 가진 뒤 헤어졌다. 그들은 각자의 회사로 갔고 나는 수도연구소로 직행했다.

사흘째 되는 날부터 전화가 걸려오기 시작했다. 제과회사 담당자들이었다. 저들의 목소리가 다급했다. '나오는데요. 이게 대체 무슨 일이죠?' 저들은 많이 당황하고 있었다. 잘 알지도 못하고 큰 소리 친 것을 양해해 달라고 자세도 낮췄다. 그러면서 시간을 조금만 더 달라고, 그러면 원인까지 밝혀내겠다고 사정했다. 목소리가 간절했다. 일단 약속한 시간에 만나 얘기해보자고 답했다. 그리고 약속된 날 국내 굴지의 제과회사 담당자들이 다시 다 모였다. 심각함을 느낀 듯 첫 번 모임 때보다 고위 관계자들이 온 것 같았다. 저들의 태도도 첫 번째 모임 때와는 완전히 달라져 있었다. 얼굴에서 웃음기가 다 사라졌다. 그저 죽을 죄를 졌으니 용서해달라는 표정이었다. 나중에 알아보니 저들은 내게 오기 전 이미 두 차례 자기들끼리 모임을 가진 상태였다. 향후 모든 일을 공동 대응하기로 합의했다고 했다. 대표단까지 꾸려진 상태라고 했다. 우연히 저들의 서류 뭉치 속에서 나와 관련된 문건이 섞여 있는 것을 보았다. 고향을 비롯해 출신 고등학교와 대학교, 학과, 현재 주소지 등이 기록돼 있었다. 저들은 나의 신상에 관한 자료를 조사해 그 내용까지 공유하고 있었다.

원래 계획은 저들의 분석결과표를 받아 우리 것과 비교하는 것이었다. 그것을 토대로 얘기를 풀어나가는 것이었다. 그러나 모두가 시인하고 죽을 죄를 지었다며 고개를 떨구는 상황에 군이 그런 과정은 필요치 않을 것 같았다. '어떻게 확인들 하셨나요?' 침통한 표정으로 고개만 끄덕거릴 뿐 누구도 말이 없었다. 짧은 침묵 뒤에 ○○사의 김○○ 이사가 일어섰다. 선한 인상에 체구가 자그마한 분이었다. 아마도 대표역을 맡은 듯 했다. '죄송합니다. 저희도 몰랐습니다. 상상도 못했던 일입니다...' 저들은 이미 경로도 확인하고 있었다. '포장지가 문제인 것 같습니다. 포장지를 인쇄할 때 용제로 쓰인 톨루엔이 과자 속에 스며든 것으로 보입니다. 전문가인 저희들도 생각하지 못했던 문제를 확인하고 깨우쳐 주셔서 고맙습니다. 그리고 톨루엔이 나온다고 먼저 방송에 터뜨리지 않고 저희를 불러 상의해 주신 점에 대해 진심으로 감사드립니다....'

쇠송하다는 말도 감사하다는 말도 진심인 것 같았다. 그의 태도에서 진정성이 느껴졌다. 사실 그들로서는 감사해야 마땅한 일이었다. 뭔가 한가지 꼬투리만 잡히면 반론권은 물론 확인 절차조차 제대로 거치지 않고 일단 기사부터 터뜨리고 마는 것이 언론의 일반적인 관행이었다. 우습게도 그런 차이를 알아준다는 사실에 마음이 흐뭇했다.

그런 마음을 간파했음인지 김 이사가 얘기를 전환했다. '하지만 염치없는 부탁을 드려야 되겠습니다. 한 번만 봐 주십시오. 저희뿐 아니라 우리나라 포장지 산업과도 관련된 중요한 문제가 있어 그렇습니다.' 김 이사가 얘기하는 동안 누군가가 깔끔하게 정리된 자료를 하나 내게로 가져왔다. 우리나라의 포장지 수출실적이 기록된 자료였다. 적지 않은 물량이 세계 각국에 수출되고 있다는 사실이 기록돼 있었다. '현재 우리나라는 포장지 수출 세계 3위입니다. 그런데 몇 개월 전 공교롭게도 1, 2등하던 프랑스와 미국의 대형 공장에서 불이 났습니다. 덕분에 지금은 우리가 가장 많은 수출을 하는 나라가 됐습니다. 업계에서는 이번 기회에 아예 1위를 굳히자는 각오를 다지며 뛰고 있습니다. 그런데 포장지에서 톨루엔이 나온다는 기사가 나온다면 그런 전략에 치명적인 타격을 입게 될 것 같습니다. 대국적인 견지에서 한 번만 봐 주십시오. 톨루엔 문제는 반드시 해결하겠습니다. 약속드립니다....' 진중하고 무게감이 느껴지는 얘기였다.

전혀 예상하지 못했던 상황이었다. 과자를 문제 삼는 자리에서 포장지 얘기, 그것도 단순 포장지가 아니라 포장지 산업과 관련된 얘기였다. 그건 과자보다 포장지 산업이 입을 타격이 훨씬 더 크고 심각하다는 의미였다. 그들은 나의 애국심을 자극하고 있었다. 분명 공동 대응팀에서 머리를 맞대고 찾아낸 방식일 터였다. 문제는 그방식이 효과가 있다는 것이었다. 내 마음이 흔들리고 있었다. 당장 그 얘기들이 사실인지 여부를 확인할 방법은 없었지만 마음이 흔들리고 있는 것만은 분명했다. 그런 마음을 들키지 않기 위해 서둘러 자리를 파해야 했다. '과자를 얘기하는 자리인데 포장지를 말씀하시니... 조금 당황스럽습니다. 하지만 톨루엔이 나온다는 사실을 다 인정해 주시니 그 부분은 감사합니다. 일단 저로서도 몇 가지 추가로 확인해 볼 것이 생긴 셈이네요. 사흘 뒤에 이 자리에서 다시 만나시면 어떨까요?'

3. 수출 타격론에 설득당하다

심각한 고민이 시작됐다. 수출 타격론은 그만큼 설득력이 있었다. 비록 내가 큰 애국자는 못될지라도 '국가 이익'이라는 문제를 도외시해서는 안 된다는 생각이 들었다. 저들을 한꺼번에 불러모으지 않았다면 이런 고민은 하지 않아도 됐을 텐데... 아는 것이 병이라는 말은 이런 경우에도 해당될 터였다. 아예 몰랐다면 그대로 치고 나가도 됐을 텐데... 이런 저런 생각들이 떠올랐다. 스스로 피식 웃어버렸지만 고민은 쉽게 정리되지 않았다. 저들은 수시로 만나면서 긴밀하게 대응책을 논의하고 있는 것이 분명했다. '수출 타격론'을 내놓은 그들은 관련된 국내외의 자료들을 계속 보내주며 내 눈치를 살폈다. 그렇다고 좌충우돌 움직이며 나를 자극하지도 않았다. 점잖고 세련된 모습이었다. 그들은 여러 면으로 연구를 참 많이 한 것 같았다. 이럴 때 기자라는 직업이 참 어려웠다. 속을 터놓고 상의할 동료나 선배가 있으면 참 좋으련만... 안타깝게도 그때까지 나는 그런 동료나 선배를 갖지 못하고 있었다.

취재를 할 때 한,두 개의 업체를 대상으로 하지 않고 업계 전체를 대상으로 하는 것은 스스로 세워놓은 원칙 때문이었다. 기자 경력이 어느 정도 쌓이면서, 또 고발 취재 경험이 늘어 가면서 확인한 사실이 몇 가지 있었다. 여러 업체가 생산하는 인기있는 제품이나 상품에 문제가 있다면 그것은 대부분 특정 업체만의 문제가 아니라 업계 전체의 문제라는 사실이었다. 그 경우 업자들은 문제의 개선을 통해 차별화를 꾀하기보다는 암묵적으로 같은 상태를 유지하며 공생하는 방식을 택한다는 사실도 알게 됐다. 업자들 사이에 강력한 부정의 담합 분위기가 작동하고 있다는 얘기였다. 그런 상황이기에 특정한 한,두 개 업체만 문제 삼게 되면 결과적으로 엄청난 모순이 벌어질 수밖에 없게 돼 있었다. 똑같은 문제가 있는데도 기사로 고발된 곳은 무거운 책임을 지게 되지만 그렇지 않은 곳은 오히려 떳떳한 체하며 반사이익을 보게 된다는 것이었다. 결과적으로 그건 지극히 불공정한 일이었다. 정의를 앞세운 보도가 불공정의 구조를 심화시키는 심각한 문제를 조장하는 셈이었다. 몰랐던 시절에야 어쩔 수 없었지만 그런 모순을 알고 나서도 그런 한심한 실수를 반복할 순 없었다.

그런 깨달음 이후 취재방식을 바꿨었다. 녹즙기, 정수기, 인삼, 공인검사기관... 내 취재는 항상 업계전체를 대상으로 진행됐다. 힘은 더 들었지만 기사의 강도는 훨씬 강해졌고 대책 마련을 위한 감독기관의 대응도 빠르고 분명해졌다. 무엇보다 한편에서는 좋아지는 것 같지만 다른 한편에서는 문제가 그대로 이어지는 악순환의 고리를 끊을 수 있다는 것이 기쁨이었다. 반면 부담도 커졌다. 가장 심각한 것은 업계 전체의 공동대응에 맞서야 한다는 것이었다. 그들은 머리를 맞대고 효과적인 대응전략을 모색했다. 대응을 명목으로 공동자금을 마련해 비용에도 부담이 없는 것 같았다. 그를 통해 확보한 정보를 기민하게 공유하며 역할을 분담하기도 했다. 당연히 로비의 경로가 다양해졌고 강도도 훨씬 강해졌다. 그런 그들을 상대하는 것은 결코 만만한 일이 아니었다. 그러나 그럼에도 불구하고 전체적으로는 긍정적인 효과가 훨씬 크다는 게 내 판단이었다.

김 이사가 얘기한 '수출 타격론'에 대한 검증이 필요했다. 우선 국제부에 도움을 요청했다. 프랑스 포장지 공장에 화재가 있었다는 사실을 확인할 수 있었다. 산업자원부를 통해서는 우리가 포장지 수출 강국이라는 사실도 확인할 수 있었다. 다양한 경로로 확인해 보니 그들의 얘기가 거짓은 아니었다. 그런 사실을 확인하고 나니 고민이 더 깊어졌다. '정말 내 기사로 수출에 심각한 타격이 생긴다면...' 슬쩍 부장의 의중을 떠봤다. 의외로 완고했다. 그건 업자들의 상투적인 수법이라며 결과가 의미있게 나왔으니 애초 계획대로 가자고 했다. 당신도 여러 곳에서 전화를 받았노라고도 했다. 지극히 당연한 말씀이었다. 사실 자칫 잘못하면 오해를 살 수 있는 상황이기도 했다. 일단 잠시 숨을 고르기로 했다. 그러는 사이 업자들은 2단계 작전에 돌입한 것 같았다. 여기저기서 전화가 걸려오기 시작했다. '과자 취재한다며?...'라는 식의 탐문을 가장한 전화부터 '나쁜 놈들이라고 업자들을 욕한 뒤 슬쩍 한 번만 봐주면 안 되겠냐'는 식의 얘기, '모처럼 수출 1등 기회가 생겼는데 재를 뿌려서 되겠느냐'는 설득까지.... 참으로 다양한 경로를 통한 집요한 공세가 이어졌다. 사흘 뒤 다시 회사 관계자들과 마주 앉았다.

먼저 여러 경로로 진행되고 있는 로비에 대한 불편함을 얘기했다. '더 이상 그러지 마십시오. 오히려 일을 망치실 수 있습니다. 로비 때문이 아니라 수출 타격론 때문에 방법을 고민하고 있습니다.' 솔직한 마음을 털어놓았다. 아직 확정된 것은 아니라고 단서를 달았는데도 박수가 터져나왔다. 감사하다고 외치는 사람도 있었다. 안도의 분위기가 역력했다. '얼마나 시간을 드리면 되겠습니까?' 톨루엔 문제를 언제까지 해결할 수 있느냐는 물음이었다. 봐주더라도 분명한 해결책에 대한 담보를 받아야 한다는 생각 때문이었다. 한 사람이 대답했다. '두 달만 주시면 해결하겠습니다.' 자신만만한 목소리에 아주 화끈한 대답이었다. 하지만 그건 내가 확인한 것과 다른 말이었다. '정말 두 달이면 됩니까?' 미심쩍어하는 내 확인에 이번엔 다른 사람이 말을 받았다. '죄송합니다. 솔직히 안 됩니다... 두 달 갖고는 안 된다는 것 우리 다 알지 않습니까?' 그는 고개를 돌려 다른 회사 관계자들을 둘러보며 말을 하고 있었다. 갑자기 분위기가 착 가라앉았다. '톨루엔을 제거하려면 별도의 기계를 사용해야 합니다. 그런데 우리나라에서는 만드는 곳이 없습니다. 천상 외국에서 들여와야 하는데 시간이 좀 걸릴 겁니다. 우리들이 한꺼번에 다 주문에 나설텐데 그러면 제조 회사가 다 만들어내지도 못할 겁니다. 최소한 6개월은 필요합니다. 6개월만 주시면 톨루엔에 관한 한 세계에서 가장 우수한 과자를 만들어 내겠습니다...' 그의 얘기에 설득력이 있었다. 다른 회사 관계자들도 고개를 끄덕였다. '반드시 그리하겠다'는 의지의 표시였다.

4. 자발적으로 기사의 강도를 약화시키다

믿어도 될 것 같았다. 그러나 분명하게 못은 박아놓아야 할 것 같았다. '6개월 안에 해결하겠다는 말씀, 정말 믿어도 되겠습니까?' '박 기자님께서 이렇게까지 저희들의 입장을 고려해주시는데 어떻게 거짓말을 하겠습니까? 저희들의 명예를 걸고 반드시 약속을 지키겠습니다.' 이번에는 김OO 이사였다. 그는 주위를 둘러보며 다른 회사 관계자들에게도 다짐을 받는 모습이었다. 그들은 다시 고개를 끄덕여 다짐의 의지를 보였다. '잘 알겠습니다. 그 말씀을 믿도록 하지요. 그러나 방송을 아예 안 낼 수는 없습니다. 대신 덜 아프도록, 심각한 피해가 가지 않도록 제가 최대한 배려해 드리겠습니다. 방법은 제게 맡겨 주십시오. 그렇다고 마음을 놓으시면 곤란합니다. 6개월이 지난 뒤 다시 검사를 하겠습니다. 그때도 해결이 되지 않으면 그 다음엔 아주 독한 속보를 바로 내겠습니다.

독한 속보라는 표현에 그들의 표정이 다시 변했다. '속보에선 과자로만 끝나지 않을 겁니다. 라면으로도 이어질 겁니다.' 라면으로 이어진다는 얘기에 모두가 놀라는 모습이었다. 특히 대형회사 관계자들은 당황하는 모습이 역력했다. 그들은 과자와 함께 라면도 만들고 있기 때문이었다. '아니, 라면에서도 톨루엔이 나온단 말인가?' 하는 표정들이었다. 아니 어쩌면 그런 표정을 일부러 지어 보였는지도 모를 일이었다. 사실 '라면 문제'까지 공개할 것인가에 대해서는 작지 않은 고민이 있었다. 과자 속 톨루엔 문제가 처음이듯 라면의 톨루엔 문제도 전혀 거론되지 않은 상황이었다. 과자가 어린아이들에 해당되는 문제라면 라면은 전 국민에게 해당되는 더 무거운 사안이었다. 그 사실을 공개함으로써 나는 또 다른 큰 기사감 하나를 포기한 셈이 됐다. 중요한 것은 기사가 아니라 해결이라는 마음에 내린 결단이었다. 톨루엔 문제만큼은 반드시 해결해야 한다는 의지가 그만큼 강한 상태였다. 그 해결을 위해서는 초강수가 필요하다는 것이 나의 판단이었다.

인쇄된 포장지에서 톨루엔이 전이된다는 사실을 확인한 후 나는 별도로 라면 조사도 의뢰했었다. 과자와 라면의 제조과정이 다르지 않음을 알기 때문이었다. 밀가루가 기름에 튀겨지고 그 기름기에 포장지 속 톨루엔이 흡착되는 것이라면 같은 과정을 통해 제조되는 라면도 다르지 않을 것이라는 믿음이 있었다. 예상대로 분석결과는 라면에서도 톨루엔이 나온다는 사실을 확인시켜줬다. 인기제품의 농도가 그렇지 않은 제품보다 높다는 사실도 확인됐다. 가장 중요한 건 과자와는 비교되지 않을 정도로 그 수치가 높다는 것이었다. 그 또한 그 자체로 중요한 기사가 될 수 있는 내용이었다. 그래서 과자 속 톨루엔 기사에 대한 업체와 관계기관들의 대응을 봐 가며 여차하면 '라면 속 톨루엔'을 속보로 써야겠다고 마음먹고 있던 터였다. 그렇게 되면 과자와는 비교할 수 없을 정도의 파장이 생길 것이 분명하다고 생각했다.

그들은 정말 놀라는 눈치였다. 적어도 톨루엔에 관한한 나에게는 숨기거나 거짓말할 수 없다고 생각하는 것 같았다. 그들은 이미 나에 대해 충분한 조사자료를 갖고 있는 상태였다. 김 이사가 말을 이었다. 박선규라는 기자는 일단 취재를 시작하면 결코 뒤로 물러서지 않는 사람이라는 것을 알고 있다고 했다. 취재 과정에서는 유연하고 취재원들의 얘기도 곧잘 들어주지만 한번 신뢰가 깨지면 무섭게 변하는 독한 기자라는 소문도 익히 듣고 있다고 했다. 무엇보다 잘 나가던 녹즙기 업계가 한 순간에 문을 닫아야 할 지경에 이른 과정도 소상히 꿰고 있다고 했다. 나를 대하는 데 있어서 당장의 위험을 피하기 위한 눈가림식 약속만큼 위험한 것은 없다는 사실, 그것은 결국 치명적인 결과로 이어질 수 있다는 사실을 누구보다 잘 알고 있다고 했다. 그러니 걱정 말라고 했다. 조금은 민망한 말들이었지만 그대로 듣고만 있었다. 그들에게 무겁게 한 마디를 더 붙였다. '이번 기회에 톨루엔 문제는 반드시 해결해 주셔야 합니다.'

이젠 심각한 피해가 가지 않도록 노력하겠다는 나의 약속을 지킬 차례였다. 전체적인 방송의 강도를 상당히 낮추는 방식으로 리포트를 제작했다. 시판되는 모든 과자에서 톨루엔이 검출됐다는 사실은 그대로 공개했다. 하지만 검출된 수치는 몇 차례 실험에서 가장 낮게 나온 것만 인용했다. 통상적인 관례는 위험성을 강조하기 위해 높게 나온 것을 중심으로 인용하는 것이 보통이었다. 자극적인 용어를 쓰지 않고 공포감을 부를 수 있는 화면도 사용하지 않았다. 그렇게 톤을 다운시킨 뒤 특별히 리포트의 마지막 부분엔 직접 마이크를 잡고 이렇게 강조했다. '그래도 다행스러운 사실은, 현재 검출되고 있는 양이 인체에 심각하게 해를 끼칠 수 있는 정도는 아니라는 것이다. 인쇄방식과 포장방법의 개선이 이루어진다면 큰 걱정을 하지 않아도 된다는 게 전문가들의 설명이다....' 고발 전문 기자의 입장에서 본다면 본분을 잊은 한심한 결론임이 분명했다. 경각심을 높이기는커녕 스스로 가치를 떨어뜨리는 것이었으니... 하지만 그런 비판이나 비난에는 그저 가볍게 웃어주기로 했다. 약속 지키기는 거기서 끝나지 않았다. PD들이 만드는 교양프로, '소비자 시대'에도 출연했다. 기사의 강도를 상당히 낮췄음에도 소비자들의 걱정이 만만치 않게 일고 있었다. 그런 분위기에 급하게 주제를 잡았다고 했다. 제목이 '과자 속 톨루엔 어떻게 봐야 하나?'였던 것으로 기억한다. 담당 PD가 나의 보도에서 비롯된 문제이니 출연해서 자세하게 설명해 주면 좋겠다고 제안했다. 기꺼이 출연해 다시 한 번 강조했다. '톨루엔 검출이 중요한 문제이기는 하지만 현재 상태가 심각한 수준은 아니다. 아이들이 과자를 많이 먹었다고 해도 큰 걱정은 안 하셔도 된다. 대책이 마련되고 있으니 조만간 큰 진전이 있을 것이다...' 그런 얘기 끝에 소비자들에게도 숙제를 하나 던졌다. '사실 톨루엔 문제에 대한 1차 책임은 제조사들에 있지만 소비자들도 상당부분 책임에서 자유로울 수 없다. 내용물과 관계없이 화려한 포장지를 선호하는 경향이 그것이다. 그런 경향이 더 많은 톨루엔의 사용을 부추기고 있기 때문이다. 따라서 이제는 소비자들이 화려한 포장지를 선호하는 경향을 과감하게 떨쳐버려야한다...'

톨루엔 기사는 그렇게 '당초 계획보다 약하게' 마무리됐다. 그렇다고 시청자들이 놀라지 않은 것은 아니지만... 그건 분명 평소의 내 방식과는 다른 것이었다. 여기저기서 지적하는 소리들이 들려왔다. 어떤 사람들은 '왜 그 좋은 기사를 그렇게 썼느냐?'며 기자로서 판단에 문제가 있다고 지적했고 '그 좋은 기사를 달랑 한편으로 끝낸 것은 문제가 있다.'며 데스크의 판단을 문제 삼는 사람들도 있었다. '기사를 보니 이해가 안 되는 부분이 많았다'며 윗사람들과의 심각한 갈등을 추론하는 사람들까지... 그 모든 지적들에 그저 웃어줄 수 있었다. 지난한 과정을 다 설명해도 이해해 줄 사람들이 많지 않을 것 같았다. 오히려 바보같은 짓을 했다고 질책할 사람들이 많을 것 같았다. 그런 과정에 곤혹스러운 상황도 종종 있었으니, 농담을 가장해 '박선규 답지 않은데... 뭐 먹었나 보지?'...하며 의미심장한 미소를 짓는 이들을 마주하는 것이었다.

5. 감사합니다. 오히려 포장이 더 산뜻해졌습니다

과자 속 톨루엔에 숨겨진 비밀이 하나 있었다. 잘 팔리는 인기 상품일수록 톨루엔 양이 많다는 것이었다. 그건 모든 회사 제품에 공통적인 현상이었고 라면에서도 다르지 않았다. 뭔가 분명 이유가 있을 것이란 생각이 들었다. 왜 그럴까? 몇 차례 현장 확인을 통해 그 비밀을 풀 수 있었다. 원칙대로라면 모든 포장지는 인쇄가 끝난 후 충분한 건조 과정을 가져야 했다. 그렇게 해서 톨루엔 성분을 다 날려 버린 뒤 사용하도록 돼 있었다. 하지만 현실은 그렇지 못했다. 어느 회사도 충분한 건조 공간과 시간을 두지 않고 있었다. 특히 인기상품의 경우에는 그 시간이 더 짧을 수밖에 없었다. 너무 잘 팔리다보니 그나마 부족한 건조 시간마저 채우지 못하는 경우가 비일비재했기 때문이었다. 그 상태로 과자포장이 이뤄지다 보니 미처 날아가지 못하고 남아있는 톨루엔이 더 많아지고 그것이 스며들 수밖에 없다는 얘기였다. 구조적인 문제라는 의미였다. 설상가상 업체간에 제품경쟁 못지않게 화려한 포장지 경쟁이 벌어지고 있었다. 인기상품 포장지의 톨루엔 사용량은 계속 늘고 그만큼 과자 속에 빨려 들어가는 양도 늘 수밖에 없게 돼 있었다.

방송 후 과자회사들은 고마움을 진해왔다. 그리고 약속을 지켜줬다. 우선 포장지의 인쇄 도수를 낮췄다고 알려왔다. 당시 OO제과의 얘기가 인상적이었다. '약속을 지키기 위해 초코파이 포장지의 인쇄 도수를 3도 낮췄다. 그랬더니 오히려 깔끔한 느낌이 들어 좋다는 소비자 반응이 이어지더라. 이제까지는 무조건 돗수를 높이는 경쟁만 해 왔는데 중요한 계기를 만들어 줬다. 진심으로 고마운 말씀을 전한다...' 흐뭇한 얘기였다. 3도를 낮췄다는 것은 구체적으로 9번에 걸쳐 색을 입히던 인쇄 작업을 6회로 줄였다는 의미였다. 그만큼 물감도, 용제로 사용하는 톨루엔의 양도 줄였다는 의미였다. OO는 그렇게 인쇄 도수를 낮춤으로써 연간 수십억 원의 비용절감 효과도 거둘 수 있게 됐다고 했다. 업체들은 또 자발적으로 국가기관의 톨루엔 잔류량 검사를 받겠다는 입장도 천명했다. 당당하게 검증받겠다는 의지의 표현이었다. 기분이 좋았다. 기사의 강도를 낮춰준 것이 전혀 서운하지 않았다. 그 해와 이듬해 우리나라는 세계시장에서 톨루엔 제거 기계를 가장 많이 수입한 나라가 됐다. KBS 보도 덕분에 엉뚱하게도 외국의 어떤 회사가 큰 덕을 본 셈이었다. 하지만 그 또한 기분 좋은 소식이었다.

방송이 나갔다고 그대로 손 놓고 있을 수 없었다. 약속했던 내용을 확인해 봐야 했다. 6개월이 지나 조사를 다시 해봤다. 수치가 눈에 띄게 낮아진 것을 확인할 수 있었다. 나오는 것은 여전했지만 무시해도 될 정도로 미미한 양이었다. 6개월 전 얼굴을 익혔던 6개 회사의 책임자들에게 일일이 전화를 걸어 고마움을 표했다. 그러면서 확인된 사실을 알리고 한 차례 더 당부했다. 계속 관심 갖고 지켜보고 있으니 엉뚱한 생각은 하지 말라는 일종의 부드러운 경고였다. 모두가 밝은 목소리였다. 얼굴이 보이지 않았지만 그들도 진심으로 반가워하는 것 같았다. 고마운 일이었다. 보건사회부(그해 12월

보건복지부로 명칭이 바뀜)도 힘을 더했다. 국립보건원을 통해 1년에 4번, 분기에 한 번씩 톨루엔 잔류량을 검사하겠다고 밝히고 바로 실행에 들어간 것이었다. 제과업체들이 자발적으로 검사를 청한 데 대한 일종의 화답이었다. 놀랍게도 그 사실을 알려 온 사람은 처음 톨루엔 검출사실을 통보했을 때 '그럴 리 없다'며 딱 잡아 떼던 식품안전과장이었다. 당시 그는 '내가 박 기자 생각해서 하는 말인데 이건 진짜 보통 문제가 아니예요. 이런 기사 잘못 쓰면 큰일 나요. 수출길도 막히고 박 기자도…'라는 말로 잔뜩 겁을 줬던 분이었다. 식품업체들이 중심이 된 한국식품공업협회도 그런 움직임에 합류했다. 자율적으로 포장지 톨루엔 잔류기준치를 정해 발표한 것이었다. 그때까지 우리나라 식품엔 톨루엔에 관해선 어떤 기준도 없는 상태였다. 비로소 톨루엔이 대한민국의 식품 전반에 주요 감시대상으로 자리 잡게 된 것이었다.

6. 1년 후, 국정감사장의 톨루엔 소동

이듬해 9월 국회 국정감사장에서는 한바탕 소동이 벌어졌다. 한 여당 의원이 과자에서 톨루엔이 다량 검출됐다고 목소리를 높였고 모든 언론이 이 내용을 크게 기사화하면서 사회적 이슈가 된 것이었다. 기사의 출처를 확인하니 국립보건원의 자료였다. 내용을 들여다보니 이런 것이었다. 한해 전 KBS 보도를 기억한 해당 의원의 보좌관이 국립보건원에 톨루엔 검사자료를 요구했다고 했다. 국립보건원은 업체들이 개선 작업에 나서기 이전 것까지 포함해 자료를 제출했고 의원은 그 내용을 보도자료로 돌린 것이었다. 자료를 구해 확인해 보니 검출 수준은 내가 문제를 제기할 때보다 크게 낮아져 있었다. 고맙게도 자료는 시간이 지날수록 그 수치가 더 낮아지고 있다는 사실도 보여주고 있었다. 업체들이 약속을 지키기 위해 노력하고 있음을 확인시켜주는 자료였다. 한데 기사가 주는 울림은 내가 문제를 제기할 때와는 비교할 수 없을 정도로 컸다. 국회의원의 힘인지 아니면 우리의 민망한 언론풍토 탓인지… 씁쓸했다. 1년 전 KBS가 기사를 쓸 때는 작은 관심조차 보이지 않던 그들이었다. 당시엔 누구 하나 물어보는 기자도 없었다. 그게 당시 우리 언론의 풍토였다. 상대의 특종은 웬만하면 모르는 척 넘어가는 것! 아마도 그때의 쓰렸던 기억이 국정감사라는 부담없는 출처를 만나 더 적극적으로 기사를 쓰게 한 것인지 모르겠다는 생각도 들었다.

　어찌 됐던 톨루엔이 정치권은 물론 전국민적인 관심을 얻게 된 것은 의미있는 일이었다. 기사의 목적이 문제의 개선과 제도의 마련이었으니... 사실 국회에서 벌어지고 있던 그런 소동을 나는 조금 늦게 알게 됐다. 지방 출장 중에 부장이 다급하게 연락을 해 온 것이었다. '국회가 톨루엔 문제를 강하게 제기하고 모든 언론이 크게 기사를 쓰고 있다. 우리도 하나 써야 하지 않겠는가?' 당연한 얘기였다. 부장은 서둘러 올라와 리포트를 만들라고 했다. 아마도 최초 문제 제기자로서 생색을 좀 내라는 배려 같았다. 고마웠지만 그건 굳이 내가 하지 않아도 될 일이었다. 보건복지부를 출입하는 기자에게 시키는 것이 좋겠다는 의견을 냈다. 다만 국회의원의 주장만 담지 말고 1년 전 KBS가 제기했던 문제라는 사실을 함께 언급해 주면 좋겠다고 제안했다. 그날 저녁 9시 뉴스를 보니 박OO 기자가 근사하게 리포트를 하고 있었다. 고맙게도 리포트의 첫 머리에 1년 전 내가 했던 보도의 육성과 화면을 그대로 사용하고 있었다.

　그렇게 톨루엔 문제는 깔끔하게 정리가 됐다. 기사 덕분에 제과회사 관계자들과 좋은 관계도 덤으로 얻을 수 있었다. 그들은 '정말 고맙다', '기자를 다시 보는 계기가 됐다'며 혹시라도 자신들이 도울 일이 있으면 알려 달라고 했다. 내가 부탁하는 것이라면 무엇이든 기꺼이 돕겠다는 마음도 전했다. 그 마음이 고마웠다. 이듬해 연말이 다가올 즈음 탈북자 취재를 도왔던 인사를 만나게 됐다. 중국에 사업체를 두고 북한에 자주 드나들며 구호활동을 펼치는 미국 시민권자였다. '북한에 들어갔다 나오는 길인데 상황이 정말 안 좋더라. 특히 어린 아이들이 불쌍해서 차마 못 봐주겠더라...' 그분의 얘기에 불현듯 머리를 스치는 생각이 있었다. '제과회사들에 도움을 청해 본다면...' 무슨 일이든 청하면 들어주겠다고 하지 않았던가? '혹시 과자를 드리면 북한 아이들에게 전달할 수 있을까요?' 그는 당연히 할 수 있다고 했다. 얼굴도 환해졌다. 그렇게만 된다면 정말 좋겠다고 했다. 때마침 우리 사회에선 북한돕기 운동이 활발하게 펼쳐지고 있었다.

제과회사 네 곳에 전화를 했다. '도울 일이 있으면 꼭 돕겠다'던 약속에 기대 전화한 것이라고 솔직하게 밝혔다. 상황을 설명하고 과자를 조금씩만 기부해 줄 수 있느냐고 물었다. 고맙게도 기부하는 건 얼마든지 가능하다고 했다. 그러나 전달은 자신들이 할 수 없으니 내가 알아서 해야 한다고 했다. 예상보다 훨씬 시원한 반응이었다. 정말 고마운 일이었다. 그렇게 해서 그해 연말 북한 어린이들을 위한 과자 보내기 프로젝트가 은밀하게 추진됐다. 그들에겐 관계기관에 보고하지 말아달라고 특별히 당부했고 그들은 그렇게 하겠다고 약속했다. 그 문제와 관련해 당시에도, 그 후에도 관계기관에서 한 번도 날 찾지 않은 것을 보면 보안은 철저하게 지켜졌던 것 같다. 물론 나도 회사에 보고하지 않았었다. 보고할 이유가 없다고 생각했다. 보고하면 문제가 오히려 복잡해질 수 있을 것 같았다. 나와 미국 시민권자인 김○○ 씨, 그리고 과자 회사들만 아는 그야말로 극비 프로젝트였다.

일은 비교적 수월하게 진행됐다. 3자가 여러 차례 머리를 맞댔고 만날 때마다 진전이 있었다. 최종적으로 4개 회사가 2콘테이너 분량의 과자를 기증하는 것으로 얘기가 정리됐다. 마음이 흐뭇했다. 그러던 중 한 가지 문제가 돌출했다. 김○○ 씨가 '북한 측에서 과자 포장에 한글이 인쇄돼 있으면 받을 수 없다'고 한다며 '한글 표시 없는 포장이 가능하겠느냐'고 물었다. 대한민국에서 들어온 과자라는 사실을 알리고 싶지 않은 것 같다고 했다. 이해가 가는 말이었다. 하지만 과자 회사들은 정말 쉽지 않은 일이라며 방법을 찾아봐야겠다고 했다. 그리고 며칠 후 '죄송하지만 불가능하다'는 답이 돌아왔다. 그건 단순히 포장을 달리하는 문제가 아니라 전체 공정을 다시 짜야 하는 복잡한 문제라고 했다. 그들의 얼굴이 진심으로 미안하다고 말하고 있었다. 고심하던 김○○ 씨는 '그렇다면 한글이 인쇄된 것이라도 주시라. 주시면 무슨 수를 써서라도 내가 북한에 들여 보내겠다'며 의지를 보였다. 그런 과정을 거쳐 그해 크리스마스를 앞두고 과자두 컨테이너가 중국으로 건너갔다. 과자 회사들이 눈물겹도록 고마웠다. 하지만 여러 경로를 통한 다양한 노력에도 불구하고 그 과자들은 북한 땅으로 들어가지 못했다. 결국 과자는 그해 연길 지역 아이들을 위한 성탄절 선물로 용도가 변경되고 말았다. 북한 아이들 덕분에 연길 지역 아이들이 특별한 성탄 선물을 받은 셈이었다.

과장된 박봉,
공무원 월급을 따져 보니

1. 신문에 발표된 9급 5호봉 40만 7천 원

언론의 존재 이유는 무엇일까? 기자의 역할은 어떤 것일까? 기자로 경력이 쌓이면서, 내가 쓰는 기사가 가지는 위력을 절감하면서 스스로에게 이런 질문들을 더 자주 하게 됐다. 여러 생각들 가운데 한결같이 집중하게 된 한 단어가 있다면 그것은 '감시'라는 용어였다. '경계하며 지켜봄', 국어사전에는 감시라는 의미가 그렇게 정의돼 있었다. 그랬다. 기자는 무엇인가를 경계하며 주의 깊게 지켜봐야 하는 사람이었다. 언론은 그렇게 얻어 낸 얘기들을 국민에게 알리는 수단이었다. 그렇다면 감시의 대상이 되는 그 무엇은 무엇일까? 어렵지 않게 정리가 됐다. 권력에 대한 감시, 제도에 대한 감시, 사람에 대한 감시, 약속에 대한 감시... 특별히 힘 있는 사람과 기관에 대한 감시가 중요했다. 마음이 흔들릴 때마다, 복잡한 상황에 판단이 쉽지 않을 때마다 나는 그렇게 '감시자'로서의 내 역할을 다졌다. 그런 감시의 대상 가운데 '주장'과 '발표'도 있었다. 이런 감시는 '검증'이라는 말로도 대치할 수 있으리라.

해마다 연말이 되면 정부는 공무원들의 월급을 발표했다. '내년 공무원들은 각 직급과 호봉별로 이만큼 월급을 받습니다'라는, 주인인 국민을 향한 일종의 보고서였다. 그런데 일간지 한 면 전체를 통해 공고형식으로 공개되는 공무원들의 월급은 항상 측은한 마음을 불러일으켰다. 적어도 1990년대 중반까지는 그랬다. 그 액수가 다른 직업에 비해 비교할 수 없을 정도로 적기 때문이었다. 저런 형편없는 월급을 받고 어떻게 살 수 있을까? 그들도 가정이 있고 자녀가 있는 가장들일 텐데... 공개된 봉급표는 매번 많은 국민의 측은지심을 자극했다. 그런 분위기를 틈타서일까? 발표 뒤에는 항상 이런 표현도 따라붙었다. '격무와 박봉'에 시달리는 공무원들. 그래서 어서 빨리 공무원들의 처우를 개선해야 한다고, 그래야 우리도 비로소 선진국 대열에 들어설 수 있다고.

1994년 나는 총무처에 출입하고 있었다. 대부분 언론사에서 총무처는 국무총리실 2진이 겸해 맡는 출입처였다. 큰 기사는 없지만 정부 관리들의 인사 등 쉴새없이 자잘한 발표가 이뤄지는 곳, 그래서 한시도 마음 편히 쉴 수 없는 곳이 총무처였다. 공무원의 월급 발표는 총무처가 내놓는 수없이 많은 자료 가운데 중요도에 있어 최상급에 속하는 자료였다. 그해 12월에도 어김없이 이듬해 공무원들의 봉급이 발표됐다. 하지만 발표된 내용에 나는 놀라지 않을 수 없었다. 이미 박봉이라는 사실을 귀가 따갑도록 들어 알고 있었지만 발표된 내용은 상상을 초월하는 수준이었다. 9급 5호봉 40만 7천 원, 8급 7호봉 49만 9천 원, 6급 10호봉 70만 3천 원... 공개된 표에는 그런 액수가 실제 지급되는 돈의 전부라는 듯 '월 지급액'이라는 친절한 설명도 덧붙여져 있었다. 의문이 생겼다. 아무리 박봉이라고 해도 그렇게 받고서는 도저히 살 수 없을 것 같았다. 9급의 예만 살펴봐도 당시 고등학교를 졸업한 직장인의 월급 수준에도 훨씬 미치지 못했기 때문이었다. 놀랍게도 그런 박봉인데도 공무원이 되겠다는 사람들의 수는 해마다 늘고 있었다. 뭔가 비밀이 숨어있을 것 같았다. 한번 검증해 보기로 했다.

총무처에 각 직급 대표호봉의 1년 명세표를 요청했다. 하지만 그들은 당연히(?) 거절했다. 뚜렷한 이유도 없었다. 당시에도 언론이 요구할 경우 정부는 특별히 비밀이 아닌 한 자료를 제공해야 한다는 일종의 불문율이 있었다. 하지만 그것은 그저 불문율일 뿐이었다. 자료제공을 거부한다 해도 어쩔 수 있는 뾰족한 수가 없었다. 붙잡고 사정을 하는 것 외에는 방법이 없던 시절이었다. 대놓고 무시하며 노골적으로 거부하는 기관 앞에 언론은, 기자는 한없이 무기력한 존재였다. (적어도 1998년 정보공개법이 시행되기 전까지는 그랬다.) 다른 방법을 찾아야 했다. 주변 사람들의 도움을 받기로 했다. 공직에 있는 지인들의 도움을 받아 각 직급별로 월급 명세서를 모았다. 개인적으로 보관하고 있던 것들이었다. 1년 치 수령액을 모두 더해 12로 나누면 매달 받는 실제 액수를 확인할 수 있을 터였다. 원시적인 방법이긴 했지만 가장 확실한 방법이기도 했다. 시간이 제법 걸렸지만 명세서를 모으는 재미가 있었다.

3주 정도의 작업을 통해 필요한 자료들이 모아졌다. 자료가 모이니 분석도 바로 이뤄졌다. 그 결과가 놀라웠다. 월 40만 7천 원을 받는 것으로 발표된 9급 5호봉의 경우 1년 총 받은 돈이 1천 149만 6천 원, 평균을 따져보니 월 95만 8천 원 (발표액의 235%)이었다. 동사무소에 근무하는 5년차의 월급이 그랬다. 정부에서 발표한 것의 2배가 훨씬 넘는 액수였다. 같은 직급 호봉이라도 근무 기관에 따라 차이가 있을 수 있음을 알지만 그걸 감안하더라도 놀라운 수준임이 분명했다. 실제 수령액이 크게 늘어난 것은 상여금과 체력 단련비에 각종 수당이 더해졌기 때문이었다. 언론 공개 때는 전혀 언급되지 않은 내용이었다. 같은 방식으로 7급 8호봉을 살펴보니 58만 2천 500원으로 공개된 것이 실제로는 130만 3천 원(220%)으로 나타났고 70만 3천 원으로 공개된 6급 10호봉의 경우는 147만 6천300원(210%)으로 확인됐다.

그렇게 전체 호봉을 살펴봤다. 단 하나의 예외도 없이 공개된 내용과 실제 받는 액수 사이에 큰 차이가 있었다. 많게는 235%에서 적게는 160% 정도였다. 직급이 낮을수록 차이가 많았고 높아 올라갈수록 그 차이가 줄어들었다. 놀라운 일이었다. 총무처에서 왜 그렇게 자료를 내주려고 하지 않았는지 그 이유를 알 것 같았다. 다른 한편으로는 안심도 됐다. 최소한 우리 공무원들이 생활도 꾸리기 어려울 정도로 박봉은 아니라는 사실을 확인했기 때문이었다. 이런 현실에 서울시에서는 출장자들에게나 지급해야 할 출장경비를 4급 이하 전 직원에게 매달 일괄 지급하고 있다는 사실도 확인됐다. 명백히 법을 위반한 부당한 나눠 먹기였다. 여기에 5급 이하에게는 출장경비에 매번 2만 원씩의 특별급여가 더해지고 있다는 사실도 알게 됐다. 비단 서울시뿐이 아니었다. 대부분 다른 지방자치단체들도 비슷한 방식으로 편법 수당을 지급하고 있었다. 놀라운 것은 이런 모든 일들이 정부의 비공식적 지침 내지는 의도적인 방조 속에 이뤄지고 있다는 사실이었다. 기가 막힐 일이었다. 액수가 많아서가 아니라 정부가 나서서 국민을 철저하게 속여왔다는 사실, 기자인 나 또한 완벽하게 속아 왔다는 사실 때문이었다. 아무리 봉급 수준이 만족스럽지 않다고 해도 이건 아니다 싶었다.

총무처에 그런 취재결과를 제시하고 답변을 요구했다. 그제서야 총무처는 월 지급액은 매달 지급하는 월급의 총액이 아니라 본봉만을 표시한 것이라고 고백했다. 그리고 그런 방식은 처음 공무원 봉급을 공개할 때부터 유지돼 온 것이라고 해명했다. 명백히 박봉이라는 사실을 강조하기 위해 택한 방식임이 분명했다. '정직하지 못한 것 아니냐?', '너무 얄팍한 꼼수 아니냐?'는 질문에는 멋쩍게 웃기만 할 뿐 아무런 대답도 하지 못했다. '다 알면서 뭘 묻느냐?'는 표정이었다. 그러면서 '안 그래도 공무원들의 사기가 말이 아닌데 이런 문제로 굳이 사기를 더 떨어뜨릴 필요가 있느냐'는 볼멘소리를 흘렸다. 아마도 개인적으로 친한 관계였기에 별 경계심 없이 던진 마음이었으리라... 하지만 그 소리가 내 기분을 찔렀다. '공무원의 사기만 중요하고 국민의 마음은 안 중요한 겁니까? 그런 치사한 방법을 써서야 가질 수 있는 사기라면 차라리 없는 것이 낫지 않겠어요?' 굳이 그렇게까지 과민할 필요가 없었는데 감정을 쏟아내고 말았다. 겸연쩍은 표정으로 그가 받았다. '월 지급액이라는 표현에 오해의 소지가 있다면 다음부터는 그 표현을 쓰지 않겠습니다. 이번 한 번만 눈 감아주십시오'

2. KBS도 똑같이 하고 있는 것 아니냐?

기분이 좋았다. 복잡한 수수께끼를 하나 푼 기분이었다. 아무리 박봉이라지만 그런 수준일 수는 없었다. 이제 기사만 쓰면 되는 상황. 하지만 엉뚱한 곳에서 문제가 생겼다. 그때까지 재미있는 아이템이 되겠다며 한번 철저하게 파헤쳐 보라던 데스크가 태도를 바꾼 것이었다. 취재내용을 다 보고받은 데스크의 반응이 시큰둥했다. 잔뜩 찌푸린 얼굴로 'KBS도 그런 것 아니냐?'고 되물었다. 'KBS도 그렇게 하면서 정부를 몰아붙일 수 있느냐?'는 것이었다. 아마도 KBS도 본봉보다 실제 수령액이 훨씬 많은 것 아니냐는 얘기를 하는 것 같았다. 당황스러웠다. '왜 갑자기 태도가 저리도 달라졌을까?' '뭔가 사연이 있는 것인가 아니면 예의 그 괴팍한 심술이 또 발동한 것일까?' 심증은 어디선가 무슨 얘기를 들은 것이 분명하다는 것이었다. 그 논리가 'KBS도 그러면서 왜 공무원만...'이었을 것이고. 장관이었을까? 아니면 장관의 전화를 받은 본부장이나 국장이었을까? 이미 기사 문제로 몇 차례 부딪힌 적이 있었기에 최대한 차분하게 부장의 문제제기에 답했다.

'KBS와 전혀 같지 않습니다. KBS는 적어도 박봉을 강조하기 위해 월급을 속이지는 않습니다. 오히려 실제보다 많이 받는 것으로 부풀려 알려져 있기까지 합니다. 그리고 무엇보다 중요한 것은 KBS는 공무원들과 같이 국민의 세금으로 월급을 받는 것이 아니라는 것이지요. 이번 문제의 본질은 국민의 세금을 받는 공무원에 관한 것입니다. 그리고 박봉을 강조하기 위해 그들이 국민 앞에 내놓는 거짓말에 관한 것입니다. 국민은 많고 적고 간에 자신들이 내는 세금의 용처에 대해 정확하게 알아야 할 권리가 있다고 생각합니다.' 하지만 데스크는 아예 나를 외면하고 있었다. 듣고 싶지 않다는 듯 고개를 돌려 시선을 먼 곳으로 옮겨 놓고 있었다. 황당했다. 그런 신경전이 며칠 동안 이어졌다. 참으로 민망한 일이었다. 그 기사는 결코 그렇게 심각한 것이 아니었다. 그저 한 번 웃어주고, 머리 긁적이면서 다음부터 그러지 않겠다고 약속하면 되는 기사였다. 도무지 이해할 수가 없었다. 왜 갑자기 분위기가 달라졌는지, 정말로 별 것도 아닌 이 정도의 문제에 왜 이렇게 신경을 써야 하는지...

그즈음 나는 기사를 둘러싼 여러 차례의 갈등으로 많이 지쳐있었다. 누군가를 미워하고 혐오하게 될까 정말 겁이 났다. 이젠 정말 결단을 해야 할 것 같았다. 이러다 앞으로는 또 어떤 일이 벌어지게 될지... 나는 최대한 감정을 가라 앉힌 채 정 방송이 곤란하다면 외부에 기고할테니 허락해 달라고 부탁했다. 그렇게 대단한 기사가 아니었지만 그대로 물러서는 모습을 보이고 싶지 않았다. 앞으로도 수없이 기사를 두고 마주칠 텐데 그때를 위해서라도 분명하게 정리를 할 필요가 있다고 판단했다. 그리고는 자리로 돌아와 월간지에 보낼 원고를 작성했다. 분위기가 심상치 않다고 생각했던지 데스크는 '그러면 오해받지 않게 잘 만들어 보라'며 자세를 전환했다. 그러나 시간은 당초 약속했던 것만큼 줄 수 없으니 50초만 하라고 했다. 역시 시큰둥한 표정이었다. '오해라니? 여기서 오해받을 일이 뭐 있다고?..' 속에선 반발심이 일었지만 그것만으로도 고마운 (?) 일이었다. 팩트를 중심으로 기사를 꾸몄다.

그러나 앵커 멘트를 통해 취재의 의도만은 분명하게 밝히기로 했다. 'KBS는 결코 공무원들의 월급이 많다고 비판하려는 것이 아니다. 또 많다고 생각하지도 않는다. 다만 사실을 사실대로 알리는 것은 중요하다고 생각하기에 문제를 제기한다. 어떤 논의든 의미를 갖기 위해서는 사실에 근거해야 한다는 것이 핵심이라고 생각한다. 목적을 위해 의도적으로 사실을 축소하거나 과장한다면 그것은 신뢰를 얻을 수 없는 속임수일 뿐이다....' 최소한으로 자제한 방송에서 못 다한 얘기는 월간지 기사로 대신했다. 방송을 허락하면서 데스크는 월간지 기고에 대해서는 가타부타 말이 없었다. 그래서 취재한 내용을 충분히 살려 기사를 썼다. 무엇보다 기사량에 대한 제한이 엄격하지 않아 필요한 얘기를 다 할 수 있어 좋았다. 월간지가 가지는 확실한 장점이었다. 그리고 그 기사는 '미로같은 공무원 봉급을 탐사해보니'라는 제목으로 다음 달 한 월간지에 실렸다.

방송 뉴스에 대해서는 별 반응이 없었다. 최소화시킨 내용의 부족 때문인지 아니면 낮은 시청률 때문인지는 잘 판단이 서지 않았다. 그러나 월간지에 실린 기사는 반향이 작지 않았다. 잡지사는 그달 여러 기사 가운데 공무원 봉급 기사가 가장 화제가 됐다고 알려왔다. 특히 광화문 종합청사 주변에서는 한동안 내 기사에 대한 갑론을박이 이어졌다고 했다. 내게도 편지로, 전화로 직접적인 감정을 표현하는 사람들이 여럿 있었다. 어떤 사람은 노골적으로 '그렇게 월급 많이 받으니 광화문으로 나오면 술 한잔 사겠다'고 비아냥댔고 어떤 이는 '국영방송(그는 KBS를 국영방송으로 알고 있었다) 기자가 그렇게 할 일이 없어 남의 월급봉투나 계산하고 있느냐'고 따지기도 했다. 공무원들의 비난이 많았지만 그 중에 단 한 건도 사실관계에 대한 문제 제기는 없었다. 그런 와중에 회사로 몇 통의 축전이 날아들었다. 한국수자원공사를 비롯해 몇 곳의 정부투자기관 노동조합에서 보낸 것들이었다. 그런 기사에 축전이라는 형식도 재미있는 것이었지만 여러 개의 공기업 노조가 동시에 축전을 보낸 것도 흥미로운 일이었다. 축전에는 대략 '박 기자님의 용기 있는 보도에 감사드립니다. 속이 시원했습니다'라는 글들이 적혀 있었다. 이듬해부터 총무처의 봉급표 발표형식이 달라졌다. 본봉만을 발표한 것은 여전했지만 월지급액이라는 표현은 더 이상 사용하지 않았다.

잘못된 행정의
책임자를 공개하자

1. 똑같은 잘못이 매번 반복되는 이유는 뭘까?

기자가 된 후 조금 더 깊이 있게 우리 사회를 관찰하게 되면서 답답한 것이 참 많았다. 속사정을 모르고 그냥 대강 넘어갈 수 있으면 좋으련만 기자라는 직업은 그것을 허락하지 않았다. 기자는 언제건, 어디서건 문제를 찾아내야 직성이 풀리는, 특이한 직업병을 가진 사람들이었다. 특별히 답답하게 보였던 것은 거듭되는 문제 제기에도 불구하고 결코 달라지지 않는 '오래된 잘못'과 그것을 당연하게 생각하는 '오래된 풍조'였다. 수년째, 어떤 것들은 그보다 훨씬 더 오래... 주의 깊게 살펴보니 거기엔 분명한 이유가 있었다. 드러난 문제에 대해 언론은 주기적으로 형식적인 지적을 한 뒤 마치 할 일을 다 한 양 뒷짐을 지고, 당하는 기관은 기사가 나오면 '아. 또 때가 됐구나' 하고 아픈 척 넘어가는 희극적인 구조였다. 참으로 민망한 그런 악순환의 고리가 공고하게 형성돼 있었다. '그런 구조는 왜, 어떻게 생긴 걸까?' 고민스러운 관찰을 계속하다 보니 한 가지 답이 확인됐다. 책임을 묻지 않고 책임을 물을 수 없게 돼 있는 무책임 구조였다. 우리 사회의 구석구석에 그런 무책임 구조가 너무도 넓게 퍼져 있었다.

'의사결정과 진행과정에 책임 있는 사람들의 이름을 기록한다면, 그 기록이 평생 남아 공개된다는 사실을 깨닫게 한다면 그런 나쁜 관행이 사라지지 않을까?'... 기회를 엿보다 기안을 냈다. '책임행정이라는 타이틀로 연속 방송을 하자' '방송은 일주일에 한 번, 현장추적 코너에 배치하는 것이 좋겠다' '보도는 시한을 정하지 않고 책임행정 분위기가 만들어질 때까지 이어가자'는 등의 내용이었다. 특정 부서가 아닌 모든 기자들이 제작 참여가 원칙이지만 그것이 여의치 않다면 내가 전담할 수도 있다는 의지도 밝혔다. 데스크의 OK 사인이 바로 떨어졌다. 사실 기안은 내가 했지만 웬만한 기자라면 다 느낄 수밖에 없는 문제였다. 그랬기에 신속한 결정이 가능했을 터였다. 부서원들도 함께 하겠다며 의욕을 보였다. 부장은 방송 첫날 앵커 멘트를 통해 KBS의 의지를 밝히는 것이 좋겠다는 당신의 의견도 더했다. 'KBS가 왜 굳이 그런 기획까지 하게 됐는지' '책임행정을 넘어 우리 사회 전반에 '책임 문화'를 만드는 데 앞장서겠다'는 다짐과 함께.

취지와 의미는 대단했지만 사실 취재의 형식과 내용은 전혀 어렵거나 복잡할 것이 없었다. 오히려 지극히 단순했다. 문제가 드러난 각종 시설이나 설비, 행정행위, 정책에 대해 현장을 보여주며 조목조목 지적하면 되는 일이었다. 기안은 누가 했고 최종 결정권자는 누구인지, 결정까지 어떤 과정을 거쳤고 어떤 사람들이 함께 했는지 등… 구체적인 인물과 내용을 드러내면 되는 일이었다. 물론 사업에 들어간 예산 등 직접비용과 공사 기간, 그에 따라 초래된 간접비용 등도 중요 내용으로 포함될 터였다. 그와 함께 모든 일이 끝난 후 담당자는 어떻게 됐는지, 혹시 승진했다면 어떤 과정을 거쳐 지금은 어디에 있는지도 중요하게 포함될 요소였다. '감시'라는 언론의 책무에 부합하는 전혀 복잡할 것도, 어려울 것도 없는 방식이었다. 남아 있는 기록이 주요 취재 대상이기 때문에 취재원들과 신경전을 벌일 이유도, 몸싸움을 벌일 필요가 없다는 장점도 있었다. 하지만, 취재는 그렇게 어렵지 않은 방식이었지만 공직사회에 던지는 파장은 결코 작지 않을 것이라고 확신했다.

2. 최악의 오염시설로 변한 최첨단 분뇨처리장

그렇게 기획된 첫 편은 전국에 산재한 분뇨처리장이었다. 골치 아픈 분뇨를 위생적으로 처리해 분뇨는 퇴비로, 수분은 정화수로 재사용할 수 있도록 한다는 획기적인 설비였다. 이른바 '감압증발식 처리방식', 1989년 7월 주무 부처인 환경청이 승인하면서 경남 창원과 합천 등 전국 11개 시 · 군에서 앞다퉈 건설할 정도로 인기가 높았다는 사실을 확인할 수 있었다. 하지만 설치 후 실상은 충격적이었다. 효과는커녕 가동한 지얼마 지나지 않아 문제가 드러나기 시작했다. 우선 분리처리한 정화수의 수질이 최악이었다. 40ppm이 기준으로 돼 있는 BOD 수치가 3,000ppm을 넘을 정도로 심각했다. 거기에 이물질에 막혀 가동 중 멈춰서는 일이 수시로 벌어졌다. 가동 시간보다 멈춰서 있는 시간이 길어졌고 제때 처리되지 못한 분뇨에선 악취가 진동했다. 당연히 주변은 온갖 지저분한 생물과 벌레들이 들끓는 오염지가 됐고 처리장 자체는 심각한 혐오시설로 전락하고 말았다. 급기야 직원들도 피부병을 호소하며 근무를 기피하는 현상까지 나타났다. 우여곡절을 거쳐 가동이 되는 곳도 문제는 마찬가지였다. 모든 단계를 거친 분뇨는 냄새없는 마른 퇴비가 된다고 했지만 전혀 그렇지 않았다. 그건 퇴비라기보다는 수분만 제거됐을 뿐 냄새나는 마른 분뇨일 뿐이었다. 어느 것 한 가지 약속했던 대로 되는 것이 없었다.

결국 얼마 지나지 않아 전국의 모든 처리장이 가동을 중단할 수밖에 없었다. 길게는 몇 달을 버티며 가동과 멈춤을 반복한 곳도 있지만 어떤 곳은 몇 주만에 문을 닫기도 했다. 문제는 문을 닫았다고 끝난 게 아니라는 것이었다. 처리를 위해 들어왔다 정리되지 않은 분뇨들과 찌꺼기들로 처리장과 그 주변의 상황은 최악이었다. 가까이 다가가기조차 어려운 심각한 혐오지역으로 변하고 말았다. 앞다퉈 처리장을 설치했던 자치단체들이 가동중단 후 관리를 포기하고 아예 그 상태로 방치해 놓은 탓이었다. 그들은 설비의 특성상 외진 지역에 세워진 시설이기에 크게 신경을 쓰지 않아도 된다고 생각하는 것 같았다. 위생적으로 분뇨를 처리하며 퇴비도 생산한다던 일석이조의 정책이 결국은 환경을 파괴하고 위생을 위협하는 정반대의 결과를 낸 셈이었다. 그럴듯한 정책에 들인 거액의 예산이 오히려 최악의 오염시설을 만드는 데 쓰인 셈이었다. 그런 상황에 결국 자치단체들은 넘쳐나는 분뇨를 차량을 이용해 수동처리할 수밖에 없었고 비용은 배가될 수밖에 없었다. 취재를 위해 경기도 하남의 현장을 찾았을 때 분뇨처리장은 괴물같은 모습이었다. 한참 떨어진 도로까지 악취가 진동했고 날파리 등 벌레들 때문에 잠시 서 있는 것도 고역이었다.

확인해 보니 이런 설비에 들어간 예산은 300억 원 정도, 공사는 획기적인(?) 처리방법을 개발했다는 주식회사 OO가 모두 수의계약으로 맡았던 것으로 확인됐다. 하지만 시작단계부터 문제가 드러난 상황에서도 공사비는 다 지급됐다는 사실도 확인됐다. 놀라운 것은 먼저 설치한 곳에서 심각한 문제가 드러난 것을 알면서도 공사를 강행한 지자체들이 있다는 사실이었다. 이미 8개 지역에서 심각한 문제가 되고 있는 가운데 처리장 공사를 시작한 경남 합천군이 대표적이었다. '왜 그랬냐'는 추궁에 그들은 '이미 계약이 이뤄진 상태였기 때문에 어쩔 수 없었다'는 핑계를 댔다. 전형적인 무책임 행정의 모습이었다. 환경청의 승인과정에서부터 수의계약을 통한 채택과 건설, 그리고 가동중단까지 전 과정에 대한 조사가 필요한 사안임이 분명했다. 문제가 심각해지자 환경부는 95년 슬그머니 이 설비에 대한 승인을 취소하는 것으로 발을 뺐다. 승인 5년여 만이었다. 그걸로 끝이었다. 당시 직원들 가운데 이와 관련해 책임을 진 사람은 아무도 없었다. 담당 과장은 오히려 승진했고 국장은 산하기관의 책임자로 옮겨있었다. 설비를 도입했던 지자체에서도 책임추궁을 당한 경우는 단 한 사람도 없었던 것으로 확인됐다. 그들에게 현장 취재내용을 알려주며 어떻게 생각하느냐 물었다. '자신들은 정해진 절차에 따랐을 뿐'이라는 답이 돌아왔다. '시간이 지나도 한참 지난 걸 왜 나에게 묻느냐?'며 역정을 내는 사람도 있었다. 물론 양심적인 소리도 있었다. '공무원 입장이니까... 우리는 그렇게 얘기를 합니다만... 국민이나 다른 사람들 입장에서 보면 터무니없는 일이죠'. 하지만 단 한사람 뿐이었다. 그를 제외한 나머지 사람들은 한결같이 사후에 관해서는 아는 바가 없다며 지난 과거에 대한 기자의 문제 제기에 이상하다는 반응을 보였다.

3. 환영받지 못한 목동야구장, 책임은 누가 졌을까?

첫 편에 대한 반응이 호의적이었다. 눈에 확 띄는 엄청난 기사는 아니었지만 어느 정도 관심을 끄는 데는 성공한 것 같았다. 아쉽게도 방송은 내 의도대로 '책임행정'이라는 타이틀을 달고 나가지는 못했다. 앵커의 멘트도 기대했던 수준으로 이뤄지지 않았고 책임자들의 이름도 구체적으로 공개하지 못했다. 하지만 잘못된 행정에 '책임'을 묻는다는 의미와 형식이 기대감을 갖게 한 것만은 분명해 보였다. 방송 후 여러 곳에서 관심을 표하고 여러 건의 제보가 들어온 것이 바로 그런 의미로 해석됐다. 방송 다음 날 복도에서 마주친 한 선배는 '자신이 하고 싶었던 기획'이라며 환하게 웃어줬다. 회사에서 몇 안 되는 닮고 싶은 선배 가운데 한 분이었기에 어깨가 으쓱해졌다. 하지만 아침 회의에서는 기사에 대한 얘기가 전혀 없었다고 했다. 조금은 의외였다. 보도국 차원에서 의욕적으로 시작한 시리즈였고, 그 첫 방송이었기에 뭔가 반응이 있어야 당연하다고 생각했는데... '책임행정' 타이틀이 없이 나간 것도 그렇고, 시리즈라는 내용을 밝히지 않은 것도 그렇고... 거기에 기사에 관해 얘기 자체가 없었다니... 그것은 시작부터 뭔가 안 좋은 방향으로 일이 흘러간다는 것을 의미했다. 그동안의 경험을 통해 나는 그것을 알고 있었다.

두 번째 편엔 두 개의 현장을 담았다. 하나는 160억 원의 예산을 들여 지은 목동야구장이었다. 목동지역의 대단위 아파트 개발과 함께 1987년에 서울 서부지역의 생활체육 시설로 지어진 시설이었다. 의욕적으로 건설한 야구장은 그러나 완공 직후부터 문제점이 지적되며 공격을 받고 있었다. 가장 많이 지적된 것은 운동장의 방향이었다. 북향으로 지어져 저녁 시간대에 타자가 역광을 보며 공을 쳐야 한다는 것이었다. 낮 시간에도 햇볕이 워낙 강해 야수들이 볼을 처리하는 데 어려움을 겪고 있다고 했다. 그건 중요한 순간에 실력이 아니라 실수에 의해 승부가 가려질 수 있다는 것을 의미했다. 야구인들은 입에 거품을 물었다. 그런 문제 때문에 경기장으로서의 기능을 50% 정도밖에 달성하지 못하고 있다는 게 그들의 주장이었다. 새로 지은 구장임에도 선수들이 사용을 기피하고 있다는 사실이 그 모든 것을 설명한다고 했다. 확인해 보니 준공 후 매년 10억 원 정도씩의 적자가 이어지고 있었다. 도무지 이해가 되지 않는 일이었다. 야구장을 지으며 가장 기본적인 햇빛의 방향조차 고려하지 않았다니… 야구인들은 왜 전문가인 자기들에게 한번 물어보지조차 않았는지 궁금하다고 했다.

다른 하나는 난지도 쓰레기처리장에 들어선 자동처리 설비였다. 1983년 공사를 시작해 1986년에 완공된 시설, 70억 원이 넘는 공사비를 들이고도 한번 제대로 사용도 못하고 버려진 상태였다. 수거 차량들이 각종 쓰레기를 싣고 와 쏟아 놓으면 웬만한 것들은 자동적으로 분류해 처리한다고 자랑했던 설비였다. 그렇게 하루 1,500톤을 처리할 수 있다고 자신했던 설비였다. 그동안 사람 손으로 일일이 가리던 것을 기계가 알아서 한다는, 자동화에 방점이 찍힌 선진 설비였다. 이미 서울에서는 1991년부터 분리수거가 의무화돼 있는 단계였다. 그랬기에 설비는 수거 과정에서 덜 가려진 쓰레기들을 가려내고 분류된 깃들은 조금 더 정밀하게 나눠 처리하는 이를테면 2차 분류시스템인 셈이었다. 하지만 완공 직후부터 문제가 드러나기 시작했다. 각기 모양과 크기, 거기에 무게까지 다양한 쓰레기들에 설비는 전혀 효과를 발휘하지 못하고 멈춰서기 일쑤였다. 그러다 결국 한 번도 시원스레 가동되지 못한 채 고철로 방치되는 신세가 되고 말았다.

취재를 위해 현장을 찾았을 때 설비는 시뻘겋게 녹슨 채 흉한 모습으로 서 있었다. 난지도를 삶의 기반 삼아 살고 있는 사람들이 모여들어 한마디씩 해댔다. 이런 엉터리가 어디 있냐고, 돈을 이렇게 함부로 써도 되냐고…

취재를 통해 이 설비를 둘러싸고 서울시와 시공사 사이에 소송전이 진행됐다는 사실을 확인할 수 있었다. 소송은 서울시가 먼저 시공사인 OO건설을 상대로 제기한 것으로 돼 있었다. 애초 처리능력이 없는 설비를 팔아먹었다며 이미 지급한 공사비 77억 원에 철거비용을 더해 95억 원을 돌려달라는 내용이었다. 이에 대해 OO건설도 소송으로 맞섰다. 서울시가 요구한 대로 공장을 지은 것이기 때문에 자신들은 잘못이 없다며 오히려 못 받은 공사비 4억 6백만 원을 지급하라는 내용이었다. OO건설은 설비가 문제가 아니라 애초에 제대로 가려지지 않은데다 수분까지 가득한 쓰레기 자체가 문제라는 논리를 동원했다. 그런 정도의 쓰레기라면 세상의 어떤 설비도 처리할 수 없다는 얘기였다. 이런 엇갈리는 주장에 법원은 양측의 소제기를 모두 기각했다. 서울시에 대한 부분만 본다면 '자신들의 잘못을 건설사에 떠넘기지 말라'는 의미였다. 결국 서울시는 시민들의 아까운 세금 77억 원만 날린 셈이 됐다. 취재결과 이일로 건설사의 공사 책임자들은 옷을 벗는 등 무거운 책임을 진 것으로 확인됐다. 하지만 서울시에서 이 문제로 책임을 진 공무원은 아무도 없었다.

4. 단 두 편으로 끝나고 만 책임행정 시리즈

방송은 그렇게 무난하게 나갔다. 하지만 이번에도 당시 책임자들의 이름은 밝힐 수 없었다. 명예훼손이 될 수도 있다는 윗분들의 걱정 때문이었다. 이해하기 어려운 논리였다. 공적인 자리에 있는 사람들의 공적인 행적을 이야기하는 것이 어떻게 명예훼손이 될 수 있다는 것인지… 분명 그런 걱정 때문만은 아니었을 것이었다. 구체적인 이름과 과정을 거론하는 기사의 방식에 어디선가 불편함을 표한 것이 분명했다. 그렇지 않다면 이미 기획단계에서 그런 부분까지 다 OK를 받은 사안에 1보부터 그렇게 갑자기 제동이 걸릴 리 없었을 터였다. 매사에 우유부단한 부장이 그렇게 단호하게 막아설 리도 없었을 터였다. 그러나 그런 내부의 복잡함과는 관계없이 기사에 대한 반응은 제법 뜨거웠다. '그동안 소홀했던 언론의 역할을 일깨운 기사', '공직사회의 변화를 기대하게 하는 의미있는 기획'이라는 평가들이 이어졌다. 분명 앞으로 '결정을 하게 될 사람들에 게는 경계가 될 것'이라는 기대를 갖게 하기에 충분했다. 그러나… 그런 의미있는 평가 에도 불구하고 '책임행정' 시리즈는 거기서 그치고 말았다. 더 이상의 취재가 허락되지 않았다.

최소한 '왜'라는 설명은 있어야 하련만… 아무 것도 없었다. 그냥 끝이었다. 안타까웠 다. 속도 상했다. 이 또 무슨 일이란 말인가? 언론으로서 이정도의 목소리도 낼 수 없 다는 말인가? 이건 대체 누구의 결정이란 말인가? 도무지 이해할 수 없는 일이었다. 어 디를 봐도, 어떻게 해석해도 문제 될 게 없는 방식이었다. 기사의 목표 또한 분명했다. 누구를 망신주자는 것도, 벌하자는 것도 아니었다. 무책임하고 무분별한 행정행위를 막기 위해 효과적인 제도를 만들어 보자는 것이었다. 당사자를 드러내고 과정을 되짚 는 것은 그런 목적을 위한 최소한의 방식이었다. 모든 사업에 책임자들의 이름이 기록 된다면, 그들의 전후 이력이 추적된다면 누구도 터무니없는 결정을 못 하게 되지 않겠 는가? 그런 분위기가 정착된다면 특정인이나 집단을 위한 결정이 사라질 것이고 당연 히 부당한 지시도 사라질 것 아닌가? 설혹 부당한 지시가 내려와도 거부할 수 있는 좋 은 핑곗거리가 생기는 것 아닌가?… 그런 풍토가 만들어지면 모든 결정에 비용을 최소 화하고 효과를 극대화하기 위한 고민이 활성화 될 텐데… 최상의 결과를 위한 건설적 인 경쟁과 노력이 기울여질 텐데… 정말 많이 아쉬웠다.

안타깝게도 행정실명제는 그 후로도 오랫동안 도입되지 않았다. 간혹 지방자치단 체 수준에서 개혁방안의 하나로 시도되곤 했지만 전국으로 확산되지는 못했다. 그러다 2018년이 돼서야 비로소 전국단위의 정책으로 자리를 잡았다. 정책 실명제란 이름이었 다. 시행을 주도한 행정안전부는 '정책의 투명성과 책임성을 높이기 위해서'라고 목적 을 분명하게 명시하며 의지를 과시했다. 거기에 '주요 정책의 결정 및 집행에 참여하는 관련자의 실명 등을 기록하고 공개하는 것'이라고 방법도 구체적으로 제시했다. 20여

년 전 KBS가 책임행정 시리즈를 기획하며 천명했던 목적과 방법 그대로였다. 20년이 훨씬 지나 나타난 성과에 기쁘기보다 서글픔이 일었다. 지금은 너무도 자연스러운 일이지만 1995년, 그때 대한민국의 상황은 그랬었다.

누가 독도를
슬프게 하는가?

1. 북한의 불바다 위협, 박한상 사건... 그리고 독도

1994년 5월 대한민국은 뒤숭숭했다. 북한의 핵 개발로 초래된 긴장이 한반도를 무겁게 짓누르고 있었다. 북한은 국제원자력기구(IAEA)가 요구한 의심시설에 대한 조사를 거부하며 핵확산금지조약(NPT)을 탈퇴하는 초강수까지 동원했다. 국제사회에 북한이 핵 개발을 진행하고 있다는 확신을 안겨준 사건이었다. 우리는 물론 미국을 비롯한 서방국가들이 긴박하게 움직이며 대응책을 논의했다. 그런 뒤숭숭한 분위기에 판문점 회담에 나온 북한대표 박영수는 불바다 발언으로 긴장감을 최고조로 끌어올렸다. '여기서 서울이 멀지 않다. 전쟁이 일어나면 송선생(송영대 통일원 차관)도 아마 살아남기 어려울 것이다...' 공식회담 석상에서, 그것도 기자들이 다 지켜보는 앞에서 우리측 대표를 향해 내뱉은 위험천만한 발언은 타오르는 불에 기름을 부은 격이었다. 세계는 경악했고 미국의 항공모함전단이 우리해상으로 급파되는 상황까지 전개됐다. 심상치 않은 분위기에 우리 국민들의 몸과 마음이 움츠러든 것은 지극히 당연한 일이었다. 그렇게 모두가 놀라고 당황하고 있는데 이번엔 패륜아 박한상 사건이 터져 나왔다. 100억대 자산가의 장남이 부모를 끔찍하게 살해한 사건이었다. 명문고를 나온 뒤 남부러울 것 없이 지내던 20대 아들, 그의 범행 이유는 놀랍게도 단지 유산을 차지하기 위해서라는 것이었다. 유산을 노려 부모를 잔인하게 살해하고, 증거를 없애기 위해 불까지 지른 충격적인 사건에 사람들은 경악을 금치 못했다. 안보상황과는 다른 차원으로 우리사회가 심각한 위기로 치닫고 있음을 알린 사건이었다.

때는 마침 38번째 현충일을 앞둔 5월이었다. 이런저런 방안을 고심하는데 문득 독도가 떠올랐다. 6월은 호국보은의 달, 현충일은 특별히 나라를 위해 목숨 바친 선열들과 전몰장병들을 추모하는 날이 아니던가? 안보위기로 걱정하는 국민들과 함께 차분하게 '우리'를 돌아보는 기회를 가지면 좋을 것 같았다. 짧지 않은 역사 속에서 숱한 어려움을 슬기롭게 극복해 온 우리의 저력, 그 결과가 오늘의 대한민국이라는 사실을 일깨우고 싶었다. 그런 사실만 제대로 깨닫게 된다면 필요이상으로 흔들리지 않을 것 같았다. 충격적인 패륜사건으로 상처받은 마음에도 조금이나마 위로가 될 수 있을 것 같았다.

정말 많은 사람들이 복잡한 세상사에, 만만치 않은 주변 여건에 힘들어 하고 있었다. 그건 7년차 기자로 심신이 지칠대로 지친 내게도 해당되는 얘기였다. 거기에 오래전부터 마음속에 품어온 '언젠가는 직접 그 땅을 밟아보고 싶다'는 독도를 향한 염원도 살아났다. 독도는 그런 여러 가지 목적에 딱 맞는 소재였다.

일단 그렇게 생각이 정리되니 마음이 편해졌다. 시원한 바닷바람 맞으며 여행하는 기분으로 다녀올 수 있을 것 같았다. 1년 365일, 사시사철 모진 비바람과 거센 파도 속에서도 언제나 자리를 굳건하게 지키고 있는 독도, 때만 되면 어김없이 반복되는 일본의 억지 주장속에서도 든든하게 버티고 서 있는 독도는 그 모습만으로도 큰 위안을 줄 것이라는 믿음이 있었다. 그런 독도와 함께 헌신적으로 독도를 가꾸고 살피는 소박한 사람들을 조명한다면 나라사랑의 의미까지 더 할 수 있을 것 같았다. 다행히 독도는 뜻있는 울릉도 주민들의 헌신적인 노력으로 나무가 제법 자라고 주민까지 생활하는 유인도의 모습을 갖추고 있는 상태였다. (1981년 울릉도 주민이던 최종덕 씨가 최초로 주민 등록을 옮긴 후 그의 사위인 조준기 씨가 2호 주민이 됐다. 그리고 김성도 씨와 김신렬 씨 등이 그 뒤를 이으며 한때 주민 수가 7명까지 이르기도 했다) 개인적으로도 의미있고 기사 가치를 생각하면 더 할 수 없이 좋은, 멋진 취재가 될 것 같았다. 가슴도 뛰었다.

그런데 생각치 않았던 변수가 생겼다. '위조 가스밸브'와 관련된 갈등이 길어지고 있었다. 기사를 약화시키기 위한 노골적인 압박, 그를 막아내기 위한 힘겨운 저항... 그 상황과 완력을 감당하는 게 만만치 않았다. 무력감만 한없이 커지고 있었다. 사실 말이 갈등이지 윗사람과의 갈등이라는 것은 실상은 아랫사람의 일방적인 스트레스를 의미할 뿐이었다. 그러다 결국 열받는 실패로 귀착되고 마는 상처일 뿐이었다. 그런 상황에 어렵게, 정말 어렵게 완성한 2보 기사(위조된 밸브 상당수가 실제로 땅에 묻혀 있는 것을 확인한 기사)가 편집까지 끝낸 상태에서도 방송에 나가지 못하고 있었으니... 어떤 명분과 논리를 동원해도 있을 수 없는 일이었다. 더욱 견디기 어려웠던 것은 그런 일들이 반복되고 있다는 사실이었다. 아무리 마음을 내려놓았다 해도 그런 모습까지 그저 지켜보고 있을 수만은 없었다. 무엇보다 기사를 지켜내기 위해, 기사가 변질되는 것을 막기 위해. 당연히 이전과는 다른 차원의 갈등이 빚어질 수밖에 없었다. 구겨질대로 구겨진 기자로서의 자존심에 쌓이고 쌓인 감정까지 더해져 마음을 다스리는 것이 쉽지 않았다. 그런 상황에 태연하게 독도 취재를 추진할 수 없었다. 답답했다. 화도 났다. 힘겨운 시간들이 그렇게, 그렇게 이어졌다. 그러는 사이 시간이 흘러갔다. 그리고 타이밍도 사라지고 말았다. 야심차게 기획했던 독도 취재계획은 결국 그렇게 무산되고 말았다.

2. 기획 1년 만의 취재, 울릉도에서 만난 황당한 상황

이듬해, 다시 6월이 다가오고 있었다. 그즈음의 대한민국도 복잡하기는 마찬가지였다. 대구지하철공사장 가스폭발사고의 여진이 이어지고 있었다. 101명이 사망하고 부상자도 200명이 넘었던 초대형 사고, 사망자 가운데 42명은 등교하던 ○○중학교 학생들이었다. 변명의 여지없는 후진국형 참사였다. 정치권을 포함한 사회전반에 또 한 차례의 도식화 된 칼춤이 난무했다. 그런가 하면 '베트남 전은 명분없는 전쟁이었고 당시 국군은 미군의 용병이었다'고 공개발언을 했던 교육부 장관이 3일만에 해임되는 일도 있었다. 취임직후부터 사려깊지 못한 발언으로 걱정스런 눈길을 받던 장관이었다. 부자들에 대한 증오로 엽기적인 살해행각을 벌인 지존파 6명에게 사형이 확정되고 북한의 이철수 대위가 미그 19기를 몰고 귀순한 것도 그무렵이었다. 세상은 여전히, 그렇게 복잡하게 돌아가고 있었다. 하지만 나는 비교적 여유있는 시간을 보내고 있었다. 그동안 갈등이 심했던 부장이 바뀌고 기동취재부도 안정적으로 운용되고 있었다. 한해 전 아쉬움 속에 접어야 했던 독도가 떠올랐다. 취재계획을 다시 올렸다. 부장은 좋은 생각이라며 흔쾌히 사인을 내 줬다.

그렇게 오랜 계획을 실행에 옮기던 날, 나는 약간의 흥분까지 느끼고 있었다. 포항에서 울릉도까지는 217km의 뱃길. 짙푸른 동해바다의 물결은 잔잔했고 뺨에 닿는 시원한 바람은 기분을 들뜨게 했다. 독도는 어떤 모습일까? 가서는 무엇을 먼저 해야할까?... 4시간이 넘는 뱃길이 전혀 지루하게 느껴지지 않았다. 짧지 않은 시간이 순식간에 지나갔다. 그렇게 난생 처음 울릉도 땅을 밟았다. 독도에 가기 위해 반드시 거쳐야 하는 곳이었다. 울릉도의 관문 도동항은 조금 복잡했다. 넓지 않은 항구엔 배들이 가득했고 길가엔 각종 어물을 파는 상인들이 줄지어 앉아 있었다. 아마도 뱃시간을 기다렸다 시간에 맞춰 나온 것 같았다. 특별히 싱싱하게 살아 움직이는 오징어들이 많이 보였다. '그래. 울릉도는 오징어가 명물이라고 했지...' 학창시절 달달 외웠던 내용이 떠올랐다. 사람들도, 주변의 음식점들도, 소란스런 거리도... 눈에 보이는 모든 모습들이 정겨웠다. 앞으로 또 어떤 것들을 만나게 될 지 기대도 됐다. 하지만 그런 마음은 오래 가지 못했다. 항구 주변에 있던 일단의 사람들이 KBS 로고가 새겨진 카메라를 보며 수근대는 모습이 보였다. 한눈에도 달갑지 않은, 불편한 모습이었다. 이윽고 몇몇 사람들이 우리 주변으로 다가왔다. 표정도, 눈빛도 예사롭지 않았다. 누군가 비아냥거리는 소리로 말했다. '그 잘난 KBS가 무슨 일로 여기까지 오셨나?' 명백한 시빗조였다. 당황스러웠다. 난감한 상황을 피하기 위해 서둘러 자리를 벗어나야 했다.

'처음 대하는 사람들이 왜 그랬을까?...' 예기치 못했던 상황에 신경이 많이 쓰였다. 대표격인 주민을 수소문해 만남을 청했다. 궁금증은 그날 저녁 만남을 통해 해소됐다. 주민들은 당시 독도를 소재로 활발하게 활동을 벌이고 있던 한 연예인에 분노하고 있었다. 가수 겸 방송인으로 활동하고 있는 OOO 씨였다. 만남 장소엔 급한 전갈에도 대표를 포함해 20여 명이나 모여있었다. KBS가 왔다는 소식에 만사 제쳐두고 왔다는 사람들이 대부분이었다. 그들은 할 말이 많은 것 같았다. 모두 매년 몇 차례씩 독도에 드나들며 나무를 심고 가꾸는 '푸른독도가꾸기모임'의 회원들이라고 했다. 30대 젊은 사람들부터 과거 독도 사수를 위한 의용군으로 활약했다는 나이 지긋하신 어르신들까지, 검게 그을린 모습에 투박함이 느껴지는 얼굴들이었다. 그들 가운데 독도에 주소를 둔 독도 주민 김성도 씨의 얼굴도 보였다. 그들 모두의 표정은 굳게 굳어 있었다. 취재 목적을 설명하기도 전에 한쪽 구석에서 상당히 격앙된 목소리가 들려왔다. 'OOO이 보내서 온 것이라면 당장 돌아가시오', '또 한 번 우리를 화나게 하면 이번엔 정말 가만 있지 않을거요..' 그런 노골적인 반감에 일부 사람들이 동조하고 있었다. 분위기가 험악했다. 도대체 OOO 씨가 무엇을 어떻게 했길래 주민들이 이렇게 흥분한단 말인가? 나는 그를 독도를 위해 열심히 노력하는 의식있는 연예인으로만 알고 있는데… 주민들은 나를 포함한 KBS 취재팀을 그가 보낸 것으로 단단히 오해하고 있었다.

3. OOO이 독도를 도둑질하고 있다

우선 주민들의 흥분을 가라앉힐 필요가 있었다. 우리는 OOO 씨와 전혀 관계가 없다는 사실을 강조하며 하고 싶은 얘기들을 다 하시라고 권했다. 그렇게 차분하게 얘기를 들어주며 궁금한 것들을 물어보는 방식으로 대화를 풀어갔다. 진지한 우리 모습에 그들이 많이 누그러지고 있는 게 느껴졌다. 주민들은 OOO 씨가 독도와 자신들의 명예를 도둑질하고 있다고 주장했다. 방송에서 기회 있을 때마다 '독도'를 얘기하는 OOO은 자신의 이익을 위해 독도를 팔아먹는 사기꾼일 뿐 의식있는 연예인도, 더 더욱 칭송받을 애국자도 아니라고 주장했다. 그들은 'OOO은 심지어 단 한 차례도 독도에 들어가 본 적도 없는 사람'이라며 '당연히 그가 심은 나무도 한 그루도 없다'고도 했다. 그런데도 독도의 나무를 마치 다 자신이 심고 가꾼 양 선전하고 있다며 분개했다. 놀랍고 충격적인 얘기들이었다. 그건 내가 그때까지 알고 있던 것과는 완전히 다른 얘기들이었다. 내가 그렇듯이, 만일 다른 사람들이 들었다면 그들도 마찬가지였을 것임이 분명했다.

이 무슨 소리란 말인가? 나는 OOO 씨가 독도가꾸기를 주도하고 있는 것으로 알고 있었는데… 그렇기에 독도를 돌보는 울릉도 주민들과도 돈독한 관계일 것이라고 생각하고 있었는데… 도대체 어디서부터, 무엇이 잘못된 것일까? 무엇이 잘못됐기에 전국민이 독도와 관련돼 잘못된 사실들을 진실로 믿게 된 것일까? 머릿속이 혼란스러웠다. 주민들은 언론들이 OOO과 한 통속이 돼 국민을 속인 결과라고 목소리를 높였다. 그들은 기자들이 현장에 한번 와 보지도 않고 OOO 말만 듣고 기사를 써대고 있다며 분명 OOO과 언론 사이에 무슨 결탁이 있다고 확신하고 있었다. 그랬기에 도동항에서 KBS 카메라를 봤을 때도 '또 무슨 짓을 벌이러 왔나' 하는 생각에 분개했던 것이라고 했다.

놀라운 얘기들에 기분이 멍했다. 사실 거기까지도 놀라운데 뒤에는 더 놀라운 얘기들이 기다리고 있었다. 독도를 명분으로 내세웠던 각종 이벤트와 관련된 얘기들이었다. ○○○이 독도를 앞세워 진행했던 여러 이벤트들이 모두 사기였다는 게 그들의 주장이었다. 그들은 일단 말문이 터지자 막혔던 둑이 터진 듯 가슴 깊이 쌓아 두었던 얘기들을 쏟아내고 있었다. 어느 새 나는 기자라는 입장을 벗어나 나름 좋아했던 한 연예인의 숨겨졌던 모습에 놀란 팬의 마음으로 저들의 얘기에 빠져들고 있었다. 흥미진진한 얘기들이 이어졌다. 주민들은 구체적으로 그 몇해 전 있었던 '독도 주민을 위한 배 기증' 행사를 지목했다. 1991년 2월, 독도 주민에게 배를 마련해 주겠다며 올림픽체조경기장에서 진행된 사랑의 바자회 얘기였다. 독도사랑 배띄우기 알뜰시장이라고 이름 붙여진 이 행사는 대대적인 언론 보도속에 그 취지에 공감하는 적지 않은 의류업체들과 시민들이 참여해 성황리에 치러졌다고 했다. 그리고 그해 11월 ○○○ 씨는 포항에서 독도 주민이던 조○○씨에게 3톤짜리 목선을 기증하는 행사를 직접 진행했다고 했다. 바자회에서 벌어들인 수익금 5천여만 원을 들여 제작한 배라는 설명도 있었다고 했다. 그 소식은 나도 KBS 뉴스를 통해 접했던 것이었다. 당시 나는 그 뉴스를 보며 ○○○ 씨의 열정과 노력에 감동했었다. 그건 결코 아무나 할 수 있는 일이 아니었다. 한데 그 모든 게 쇼였다는 얘기였다. 배는 기증이 아니라 잠시 사용권을 내준 것 뿐이었고 행사 후에도 소유권은 ○○○이 대표로 있는 단체 앞으로 돼 있다고 했다. 거기에 크기마저 독도에는 접안 할 수 없게 만들어져 행사 후 줄곧 도동항 한쪽편에 세워져 있다고 했다. 독도의 현실도 모른채 그저 자신을 내세우고 자랑하는데만 치중하다보니 벌어진 코미디 같은 일이라고 주민들은 입을 모았다.

그 이듬해 독도에 전기를 밝힌다는 명분으로 열었던 미술 전시회도 마찬가지라고 했다. 독도가 유인도로 인정받기 위해서는 두 가구 이상의 주민이 살고 식수가 있어야 하는데 그를 위해서는 전기가 필수적이라며 유명 화가들익 작품을 기증 받아 열었던 전시회라고 했다. 기증받은 그림들을 팔아 그 돈으로 독도에 태양광발전소를 만든다는 그럴듯한 목적을 앞세웠다고 했다. 하지만 놀랍게도 당시 독도에는 이미 태양광 발전을 통한 전기가 공급되고 있었고 등록 주민도 있는 상태였다고 했다. 처음부터 사익을 챙기려는 목적으로 진행한 한바탕 쇼였다는 것이 주민들의 주장이었다. 그를 위해 사정을 잘 모르는 국민들의 소박한 애국심을 악용했던 것이라고 했다. 그 또한 놀라운 얘기였다. 독도를 위한 전시회가 열렸다는 사실 또한 나도 알고 있던 내용이었다. 당시 인기가 높았던 김병종, 박불똥, 임옥상 씨 등 30~40대 중견작가 56명이 작품을 기증했다고 해서 화제가 됐던 전시회였다. 동방플라자 백화점에서 열린다는 사실까지 확인하고 기회를 엿봤지만 결국 시간을 내지 못해 아쉬움이 컸다. 주민들은 거기서 나온 수익금 또한 단 한푼도 독도를 위해 쓰이지 않았다고 주장했다. 주민들의 놀라운 얘기가 끝없이 이어지고 있었다. 얘기의 방향은 하나, OOO 씨가 개인적인 목적을 위해 독도를 이용하며 국민들을 철저하게 속이고 있다는 것이었다.

충격이 작지 않았다. 확인해 봐야 한다는 생각을 하면서도 나는 이미 충분히 놀라고 있었다. 주민들의 말도 그랬지만 그보다는 그들의 표정이 더 많은 것을 설명하고 있었다. 더 할 수 없이 진지했다. 그동안 꾹 눌러왔던 억울함, 그에 따른 울분같은 것이 말과 표정에 짙게 배어 있었다. 이미 그들의 얘기에 깊이 빠진 나 또한 얼굴이 많이 굳어 있었다. 하나하나가 상상도 못했던 내용들, 처음 듣는 얘기들이 대부분이었다. 주민들의 얘기가 사실이라면 그건 애국심을 앞세운 대국민 사기극임이 분명했다. 안타깝게도 대부분의 국민은 그 사기극에 철저하게 놀아나고 있는 셈이었다. 머릿속이 복잡했다. 그들에게 그런 중요한 얘기들을 왜 이제야 하느냐고 묻지 않을 수 없었다. 진작 소리쳐 외쳤어야 하지 않느냐고 일종의 핀잔성 질문을 던져봤다. 그들이 어이없다는 듯한 웃음을 흘렸다. 지금까지 적지 않은 기자들에게 그런 얘기들을 반복했다고 했다. 심지어 직접 언론사를 찾아가 호소한 적도 있다고 했다. 하지만 단 한번도 진지하게 들어주지 않았다고 했다. 당연히 기사화 된 적도 없었다고 했다. 그들은 기자들도 OOO 씨와 한패거리라고 굳게 믿고 있었다. 당연히 OOO 씨 못지 않게 언론 전반에 대해서도 강한 반감을 갖고 있었다. 그런 얘기 끝에 'OOO의 힘이 쎄기는 쎈 모양'이라며 내 얼굴을 빤히 바라다보는 사람도 있었다. 그 표정이 '너라고 별 수 있겠어?'라는 이죽거림으로 다가왔다. 나는 '일단 확인을 한 뒤 여러분들의 주장이 사실이라면 반드시 기사에 반영하겠다'고 약속했다.

4. 마음 풀린 주민들, 폭풍 주의보에 막힌 독도길

이튿날, 주민들의 표정이 많이 부드러워져 있었다. 밤 늦게까지 자신들의 얘기를 다 들어준 것이 일단 마음에 든 모양이었다. '지금까지 그렇게 끝까지 들어준 기자들은 없었다'는 게 그들의 얘기였다. 아마도 얘기가 끝난 후 기분 좋게 마신 막걸리도 작지 않은 영향을 미쳤으리라... 주민들은 예정에 없던 나무심기 행사를 갖겠다고 했다. 누군가 KBS 촬영을 위해 서비스 하는 것이라고 생색을 냈다. 그건 사실인 것 같았다. 그해 나무심기 행사는 이미 50여일 전에 끝났다고 했었다. 정말 고마운 일이었다. 진심으로 고맙다는 인사를 전했다. 그러면서 방송이 나가게 되면 '푸른독도가꾸기모임'에도 좋을 것이라고 한마디 더했다. 전국에서 함께 하겠다는 사람들이 많이 나타날 것이라고 설명했다. 그리되면 당연히 독도가꾸기 활동에도 힘이 붙을 것이라고 강조했다. 그리고 적지 않은 성금도 답지할 것이라는 예상, 어쩌면 후원기업이 생길 수 있을 것이라는 기대 섞인 전망도 덧붙였다. 그런 얘기들과 함께 당신들께서 역사의 한 자락에 분명하게 기록될 애국적인 역할을 감당하고 있다는 사실, 그것이 무엇보다 중요할 것이라는 사실을 일깨웠다. 당연히 아들 딸을 포함한 가족들이 뿌듯한 자부심을 가지게 될 것이라는 점도 강조했다.

독도 나무심기는 생각보다 훨씬 힘들고 고단한 행군이라고 했다. 우선 심을 나무는 물론 흙과 물을 따로따로 준비해야 한다고 했다. 그 양이 만만치 않다고 했다. 하지만 그보다 더 중요한 게 있었으니 날씨라고 했다. 워낙 변덕이 심한 바다 날씨 탓에 일정을 잡는 것이 쉽지 않다고 했다. 그래서 반드시 일기예보를 참고해야 한다고 했다. 그렇게 신경을 써 날짜를 정해도 문제가 생기기 일쑤라고 했다. 그말이 그저 외지인을 겁주기 위한 말이 아니었음을 바로 확인할 수 있었다. 그렇게 신경을 써 잡은, 독도로 출발하기로 한 날이었다. 새벽 2시께부터 바람이 심상치 않았다. 이미 그 전날의 예상과 달리 바람이 거셀 것이라는 예보가 있었다. 그래도 날짜를 잡을 때까지는 괜찮을 것이라 했었기에 혹시나 하는 마음으로 기대를 안고 잠자리에 들었는데... 하늘을 바라보고 또 바라보며 기도도 했는데... 하지만 바람은 점점 거세지기만 했다. 그러더니 급기야 폭풍 주의보로 연결되고 말았다. 출항 자체가 불가능하게 된 것이었다. 계획이 완전히 틀어지고 말았다. 주민들은 한번 폭풍 주의보가 내리면 최소한 4일은 기다려야 한다고 했다. 성난 바다가 가라앉는데 그 정도의 시간은 필요하다는 게 그들의 얘기였다. 그대로 철수하자니 너무 아쉬웠다. 회사에 보고했다. '폭풍주의보 때문에 독도에 들어가지 못했습니다. 배가 뜨지 못해 당장은 철수할 수도 없습니다. 이왕 왔으니 나흘을 기다려서라도 독도에 들어갔다 오는 것이 좋을 것 같은데 어떻게 할까요?' 다행히 부장은 서울에도 별 일이 없다며 그렇게 하라고 했다.

독도행에 가장 큰 변수가 날씨라는 사실을 확인한 순간이었다. 주민들은 울릉도 주변의 날씨가 괜찮을 때도 독도 주변의 날씨는 좋지 않은 경우가 종종 있다고 했다. 해서 독도 앞에까지 갔다 되돌아오는 경우도 적지 않다고 했다. 하긴 두 섬 사이의 거리만 해도 92km나 된다니… 제법 속도를 높여 가도 가는데만 족히 2시간 이상 걸리는 뱃길이라고 했다. 그만큼 독도는 한번 가는 것조차 만만치 않은 섬이라는 의미였다. 거기에 접안 시설이 없고 사방이 날카로운 바위들이어서 배를 대는 것도 불가능하다고 했다. 독도는 그렇게 오랜 세월 외지인들로부터 스스로를 지켜왔다고 했다. 따라서 독도에 들어가기 위해서는 멀찌감치 바다에 배를 세워두고 거기서부터는 별도의 동력 고무보트를 이용해야 한다고 했다. 마음이 있다고 쉽게 할 수 있는 일이 아니라는 의미, 강한 의지와 노력에 운까지 따라야 독도를 밟아볼 수 있다는 의미였다. 내 표정이 너무 무거웠음인지 이예균 회장은 '일단 오늘 바다가 요동치기 시작했으니 4일 후의 바다는 평소보다 더 잔잔할 것'이라며 걱정하지 말라고 위로했다. '울릉도에서 결정이 났으니 망정이지 독도에 도착한 후에 날씨가 급변했다면 정말 어쩔뻔 했냐'며 너털웃음을 터뜨리기도 했다. 생각해 보니 일리가 있는 말이었다.

독도행이 연기된 것은 안타까운 일이었지만 개인적으론 작지 않은 행운이었다. 나흘 동안 아무 부담없이 울릉도를 구석구석 돌아볼 수 있었다. 그 나흘 동안 그림같이 아름다운 해안 산책로를 걸으며 자연의 비경을 마주할 수 있었다. 나리분지와 봉래폭포에서 손타지 않은 순수한 아름다움도 만끽할 수도 있었다. 지천에 널린 명이나물을 따 삼겹살에 소주 파티를 할 수도 있었다. 무엇보다 바다 한복판에서 장엄하게 떠오르는 일출과 장렬하게 스러져가는 일몰을 바라볼 수 있었던 것은 말로 형언하기 어려운 기쁨이었다. 온갖 잡념과 욕심, 걱정으로 찌든 몸과 마음이 깨끗하게 씻기는 느낌이었다. 자연속에서 한없이 작고 초라한 나, 벌거벗은 나를 마주하는 소중한 시간이었다. 한결 가까워진 푸른독도가꾸기 회원들이 그 모든 과정에 안내를 자청하며 함께 했다. 고마운 일이었다. 그들은 경계심을 다 날려버리고 우리를 편한 친구로 받아들이고 있는 것이 분명했다. 나 또한 그들을 더 깊게 이해하며 소박한 형제들로 의지하고 있었다. 그렇게 구석구석 둘러본 울릉도는 정말 매력 만점의 섬이었다. 뱃길만 자유롭다면 정말 많은 사람들의 사랑을 받을 천혜의 관광지가 될 것임이 분명하다는 생각이 들었다. 그리 되면 바다에만 의존하는 지역 주민들의 생활도 많이 나아질 수 있을 것 같았다. 하지만 그런 생각의 반대편으로 개발보다는 보존이 더 중요하지 않겠는가... 하는 생각도 스쳤다. 지금 상태로 계속 두는 것이 더 좋겠다는 생각이 솔직히 더 강했다. 조금 불편하고 조금 덜 풍요로울지라도... 이 평화롭고 아름다운 처녀지에 관광객이 몰려들 경우 어떤 일이 벌어질지를 예상하는 것은 그리 어려운 일이 아니었다. 당시만 해도 울릉도엔 외부인을 위한 변변한 숙박시설조차 거의 없는 상태였다.

5. 유격훈련 같은 독도 나무심기

나흘 뒤 바다는 거짓말처럼 잔잔해졌다. 하늘은 맑았고 바람도 시원했다. 아침 일찍 푸른독도가꾸기모임 회원 30여명이 도동항에 집결했다. 그들은 우선 동백과 보리장 등 독도에 심을 나무 2백여 그루를 배에 옮겨 실었다. 묘목 상태에서 1년동안 잘 키운 것이라고 했다. 여러 해 동안의 시행착오를 거쳐 독도에서의 생존률이 높은 것으로 확인된 수종들이라고 했다. 나무를 심기 시작한 것은 1973년부터, 하지만 20년 가까이는 실패의 연속이었다고 했다. 그동안 심은 나무가 1만여 그루에 이르지만 거의 죽고 겨우 700여 그루가 살아남았을 뿐이라고 했다. 심는 족족 다 죽다가 90년대 들어서며 겨우 뿌리를 내리기 시작한 결과라고 했다. 회원들은 나무 외에 상당한 양의 흙과 물도 별도로 실었다. 나무를 심는 곳 주변에서 구할 수 없기 때문이라고 했다. 배는 제법 규모가 있는 고기잡이 배였다. 드디어 출발. 사방에 아무것도 보이지 않는 망망대해가 끝없이 펼쳐졌다. 100km 가까운 바닷길은 생각보다 훨씬 멀었다. 3시간 정도 지난 것 같았다. 저만치에 독도가 보이기 시작했다. 실로 오랫동안 가슴에만 품고 있었던 곳, 묵직한 존재감으로 늘 나를 감동시켰던 곳, 그 독도가 멀지 않은 눈앞에 있었다. 배는 정면으로 독도를 향하고 있었다. 급하게 뱃전으로 올라갔다. 독도가 점점 다가오며 커지고 있었다. 두팔 벌린 독도의 품으로 빠져들어가는 느낌이었다. 감동이 지나쳐서였을까? 약간의 현기증이 일었다. 가슴도 쿵쾅 거렸다. 마음을 가라 앉히기 위해 눈을 감았다. 시원한 바람이 온 몸을 휘감고 싱그런 바다 내음은 코 끝을 간질거렸다. 그러다 문득 눈 떠 보니... 동도와 서도로 나뉜 우리땅 독도가 듬직한 모습으로 바로 눈앞에 서 있었다.

우리의 목적지는 서도였다. 서도 앞 100여 m쯤 전방에 닻을 내렸다. 수백 마리 갈매기 떼가 몰려들어 머리 위에서 요란스럽게 울어댔다. 경계심 가득한 울음소리였다. 하지만 아래서 올려다보는, 날개를 활짝 편 수백마리 갈매기 떼의 모습은 장관이었다. 그 모습을 흥미롭게 지켜보던 어느 순간 후두두두둑... 굵은 빗줄기가 쏟아지는 소리가 들려왔다. 목청껏 울어대던 갈매기 떼가 한꺼번에 똥을 갈긴 것이었다. 이 똥덩이들이 햇빛을 가리기 위해 쳐놓은 천막 위로 떨어지며 내는 소리였다. 자신들의 영역에 들어온 침입자들에 대한 경고성 공격이라고 했다. 미처 몸을 피하지 못한 카메라 기자가 똥 세례를 받았다. 나도 몇 방을 맞았지만 그에 비하면 행복한 수준이었다. 그런 우리 모습을 보고 주민들이 킬킬거렸다. '뜨겁게 갈매기의 환영인사를 받았으니 오늘 운이 좋겠다'고 농을 던지기도 했다. 하지만 그 순간을 웃고 즐길 여유가 우리에겐 없었다. 서둘러 일을 해야 했다. 작은 동력 보트 2대에 준비해 간 모든 것들을 옮겨 실었다. 그리고 보트를 여러 차례 왕복하며 섬 아랫 자락에 사람과 나무, 흙 등 가져간 것들을 모두 내려놓았다. 섬으로 접근하는 바닷길엔 듣던대로 온통 날카로운 바위들이었다. 고무보트가 바위에 닿지 않도록 조심에 조심을 거듭해야 했다. 그동안 바위에 걸려 찢어진 보트만 족히 대여섯 대는 된다고 했다. 그렇게 짐을 옮기는데만 30분 가까이 걸렸다. 만만치 않은 작업이었다. 하지만 나중의 일과 비교하면 그건 아무 것도 아니었지만.

짐을 다 내린 후부터는 고난의 행군이 시작됐다. 한 사람의 예외도 없이 나무 꾸러미와 물통, 흙 포대를 나누어 지고 깎아지른 듯한 절벽을 올라야 했다. 한 사람당 20킬로그램 정도 되는 무게였다. 계단이 있기는 했지만 경사가 너무 급해 윗 계단에 손을 짚으며 기어가듯 올라야 했다. 거기에 강한 바람이 온 몸을 흔들어 댔다. 안 그래도 쉽지 않은 중심잡기가 더 어려워졌다. 얼마 오르지 않아 숨이 턱밑에까지 차 올랐다. 숨도 돌릴 겸 멈춰서서 돌아보니 아찔한 낭떠러지였다. 정신이 번쩍 들었다. 하지만 그런 아찔한 길을 주민들은 여유 있게 농담까지 하면서 잘도 올라갔다. 서울서 온 기자들이 잘 따라오고 있는지, 혹시 무슨 일이 생기지는 않는지에 대해서는 누구도 신경쓰지 않는 것 같았다. 그런 길이 참 멀기도 했다. 아래서 볼 때는 그리 멀게 보이지 않더니... 그렇게 그렇게... 거의 꼭대기 지점까지 올라가니 제법 널찍한 공간이 나타났다. 모든 것이 한눈에 내려다 보이는 명당중의 명당이었다. 그곳에서 잠시 숨을 고르며 바다를 내려봤다. 잔잔했다. 평온했다. 사방이 온통 짙푸른 바다뿐, 그 외엔 아무 것도 보이지 않았다. 그런 바다를 바라보자니 가슴이 뻥 뚫렸다. 시원한 바람과 공기가 그렇게 달콤할 수 없었다.

목적지는 거기서도 조금 더 가야 했다. 완만해진 경사길을 따라 오르다 섬의 반대편으로 조금 내려간 지점이었다. 그렇게 최종 목적지에 다다르니 완전히 딴 세상이 펼쳐졌다. 우선 눈에 들어오는 모든 것이 짙은 녹색이었다. 온갖 잡풀들과 나무들이 어우러져 온통 녹색 세상을 이루고 있었다. 독도에선 나무들이 자랄 수 없다고, 그래서 나무가 없다고 누가 그랬던가? 그가 한번만 서도에 들어와 봤다면 그런 얘기를 결코 할 수 없었을 것이란 생각이 들었다. 자그마하지만 자태가 늠름한 나무들이 그득했다. 척박한 땅에서 강한 바람을 견디며 그런 모습을 갖추게 된 것 같았다. 그런 모습이 오히려 독도에 잘 어울린다는 생각이 들었다. 한편으론 놀라며 다른 한편으로 감동하며 주위를 살피는데 저만치서 날 부르는 소리가 들려왔다. '박 기자님, 여기 좀 와 보세요' 진중한 성격에 인상 좋은 최규진 사무국장이었다. '이것 보세요' 그가 한 나무를 가리키고 있었다. 무궁화라고 했다. '작년에 시험 삼아 심어 봤는데 이렇게 잘 자라고 있네요.' 그의 얼굴이 환했다. '사실 잘 자랄 수 있을까 걱정했었는데... 이렇게 자라는 걸 확인했으니 내년엔 더 많이 심어도 되겠습니다. 우리땅 독도에 우리꽃 무궁화가 활짝 핀다면 그보다 더 좋은 일이 어디 있겠습니까?' 그가 가리키는 곳을 따라 하나 둘 헤아려보니 10그루였다. 아직 꽃을 피우지는 않은 상태였다. 하지만 무궁화가 자란다는 사실만으로도 가슴이 뭉클했다. '아, 몇 년 후엔 무궁화꽃들이 독도를 덮을 수도 있겠구나' 그 생각에 흐뭇한 미소가 떠올랐다.

잘 자라주고 있는 나무들 외에 그 지점엔 달라진 것이 또 있었다. 한결 부드러워진 바람이었다. 전혀 없는 것은 아니었지만 올라올 때에 비해 확연하게 약해져 있었다. 주민들은 그렇게 강하지 않은 바람이 나무가 뿌리 내리고 자랄 수 있도록 돕는 핵심요인이라고 했다. 그런 곳이 서도에만 몇 군데 있다고 했다. 자신들은 바로 그런 곳에만 나무를 심는다고 했다. 드디어 나무 심기가 시작됐다. 조금이나마 흙이 있는 곳을 찾아내 나무를 심은 뒤 그 위에 준비해 간 흙을 덮고 물을 듬뿍 주는 방식이었다. 능숙한 주민들을 따라 나도 몇 그루 동백나무를 심었다. 심으면서 간절히 기도했다. '주여, 이 녀석들이 뿌리 잘 내리게 지켜주소서. 잘 자라 우리 땅 독도를 살리고 지키는 든든한 방패가 되게 해주소서!' 여유를 갖고 돌아보니 주위에 생각보다 많은 나무들이 있었다. 그 동안의 주민들의 수고가 그대로 읽혔다. 얼마나 많은 시간을 오가며 땀과 눈물을 흘렸을까? 누가 시킨 것도 아니고 그렇다고 고맙다고, 수고했다고 칭찬도 하지 않는 세상에서… 묵묵하게 독도를 지켜온 주민들의 뜨거운 마음이 그대로 느껴졌다. 그렇게 생각하니 잘 자라고 있는 나무들은 그 숨은 애국자들의 고귀한 얼굴이라는 생각이 들었다. 나무 한 그루, 가지 하나가 예사로 보이지 않았다.

나무들 주변, 그리고 낮게 주저 앉은 잡풀들이 있는 곳엔 갈매기 알도 엄청나게 많았다. 그럴듯한 둥지도 없이 수풀이 있는 곳엔 아무렇게나 낳아 놓은 알들이었다. 하긴 화산섬 독도엔 알들을 위협하는 어떤 위험 요인들도 없다는 것을 저들도 알고 있을 터였다. 그런 알들이 어찌나 많던지… 걸음을 옮길 때마다 밟지 않으려고 신경을 써야 했다. 그제서야 거칠게 똥을 갈겨 가며 이방인들을 막으려했던 갈매기들의 마음이 이해됐다. 그건 새끼들을 보호하기 위한 엄마 아빠의 처절한 몸짓이었음이 분명했다.

역시 백문이 불여일견, 백견이 불여일행이었다. 직접 경험해 보니 독도 나무심기는 단순한 식목행사가 아니었다. 그것은 최고 수준의 유격훈련이었다. 결코 누구나 쉽게 할 수 없는 일, 만만한 봉사활동이 아니었다. 상당한 체력과 실질적 위험까지 감수해야 하는 엄청난 중노동, 거기에 하루를 온전히 바쳐야 하는 긴 작업이기도 했다. 커다란 덩치에 무거운 카메라를 들어야 했던 촬영 기자는 거의 쓰러지기 직전까지 갔었다. 주민들이 OOO 씨에 대해 왜 그렇게 '독도에 한번 들어가 보지도 않은 사람' '나무 한 그루 심어본 적도 없는 사람'이라며 분개했는지를 이해할 수 있을 것 같았다. 칭찬 받고 상 받기 위해 한 일은 아니었지만 자신들이 한 일을 가로채 개인적 이득을 취하려는 행위에 왜 그렇게 속상해 했는지도 충분히 알 수 있을 것 같았다. 그들에게 독도의 나무는 그저 나무가 아니었다. 그들에게 한 그루 한 그루는 땀과 노력에 나라사랑의 의지까지 담긴 자신들의 분신과 같은 존재들이었다. 나무를 심고 울릉도로 돌아가서도 폭풍우가 몰아치면, 태풍이 불어오면 걱정이 밀려와 잠을 이루지 못한다고 했다. 그런 저런 사정을 이해하고 나니 주민들의 얼굴이 달리 보였다. 나무를 심고 주민들을 독려하고... 분주하게 움직이던 이예균 회장이 '이것 좀 보라'며 카메라 앞으로 다가 왔다. '나쁜 사람들. 언제 또 이렇게...' 그의 손에 작은 플라스틱 명찰들이 그득했다. OO산악회. OO산 사랑회 같은 모임 이름이 새겨진 것들이었다. 그렇게 조용히 들어와 잘 자라고 있는 나무에 명찰만 달아놓고 사진을 찍어 가는 사람들이 종종 있다고 했다.

6. 회사로 찾아온 OOO의 친구, 나 KBS 시청자 위원인데...

서울로 돌아오자 마자 OOO 씨에게 연락을 취했다. 독도에 다녀온 사실을 알리고 몇 가지 확인하고 싶은 것이 있다고 했다. 그가 KBS 커피숍으로 달려왔다. 라디오 방송을 마치고 바로 나온 것이라고 했다. 그도 놀란 것 같았다. 하지만 활짝 웃는 얼굴이었다. 그에게 먼저 연예인으로 뿐만 아니라 교통 전문가로 분명하게 자리매김한 열정과 노력에 대해 '존경스럽다'는 마음을 전했다. 그건 진심이었다. 당시까지 내게 새겨진 그의 이미지는 '개념 있고 재주 많은 연예인'이었다. 교통 전문가로 진행하는 방송과 독도에 대한 열정적 활동이 그런 이미지를 갖게 했었다. 그런 의례적인 인사를 건넨 뒤 울릉도에서 들은 얘기들을 전했다. 독도에 한 그루의 나무도 심지 않았다는 얘기, 불 밝히기 전시회 얘기, 사랑의 바자회와 배 전달식 얘기... 그런 얘기들을 전하면서 설명 내지 해명을 듣고 싶다고 했다. 그는 시종 여유있는 표정으로 모든 얘기를 들어줬다. 하지만 반응은 엉뚱했다. 해명은 한 마디도 하지 않은 채 엉뚱한 얘기를 꺼냈다. 질문과 전혀 관련없는 안중근 의사 얘기였다.

'중국에 가보니까 한국에도 없는 안중근 의사를 소재로 한 오페라가 공연되고 있더라. 부끄러워 얼굴을 들지 못할 지경이었다. 정작 우리는 제대로 기리지도 못하고 있는데... 자극이 필요할 것 같아서 그 분들을 우리나라에 초청했다. 어떻게 알았는지 청와대에서도 단체로 표를 구입했다. 아마도 오페라 티켓을 청와대에서 단체로 구입한 것은 처음이 아닌가 싶다...' 이런 얘기였다. 당황스러웠다. 이걸 어떻게 해석해야 한단 말인가? '내가 이런 정도로 애국적인 사람인데 당신이 그깟 섬사람들 얘기듣고 와서 나를 의심하면 안 되지...' 하는 의도 같기도 하고... '나 청와대에서도 인정받는 사람이니까 불지 마시오'하는 경고 같기도 하고... 내가 웃으며 받았다. '의미있는 일을 하셨군요. 그 말씀은 제가 따로 기억하도록 하지요. 하지만 제가 지금 듣고 싶은 것은 독도와 관련된 얘기인데요...' 하지만 거듭된 질문과 요청에도 그는 설명이 없었다. 야릇한 미소와 함께 엉뚱한 얘기만 계속 하고 있었다. 취재원과의 관계에서 처음 겪는 일이었다. 아니 이게 무슨 의도란 말인가? 머릿속이 복잡해지고 있었다.

다시 정색을 하고 그 다음주 중 방송이 나갈 예정이란 사실을 알렸다. 그러니 인터뷰를 해주면 좋겠다고 청했다. 설혹 내게 이해되지 않는 내용일지라도 그대로, 반론권 보장 차원에서 실어줄 것이니 걱정하지 말라고도 했다. 조금 생각하는 듯 하던 그가 나직이 말했다. '주민들이 오해를 하고 있는 것 같다'는 얘기였다. '오해를 하고 있다면 그 부분을 밝혀야 하는 것 아니겠냐'고 거듭 설득했지만 그는 인터뷰는 하지 않겠다고 했다. 그러면서 굳이 한 마디를 더 했다. 'KBS에서 방송을 내기로 했다면 할 수 없는 것 아니냐? 그대로 방송을 내셔라.' 여전히 웃는 얼굴이었다. 정말 당황스러웠다. 그런 일 절대 없다는 자신감의 표현인지, 아니면 마땅히 답할 말이 없는 상황에서의 고도의 심리전을 펴는 것인지... 그런 어색한 상황이 조금 더 이어진 뒤 그가 일어섰다. 그는 깍듯했고 나는 어안이 벙벙했다. 1시간 넘는 만남에서 아무런 소득도 얻지 못한 셈이었다. 머리만 더 복잡해졌다. 이걸 어떻게 해석해야 하나? 주민들의 말만을 근거로 기사를 써도 되는 것일까? 혹시 과거 주민들이 만났다는 기자들도 이런 상황을 거쳐 기사 쓰기를 포기한 것은 아닐까?...

다음날 오전 한 통의 전화가 걸려왔다. 낯선 사람이었다. 자신을 KBS 시청자 위원이라고 소개한 그가 휴게실에서 좀 만나자고 했다. 내려가 보니 말쑥하게 양복을 차려입은, 인상이 푸근한 중년 신사였다. 그가 정중하게 고개를 숙이며 시청자 위원 명함을 내밀었다. '박 기자 고향이 ○○이죠. 나도 ○○이에요...' 예사롭지 않은 인사에 머리가 쭈뼛 일어섰다. 만나자마자 고향을 내세우며 명함을 내민 사람은 그때까지는 그가 처음이었다. 그는 ○○○ 씨와 어릴 적부터 가까이 지낸 XX친구라고 했다. 놀라웠다. 언제 나에 대해 그렇게 조사를 했는지, 그리고 어떻게 그런 사람을 찾아 내게 보냈는지.... 그때까지 회사 내에서 내 고향에 대해 아는 사람은 거의 없는 상황이었다. 굳이 고향을 밝힐 이유가 없는 데다 어릴 적 고향을 떠나 줄곧 서울에서 학교를 다녔기 때문이었다. 그래서 나를 서울 출신으로 오해하고 있는 사람들이 많은 상황이었다. 그를 보며 '○○○ 씨는 정말이지 보통 사람이 아니구나' 하는 생각이 들었다. 시청자위원이라는 그 분은 거칠 것이 없었다. 의례적인 인사를 마치더니 노골적으로 '취재하고 있는 내용에 대해 들었다. 기사에서 ○○○ 얘기를 빼주면 좋겠다.'고 했다. 약간은 능글맞아 보이는 웃음과 함께 였다. 그의 표정과 태도가 너무도 자연스러웠다. 황당해 하는 내게 그는 '○○○은 나쁜 친구가 아니니 앞으로 잘 사귀어 보면 좋을 것'이라고 권하기도 했다.

짐작도 못했던 상황이었다. 어떻게 대응해야 하나? 혼란스러웠다. 그때까지 그렇게 당당하게, 우월적 입장에서 민원을 하는 사람은 만나보지 못했었다. 그렇다고 나까지 직설적으로 감정을 드러낼 수도 없는 상황이었다. 사실 시청자 위원이라면 사장도 신경쓰는 힘있는 자리였다. 시청자들의 입장에서 KBS의 잘못을 지적하고 필요한 것을 요구하며 공영방송이 바로갈 수 있도록 돕는 권위있는 자리였다. 한데 그런 사람이 당당하게 바로 가려는 기자의 길을 막고 나선 것이었다. 그것도 처음보는 입장에서 고향을 앞세워 가며.... '이 당당함을 도대체 어떻게 이해해야 할까?' '이건 자신감일까 아니면 무모함일까, 그것도 아니면 시청자 위원은 그 정도는 해도 된다고 생각하는 무식함일까?' '대체 내가 어떻게 비쳤길래 이 양반은 이리도 거침이 없단 말인가?'... 머릿속이 복잡했다. 하지만 정리에 시간이 걸리진 않았다. 그건 조금도 고민할 문제가 아니었다. 나는 최대한 정중하게 '그럴 수 없다. 대신 인터뷰를 하도록 그를 좀 설득해 주시라'고 거꾸로 부탁했다. '시청자 위원이시니까 KBS 뉴스를 위해 좀 도와주시면 좋겠다'는 역공의 모습을 취했다. 그의 표정이 달라지는 것을 느낄 수 있었다. 내 모습에 그도 당황한 듯 했다. 그는 자신의 말 한마디면 해결될 수 있다고 자신했던 듯 했다. 잠시 생각하던 그는 인터뷰를 하는 것이 유리한지, 하지 않는 것이 유리한 지를 다시 물었다. 나는 물론 '하는 것이 유리할 것'이라고 답하면서 '어떤 내용이든 그가 하고 싶어하는 말을 그대로 실어주겠다'고 약속했다. 그의 얼굴에 다시 여유 있는 웃음기가 돌아왔다. 자신이 설득할 수 있을 것 같다며 이틀만 시간을 달라고 했다.

　이틀이 지났지만 그에게선 아무 연락이 없었다. 주고 간 명함으로 전화를 걸었지만 받지도 않았다. 분명 쉽지 않은 상대를 만난 것 같았다. 이 정도로 나를 혼란스럽게 하고 거기에 압박을 병행하는 것을 보면 단수가 높은 상대임이 분명했다. 단단히 대비를 해야 할 것 같았다. 취재수첩을 정리하며 꼼꼼하게 확인했다. 제기할 수 있는 ○○○ 씨의 문제는 크게 4가지였다. 그 중 2가지만 쓰기로 했다. 여러 정황들을 고려할 때 그는 기사가 나간 후 반드시 시비를 걸 사람이라는 판단이 들었다. 그럴 경우 쓰지 않은 2가지를 대응용으로 활용해야겠다는 생각이었다. 고발기사를 쓰는 기자에게 후속 기사를 위한 재료는 가장 중요하고도 효과 있는 무기라는 것을 나는 그동안의 경험을 통해 알고 있었다. 그렇게 생각을 정리한 후 울릉도 주민들의 활동을 중심으로 ○○○ 씨 얘기를 섞은 기사를 완성했다. 최대한 차분하게 팩트만을 중심으로 꾸린 기사였다. ○○○ 씨와 관련해서는 '독도에 나무를 한 그루도 심지 않았다'는 내용과 '독도 주민에게 기증하기로 했던 배는 ○○○ 씨 법인 소속으로 도동항에 묶여 있다'는 내용만 포함시켰다. 애초 기획과는 조금 달라진 기사였지만 의미는 더 깊어진 상태였다. 방송 당일, 꼼꼼하게 기사를 살피던 편집부장이 제목을 붙였다. '사랑인가 사욕인가' 마음에 쏙 드는 제목이었다.

7. 홀로아리랑의 가수 OO의 한숨

방송의 반향은 대단했다. 남다른 의식을 가지고 독도 사랑을 실천하는 것으로 알려진 한 연예인의 숨겨졌던 모습에 많은 사람들이 충격을 받은 듯했다. 분노를 표출하는 사람들도 적지 않았다. 특별히 사랑의 바자회 등 독도 이벤트에 순수한 마음으로 참여했던 사람들의 배신감은 더 큰 듯 했다. 그런 저런 전화로 그날 밤 야근자들이 많이 피곤했다고 했다. 그제서야 처음 만남에서 의혹의 눈초리를 보였던 울릉도 주민들도 고맙다는 인사를 전해왔다. 자신들의 분한 마음을 이제는 좀 삭일 수 있을 것 같다는 얘기도 덧붙였다. 그들의 마음이 느껴졌다. 그러던 중 OO이라는 가수가 전화를 해 왔다. OOO 씨에 대한 얘기가 방송에 나왔다는 말을 들었다며 혹시 방송 테입을 한번 볼 수 있겠느냐고 물었다. '홀로 아리랑'과 '개똥벌레' '터' '유리벽' 등 많은 사람들이 좋아하는 노래들을 만들고 직접 부르기도 한 바로 그 가수였다. 평소 노래를 통해 호감을 갖고 있던터라 마다할 이유가 없었다. 울릉도 주민들에게 그에 관한 얘기도 들었다. 그들은 OO이야말로 독도를 가장 먼저 관심권에 올려놓고 그 후로도 꾸준하게 사랑을 실천하고 있는 거의 유일한 외지 사람이라고 고마워했었다.

방송국으로 찾아온 그는 크지 않은 체구에 소탈한 모습이었다. 노랫말에서 풍기는 인상과 거의 흡사했다. 전혀 꾸밈이 없는데다 말수도 적었다. 편집실로 자리를 옮겨 녹화된 방송내용을 보여줬다. 그는 다소 무거운 표정으로 눈 한번 깜빡이지 않고 화면에 집중했다. 군데군데서 옅은 한숨을 쉬기도 했다. 그렇게 내용을 다 본 그의 반응이 의외였다. '전 뭐 꽤 쎄게 나간 줄 알았는데 그렇진 않네요.' 조금은 실망스런 표정이었다. 정작 중요한 내용은 다 빠졌다는 얘기였다. 그런 모습에 강한 호기심이 발동됐다. '다른 얘기들이 또 많은 모양이구나...' 그런 그를 그냥 돌려보낼 수 없었다. 차 한잔 대접하겠다며 자리를 옮겼다. '정작 중요한 내용은 다 빠졌다고 하셨는데 혹시 그게 무슨 말씀인지 들어볼 수 있을까요?' 정중하게 청했다. 그는 즉답없이 차만 한 모금 마신 뒤 뭔가 골똘히 생각하는 모습이었다. '사실 울릉도 주민들의 말을 듣고 많이 놀랐습니다. ○○○ 씨가 그런 사람인줄 정말 몰랐거든요. 그와 관련된 모든 내용을 다 듣고 싶습니다.' 잠시 생각을 이어가는 듯 하던 그가 한마디 툭 던졌다. '나쁜 사람이지요. 무서운 사람입니다.' 그렇게 그의 입이 열렸다. 생각이 정리된 듯 그가 조용히 얘기를 풀어내기 시작했다. 자신이 ○○○ 씨와 만나게 된 계기, 그가 독도사랑회라는 법인을 만들기까지의 과정, 자신의 노래인 홀로 아리랑을 그가 부르게 된 사연 등 꽤 긴 스토리였다. 투박한 말투에 느릿느릿하기까지 해 조금 어눌한 느낌이 들었지만 한 마디 한 마디에 깊은 진실성이 담겨 있었다.

그의 얘기를 옮기면 대강 이런 내용이었다. '1988년 KBS 다큐멘터리 제작 때문에 독도를 처음 찾았다. 가산도라는 작품이었다. 거기서 독도를 위해 애쓰는 울릉도 주민들의 헌신적인 노력을 알게 됐다. 그들만의 노력이 고맙고 안타까웠다. 1년에 최소 두 번은 함께 독도를 방문하겠다고 약속했다. 그리곤 그들을 돕고 독도를 더 알릴 수 있는 방법을 찾았다. 내가 할 수 있는 일은 노래를 만들고 부르는 일 말고는 없었다. 그래서 독도를 주제로 12곡을 만들어 전국 순회공연을 하기로 했다. 순회공연을 통해 기금을 만들어 울릉도 주민들에게 전달하면 좋을 것 같았다. 주민들도 대찬성이었다. 그런 취지에 공감해 이광조, 이문세, 한영애 등 쟁쟁한 가수들이 참여했다. ○○○ 씨는 다른 사람의 소개로 가장 나중에 합류한 가수였다. 그는 모든 곡을 다 들어본 후 '홀로 아리랑'을 본인이 부르는 조건으로 참여하고 싶다고 했다. 원래 내가 부르기로 돼 있던 노래였다. 하지만 그는 자신이 연장자이고 나보다 노래를 더 잘 부르지 않느냐며 꼭 그 노래를 부르고 싶다고 했다. 나로서는 한 사람이라도 더 참여시키는 것이 중요한 상황이었다. 썩 내키지는 않았지만 그의 제안을 받아들였다.'

한번 말문이 터지자 그는 거침이 없었다. 조금 전 편집실에서의 그가 아니었다. 그만큼 가슴속에 담아 놓은 사연들이 많다는 의미로 이해됐다. '콘서트는 성공적이었다. 모인 기금도 제법 됐고 국민들 사이에 독도에 대한 관심도 많이 생겼다. 이제 모인 기금을 울릉도 주민들에게 전해 주기만 하면 되는 상황이었다. 한데 OOO 씨가 예정에 없던 제안을 했다. '이왕 기금이 모인 것, 주민들에게 주지 말고 차라리 사단법인을 하나 만들자. 그리고 거기서 기금을 관리하면서 독도에 관한 사업을 꾸준하게 벌이도록 하자...' 이런 얘기였다. 나로서는 동의할 수 없는 얘기였다. 애초의 취지와 달랐고 그건 울릉도 주민들을 우롱하는 것이기도 했다. 하지만 어찌된 영문인지 OOO 씨의 강력한 주장에 나를 제외한 다른 사람들은 별 반응을 보이지 않았다. 그때부터 OOO 씨는 일사천리로 일을 진행하기 시작했다. 그런 움직임에 동의할 수 없었던 나는 아예 발을 끊어 버렸다. 얼마 후 OOO 씨가 '독도 OOO'라는 사단법인을 만들었다는 소식이 들려왔다.'

'그렇게 일은 약속과 다른 방향으로 진행됐다. 울릉도 주민들이 분개했다. 그리고 그 불똥이 내게로 튀었다. 주민들은 내가 OOO과 짜고 그런 일을 벌인 것으로 오해하고 있었다. 나로서는 속이 터질 일이었다. 그러던 어느 날 그들이 나에게 한번 내려와 달라고 했다. 자초지종을 설명해야 할 것 같아서 울릉도로 갔다. 하지만 도동항에 내리자마자 나는 기막힌 상황을 만나고 말았다. 그들이 내 멱살을 잡은 채 자신들의 사무실로 끌고 가 온갖 험한 짓들을 해댄 것이었다. 상상도 못 했던 일, 태어나 처음 겪어보는 수모였다. 화를 다스리기 어려웠다. 그대로 참고 있을 수 없었다. 애써 만들었던 독도음반 마스터 테이프를 다 태워버렸다. 그들에 대한 서운함과 OOO에 대한 감정이 그렇게 폭발된 것이었다. 당시의 일은 지금까지도 내게 강한 트라우마로 남아있다.... 하지만 나나 주민들의 그런 불편함과는 관계없이 법인을 만든 OOO은 거칠 것이 없었다. 스스로 이사장이 돼서 임원진에 자신과 가까운 사람들을 끌어들였다. 그 후 '독도 OOO'를 앞세워 여러 가지 행사를 벌이기 시작했다. 그때마다 언론을 통해 요란하게 선전을 해댔다. 그런 일들을 통해서 'OOO하면 독도 사랑'이라는 이미지가 만들어지게 된 것이다. 그런 모습을 보면서 속 상하고 화도 많이 났다. 울릉도 주민들도 속이 터졌을 것이다.'

OO씨의 목소리가 높아지고 있었다. 좋지 않은 기억을 떠올리려니 감정이 올라오는 것 같았다. 커피를 길게 한모금 삼킨 후 잠시 허공을 응시하던 그가 말을 이었다. '전국 순회 콘서트 후 홀로 아리랑이 큰 인기를 얻었다. 거의 국민 애창곡이라 불러도 될 정도였다. 어른들뿐 아니라 청소년들, 심지어 초등학교 아이들까지 흥얼거릴 만큼 엄청난 사랑을 받았다. 하지만 그건 나 ○○의 노래가 아니었다. ○○○의 노래였고 그의 대표곡이 됐다. 노래의 히트와 함께 그가 언론에 등장하는 횟수도 많아졌다. 독도에 대한 국민의 관심도 커졌다. 일본의 도발이 있을 때마다 홀로 아리랑은 거의 자동적으로 시간과 장소를 가리지 않고 울려퍼졌다. 노래를 만든 사람으로서 흐뭇해야 마땅한 일이었지만 솔직히 그렇지 못했다. 목소리의 주인공이 ○○○이라는 사실 때문이었다. 그러던 중 깜짝 놀랄 일이 벌어졌다. 어느 날 ○○일보에 ○○○ 씨를 칭찬하는 제법 긴 기사가 실린 것이었다. 기사는 ○○○ 씨를 독도 사랑을 실천하는 의식있는 연예인으로 치켜세우고 있었다. 그리고 얼마 되지 않아 다른 신문에 ○○○을 길게 인터뷰한 기사가 실렸다. 그의 사진과 함께. 놀랍게도 그 인터뷰에서 ○○○은 '홀로 아리랑'을 자신이 만든 노래라고 말하고 있었다. 북에 있는 이모를 생각하면서, 통일의 날을 꿈꾸며 이 노래를 만들었다는 것이었다. 정말이지 기가 막혔다. 도대체 나를 어떻게 봤길래 그럴 수 있단 말인가...'

문득 시계를 보니 2시간 가까이 흐르고 있었다. 하지만 조금도 지루하지 않았다. 나 또한 어느 순간부터 그의 심정이 되어 있었다. 그의 한 마디 한 마디에 함께 한숨 쉬고 함께 분노하며 깊이 빠져들고 있었다. 그날 ○○ 씨는 ○○○ 씨에 대해 '정말 대단한 사람' '정말 무서운 사람'이라는 얘기를 여러 차례 반복했다. 시간이 제법 지났지만 당시의 기억이 살아나는 듯 여러 차례 인상이 일그러지기도 했다. 그는 솔직히 내 방송은 자신의 기대에는 훨씬 미치지 못했다고 했다. 하지만 그렇게라도 실체를 드러내 준 것이 고맙다고 했다. 그러면서 나중에 기회가 된다면 나머지 부분도 국민들에게 꼭 알려 달라고 당부했다. 그렇게 가슴 속에 쌓인 것이 많은 사람이 왜 참고 있었냐는 질문에 그는 '두려워서'라고 했다. ○○○은 너무 대단한 사람이어서 겁이 났다고 했다. 그래서 자신과 같은 보통 사람들은 대항할 엄두도 내지 못한다고 했다. 그의 얼굴이 처음보다 더 어두워져 있었다. 긴 얘기를 마치고 돌아서는 그의 뒷모습이 무거워 보였다. 그와 마주 앉아 얘기를 나눈 자리는 공교롭게도 ○○○ 씨와 마주 앉았던 바로 그 자리였다. 그날 그를 통해 들은 얘기들은 울릉도 주민들이 전하던 것보다 더 놀랍고 충격적인 내용들이었다. 내 속에서도 뜨거운 무엇인가가 올라왔다. 그건 철저하게 위선적인 한 인간에 대한 분노였고 그의 현란한 말솜씨에 속았던 스스로의 못남에 대한 부끄러움이었다.

8. 언론 중재위, 그러나 손발이 다 묶인 기자

방송의 파장이 제법 길게 이어졌다. 괜찮은 것으로 여겨지던 한 연예인의 감춰졌던 뒷모습에 많은 사람들이 놀란 것이 분명했다. 울릉도 주민들을 응원하는 움직임도 곳곳에서 일어났다. 놀랍게도 그들 가운데 OO그룹이 있었다. 당시 여러 가지 문제로 국민의 질타를 받던 기업이었다. 그 기업이 은밀하게 최고급 동력 보트를 지원했다고 주민대표가 알려왔다. 그건 그들도 적지않이 감동받았다는 의미일 터였다. 예상하지 못했던, 흐뭇한 일이었다. 하지만 이후 시간은 비교적 평온하게 지나갔다. 나도 다른 기사에 매달리느라 여운을 즐길 여유가 없었다. 한데 열흘쯤 지났을까? 지방에서 취재를 하고 있는데 부장이 전화를 걸어왔다. OOO 씨가 언론 중재위원회에 중재신청을 했다는 것이었다. 중재신청은 기사가 잘못됐으니 바로 잡아달라고 요청하는 법적 절차였다. 마음 약한 부장은 조금 걱정스런 목소리였다. 부장을 안심시켰다. 기사를 쓰던 당시부터 예상하고 있던 일이라고. 걱정마시라고, 올라가서 처리하겠노라고 말한 뒤 전화를 끊었다. 그는 역시 보통 사람이 아니었다. 약간의 긴장감이 돋았다. 하지만 걱정까지 할 정도는 아니었다. 이미 예상했던 일이었고 사실을 뒷받침할 증거도 충분한 상태였다. 거기에 후속 기사로 사용할 자료도 충분한 상황이었다. 이틀 뒤 진행하던 취재를 다 마치고 서울로 올라왔다.

당시 나는 전국에서 말썽꾸러기들만 모아 교육 시키는 특별한 대안학교를 취재 중이었다. 전라남도 영광의 영산성지학교라는 곳, 원불교 재단에서 운영하는 학교였다. 곱게 말해 말썽꾸러기들이지 기존 학교들에서 쫓겨난, 사고뭉치들만 모아놓은 특별한 학교였다. 틀에 박힌 제도권 교육의 문제가 수시로 제기되는 상황, 그런 학교에 적응하지 못하고 중도에 탈락하는 문제 학생들에 대한 교육이 사회문제로 대두되는 상황이었다.

그 특별한 대안학교의 모습을 통해 뭔가 실마리를 찾아보고 싶은 생각에 기획한 기사였다. 현장에서 살펴보니 학교의 모든 것이 감동적이었다. 2박 3일 동안 학생들과 학교를 지켜보며 나는 진정한 교육의 의미를 새삼 확인할 수 있었다. 무엇보다 선생님들의 눈물 어린 헌신과 열정에 숙연해지지 않을 수 없었다. 그들은 최저 생계비에도 미치지 못하는 월급을 받으며 거의 24시간 학생들과 붙어 씨름하고 있었다. 심한 경우 학생들과 치고 받는 몸싸움까지 벌이면서도 눈물겨운 분투노력을 포기하지 않고 있었다. 그러면서도 오히려 보람이 크다고 했다. 그들의 목표는 오직 하나, 학생들을 자신의 삶을 책임 있게 꾸릴 수 있는 사회인으로 길러 내는 것이라고 했다. 그랬기에 달라지는 학생들의 모습을 보고 있노라면 그렇게 행복할 수 없다고 했다. 물론 힘들 때도 있다고 했다. 하지만 그보다는 보람이 훨씬 크다고 했다. 내 눈에 비친 그들은 일종의 구도자들이었다.

　학생들도 만족스러워했다. 선생님들이 형님같고 누나같고 친구같고... 정말 고맙다고 했다. 이전에 다니던 학교의 선생님들과는 달라도 너무 다르다고 했다. 어렵게, 어렵게 들여다 본 학생들의 생활기록부에는 가출, 폭행, 강도, 마약, 혼숙... 이런 학생들의 충격적인 전력들이 기록돼 있었다. 정상적인 가정의 아이들은 한 명도 없었다. 왜 그렇게 완강하게 기록부를 보여주지 않으려고 했는지 그 이유를 이해할 수 있었다. 놀랍게도 부모도 거의 포기한 그런 학생들의 대학진학률이 50%를 넘는다고 했다. '도망갈 녀석인지 졸업까지 갈 녀석인지는 초반 3개월 안에 결론이 납니다. 일단 3개월을 버티면 그 학생은 졸업까지는 무난하게 할 수 있지요. 간혹 도망갔다 몇 달 후 제 발로 다시 돌아오는 경우도 있는데 그런 아이들은 더 걱정할 것이 없습니다. 정말 열심히 공부만 하지요...' 나이보다 젊어 보이는 곽영진 교감이 흐뭇한 얼굴로 설명했다. '초반엔 학생들과 교사들 사이의 기싸움이 정말 치열합니다. 그저 학교에 잡아만 놓자는 생각에 온갖 방법을 다 동원하지요. 수업 시간엔 엎드려 자도 됩니다. 그것도 싫으면 아예 안 들어와도 됩니다. 그 경우엔 대신 일을 해야 하지요. 양계장에 나가 닭을 돌보거나 도자기 굽는 것을 도와야 합니다.' 그의 얼굴에 자부심이 가득했다. 그런 학교의 모든 모습들이 많은 생각을 하게 했다. 그분들이야말로 진정한 교육자요 애국자라는 생각이 들었다. '문제가 많다고 우리마저 외면한다면 이 아이들은 어찌 될까요?', '도대체 이런 아이들은 어디로 가야한단 말입니까?' 교감 선생님의 얘기가 오래도록 기억에 남았다.

사무실로 출근하니 부장은 안절부절못하고 있었다. 우선 ○○○ 씨가 제출했다는 중재 신청서를 찬찬히 읽어봤다. 의외로 중재 신청서에 기재된 내용들은 허술했다. 모두 쉽게 반박할 수 있는 내용들, 피식 웃음이 나올 정도였다. 부장에게 관련된 자료들을 다 보여주며 안심시켰다. 하지만 마음 약한 부장은 중재위라는 기관 자체에 부담감이 작지 않은 듯 했다. 나는 두 방향으로 대응을 하겠다고 보고했다. 한편으로는 언론중재 위원회에 응하면서 다른 한편으로는 속보를 쓰는 것이었다. 1보에서 취재 내용을 다 쓰지 않고 '불 밝히기 미술 전시회' 등 중요한 팩트 몇 가지를 남겨둔 것은 이런 상황을 대비한 것이었다. 거기에 1보 방송이 나간 후 추가적인 제보도 적지 않은 상태였다. 안 그래도 생각보다 훨씬 나쁜 사람이라는 결론에 첫 기사가 너무 밋밋했던 것 같아 아쉬움이 있었는데 오히려 잘 됐다는 생각까지 들었다. '당신의 가면을 벗겨주리라', '가면 뒤 실체를 낱낱이 밝혀 주리라!' 오히려 투지가 생겼다. 2보는 이미 수집된 자료들과 증언들을 엮기만 해도 될 터였다. 1보에 비해 훨씬 심각한 내용들이기에 속보가 나가기만 하면 모든 것이 바로 정리될 것이라는 게 내 생각이었다.

그러나 어찌 된 일인지 회사는 속보 쓰는 것을 허락하지 않았다. 처음엔 잠시 사태의 추이를 지켜보기 위해 그러는 것으로 생각했다. 그러나 그게 아니었다. 회사는 아예 나의 손과 발을 묶고 꼼짝하지 못하도록 했다. 이유도 설명하지 않았다. 중재위원회에 나가 그들이 제기하는 문제에 대해 수동적으로 방어를 하는 것 외에는 어떤 것도 허락되지 않았다. 결코 이해할 수 없는 일, 말도 안 되는 처사였다. 화가 났다. 설명을 해보고, 설득을 해보고 나중엔 사정까지 해 봤지만 상황은 달라지지 않았다. 황당함을 넘어 미칠 노릇이었다. 기사에게 가장 큰 무기인 기사를 쓰지 못하게 하다니. 그것도 사악한 의도를 가진 못된 사람과 싸우는 상황에서... 이게 대체 뭐하자는 얘기란 말인가? 설상가상, 그런 상황에 나를 더 충격에 빠뜨린 일이 벌어졌다. 한 스포지 신문에 터무니없는 기사가 난 것이었다. 'KBS 보도와 관련해 ○○○ 씨가 언론중재위원회에 중재를 신청했다'는 내용이었다. 기사에는 '명백한 오보기 때문에 곧 정정보도가 나올 것이다. 조금만 기다려봐라…'라는 ○○○ 씨의 입장이 더해져 있었다.

그때야 비로소 깨달았다. '언론중재위는 요식행위였구나' '결과를 얻어 내기 위한 것이 아니라 보도자료를 내기 위한 수단이었구나' '그래서 아무런 반박자료도 없이 내용이 그렇게 엉성하고 허술했던 것이구나…' ○○○ 씨는 그것을 노렸던 것임이 분명했다. '중재를 요청했다'는 것을 구실로 기사를 오보로 몰고 가려는…. 중재신청은 누구라도 신청할 수 있는 법적 절차였다. 기사의 당사자라면 누구라도 신청할 수 있고, 일단 신청이 이뤄지면 기사의 잘, 잘못과 관계없이 절차가 진행되게 돼 있었다. 그런 사실을 모르는 사람들을 노린 교묘한 방식이었다. 중재신청을 했다는 것, 그것 차체만으로는 분명한 사실이니 시비를 걸 수도 없는 일이었다. 누군가 기사를 쓴 기자가 ○○○ 씨와 가까운 사람이라는 사실을 알려왔다. 그는 언론의 생리를 잘 알고 교묘하게 이용할 줄도 아는 정말 대단한 사람이었다. 그리고 언론엔 그의 영향력 아래 있는 사람들이 정말 많은 것 같았다.

당연히 중재위원회에서 ○○○ 씨의 주장은 여지없이 무너졌다. 내가 제시한 구체적인 자료와 증거들은 그의 엉성한 주장을 다 무너뜨리고도 남음이 있었다. 중재위원들도 다 고개를 끄덕였다. 분명한 완승이었다. 그러나 그들의 다음 결정이 나를 당황스럽게 했다. 'KBS 보도에는 문제가 없었던 것으로 판단된다. 하지만 당사자가 강하게 요구하니 반론보도를 내주는 것이 어떻겠냐'는 것이었다. 그들은 나의 의향을 물었다. 당황스러웠다. 나는 당연히 그럴 수 없다고 했다. 그러자 중재위는 '기각'이 아닌 '불성립'을 선언했다. 참으로 무책임하기 짝이 없는 결정이었다. 자신들은 결정하는 기관이 아니라 중재를 목적으로 하는 기관이라는 이해 못 할 논리를 동원했다. 정말 이해할 수 없는 일이었다. 이미 ○○○ 씨의 주장이 터무니없다는 사실을 다 확인한 상태에서 그런 결정을 내리다니… 그래도 그의 주장을 받아들이지 않았다는 사실이 중요하기에 마음을 풀기로 했다. 그렇게 그 문제는 다 정리된 것으로 생각했다.

9. 회사를 상대로 내가 소송을 제기하겠다

우여곡절은 있었지만 언론중재위 소동은 그렇게 정리됐다. 유쾌하지 않은 기억에 나도 다 털어버리자고 마음을 정했다. 한데 며칠이 지난 후 또 엉뚱한 소식이 전해졌다. 이번엔 그가 민사소송을 제기했다는 얘기였다. 이건 또 무슨 짓이란 말인가? 이미 본인의 주장이 다 무너진 상황에.... 그는 정말 나쁜 쪽으로는 머리가 비상하게 도는 사람이었다. 짐작컨대 중재위원회에 갈 때와 같은 논리를 위한 것으로 보였다. 'KBS 보도에 문제가 있어 소송을 제기했다. 잠시만 기다려 봐라. 정정보도에 손해배상까지 받아낼 것이다...' 아마도 친한 기자들을 동원해 그렇게 소문을 냈을 터였다. 전략을 알았으니 크게 걱정할 필요는 없었다. 하지만 ○○○이라는 사람의 행태엔 짜증이 몰려왔다. 첫 만남 이후 그가 보이는 행태는 매번 상상초월이었다. 생각이 거기에 미치니 오히려 잘 됐다는 생각도 들었다. '그동안 쓰지 못했던 속보를 이제는 쓸 수 있겠구나.', '윗사람들도 기사에 아무 문제가 없다는 사실을 확인했으니 다른 판단을 하겠지' '중재위를 통해 그의 사악함과 터무니없는 억지가 다 드러났으니 더는 막지 못하겠지...' 속보를 통해 그의 실체를 있는 그대로 다 드러내야겠다고 마음 먹었다. 내 마음도 더 독해져 있었다.

하나 이번에도 회사는 속보를 쓰지 못하게 했다. 격하게 반발하는 내게 부장은 오히려 자신의 입장도 생각해 달라고 했다. 당황스러웠다. 이건 또 무슨 말이란 말인가? 자신의 입장도 생각해 달라니... 부장은 정말 내게 서운함을 느끼는 것 같았다. 아마도 '알만한 사람이 안팎에서 시달리는 부장의 입장을 생각 않고 왜 자신의 입장만 고집하느냐'는 순진함이 아니었던가 싶었다. 부장은 그만큼 소심하고 약한 사람이었다. 결국 나는 오래전부터 가슴 속에 품고 있던 한 마디를 던지고 말았다. '만일 법원에서 우리가 지는 것으로 판결이 나면 누가 책임을 져야 합니까?' 솔직히 중재위 단계부터 나의 의지가 계속 박히면서 그 문제가 신경이 쓰이고 있었다. 당시 법원엔 언론에 대한 반감을 노골적으로 드러내는 판사들이 적지 않았고 실제로 언론에 불리한 판결들이 나오는 경우도 종종 있는 상황이었다. '박선규 씨하고 나하고 책임져야지' 부장이 힘없이 대답했다. 부장은 진지하게 그런 걱정을 하고 있었던 것 같았다. 이어 부장은 놀라운 사실을 털어놓았다. 그런저런 생각에 그 얼마 전 ○○○ 씨를 한번 찾아가 만났다는 얘기였다. 대학 선배 입장에서 인간적으로 얘기를 해 보는 게 좋을 것 같아서 그랬다고 했다. 갑자기 정신이 멍해졌다. 이건 또 무슨 얘기란 말인가? 그런 얘기를 부장은 아무렇지도 않게 중얼거리고 있었다. '반갑게 맞아주더라. 차 한잔 나누면서 소를 취하하면 어떻겠는가 물었더니 싫다고 하더라. 나도 조금 기분이 나쁘더라... 개인적으로 찾아왔다고 했으니까 박선규씨는 신경 쓰지 않아도 된다....'

경악할만한 얘기였다. 또 다른 차원의 충격이 머리를 때렸다. 위선에 거짓으로 똘똘 뭉친 나쁜 사람, 그럼에도 반성은커녕 교묘한 방식으로 세상을 비웃는 뻔뻔한 사람, 온갖 연줄과 억지를 동원해 자신은 물론 공영방송 KBS를 형편없는 조직으로 흔들어대는 파렴치범을 찾아가 소취하를 부탁했다니. 그것도 취재와 방송에 아무 문제도 없는 상황에서. 그런 황당한 모양새를 만들어 놓고도 개인적으로 찾아간 것이니 나는 신경 쓰지 않아도 된다니... 비로소 그 며칠 전 ○○○의 동정 기사를 언급하며 내 눈치를 살피던 부장의 모습이 이해됐다. 부장은 느닷없이 '○○○이 오랫동안 해온 방송에서 물러난다고 하니 단신 기사를 하나 내주는 것이 좋겠다'는 엉뚱한 말로 모두를 놀라게 했었다. '아, 그런 상상초월 제안의 배경에 바로 그 만남이 있었구나...' 법정에서 만났던 ○○○ 씨의 의미심장했던 미소도 비로소 이해됐다. 마음 약한 부장의 엉뚱한 행동에 그가 자신감을 갖게 된 것이었구나. 그 이해 안 되던 미소 뒤에 바로 이런 일이 숨어있구나... 헛웃음 밖에 나오지 않았다. '대체 이분은 무엇을 생각하고 있는 것일까?' '이런 사람이 어떻게 기자가 됐을까?' '지금까지 어떻게 기자 생활을 해 왔을까?' '이런 인식으로 어떻게 고발기사를 전담하는 팀의 부장이 됐단 말인가?'...

당연히 ○○○은 쾌재를 불렀을 터였다. 어이없는 마음의 한편으로 안쓰러움이 느껴졌다. 이런 분에겐 더 이상 항의를 할 필요조차 없을 것 같았다. 부장에게 차분하게, 그러나 단호하게 말했다. '분명하게 기억해 주십시오. 만일 소송에 졌다고 회사가 저에게 책임을 물으면 저는 회사를 상대로 소송을 제기할 겁니다. 제가 회사를 상대로 소송을 제기한다면 아마도 ○○○ 씨의 소송과는 비교가 안 될 정도로 엄청난 파장이 있을 겁니다. 제 말을 윗분들에게도 분명하게 전해주십시오...' 정말 그럴 생각이었다. 일련의 과정을 통해 나는 OOO 씨보다 회사의 윗사람들에 더 분노하고 있었다. 그들은 언론인도 KBS의 조직원도 아니었다. 선배라는 호칭도 들을 자격이 없는 비겁하고 못난 기회주의자, 보신주의자들일 뿐이었다. 부장은 아무 말이 없었다. 무거운 표정에 한숨만 내쉴 뿐이었다.

10. 기자로서의 삶에 가장 슬펐던 날

지난했던 소송은 결국 반론보도 합의로 마무리됐다. 이번에도 나는 합의를 강하게 거부했지만 나를 막고 대신 법정에 나간 부장이 동의를 해주고 말았다. 반론보도를 내는 날 나는 다시 속보를 내야한다고 주장했다. OOO의 못된 행태를 용납해서는 안 된다고 거듭 목소리를 높였다. 물론 받아들여지지 않을 것이라 예상하면서도 그렇게 주장한 것이었다. 동의할 수 없는 윗사람들을 향한 일종의 항변이었다. 그들을 향한 거친 야유이기도 했다. 반론보도를 낸다고 하더라도 그 뒤에 속보성 기사를 내는 것은 법적으로 아무런 문제도 없는 일이었다. 예상대로 그들은 들은 척도 하지 않았다. 9시 뉴스의 말미에 반론보도문이 나가는 동안 나는 속울음을 삼켜야 했다. 분해서. 억울해서. 한심해서. 최OO 앵커가 반론 보도문을 읽었다.

'1995년 6월 4일 보도해 드린 사건 속의 사건 독도 OOO라는 제목의 방송 내용과 관련해.... 그 이사장인 OOO 씨가 반론을 제기해 옴으로 이를 시청자 여러분께 밝혀드립니다' 그런 반론 보도문 뒤에 김OO 앵커의 한마디가 더해졌다. '반론보도는 당사자의 입장을 전하는 것일 뿐 기사가 잘못됐다는 의미가 아니라는 것을 시청자 여러분들께 알려드립니다. OOO 씨는 지난해 7월 보도내용이 잘못됐다며 법원에 정정보도를 요구했지만 이는 받아들여지지 않았고...' 김 앵커가 그렇게 고마울 수가 없었다. 방송 진지휘부를 통하지 않고 직접 찾아가 부탁했던 내용이었다. 반드시 그 의미를 시청자들에게 설명해 줘야 한다고. 안 그러면 시청자들 사이에 우리가 오보를 낸 것으로 오해하는 사람들이 있을 것이라고. 그 부탁에 그가 말했었다. '안 그래도 쪽팔린 반론보도문 때문에 고민하고 있었는데 얘기 잘 해줬다'고, 고맙다고.

　그날은 만 20여 년 기자로서의 내 삶에 가장 슬픈 날이었다. 못난 윗사람들과 한심한 조직에 심각한 회의가 들었다. 그들은 기자도, KBS의 조직원일 수도 없는 사람들이었다. 나라는 존재가 안타깝고 불쌍했다. ○○씨를 불러내 진하게 술을 마셨다. 기사와는 전혀 관계가 없는 입장에서도 변호사를 만나고 법정까지 나와 증언하는 수고를 마다하지 않았던 그였다. 그와 함께 내가 아는 온갖 욕설을 다 동원해 KBS와 못난 선배들에게 쌍욕을 퍼부었다. 그가 어깨를 두드려줬다. 그만해도 잘 한 것이라고. 수고했다고. 박선규는 자신이 생각했던 것보다 훨씬 괜찮은 기자인 것 같다고... 조금은 나아진 기분으로 그에게 골칫덩어리들만 모아 가르치는 '영산성지학교' 얘기를 들려줬다. 얘기를 듣던 그의 눈에 눈물이 고였다. 그가 말했다. 자기가 학창시절 꼴찌였었노라고. 그래서 꼴찌의 심정을 누구보다 잘 알고 있노라고. 전국의 꼴지들만 모아 가르치는 학교를 세우는 것이 자신의 꿈이라고. 그래서 '꼴찌를 위하여'라는 노래를 만들었노라고... 그는 그 노래를 그 학교에 교가로 줘야겠다며 연결을 부탁했다. 그리고 얼마 뒤 그 학교를 방문해 학생들에게 노래를 선물했다. 그의 유쾌한 의식에는 '노래를 찾는 사람들'이라는, 당시 최고의 인기그룹도 함께 했다.

　그렇게 모든 일들이 마무리 되고 몇 달 지나지 않아 국회의원 선거가 있었다. ○○○씨는 자신이 사는 지역에서 무소속으로 출마했다. 오래 전부터 준비해 온 계획인 것 같았다. 그를 위해 20년 가까이 진행해 온 방송에서도 물러났다고 했다. 독도 관련 기사가 방송되기 전 그는 여, 야 모두에서 영입대상 1순위로 거론되던 인물이었다. 특별히 야당은 공개적으로 그를 영입할 것이라는 입장을 밝히기도 했다. 언론은 연예인이라는 대중적 인기에 독도를 통해 새겨진 좋은 이미지가 그 배경이 됐을 것이라고 분석했다. 그랬던 그가 무소속으로 나섰다는 것은 양쪽 모두 영입을 포기했다는 의미였다. 물론 그건 기사의 영향임이 분명했다. 결국 그는 낮은 득표율로 떨어지고 말았다. 나의 기사가 그의 오랜 욕망을 막은 셈이었다. 작으나마 위로가 됐다. 그것으로 그간 속상했던 모든 일들은 정리하기로 했다.

삼풍백화점이 확인시켜 준
대한민국의 수준

1. 다급한 전화, 백화점이 무너졌어요

1995년 6월 29일 오후 6시가 가까운 시각, 한 시청자로부터 제보 전화가 걸려왔다. '저.. 백화점이... 백화점이 무너졌어요. 삼풍백화점이...' 다급한 목소리였다. 제보자는 말을 제대로 하지 못했다.

'예? 무슨 말씀이세요? 차분하게 말씀해보세요.'
'백화점이 무너졌다니까요.'
'백화점이 무너지다뇨. 어떻게 무너졌다는 건데요...'

도대체 무슨 말인지 감이 잡히지 않았다. '백화점 내부의 어떤 부분이 문제가 됐나보다...' 정도로 생각했었다. 뭔가 횡설수설하는 느낌에 고개를 갸웃하며 전화를 끊었다. 그리곤 돌아앉았는데... SBS 방송에 굵은 자막이 나오고 있었다. '삼풍백화점 붕괴' 정신이 번쩍 들었다. '아, 이 얘기였구나.' 우리 방송에도 바로 자막이 올랐다. 다른 부서로도 제보전화가 많았던 모양이었다. 갑자기 보도국이 바빠졌다. 사회부장과 사건팀장이 급하게 움직였고 국장실에선 긴급회의가 소집됐다. 중계차와 함께 취재팀이 급파됐고 삼풍백화점 근처에 있는 기자들에게는 현장으로 달려가라는 지시가 내려졌다. 경악이란 말 외에 다른 표현이 떠오르지 않았다. 대체 이게 무슨 일이란 말인가? 백주대낮에 멀쩡한 백화점이 무너지다니... 불과 2개월 전 사망 101명에 2백 명이 넘는 부상자를 냈던 대구 지하철 공사장 폭발사고의 충격이 채 가시지도 않았는데...

보도국은 바로 속보체제로 전환했다. 자막은 SBS가 빨랐지만 사고 현장 영상은 KBS가 가장 먼저였다. 단국대 근처에 있다 바로 현장으로 달려가 찍은 이규종 기자의 화면이었다. 그는 현장에 가장 먼저 도착한 기자는 아니었지만 가장 현명한 기자였다. 타고 온 차를 삼풍에서 멀찍이 떨어진 대로변에 대기하게 한 뒤 급하게 10분 정도의 화면만 찍어 대기시켰던 차로 달렸다고 했다. 먼저 도착했던 타사의 차량들은 현장 주변의 복잡한 상황에 엉겨 빠져나오지 못하고 있는 상황이었다. 그동안의 경험을 통해 촬영보다 훨씬 중요한 것이 방송이라는 사실을 그는 알고 있었다. 테이프를 받은 기사는 1초가 급하다는 설명에 정신없이 내달렸다고 했다. 경광등을 켠채 신호를 무시하고, 막힌 차들을 피해 중앙선을 넘는 대담한 주행까지 감행하면서... 10여분 만에 차는 회사에 도착했고 덕분에 KBS는 가장 먼저 붕괴현장 영상을 방송할 수 있었다.(이 공로로 기사 차준씨는 KBS 역사상 처음으로 차량부 직원으로 보도상을 받는 기록의 주인공이 됐다.) 화면 속에 드러난 붕괴현장의 모습은 처참했다. 마치 엄청난 폭격을 당한 것 같은 모습, 일부 뼈대를 제외하고 5층 짜리 건물 전체가 폭삭 가라앉아 있었다. 연기인지 먼지인지 여기저기서 희뿌연것들이 많이도 오르고 있었다. 당시 나는 사회부 소속은 아니었다. 하지만 내게도 현장으로 달려가라는 명령이 떨어졌다. 8년차였던 나는 우암아파트와 성수대교 붕괴, 서해 훼리호 사건 등 굵직굵직한 현장을 취재한 경험이 제법 많은 기자였다. 그 덕에 큰 사건이 있을 경우 가장 먼저 호출되는 기자 중 한 명이 돼 있었다.

퇴근시간까지 맞물린 최악의 혼잡상황, 현장에 도착해보니 사고와는 또 다른 차원의 난리가 펼쳐지고 있었다. 사방에서 들려오는 사이렌 소리, 긴박하게 움직이는 구급차와 대원들의 고함소리, 강한 물줄기를 뽑아내는 소방차의 작업소리, 장비를 짊어진채 바쁘게 이리 뛰고 저리 뛰는 구조대원들의 고함소리, 무전기에 대고 고함을 질러대는 지휘관들과 그들 사이로 황망하게 움직이는 경찰의 호루라기 소리, 미처 빠져나오지 못한 가족과 친구, 동료들의 이름을 부르며 울부짖는 사람들의 비명소리... 그들 가운데 정신없이 뛰어다니며 뒤지고 묻는 기자들의 소리도 있었다. 여기저기서 여전히 진한 연기가 오르고 있었고 붕괴현장에서 뿜어져 나오는 매케한 냄새도 코를 찔러댔다. 아수라장도 그런 아수라장이 없었다. 하지만 어디에도 질서 유지를 위한 지휘부는 보이지 않았다. 각자 정신없이 움직이고 각자 소리지르며 달리는 분주하고 혼란스런 개인들만 가득했다.

KBS를 포함한 방송사들은 백화점 맞은편 도로에 임시 방송부스를 차린 상태였다. 그러나 지휘부가 없기는 여기도 마찬가지였다. 당연히 중견 기자 한사람이 마이크를 잡고 다른 기자들은 부지런히 새로운 내용들을 취재해 전달하는 방식으로 운용돼야 했다. 그렇기에 기자들에게 적절하게 역할을 분담시켜 혼란을 막고 공백을 없애는 것이 무엇보다 중요한 상황이었다. 그러나 현장에 파견된 팀장은 그런 경험이 거의 없는 것처럼 보였다. 자리를 지키기만 할 뿐 전체적으로 현장을 조망하지 못했고 대응의 노하우도 알지 못하는 것 같았다. 기자생활의 대부분을 사회부가 아닌 정치부에서 보낸 사람이었다. 현장 운용이 기자 각자의 판단과 요령에 맡겨지는 엉성한 모양이 될 수밖에 없었다. 그랬기에 의욕 넘치는 기자들이 개인 플레이에 열중하며 혼란을 부채질한 것은 어쩌면 당연한 결과였다. 그들은 경쟁적으로 무너진 콘크리트 건물속으로 파고 들며 방송꺼리가 될만한 것들을 찾아다녔다. 그리곤 뭔가를 발견하면 바로 들고 나와 서로 마이크를 잡기 바빴다. 이런 식이었다. '무너진 건물 1층에서 이 지갑이 발견됐다. 신분증을 확인해보니 몇 살 누구인 것으로 확인됐다', '잔해 사이에서 발견한 OOO 씨의 명찰이다. 아마도 숨진 것으로 보인다...' 위험천만하고 아슬아슬한 방송이었다.

물론 KBS만 그런 것이 아니었다. 다른 언론사들도 비슷했다. 어떤 방송기자는 소방관으로 위장해 다른 기자가 못 가는 깊숙한 현장에 다녀왔다고 방송을 통해 자랑했고 또 다른 어떤 기자는 쓰러져 있는 사람의 주머니를 뒤져 신분증을 꺼내왔다며 카메라 앞에 내보이기도 했다. 참으로 아찔하고 무모한 현장이었다. 언제 추가 붕괴가 이루어질지 모르는 상황, 거기에 현장의 유품들은 사망자와 부상자, 실종자들을 가리는데 있어 결정적으로 중요한 자료들이어서 절대 함부로 손대면 안 되는 것들이었다. 그런 무모한 취재가 시급한 구조작업을 방해하고 중요한 사후수습을 어렵게 한다는 사실은 상식에 속하는 일이었지만 신경쓰는 사람은 아무도 없는 것 같았다. 누구나 거침없이 붕괴현장을 드나들며 닥치는대로 들고 나왔고 어느 누구도 그런 기자들을 제지하지 않았다. 현장 기자들은 물론 회사 내 지휘부도 뭔가 새로운 것을 찾아내는 데만 신경을 쓸 뿐 안전이나 취재원칙 따위는 신경도 쓰지 않고 있었다.

설상가상 혼란을 틈타 절도범들까지 기승을 부렸다. 그들은 자원봉사자를 가장해 현장에 들어가 금고를 뒤지고 귀중품 매장을 털었다. 대담하게 배낭을 매고 들어가 닥치는 대로 값비싼 물건을 담아 나오는 사람, 입던 옷 벗어놓고 명품옷을 겹겹이 끼어입고 나오는 사람도 있었다. 심지어 구호대원으로 들어갔다 눈 앞에 보이는 탐나는 물품들에 태도를 바꾼 경우들도 있다고 했다. 오죽하면 지휘관들이 엄하게 그런 행동을 경계하기까지 했을까? 그런 인면수심의 사람들에게 희생자들의 주머니와 지갑은 좋은 먹잇감이었다. 보이는대로 뒤지고 잡히는대로 빼냈다. 돈 될만한 것이 있는 곳이라면 몸도 사리지 않았다. 그들에겐 사망자와 부상자의 구분도 없었다. 현장에서 만난 한 경찰관의 얘기가 충격적이었다. 시신의 손가락에 있던 다이아 반지를 빼내려다 안 되자 아예 손가락을 자르려던 사람도 있었다는 얘기였다. 처참한 비극의 현장에서 확인한 인간은 정말 무섭고 독한 동물이었다. 중요한 것은 겉으로 드러난 양태에 있어서 기자들과 그들의 행동에 큰 차이가 없어 보였다는 사실이었다.

이런 극심한 무질서와 혼란은 현장 지휘본부가 설치될 때까지 한동안 이어졌다. 사실 기자들의 무모한 휘젓기가 가능했던 것도, 충격적인 절도행위가 판친 것도 지휘본부가 없어 가능했던 일이었다. 지휘본부만 제대로 작동했다면, 현장인력들의 역할만 제대로 부여됐다면 무너진 건물 안 힘겨운 구조활동은 훨씬 효과적으로 진행됐을 터였다. 구조작업의 한편에서 파렴치한 절도가 횡행하는 비극적 희극은 결코 벌어지지 않았을 터였다. 부끄러운 일이 아닐 수 없었다. 무질서와 답답함, 안타까움이 교차하던, 지휘본부가 설치되기 전까지의 현장을 무엇으로 설명할 수 있을까?. 소방서와 경찰, 군, 서울시 중앙대책본부, 거기에 주한미군, 해병전우회 등 민간 봉사단까지... 현장으로 달려온 구호대원들의 수가 적지 않고 의지도 강했지만 각자 바쁘기만 할 뿐이었으니... 그런 상황에 서울대병원 응급팀 등 의료진들조차 효율적으로 움직일 수 없었으니... 결국 이런 혼란은 더 많은 희생으로 연결될 수밖에 없었다. 놀랍게도 이런 상황의 배후엔 누가 지휘할 것인가를 두고 벌어진 주도권 싸움이 있었다. 결국 청와대가 나서 소방본부가 지휘를 밑도록 조정함으로써 시테는 정리됐지만 민망하기 그지없는 일이었다. 영락없는 후진국의 모습이었다.

2. 야 이 XX들아, 로봇 카메라 케이블 당장 잘라, 자르란 말이야

현장에서 그런 모든 상황들을 지켜보자니 많이 답답했다. 눈 앞에 펼쳐지고 있는 현실이 슬펐다. 바로 그 얼마 전에 발생했던 대구 지하철 공사장 폭발(95.4)을 비롯해 2년 정도 되는 기간동안 일어났던 대형사고들이 떠올랐다. 충주 유람선 화재(94.10) 성수대교 붕괴(94.10) 서해훼리호 침몰(93.10) 아시아나 항공기 추락(93.7) 우암아파트 붕괴(93.1)... 참으로 터무니 없는 사고들이 많이도 일어났었다. 그때도 다르지 않았었다. 시기와 관계없이 그런 현장을 취재할 때마다 비슷한 혼란을 경험했었다. 그리고 정부는 그때마다 강력한 재발방지 대책을 약속했었다. 한데 이게 무슨 일이란 말인가? 시스템을 마련하고 구조체계도 개선하겠다고 그렇게 다짐해 놓곤 대체 이게 무슨 꼴이란 말인가? 삼풍백화점 붕괴 현장은 그런 많은 다짐들이 다 말뿐이었음을 확인시켜주고 있었다. 기자이기에 앞서 국민의 한사람으로 대통령에, 국회에, 이땅의 지도층이라는 사람들에 화가 났다. 왜 우리는 매번 같은 일을 당하면서도 이다지도 달라지지 않는단 말인가? 왜 눈가리고 아웅하는 시늉만으로 국민을 속이려 한단 말인가?

통합지휘본부가 역할을 시작하면서 혼란은 조금씩 정리됐다. 적어도 무분별하게 무너진 잔해 더미 속을 파고드는 기자들, 드러내 놓고 귀중품을 훔치던 절도범들의 모습은 더 이상 보이지 않았다. 현장에 특별한 장비도 등장했다. 한 민간 업체가 들고 달려온 하수도 관리용 로봇 카메라였다. 굵은 케이블에 소형 카메라를 장착한 로봇 카메라는 구조대원들이 접근하기 어려운, 좁고 어두운 구석구석까지 파고들며 매몰현장을 생생하게 비추고 있었다. 케이블의 길이가 200m나 돼 커버하는 범위도 상당했다. 당연히 성과도 적지 않았다. 사고 당일 투입되자 마자 지하 1층에 고립돼 있던 생존자를 찾아냈다. 그러더니 멀지 않은 곳에서 다른 생존자를 찾아내고... 그렇게 투입 당일에만 지하 1층에서 생존자 10여 명을 찾아낼 정도로 효과도 만점이었다. 환성과 박수가 터졌음은 물론이었다. 실로 놀라운 성과였다. 문제는 이 카메라 영상을 MBC가 독점하고 있다는 사실이었다. 아마도 하수도관 청소업체의 대표가 카메라를 들고 지휘본부를 찾았을 때(그는 구조작업에 도움이 될 수 있다는 판단에 자발적으로 현장으로 달려왔다고 했다) MBC 기자가 자신의 부스로 빼돌린 것 같았다. KBS가 역할을 나누지 못하고 우왕좌왕 하는 사이였을 터였다.

로봇 카메라의 등장으로 방송사들 사이엔 희비가 엇갈렸다. 밖에서 무너진 현장만 비추며 말로 떼우는 방송과 실시간으로 잔해더미 속을 비추며 진행하는 방송이 같을 수는 없었다. 대부분 시청자들은 MBC에 채널을 고정하고 있었다. 현장의 지휘본부 사람들과 다른 기자들, 심지어 우리 현장 부스에서도 MBC를 보고 있었다. 당연한 일이었다. 시청자들은 카메라가 생존자를 발견할 때마다 환성을 터뜨렸다. 어두운 잔해 속에서 움직이는 물체를 발견하거나 소리의 흔적을 찾아낼 때는 저마다 숨을 죽이고 이후 상황에 온 신경을 집중했다. 로봇 카메라의 움직임 하나하나에 온 국민이 울고 웃는 상황이 이어지고 있었다. 하수도 관리용으로 사용되던 제품이 치명적인 재난현장에서 귀한 구호장비로 사용될 줄 누가 짐작이나 했을까? 사고가 나자마자 카메라를 들고 지체없이 현장으로 달려와 준 업자의 판단력이 대단하다고 생각됐다. 누군가가 그런 로봇 카메라를 영웅로봇이라고 불렀다. 사실이 그랬다. 실로 영웅이 분명했다. 구조대원 수십 명 이상의 몫을 해내는 영웅, 엄청난 비극의 현장에서 실낱같은 가능성도 포기하지 않고, 그 희망을 찾아 퍼올리는 영웅 중의 영웅, 보배 중의 보배였다.

당연히 MBC로서는 신나는 일이었지만 KBS를 포함한 다른 방송사들에는 일종의 악몽과 같은 상황이었다. 똑같이 고생하며 방송을 했지만 한쪽은 박수를 받고 다른쪽은 누구도 주목하지 않는 맥빠지는 상황이 되고 말았으니... 하지만 그렇다고 해서 지켜보는 것 말고는 달리 뾰족한 수도 없었다. MBC는 그 상황을 마음껏 즐기고 있었다. 그런 상황이 여러 시간 이어지면서 우리의 한숨도 깊어지고 있었다. 결국 참다 못한 김OO 보도국장이 폭발하고 말았다. '야 이XX들아, 로봇 카메라 케이블 당장 잘라. 빨리 자르란 말이야! MBC XX들 방송 못하게 현장에서 막으란 말이야!...' 평소 말소리도 크게 내지 않는 점잖은 분이었다. 아무리 급해도 여유 있는 미소로 상황을 즐길 줄 아는 신사로 소문난 국장이었다. 회사 내부에서 난리가 난 것이 분명했다. 아마 사장과 본부장에게 심하게 혼났는지도 모를 일이었다. 생방송 도중 상대사의 방송 케이블을 자른다는 것은 물론 말도 안 되는 소리였다. 하지만 국장의 마음만은 이해할 수 있었다. 우리의 마음도 크게 다르지 않은 상태였으니. 하지만 그렇다고 어떻게 생방송 중에 상대사의 케이블을 자른단 말인가?

3. 최고 부자들의 백화점에서 구조된 가장 가난한 사람들

첫날 위력을 발휘했던 로봇 카메라의 활약은 이튿날부터 시들해졌다. 지하 1층 생존자 발견 이후 별 다른 실적을 내지 못하고 있었다. 시멘트 잔해 등이 복잡하게 엉켜 자유롭게 이동할 수 없었던 것이 가장 큰 이유였을 것이다. 거기에 아마도 시간이 흐르면서 부상에서 사망으로 넘어가는 사람들이 많아진 것도 이유 가운데 하나였을 것이고... 아무튼 흑백의 비슷한 화면이 성과없이 이어지면서 시청자들의 관심도 떨어지고 있었다. 우습게도 우린 그걸 다행으로 생각하고 있었다. 얼마나 못나고 한심한 모습이었던지... 한 사람이라도 더 구조해야 마땅한 상황에 그런 못난 마음을 품다니... 경쟁심이라는게 대체 뭔지... 그렇게 이틀이 온전히 지나고... 로봇 카메라에 대한 기대도 거의 사라질 즈음에 낭보가 전해졌다. 사고 사흘째인 7월 1일 오전 11시 50분쯤, 북관 잔해더미 아래에 환경미화원 24명이 생존해 있다는 소식이었다. 지하 3층 탈의실에 모여 있다고 했다. 지휘본부에서 북관에는 더 이상 생존자가 없는 것 같다는 얘기가 나온 직후였다. 이들의 생존은 ○○개발이라는, 환경미화원들이 속한 회사의 직원이 확인한 것이었다. 더 이상 생존자가 없을 것이라는 비관적인 전망에도 그들을 포기할 수 없었던 뜨거운 동료애가 이뤄낸 기적이었다. 직원들은 구조대원들에게만 기대지 않고 추가붕괴의 위험 속에서도 평소 사용하던 공간들을 다 뒤져 그들을 찾아냈다고 했다. 이 내용을 가장 먼저 확인한 KBS는 12시 뉴스부터 이 소식을 집중적으로 전하기 시작했다. 이어서 생존자 24명의 명단까지 입수해 발빠르게 소개할 수 있었다. 타사보다 최소한 4시간 정도 앞선 보도였다. 그를 통해 우리는 로봇 카메라에 당했던 아픔을 조금이나마 덜어낼 수 있었다.

11시 55분부터 본격적인 구조작업이 시작됐다. 구조대원들이 전한 당시 상황은 이랬다. '그곳까지 길을 만들어야 했다. 그러나 무너진 콘크리트가 겹겹이 막아선 상태였다. 추가 붕괴도 우려되고 있었다. 장비를 사용할 경우 붕괴 위험성이 높아질 수 있다는 판단에 따라 모든 작업을 수작업으로 진행해야 했다. 그렇게 뚫고 뜯어내고 치우며 조금씩 조금씩 길을 냈다. 무너져 내릴 우려가 있는 곳에는 유압 제키(지지대)를 설치하며 조심스럽게 나가야 했다. 그렇게 탈의실 앞까지 가는데 7시간쯤 걸렸다. 거기서 작은 구멍을 통해 생존자들의 손을 잡아볼 수 있었다. 그리고도 마지막 남아있던 콘크리트벽을 치우는데까지는 2시간쯤이 더 걸렸다. 9시쯤 돼서야 생존자들의 공간에 도달할 수 있었다. 5평쯤 되는 작은 공간이었다. 바닥에 물이 흥건했고 유독가스로 공기도 탁했다. 2명은 다친 상태였지만 나머지는 비교적 양호해 보였다. 그들에게 우선 생수와 얼음을 건네 조금이나마 기력을 회복할 수 있도록 했다. 모두에게 시력보호를 위한 눈가리개도 씌웠다. 그리고 그들의 몸에 식용유와 액체비누도 뿌리고... 그런 뒤 밖으로 빼내기 시작했다.' 잠시도 지체할 여유가 없었다고 했다. 그렇게 그렇게 밀고 끌고 업고... 24명을 구조하는 53분이 걸렸다. 남자 10명, 여자 14명, 매몰 51시간만에 이뤄진 기적이었다.

　　　·

　기적적인 그들의 구조장면은 텔레비전을 통해 그대로 생중계됐다. 한 사람 한 사람이 구조대원의 등에 엎혀, 들것에 실려 밖으로 나올 때마다 박수가 터져 나왔다. 사고 이후 가장 기쁜 순간이었다. 어떤 사람은 들것에 실린 채 '만세', '만세'를 외쳤고 어떤 이는 연신 '감사합니다', '감사합니다'를 반복하기도 했다. 죽음의 위기를 벗어난 감격과 흥분이 그렇게 현장을 가득 채우고 있었다. 그들 모두는 나오자 마자 기다리던 구급차에 실려 모두 병원으로 옮겨졌다. 가슴 뭉클한 감동의 드라마, 뜨거운 눈물 쏟게하는 인간승리의 드라마였다. 그렇게 마지막 사람까지 구급차에 태운 뒤에야 구조대원들은 비로소 웃는 모습이었다. 찌든 땀과 눈물, 온갖 먼지가 범벅돼 지저분해진 모습으로 서로 끌어안고 치하하는 모습이 가슴 뭉클했다. 정말 짜릿한 순간이었다. 그들은 10시간이 넘는 힘겨운 작업이었지만 전혀 피곤하지 않다고 했다. 생애 가장 기쁜 순간이라고 했다. 당연히 그들의 목숨을 건 구조활동에 찬사가 쏟아졌다. 소방관들에 대한 칭송도 이어졌다. '목숨 걸고 누군가의 생명을 구해내는 일, 결코 아무나 할 수 없는 일이지...'

'저런 사람들이야 말로 영웅이지. 미국 같으면 당장 영화로 만들어질거야...' 누구랄 것 없이 저마다 기쁜 마음에 덕담들을 쏟아내고 있었다. 텔레비전에서는 죽은 줄로만 알았던 가족의 생환에 감격하는 가족들의 인터뷰도 이어지고 있었다.

당사자들뿐 아니라 국민에게도 사고 이후 가장 기쁜 날이었다. 절망뿐인 공간에 희망의 빛이 분명하게 새겨진 날이었다. 현장이 정리되고 9시 뉴스도 끝나 어느 정도 흥분이 가라 앉은 상황, 도로 한쪽 편에 자연스럽게 기자들 몇명과 구조대원, 자원 봉사자들이 뒤섞여 앉아 있었다. 몇몇은 맥주캔을 들고 또 몇몇은 담배도 꺼내 든 상태였다. 모두들 피곤했지만 짜릿했던 하루의 기억을 되새기며 얘기들을 이어가고 있었다. 누군가가 얘기했다. '참 재미있는 일 아닌가요? 가장 부자들이 사는 동네, 가장 돈 많은 사람들이 이용하는 백화점에서 구조된 사람들은 가장 가난한 사람들이니 말이지요. 이것도 하늘의 뜻일까요?' 갑자기 분위기가 숙연해졌다. 생각해 보니 맞는 말이었다. 삼풍백화점은 단일 매장으로는 전국 2위 규모의 초대형 백화점이었다. 여러 백화점들 가운데서도 가장 고급스런 백화점으로 위세를 과시하던 곳이었다. 물론 주요 고객들도 강남의 부자들이었다. 그의 말이 예사롭게 들리지 않았다. 대체 이건 무슨 의미일까? 뜨끔한 빈부의 대비에 기분이 조금 묘해졌다. 생각해보니 무슨 의미가 있을 것 같기도 했다.

4. 위험천만한 명령, 24명이 생존했던 현장을 촬영하라

이런 상황에 경악할 만한 일이 벌어졌다. 보도국 지휘부가 참으로 무모한 지시를 내린 것이었다. '시청자들의 입장에서 가장 궁금한 것은 어떻게 24명의 집단 생존이 가능했냐일 것이다. 24명이 버텼던 그 공간을 촬영하라!' 의견을 물은 것이 아니라 명령이었다. 그것도 강한 명령. 경험이 많지 않았던 현장의 데스크는 아무런 문제 제기 없이 그 명령을 그대로 전달했고. 말도 안 되는 소리였다. 뒤늦게 그런 얘기를 전해 듣고 격하게 이의를 제기했다. '절대 안 된다. 말도 안 되는 소리다. 그러다 사고가 나면 누가 책임을 질 것인가?...' 도대체 어떤 사람들이 이런 무식하고 무모한 지시를 내린단 말인가? 사실 종군 취재 당시 나도 그런 무모한 지시에 당황했던 적이 여러 번 있었다. 당장 특정 지역으로 들어가라는 명령이었다. 안전을 담보할 수 없는 위험한 지역이었다. 당시의 기억이 겹쳤다. 그랬기에 아주 거칠게, 최대의 강도로 문제를 제기한 것이었다. 대부분의 경우 그런 지시들은 현장이 어떤지 알지 못하고 현장 상황을 짐작도 하지 못하는 사람들이 내리는 것이었다. 그렇다고 일이 생길 경우에 책임을 질 마음도 없는 사람들이었다. 그저 아이디어 차원에서 한 마디 툭 던져보는 것임을 나는 경험을 통해 잘 알고 있었다. 그러나 내가 그렇게 흥분하던 그 시간에 이미 두 명의 기자가 명령을 받들어 현장으로 접근하고 있었다. 용○○ 기자와 장○○ 기자가 그들이었다.

장○○ 기자는 몸무게가 백 킬로그램 가까이 나가는, 영상취재부에서도 가장 덩치가 큰 친구였다. 덩치는 컸지만 순하디 순한, 입사 1년이 갓 지난 막내였다. 현장에 있던 고참들이 순둥이 막내에게 떠넘긴 것이 분명하다는 생각이 들었다. 그렇다고 불평 한 마디 못했을 친구였다. 용○○ 기자는 보도국에서 둘째가라면 서러워할 정도로 성실하고 고지식한 친구였다. 그 또한 명령이라니 두말도 하지 않았을 것이었다. 뒤늦게 알고 내가 흥분하던 바로 그 시간 용, 장 두 기자는 환경미화원들이 빠져나온 그 위험스런 잔해더미 속으로 거꾸로 들어가고 있었다. 장 기자가 전한 당시의 상황은 이랬다. '겁이 났지만 못하겠다고 할 수 없었다. 빨리 들어갔다 나오자는 생각 뿐이었다. 용 선배는 그래도 무난해 보였지만 나는 몸 집이 큰데다 카메라까지 들고 있어 정말 쉽지 않았다. 접근하는 동안 '뚜둑 뚜두둑' 콘크리트가 내려앉는 소리가 여기저기서 들렸다. 그런 소리가 들릴 때마다 간이 쪼그라 들었다. 소방관들이 구조작업을 위해 지지대를 받쳐 놓았다고 했는데 보이지 않았다. 아마도 철수하면서 뺀 것 아닌가 싶었다. 그래서 인지 구조통로는 생각보다 훨씬 좁은 상태였다. 몸을 움직이는 것조차 쉽지 않았다. 그렇다고 콘크리트 덩이만 문제가 된 것은 아니었다. 삐쭉삐쭉 사방으로 뻗친 철근들도 움직일 때마다 몸을 긁었다. 의식적으로 앞으로 나가는 깃민 신경 썼다. 생각을 안 하려고 노력했다. 현장까지 어떻게 도착했는지 잘 모르겠다. 10분쯤 걸린 것 같았다. 기어 들어간 거리가 30m쯤 됐을까? 넓지 않은 공간이었는데 깜깜했다. 마치 무덤 속에 들어온 것 같았다. 바닥에도 흥건한 물뿐 아무 것도 없었다. 빨리 찍고 나가야겠다는 마음

뿐 아무 생각도 들지 않았다.'

　'서둘러 현장을 촬영한 뒤 나오는데 들어갈 때보다 통로가 더 좁아져 있었다. 내가 앞장 서고 용 선배가 뒤에서 따랐다. 한데 움직이기가 쉽지 않았다. 기어 가는데 온몸에 콘크리트가 닿고 있었다. 들어갈 때보다 배 이상 시간이 걸리는 것 같았다. 이미 내 몸은 땀 범벅이 돼 있었다. 그렇게 힘겹게 나오다 어느 순간 몸이 콘크리트 사이에 갇히고 말았다. 몸이 꽉 끼어 움직일 수 없었다. 위에선 물이 뚝뚝 떨어지며 머리와 얼굴 등 긴장한 몸을 때리고... 여기저기서 뚜둑 뚜두둑 콘크리트가 가라앉는 소리는 들리고... 덜컥 겁이 났다. 뭔일 생기는건 아닌지... 불길한 생각이 엄습했다. 두발로 바닥을 더듬었다. 뭐라도 걸리면 밀고 나갈 생각이었다. 하지만 바닥은 미끈거리기만 할 뿐 걸리는 것이 없었다. 그상태에서 힘을 주니 오히려 뒤로 밀리기만 했다. 그런 상태로 최소 10분은 허둥댄 것 같았다. 내가 못 나가니 용선배도 움직일 수 없었다. 용 선배가 뒤에서 있는 힘을 다해 나를 고 또 밀었다. 그런데도 몸은 빠지지 않았다. 정말 겁이 났다. 필사적으로 온 신경을 집중하며 공포와 싸워야 했다. 다시 무너져 내릴지 모른다는 정신적 공포와 빠져나갈 수 없을지 모른다는 육체적 두려움 속에서 거의 필사적으로 움직였다. 밖에서 빨리 나오라고 고함치는 소리가 들렸다. 우리가 들어갈 때 호기심반 걱정반의 눈으로 바라보던 사람들이었다... 얼마의 시간이 더 걸렸는지 모르겠다. 그렇게 온몸을 바둥거려 결국 빠져나오는데 성공할 수 있었다. 온몸엔 긁히고 찢긴 흔적이 가득했지만 이제 살았다는 생각에 아픈 줄도 몰랐다. 들어갈 땐 10분쯤 걸렸던 길이 30분은 족히 걸린 것 같았다. 나중에 들으니 누군가 우리가 갇혀있다고 신고해 구조대원들이 투입되기 직전이었다고 했다.

　하지만 그렇게 목숨 걸고 취재한 '24명 생존 공간'은 비중있게 다뤄지지도 않았다. 잔해더미 속, 비좁은 철근 사이로 위태롭게 몸을 빼내는 장○○ 기자의 모습만 20여초 비쳐졌을 뿐이었다. 화면속의 장 기자는 위험천만한 모습이었다. 그의 얼굴이 땀과 공포로 이그러져 있었다. 바라보는 마음이 편치 않았다. 누가 저런 무모한 짓을 지시했단 말인가? 그게 뭐 그리 대단한 의미라고... 이튿날 현장 촬영을 지시했던 윗사람들이 만족스러워했다는 소식이 들려왔다. 아마도 남들 못하는 것 한건 했다고 환하게 웃었을 지도 모를 일이었다. 용OO, 장OO 두기자의 기자정신을 칭찬했다는 얘기도 들려왔다. 하지만 내 눈에 그들은 자신들의 입장 세우려 후배들을 최악의 위험에 내몬 무모한 사람들일 뿐이었다. 현장을 짐작도 못하면서 권위만 앞세운 한심한 사람들일 뿐이었다. 그건 기자정신일 수 없었다. 무모한 도박일 뿐이었다. 그들은 용, 장 기자가 직면했던 현실적인 위험을 짐작이나 했을까? 새까만 후배기자들이 자신들의 지시에 목숨까지 걸어야 했다는 사실을 상상이나 했을까?... 다음날 장OO 기자의 손을 꼭 잡아줬다. 차마 미련한 놈이라는 말은 못했다. 손과 이마에 긁힌 흔적이 역력한 녀석은 순한 멋쩍은 미소만 짓고 있었다.

삼풍백화점 붕괴는 그렇게 여러 가지 측면에서 대한민국의 모습을 적나라하게 드러낸 사건이었다. 준공 5년 6개월 만의 붕괴, 지상 5층 지하 4층의 초호화 건물이 완전히 무너져 내리는데 걸린 시간은 불과 20여 초였다. 기적적인 환경미화원들의 구조 이후 사고 11일만에 한 명, 13일만에 또 한 명, 그리고 17일만에 또 한 명이 구조되며 국민을 감동시켰지만 그걸로 끝이었다. 최종 집계된 사망자 502명에 실종자 30명, 부상자 수도 937명에 달하는 초대형 비극이었다. 사고도 그랬지만 사고처리 과정에서 나타난 한심함은 유가족들의 분노지수를 더 끌어올린 요인이었다. 잔해물을 처리한다며 사망자들의 유골까지 난지도 쓰레기 처리장에 내다버린 것이 대표적이었다. 분노한 유가족들의 항의로 난지도에서 찾아낸 유골이 142점에 달할 정도였으니.... 충격적인 사고와 일련의 구조, 수습과정은 우리가 여전히 후진국이라는 사실을 웅변하고 있었다. 차라리 모두가 인정하는 후진국이라면 피해가 그정도로 크지는 않았을 것을... 선진국이라는 착각 속에 살면서 겉모습에만 치중하다보니 피해가 더 클 수밖에 없었던 희극적 비극이었다.

부끄러운 언론과 기자들의 수준도 그대로 드러났다. 의욕만 앞세워 구조와 수습을 방해한 무지, 특종을 위해 원칙도 안전도 팽개친 무모, 구조작업에 지친 소방대원들에게 마구 마이크를 들이대는 무례, 여러 날을 암흑 속에 갇혀 있다 구조돼 담요로 눈을 감싼 생환자에게 조명을 비춰대는 무신경, 추가 붕괴를 유발하고 생존자의 구조요청을 방해할 수 있다는 지적에도 헬기를 띠우는 무개념... 언론 역시 숱한 사고와 사건 경험 속에서도 한 발자국도 나가지 못하고 있었다. 그러나 그런 비극의 가운데서도 은은하게 빛난 사람들이 있었다. 첫날부터 도로 건너편에 자리를 잡고 묵묵히 김밥으로, 어묵 국물로 허기를 채워준 자원봉사자들이었다. 한결같은 미소와 따뜻한 말, 정감어린 몸짓으로 모두를 섬긴 이들은 보석같은 사람들이었다. 사고부터 구조와 정리작업이 진행되던 한달 가까이 그분들 덕에 그나마 웃을 수 있었다. 그들이 만들어준 자그마하고 짭짤했던 김밥은 지금까지 내가 먹어본 김밥 중 최고였다. 그해 연말 정부는 119 중앙구조대를 전국조직으로 발족시켰다. 삼풍의 교훈이 제도로 반영된 의미 있는 결과였다.

창고에 쌓인
1,400억 원어치 홍삼 재고

1. 신문에 난 대대적인 홍삼 할인판매 광고

1995년 정부는 한국담배인삼공사가 독점해온 홍삼 전매제도의 폐지를 검토하고 있었다. 홍삼에 대한 전매제도가 1899년 시작됐으니 근 100년 만에 전매제도의 일대 혁신이 논의되는 상황이었다. 사실 홍삼 전매제도의 폐지는 인삼농과 제조업자들을 중심으로 오래 전부터 꾸준하게 제기돼 오던 터였다. 당연히 전매제도의 폐지를 목소리 높여 외쳐 온 농민들과 제조업자들의 반응이 좋아야 했다. 하지만 어찌된 영문인지 현실은 그렇지 못했다. 환영 대신 '홍삼을 망칠 대로 망쳐 놓고 이제 장사가 안 되니까 슬며시 손을 놓으려 한다'는 비난이 줄을 이었다. 지금 전매제도를 폐지해 봐야 농민들이나 제조업자들에게는 득 될 게 아무 것도 없다는 얘기였다. 바로 그 무렵이었다. 도하 모든 신문에 사상 최초로 홍삼을 할인 판매한다는 광고가 실렸다. 그것도 전면 칼라로 큼지막하게. 평소 가격이 부담이 돼 홍삼을 경험하지 못했던 사람들에게 다시 오기 힘든 절호의 찬스라는 광고 문구가 유난히 눈길을 끌었다. 부모님들에게, 어르신들에게 세계적인 특산품 홍삼 만한 선물이 없다는 내용도 강조됐다.

뭔가 조금 이상하다는 느낌이 들었다. 느닷없이 벌어지는 대대적인 홍삼 할인판매의 이면에 분명 뭔가 있다는 생각이었다. 그 1년쯤 전 인삼 시장을 취재하면서 확인했던 '홍삼의 문제'에 대한 기억도 살아났다. 당시 우리가 더 이상 국제시장에서 '인삼 종주국'으로 인식되지 못하고 있다는 업자들의 얘기를 듣고 놀랐었다. 특히 국제인삼 시장에 한국 인삼이 차지하는 비율이 불과 3% 정도라는 얘기, 홍삼의 경쟁력이 별로라는 얘기를 듣고는 엄청난 충격에 빠졌었다. 그것이 사실이라면 우리가 학창시절에 배웠던 인삼 종주국, 고려 인삼에 관한 미담들이 전부 거짓이거나 엄청난 과장 왜곡이라는 얘기였다. 인삼재배 농민들과 제조업자들은 그렇게 된 가장 중요한 원인으로 담배인삼공사를 지목했었다. 전매제도라는 엄청난 보호막 속에서 이루어진 방만하고 무책임한 경영이 인삼 종주국의 위상을 그렇게 만들었다고 성토했었다.

문제를 확인해 볼 필요를 느꼈다. 그런 대대적인 할인판매가 내게는 재고가 상당하다는 의미로 해석됐다. 담배인삼공사에 홍삼 재고량이 얼마나 되는지 문의했다. 하지만 기자에게 그런 자료를 순순히 내 줄 리 만무했다. 그들은 대외비라며 당당하게(?) 거절했다. 그렇다고 포기할 수 없었다. 이런 때 아주 유용하게 활용할 수 있는 통로를 나는 알고 있었다. 해당 상임위원회에서 일하는 국회의원 사무실이었다. 기자와 달리 국회의원은 언제든지 해당 기관에 필요한 자료를 요구할 수 있고 요구를 받은 기관은 자료를 제출해야 할 의무가 있었다. 뚜렷한 이유없이 자료 제출을 거부하거나 엉터리 자료를 제출할 경우 법적인 처벌을 받게 돼 있었다. 따라서 이 루트를 이용하면 웬만한 자료는 다 얻을 수 있었다. 인삼 산지로 유명한 충남 금산 출신의 국회의원 사무실에 도움을 요청했다.

'뭔가 이상해 확인해보려고 한다'는 설명에 고현대 보좌관은 격한 공감을 표했다. 자신도 광고를 보고 이상해 확인해 보고 싶었다고 했다. 필요한 자료는 다 챙겨줄테니 멋지게 취재해 달라는 격려성 당부도 덧붙였다. 참으로 시원시원한 사람이었다. 며칠 뒤 요청한 자료가 도착했다. 그 속에 대대적인 할인판매의 이유가 확실히 기록돼 있었다. '홍삼재고 1,400억 원'. 자료에는 연도별 재고량이 따로 분류돼 있었다. 수년 동안 재고량이 계속 늘고 있다는 사실도 확인할 수 있었다. 모든 것이 짐작대로였다. 하지만 미리 짐작했음에도 불구하고 1,400억 원이라는 수치 자체는 충격이었다. 정말 그 정도일 것이라고는 상상도 하지 못했었다. '그랬구나. 전매제도라는 보호막 아래 문제가 차곡차곡 쌓이고 있었구나. 재고량이 천문학적인 수준에 이르러 급하게 정리할 필요가 있었던 것이구나...' 공사의 입장에서는 그 재고들을 처리해야 전매제도를 풀고 다음 단계로 나갈 수 있을 터였다. 기가 막혔다. 아마도 민간기업이라면 1,400억 원어치나 되는 재고를 창고에 쌓아두고 살아남기 어려웠으리라.

데스크에게 내용을 설명하고 취재계획을 밝혔다. 부장도 '그래? 그런 비밀이 숨어 있었어?' 하며 관심을 보였다. 물론 취재도 흔쾌히 동의했다. 그러나 취재에는 한 가지 심각한 장애물이 있었다. 홍OO KBS 사장이 바로 담배인삼공사의 전임 사장이라는 점이었다. 그것도 담배인삼공사를 그만둔 뒤 KBS로 옮겨 온 직전 사장. 재임기간 또한 6년이 넘는 최장수 사장이었다. 기사의 결과로 담배인삼공사의 책임문제가 제기된다면 당연히 그에게 불똥이 튈 터였다. 그는 책임의 가장 중심에 서야 할 사람이었다. 결국 기사를 쓴다면 그건 KBS 뉴스가 현재 자기회사 사장의 과거를 문제삼는 내용이 될 수 밖에 없다는 얘기였다. 그건 결코 간단한 문제일 수 없었다. 취재의욕을 불태우기는 했지만 나로서도 사실 찜찜함에서 자유로울 수 없었다. 그러나 쉬울 것 같지 않던 이 문제는 의외로 쉽게 풀렸다. '사장이 다음 주 외국에 나갈 예정이다. 빨리 취재해서 사장이 돌아오기 전에 방송을 내버리자.' 이○○ 국장의 아이디어였다. 사장이 자리를 비운 사이 전광석화처럼 해치우자는 것이었다. 너무 나이브한 판단이라는 생각이 들기는 했지만 나로서는 따질 이유가 없었다. 국장이 그렇게 방법까지 제시해주는 상황이니. 오히려 고맙고 또 고마운 일이었다.

2. 사장이 책임자였던 회사를 고발하다

취재는 전혀 어려울 것이 없었다. 이미 핵심 자료가 손에 들어와 있는 상태였기에 정공법을 택하면 됐다. 정식으로 담배인삼공사에 취재협조를 요청했다. 대량 할인판매에 들어간 홍삼을 취재하고 싶다는 목적을 설명했다. 그들은 적극적으로 우리를 맞았다. 아마도 홍보에 도움이 될 것이라고 판단했던 것 같았다. 거기에 자기 회사 전임사장이 대표로 있는 언론사였으니 기대도 했을 터였다. 그들은 아예 경계심 자체를 갖지 않는 것 같았다. 저들의 안내를 받아 돌아 본 창고에는 그야말로 홍삼이 산처럼 쌓여 있었다. 제조일자를 보니 짧게는 2~3년에서 길게는 10년 가까이 지난 상품들이었다. 왜 그렇게 재고가 많은지 물어봤다. 저들은 시장을 탓했다. 도무지 요즘은 홍삼을 찾지 않는다는 얘기였다. 왜 그렇다고 생각하느냐고 다시 물었다. 자신들도 잘 모르겠다고 했다. 그런 대답에 '혹시 제품 자체에 문제가 있는 것은 아니냐?'고 슬쩍 떠보았다. 강한 부정이 있을 줄 알았는데 의외로 '그런 부분도 있을 수 있다'는 솔직한 대답이 돌아왔다. 창고를 둘러보며 흘리듯 슬쩍 던진 질문이어서 아예 마음을 푼 것 같았다.

그들은 최선을 다해 취재를 도왔다. 친절한 설명은 물론 불편할 수 있는 질문에도 인상 한번 쓰지 않았다. 예상했던대로 대대적인 할인판매는 전매제도 폐지를 앞둔 상태에서의 궁여지책이라는 사실을 확인할 수 있었다. 그렇게 엄청난 재고가 쌓인 상태에서 전매제도까지 폐기된다면 해당 제품들은 두고두고 공사의 짐으로 남을 수밖에 없을 것이라는 고백도 들을 수 있었다. 그들은 일제강점기에 시작돼 100년 가까이 이어져온 전매제도가 나름의 역할을 했지만 이제는 그 효용을 다 한 것 같다고도 했다. '민간기업이라면 과연 그런 엄청난 재고를 쌓아놓고 온전할 수 있었겠냐?'고 다소 짓궂은 질문을 던져봤다. 1,400억 원이라는 구체적인 내용은 언급하지 않은 채, 웃음기를 곁들인 상태였다. 멋쩍은 웃음과 함께 '그래서 공사가 좋은 것 아니겠습니까' 하는 답이 돌아왔다. 솔직한 답이었다. '제품 자체에 문제가 있을 수 있다고도 했는데 그건 무슨 얘기냐?'고 다시 물었다. '간혹 품질 낮은 인삼들이 홍삼의 원료로 사용되는 경우들이 있는데 그런 제품들은 질이 떨어진다'는 얘기라며 멋쩍게 웃기도 했다.

재고가 쌓인 현장 취재는 그렇게 어렵지 않게 끝났다. 한데 그들은 굳이 점심을 대접하겠다며 우리를 근처 식당으로 이끌었다. 전임사장이 계신 회사에서 오신 손님들인데 그냥 보낼 수 없다고 했다. 냉정하게 뿌리칠 수 없었다. '정 그러시면 식사는 우리가 모시는 것으로 하겠다'고 다짐 받은 뒤 자리를 함께 했다. 마음이 편할 수 없었다. 저들의 얼굴이 전혀 경계심 없는 순박한 모습이어서 불편함이 더했다. 저들은 내 계획을 짐작도 못 하고 있는 게 분명했다. 그건 내가 저들을 잘 속이고 있다는 의미였다. '사장님이 여기 계실 때 어떠셨나요?' 불편함을 덜기 위해 가벼운 질문을 던져봤다. 경영의 귀재였다는 답이 돌아왔다. '담배사업이 만성적자였는데 부임하셔서 바로 흑자로 돌려놓았습니다. 그 비결이 뭔지 아십니까? 필터 길이를 1밀리 줄인 것이었습니다. 그건 누구도 생각 못했던 신의 한 수였습니다.', '계시는 동안 비용지출을 극도로 제한하셨지요. 심지어 로테이션으로 바꿔야 할 기계도 거의 사들이지 않았습니다. 아마도 흑자기조를 유지하기 위해 그러셨을 겁니다. 덕분에 후임 시장님이 한꺼번에 낡은 기계들을 다 바꾸느라 정말 고생하셨지요.' 그들은 경계심없이 그런저런 얘기들을 쏟아냈다. 감탄사를 연발하며 함께 웃어주긴 했지만 미안하고 불편한 마음을 어쩔 수 없었다. 식사 후 '기사의 방향이 원하시는 것과 다를 수 있다'고 한마디를 툭 던진 뒤 서둘러 자리를 떴다. 그렇게 귀띔이라도 해야 마음이 조금 편할 것 같았다.

　그렇게 취재한 내용들을 들고 전문가와 상인들을 만났다. 그들은 창고에 1,400억 원 어치의 재고가 쌓여 있다는 애기에 경악하는 모습이었다. 흥분을 이기지 못하고 목소리를 높이기도 했다. 문제가 있을 것이라고 예상은 했지만 설마 그정도일 것이라고는 상상도 못했다는 것이었다. 그들을 통해 1,400억 홍삼 재고의 비밀을 확인할 수 있었다. 그들은 시장 탓이 아니라고 단언했다. 소비자가 외면할 수 밖에 없게 돼 있는 제품의 품질 탓이라고 했다. 그러면서 질 낮은 제품의 배후에 숨어 있는 부패구조를 성토했다. 그들의 애기는 대략 이런 내용이었다. '홍삼은 인삼 중에서도 가장 품질이 좋은 6년 근으로만 만들어야 한다. 당연히 수매와 분류과정에서 6년근인지 아닌지, 상태가 좋은 지 그렇지 못한지를 가리는 것이 가장 중요한 작업이다. 그러나 이런 선별과정에 심각한 문제가 있다. 재배농민과 검사원의 담합으로 허우대만 멀쩡한 4년근이나 5년근 인삼이 6년근으로 둔갑하는 일이 비일비재하다. 6년근으로 판정되면 20%정도 비싼 가격에 팔리는 까닭이다. 하지만 겉모습이 크고 그럴 듯 하다고 해도 4년근이나 5년근은 막상 쪄보면 심하게 쪼그라들어 상품가치가 떨어지게 돼 있다. 문제는 그렇게 6년근으로 일단 판정이 나면 아주 특별한 경우가 아닌한 그후로도 걸러지지 않고 홍삼으로 만들어진다는 것이다. 관리 감독시스템이 거의 없기 때문이다. 그건 부정이 발각될 염려도 거의 없다는 의미다. 그런 분위기에 부정, 불법행위들은 계속 늘 수 밖에 없고 그렇게 만들어진 불량 홍삼들 또한 늘 수밖에 없다. 그런 홍삼들이 잘 팔린다면 그게 오히려 이상한 일 아니겠는가?' 그들의 애기엔 짙은 한숨이 섞여 있었다. 소비자들의 외면은 그런 구조의 필연적인 결과라는 애기였다.

　결국 선별과정의 부정이 불량 홍삼문제의 핵심이라는 애기였다. 거기에 그런 헛점을 악용해 큰 돈을 벌어보겠다는 일부 비양심적인 농민들이 문제를 악화시킨 공범이라는 애기였다. 전문가들은 경쟁체제라면 이런 일이 가능했겠냐고 목소리를 높였다. 공사라는 제조처의 성격과 전매품이라는 유통구조가 이런 터무니 없는 일을 빚어낸 핵심 원인이라는 강도 높은 지적이었다. 놀라운 것은 이런 부패구조가 비밀이 아니라는 것이었다. 이미 오랫동안, 그것도 여러 차례 문제가 제기돼 적어도 업계에서는 모르는 사람들이 없다는 얘기였다. 내게는 불량 홍삼보다 그 얘기가 더 충격적이었다. 모두가 다 알면서도 그런 구조를 오랫동안 방치해 왔다는 얘기였으니... 그렇다면 대체 담배인삼공사와 정부는 그동안 무엇을 했단 말인가? 도대체 무슨 사연이 있길래 그런 문제가 정리되지 않고 이어져 왔다는 말인가? '진작 풀어 달라고 할 때는 꿈쩍도 하지 않더니 시장 다 망쳐놓고 이제 와서 왜 푸느냐?'는 인삼 제조업자들의 항변이 예사롭게 들리지 않았다.

3. 취재기자도 모르게 작성된 엉뚱한 해명기사

취재는 어려움 없이 잘 끝났고 방송도 잘 나갔다. 신문에 난 광고가 만들어 준 의미 있는 기사였다. 단순한 광고를 그저 흘려보지 않고, 문제점을 찾아내 좋은 기사로 연결했다는 사실에 뿌듯함이 일기도 했다. 사실 고발기사를 쓰는 동안 신문이나 잡지, 또 거기에 실린 광고들은 종종 뜻밖의 아이디어를 제공하는 아이디어의 보고였다. 그래서 아이디어가 떠오르지 않을 땐 자료실에 찾아가 철 지난 잡지와 신문들을 뒤지곤 했었다. 물론 그를 통해 굵직한 기사들도 여러 건 건졌었다. 방송 후 참으로 전화가 많았다. 방만한 담배인삼공사를 시원하게 두들겨 줘서 고맙다는 재배농민들과 제조업자들의 전화가 많았다. 소비자들의 항의와 문의 전화도 적지 않았다. '광고를 보고 할인판매 제품을 샀는데 그냥 먹어도 되느냐?', '반품을 하고 싶은데 도와줄 수 없느냐?'는 내용들이 대부분이었다. 연로하신 부모님 드리려고 샀다고 깡통을 열어보고 (홍삼은 깡통에 담겨져 판매되는 경우가 많았다) 실하기는커녕 짜그러진 초라한 모양에 분노했다는 사람들도 있었다. 기분좋게(?) 그런 반응들을 즐기며 그날 밤은 유쾌할 수 있었다.

하지만 다음날 출근해 보니 분위기가 이상했다. 아니 심상치 않았다는 편이 맞을 것 같다. 우선 부장이 자리에 앉지도 못하고 전전긍긍하고 있었다. 보도국장이 급하게 찾는다고 해 내려가 보니 국장실에 손님들이 여러 명 기다리고 있었다. 담배인삼공사 간부들이라고 했다. 그들은 어제 KBS 기사로 난리가 났으니 어떻게 좀 도와달라고 사정했다. 국장과는 이미 얘기가 끝난 듯 그들은 나에게 매달렸다. 기사 내용 가운데 '6년근이 아닌 인삼으로 만들어진 홍삼들이 적지 않고 그런 홍삼들은 품질이 떨어진다'는 내용에 소비자들이 난리라고 했다. 당장 심혈을 기울여 진행하고 있는 할인판매가 심각한 타격을 받고 있고 반품 요구도 폭주하고 있다고 했다. 다행히(?) 그들 가운데 취재 과정에서 만난 사람들은 없었다. 사실 그분들을 마주치면 정말 민망하고 미안할 것 같아 국장실로 가는 걸음이 많이 무거웠었다.

그들에게 물었다. '혹시 제 기사에 잘못된 부분이 있나요?' 바로 답이 나왔다. '그런 것은 아닙니다. 하지만...' 저들은 말꼬리를 흐렸다. 그렇다면 제가 따로 드리거나, 들을 말씀은 없는 것 같습니다. 단호한 내 얘기에 그들이 당황하는 모습을 보였다. '사장이 나가 있을 때 방송하자'고 명쾌하게 정리했던 국장은 곤혹스런 표정으로 지켜보기만 했다. 나는 뭔가 큰 사고를 친 것 같이 어쩔 줄 모르는 부장과 국장의 분위기에 이미 마음이 많이 상해 있는 상태였다. 사실 아무리 기사가 마음에 들지 않는다고 해도 관계자들이 국장실까지 쳐들어오는 것은 있을 수 없는 일이었다. 한데 저들은 너무나도 당당하게, 그것도 떼를 지어 국장실을 거의 접수하고 있었다. 그들의 모습으로 보아, 그리고 부장과 국장의 태도로 보아 외국에 나가 있는 사장에게서 질책을 받은 것이 분명했다. 하긴 담배인삼공사에서 방송이 나가자마자 홍 사장에게 보고하고 도움을 청했을 것이란 사실은 짐작하기 어려운 일이 아니었다.

문제는 그 다음부터였다. 복잡한 일이 이어졌다. 부장은 내게 '해명 기사 하나 써주면 어떻겠냐?' 고 조심스럽게 물었다. 검은 뿔테안경 너머로 굵은 주름이 더 선명해진 표정이었다. '아니 기사가 잘못 된 것이 없는데 해명 기사라니요? 담배인삼공사 입장을 봐주려고 KBS 뉴스의 신뢰를 떨어뜨리라는 얘긴가요?' 나는 단호하게 거부했다. 바로 전날 현장추적으로 비중 있게 나간 기사에 대해 해명 기사를 쓴다는 것은 그 기사가 잘못됐다는 것을 의미하는 일이었다. 그것은 취재 기자인 나는 물론 KBS의 얼굴에 스스로 먹칠을 하는, 있을 수 없는 일이었다. 그러나 수시로 사무실과 국장실을 오가며 안절부절 못하던 부장의 요구는 한 번으로 그치지 않았다. 엄청나게 시달리고 있다는 표시였다. 부장은 한 종교 라디오 방송의 기자로 있다가 1980년 언론사 통폐합 때 KBS로 옮겨 온 분이었다. 심성이 선하고 마음이 약해 '부처님 가운데 토막'으로 불리는 분이셨다. 세상 근심을 다 짊어진 표정의 부장은 '우리 기사가 잘못됐다는 것이 아니라 저 사람들의 입장을 그냥 전달하자는 것이니 큰 문제가 될 것 없지 않느냐?'며 나를 바라봤다.

아무래도 사무실에 계속 앉아 있으면 부장도, 나도 너무 힘들 것 같았다. 단호하게 '해명 기사는 절대 안 된다'는 입장을 다시 밝히고 6시쯤 돼서 사무실을 빠져 나왔다. 마음이 무거웠다. 답답한 마음에 가끔 가는 회사 근처 호프집에서 순식간에 생맥주 1,000CC를 들이킨 후 한강으로 나갔다. 바람이 시원했다. 삼삼오오 여유를 즐기는 사람들도, 멋스런 풍경도... 모든 것이 평화스러웠다. 하지만 내 마음은 편치 않았다. 답답함이 영 가시지 않았다. 도도하게 흐르는 강물을 바라보자니 스스로가 좀 안 됐다는 생각이 들었다. '좋은 기사 써놓고 대체 이게 무슨 일이란 말인가?', '내가 왜 이렇게 답답해야 한다는 말인가?' 기자라는 직업, KBS라는 회사, 사장, 국장, 부장... 많은 생각들이 교차했다. 생각할수록 말이 안 되는 상황이었다. '그럼 이 정도 파장도 예상 못하고 취재를 허락했단 말인가?', '나도 쉽게 예상하는 문제를 부장과 국장은 정말 몰랐단 말인가?', '그정도 배짱도 없이 대체 무엇을 하겠다고 그 자리에 있단 말인가?....' 내 주량엔 술을 제법 마신 셈인데도 전혀 취기가 오르지 않았다. 오히려 정신이 더 또렷해졌다. 뉴스 시간에 맞춰 집으로 들어갔다. 혹시나 하는 마음에... 뉴스를 봐야 한다고 생각했다. 한데... 뉴스가 30분을 넘길 무렵, 나는 소리를 지르고 말았다. 'KBS가 어제 보도한 홍삼재고 기사와 관련해 한국담배인삼공사는....' 그렇게도 안 된다고 버텼던 해명 기사가 흘러나가고 있었다. 화가 났다. 그대로 앉아 있을 수가 없었다. 바로 택시를 잡아타고 회사로 달려갔다.

이미 뉴스가 끝난 보도국은 조용했다. 부장도 국장도 다 퇴근하고 없는 상태였다. 편집부에 앉아 있던 후배 윤OO 기자가 침통한 표정으로 나를 맞았다. '박 선배. 오늘 뉴스에 부끄러운 기사가 2건이나 나갔네요.' 그가 문제의 해명 기사를 내게 내밀었다. 나를 만나면 전해주려고 일부러 챙겼다고 했다. 윤 기자는 국장실 옆에 있는 자신의 자리에서 하루 종일 진을 치고 있던 인삼공사 사람들, 안절부절 못하고 왔다갔다 하는 우리 부장과 간부들, 그리고 해명기사는 절대 쓸 수 없다고 반발하는 나의 모습 등... 모든 과정을 다 지켜보고 있었다고 했다. 그래서 자신도 이 문제가 어떻게 정리되는지 궁금해서 관심을 갖지 않을 수 없었다고 했다. 그는 앵커가 해명 기사를 읽는 순간 자신도 많이 놀랐다고 했다. 뉴스가 시작되는 순간까지 기사가 없었는데 그게 어떻게 앵커에게까지 전달됐는지 모르겠다고 했다. 해서 어떻게 작성됐는지도 궁금하고 분명 내가 찾을 것 같기도 해서 그 기사를 챙겼다고 했다. 기사의 작성자가 누구인지 살펴봤다. 부장 이름으로 돼 있었다. 작성 시간을 보니 9시 15분, 국장의 지시와 나의 반발에 전전긍긍하던 부장이 뉴스가 시작되면서 재촉이 심해지자 스스로 기사를 쓴 것 같았다.

다음날 회사에서의 화제는 단연 홍삼 얘기였다. 내용을 잘 모르는 사람들은 수군댔다. '선규가 사고 친 모양이지 뭐. 뭐가 잘못 됐으니까 해명기사가 나간 것 아니겠어. 그것도 하루만에', '겁없이 사장이 근무하던 회사를 깠으니 난리가 난거겠지...' 마주치는 사람들과 눈빛들이 그렇게 부담스러울 수가 없었다. 미칠 노릇이었다. 일일이 붙잡고 해명을 할 수도 없고... 답답했다. 그런 나를 더욱 답답하게 만든 것이 있었다. '재고 1,400억'이라는 기사에 '시원하다'고 '공기업의 문제를 잘 지적했다'고 흥분하던 한 선배였다. 독일 특파원을 마치고 들어온 그는 달라진 분위기에 정색하며 리포트 구성에 문제가 있었다고 끼어들었다. 특유의 씨니컬한 표정을 지은 채였다. 기가 막혔다. 하룻밤 사이에 그렇게 달라지다니... 차라리 가만히 있으면 밉지나 않을 것. 그는 방송 후 나를 찾아와 이런 얘기까지 했었다. '잘했어. 나쁜 놈들이야. 특파원 할 때 한국에서 홍삼이 수입됐는데 농약이 검출돼 망신을 당했지. 바로 전량 다 반품 되고 말았어. 담배인삼공사놈들 정신 단단히 차리게 더 혼내줘야 해...'

4. 홍삼보다 훨씬 심각한 잎담배 재고 1조

참으로 황당한 일이었다. 잘못 되지도 않은 기사에 해명 기사를 내다니. 그것도 취재기자는 배재한 채 부장이 직접 기사를 써서. 아무리 생각해도 있을 수 없는 일이었다.

정말 속이 상했다. KBS라는 조직이 부끄러웠다. 다음날 출근하니 부장은 의자를 돌려 벽쪽을 향하고 있었다. 그것도 눈을 감은 채로. 나는 물론 부원들을 바라보기 민망한 마음이 그렇게 표현된 것 같았다. 그 모습을 보니 오히려 안 됐다는 생각이 들었다. 얼마나 들볶이고 시달렸으면... 스스로 생각해도 부끄러웠을 것이었다. 차라리 말도 안 되는 억지 논리로 자신의 행위를 강변한다면 싸워보기라도 하련만... 이미 충분히 곤혹스런 모습의 그런 부장에게 뭐라고 더 따질 수도 없었다. 그런 저런 모습을 통해 말도 안 되는 해명 기사의 배후에는 사장이 있음이 분명하다고 나는 확신하고 있었다. 기사 못지 않게 180도 태도를 바꾼 부장과 국장, 일부 동료들의 모습이 가슴 아팠지만 진작 몰랐던 속을 확인한 것에 의미를 두기로 했다. 하지만 전체적인 모양새가 우스워진 것만은 분명했다. 정신 승리법이라도 동원해야 했다. '괜찮아. 잘 한거야. 훗날 이 기사는 분명 공영방송다운 기사였다고 평가받을 거야. 자사의 현직 사장과 관련된 문제조차 피하지 않고 과감하게 드러냈으니...' 쓴 웃음이 났다.

그런 마음의 한편으로 기자로서 오기도 생겼다. '그래? 그럼 한번 더 부딪혀 볼까? 본인 체면을 살린다고 KBS와 뉴스의 신뢰도를 그렇게 깔아뭉개다니...' 사장과 보도국의 윗사람들에 대한 강한 반발심이었다. KBS는 언론기관 아니던가? 사장으로 부임해서는 시대가 달라졌다고, 살아있는 권력도 감시하고 비판해야 한다고, 그것이 공영방송의 역할이라고 역설하지 않았던가? 한데 이게 뭐란 말인가? 나는 다른 기사를 준비했다. 기막히게 써먹을만한 비장의 무기를 나는 갖고 있었다. 홍삼 문제보다 훨씬 충격이 클 기사, 담배인삼공사의 잎담배 재고가 무려 1조원에 달한다는 내용이었다. 홍삼을 취재하며 확인한 사실이었다. 추측이나 전해들은 얘기가 아니라 그들 스스로 작성한 보고서에 기록돼 있는 내용이었다. 그해 대한민국 전체 예산이 54조 정도였으니 재고 1조는 그야말로 천문학적인 수치였다. 문제는 1조원어치의 잎담배가 서류상의 수치로만 남아 있을 뿐 실제히는 것은 그에 훨씬 못 미친다는 것이었다. 보관 과정에서 썩어 내다 버린 것이 대부분인 상황이었다. 그리고 이런 상태에서 외국산 잎담배 수입은 계속 늘고 있다는 것이었다. 이런 잎담배에 비하면 홍삼의 1,400억 원 재고는 그야말로 새발의 피인 셈이었다. 충분히 의미 있고 훌륭한 기사의 소재임이 분명했다. 한번 더 전매제 하의 공기업 경영의 문제를 환기시킬 수 있는 충격적인 소재라고 자신했다.

　며칠 후 '잎담배 재고 1조' 취재 계획을 보고했다. 물론 담배인삼공사가 작성한 근거 자료도 함께 제시했다. 그러나 부장은 답이 없었다. 가타부타 말도 없이 눈을 감고 듣기만 했다. 아니 안 듣고 있었는지도 모르겠다. 아마도 속으로 '이 친구는 왜 이리 골치 아프게 구는걸까. 왜 이리 분위기 파악 못하고 자꾸 들이대는걸까' 했을 지도 모를 일이었다. 부장의 모습은 아예 생각도 말라는 의미였다. 사실 그건 당연히 예상했던 반응이었다. 홍삼 기사로 곤욕을 치른 마당에 OK 사인을 내줄리 만무했다. 부장의 그런 심정을 짐작하면서도 취재계획서를 올린 것은 순전히 오기였다. 도무지 이해할 수 없는 부장 국장을 향해 그들의 흔적도 희미해진 기자정신이라도 한번 흔들어 보겠다는 심산으로 벌인 일이었다. 눈을 감고 미동도 않는 부장 앞에서 나는 무력시위하듯 보고를 이어갔다. 부장은 여전히 아무 반응도 보이지 않았다. 하지만 그 모습 자체가 이미 많은 것을 설명하고 있었다. 다행스럽게(?) 사무실엔 부장과 나 둘뿐, 다른 사람들은 없는 상황이었다.

　그렇게 잎담배 취재계획은 거부되고 말았다. 그렇다고 쉽게 포기할 수 없었다. 기안을 올린 것엔 오기가 포함돼 있었지만 내용 자체가 가지는 의미도 결코 작다 할 수 없었다. 포기하기에는 너무 아까운 기사였다. 기자로서 문제를 확인하고도 그냥 둬야 한다는 것이 꺼림칙하기도 했다. 외부에 공개된 자료가 아니었기에 내가 외면하면 영원히 묻히게 될 가능성이 크다는 걱정도 있었다. 거기에 담배인삼공사의 못마땅한 행태를 그대로 둬서는 안 된다는 생각도 강했다. 더 강하게 경고해 '정신 바짝 들게' 하고 싶었다. 어떻게 할까? 어떻게 해야 하나? 이렇게 생각하고 저렇게 생각해 봐도 마땅한 방법이 떠오르지 않았다. 어떻게 생각해도 우리 뉴스에서는 불가능다는 생각만이 명료질 뿐이었다. 전략을 바꾸기로 했다. 외부의 월간지에 기사를 쓰기로 했다. KBS 기자라는 신분은 밝히지 않고 익명으로 기고하는 방식이었다. 이름을 드러내 회사나 윗 사람들을 불편하게 만드는 상황은 피하고 싶었다. 월간지에서도 좋다며 원고 매수에 제한 없이 기사를 써달라고 했다.

이미 자료가 확보된 상태여서 어려울 것이 없는 기사였다. 잎담배 얘기에 1,400억 원 재고의 홍삼 얘기도 덧붙였다. 재고의 양 자체도 중요했지만 그 못지 않게 공기업의 방만한 경영을 고발하는 것이 목적이었기에 꼭 필요한 내용이었다. 그렇게 내용을 꾸리고 보니 제법 긴, 만족스런 기사가 됐다. 그 정도면 방송에 내지 못한 아쉬움을 달랠 수 있을 것 같았다. 하지만 기사의 내용을 본 월간지에서 입장을 바꾸고 말았다. 기사의 성격상 익명으로 싣는 것은 어렵겠다는 얘기였다. 당당하게 신분을 밝히자고 했다. KBS 기자 이름으로 하면 기사에 더 무게감이 생길 것이라고도 했다. 고민이 됐다. 아무리 생각해도 그건 위험성이 너무 큰 일이었다. 홍삼 문제로 사장의 심기가 불편한 상황에 회사에 대한 심각한 도전으로 비칠 가능성이 농후했다. 실질적인 처벌로 이어질 가능성도 꽤 높을 것으로 판단됐다. 취재한 내용을 외부에 기고하려면 반드시 회사의 사전 동의를 받아야 한다는 것이 회사의 규정이었다. 안 그래도 '한번 걸리기만 해 보라'고 벼르고 있을 텐데... 결국 강행하는 것은 너무 무모하다는 판단에 접기로 했다. 많이 아쉬웠지만 나는 겨우 7년차 신참일 뿐이었다.

그렇게 외부기고가 좌절된 뒤 마지막 방법을 시도해 보기로 했다. 경쟁사인 MBC에 자료를 넘겨주는 것이었다. 다른 어떤 것보다 사실을 알리는 것이 중요하다는 판단에서였다. 방송을 통해 눈여겨 봤던 전OO 기자에게 만남을 청했다. 그는 카메라 출동과 시사매거진 2580 등을 통해 사내외에서 인정 받고 있는 탐사보도 전문기자였다. 그에게 '잎담배 재고 1조'가 기록된 자료를 내밀었다. '좋은 소재이니 기사를 써 보라'고 했다. 그는 놀라는 눈치였다. 아니 당황하는 빛이 역력했다. 그건 기자 세계에선 말이 안 되는 일이었다. 경쟁관계에 있는 타사의 기자가 엄청난 제보를 하는 셈이었으니. '내가 정말 쓰고 싶은데 회사에서 못하게 막네. 아마도 우리 사장과 연관돼 그럴거야. 하지만 이런 중요한 문제를 그냥 둘 수 없잖아. 기사의 중요성에 비하면 누가 쓰느냐 하는 것은 부차적인 문제지...' 하지만 그는 내말을 곧이 곧대로 다 믿지 못하는 눈치였다. 뭔가 다른 의도가 있을 것이라는 의심도 하는 것 같았다. 내가 그의 입장이라도 충분히 그럴 수 있을 것 같았다. 우린 서로 알고 지내기는 했지만 단 한 차례도 진지한 얘기를 나눠본 적이 없는 사이였다. 뭔가 어색한 모습인 그에게 자료를 넘겨주고 일어섰다.

며칠 후 그에게서 연락이 왔다. '박 선배, 우리도 쓰기 어렵겠는데요...' 그는 굳이 이유를 설명하지는 않았다. 대신 어색한 웃음을 흘렸다. 내부에서 깊이 있게 논의는 했으리라. 아마도 뭔가 배경이 있는 것 같다고 판단한 것 같았다. 어쩌면 그들의 고위층도 우리 사장과의 관계를 생각했을지도 모를 일이었다. 언론사들끼리의 동류의식이 강하던 시절이었으니... 사실 부정적인 반응은 어느 정도 예상했던 것이었다. 월간지가 막히는 상황을 경험하며 언론사들끼리의 관계에 대해 새롭게 알게 된 부분이 있었다. 그랬기에 나 또한 굳이 왜 냐고 묻지 않았다. 하지만 허탈했다. 거기서 완전히 마음을 접었다. '그래 이만큼 했는데 안 된다면 이 기사는 안 되는 거지. 여기까지만 하자. 더 이상의 무리는 하지말자...' 씁쓸했다. 그렇게 잎담배 재고 1조원 기사는 세상에 모습을 드러내지 못한 채 사장되고 말았다. 그대로 묻히고 만 것이었다. 물론 그후 어디에서도 관련 기사는 나오지 않았다. 이듬해인 1996년, 정부는 홍삼의 전매제도를 완전히 폐지한다고 발표했다.

엉터리 국가공인 검사기관들을
고발하다

1. 왜 중요한 검사결과가 할 때마다 다를까?

1990년대 접어들면서 우리사회엔 수돗물 불신 움직임이 일고 있었다. 88서울올림픽을 통해 높아진 시민의식과 건강에 관한 관심이 그 배경으로 판단됐다. 인체에 해가 없는 안전한 물, 충분히 정수돼 위생적인 물이라는 당국의 설명에도 불구하고 수돗물 기피현상은 갈수록 거세지고 있었다. 급기야 1993년에는 문민정부의 초대 환경부 장관이 시민들 앞에서 수돗물을 마시는, 우스꽝스런 이벤트까지 벌여야 했다. 하지만 그날 장관이 마신 물이 실은 수돗물이 아니라 정수기 물이었다는 사실이 드러나면서, 또 장관의 집에도 정수기가 설치돼 있다는 사실이 확인되면서 그 행사는 오히려 역풍만 부르고 말았다. 인권변호사 출신인 장관이 한동안 코미디의 소재로 소환되는 곤욕을 치러야 했다. 어느 경우에나 작용은 반드시 그만큼의 반작용을 부르는 법, 이른바 뉴턴의 제3 운동법칙이 먹는 물 시장에서도 입증되는 상황이었다. 수돗물이 기피되는 만큼 정수기와 생수시장이 급격하게 확장되고 있었다. 수십 년 동안 이어진 먹는물 공급시대가 경제수준의 상승과 함께 물을 선택해 마시는, 자본주의적 구매의 시대로 성큼성큼 전환되고 있었다.

그런 흐름에 따라 1995년 여름 우리 사회에는 '생수'라는 상품이 인기를 키우고 있었다. 생수 업체가 하루가 다르게 늘고 있었고 부유층 소비자들을 겨냥해 외국에서 수입되는 생수도 적지 않았다. 그런 상황에 프랑스에서 수입되는 에비앙 생수에서 납이 검출됐다는 기사가 나왔다. 에비앙 생수는 '국내산 생수는 믿을 수 없다'는 일부의 여론에 힘입어 비싼 가격에도 없어서 못 팔 정도로 초절정의 인기를 누리는 상황이었다. 비록 기준치를 넘지 않는 미미한 수준이었지만 최고급 외국산 생수에서 납이 검출됐다는 사실은 그 자체만으로 사람들의 관심을 끌기에 충분했다. 보도는 국내 최고 분석기관의 검사결과라는 사실을 강조하고 있었다. 한편에서는 돈 많은 특수계층에서나 먹는 것이니 관심 없다는 사람들도 있었지만 생수 이용자들에게 던진 충격은 만만치 않았다. 그러나 그 충격은 일주일의 해프닝으로 끝나고 말았다. 문제의 제품을 다시 정밀 검사한 결과 납이 검출되지 않았다는 것이었다. 이번에도 국내 최고 분석기관이 내놓은 결과였다.

'에비앙 생수 납 검출 소동'에 기억 속에 묻혀 있던 한 가지 사건이 떠올랐다. 그보다 2년쯤 전, 한강에서 납이 검출됐다는 기사였다. 서울시 산하기관인 수도기술연구소가 발표한 내용이었다. '소양댐과 의암댐 등 한강의 상수원 10개 지점 수질을 분석한 결과 기준치를 최고 6배나 초과하는 납이 검출됐다'는 발표였다. 발표는 단시간의 검사결과가 아니라 두 달 동안의 정밀 검사결과라는 사실을 강조하고 있었다. 충격적인 발표에 언론이 들썩이고 시민들은 경악했었다. 하지만 수돗물에 대한 불신을 증폭시켰던 그 사건 또한 닷새 뒤 뒤집히며 흐지부지 됐었다. 정밀 조사결과 '납이 나오지 않았다'는 것이었다. 두 번째 검사에는 환경처와 국립환경연구원, 한국과학기술연구원, 국립보건 연구원 등 6개 기관이 동원됐다고 했었다.

이 두 사건이 기자의 취재본능을 자극했다. 이것을 어떻게 해석해야 할까? 도대체 어떻게 검사했길래 같은 사안에 대해 180도 다른 결과가 나온단 말인가? 그것도 며칠 안 돼서… 또 최고 수준의 기관들이 벌인 검사에서… 강한 의구심이 피어올랐다. 혹시 그들의 분석능력에 문제가 있는 것은 아닐까? 이런 상황이라면 공적기관에서 내놓는 결과라고 해서 그저 그대로 받아 들여서는 안 되는 것 아닐까? … 이른바 공식적인 타이틀을 가진 권위있는 검사기관들에 대한 강한 의문이었다. 한번 확인해 볼 필요가 있을 것 같았다. 분명 의미있는 결과를 얻을 수 있을 것 같았다. 여러 차례의 과학적 취재로 얻게 된 자신감이 이들 기관들에 대한 검사에 뛰어들게 했다.

'공인 검사기관의 분석능력을 검사한다!' 누구도 시도해 본 적이 없는 초유의 시험, 의미가 만만치 않은 기획이었다. 결과에 따라 엄청난 후폭풍이 일어날 것이 분명했다. 그만큼 취재도 만만치 않을 터였다. 하지만, 취재의 의미는 엄청났지만 취재방식은 복잡할 것이 없었다. 아주 단순했다. 표준시료(검사를 위해 특정한 성분들을 일정량씩 섞어 특별히 만든 시료)를 만들어 각 검사기관에 맡긴 후 검사결과와 표준시료의 답을 비교하면 되는 간단한 일이었다. 다 맞춘다면 문제가 없지만(국가 공인기관이라면 다 맞취야 하는 것이 정상이기 때문에) 그렇지 않다면 사회전반에 엄청난 파장이 생길 수 밖에 없을 터였다. 그건 분석능력에 심각한 문제가 있다는 의미였다. 그렇다면 그것은 그때까지 그 기관들의 분석결과에 따라 행해졌던 수 많은 결정들과 행정처분, 처벌이 실은 잘못된 것일 수 있다는 사실을 의미하는 것이기도 했다. 실로 엄청난 중요성을 띠고 있는 문제였다. 좀 거창하게 말한다면 20세기말 우리 사회를 지배하고 있는 과학적 기준의 신뢰성에 근본적인 의문을 제기할 수 있는 사안임이 분명했다.

취재의 관건은 '표준시료를 어떻게 만드느냐'는 것이었다. 누구도 시비할 수 없는 시료의 확보, 거기에 취재의 성패가 달려있었다. 하지만 그게 생각처럼 간단치 않았다. 첫 단계부터 만만치 않은 난관이 기다리고 있었다. 우선 국내에 표준시료를 만들 수 있는 기관이 거의 없었다. 그나마 능력이 되는 기관들은 취재 목적을 듣고는 절대 해 줄 수 없다고 딱 잘라 거절했다. 당연한 일일 터였다. 그것은 동업자들은 물론 자신들까지 곤란하게 만들 수 있는 위험스런 일이었다. 더 나가 정부를 곤혹스럽게 만들 수 있는 일이기도 했다. 검사결과에 따라 엄청난 파장이 일어날 수 있고 그렇게 되면 시료를 만든 기관에도 불똥이 떨어질 것이 자명한 일이었다. 그들은 취재에 들어가기도 전에 결과가 어떻게 나올 지를 명확하게 알고 있는 것 같았다. 너무도 완강한 거절에 다른 방안을 찾아야 했다. 나라 밖으로 눈을 돌렸다. 이곳 저곳을 알아보던 중 독일의 연구소가 반가운 소식을 전해왔다. 표준시료를 만들어 줄 수 있다는 얘기였다. 하지만 안타깝게도 가격이 너무 비쌌다. 2만 달러를 달라고 했다. 우리 돈으로 1,500만 원을 훌쩍 넘는 수준이었다. 시간도 많이 걸린다고 했다. 돈 쓰는 일엔 겁부터 내는 부장과 국장이 허락할리 만무했다. 난감했다. '공인기관을 검사한다'는 야심찬 기획은 그렇게 첫 단계에서부터 막혀 시간만 흘려보내고 있었다.

2. 저는 논란의 중심에 서고 싶지 않습니다

이 궁리 저 궁리 끝에 방법을 바꾸기로 했다. 기관이 아닌 개인에게 매달려보기로 한 것이었다. 시료를 제작할 수 있는 국내 전문가들의 명단을 파악했다. 그들의 애국심에 매달려보겠다는 생각이었다. 그런 과정에서 대전 표준과학연구소 이광우 박사라는 분을 알게 됐다. 시료제작에 있어서 국내 최고 전문가라고 했다. 도서관을 뒤져 그분의 논문들을 찾아봤다. 놀랍게도 그 몇 해 전 내가 생각하는 것과 똑같은 방법으로 분석기관들을 검사했던 내용의 논문이 거기 있었다. 전기가 흐르는 듯한 짜릿함이 온 몸에 퍼졌다. 그때의 감격을 무엇으로 표현할까?... 드디어 돌파구가 열렸다는 생각이 들었다. 무작정 대전에 있는 그의 연구실로 찾아갔다. 전화를 하면 거절당할 것 같아 택한 방법이었다.

이 박사는 크지 않은 체구에 말수가 적은, 진중한 인상이었다. 돗수 높은 안경 너머로 무뚝뚝한 표정, 조금은 차가운 느낌이 들기도 했다. 그는 느닷없이 찾아든 KBS에 당황하는 모습이었다. 양해를 구하며 취재목적을 설명하고 도움을 청했다. 하지만 단칼에 '해 줄 수 없다'는 답이 돌아왔다. 생각보다 훨씬 단호한 반응이었다. 하지만 얼굴엔 옅은 미소가 실린 상태였다. 이건 뭘까? 바늘 끝 하나 들어가지 않을 단호함 속에 저 부드러운 미소는 과연 무슨 의미란 말인가? 마치 도를 청하는 제자에게 수수께끼를 던지는 노승의 방식과 같은... 무조건 그 미소에 매달려 보기로 했다. 온갖 논리를 동원해 그를 설득했다. '대한민국의 미래를 생각해 주시라'고. '대한민국 과학자들에게 경종을 울려주셔야 하지 않겠냐'고... 사실 그건 설득이라기 보다는 간청이었다. 하지만 그는 그저 듣기만 할 뿐 아무런 반응이 없었다. 그래도 물리치지 않고 다 들어주고 있다는 사실이 내겐 꽤 고마운 상황이었다. 그런 식의 매달림이 얼마나 이어졌을까? 그가 무겁게 한 마디를 던졌다. '나는 충격의 중심에 서고 싶지 않습니다'

놀라운 얘기였다. '충격의 중심에 서고 싶지 않다'는 건 이미 나타날 결과를 확신하고 있다는 얘기였다. 그것이 몰고 올 파장까지 다 예상하고 있다는 의미였다. '충격의 중심'이라는 표현에 논문을 발견했을 때와 비슷한 짜릿함이 다시 일었다. 그 한마디로 모든 것이 정리됐다. 그런 이 박사의 모습과 얘기에 투지가 더 불타 올랐다. 50%의 가능성을 가지고 추진하던 일이 90% 이상의 확신으로 강화되고 있었다. 그렇기에 더 물러설 수 없었다. '불가'라는 입장을 보이기는 했지만 그가 적대적이지는 않다는 사실이 고

무적이었다. 만나본 사람들 가운데 가장 호의적인 수준이었다. 곤혹스러워 하는 그에게 '박사님이 기자의 입장이라면 어떻게 하시겠냐'고, '책임있는 과학계의 원로가 이런 문제에 눈 감으셔서 되겠냐'고 물고 늘어졌다. 그동안 확인한 자료를 제시하며 '검사 기관에 긴장과 자극이 필요한 상황이 아니냐'고, '이런 현실을 외면하는 것은 역사에 죄를 짓는 것 아니냐'고 압박하기도 했다. 듣기에 따라서는 자존심 상할 수 있는, 기분 나빠 할 수도 있는 얘기들이었다. 하지만 그렇게라도 읍소하고 압박하지 않으면 안 된다고 판단했다.

어느 순간 이광우 박사의 눈빛이 흔들리는 것을 느낄 수 있었다. '정년이 6개월 정도 남은 것으로 아는데 이런 현실을 방치한다면 앞으로도 후회가 되시지 않겠습니까?' 작심하고 자존심을 자극하는 한마디를 던진 직후였다. 나를 바라보던 그가 고개를 돌려 창밖을 주시했다. 한참을 골똘히 생각하던 그가 다시 고개를 돌리더니 무겁게 입을 열었다. '시간을 좀 달라'는 얘기였다. 더 이상의 말은 없었다. 하지만 나는 속으로 쾌재를 불렀다. '아, 됐구나. 이제 문제가 풀리겠구나'...

며칠간 초조한 기다림의 시간이 이어졌다. 그 시간이 그렇게 길게 느껴질 수 없었다. 먼저 전화하고 싶은 마음이 하루에도 몇 번씩 일었으나 오히려 역효과를 낼 수도 있다는 판단에 참고 또 참았다. 나흘째 되던 날 오전, 드디어 기다리던 전화가 왔다. '그럼 한번 해보자' 짧막한 통화였다. 하지만 단호한 목소리였다. 사흘 동안 그가 했을 무거운 고민의 깊이가 느껴졌다. 대단한 의미부여도, 구구절절 설명도 없었다. 전혀 군더더기 없는 과학자다운 방식이었다. 과학계와 우리사회는 물론, 자신에게도 거세게 닥쳐올 충격을 기꺼이 맞겠다는 담대한 결심으로 이해됐다. 눈물이 핑 돌만큼 고마웠다. 결코 쉬운 결단이 아님을 아는 까닭이었다. '감사합니다. 분명 박사님께도 큰 의미가 될 것이라 확신합니다. 평생의 보람이 될 수 있도록 최선을 다하겠습니다.' 진심이었다. 그는 평생을 국가기관에서 일해온 과학자였다. 그런 그의 결심은 자신의 평생터전을 궁지로 내몰아 보겠다는 결단이 분명했다. 어쩌면 동료 후배들에게 배신자로 공격받을지도 모를 일이었다. 그것은 정년을 앞둔 그에게 결코 겪고 싶지 않은 일일 터였다.

일단 일을 여기까지 진척시킨 후 회사에 다짐을 받았다. 그때까지 머릿속으로만 정리하고 있던 내용을 기안으로 만들어 결재를 올리면서 였다. 의미 있는 결과가 나올 경우 아이템을 9시 뉴스의 현장추적 코너에 연속 사흘 동안 내는 것이 좋겠다는 의견을 제시했다. 첫날은 검사 결과를 있는 그대로 보도하고 둘째 날은 왜, 무엇이 문제인가를 살핀 후 셋째 날 '대안'을 제시한다는 계획이었다. 이미 나에게는 결과에 대한 확신이 있었다. 부장도, 국장도 과학계 전체를 경계하는 획기적인 취재가 될 것이라며 흔쾌하게 동의를 해줬다. 일단 표준시료의 제작 문제가 풀렸고 검사 방법까지 나왔으니 취재는 다 된 것이나 다름이 없었다. 다음 단계는 어떤 기관들을 대상으로 하느냐 하는 것이었다. 모든 기관을 대상으로 검사를 할 수는 없는 상황이었다. 해서 정부산하기관과 지방자치단체의 분석 기관 7곳을 지역별로 안배했다. 한강 납검출 소동 당시의 기관들이 다 포함됐다. 거기에 정부에서 공식적으로 인증받은 민간기관 4곳을 더했다. 민간기관 가운덴 내가 취재 때마다 활용하고 있는 한국환경수도연구소도 포함시켰다. 대한민국의 대표검사기관 11곳이 그렇게 역사적인 시험대에 올랐다.

3. 충격적인 결과, 11곳 가운데 8곳이 낙제점

초조하게 며칠을 기다리던 중 이광우 박사에게서 연락이 왔다. 시료제작이 완료됐다는 얘기였다. 그제서야 마음이 놓였다. 사실 이 박사의 약속을 받기는 했지만 혹 마음이 바뀔까봐 노심초사했었다. '비밀이 새나가 그가 일하는 연구기관에서 압력을 행사하지는 않을까?', '정부에서 눈치를 채고 '중단'을 압박하지는 않을까?...' 그래서 전화가 먼저 오기 전에는 연락을 하는 것도 피하며 기다리고 있었다. 새벽녘에 표준과학연구원이 있는 대전으로 향했다. 시료는 증류수에 납과 카드뮴, 페놀 등 7가지 성분을 일정량씩 넣어 만든 물이었다. 이 박사는 고순도 시약을 사용해 시료를 만들었을 뿐 아니라 만든 시료를 직접 분석까지 해봤다고 했다. 시료에 집어 넣은 7가지 성분들이 넣은 양만큼 그대로 검출됐다는 얘기였다. 그것은 표준시료의 신뢰성을 확보하기 위해 반드시 거쳐야 하는 필수과정이었다. 시료의 신뢰성까지 확인했으니 걱정하지 말라는 의미였다. 시료의 배송에는 특별히 차량 두 대가 동원됐다. 시료의 성격상 최대한 빠른 시간

안에 분석기관에 전달하는 것이 중요하기 때문이었다. 전달과정에서 혹시라도 일어날 수 있는 변질 가능성을 차단하기 위해서였다. 표준과학연구소에서 아이스박스에 시료를 나눠 담은 뒤 한 대는 서울과 경기지역으로, 다른 한 대는 호남과 영남 지역으로 향했다. 그리고는 최대한 서둘러 대상으로 삼은 11개 기관들에 시료를 다 맡겼다. 그렇게 분석의뢰 절차가 마무리 됐다. 물론 KBS가 의뢰한다는 사실은 어디에도 밝히지 않은 상태였다. 이제는 결과를 기다리기만 하면 되는 단계였다.

일주일이 지나면서 분석기관에서 연락이 오기 시작했다. 검사결과가 다 나왔다는 얘기였다. 생각보다 검사시간이 조금 길게 걸린 셈이었다. 하긴 분석을 의뢰하기 위해 각 기관들을 찾았을 때 연구소에는 복도까지 의뢰받은 물통들이 가득했었다. 우선 각 연구소들에 팩시밀리를 통해 결과표를 보내 달라고 요청했다. 결과가 충격적이었다. 기관들의 분석결과 가운데 표준시료의 답과 일치하는 곳이 단 한 곳도 없었다. 그 차이도 컸다. 점수로 따지면 100점 만점에 평균이 50점에도 미치지 못하는 수준이었다. 처음에 민간기관들의 답변서가 올 때만 해도 민간기관이니 그러려니 했었다. 사실 그것도 말이 되지 않았지만. 놀랍게도 나중에 도착한 국가 기관과 지방자치단체의 연구소들도 상황이 별로 다르지 않았다. 어느 정도 예상은 했지만 결과는 예상을 훨씬 뛰어 넘는 수준이었다.

오차범위를 인정할 경우 납 성분을 맞게 분석한 곳이 2곳, 카드뮴은 4곳이었다. BOD와 COD를 맞춘 곳은 단 한곳도 없었다. 70점을 합격기준으로 삼을 경우 기준을 넘은 기관은 3곳 뿐 나머지는 8곳은 낙제, 그 가운데서도 2곳은 최악의 수준이었다. 70점을 넘은 기관들 가운데 환경수도연구원이 있다는 사실이 내게는 그나마 위안이었다. 그곳마저 낙제로 나타났다면... 그건 생각할수록 아찔한 일이었다. 더 충격적인 것이 하나 더 있었으니 11개 기관 가운데 8기관이 명백하게 먹을 수 없는 물을 먹을 수 있는 물이라고 판정했다는 사실이었다. 납과 카드뮴, 페놀 같은 중금속이 들어있는 물은 어떤 경우에도 먹을 수 있는 물로 판정돼서는 안 되는 것이었다. 그건 그야말로 충격을 넘어 경악할만한 결과임이 분명했다. 이런 기관들의 분석에 국민의 안전과 관련된 판단을 맡기고 있었다니... 이런 엉터리 기관들의 판단으로 유죄와 무죄가 가려지고 영업정지와 허가취소 등 중요한 조치들이 이뤄져 왔다니... 아찔했다. 이제 그들을 직접 만나 봐야 할 차례였다. 그들이 보내준 결과표를 들고 분석기관들을 찾아 나섰다.

결과표를 들고 나타난 KBS 카메라에 그들은 경악했다. 표준시료에 들어간 양과 결과표에 나타난 양의 차이를 그들은 설명하지 못했다. 처음에 그들은 표준시료에 의문을 제기했다. '당신이 가져다 준 시료의 정답이 맞다고 어떻게 장담하느냐'는 얘기였다. 예상했던 방식에 예상했던 내용이었다. 그들에게 표준시료의 제작소가 대전표준과학연구소라는 사실을 공개했다. 표준과학연구소가 제작한 시료라는 말에 그들은 고개를 떨궜다. 하지만 그들은 '중간에서 시료가 변질됐을 가능성이 있지 않느냐'는 또 다른 의문을 제기했다. 그건 취재기자인 나를 너무 우습게 본 얘기였다. 냉장보관한 뒤 새벽에 아이스박스 안에 넣어 해 뜨기 전에 다 전달했다는 대답에 그들은 더 이상 말을 하지 못했다. 체념하는 빛이 역력했다. 한 번만 봐 달라고 하는 사람들은 그나마 순진한 사람들이었다. 어떤 이들은 역정을 냈다. KBS가 자신들을 죽이기 위해 불공정한 플레이를 했다는 것이었다. 이들은 '진작에 KBS에서 의뢰하는 것이라고 했다면 철저하게 했을 것 아니냐'고 항변하기까지 했다. 그건 중요기관이 아니라고 믿었기 때문에 설렁설렁 했다는 어처구니없는 자기고백이었다. 이 얼마나 놀라운 얘기인가? 물론 이 모든 과정들은 고스란히 카메라에 담겼다. 그들의 표정과 변명, 어거지 항의까지도... 하나도 빼놓지 않고 카메라는 다 담고 있었다.

4. 잘못해도 절대 잘못이 드러나지 않는다는 믿음

예상은 했지만 드러난 실상은 충격 그 이상이었다. '충격의 중심에 서고 싶지 않다'던 취재 초기 이광우 박사의 얘기가 또렷하게 살아났다. 11곳 가운데 8곳이 낙제점이라니, 결코 먹어서는 안 되는 물을 먹어도 된다고 판정한 곳이 8곳이나 된다니. 그 중에서도 최악의 성적을 낸 곳이 정부기관이라니... 그 모든 기관들이 대한민국정부가 공인한 실력이 검증된 기관들 아니던가... 나도 놀랐지만 이광우 박사는 더 놀란 표정이었다. 예상은 했지만 차마 그 정도일 줄은 짐작도 못했다고 했다. 자신이 환경부의 용역을 받아 논문을 쓸 때만 해도 그 정도는 아니었다고 했다. 몇해 사이에 연구소들의 분위기와 연구원들의 도덕적 해이가 최악의 수준으로 떨어진 것 같다며 고개를 저었다. 그의 얼굴에 복잡한 감정들이 뒤섞여 있었다. 내 머릿속도 복잡하기는 마찬가지였다. 이 정도라면 그동안 저들이 내 놓았던 수많은 결과들, 그 결과에 따라 행해졌던 수많은 결정과 처분들은 어떻게 정리해야 한단 말인가... 만약 처분을 받았던 기관들이 KBS 보도를 보고 줄줄이 소송에 나선다면 그건 또 어찌 해야 한단 말인가...

나중에 체념한 표정으로 저들이 털어놓은 얘기가 충격적이었다. '혹 저희들의 분석 능력이 부족해 이런 문제가 생겼다고는 생각하지 말아 주십시오. 저희들은 스스로의 분석능력에 자부심을 갖고 있습니다.' 이 무슨 뚱딴지 같은 소리란 말인가? 이해가 가지 않을 뿐더러 참으로 뻔뻔한 얘기이기도 했다. 하지만 그런 얘기를 하는 저들의 표정은 진지했다. 알아보니 이런 얘기였다. 저들은 최고 수준의 과정을 거친 최고의 전문가로 인정받는 사람들이었다. 거기에 사용하는 기계도 아주 비싼, 최고 수준의 기계들이었다. 그러나 그런 그들에게 딱 한가지 없는 게 있었으니 긴장감이었다. 매일 밀려드는 일거리에 기계적인 일상이 반복되면서 긴장감을 잃었다는 것이었다. 그러다 보니 특별히 관심을 가지지 않아도 될 일에는 설렁설렁하는 관행이 생겼다는 것이었다. 문제는 그렇게 해도 감시하거나 제어할 시스템이 전혀 없어 전체적으로 느슨한 분위기가 유지돼 왔다는 것이었다. 결국 우리가 의뢰한 시료에 대해 잘못된 결과가 나온 것은 그렇게 긴장감을 푼 탓이지 결코 실력이 부족해서가 아니라는 얘기였다. 코미디 같은 얘기, 그건 또 다른 충격이었다. 그런 얘기를 거리낌없이 털어놓는 모습에서 문제의 근원을 짐작할 수 있었다.

그들이 최선을 다하지 않으면서도 전혀 부담감을 느끼지 않을 수 있었던 이유도 확인됐다. 설령 결과를 잘못 내도 잘못이 드러날 가능성이 거의 0%라는 현실 인식이었다. 그들은 '세상에 동일한 시료는 존재하지 않는다'는 확고한 믿음을 갖고 있었다. 그건 사실이었다. 이 세상 어디에도 표준시료를 만들지 않는 한 동일한 시료는 존재할 수 없었다. 그건 모든 전문가들의 일치된 견해이기도 했다. 같은 장소에서 거의 동시에 뜬 물이라고 할지라도 분석을 하면 동일한 결과가 나오지 않는다는 것이 그들에겐 최고의 방패막이었다. 다른 말로 하면 혹 분석을 잘못해도 그 잘못이 드러날 염려가 전혀 없다는 얘기였다. 누구도 그것을 입증할 수 없기 때문에. 감시 시스템이 전혀 없는 현실에 이런 '세상에 동일한 시료는 없다'는 믿음이 최고 수준의 연구원들을 나태하게 만든 이유였던 것이다. 충격적인 것은 그런 인식이 민간기관이나 정부기관을 가리지 않고 폭 넓게 퍼져 있다는 사실이었다.

이런 결과에 분석기관들은 물론 환경부 등 정부에도 비상이 걸린 것은 당연한 일이었다. 전체적인 내용도 그렇지만 국립환경연구원 등 정부산하기관들의 성적이 가장 좋지 않은 수준으로 나타났기 때문이었다. 이들도 처음에는 이광우 박사의 능력에 의문을 제기했다. 그가 최고 수준의 과학자이기는 하지만 나이가 들어 능력이 많이 떨어진다는 얘기였다. 비열하고 비겁한, 노골적 인신 공격이 아닐 수 없었다. 그들에게 확보하고 있던 자료를 공개했다. 내가 도서관에서 찾아냈던 논문, 표준과학연구소가 그 몇 년 전 똑 같은 방법으로 검사기관들을 검사(Quality Control)한 결과에 대한 바로 그 논문이었다. 논문에는 당시 책임 연구원이 이광우 박사였고 의뢰기관은 환경부였다는 사실까지 기록돼 있었다. 당연히 그들도 몰랐을 리 없던 논문이었다. 그들은 내가 그 논문까지 가지고 있을 것이라고는 생각하지 못했던 것 같았다. 환경부의 태도가 급변했다. 잘못했다고 납작 엎드렸다. 정기적으로 정도관리(Quality Control)를 철저하게 할 테니 한 번만 봐 달라고 통사정을 했다.

5. 취재기자도 모르게 바뀐 기사

취재는 더할 수 없이 잘 됐다. 기사의 의미는 가히 역대급이라고 할 만 했다. 부끄러움을 모르는 일부 연구자들, 뻔뻔스러운 환경부의 반발은 오히려 기사의 강도를 높여주는 양념이 됐다. 하지만 방송도 나가기 전에 분위기가 뒤숭숭했다. 수시로 부장이 국장실로 불려갔다. 낯선 사람들의 방문도 이어졌다. 심상치 않은 분위기에 부장에게 다시 다짐을 받았다. 예정대로 3회 연속으로 나가야한다고. 부장도 걱정말라며 그렇게 하겠다고 약속했다. 데스킹 과정에서 몇 군데 손질이 가해졌지만 전체 기사의 내용에 영향을 미칠만한 수준은 아니었다. 사실 표준시료와 각 기관의 분석 결과를 비교하는 내용이었기에 손을 보려고 해도 손 볼 곳이 별로 없는 기사였다. 다만 부장은 기사의 파장을 고려하는 것이 좋겠다며 각 기관들의 이름은 A, B, C하는 식으로 익명으로 표시하자고 했다. 정부기관의 입장을 고려한 주장임이 분명했다. 나는 탐사보도의 성격상 개별 기관들의 이름을 밝혀야 한다고 강조했지만 부장은 당신의 생각을 굽히지 않았다. 나중에 보니 그것은 부장의 생각이 아니라 국장의 지시사항이었다. 동의하기 어려웠지만 기사의 목적이 누군가를 벌주고 골탕먹이기 위한 것이 아닌만큼 받아들이기로 했다. 잘못된 풍토에 경각심을 일깨우고 정기적인 감시제도 (Quality Control)를 마련하자는, 취재의 목적에만 집중하기로 했다. 부장은 정부와 지방자치단체의 분석기관들이 민간기관보다 더 엉터리였다는 내용도 빼자고 했다. 굳이 정부기관들을 그렇게 망신 줄 필요가 있냐는 얘기였다. 그의 표정에 곤혹스러움이 배어 있었다. 부장도 당연히 말도 안 되는 얘기이라는 걸 인식하고 있다는 의미였다. 그 문제는 강도를 많이 약화시키는 선에서 받아들이기로 했다. 그정도의 타협은 큰 문제가 아니라고 스스로를 설득했다. 사실 그건 굉장히 중요한 문제였지만...

그런데 분위기가 이상했다. 방송이 미뤄지고 있었다. 편집 이튿날로 잡혀 있던 방송이 아무런 설명도 없이 나가지 않았다. 부장은 다음날 내겠다고 했지만 그 다음날도 방송은 나가지 못했다. 이렇다 저렇다 어떤 설명도 없었다. 그러더니 미뤄지는 시간이 열흘을 넘기고 2주를 훌쩍 넘기고 말았다. 처음에 문의를 하던 입장이 부탁으로 바뀌고 그것이 또 항의로 바뀌었지만 달라지는 것은 없었다. 그러는 사이 내 어조도 강하게 바뀌고 있었다. 완전히 위조 밸브사건의 재판이었다. 그러다 17일째 되는 날에야 방송을 내자고 했다. 웃어야 할지, 울어야 할지... 방송 당일, 편집 테이프를 일찍 넘겨놓고 집으로 퇴근해 방송을 지켜봤다. 이미 상할대로 상한 마음에 사무실에 앉아 있기가 힘들었다. 과연 이번에는 방송이 제대로 나가는 것인지... 감시도 해야 할 것 같았다. 약간은 긴장된 마음으로 뉴스를 기다렸다. 한데 이상했다. 중대한 의미를 갖는 기사였기에 톱은 아니어도 뉴스의 앞부분에 배치돼 있을 줄 알았는데 그게 아니었다. 20분을 지날 때까지 기사가 나오지 않고 있었다. '역시나 오늘도 빠졌구나...' 하는 순간 앵커의 멘트가 흘러 나왔다. '우리나라의 국가 분석기관과 공인 검사기관의 분석 능력에 심각한 문제가 있다는 사실이 확인됐습니다. KBS의 취재결과...' 앵커 멘트가 시작됐고 이어 방송이 흐르고 있었다. 현장추적 로고도 달지 않고, 3일 연속 보도될 것이라는 예고도 붙지 않은 상태였다. 하지만 그걸 따질 계제가 아니었다. 그렇게나마 방송이 된다는 사실이 그렇게 반가울 수가 없었다. 기관들의 이름이 이니셜로 처리됐지만 의미를 전달하는데는 아무 문제가 없었다. 0.01ppm 차이로 영업을 정지시키기도 하고 재개시키기도 하는, 먹을 수 있는 물로 판정하기도 하고 먹어서는 안 된다고 판정하기도 하는 전문 분석기관들의 충격적인 실상이 적나라하게 시청자들에게 전달되고 있었다.

취재기자가 아닌 제3자의 입장에서 객관적으로 봐도 있을 수 없는 일이었다. 아무런 의심없이 믿었던 기관들에 대한 배신감이랄까... 옆에서 함께 보던 아내와 어머니도 어떻게 저럴 수가 있느냐며 혀를 끌끌찼다. 그런 엉터리 결과가 한 두군데가 아니고 분석의 대상이 된 거의 모든 기관에서 나타났다는 설명에 기가막히다는 표정이었다. 거기까지는 괜찮았다. 하지만 잘 나가던 리포트의 마지막 부분을 보고 나는 경악하지 않을 수 없었다. 마지막 결론 부분의 인터뷰가 통째로 빠져버린 것이었다. 내가 분석 결과표와 정답지를 들고 연구원에게 그 이유를 따져묻는 장면이었다. '왜 이렇게 분석결과가 엉터리로 나왔을까요?' 이 질문에 연구자가 잠시 머뭇거리다가 '...KBS가 맡기는 것이라고 미리 얘기를 해 주셨어야죠. 그러면 저희가 신경을 썼을 것 아닙니까?...' 이렇게 말하는 장면이었다. 충격적인 분석결과를 따져묻는 기자에게 연구 책임자가 보인 너무나도 황당한 반응, 그건 문제의 본질을 확인시켜주는 핵심적인 내용이었다. 한데 이 부분이 완전히 사라져버린 것이었다. 사전에 상의도, 양해를 구한 일도 없었다. 그와 관련해 한마디 얘기도 없었다. 도저히 묵과할 수 없는 일, 상상도 할 수 없었던 일이 벌어진 것이었다.

방송이 나가자마자 부장에게 전화를 했다. 받지 않았다. 열이 올라 여러 차례 시도했지만 결국 통화는 되지 않았다. 다음날 아침 출근하자마자 부장에게 따졌다. 부장은 본인도 모르는 일이라고 했다. 그렇다면 취재기자도, 담당 부장도 모르게 기사가 바뀌었다는 것인데... 그렇다면 편집부에서 기사를 재편집했다는 말인가? 있을 수 없는 일이었다. 다른 내용도 아닌 고발기사의 핵심부분을 임의로 들어낸 일은 도저히 이해할 수도 용납할 수도 없는 일이었다. 보도국장을 찾아갔다. 홍○○ 국장, 그는 내 얼굴을 보더니 먼저 '미안하게 됐다'며 양해를 구했다. 잔뜩 찌푸린 얼굴, '기사의 파장이 걱정돼 그렇게 했다'고 했다. '뒷 부분을 들어내도 전체적으로 이해하는데 지장이 없을 것 같아 그렇게 하도록 자신이 지시했다'는 설명도 덧붙였다. 이런 것을 솔직함이라고 해야 하나 아니면 뻔뻔함이라고 해야 하나... 국장은 정말 단수가 높은 사람이었다. 화가 났지만 그렇게 선수를 치며 미안하다는 국장에게 막무가내로 대들 수는 없었다. '신문 같으면 1면 기사에 추가로 해설까지 붙을 기사 아니냐? 그런 기사를 그렇게 처리하시면 안 되는 것 아니냐'고 잔뜩 구겨진 얼굴로 투정 섞인 불만을 표시했다. 국장은 맞다고, 좋은 기사라고 추켜주며 거듭 미안하게 됐다는 말만 반복했다. 그런 국장에게 더 뭐라고 하기도 그랬다. 해서 오늘과 내일로 예정된 2편, 3편은 제대로 나갈 수 있도록 해 달라고 간곡하게 부탁했다. 국장은 걱정하지 말라는 말로 나를 안심시켰다.

그러나 오후 4시쯤 엉뚱한 지시가 내려왔다. 2편과 3편을 합해 2분 15초로 만들라는 얘기였다. 지시를 전하는 부장의 얼굴에 곤혹스러움이 가득했다. 부장은 그 지시만 전하고는 당신 자리에 앉아 꿈쩍하지 않았다. 이 무슨 소리란 말인가? 각 3분짜리, 합계 6분의 리포트를 절반도 안 되는 길이로 줄이라니.... 그건 거의 기사를 죽이겠다는 의미였다. 그렇게 되면 당연히 의미가 제대로 전달 될 수 없었다. 안 된다고, 그렇게 할 수 없다고 버텼다. 입을 굳게 닫은 부장에게 국장과 오전에 약속한 내용도 설명했다. 국장이 지시하는 것이라면 부장을 통하지 말고 직접 내게 말씀하시도록 하라고, 절대 그렇게 할 수 없다고 버텼다. 그러면서 이런 일을 예상하고 사전에 사흘연속 방송이 돼야 한다고 제안하고 다짐받았던 것 아니냐고, 부장이 약속했으니 책임지고 그 약속을 지켜줘야 하는 것 아니냐고 물고 늘어졌다. 부장은 자리에 앉은 채 미동도 하지 않았고 어떤 반응도 보이지 않았다. 그저 난감한 심정을 내보이듯 눈을 질끈 감고 있을 뿐이었다.

6. 기사를 죽일 것인가, 줄여서라도 낼 것인가?

나중에 확인한 상황은 이랬다. 취재 당시부터 기사를 막기 위해 온갖 노력을 다 해온 환경부 등 관련기관에 난리가 났던 모양이었다. 마음의 준비를 하고 대비한다고 했지만 1편 방송의 충격이 예상보다 훨씬 컸다고 했다. 특히 정부기관들의 성적이 민간기관들보다 떨어진다는 충격적인 결과에 장관들은 물론 총리실, 청와대까지 충격이 컸다고 했다. 계획보다 강도를 많이 약화시켜 살짝 언급한 정도였지만... 사실 그건 엉터리 분석 못지 않게 망신스런 일이 아닐 수 없었다. 장관들은 아침부터 청와대의 질책과 설명 요구에 쩔쩔매야 했고 연구원장들은 또 장관의 난리에 몸살을 앓아야 했다고 했다. 그런 상황에 2편, 3편이 또 나간다고 하니 저들이 거의 사활을 걸고 방어에 나선 것이었다. 그들의 입장에서는 어쩌면 당연한 일일 터였다. 11개 기관중 꼴찌의 성적표를 받아든 환경부가 그 선두에 섰다고 했다. 모두 옷 벗을 각오하라는 장관의 질책에 담당 국장, 연구원장 등이 선이 닿는 모든 곳에서 무차별적인 설득과 읍소작전을 펼쳤음이 확인됐다. 장관과 청와대 관계자들도 가만히 있지 않았다.

이런 전방위적인 압박이 먹힌 셈이었다. 당시 환경부 장관은 국회의원을 지낸 정치인 김OO 씨였다. 그는 보도국장과 동향의 막역한 사이였다. 사석에서 호형호제할 정도로 가까웠던 장관, 그가 KBS 기사로 자신의 위상은 물론 정부의 신뢰도가 흔들릴 수 있다며 국장에게 매달렸고 그런 읍소에 보도국장이 흔들린 것 같았다. 초년병 시절 사회부장으로 모셨던 보도국장은 인간관계를 무척이나 중요하게 여기는 사람이었다. 기자의 역할보다 인간적인 의리를 신경 쓰는 모습으로 후배들의 불만을 사는 일이 드물지 않던 분이었다. 그런 분이었으니... 그런 환경부 장관과의 개인적인 관계에 국장은 또 사내외의 다른 경로를 통해서도 압력을 받은 것이 분명했다. 그날 오전부터 끊이지 않는 전화로 국장이 거의 노이로제 상태였디는 것이 주변 기자들의 애기였다. 나로서는 도저히 이해할 수 없고 용납할 수도 없는 일들이었지만 국장은 그런 상황에서 책임을 놓아버린 것이 분명했다. 아니 그것을 의리라고, 자신의 책임이라고 느꼈는지도 모르겠다. 직접 내게 얘기하지 않고 부장을 통한 것은 차마 내 얼굴을 그대로 볼 수 없었기 때문일 것이라고 짐작했다.

　시간이 흐르고 있었다. 두 편을 2분 15초로 줄이라는 국장의 명령과 못하겠다는 나의 버팀 속에서 무심한 시간만 흘러가고 있었다. 어느덧 6시가 넘고 있었다. 갑자기 이러다 기사 자체가 죽어 못 나갈 수도 있겠다는 생각이 들었다. 그렇다면 저들은 목표 이상을 얻는 것이고 나는 다 잃게 되는 셈이었다. 그런 신경전 못지 않게 속상한 것은 그런 모든 상황을 다 지켜보면서도 내편에 서주려는 사람 하나없는 보도국의 분위기였다. 부서 내 다른 기자들은 민망한 듯 편집실로, 자료실로 자리를 옮겼고 상황을 지켜보고 있던 편집부 기자들은 아예 모르는 척 눈을 돌려버렸다. 모두가 눈치만 볼 뿐 누구 하나 나서주지 않는 보도국의 현실이 아프게 느껴졌다. 야속했다. 그동안 몇차례 경험을 통해 기대를 접고 있기는 했지만 이번엔 더 큰 서운함이 몰려왔다. 당시 KBS의 분위기가 그랬다. '이건 내 일만이 아니라 KBS의 일인데... 박선규 개인의 일이 아니라 취재와 보도의 자유와 직접 관련된 기자들 모두의 일인데...' 그러나 그건 내 생각일 뿐이었다. 외로웠다. 화도 났다. 시간이 계속 흐르고 있었다. 웬일인지 부장은 더 재촉하지도 않았다. 여전히 자리에 눈을 감고 앉아 있을 뿐이었다. 다 던져버리고 그런 상황을 벗어나고 싶은 충동이 일었다. 그러다 문득 '이러다 정말 기사를 못 낼 수 있겠구나. 아마도 국장은 그것을 노리고 있는지도 모르겠구나...' 하는 생각이 들었다. 그건 결코 일어나선 안 될 일이었다. 다른 어떤 것보다 기사를 지키는 것이 중요하다는 판단이 들었다.

　결국 타협을 하기로 했다. 아예 안 나가는 것보다는 짧게라도 나가는 것이 훨씬 낫다는 판단이었다. 이미 가장 중요한 문제는 제기된 마당이니 굳이 줄이자면 못 줄일 것도 없는 것 아니냐며 스스로를 다독이기도 했다. 완성도가 떨어지고 기분이 상하기는 하겠지만 그것까지 생각할 계제가 아니라는 판단이 들었다. 국장을 찾아갔다. 국장은 복잡한 표정이었다. 다른 얘기는 하지 않고 시간을 30초만 더 달라고 했다. 그도 미안했던지 그렇게 하라고 했다. 1편에 썼던 '엉터리 분석' 내용을 앞에 짧게 소개한 뒤 '왜 그런 문제가 생기는지', '그렇다면 대안은 없는지?'를 묶어 기사를 완성했다. 특별히 '왜'에 관해서는 기계의 문제가 아닌 사람의 문제라는 사실과 그런 사람들을 감시하지 못하는 제도의 문제점을 강조했다. 공인기관으로 승인만 해주고는 전혀 관리를 하지 않는 이해되지 않는 현실을 부각했다. 편집을 다 해놓고 보니 역시 성에 차지 않았다. 하지만 방법이 없었다. 그래도 안 나가는 것보다는 훨씬 나은 것 아니냐고 스스로를 위로했다.

그렇게 편집은 마쳤다. 하지만 복병은 다른 곳에도 숨어 있었다. 혹시나 하는 마음에 큐시트를 확인해 보니 본방송이 아닌 로컬방송으로 잡혀 있었다. 그건 서울과 수도권 지역에서만 볼 수 있을 뿐 그 외의 지역에서는 볼 수 없다는 의미였다. 해도해도 너무 한다는 생각에 이제는 화도 나지 않았다. 대신 입에서 익숙하지도 않은 육두문자가 터져나왔다. 대체 무슨 공영방송이 이렇단 말인가? 어떤 XXX가 국민의 방송을 가지고 이렇게 장난을 친단 말인가?…. 언론의 본질이나 책임을 언급하는 것조차 민망한 수준의 작태가 분명했다. 그런 말도 되지 않는 일이 21세기를 목전에 둔 KBS에서 벌어지고 있는 것이었다. 국장의 얼굴을 마주하고 싶지 않았다. 그렇다고 그냥 받아들일 수도 없었다. 부장을 통해 강하게 항의를 했다. 소심한 부장도 불쾌한 표정이었다. 그가 큐시트를 들고 국장실로 내려갔다. 격하게 항의했던 것일까? 아니면 읍소를 했던 것일까? 10분쯤 뒤 부장은 결과를 들고 돌아왔다. 원래 위치에서 두 단계 위로 올라 있었다. 9시 35분쯤, 로컬방송으로 갈라지기 직전이었다. 그나마 전국에서 볼 수 있게 됐다는 의미였다.

그렇게… 그렇게… 긴 시간과 노력을 들여 야심차게 취재한 기사는 가슴 아프게 마무리됐다. 주인없는 방송, KBS의 실체를 아프게 확인한 계기였다. 제도보다 훨씬 중요한 것이 사람이라는 사실을 새삼 깨닫게 된 시간이었다. 방송의 결과는 그랬지만 고맙게도 의도했던 목적은 어느 정도 달성할 수 있었다. 충격적인 기사에 놀란 정부가 나서 급하게 국가기관들을 대상으로 분석능력을 조사했다. 표본조사가 아닌 전수조사였다. 그건 취재과정에서 다급해진 정부가 내게 약속했던 일이었다. 이번엔 범위를 넓혀 식품들까지 분석대상으로 삼았다. 그 결과 대부분 기관의 분석실력이 엉망이라는 사실이 다시 한번 확인됐다. 어느 한 분야, 특정 검사기관만의 문제가 아니라 모든 분야, 모든 기관의 문제라는 것이 거듭 확인된 셈이었다. 정부도 많이 놀랐음이 분명했다. 결국 정부는 그런 검사결과를 밝히며 내가 주장했던 대로 대책을 마련하겠다고 선언했다. 국가기관과 공인기관에 대한 정도관리(Quality Control) 제도를 공식화한 것이었다. 구체적으로는 모든 분석기관에 1년에 2차례씩 엄격한 검사를 받도록 의무화하는 것이 핵심이었다. 검사결과 분석능력에 문제가 있는 것으로 확인되면 업무를 정지시키고 문제가 반복될 경우 자격을 박탈한다는 내용도 포함됐다.

　기자는 무엇으로 사는가

중국이 선물한 백두산 호랑이,
그 놀라운 비밀

1. 73년 만에 등장한 백두산 호랑이의 정체

1992년 8월 24일 한국과 중국의 수교가 이뤄졌다. 그야말로 역사적인 사건이었다. 그보다 2년쯤 전(1990년 9월 30일) 이뤄진 소련과의 수교 후 거의 2년 만의 일이었다. 공산권의 두 맹주가 개혁 개방을 기치로 전향적인 모습을 보이면서 국제질서가 급변하고 있었다. 그에 따라 세상이 요동치고 있었다. 그동안 걸프전을 취재하면서 힘이 지배하는 세계질서를 목격한 내게 그런 변화는 그리 놀랄만한 일은 아니었다. 놀랍다면 우리의 존재를 생각보다 빨리 인정한 중국의 달라진 태도였다고 할까. 반 만년 역사 속에서 처음으로(?) 중국에 대등한 대접을 받는 우리에 대한 뿌듯한 마음이 일었다. 졸지에 버림받는 신세가 된 대만에 미안한 마음이 없지 않았지만 그것은 한쪽 눈을 살짝 감아도 될 문제라고 자위했다. 얼마든지 지혜롭게 대처할 수 있을 것이라고 자신했다. 실로 얼마 만이던가? 반 만년 역사의 대부분을 속국 비슷한 처지로 지냈고 역사의 중요한 고비마다 어찌할 수 없는 한계로 작용하던 중국이 아니었던가? 그 중국이 대한민국을 인정하게 됐다는 것은 그야말로 역사적인 사건임이 분명했다.

수교 후 양국 사이에는 많은 일들이 진행됐다. 정상간의 만남을 위시해 기업거래가 늘어났고 사람들의 왕래도 많아졌다. 모든 것이 지극히 자연스러웠다. 단절의 기간을 보충하려는 듯 양쪽 모두 적극적인 움직임을 보이면서 교류의 양과 폭도 급격하게 늘고 있었다. 수교 직후 노태우 대통령이 중국을 방문했고 94년 3월에는 김영삼 대통령도 중국을 찾았다. 장쩌민 주석의 초청 형식이었다. 특별히 김영삼 대통령의 중국 방문에 장쩌민 주석은 한국에서 멸종된 백두산 호랑이 한쌍을 선물하는 호의를 보였다. 그리고 석 달 뒤인 94년 6월, 백두산 호랑이 한 쌍이 대한항공 특별기 편으로 김포공항에 도착했다. 아마도 그동안 국내에 들어온 동물 가운데 가장 호강하면서, 언론의 특별한 관심까지 받으면서 도착한 동물이었으리라. 방송사들은 중계차까지 동원해 호랑이의 도착은 물론 이동과정과 일거수일투족을 안방으로 전했다. 모든 신문도 '백두산 호랑이, 멸종 73년 만에 돌아오다'라는 제목으로 사진과 함께 상세한 기사를 실었다. 당연히 KBS도 빠지지 않았고 나도 그런 관심을 보이는 사람들 가운데 하나였다.

그렇게 한국에 온 백두산 호랑이 한 쌍은 일단 과천 서울대공원에 자리를 잡았다. 우리 국민과의 상견례를 위해서라고 정부는 밝혔다. 낯선 땅에서의 적응을 돕기 위해 중국에서 따라 온 사육사들도 함께 과천에 머물렀다. 기록을 보니 백두산 호랑이는 1919년 9월 13일 경북 경주 대덕산에서 마지막으로 관찰된 후 완전히 자취를 감춘 것으로 돼 있었다. 그렇게 멸종된 줄 알았던 백두산 호랑이가 짝을 이뤄 나타났으니 국민적 관심이 대단한 것은 어쩌면 당연한 일이었다. 민족의 영물을 직접 보고 싶다는 국민들의 열망이 뜨겁게 달아 올랐고 전국적인 백두산 호랑이 열풍이 불어닥쳤다. 그렇게 귀하신 백두산 호랑이들은 2달 동안 일반에 공개됐다. 그 두달, 과천 서울대공원엔 기록적인 인파가 몰렸다. 남녀노소를 가리지 않는 관람객들이 쉴 새없이 밀려들었다. 특별히 어린 아이들을 데리고 나온 가족 단위 관람객들이 많았다고 언론은 소개했다. 아이들에게 꼭 보여주고 싶었다는 것이 젊은 엄마 아빠들의 얘기였다. 그렇게 일반 국민들과 인사를 마친 백두산 호랑이는 그후 광릉 수목원으로 거처를 옮겼다. 관련 연구와 무엇보다 중요한 번식을 위해서였다. 그렇게 일반인들의 시야에서 멀어지면서 그들에 대한 대중의 관심도 조금씩 식어갔다. 하지만 광릉까지 직접 찾아가 호랑이를 보려는 사람들도 여전히 적지 않은 상태였다.

　그렇게 1년 6개월 정도의 시간이 흐를 즈음, 꼭 만나고 싶다는 사람의 전화를 받았다. 백두산 호랑이에 대해 밝혀야 할 진실이 있다고 했다. 그는 잠깐이면 된다며 꼭 한번만 만나달라고 사정했다. 사실 고발 기사를 쓰는 동안 하루에도 여러 통씩 이런 종류의 전화를 받곤 했다. 하지만 대부분 적당히 거절을 하는 것이 일반적이었다. 나름대로는 다 절절한 사연들을 담고 있었지만 기사화하기에는 어려운 내용들이 대부분이었기 때문이다. 그러나 그날의 전화는 달랐다. 우선 소재가 관심이 가는 내용이었다. 그리고 목소리에는 뭔가 뿌리치기 어려운 간절함이 있었다. 대한민국의 수많은 기자 가운데 굳이 나를 택했다는 그의 얘기에도 신경이 쓰였다. 여러 언론사를 찾아다니다 절망감에 빠진 자신에게 누군가 '박선규 기자를 찾아가라. 그 친구까지 못 쓴다면 대한민국에 그 기사를 쓸 사람은 없다'며 권했다고 했다. 그래서 마지막 지푸라기를 잡는 심정으로 전화를 했다고 했다. 그는 큰 욕심은 없다고 했다. 그저 자신의 억울함이나 풀 수 있으면 좋겠다고 했다. '누가 나를 소개했을까?'... 생각해보니 어렴풋하게 짚이는 사람이 있었다. 그 얼마 전 백두산 호랑이에 무슨 사연이 있는 것 같다며 슬쩍 얘기를 흘리고 간 선배가 있었다.

만나보니 그는 수염을 덥수룩하게 기른 건장한 체구였다. 하지만 눈빛에 짙은 그늘이 서려 있었다. 많이 지친 모습이었다. 그가 내민 명함엔 얼싸코리아 대표 차원성이라고 써 있었다. 공연을 기획하고 진행도 하는 이벤트 회사라고 했다. 그렇게 인사를 마친 그가 가방 속에서 두툼한 서류 뭉치들을 꺼내 테이블에 올려 놓았다. 여전히 무거운 표정이었다. 살펴보니 백두산 호랑이에 관한 기사들과 사진 등 관련 자료들이었다. 그가 입을 열었다. '지금 들어와 있는 백두산 호랑이들은 2년 반전에 가짜로 판명났던 것입니다. 그것 때문에 저는 사기꾼으로 몰렸고요. 그런데 그때 가짜라고 주장했던 사람들이 지금은 진짜라고 박수를 치고 있습니다. 소위 전문가라는 사람들입니다. 달라진 건 하나 밖에 없습니다. 당시는 저 차원성이 도입을 주도했었고 이번엔 정부가 주도했다는 겁니다. 이게 말이 되는 일입니까?...' 그는 서류들을 하나 하나 들어보이며 자신의 얘기를 풀어내고 있었다. 조금은 느릿한 목소리, 그의 목소리가 떨리고 있었다.

그가 제시하는 서류들을 찬찬이 살펴봤다. 백두산 호랑이 도입 추진과 관련된 각종 자료들이 망라돼 있었다. 중국이 서울시에 기증하기로 했다는 기자회견 자료, 그와 관련한 서울시장과 중국측의 각서교환 사진, 기증되는 호랑이 한쌍이 백두산 호랑이 임을 입증한다는 중국 정부의 확인서, 그런 내용들을 자세하게 기록한 신문기사들, 거기에 현장조사 결과 가짜로 판명돼 도입을 취소했다는 기사까지... 시기를 보니 대부분 1993년 5월~8월까지의 자료들이었다. 이원종 서울시장이 직접 나섰던 양해각서 교환 사진에선 한쪽에 자리잡은 그의 모습도 볼 수 있었다. 그런 자료들을 보자니 잊고 있었던 지난 기억이 생생하게 살아났다. 나 또한 당시 백두산 호랑이가 다시 들어온다는 소식에 흥분했던 사람 가운데 한 명이었으니... 뭔가 얘기가 될 것 같았다. 당시엔 그저 서울시가 한 건 크게 했다고만 생각했었다. 그일을 주도한 주인공이 작은 공연기획사 대표라는 사실은 전혀 몰랐다. 그랬다가 최종적으로 가짜로 판명돼 없던 일이 됐다는 소식에 실망했었다. 내 기억속의 그 일은 단순한 또 한 차례의 해프닝일 뿐이었다. 한데 당시 사건의 주인공을 자처하는 사람이 내 앞에 나타나 전혀 다른 얘기를 하고 있는 것이었다. 그에게 물었다. '어떻게 지금의 호랑이가 당시의 그 호랑이라고 확신하는가?' 그는 서류가 있고 증언할 사람들이 있다고 했다.

2. 공을 가로채려다 안 되니 재를 뿌린 것이다

우선 그를 좀 안정시켜야 할 것 같았다. 그는 지쳐보였고 적잖이 긴장도 한 모습이었다. 차부터 마신 후 차분하게 얘기를 들어보자며 조금 여유를 뒀다. 잠시 후 한결 편해진 모습으로 그가 입을 열었다. '1993년 4월 중국민족예술단을 서울로 초청했습니다. 중국측에서 CCTV 취재팀을 파견할 정도로 관심이 큰 행사였습니다. 하지만 흥행에는 완전히 실패하고 말았습니다. 무엇보다 홍보가 제대로 되지 않았습니다. 기획사의 입장에서 손해가 막심했습니다. 그러나 그렇다고 그들에게 약속했던 비용이나 편의 등의 조건을 바꿀 수 없었습니다. 다 지켜줬습니다. 그런 모습에 그들이 고맙고 미안했던 것 같습니다. 매번 공연 때마다 텅빈 공연장을 보면서 그들도 저의 어려움을 이해했던 것 같았습니다. 그들이 어느 날 한 가지 제안을 해왔습니다. '혹시 백두산 호랑이를 주면 당신에게 도움이 되겠느냐?'는 얘기였습니다. 저로선 마다할 이유가 없었습니다. 이미 수십년 전 백두산 호랑이가 멸종됐다는 사실을 알고 있었으니까요. 그런 백두산 호랑이가 들어온다면 우선 국가적으로 큰 경사가 될 것이란 생각이 들었습니다. 거기에 백두산 호랑이를 앞세우면 홍보에 큰 도움이 될 것이란 계산도 당연히 있었습니다.'

흥미로운 얘기였다. 그가 느릿느릿 말을 이었다. '얘기가 잘 진행됐습니다. 그렇게 일이 진행되던 어느 날 저녁 김OO 부장이 숙소로 찾아왔습니다. 과천 서울대공원의 동물원 책임자로 있는 사람이었습니다. 중국측의 제안을 받은 후 호랑이에 대해 아는 게 없어서 그분에게 자문을 구한 적이 있었습니다. 하지만 자문을 넘어선 더 이상의 관계는 없는 사람이었습니다. 숙소로 찾아온 그는 다짜고짜 '그동안 손해 본 것 다 보전해 줄 테니 당신은 손을 떼고 호랑이 도입 권한을 우리에게 넘겨주는 게 어떠냐'고 제안했습니다. 그는 아무렇지도 않게 그런 얘기를 했습니다. 그러더니 양복 안주머니에서 종이를 한 장 꺼내 내밀었습니다. 포기각서라고 써져 있었습니다. 포기각서라는 조금 큰 글씨 밑에는 조금 전 제안했던 내용들이 적혀 있었습니다. 황당했습니다. 제안 내용도 그렇지만 저를 무시하는 듯한 그의 태도에 더욱 반감이 생겼습니다. '그럴 수 없다. 나 혼자만의 문제가 아니다. 중국측의 입장을 들어보고 직원들과도 상의해야 한다'며 완곡하게 거절했습니다. 그러자 그는 잘 생각해 보라며 각서를 맡겨놓고 돌아갔습니다. 그랬던 그가 다음날 아침 다시 찾아왔습니다. 그는 밑도 끝도 없이 없었던 일로 하자며 어제 주고 간 각서를 돌려달라고 했습니다. 그리곤 바로 가버렸습니다. 나중에 김 씨가 중국측에도 나를 빼고 자신과 함께 동물 교류사업을 하자고 제안했다가 거절당했다는 사실을 알게 됐습니다.'

차씨는 아마도 중국측이 단호하게 '차원성을 배제하고는 아무하고도 같이 하지 않겠다'고 얘기하자 마음을 바꾼 것이 아닌가 생각된다고 했다. 나중에 얘기를 전해 준 중국측 인사가 자신들이 그렇게 얘기했다는 사실을 알려줬다고 했다. 그런 작은 해프닝이 있었지만, 아무튼 일은 순조롭게 진행됐다고 했다. 최종적으로 헤이룽장성(黑龍江省) 헝다오허쯔(橫道河子)의 사육장에 있는 한 쌍을 들여오는 것으로 구체적인 대상도 결정됐다고 했다. 그곳은 중국에서도 특별 보호종으로 지정된 백두산 호랑이(장백호)를 전문적으로 관리하는 곳이라고 했다. 도입 형식은 중국정부가 서울시에 기증하는 것으로 하기로 자신이 아이디어를 냈다고 했다. 의미를 생각해도 그렇고 홍보를 위해서도 그렇고 자신이 나서는 것보다는 그게 나을 것 같았다고 했다. 대신 기증서에 '얼싸코리아의 노력에 대한 감사의 표시'라는 내용을 포함시키기로 했다고 했다. 그것이면 충분할 것 같았다고 했다. 당연히 서울시는 대환영이었다고 했다. '백두산 호랑이가 들어온다'고 대대적으로 발표한 서울시의 기자회견은 그런 과정을 거친 것이었다고 했다. 기자회견 며칠 뒤 중국 관계자가 이원종 시장에게 기증서를 전달하는 행사가 이어졌고 이 소식 또한 모든 언론에 비중 있게 다뤄졌다고 했다. 차 씨는 그런 과정이 기록된 자료들을 하나하나 내 보이며 설명을 이어갔다.

하지만 그후 일이 꼬이기 시작했다고 했다. 차 씨는 당시가 떠오른 듯 깊은 한숨을 내쉬었다. 그의 얘기가 이어졌다. '전문가들 사이에서 백두산 호랑이가 정말 맞는지 확인해 봐야 한다는 의견이 제시됐습니다. 그에 따라 '백두산 호랑이 조사단'이 꾸려져 중국 현지에 파견됐습니다. 그런데 그 조사단 단장이 나에게 포기각서를 제안했던 문제의 김○○ 부장이었습니다. 김 부장 외에 K대 김○○교수가 동행했고 저도 현지까지 함께 갔습니다. 기분이 영 찝찝했습니다. 한데 거기서 우려했던 문제가 발생했습니다. 우리 속에 있는 호랑이들을 살펴본 김○○ 부장이 백두산 호랑이가 아니라고 판정을 내린 것이었습니다. 그는 몸집이 크다는 것과 꼬리의 무늬가 다르다는 점을 근거로 들었습니다. 말도 안 되는 소리였습니다. 그곳은 중국 정부의 지정에 따라 백두산 호랑이 (장백호)만 사육 관리하는 곳이었습니다. 세계야생동물기금이 운영비를 지원하는, 국제적으로도 인정되는 곳이기도 했습니다. 사육장 관계자가 황당해 하며 해당 호랑이들의 혈통서를 제시했지만 그는 믿을 수 없다는 말로 일축해 버렸습니다. 사육장측이 제시한 혈통서는 해당 호랑이의 부모는 누구인지, 조부모는 누구인지 그들은 어디서 포획됐는지... 등이 자세하게 기록된, 사람으로 따지면 족보와 같은 자료였습니다. 그런 조사단의 발표에 서울시는 화들짝 놀라 도입취소를 발표하고 말았습니다.'

여기까지 얘기한 그는 '날벼락 같은 일이었다'며 또 다시 깊은 한숨을 내쉬었다. 백두산 호랑이 도입 계획은 그렇게 한바탕 해프닝으로 끝나버리고 말았다고 했다. 그리고 얼싸코리아와 자신은 전국민을 상대로 희대의 사기극을 벌인 사기꾼으로 낙인 찍히고 말았다고 했다. 당연히 사업을 다 접어야 했고 사람들을 만날 수도 없었다고 했다. 극단적인 생각까지 할 정도로 쉽지 않은 시간이었다고 했다. 그런데... 그렇게 다 포기하고 마음을 접은 상태에 있었는데 어느 날, 바로 그때, 그 호랑이들이 한국에 들어온 것이라고 했다. 그것도 장쩌민 주석이 대한민국 정부에 선물한 귀하신 몸으로. 그러니 어찌 놀라지 않을 수 있었겠냐고 반문했다. 조사단이 백두산 호랑이가 아니라고 판정해 서울시가 도입을 취소한지 9개월만이라고 했다. 그는 당시 백두산 호랑이가 아니라고 판정했던 김○○ 부장이 이번엔 '털의 색깔이나 크기, 무늬의 모양을 보면 영락없는 백두산 호랑이'라고 목소리를 높이는 모습에 어이가 없었다고 했다. 특히 김 씨가 '가짜

판정'을 둘러싸고 중국에서 심각한 논쟁까지 벌였던 바로 그 사육사가 호랑이와 함께 한국에 온 것을 보고서도, 또 그와 함께 2달 동안 서울대공원에서 함께 호랑이를 사육하면서도 모르는척, 시치미 뚝 떼는 모습을 보고 충격을 받았다고 했다. 그러면서 '백두산 호랑이 공개'라는 이벤트를 여는 모습에 말로 표현할 수 없는 분노를 느꼈다고 했다.

놀라운 얘기였다. 그의 말이 사실이라면 1년 반 전에 전국민을 대상으로 한 사기극의 주역이었던 바로 그 호랑이가 번듯한 국빈으로 들어와 있다는 것이었으니... 똑 같은 호랑이에 대해 최고의 전문가가, 심지어 동일한 호랑이인 걸 알면서도 판단을 180도 바꿨다는 얘기였으니... 차이가 있다면 당시에는 얼싸코리아라는 작은 민간업체가 도입을 추진했고 이번에는 장쩌민 주석과 김영삼 대통령이 연결돼 양국 정부가 나섰다는 점뿐이었다. 가짜가 진짜로 바뀌는데 걸린 시간은 고작 9개월 정도, 자타가 공인하는 대한민국 최고의 전문가는 그 두 경우 모두에서 핵심적인 역할을 맡았다는 것이었다. 어느 새 나는 그의 얘기 속으로 깊이 빠져들고 있었다. 기자로서 결코 외면할 수 없는 사건이었다. 그는 애절한 눈빛으로 사기꾼이라는 누명만 벗을 수 있다면 더 바랄 것은 없다고 했다.

3. 두 호랑이가 같은 것이었다는 증거들

그와 헤어진 후 그가 놓고 간 자료들을 꼼꼼하게 살폈다. 그리고 관련된 다른 자료들도 찾아봤다. 제보자의 표정이 진지하고 내용이 그럴 듯 하다고 해서 그의 얘기를 다 그대로 믿을 수는 없는 일이었다. 자료들의 비교를 통해서 그의 얘기와 다른 몇 가지 부분들을 찾아낼 수 있었다. 호랑이 반입은 손실보전 명목이 강하기는 했지만 그 못지 않게 홍보 목적으로도 추진됐다는 사실, 애초 중국측이 제안한 것은 호랑이가 아니라 팬더였다는 사실, 팬더가 호랑이로 변경되는 과정에 김○○ 부장의 권고가 있었다는 사실, 그리고 예정보다 반입이 늦춰지며 서울시와 얼싸코리아 사이에 다소 감정 섞인 공문이 여러 차례 오갔다는 사실 등... 하지만 그가 의도적으로 거짓말을 한 것 같지는 않았다. 긴 얘기를 줄이는 과정에 생략되거나 합쳐졌을 수 있다고 판단됐다. 중요한 것은 그렇게 새로 확인된 내용 중 어떤 것도 '가짜가 진짜로 뒤바뀌었다'는 본질에 영향을 미칠 정도는 아니라는 사실이었다.

백두산 호랑이와 관련된 다른 자료들도 샅샅이 뒤졌다. 과거의 관련 기사들도 물론이었다. 그런 자료들 가운데 1915년부터 1942년까지 17년 동안 한반도에서 97마리의 호랑이가 잡혔다는 기록이 있었다. '조선에서는 반년동안은 사람들이 호랑이를 사냥하고 나머지 반년 동안에는 호랑이가 사람들을 사냥한다.'는 기록도 있었다. 그만큼 호랑이가 가까웠다는 사실, 그로 인한 피해가 만만치 않았다는 사실을 알리는 것으로 이해됐다. 찬찬히 살펴보니 참으로 많은 기록들이 있었다. 그중 상당수는 멸종에 관한 안타까움을 담은 것들이었다. 그렇게 자료들을 통해 확인한 백두산 호랑이는 우리민족에게 내가 상상하던 것보다 훨씬 중요한 동물이요 그야말로 민족의 영물이었다. 오죽했으면 잊을만하면 한 번씩 '백두산 호랑이가 발견됐다'는 내용의 허위기사까지 등장하곤 했으니... 그 가운덴 동물원의 호랑이를 교묘한 각도에서 촬영해 백두산 호랑이로 둔갑시킨 경우도 있었다. 그런 전체적인 내용을 살피며 전문가들이, 언론이... 왜 그렇게 백두산 호랑이에 집착했는지도 이해할 수 있게 됐다.

이제 구체적인 내용에 대한 검증을 해 봐야 하는 단계였다. 관건은 1년쯤 전의 그 호랑이와 국빈으로 들어온 호랑이가 정말 동일한 호랑이냐를 밝히는 일이었다. 그것만 입증된다면 나머지 문제는 어렵지 않게 풀 수 있을 것 같았다. 다행스럽게 차원성씨가 건네준 자료 가운데 호랑이의 혈통서가 있었다. 서울시와 일을 추진할 때 받았던 것이라고 했다. 거기엔 수컷은 각각 1955년 백두산에서 잡힌 암수 호랑이의 4세로 1990년 8월 29일 헝다오허쯔의 사육장에서 태어난 것으로 기록돼 있었다. 또 암컷은 각각 1972년과 1977년 백두산에서 잡힌 한쌍의 3세로 역시 헝다오허쯔 사육장에서 태어난 것으로 적혀 있었다. 물론 각각의 이름과 고유번호, 2대 3대 조상들의 이름도 다 기록돼 있었다. 이 혈통서를 한국에 들어와 있는 호랑이들의 혈통서와 비교만 해보면 될 일이었다.

취재 목적을 알리고 산림청에 협조를 요청했다. 하지만 산림청은 이런 저런 핑계만 댈 뿐 20여일이 지나도록 자료를 내 주지 않았다. 처음엔 원본이 있지만 보여줄 수 없다더니 다음엔 원본은 없고 사본만 있다고 말이 바뀌었다. 그 사본이라도 보여달라고 하자 나중엔 사본도 없다고 했다. 나중에 확인된 바로는 그건 거짓말이 아니었다. 아마도 서울시와 일을 추진하던 과정에서 감정을 상했던 중국측 실무자들이 일부러 빼놓았거나(당시 우리측은 혈통서를 믿을 수 없다고 했다) 아니면 서울시에 이미 줬으니 알아서 찾아보라고 골탕을 먹였던 게 아닌가 싶었다. 산림청에 직접 찾아가 치열한 신경전을 벌인 후에야 혈통서를 그림으로 풀어놓은 계통도를 볼 수 있었다. 그 내용을 들고 간 혈통서와 비교해 보니 똑 같은 내용이었다. 수컷의 경우 조부의 이름이 DAGUNG과 DAGONG으로, 암컷의 경우 부친의 이름이 ED003과 HD003으로 달랐지만 그것은 옮겨 적는 과정에 생긴 오기가 분명해 보였다. 내가 가진 혈통서와 산림청의 계통도는 두 경우의 호랑이들이 동일한 호랑이라는 것을 보여주고 있었다.

CITES(멸종위기에 처한 야생동식물종의 국제거래에 관한 협약)가 차 씨에게 보내 준 확인서도 두 경우의 호랑이가 같은 것임을 밝히고 있었다. 백두산 호랑이가 한국에 도착한 두 달 쯤 후 보낸 것으로 돼 있는 확인서에는 '김영삼 대통령의 중국 방문을 기념해 한국에 기증한 호랑이 한 쌍은 이전에 얼싸코리아에게 주려고 했던 동북호 90-027(M)과 91-038(F)이 맞다.'는 사실이 기록돼 있었다. 억울한 마음에 차 씨 본인이 직접 뛰어 받아낸 확인서라고 했다. 일이 잘 풀리려고 했던 것인가? 당시의 중국측 관계자도 만날 수 있었다. 조사단이 헝다오허쯔 사육장을 방문했을 때 통역을 맡았던 사람이라고 했다. 조선족 여인인 이 통역관은 마침 다른 일로 한국에 들어와 있는 중이었다. 그녀 또한 두 호랑이가 같은 호랑이라는 사실을 분명하게 확인해 주었다. 당시 추진과정은 물론 현장에서의 상황까지 소상하게 기억하고 있는 그녀는 '가짜'라는 발표에 자신들이 더욱 황당했다고 털어놓았다. 한국에서는 어떻게 생각할지 모르지만 장백호는 중국에서도 특별 보호 대상이기 때문에 최선을 다해 보호하고 있고 그곳에서 나온 것이라면 가짜는 있을 수 없다고 목소리를 높였다.

통역사가 전한 당시 현장의 얘기는 이랬다. '그때 김○○ 부장과 김○○ 교수 그리고 차원성 대표와 함께 사육장에 갔어요. 가자마자 호랑이를 보러 갔는데 대뜸 김부장이 주머니에서 줄자를 꺼내더니 2m쯤 떨어진 거리에서 호랑이의 길이를 재더라고요. 그러더니 "아, 이건 너무 크다. 아니다" 그래요. 그걸보고 중국 사람이 무슨 말이냐고 통역하라는데 못하겠더라고요. 중국 사람들을 신임하지 않는 것 같아서 말이지요. 그래서 내가 "크기가 큰 것은 먹고 사는 환경에 따라서 차이가 날 수 있는 것 아니냐고.. 잘 생각해 보고 말씀하시라"고 그러니까 대꾸도 안 하고 그만 사무실로 내려가자고 그래요... 사무실에 들어가더니 혈통서를 보여달라고 그러더라고요. 그런데 중국은 한국과 달리 사육장은 호랑이만 키우고 서류는 갖고 있지 않아요. 관련된 모든 자료는 하얼빈의 동물원에서 보관하고 있어요. 그래서 현장에서 그런 설명을 한 뒤 북경에 도착했을 때 하얼빈에서 보내온 혈통서와 포획당시의 증언 테이프 등을 보여줬죠. 그런데 보려고도 하지 않더라고요.'

그녀는 김○○ 부장은 아예 중국에 올 때부터 딴 생각을 갖고 온 것이 분명한 것 같더라고 했다. 그런 모습을 이해할 수 없었다고 했다. '백두산 호랑이가 아니라는 얘기에 그대로 있을 수 없었죠. 하지만 제가 반박하면 인상쓰면서 짜증만 내더라고요. "여기는 왜 넘버가 이러냐? 한국에서는 컴퓨터만 탁 치면 다 나오는데..." 막 그러는 거예요. 내가 보기에는 작정하고 온 사람 같았어요. 저로서는 이해가 안 가는 것이.. 장백산 호랑이였기 때문에 임업부에서 비준을 하고 족보도 다 준거든요. 그런데 아니라고 하니까 우리로서는 이해가 안 가죠. 외국으로 보내는 게 쉽지 않아서 임업부와 문화부가 나서고 제가 있는 국가민족사무위원회에서도 많이 밀어줬거든요... 사실 이건 정부와 정부의 문제란 말입니다. 김 부장의 말대로 하면 중국사람들은 다 사기꾼이고 거짓말쟁이라는 말인데요. 거기는 임업부 사람도 갔습니다. 그 사람도, 저도 중국 대표인데 우리가 혈통서까지 내놓으며 장백산 호랑이라고 하는데 아니라고 하면 우리가 사기꾼밖에 더 되겠습니까? 제가 조선족이기 때문에 다 통역은 안 했습니다. 어떻게 정부에서 내놓은 자료를 한 마디로 아니라고 그러냔 말이예요?' 당시의 속상했던 기억이 살아나는 듯 그녀의 목소리에 불쾌감이 배어 있었다.

이런 사실들 외에도 두 호랑이가 동일한 것이라는 또 하나의 증거가 있었다. 귀하신 백두산 호랑이와 함께 들어와 한동안 서울대공원에서 사육을 맡았던 사육사 류○○ 씨의 확인서였다. 기가막힌 상황에 차 대표가 과천 대공원으로 류 씨를 찾아가 저간의 상황을 설명하고 받아낸 것이라고 했다. 확인서에는 '두 경우의 호랑이는 내가 직접 사육한 동일한 호랑이다. 필요하다면 법정에서라도 증언할 용의가 있다.'는 내용이 기록돼 있었다. 류씨는 중국 사육장에서 김○○ 씨가 백두산 호랑이가 아니라 시베리아 호랑이라고 판정했을 때 목소리를 높여가며 문제를 제기했던 인물이라고 했다. 두 경우의 호랑이가 같은 것이라는 사실을 확인시켜주는 자료는 그렇게 차고 넘쳤다.

4. 나는 모릅니다. 나한테 묻지 마세요

이제 문제의 김○○ 부장을 만나 볼 차례였다. 그는 KBS의 동물관련 프로그램에 고정 출연하고 있는 상태였다. 전화로 백두산 호랑이를 취재하고 있다고 설명한 뒤 인터뷰를 요청했다. 하지만 할 얘기가 없다며 한사코 거절했다. 그렇다고 그를 빼놓고 갈 수 없는 취재였다. 예고 없이 그의 사무실을 찾는 기습 인터뷰를 시도할 수 밖에 없었다. 아침 일찍 사무실을 찾은 취재진에 그는 적잖이 당황한 모습이었다. 그는 손사래를 치며 거듭 할 얘기가 없다고 했다. 내가 물러설 기미를 보이지 않자 그의 표정이 바뀌었다. 노골적으로 기분 나쁜 표정을 지으며 '나는 모릅니다. 나한테 묻지 마세요'만 반복했다. 그는 신임 서울시장 시장 취임식에 가야한다며 자리를 뜨려고만 했다. 하지만 나는 놓아주지 않았다. 나도 더 이상 밝은 표정일 수 없었다. 당시까지의 취재결과를 설명하며 답변을 압박했다. '취재에 응하던 응하지 않던 기사는 나갈 것이다. 그대로 나간다면 당신에게 상당히 불리할 것이다. 끝까지 인터뷰를 거부할 경우 그 사실까지 포함해 방송할 것이다…' 그의 얼굴에 곤혹스러움이 번지고 있었다. 결국 그도 포기한 것 같았다. 엉거주춤한 자세로 입을 열기 시작했다. 하지만 발뺌이 역력한 자기변명뿐이었다.

그는 두 호랑이가 같은 호랑이라는 사실은 정말 몰랐다고 했다. 자신이 당시 백두산 호랑이가 아니라고 판정한 것은 몸 크기나 꼬리의 무늬 때문이 아니라 혈통서가 없었기 때문이라고 했다. '무슨 말씀이냐, 북경에서 혈통서를 보지 않았느냐?'고 묻자 보기는 했지만 진짜라고 믿을 수 없었다고 했다. '중국에서 봤던 바로 그 호랑이가 들어왔다. 다른 사람도 아닌 전문가가, 그것도 진위를 가리기 위해 면밀히 관찰했던 사람이 같은 호랑이를 몰라본다는게 말이 되느냐?'는 질문엔 전문가라고 다 알 수 있는 것은 아니라고 빠져나갔다. '그렇다면 헝다오허쯔에서 판정을 둘러싸고 언쟁을 벌였던 사육사가 호랑이와 함께 들어온 것에 대해서는 어떻게 생각하느냐?'고 물었다. 그를 보고 의아하게 생각하기는 했지만 한마디 대화도 나눠본 적이 없다는 엉뚱한 말로 답변을 흐렸다. 자신은 중국에서 들어온 백두산 호랑이를 과천에서 두 달동안 위탁 사육했을 뿐 다른 것은 알지 못한다고 거듭 강변했다. 그의 답변은 다 그런 식이었다. 그는 다 끝났다고 생각한 과거의 문제가 새삼스럽게 거론되는데 대해 곤혹스러워하는 것이 분명했다. 2년 반쯤전에 있었던 일이 그렇게 드라마틱하게 바뀔 것이라고는 상상도 못했던 것임이 분명했다. 당연히 그는 얼싸코리아 대표를 찾아가 '빚을 갚아 줄 테니 도입권을 넘겨달라'고 은밀하게 제의를 한 적도 없다고 했다. 그런 제의가 거절돼 괘씸한 마음에 '가짜판정을 한 것이 아니냐는 질문에 대해서도 그는 강하게 고개를 저었다.

그런 답변에 준비해간 자료들을 내 보이며 재차 설명을 요구했다. 확보한 증언들도 제시했다. 하지만 그는 아무것도 인정하지 않았다. 심지어 가짜라고 판정할 당시 그 스스로가 작성한 종합의견서 ─'체형과 체구, 꼬리의 무늬로 볼 때 시베리아산이 분명하므로 기증받을 필요가 없음'으로 기록된─에도 그는 눈 한번 꿈쩍하지 않고 그게 아니라고 했다. 당시 CCTV 방송책임자로 왔던 최O 씨 부인의 증언─ 어느 날 저녁 김OO 부장이 숙소로 찾아왔다. 남편에게 '앞으로 한중간에 동물교류를 함께 추진해 보자. 우리에게 동물이 많으니 당신에게도 도움이 될 것이다. 이번에 한국산 호랑이 들여오는 사업도 우리와 함께하면 어떻겠냐'고 제안했다. 하지만 남편이 차원성 대표를 빼고 할 수 없다고 하자 그대로 돌아갔다는─도 그런 사실 자체가 없다며 전혀 모르는 일이라고 했다. '하시면 한번 두 분이 함께 만나셔도 되겠냐?'는 질문엔 '그러고 싶지 않다'며 격한 반응을 보였다. 그의 답변은 허점 투성이였다. 억지 강변과 모순으로 가득했다.

그렇게 중요한 사실들에 대한 취재가 거의 마무리됐다. 문득 문제의 호랑이를 직접 한번 보고 싶어졌다. 호랑이가 살고 있는 경기도 광릉수목원을 찾았다. 수목원측엔 '그저 잘 살고 있는지, 어떻게 적응하고 있는지 한번 보고 싶다'고만 했다. 전체적인 취재 의도를 알지 못하는 관계자는 깜짝 반가움으로 우리를 맞았다. 서울대공원에서 옮겨온 후 처음으로 찾아온 기자라고 했다. 그의 친절한 안내로 호랑이를 만날 수 있었다. 나로서는 처음 대하는 백두산 호랑이였다. 기대와 설렘이 적지 않았다. 그러나 깊은 숲속 우리 한쪽 구석에 앉아 있는 호랑이의 모습을 보고는 깜짝 놀라고 말았다. 전혀 생기가 느껴지지지 않는 모습, 한눈에도 기력이 빠진 모습이 역력했다. 몸집도 많이 야위어 있었다. 귀하신 몸으로 들어올 당시 화면으로 봤을 때와는 달라도 너무 달랐다. '아니 이게 무슨 일이죠? 많이 아파 보이는데요...' 나의 물음에 관계자가 한숨부터 내쉬었다. '글쎄요. 저희도 그 이유를 모르겠습니다. 어느 순간부터 저렇게 살이 빠지고 힘들어 하네요...' 관계자는 전문가들의 처방을 받아 온갖 약제를 다 먹여보고 심지어 중국의 사육사를 불러와 조언도 받았다고 했다. 하지만 차도가 없다며 깊은 한숨을 내쉬었다. 고향을 떠나 낯선 땅에 와 적응에 애를 먹는 모습이, 거기에 구설에 휘말리며 고생하는 저들의 처지가 안타깝게 느껴졌다.

5. 밝혀진 진실, 그러나 못 나간 방송

　　취재는 성공적으로 끝났다. 동일 호랑이인지 여부를 확인해주는 결정적인 증거, 혈통서를 확인했고 중국 관계자들의 인터뷰도 마쳤다. 정황 증거도 어느 것 하나 어긋남이 없이 다 맞아 떨어졌다. '73년 만의 백두산 호랑이, 그 엄청난 공을 차지하고 싶었던 전문가, 상황이 여의치 않자 의도적인 방해로 입장을 바꾼 사람들, 누구도 예상치 못했던 드라마틱한 반전, 국가적 경사라며 입장을 180도 바꾼 바로 그 전문가...' 1990년대 초반 우리 사회의 민낯이 그대로 투영돼 있었다. 문제의 전문가는 무엇 하나 납득할만한 설명을 하지 못했다. 회피, 또 회피, 무시, 또 무시... 그런 모습이 오히려 기사의 설득력을 더해주고 있었다. 정말 씁쓸했다. 화가 났다. 미안함이나 반성의 기색이 전혀 없는 그의 모습에 여러 생각이 떠올랐다. 아마도 그는 일이 그렇게 반전을 맞게 되리라는 것은 상상도 못 했으리라. 그러니 그렇게 용감하고 당당할 수 있었으리라. 고발기사, 깊이 있는 탐사보도를 할 때마다 종종 마주하게 되는 우리 사회 전문가와 지식인들의 문제에 다시 한번 가슴이 답답해졌다.

취재 기자로서는 운이 좋았던 취재였다. 마치 모든 일들이 기다리기나 했던 것처럼 술술 잘 풀려줬으니... 재미있고 의미도 있는 좋은 기사가 분명했다. 약간은 흥분된 상태로 기사를 작성해 데스크 사인을 요청했다. 그러나 어찌된 영문인지 사인이 나지 않았다. 부장은 며칠 동안 아예 그 기사를 들여다 보지도 않고 있었다. ○○○ 부장. 그는 내가 기자생활을 하면서 만났던 부장들 가운데 가장 힘들었던 사람이었다. 악의가 없기는 했지만 조금만 복잡한 일이 생기면 사정없이 흔들리며 취재기자를 지치게 하는 스타일이었다. 그럴 경우엔 기사를 쓰는 것보다 내부의 억지와 시비를 막는데 더 힘을 소모해야 했다. '왜 기사를 안 봐주시는 것이냐?'냐고 물으니 부장은 곤혹스런 표정으로 국장에게 가보라고 했다. 눈치를 보니 부장과 국장은 진작부터 내 취재를 두고 의견을 나누고 있었던 것 같았다. 그러면서 취재 내용을 지켜보고 있었던 것 같았다. 언제부터인지는 모르겠지만. 이걸 대체 어떻게 이해해야 한단 말인가? 온갖 생각들이 다 떠올랐다.

환한 미소로 나를 맞은 이○○ 국장은 대뜸 '그 기사는 낼 수 없다'고 했다. '왜?'냐고 물으니 이유를 설명하지도 않고 '그동안 좋은 기사 많이 썼잖아. 이번 건 그냥 넘기자'며 예의 또 환한 미소를 지었다. '저 환한 미소 뒤에 무엇이 감춰진 깃일까?...' 머릿속이 복잡했다. 하지만 그대로 물러설 수 없었다. 해서 '이유라도 말씀해 주셔야 저도 판단을 할 것 아닙니까?' 불만스런 표정으로 항변해 봤다. 하지만 인상 좋은 국장은 그저 웃을 뿐이었다. 참으로 황당한 일이 아닐 수 없었다. 이유도 없이 그냥 쓰지 말라니.... 아마도 대통령이 관련된 일, 한·중 양국 간에 오간 의미 있는 선물이기에 '언급하는 것 자체'에 부담을 느끼는 것이 아닐까 싶었다. 취재를 소란스럽게 한 것도 아니고 취재과정에 불미스러운 충돌이 있었던 것도 아니기에 힘있는 기관에서 연락을 받았을리 만무하다는 생각도 들었다. 생각이 거기 미치니 윗선의 눈치를 보는 회사의 자체 결정일 수 있다는 판단이 들었다. 거기에 KBS에 고정출연하는 김OO 씨가 고위층에 부탁을 했을 수 있겠다는 생각도 들었다. 공영방송의 신뢰와 책임보다 개인간의 인연을 훨씬 중요하게 생각하는 사람들이 많던 시절이었다.

그대로 물러설 수 없었다. 차분하게 국장에게 기사의 방향과 목적에 대해 설명했다. '대통령이나 우리 정부의 체면을 손상시킬 의도는 전혀 없다. 우려도 할 필요가 없다. 백두산 호랑이는 하나의 소재일 뿐 그를 통해 우리 사회 전문가 집단의 문제를 드러내려는 것이다. 그를 통해 KBS를 믿고 찾아온 피해자의 억울함을 풀어주려는 것이다...' 최대한 감정을 자제한 상태였다. 하지만 국장은 요지부동이었다. 그저 처음처럼 '허허' 멋쩍은 웃음만 흘릴 뿐이었다. 일단 국장실을 물러나왔다. 부장은 아예 모르는체 돌아앉아 있었다. 전체적인 분위기가 너무도 강고했다. 그런 모습에 내 마음도 살짝 흔들렸다. 아마도 내가 스스로 발굴한 기사였다면, 내가 아니어도 다른 누군가가 쓸 수 있는 기사였다면 그대로 받아들였을지도 모를 일이었다. 하지만 그 기사는 나를 믿고, KBS를 믿고 찾아온, 억울한 피해자의 고발로 시작된 기사였다. 내가 아니면 세상에 드러나지 않고 그대로 묻힐 기사였다. 나마저 물러선다면 억울한 그 피해자는 영원히 사기꾼의 오명을 안고 살아가야 할 처지였다. 그의 침통했던 얼굴이 어른거렸다. 포기할 수 없었다.

나는 두 개의 기사를 작성했다. 방송용 짧은 기사 하나에 외부 월간지에 기고할 긴 기사 하나였다. 기사를 국장에게 전했다. 입장이 곤란했던지 부장은 아예 뒤로 빠져 버렸다. '말씀만으로는 설명이 부족한 것 같아 아예 기사를 만들어 왔습니다. 국장께서 걱정하시는 내용이 전혀 포함돼 있지 않으니 보시고 판단해 주십시오.', '그리고 긴 기사는 외부에 기고할 원고입니다. 혹시 원고를 읽어보시고도 우리가 정말 방송하기 곤란하다고 판단되시면 외부에 기고할 수 있도록 허락해 주십시오...' 당황스런 표정으로 변한 국장이 한 마디했다. '우리 방송에 나가지 않는 것을 외부에 기고한다는 것이 말이 되나?' 약간은 짜증스런 목소리였다. '그건 저도 바람직하지 않은 일이라고 생각합니다. 그게 걱정이시라면 우리 방송에 내 주면 간단하게 해결되는 일 아니겠습니까?

KBS를 믿고 찾아온 제보자를 생각하면 저는 도저히 포기할 수 없습니다. 월간지에 알아보니 다음주까지가 마감이라고 합니다. 결론 내시는대로 알려주십시오.' 국장실을 물러나왔다.

착잡했다. 무슨 이런 언론사가 있단 말인가? 조금 의미있는 기사만 썼다하면 시비하고 마음대로 고치고 아예 방송을 막고... 한심했다. 국장은 그후 가타부타 답이 없었다. 부장도 아예 뒤로 빠져 아는 척도 하지 않았고. 모두 예상했던 일이었다. 마감 시간에 맞춰 월간지에 원고를 보냈다. 월간지 제작 책임자와는 얘기가 돼 있는 상태였다. 그는 KBS에 방송이 나가더라도 기사를 싣고 싶다고 했었다. 그만큼 가치있는 기사라는 의미였다. 사실 답이 없을 것을 예상하면서도 국장에게 원고를 건넸던 것은 나중에라도 '절차적 정당성'을 주장하기 위해서였다. 재미있는 기사라며 좋아하는 월간지에 국장과 회사의 체면을 고려해 '기고자 이름만은 익명으로 해 달라'고 부탁했다. 처음엔 '그렇게 하겠다'고 약속했던 그들은 그러나 '기사를 읽어보니 익명은 어렵겠다'며 이름을 밝히고 가자고 했다. 기사 속에 등장하는 사람들이 문제를 제기할 수도 있다는− 나는 그런 사람 만난 일도 없다는 등의− 우려에서라고 했다. 일리가 있었다. 이번엔 그렇게 하라고 하며 각오를 했다. 이 문제로 회사가 징계를 한다면 한번 강하게 붙어 봐야겠다고 또 한번 마음을 다졌다. 그전의 문제들(국가공인 검사기관 검증, 홍삼 재고 1,400억, 위험천만 가스밸브, 독도 사랑회...)까지 포함해서 한번 치열하게 붙어보자고 마음을 다지고 있었다. 그러나 그런 독한 마음을 짐작했음인지 월간지에 기사가 나온 뒤에도 회사에서는 어떤 문제제기도 없었다.

월간지 기사가 나간 지 얼마 후 제보자에게서 전화가 왔다. 미안한 마음이 먼저 일었다. '죄송합니다. 방송에 내지 못해 월간지에 보냈습니다.' 하지만 내 말이 미처 끝나기도 전에 '아닙니다. 정말 고맙습니다. 월간OO에 난 기사 잘 봤습니다...' 그의 목소리가 떨리고 있었다. '내심 걱정했었는데... 잊지 않겠습니다. 그 기사로 제 억울함은 다 풀렸습니다. 벌써 몇 군데서 전화를 받았습니다...' 감정이 복받치는 듯 그는 말을 다 잇지도 못했다. 간간이 한숨과 함께 헛웃음도 뿜어냈다. 그는 만나서 진한 소주 한잔 사드리고 싶다고 했다. 너무도 억울해서 극단적인 생각까지 했었는데... 이제야 고개들고 다닐 수 있을 것 같다고 했다. 그의 목소리에 진심이 담겨 있었다. 그런 그의 반응이 고마웠다. 하지만 내 마음은 가볍지 않았다. 좋은 기사 썼다는 자부심보다는 부끄러움과 갑갑함이 더 크게 밀려왔다. 차마 드러내고 싶지 않은, 감추고 싶은 부끄러운 모습을 그에게 들킨 기분이었다.

세계 최고의 분쟁지
캐시미르를 가다

1. 한국군 PKO 단장, 대한민국의 위상을 높이다

1997년 9월, 나는 국방분야를 담당하고 있었다. 걸프전과 소말리아 내전 등 여러 곳의 분쟁지역을 취재했던 입장에서 꼭 한번 맡아보고 싶었던 일이었다. 화약내 가득한 현장에서 느꼈던 전쟁의 위험성과 안타까웠던 국방외교의 실상을 관계자들에게 직접 전해주고 싶은 마음도 있었다. 국방부에서도 종군기자가 왔다며 나를 반겼다. 다행히 국방분야의 경험은 재미가 있었고 의미도 있었다. 기회가 되는대로 군 고위 관계자들을 만나 의견을 나누고 전문 잡지에 글도 쓰면서 국방기자의 일을 즐길 수 있었다. 그해 국군의 날을 보름쯤 앞 둔 시점이었다. 한 해 전 있었던 '강릉잠수함 침투사건' 사건을 통해 안보현실을 돌아보면 좋겠다는 생각에 관련 기사를 구상하고 있었다.

잠수함 침투사건은 1996년 9월 18일, 강릉 앞바다에서 좌초돼 한 순간에 우리 사회를 혼란에 빠뜨렸던 바로 그 사건이었다. 당시 26명이나 됐던 북한 군인들은 잠수함을 빠져나와 강릉은 물론 평창, 인제, 고성 등 강원 북부지역을 휘저으며 인근 주민들을 공포에 떨게 했다. 당일 새벽 01시 50분, 근처를 지나다 그들의 수상한 모습을 발견한 택시기사가 신고를 했기에 망정이지... 신고가 몇 시간만 늦었더라면 정말 심각한 일이 벌어질 수도 있었다는 게 전문가들의 얘기였다. 신고 직후 시작된 대대적인 토벌작전은 무려 49일이나 이어졌다. 무장간첩 24명이 사망(내부처형 11명, 교전중 사살 13명, 생포 1명, 도주 1명)했지만 우리측에서도 18명의 희생자가 발생했다. 군인 12명에 경찰과 예비군 각각 1명, 민간인 4명도 포함됐다. 힘겹게 마무리가 되기는 했지만 우리로서는 결코 무시할 수 없는 숙제를 확인한 계기이기도 했다. 숨진 군인 가운데는 아군의 오인사격에 희생된 경우도 있었다. 작전지역에서 간첩들에게 살해된 경계병을 치밀한 조사없이 탈영병으로 판단하는 우도 범해졌다. 도주중이던 간첩들이 군의 포위망을 넘나들며 스키장 오락실에서 밤을 보내거나 식당에서 태연하게 매운탕을 시켜먹은 사실도 나중에 확인됐다. 민간인 희생자들은 그런 상황에 송이버섯을 따겠다고 위험천만한 작전지역에 들어갔다 당한 경우였다. 그 엄청났던 사건을 되돌아보며 당시 제기됐던 문제들은 어떻게 보완되고 있는지 살피자는 것이 내 구상이었다.

그 즈음에 부장이 출입처로 전화를 걸어왔다. 'OOO에서 캐시미르 PKO 취재간다는데 알고 있나?' 물론 알고 있던 내용이었다. 하지만 큰 의미 있는 기사가 아니라는 판단에 '보고 사안' 정도로 생각하고 있었다. '알고 있습니다. 안 그래도 저녁 회의 때 보고 드리려던 참이었습니다.' 부장이 기다렸다는 듯 말을 이었다. '거기 같이 갔다와. 국군의 날 기획으로 괜찮을 거 같아!' 점심 시간에 누군가에게 들은 모양이었다. 조심스럽게 반대 의견을 얘기했다. '그건 이미 지난 3월 안충준 소장이 임명됐을 때 비중 있게 다뤘던 내용입니다. 거기에 경쟁사에서 간다는데 굳이 붙어서 서로 불편할 필요가 있을까요? 그것보다 더 좋은, 괜찮은 기획기사 준비하겠습니다.' 한데 부장이 단호했다. '아니야, 바람도 쐴겸 다녀와. '국제사회로 뻗어가는 대한민국 국군의 위상' 좋잖아. 거기 단장이 한국군 장군이니까 의미도 있을 거야...' 평소엔 내 의견을 잘 받아주던 부장이었다. 대체 무슨 생각이실까? 아마도 OOO에 무슨 서운한 일이 있는 것 아닌가 싶었다. 그래서 김을 빼줘야겠다고 작심한 것 아닌가 싶었다. 그게 아니라면 심각한 과장과 장난(?)을 걱정했는지도 모를 일이었다. 그 즈음 OOO는 자신들만 취재한 것이라면 별 것도 아닌 내용들을 과장하고 자극적으로 포장하는 일이 잦아 경쟁사들이 불편해 하고 있었다.

캐시미르는 세계에서 가장 오래된 분쟁지역이었다. 면적 22만㎢로 한반도와 비슷한 지역에서 만 50년째 인도와 파키스탄 양국이 충돌하고 있는 만성적인 화약고였다. 1947년 이 지역을 지배하던 영국이 물러가며 시작된 분쟁은 영토 문제에 종교갈등까지 겹쳐 끝이 보이지 않는 상태였다. 비공식 기록이긴 하지만 1989년 이후에만 사망자가 7만여명, 4만여명은 감옥에 갇혔고 17만 5천여 명은 삶의 터전에서 쫓겨나 난민이 됐다는 기록이 있을 정도였다. 8년이 조금 넘는 기간에 기록된 숫자이니 매년 9천 명 정도가 숨지고 2만 명 이상의 난민이 생겨나는 치열한 분쟁지역이라는 의미였다. 하지만 너무 오래된 역사(?) 탓에 상대적으로 관심을 받지 못하는 곳이었다. UN은 1949년부터 이지역에 평화 감시단을 파견했는데 우리도 94년부터 정전감시요원을 보내고 있었다. 이런 역사적인 현장의 UN군 단장을 그해 3월부터 한국군 소장이 맡고 있었다. 백골부대로 유명한 3사단장 출신, 육사 25기 안충준 소장이었다.

부장은 과도할 정도로 의지를 보였다. 그런 마당에 내 생각만 고집할 수는 없었다. 조심스럽게 수정제안을 했다. '우리군의 위상을 보여주기 위한 것이라면 차라리 서부 사하라지역은 어떻습니까? 1994년부터 의료지원단이 활동하고 있으니 거기도 괜찮을 것 같습니다. 사령관 부임 때 한번 다뤘던 캐시미르보다 나쁘지 않을 것 같은데요...' 기사 가치와 함께 경쟁사와의 불편함을 피하고 싶은 마음에서 생각해 낸 안이었다. 하지만 부장의 답변은 단호한 NO였다. '안돼. 거기는 긴장감이 없잖아. OOO놈들이 또 어떤 장난을 칠지도 모르고...' 그렇게 캐시미르 취재가 결정됐다. 바로 국방부와 외무부에 협조가 가능한지 물었다. 얼마든지 도와주겠다는 대답, 하긴 해당 부처의 입장에서는 활동을 홍보하는 것이니 마다할 이유가 없을 터였다. OOO 출입기자에게 회사의 명령임을 알리며 양해를 구했다. 속은 어떨지 몰라도 겉으로는 '잘 됐다'고, '같이 가자'고 할 줄 알았다. 한데 웬걸 그게 아니었다. 도의적으로 있을 수 없는 일이라는 강한 반발이 돌아왔다. 나로서는 이해가 가지 않는 일이었다. 그게 무슨 특별한 기사라고...

그런 과정에 느닷없는 변수가 생겼다. 출장 기안서를 만들어 올리니 예산이 너무 많다고 했다. 안 가겠다는 사람을 다그쳐 가라고 했던 부장의 반응이 그랬다. 항공료와 체제비 정도만 계산했을 뿐인데... 아마도 부장은 국방부에서 일체의 편의를 지원받을 수 있다고 생각했던 모양이었다. 당신이 현장을 뛸 때는 그것이 가능했던 것일까?... 하지만 이미 그런 세상이 아니었다. 이걸 어떻게 해야 하나? 공영방송 KBS 사회부장의 인식이 그정도라는 사실이 민망했다. 국방부에 차마 출장비 때문이라고는 못하고 '갑자기 몸 컨디션이 안 좋아져 출장이 어렵게 됐다'고 양해를 구했다. 한데 이번엔 그들이 안 된다고 했다. 이미 UN에 통보를 했기에 취소를 하면 대한민국의 공신력이 문제가 될 수 있다는 얘기였다. 난감한 일이었다. 이게 무슨 낯뜨거운 일이란 말인가?... 결국 국방부에 사실대로 털어놓을 수밖에 없었다. 공보관이 웃으며 자신이 알아보겠다고 했다. 결국 차량과 통역 등 항공료를 제외한 부대비용을 국방부에서 지원받는 조건으로 취재가 최종 결정됐다. 고맙기 보다는 민망했다. 치부를 들킨 것 같았다. 공영방송 KBS 기자인 내가 관폐를 끼쳐가며 취재에 나서게 될 줄은 꿈에도 생각하지 못했다.

국군의 날을 열흘 쯤 앞둔 9월 22일 파키스탄을 향했다. 김포에서 방콕, 카라치를 거쳐 새벽 5시 25분에 이슬라마바드에 도착했다. 김포 출발 21시간만이었다. 공항은 한산했다. 처음 경험한 파키스탄의 10월 새벽 공기는 서늘했다. 우리의 가을 날씨와 비슷했다. 하지만 우리에겐 아직 갈 길이 남아 있었다. 1시간 후 국내선을 타고 또 이동해야 했다. 짐을 옮기는 등의 절차가 만만치 않아 빠듯하지 않을까 걱정하고 있는데 반가운 안내 방송이 흘러 나왔다. 기상 악화로 비행기의 이륙이 지연되고 있다는 내용이었다. 우리가 타려는 비행기는 5시간 쯤 뒤에나 출발이 가능할 것 같다는 게 마중 나온 한국군 안내 장교의 설명이었다. '연착'이란 것이 경우에 따라 이렇게 반가울 수도 있는 것이구나. 그 덕분에 이슬라마바드에 있는 PKO 단장의 관사를 방문할 수 있었다. 공항에서 3~40분쯤 떨어진 거리, 도심을 벗어나 한적한 곳에 자리잡고 있었다. 아직 새벽시간인데도 먹음직스럽게 차려진 풍성한 한식 식탁이 우리 일행을 맞아주었다.

군복 차림의 안충준 단장은 작은 체구에 아주 단단한 인상이었다. 검게 그을린 얼굴위로 UN을 상징하는 하늘색 베레모, 별 둘이 새겨진 견장이 유난히 도드라져보였다. 사진속에서 보던 박정희 전 대통령을 연상시킬 정도로 외모가 흡사했다. 본인도 그런 것을 잘 알고 있는 듯했고 또 어느 정도는 의도적으로 비슷한 이미지를 꾸미는 것 같기도 했다. 하지만 말투는 소탈하고 편했다. 조심조심 음식을 권하고 차를 나르는 단장의 부인에게선 고향 어머니의 분위기가 풍겼다. 환한 미소가 보는 사람들을 편안하게 했다. 그런 모습은 단기간에 만들어질 수 없는 것임을 나는 알고 있었다. 오랜 기간 수도 없는 손님들을 맞고 보냈던 경험을 통해 갖춰진 자연스런 모습일 것이라고 생각했다. 조심스럽지만 기품 있고 절제가 배어 있는 그 모습을 보면서 안 장군이 이 자리까지 오는데 부인의 역할이 컸겠다는 생각이 들었다. 고국에서 온 낯선 기자들을 대하는 두 사람의 모습에서 그들의 따뜻한 마음이 그대로 느껴졌다.

안 단장은 기분이 좋은 듯 했다. 어찌 안 그럴 수 있을까? 고국에서 자신을 취재하기 위해 그 먼 길을 찾아와 준 기자들인데... 편안하게 많은 얘기를 나눌 수 있었다. 그는 황해도 출신이라고 했다. 공산당을 피해 고향을 떠나는 모친의 손을 잡고 6.25 직전에

38선을 넘었다고 했다. 어린 시절 피난지에서 공산군의 만행을 직접 경험하며 군인의 길을 결심했다고 했다. 공산군의 위협에서 대한민국을 지키는 것, 대한민국을 더 멋진 나라로 만드는데 기여하는 것이 어릴 적부터의 소원이라고 했다. 군은 그런 자신의 소명을 실현하는 직업이라고 했다. 그래서 행복하다고 했다. 소명을 얘기하는 그의 눈빛이 예사롭지 않았다. 말과 행동 모든 면에서 그에게선 군인의 냄새가 물씬 풍겼다. 그는 건국 50여년 만에 UN 감시단 단장을 배출한 대한민국의 성장은 기적이라 할 만 하다고 강조했다. 그리고 그 영광스런 자리의 주인공이 자신이라는 사실이 감격스럽다고 했다. 파키스탄의 PKO 단장은 군사적 역할 외에 인도와 파키스탄 양국의 UN대사이기도 하기에 더 조심스럽다고도 했다. 얘기 한마디 한마디에 역할과 직위에 대한 자부심이 강하게 느껴졌다. 당연한 일일 터였다. PKO 단장이라는 자리는 그만큼 대단한 자리였다. 그의 자신감과 자부심이 전혀 부담스럽게 느껴지지 않았다.

2. 하늘에서 바라 본 히말라야의 속살

5시간이나 되는 연착이 오히려 행복한 기억을 만들어 준 셈이었다. 안 단장 내외분을 통해 장군의 마음, 장군 가족생활의 일단을 엿볼 수 있었다. 온 몸에 단아함이 배있는 부인에게 한국에 돌아오시면 꼭 식사대접 하고 싶다는 마음을 전했다. 공항으로 돌아와 길깃행 국내선 여객기에 올랐다. 50명쯤 타는 작은 비행기였다. 작은 바람이나 기상변화에도 영향을 받을 수 밖에 없을 것 같았다. 연착이 잦은 것도 그 때문인 것 같았다. 이륙한지 얼마 지나지 않는데도 창밖으로 히말라야의 장관이 펼쳐졌다. 비행기가 히말라야 위를 날고 있었다. 눈 닿는 곳마다 설산의 봉우리들이 끝없이 이어졌다. 울퉁불퉁, 뾰족뾰족 뭉툭길쭉… 만년설을 이고 있는 상태에서도 크고 작은 봉우리들은 그렇게 본모습을 다 감추지 못하고 있었다. 누군가 소리질렀다. '낭가파르밧이다.' 험준함이 느껴지는 웅대한 봉우리가 바로 눈 앞에 있었다. 근처 어딘가에 분명 K2도 칸첸중가도 마나슬루도 있을 터였다. 그런 웅장한 봉우리들 밑으로는 까마득하게 푹 꺼진 아찔한 계곡 골짜기들, 그곳엔 깎이고 패인 바위들이 기기묘묘한 형상으로 펼쳐져 있었다. 놀랍게도 어느 하나 평범한 모습이 없었다. 수천 년 태고적 신비가 고스란히 느껴졌다. 계곡 위쪽으로 인더스강 지류를 따라서는 실처럼 구불구불 이어져 있는 실크로드도 보였다. 모든 것이 상상못할 형태로 어우러진 풍경은 그야말로 비경, 비경이란 단순한 표현으로는 한참 부족한 일종의 선경이었다. 환상적이란 말은 이런 경우를 두고 하는 말임이 분명할 터였다.

　잠시 편한 상태로 호흡을 고르는데 밖을 보라는 기장의 안내방송이 흘러나왔다. 비행기가 곡예비행을 하듯 넓지 않은 계곡 사이를 날고 있었다. 고도도 아주 낮았다. 일부러 구경을 시켜주기 위해 서비스 비행을 하는 것 같았다. 기장은 조종실에서도 볼 수 있다며 용기있는 사람들은 앞으로 오라고 했다. 세상에, 이런 일도 있구나. 승객들에게 조종실을 개방하다니.... 상상도 못했던 일이었다. 어디서도 듣도 보도 못한 최고의 서비스였다. '이런 엄청난 기회를 어떻게 놓칠까?...' 가장 먼저 조종석으로 들어갔다. 기장이 손짓으로 앞을 보라고 가리켰다. 탁 트인 조종석 앞창을 통해 장관이 펼쳐졌다. 와우!!! 작은 창문으로 보던 것과는 차원이 달랐다. 히말라야의 낮은 봉우리들과 숲, 강한 바람에 마치 물결치는 모습으로 계곡을 덮고 있는 거대한 눈밭, 시커먼 바위들이 손 내밀면 닿을 만큼 가까운 거리였다. 아래쪽에는 기암괴석으로 이뤄진 계곡과 그런 바위 사이를 타고 흐르는 물줄기가 선명했다. 모든 것이 빠르게 스쳐지나갔다. 신비의 땅 히말라야의 속살을 이렇게 세세하게, 생생하게 본 사람들이 과연 몇이나 될까?... 입이 다물어지지 않았다. 조종사는 감탄사를 연발하는 우리에게 엄지손가락을 치켜보이며 흐뭇한 미소를 지었다. 놀라운 경험이었다. 전혀 기대하지 않았던, 기대할 수도 없었던 엄청난 선물이었다.

　비행기는 해발 1,500m에 위치한 작고 아담한 공항에 내려앉았다. 그리 넓지 않은 분지였다. 그런 곳에 하루 3편씩 여객기가 들어온다고 했다. 기상 악화로 결항이 자주 있다고 했지만. 멀지 않은 곳엔 웅장한 산악을 배경으로 자그마한 강이 흐르고, 그 강위로는 그림처럼 아름다운 다리가 놓여 있고, 그 너머에는 몇 동의 건물과 집들이 들어서 있었다. 크지 않은 마을, 넉넉한 여유와 평화가 가득한 곳이었다. 우리의 목적지는 거기서도 더 들어가야 했다. 군용 지프차를 타고 한참을 산악지역으로 이동했다. 울퉁불퉁... 차가 심하게 흔들려 잠시도 정신을 놓을 수 없었지만 위험보다는 친근감과 푸근함이 느껴지는 길이었다. 그렇게 도착한 곳에서는 새로운 초소 개소식이 열리고 있었다. 근무자는 단 2명 뿐인 초소형 초소라고 했다. 하지만 PKO 단장과 부단장, 파키스탄 북부군 사령관 등 고위 인사가 다 참석한 큰 행사였다. 험하고 깊은 산속이기 때문에 그동안엔 특별히 경계하지 않았던 곳이라고 했다. 한데 최근들어 인도쪽의 공격이 자주 있어 부득이 새로 짓게 됐다고 했다. 안 단장은 치사를 통해 PKO의 임무는 평화유지라는 사실을 거듭 강조했다. 길지 않았던 개소식 후 안 단장이 뜻밖의 제안을 했다. 자신의 헬기를 타고 국경지역을 살펴보지 않겠냐는 것이었다. '어이쿠, 또 이런 횡재가?' 마다할 이유가 없었다.

UN 사령관 헬기의 내부는 생각보다 널찍했다. 1시간여, 구석구석을 살피며 여유있게 히말라야를 즐길 수 있었다. 생각했던 것만큼 초소들의 수는 많지 않았다. 아래서는 어떨지 모르지만 위에서 내려다보는 국경은 그 경계가 흐릿했고 어떤 긴장도 느껴지지 않았다. 양국의 초소들은 그저 거대한 설산속에 작은 점과 같은 모습일 뿐이었다. 그런 위대한 자연속에서, 한낱 점에도 미치지 못하는 작은 인간들끼리 아웅다웅한다는 것이 참으로 우습게 느껴졌다. 초소를 지키는 양국의 병사들도 이 엄청난 자연의 아름다움을 느끼기는 하는 것일까? 문득 내 군대시절이 떠올랐다. 강원도 최전방 철책에서 근무하며 그런 생각들을 했었다. 수십 년 동안 전혀 손 타지 않은 자연이 만들어내는 비경은 정말 아름다웠다. 철따라 각기 다른 모습으로 세상을 울리는 뭇 생명들의 향기와 진동에, 칠흑같은 밤이면 쏟아질 듯 하늘을 가득 채운 별들의 향연에, 큰 눈 내리는 겨울날에는 소리도 없이 온 세상을 하얗게 바꿔버리는 마법같은 자연의 힘에, 그렇게 피어난 환상적인 눈꽃들의 순결한 아름다움에, 또 그 아름다움의 무게를 견디지 못하고 뚜둑, 뚜두둑 마치 타악기의 음율인 듯 애잔하게 번져가는 가지들의 낮은 신음에... 군대가 고맙다고 느낀 적이 종종 있었다. 군인이 아니었다면 결코 가볼 수 없었고 느껴볼 수 없었던 세상이었기에... 그런 어울리지 않는 상념에 빠져 있는데 옆자리에 앉은 안 단장이 어깨를 툭 쳤다. 그가 지휘봉으로 특정한 지점들을 가리키며 뭔가를 열심히 설명했다. 하지만 헬기의 소음에 묻혀 무슨 얘기인지 알아들을 수 없었다. 미안했지만 듣는 시늉만 했다. 그런 설명보다는 발 아래로 펼쳐지는 비경에 나는 더 마음을 뺏기고 있었다. 여객기를 탔을 때와 또 다른 느낌이었다. 말로 형언할 수 없는, 숨이 턱 막히는 비경들이 사방으로 펼쳐지고 있었으니...

불현듯 아이디어가 떠올랐다. '이 숨막히는 비경을 나만 볼 것이 아니라 시청자들에게도 전해주자' '캐시미르의 PKO라는 애초의 취재목적과는 별도로 히말라야 비경만을 가지고 리포트를 하나 더 만들자...' 이런 비경을 나만 봐서는 안 되겠다는 생각이었다. 자랑도 하고 싶었다. 만약의 상황에 대비하기 위해 8밀리 카메라를 가지고 온 것이 얼마나 다행이었던지. 언제나 믿음직한 김병길 기자에게 계획을 설명하고 최대한 풍경을 찍어줄 것을 주문했다. 계산 빠른 그는 벌써 내 마음을 읽고 있었던 게 분명했다. 씩 웃었다. 자기도 같은 생각이었다는 표시였다. 그는 좁은 헬기에서 On-mic까지 하도록 주문했다. 자료화면이 아니라 직접 다녀온 것임을 확인시켜야 한다면서. 이런 게 바로 이심전심이었다. 방송기자에게 호흡 잘 맞는 카메라 기자는 얼마나 큰 축복인지 새삼 확인한 순간이었다. 이렇게 만든 히말라야 리포트는 나중에 PKO 관련 리포트 보다 훨씬 더 시청자들의 박수를 받았다.

3. 실크로드 끝 자락의 최전선 시알코트

환상적인 비행의 여운이 쉽게 가시지 않았다. 그만으로도 이번 출장은 오래 기억될 것 같았다. 이제 다시 이슬라마바드로 돌아가야 하는 길, 나는 과감하게 비행기를 포기하기로 했다. 하늘에서는 충분히 봤으니 이번엔 땅에서도 한번 제대로 보고 싶었다. 하늘에서 내려다볼 때 아찔한 낭떠러지 절벽 위로 구불구불 이어진, 실처럼 가는 실크로드를 직접 한번 달려보고 싶었다. 그렇게 2,000년 위대한 역사를 한번 더듬어 보고 싶었다. 그 길을 달리며 아주, 아주 조금이나마 위대했던 선조들의 숨결을 느껴보고 싶었다. 물론 취재와는 전혀 관계없는 일이었다. 고맙게도 김병길 기자가 그런 내 마음을 이해해줬다. 이튿날 새벽 5시에 출발했다. 그런 길은 군용 지프차가 제격이었다. 울퉁불퉁 거친 길 산자락을 끼고, 굽이굽이 수도없이 꺾이는 계곡의 옆구리를 비집으며 달리고 또 달렸다. 심한 흙먼지만이 우리 뒤를 쫓고 있었다. 어디쯤이었을까? 문득 발 아래가 궁금해 졌다. 잠시 차를 세우고 아래를 내려다 봤다. 천길 낭떠러지가 발 아래 있었다. 까마득한 낭떠러지 밑으로는 회색빛 탁류가 도도하게 흐르고 있었다. 아찔했다. 길도 달릴 때 생각했던 것 보다 훨씬 좁고 험했다. 마주오는 차가 있으면 어쩌나 싶을 정도였다. 가슴이 철렁했다. 그런 길에 오래 머물러 있을 수 없었다. 사실 거칠고 황량한 모습 외에 더 이상 볼 것도 없었다. 다시 차를 달렸다. 굽이굽이 끝도 없이 돌고 돌며 높아졌다 낮아졌다... 조금 넓어졌다 심하게 좁아졌다... 덜컹거리는 비포장길은 가도 가도 끝이 없었다.

　문득 그 험한 길에 기사가 졸면 모두가 끝이라는 생각이 들었다. 말도 잘 통하지 않는 기사에게 짓궂은 농담을 계속 던졌다. 그도 가끔씩 장단을 맞췄다. 우리 마음을 잘 아는 것 같았다. 가끔씩 씩 웃는 표정에선 걱정말라는 마음이 읽혔다. 그 길고 험한 길에 자세 한번 흐트리지 않는 그는 정말 대단한 사람이었다. 문득 궁금해졌다. 이런 곳에, 이런 길은 도대체 어떻게 만들었을까? 어떻게 이런 곳에 길을 낼 생각을 했을까? 상상이 되지 않았다. 인간이란 동물은 참으로 위대한 존재라는 생각밖에 들지 않았다. 달려도 달려도 끝이 없는 그 험한 길에 살짝 후회가 파고 들었다. 처음의 호기와 여유는 어느덧 다 사라지고 걱정만 스멀스멀 올라오고 있었다. 시계를 보니 오후 1시쯤, 우리는 8시간째 계속 달리고 있는 중이었다. 문제는 온 길보다 갈 길이 더 멀다는 것이었다. 생각보다 훨씬 먼 길이었다. 무엇보다 정말 피곤했다. 우리가 이렇게 힘드는데 기사는 오죽할까... 미안했다. 비행기 타고 갈 것을 괜한 객기를 부렸구나... 그러나 즐기는 것 말고는 달리 뾰족한 수가 없는 상황이었다. '웃자. 웃자. 힘 들어도 웃자. 언제 또 이런 경험을 해볼 것인가?...' 그렇게 그렇게 17시간을 달려서야 이슬라마바드에 도착할 수 있었다. 밤 10시가 한참 지나고 있었다. 우리는 다 파김치가 돼 있었다. 그 험한 길을 졸지 않고 잘 운전해 준 기사를 힘껏 안아줬다. 그는 해맑은 모습으로 씩 웃을 뿐이었다.

　피곤했지만 쉴 여유가 없었다. 이튿날, 인도와 파키스탄 군이 가장 근접해 마주하고 있다는 시알코트 취재가 예정돼 있었다. 현장에 도착해 보니 서로 얼굴을 알아볼 정도로 가까운 거리에 양측의 초소가 있었다. 지형을 이용해 형성된 방호벽, 사이사이의 벙커, 중무장한 병사들... 긴장감이 느껴졌다. 하지만 문제가 있었다. 촬영은 물론 현장 접근도 허락되지 않는다는 것이었다. '연락 못 받았는가? 당신들 사령관이 허락해서 왔다'고 했지만 병사들은 막무가내였다. 안 단장에게 SOS를 쳤다. 하지만 현장에서 안 된다고 하면 자신도 방법이 없다고 했다. 설득하고 사정하고 압박도 하고... 시간이 얼마나 흘렀을까? 그들도 너무 한다는 생각이 들었던지 3분만 찍으라고 했다. 말도 안되는 소리였다. 4시간이나 달려왔는데... 겨우 겨우 눈치를 봐가며 10여 분을 찍을 수 있었다. 맞은 편 인도쪽은 짙은 숲속에 제법 높은 콘크리트건물만 한 동 도드라져 있었다. 하지만 전체를 감도는 긴장감은 마찬가지였다. 이곳에서만 하루 평균 10명의 사상자가 발생하고 있다고 했다.

다른 초소도 찾아야 했다. 이번엔 해발 2천m에 위치한 치리코트, 다시 헬기를 타야 했다. 긴장한 표정의 병사들과 화사한 코스모스가 묘한 대조를 이루고 있는 곳이었다. 경계병들의 모습에서 전방 분위기가 물씬 풍겼다. 1997년 한 해에만 40명이 숨지고 110명이 부상한 지역이라고 했다. 하지만 인도쪽 초소는 보이지 않고... 겉모습은 평온 그 자체였다. 이런 곳에서 1년에도 10여 차례 치열한 교전이 치러진다니... 잘 상상이 되지 않았다. 다행히 거기선 취재를 막지 않았다. 지극한 평화스러움 속에서의 심각한 위험을 어떻게 담을까 고심을 해야 했다. 당황스럽게도 어디를 봐도 내가 머릿속에 그렸던 전방의 모습과는 많이 달랐다. 너무 오래된 전쟁이어서일까? 그래서 긴장의 방식조차도 평온의 모습으로 형상을 바꾼 것은 아닐까? 상대가 전혀 보이지 않는 깊은 산악지역이라는 사실, 거기에 고산지대 특유의 아늑하고 평화로운 분위기도 그런 미묘한 분위기에 한몫하고 있는 것 같았다.

누군가 거기서 멀지 않은 곳에서 며칠 전 박격포 교전이 있었다고 알려줬다. 차코티라는 곳이었다. 안 가볼 수 없었다. 다행히 이곳의 군인들은 우호적이었다. 낯선 외국 기자에 친절하기까지 했다. 특이하게도 초소 주변에는 무궁화꽃이 많이 피어 있었다.

박격포탄이 떨어진 곳은 초소에서 멀지 않은 곳이었다. 폭발 흔적이 선명하게 남아 있었다. 낮 시간에 느닷없이 155밀리 박격포탄 2발이 날아들었다고 했다. 성인 1명이 숨지고 어린이 3명이 다쳤다고 했다. 그 얼마 전엔 포탄이 민가로 떨어져 어머니와 아들이 사망한 적도 있다고 했다. 놀랍게도 그곳에 정연우라는 한국군 해병장교가 있었다. PKO 본부에서 현장 조사차 나왔다고 했다. 그는 치열한 교전은 없지만 가끔씩 그렇게 포탄이 날아들기에 긴장을 풀 수 없다고 했다. 물론 파키스탄군도 인도군을 향해 공격을 한다고 했다. 자신은 그런 일들을 조사해 PKO 차원에서 대책을 마련하도록 돕는 임무를 맡고 있다고 했다. 자신을 포함해 한국군 10명이 파견돼 있다고 소개한 그는 그런 일들이 재미있다고 했다. 우리 군의 위상에 보람도 크다고 했다. 그가 조사활동을 하는 모습을 카메라에 담고 그는 물론 당시의 부상자와도 인터뷰를 할 수 있었다. 돌아오는 길에는 난민캠프를 방문해 인도쪽에서 쫓겨온 난민들의 삶도 살펴봤다. 250가족 1,500여 명이 살고 있는 곳이라고 했다. 누추하고 지저분한 환경, 꾀죄죄한 차림에 무거운 얼굴들… 이런 캠프가 파키스탄 쪽에만 11개가 있다고 했다. 세상 어디서나 전쟁이 만들어내는 모습은 비슷했다.

쉽지 않은 과정이었지만 취재는 기대 이상으로 잘 됐다. 비행기로, 헬기로, 지프차로… 히말라야와 긴장감 넘치는 양국간 경계지역을 폭넓게 살피면서 필요한 것들을 다 담을 수 있었다. 그 정도면 어렵지 않게 리포트 4편 정도는 만들 수 있을 것 같았다. 4편이면 달라진 우리군의 위상을 드러내면서 부장의 면도 세워줄 수 있을 것 같았다. 국방부도 보고를 받았는지 기대가 크다고 했다. 사실 현장에서 직접 내 눈으로 확인한 우리 군의 위상은 뿌듯함이라는 단순한 단어를 훨씬 뛰어 넘는 것이었다. UN이 평화유지군을 파견하고 있는 세계 17곳 가운데 하나, 그곳의 사령관은 내가 짐작했던 것보다 훨씬 높고 의미있는 자리임을 실감할 수 있었다. 그런 군을 통해 대한민국의 존재감이 커지고 있음을 확인한 것은 커다란 소득이었다. 거기에 전혀 생각도 기대도 하지 않았던 히말라야를 맘껏 즐기고 실크로드를 직접 밟아보는 황홀한 행운까지 더 했으니… 기자된 기쁨을 만끽했던 시간이었다.

4. 비행기 운항 취소, 이슬라마바드의 기적

이제 귀국해 리포트만 잘 만들면 될 일이었다. 큰 신세를 진 안 단장과 사모님께 감사 인사를 전했다. 복귀하시면 꼭 연락 주시라고, 맛있는 식사 모시겠노라고 거듭 약속했다. 진심이었다. 돌아가는 길은 이슬라마바드에서 라호르를 거쳐 방콕, 서울로 가는 코스였다. 28일 오후 여유 있게 공항으로 나가 출발 시간을 기다렸다. 그러나 분위기가 이상했다. 기상이 안 좋은 것도 아닌데 두 차례나 출발 예정시간이 미뤄졌다. 이렇다 할 설명도 없이 그저 알림판에 Delay라고만 표시되는 방식이었다. 그렇다고 마땅히 물어볼 사람도 보이지 않았다. 그렇게 예정시간을 두 시간쯤 넘긴 뒤에야 비행기에 오를 수 있었다. 한데 좌석에 앉은 뒤에도 비행기는 한참을 이동하지 않고 그대로 있었다. 조금 더 늦으면 라호르에서 비행기를 갈아 탈 수 없겠다고 걱정하는 순간 비행기가 움직여 활주로에 진입했다. 비상시 행동요령이 방송되고 이슬람 기도도 끝났다. 비로소 마음이 놓였다. 잠시 후 이륙을 위해 엔진출력을 높이는 소리가 또렷하게 들렸다. 한데 한껏 높아지던 출력이 어느 순간 뚝 떨어졌다. 전문가가 아닌 내 귀에도 정상이 아님이 느껴질 정도였다. 잠시 후 다시 엔진출력을 높였지만 이번에도 마찬가지였다. 언제부터인지 비행기 창 밖으로 세찬 빗줄기가 쏟아지고 있었다. 바람도 거셌다. 기장의 안내방송이 나왔다. '기체에 이상이 있어 이륙이 불가능하다'는 내용이었다. 아뿔싸. 이게 무슨 일이란 말인가? 그럼 방송은 어쩐단 말인가? 그건 10월 1일, 국군의 날 방송은 불가능하다는 의미였다. 정신이 아득했다. 다음 비행기는 이틀 후에나 있다고 했다. 거기에 OOO팀은 이미 출국한 상태였다.

비상상황이었다. 누구의 잘잘못을 따져봐야 아무런 의미가 없는 단계였다. 우선 방콕으로라도 나가는 방법을 모색했지만 그조차 여의치 않았다. 회사에 전화해 사정을 알리니 '수단과 방법을 가리지 말고 내일 (29)까진 들어와야 한다고 했다. OOO가 내일부터 3일 연속으로 방송할 예정이라는 사실도 알려줬다. 심각한 상황이었다. 방법은 하나밖에 없었다. 현지에서 편집해서 위성으로 보내는 것 뿐이었다. 무조건 이슬라마바드 방송국으로 달려갔다. 대사관의 조OO 참사관과 안충준 단장을 대동한 채였다.

아무래도 그들이 나서줘야 일이 수월할 것 같아 동행을 청한 것이었다. 예상했던 대로 PKO단장의 출현에 방송국 고위층이 놀라 달려나왔다. 최선을 다해 도울테니 걱정마시라고 안심도 시켰다. 하지만 문제는 그들이 사용하는 장비와 시스템이 우리와 완전히 다르다는 것이었다. 우리가 NTSC, Beta 방식인데 비해 이들은 PAL, U-matic 방식을 사용하고 있었다. 두 단계가 다른 방식, 그건 우리에게 필요한 Beta 편집기를 그들은 사용하지 않는다는 의미였다. 이제 어떻게 해야 하나?… 실낱같은 희망마저 사라지려는 순간이었다. 망연자실하고 있는데 직원중 한명이 '연구용으로 보관하고 있는 베타 편집기 한조가 어디 있을 것'이라고 했다. 그리곤 이곳 저곳을 뒤지던 그가 잠시 후 '찾았다'며 편집실 한쪽 구석으로 우리를 이끌었다. 주여, 감사합니다. 기도가 절로 터져 나왔다.

서둘러야 했다. 회사에 연락해 위성청약을 부탁하고 바로 작업에 들어갔다. 1보, '지구촌 최고의 분쟁현장 캐시미르를 가다' 기사를 작성해 바로 취재용 카메라로 녹음했다. 급하게 써 내려간 후 다시 한번 살필 여유도 없는 상황이었다. 물론 기사를 쓰기 전 촬영한 테입들도 한번 확인하지 못한 상태였다. 모든 것을 기억에 의존해야 했다. 구성을 어떻게 할 것인지, 현장 인터뷰는 어떤 것을 어떻게 집어 넣을 것인지도… 당연히 데스크의 사인을 거칠 여유도 없었다. 부장은 내게 모든 것을 맡긴다고 했고 그럴 수밖에 없는 상황이기도 했다. 그렇게 기사를 써 녹음을 한 뒤 김병길 기자에게 넘겼다. 김 기자가 그 기사를 편집하는 동안 나는 바로 2편 기사를 또 작성해야 했다. 시간을 최대한 절약해야 했기에 고도의 집중력이 필요했다. 2편의 제목은 '한국군 10명 핵심 역할', 국군의 날 전날에 방송될 내용이었다. 2편 역시 같은 방식, 단숨에 기사를 쓴 후 번개같이 편집 작업을 해야 했다. 손빠르고 판단력 정확한 김병길 기자가 아니었다면 절대 할 수 없는 작업이었다.

그렇게 편집한 2개의 리포트를 위성으로 송출했다. 송출용 플레이어가 없어 취재용 카메라를 활용하는 응급 방식을 써야 했다. 송출하면서 화면을 보니 하단 1/5정도는 화면이 뭉개진 상태로 전송되고 있었다. 하지만 그조차 손댈 여유가 없었다. 엔지니어는 송출방식의 차이에서 나타나는 현상이라며 실제 방송에서는 보정이 가능하니 걱정 말라고 했다. 그렇게... 그렇게... 기사 2편을 작성해 편집, 송출까지 하는데 걸린 시간이 1시간이나 될까?.. 실로 기적같은 일이었다. 한 조밖에 없는 연구용 편집기를 내주고 좁은 공간에서 복작복작하는데도 인상 한번 쓰지 않고 최선을 다해 도와준 방송국 직원들, 막힐 때마다 마치 자신의 일인 양 이리 뛰고 저리 뛰며 방법을 찾아준 조 참사관, 바쁜 일정에도 방송국까지 동행해준 안 단장, 침착하고 재빠르게 프로페셔널의 모습을 보여준 김병길 기자... 모든 사람들의 노력이 만든 기적이었다.

5. 우린 군에 군사외교라는 개념이 있기는 한걸까?

취재보다 훨씬 어려웠던 일종의 전쟁이었다. 시간과의 전쟁, 장비와의 전쟁, 기억과의 전쟁... 그 모든 전쟁에서 승리(?)한 스스로가 정말 대견하다는 생각이 들었다. 돌이켜봐도 그건 불가능을 가능케 한 기적이었다. 송출방식이 완전히 다른 방송국에서, 존재조차 희미했던 연구용 편집기가 짠! 하고 나타나다니, 하필 그 존재를 알고 있던 직원이 그 시간에 근무하고 있었다니... 하나님이 보우하사 KBS 만세였다. 그날 밤 파키스탄에 도착한 이후 처음으로 편한 잠을 잘 수 있었다. 몸도 마음도 그렇게 가벼울 수가 없었다. 위기는 기회라고 했던가? 불과 하루 사이에 마음이 확 달라져 있었다. 상상도 못했던 여유가 생긴 것이었다. 그건 일종의 휴가이기도 했다. 이틀치 분량은 보냈으니 방송은 차질없이 진행될 터였다. 이틀 뒤면 비행기를 탈 수 있으니 3보와 4보는 귀국해서 만들어도 될 터였다. 비로소 편안한 맘으로 이슬라마바드와 주변을 즐길 수 있었다. 어느 모로 보나 부유함 보다는 가난함이 느껴지는 나라, 하지만 어디서나 소박함과 정겨움이 많이 느껴지는 나라였다. 거리는 비교적 깨끗했고 상점들도 정리가 잘 돼 있었다. 사람들은 낯선 이방인에게 잘 웃어줬고 스스럼 없이 말을 걸기도 했다. 옷차림은 수수했지만 지저분하지 않았고 아이들의 미소에는 수줍음이 담겨 있었다. 그런 모습에서 만 50년 동안 진행되고 있는 분쟁상태에 대한 불안한 모습, 전쟁의 분위기는 전혀 찾아볼 수 없었다. 오히려 평화가 가득한 모습이었다.

편안해진 마음으로 안 단장께 차 한잔을 청했다. 드리고 싶은 얘기가 있었다. 도착 후 줄곧 마음 속에 품고 있던 얘기였다. '단장님, 힘드시더라도 임기를 한텀 더 연장하시면 안 될까요?' 주제 넘은 얘기였다. 그러나 꼭 하고 싶은 말이었다. 정해진 PKO 단장의 임기는 1년이었다. 그러나 본인이 희망할 경우, 특별한 하자가 없는 한 한번 더 연장할 수 있게 돼 있다는 사실을 아는 까닭이었다. 짧은 시간이지만 내가 관찰한 캐시미르의 PKO 단장이란 직위는 그럴만한 가치가 충분한 자리였다. 그 자리는 UN 사무총장이 직접 임명장을 주는, UN의 대사를 겸하는 자리였다. 실제로 인도와 파키스탄 양국에서 그의 위상은 대한민국 대사보다 높았고 그에 상응한 대접도 받고 있었다. 그건 소속은 UN이지만 대한민국을 위해 얼마든지 중요한 역할을 할 수 있다는 의미이기도 했다. 군사외교를 위해 활용도가 높은 핵심 포스트를 1년 만에 내놓는다는 것은 내 생각엔 너무 아까운 것이었다. 국제무대에서 군사외교가 얼마나 중요한지 나는 걸프전과 소말리아 내전 등 종군취재를 통해 뼈저리게 느끼고 있었다. 걸프전 당시 의료지원단을 파견하고서도 다국적군 대접을 받지 못한 채 찬밥 취급을 받는 모습에 나는 정말 화가 났었다.

결례인줄 알면서도 굳이 그렇게 얘기한 데엔 이유가 있었다. 그해 안 단장이 중장 진급 대상임을 알기 때문이었다. 문득문득 그의 모습에서 그와 관련한 조바심을 읽었기 때문이었다. 물론 군인에게 진급은 가장 중요한 목표일 수 있었다. 하지만 그 못지 않게 중요한 것이 국익이라는 게 내 판단이었다. 거기에 설혹 1차에 진급이 되지 않는다 하더라도 얼마든지 다음 기회가 있는 것이 우리 군의 인사 원칙이었다. 사실 안 장군의 경우 진급 대상임에도 국익을 위해 스스로 파견근무를 연장한다면 오히려 더 유리한 입장이 될 수도 있다고 생각했다. 어떤 경우를 상정해도 그건 진급에 플러스로 작용할지언정 마이너스로 작용해서는 안 될 요인이었다. 안 장군은 진지하게 내 얘기를 들어주었다. 군사외교를 위해 중요한 자리라는 생각에도, 1년 만 하고 넘기기에는 너무 아까운 자리라는 생각에도 동의한다고 했다. 그러나 멋쩍은 웃음만 흘릴 뿐 확실한 답은 주지 않았다. 꼭 깊이 생각해 주시라고, 그리 해주신다면 혹시 도울 일이 있다면 나도 최선을 다해 돕겠다고 말씀드리고 자리를 물러나왔다.

귀국해 방송을 모두 마무리한 뒤 도○○ 육군참모총장에게 면담을 청했다. 총장은 흔쾌히 시간을 내줬다. 언제 봐도 선한 눈빛에 잔잔한 미소가 매력적인 분이셨다. 먼저 취재과정의 지원에 대해 감사를 전하고 캐시미르에서 느낀 우리 군의 위상에 뿌듯했다는 마음도 전했다. 그러면서 PKO 단장 얘기를 꺼냈다. '국방부 차원에서 임기를 1년 더 하도록 추진하는 것이 좋겠다. 그 자리를 군사외교의 중요한 자원으로 활용했으면 좋겠다. 특정인을 위해서가 아니라 대한민국을 위해 필요하다는 생각이다. 적어도 나가 있는 사람이 불이익을 우려해 그런 귀한 기회를 스스로 포기하는 일은 없었으면 좋겠다...' 그런 내용이었다. 설득력을 더하기 위해 나는 종군취재 당시의 경험까지 곁들였다. 그 또한 주제넘을 수 있는 얘기였다. 하지만 그게 기자라는 직업의 장점이기도 했다. 도 총장은 무슨 말인지 충분히 이해한다고 했다. 군사외교의 중요성에 대해서도 충분히 공감한다며 고민해 보겠다고 했다. 며칠 후 총장은 안 장군에게 전화해 그의 수고를 치하했다는 사실을 전해왔다. 일이 잘 풀릴 수 있겠다는 기대가 생겼다.

　그러나 내 기대와는 달리 안 단장은 이듬해 한국으로 돌아왔다. 연장없이 1년 임기만 마치고 귀국한 것이었다. 당연히 단장 자리는 다른 나라로 넘어갔다. 구체적으로 어떤 일들이 있었는지는 알 수 없었다. 그걸 물어보기도 그랬다. 하지만 아쉬운 일이 아닐 수 없었다. 다른 어떤 것보다 국익을 생각할 때 그랬다. 그렇게 돌아왔지만 그는 그해에도, 이듬해에도 진급을 하지 못했다. 결국 외교와 전혀 관계없는 보직을 받아 한직에서 근무하다 군복을 벗어야 했다. 거시적인 안목으로 의미있는 자리를 활용하지 못하는 우리의 인식에, 그런 자리의 귀한 경험을 공유하지 못하고 개인의 기억으로만 묻어두는 우리군의 모습에 답답함이 밀려왔다.

뉴스앵커가
사라졌다

1. KBS 앵커, 뇌물죄로 수사받다

'결국엔 사람이 문제더라' 기자생활을 포함해 두루두루 세상을 경험하며 갖게 된 결론 중의 하나다. 제도가 아무리 그럴 듯 해도 사람이 엉터리면 효과를 내지 못하고 반면 아무리 상황이 어려워도 괜찮은 사람이 맡으면 결과가 다르다는 것, 그건 상식에 속하는 일이었다. 물론 괜찮은 사람이 일을 시작하고 반듯한 제도가 그를 뒷받침한다면 그보다 더 좋은 것은 없겠지만 내가 만난 세상은 대부분 그렇지 못했다. 사람과 제도사이에서 덜컹거리다가 주저앉기 일쑤였다. 내 사랑 KBS는 그런 현실을 입증하는 대표적인 기관이었다. 공영방송이라는 좋은 제도 아래 있으면서도 세상이 바뀔 때마다 사정없이 흔들렸으니... 그건 전적으로 사람들 탓이었다. 물론 힘을 앞세워 흔들어대려는 또 다른 사람들이 존재했지만 강단 있게 버텨내지 못하고 수시로 비틀거린 것은 결국 내부의 사람들 때문이었다. 그런 암울한 현실 속에서 실낱같은 희망을 피워낸 것도 역시 사람이었고, 그래서 사람에게 희망을 걸 수밖에 없다는 또 다른 결론에 도달했지만... 기자란 옷을 입고 들여다본 세상엔 가면을 쓴 사람들이 너무 많았다. 선함을 가장한 채 못된 짓을 일삼는 사람들, 거룩한 대의를 앞세워 개인적인 이익을 취하는 사람들, 앞에서는 정의와 원칙을 말하면서 뒤로는 온갖 추잡한 짓을 다 벌이는 사람들, 명백한 잘못을 오히려 선행으로 포장해 선량함을 우롱하는 사람들... 유감스럽게도 그런 사람들 가운데 일부 기자들도 있었다.

1999년 5월 24일 아침뉴스가 평소와 달랐다. 앵커가 보이지 않았다. 서글서글한 인상에 자신감 넘치던 목소리로 아침을 깨우던 ○○○ 앵커였다. 그를 대신해 남자 아나운서가 방송을 진행했다. 흔한 일은 아니었지만 그렇다고 아주 없던 일도 아니었기에 처음엔 큰 관심을 두지 않았다. 그러나 다음날도, 그 다음날도 ○○○ 앵커는 스튜디오에 나타나지 않았다. 회사 내에 이상한 소문이 돌기 시작했다. '비리 혐의가 적발돼 검찰의 수사를 받고 있다'는 얘기였다. 그렇게 이런 저런 얘기가 나오는 가운데 한 신문에 기사가 났다. 'KBS 앵커가 업체에서 뇌물을 받은 혐의로 검찰의 수사를 받고 있다'는 내용이었다. 충격이었다. 간혹 기자들에 대해 안 좋은 소문이 도는 경우가 있었지만 그건 대부분 영세한 지방언론사 기자들 얘기였다. 중앙언론에서, 그것도 공영방송인 KBS에서, 그것도 앵커라는 특수한 신분의 기자가 수사 대상이 된 경우는 나로서는 처음 보는 일이었다. 바로 그 얼마 전에 전임 사장이었던 OOO 씨가 역시 뇌물죄로 구속된데 이은 일이어서 충격은 더 클 수밖에 없었다. 한데 나를 더 놀라게 한 것은 그와 함께 일하던 다른 기자들의 반응이었다. 대체로 '이런 일이 생길 줄 알았다'는 얘기였다. 어떤 이는 '기사화 된 것 말고 다른 것들이 더 나올 가능성이 높다'고도 했다. 그는 주변에 이미 그렇게 소문이 나 있는 사람이었다.

OOO 앵커, 그는 공채가 아니라 특별채용을 통해 통해 기자가 된 사람이었다. 대학에서 학도호국단 간부를 지낸 사람들에게 주어지던 엄청난 특혜였다. 때는 군사정권이었던 5공화국, 정부의 입김이 강한 언론사에는 그런 특혜를 통해 기자가 된 사람들이 제법 있었다. 그는 서울 본사 소속은 아니었고 지방사 소속으로 기자생활을 시작했다. 활달한 성격의 그는 여러 가지로 재주가 많은 기자였다. 어떤 과정을 거쳤는지는 모르지만 지방 근무 몇 년 만에 서울로 옮겨 많은 사람들을 놀라게 하기도 했다. 당시만해도 지방에서 서울로 옮기는 것은 웬만한 힘으로는 할 수 없는 일이었다. 그리곤 서울로 옮기자마자 PD들이 제작하는 인기 프로그램의 진행자로 발탁됐다. 그러더니 어느 날 아침뉴스의 앵커자리까지 꿰찬 것이었다. 전례가 없는 일이었고 엄청난 파격이었다. 사실 PD들의 프로그램을 진행할 때까지만 해도 많은 기자들은 그가 기자라는 사실조차 알지 못하고 있었다. 그러다 어느 날 갑자기 앵커로 발탁이 됐으니... 적지 않은 기자들이 놀라고 수군거린 것은 것은 당연했다.

당시 나는 기자협회장이었다. 그냥 넘길 수 있는 사안이 아니었다. 그의 배경을 살피기 시작했다. 그는 기사 잘 쓰는 기자라기 보다는 골프 잘 치는 기자로 소문 나 있었다. 거의 프로급이라고 했다. 거기에 친화력이 강하고 모든 면에서 시원시원하다고도 했다. 사람들은 골프를 통해 그가 회사 내외부의 최고위급 인사들과 가까워졌다고 했다. 그렇게 가까워진 사람들을 특유의 친화력으로 사로잡았고 그들의 필요를 챙기는 섬세함으로 그들의 마음까지 얻었던 것 같다고도 했다. 특별히 외부 인사들에게는 잘나가는 방송국 기자라는 타이틀이 큰 무기가 됐을 것이라고 했다. 대략 그림이 그려졌다. 그렇게 맺어진 끈끈한 관계를 통해 그는 서울로 올라오고 프로그램도 맡을 수 있었던 것으로 판단됐다. 한데 그런 과정에서 얻게 된 자신감이 그를 붕뜨게 만든 것 같았다. 함께 일했던 기자들은 그가 주변을 전혀 의식하지 않더라고 했다. 말에도 행동에도 거침이 없었다고 했다. 찾는 전화가 많고 회사까지 찾아오는 사람들도 적지 않았지만 조심하는 기색이 전혀 없었다고 했다. 그는 그런 것들을 오히려 자신의 존재감과 영향력을 과시하는 수단으로 즐기는 것 같았다고 했다.

2. 뉴스 앵커라는 위험천만한 자리

결국 얼마 뒤 그는 구속기소 됐다. 세무서에 영향력을 행사하는 조건으로 1,000만 원을 받은 혐의였다. KBS 입장에서는 부끄럽고 민망한 일이었다. 하지만 회사에서는 어떤 입장도 내지 않고 그저 쉬쉬하고 넘기려는 분위기가 역력했다. 일부에서는 더 크게 번지지 않고 그정도 선에서 마무리된 것이 다행이라는 얘기까지 흘러나왔다. KBS 앵커라는 타이틀이 다른 수사로 번지는 것을 막았을 것이라는 분석이 뒤따랐다. 그런 흐름에 기자협회까지 그대로 넘어갈 수는 없었다. 성명서를 냈다. 온갖 파격을 다 동원해 그의 뒤를 봐준 사람이 누구인지 밝히고 그에게 책임을 물을 것을 강하게 요구했다. 그리고 뉴스앵커 선발 방식의 개선도 요구했다. 공개경쟁을 통해 선발하되 도덕성을 핵심기준의 하나로 삼아야 한다는 내용이었다. 앵커는 KBS의 얼굴이라는 사실, 따라서 뉴스의 신뢰도를 높이기 위해서는 엄격한 도덕성이 필수라는 사실을 강조했다. 아무리 방송실력이 뛰어나다 하더라도 도덕성에 문제가 있는 사람은 결코 앵커로 발탁하지 않을 것이라는 분명한 입장을 천명할 것도 요구했다. '평판이 좋지 않은 사람이 앵커가 된다면, 주변 사람들에게 문제 많은 것으로 인식돼 있는 사람이 뉴스 진행을 맡는다면 최소한 그를 알고 있는 사람들 사이에서 KBS라는 회사가 어떻게 평가되겠는가?', '문제있는 그가 앵커라는 직위를 이용해 어떤 일을 벌인다면 그때는 또 어떻게 할 것인가?' 그런 도발적인 문제제기로 회사를 압박했다.

뉴스 앵커, 그건 분명 멋진 타이틀이었다. 방송사 내부에서는 '그저 역할이 다른 한 사람'으로 인식되는 경우가 대부분이었지만 시청자들에겐 그런 존재가 아닌 것이 분명했다. 그들에게 앵커는 멋지고 화려한, 선망의 대상임이 분명했다. 텔레비전이 국민생활의 중심에 깊게 자리잡은 이후부터 시작된 현상이었다. 준수한 외모에 지적인 분위기, 예리한 통찰과 분석, 어떤 복잡한 현상도 깔끔하게 정리해 내는 탁월함, 그를 통해 핵심을 짚어내는 촌철살인의 멘트... 그런 모습에 시청자들은 뜨겁게 반응하곤 했다. 그들의 캐릭터에 따라 뉴스의 성격이 규정됐고 그들의 말 한 마디에 여론이 움직이는 일도 드물지 않았다. 자연스럽게 그들은 방송사의 간판으로 인식됐고 그들을 향해 팬덤이 형성되기도 했다. 텔레비전 시대, 그들은 표정 하나, 말 한마디로 세상 흐름에 영향을 미치는 엄청난 인플루언서가 분명했다. 어딜 가나, 무엇을 하든 주목 받는 최고의 인기 스타였다. 그것도 연예인이나 스포츠 스타의 인기와는 차원을 달리하는 인기. 당연히 방송기자로 일하는 사람들은 거의 예외없이 그 자리를 꿈꾸곤 했다. 기회를 잡기 위해 최선을 다했고 그 과정에 무리가 동원되는 일도 종종 있었다.

그랬기에 앵커가 된다는 것은 당사자에게 자랑이요 영예임이 분명했다. 하지만 그것은 다른 한편으로는 엄격한 자기관리와 무거운 책임감이 수반되는 불편한 일이기도 했다. 따라서 정상적인 방송사에서는 그런 영광과 책임의 무게를 감당할만큼의 경험과 역량을 갖춘 인물들을 앵커로 발탁하는 것이 기본 중의 기본이었다. 정치, 경제, 사회, 문화 등 다양한 분야를 섭렵한 부장급 이상의 중견 기자, 그건 풍부한 현장경험이 앵커의 필수조건이라는 의미였다. 외부조건에 쉽사리 흔들리지 않을 자기중심이 있어야 하고 그를 바탕으로 현상 뒤에 숨어있는 구조와 의미까지 간파해 낼 수 있는 능력이 있어야 한다는 의미였다. 충분한 경험이라는 필요조건에 통찰력이라는 충분조건까지 갖춰야 비로소 앵커가 될 수 있다는 의미였다. 그러나 언제부터인가 그런 기본적인 원칙이 무너지고 있었다. 젊은 감각을 내세워 경력이 일천하고 현장경험도 없는 기자들이 앵커로 발탁되는 일이 잦아졌다. 누가 보더라도 앵커의 자격이 없는 사람들이 뉴스를 진행하는 일이 많아졌다. 그 배경에 사장이나 본부장 등 높은 사람들의 낙점 형식으로 이뤄지는 선발방식이 자리잡고 있었다. 앵커라는 중요한 자리를 친한 사람, 봐줘야 할 사람들을 위한 일종의 선물로 여기는 생각없는 사람들이 종종 있는 까닭이었다. 그런 현실이 염불에는 관심없고 잿밥에만 관심있는 사이비성 기자들을 자극했고 실제 성공케이스들도 만들어 내고 있었다. 그를 위한 로비가 난무했고 혈연, 지연, 학연 등 온갖 관계도 동원되곤 했다. ○○○ 앵커가 정확하게 그런 경우로 보였다.

그러다 보니 기사의 내용도 다 파악하지 못하는 앵커가 드물지 않았다. 기자들이 써준 멘트에서 한 걸음도 나가지 못하는 앵커, 프롬프터에 신경 쓰느라 얼굴이 데드마스크처럼 굳는 앵커도 있었다. 심지어 명색이 앵커라는 사람이 표준어 발음조차 제대로 하지 못하는 코미디같은 현실까지 빚어졌다. 공영을 기치로 내건 국가 기간방송, 프로의 세계에서는 결코 용납될 수 없는 일이었다. 방송사의 신뢰도와 기라성같았던 선배 앵커들의 이미지를 깎아먹는 일임이 분명했다. 하지만 문제를 제기하는 일부의 우려에도 불구하고 그런 현실은 달라지지 않았다. 오히려 악화의 방향으로 가속 패달을 밟는다는 느낌이 들 정도였다. 악화가 양화를 구축한다는 그레샴의 법칙이 방송국에도 적용될 수 있다는 사실을 입증하는 현상이었다. 그런 일들이 대한민국의 대표 방송 KBS에서 벌어지고 있었다. 그런 현실에 혀를 차는 기자들이 늘고 있었지만 상황은 달라지지 않고 있었다.

모두가 그런 것은 아니었지만 그런 앵커들에게는 몇 가지 공통점이 있었다. 우선 어깨에 힘이 잔뜩 들어가 있다는 것이었다. 그들은 습관적으로 우쭐댔다. 그건 어쩌면 당연한 일이었다. 목적자체가 뉴스를 잘 전하는 것이 아니라 그 자리에 앉아 대중의 관심을 즐기는 것이었기 때문. 당연히 그런 그들에게 자리에 걸맞는 책임감이 있을 리 없었다. 자신들의 말과 행동이 얼마만큼의 영향력을 가지는지에 대해 그들은 거의 생각하지 않는 모습이었다. 아예 관심조차 없는 것같기도 했다. 그러다 보니 스튜디오를 벗어난 일상의 행동에서 공인의식도, 조심성도 별로 찾아볼 수 없었다. 기사에 집중하기 보다 화면에 비치는 자신의 모습에 더 많은 관심을 보인다는 것도 하나의 공통점이었다. 간혹 무겁고 안타까운 사건 소식을 전할 때도 화려한 복장을 하거나 심지어 엷은 미소를 짓는 어처구니없는 일이 일어나는 이유가 거기 있었다. 거기에 결정적인 것이 하나 더 있었으니 대접 받는 것을 즐기면서 그것을 숨기기보다 오히려 자랑하는 듯한 무신경이었다. 문제는 그런 엉터리들조차도 뉴스를 진행한다는 단 한 가지 이유만으로 세상에서 앵커 대접을 받는다는 사실이었다. 속 모르는 사람들은 그를 대단하게 평가하며 자발적으로 그의 주변으로 몰려들곤 했다. 그런 현실이 그들을 더 들뜨게 만드는 것 같았다.

3. 드디어 앵커 오디션이 도입되다

그런 거의 모든 특징들이 OOO 앵커에게서도 발견됐다. 정상적인 상황이라면 그는 결코 간판 뉴스의 진행자가 될 수 없는 인물이었다. 공채가 아닌 특별채용부터 지방 총국, 서울 본사, TV제작국, 보도국으로 이어지는 모든 과정이 파격에서 파격으로 이뤄져 있었다. 소속을 옮긴 것만도 대단한데 가는 곳마다 누구나 탐내는 핵심적인 지위까지 꿰차는 또 다른 차원의 파격도 이어져 있었다. 그러다 결국 사상초유의 앵커 사법처리라는 충격적 마무리까지 연결된 것이었다. 들여다볼수록 엄청난 사건, 경직된 조직의 구조를 생각하면 일종의 경이로 받아들여질 만한 일이었다. 초단기간에 진행된 그의 발탁과 화려한 부상, 그리고 몰락에 기자들이 받은 충격은 이만저만이 아니었다. 그가 거친 모든 길에 KBS의 모든 문제가 농축돼 있었다. 그의 구속 이후 KBS 기자라는 사실이 그렇게 불편하고 민망할 수 없었다. 사람들의 시선이 부담스러웠다. 등 뒤에서 수군대는 것 같은 분위기에 서둘러 자리를 피한 적도 한두 번이 아니었다. 그런 마음이 분명 나만은 아니었을 터였다.

OOO 앵커 비호세력에 대한 강한 조치를 요구한 기자협회는 그와 함께 자정운동을 결의했다. 당사자와 윗사람들에게만 책임을 물을 사안이 아니라는 판단 때문이었다. 실망감을 갖게 됐을 시청자들을 향해 사과와 재발방지 다짐이 필요하다는 생각도 작용했다. 취재와 관련해 관폐, 민폐 끼치지 않기, 촌지는 물론 향응대접 받지 않기, 취재원과 만날 때 차값 밥값 등은 먼저 계산하기, 인터뷰에 응해 준 사람들에게 적절하게 사례하기, 그들에게 방송이 언제 나가는지 반드시 알려주기... 등 기자로서의 기본, 조직원으로서의 행동수칙을 제대로 지키자는 것이었다. 그 핵심은 겸손과 자세 낮추기였다. 자신도 모르게 몸에 밴 갑의 태도와 건방의 모습을 버리자는 것, 사소한 것일지라도 취재원의 입장에서 생각하고 그들을 배려하자는 운동이었다. 그리고 그런 활동과 별도로 은밀하게 다른 앵커들에 대한 소문과 평판도 조사했다. 불미스러운 일이 한번만 더 벌어진다면 그야말로 KBS 뉴스에 치명적이라는 판단때문이었다. 사실 그게 가장 신경쓰이는 상황이었다. 그것은 대다수 일선 기자이 강력하게 요구하는 사안이기도 했다.

그런 과정에서 주요 뉴스를 맡고 있던 다른 앵커의 심각한 문제가 제기됐다. OOO 앵커의 경우보다 결코 작다고 할 수 없는 문제였다. 과거 그가 일하던 지역과 사람들을 중심으로 소문이 꽤 광범위하게 퍼져 있었다. 그것도 한 건이 아니고 여러 건, 내용 자체가 충격적이고 구체적이었다. 여러 날의 고심 끝에 그 자료를 들고 본부장을 찾아갔다. '기자협회 조사과정에서 이런 내용이 돌고 있는 것을 확인했습니다. 사실로 드러날 경우, 또 그것이 외부로 알려질 경우 OOO 앵커와는 비교할 수 없을 정도의 파장이 예상됩니다. 그렇게 되면 회사도 치명상을 입게 될 것이 분명합니다. 본부장께서 은밀하게 조사하셔서 사실로 확인된다면 조치를 취해주십시오...' 본부장은 말없이 듣기만 했다. 그는 본부장이 앵커로 발탁한 인물이었다. 본부장은 그와 동향이었고 그에 대해 남다른 애정을 갖고 있는 것으로 소문이 나있기도 했다. 침통한 표정의 본부장에게 서류를 전하고 돌아 나왔다.

얼마 지나지 않아 해당 앵커가 교체됐다. 정기인사에 맞춰 겉으로는 표시가 나지 않는 인사였다. 따라서 회사 내부에서도 인사의 전말을 아는 사람들은 거의 없었다. 그건 그에 대한 배려였음이 분명했다. 하지만 당사자인 그는 그렇게 생각하지 않는 것 같았다. 그는 조용히 물러나지 않았다. 나를 찾아와 한바탕 난리를 친 깃이었다. '기자협회가 무슨 자격으로 그런 건방진 일을 벌이느냐' '나도 명백한 회원인데 협회가 회원의 권리를 이런 식으로 짓밟아도 되느냐'고 목소리를 높였다. 그의 기분을 이해 못 할 바도 아니었다. 그로서는 아닌 밤중에 홍두깨였을 것이었다. 그는 사실 다른 앵커들에 비해서는 상대적으로 취재경력이 많은 사람이었다. 강단 있는 인상과 똑부러지는 말투로 진행실력도 평가 받는 사람이었다. 아마도 기자협회의 문제제기가 없었다면 앵커로 승승장구할 수도 있었을 것이고 그 스스로도 그렇게 생각했을 가능성이 높았다. 당황스러웠다. 그에 대한 조사도, 본부장을 찾아 건의한 것도 은밀하게 이루어진 것이었으니. 아마도 항변하는 그에게 본부장이 기자협회 핑계를 댄 것 아닌가 싶었다. 당신의 미안함을 그렇게 떠넘기려 했던 것으로 해석됐다. 하지만 비겁하다는 생각을 떨칠 수 없었다. 그건 결코 내가 생각하는 책임 있는 윗사람의 모습이 아니었다.

　속이 상했고 본부장에 대한 실망도 있었다. 하지만 기자협회장이란 자리는 그런 자리였다. 간부들과 동료들 양쪽 모두에게 욕먹을 수 밖에 없는 자리, 그건 구조적으로 피할 수 없는 문제였다. 자리를 맡을 때 그런 사실을 몰랐던 것도 아니었다. 그렇기에 필요성은 인정하면서도 대부분의 기자들은 맡으려 하지 않는 자리였고 나 또한 그랬었다. 하지만 그런 상황속에서도 묵묵히 책임을 다하는 선배들의 모습을 지켜본 입장에서, 또 후배들이 강권하는 상황에서 내 입장만 생각할 수 없었다. 그걸 거창하게 역사적인 십자가라고 까지는 생각하지 않았다. 다만 피할 수 없는 책무라면 기꺼이 최선을 다하자고 마음을 다졌었다. 그랬던 마음들을 되새기니 어느 정도 기분이 가라 앉았다. 여전히 서운한 마음이 없지 않았지만 다른 한편으로는 예상했던 과정, 어차피 겪어야 할 일이라는 생각도 들었다. '이건 협회에 따질 일이 아니지 않느냐? 당신을 무조건 내려야 한다고 말하지 않았다. 이러저러한 얘기가 있으니 본부장께 조사해 보시라고 말씀드렸다. 조사해 보시고 사실로 드러나면 적절한 조치를 취해달라고 건의했을 뿐이다. 더욱이 그런 내용을 많은 사람들에게 공개적으로 알린 것도 아니었다. 본부장에게만 은밀하게 알렸을 뿐이다. 지금같은 상황에 기자협회가 그 정도의 일은 할 수 있는 것 아니냐? 그 상황에서 당신 같으면 어떻게 했겠느냐?...' 나도 물러서지 않았다. 그는 분이 안 풀리는 듯 한참 더 화를 낸 뒤에야 씩씩거리며 돌아갔다.

　본부장은 그 때도, 그 후로도 그일과 관련해 한 마디도 하지 않았다. 나도 마찬가지였다. 물론 ○○○ 앵커의 소동도 나만 아는 비밀로 덮어뒀다. 유감스럽게도 문제의 단

초가 됐던 ○○○ 기자가 아침뉴스 앵커로 발탁된 과정을 포함해 그를 둘러싼 파격적 특혜인사에 대한 조사는 이뤄지지 않았다. 당연히 내부의 비호세력에 대한 문책도 없었다. 답답하고 실망스러운 일이었다. 하지만 그런 게 당시 KBS의 오래된 관행이었다. 얼마 지나지 않아 보도국에 방이 붙었다. 프로그램 개편을 앞두고 앵커 오디션이 있으니 관심 있는 기자들은 참여하라는 내용이었다. 드디어 앵커 선발제도가 바뀐 것이었다. 놀라운 변화에 보도국이 들썩였다. 그건 적어도 내가 기자가 된 후 처음 있는 일이었다. 무뚝뚝한 본부장이, 비겁하게만 느껴졌던 본부장이 고맙게 느껴졌다.

뉴밀레니엄 기획,
히말라야 등반을 생중계 하자

1. 목표는 해발 8,586m 칸첸중가

1999년, 세계는 새천년을 앞둔 기대와 긴장으로 뒤숭숭했다. 따지고 보면 다른 때와 마찬가지로 한 해가 더해지는 것이었지만 서기 1천 년대의 세상에서 2천 년대로 넘어 간다는 사실에 사람들은 미묘한 기분을 느끼고 있었다. 마치 완전히 다른 세상을 맞게 될 것과 같은 흥분과 기대, 그리고 걱정이 교차되는 분위기. 언론이 앞장 서 그런 분위기를 조장했고 일부 정치인들과 학자, 종교인, 점성술사 등이 가세하며 그런 사람들의 마음을 더 자극하고 있었다. 역시 인간은 의미를 찾고 의미를 부여하는 데 익숙한 특별한 동물임에 틀림없었다. 긴 역사의 흐름으로 볼 때 그 또한 결국 하루가 만들어내는 변화에 불과할 것이 분명했지만 의미를 중요하게 보는 사람들은 그런 평범함을 인정하고 싶지 않은 것 같았다. 최첨단 과학시대에 고대에나 있을 법한 그런 소란과 걱정이 이해하기 어려웠지만 아무튼 주변의 현실은 그랬다.

개인적으로는 수 많은 예상과 가설 가운데 이른바 Y2K가 신경 쓰였다. 컴퓨터의 인식오류로 전지구적 혼란이 초래될 것이라는 얘기였다. 현대 과학과 수많은 전문가들이 그 가능성을 차단하기 위해 최선을 다 한다고 했지만 분명 지구촌 어느 한 구석에선가 그런 일이 실제로 일어날 수 있을 것 같았다. 거기서 비롯된 혼란으로 복잡함이 초래될 수도 있을 것 같았다. 그런 막연한 생각들이 문득문득 머릿속을 맴돌며 마음을 흔들곤 했다. 인류의 발전을 이끈 컴퓨터라는 놀라운 기기가 거꾸로 인류의 멸망을 초래할 치명적인 무기가 될 수 있겠다는 생각을 진지하게 해본 계기였다.

당시 KBS는 조금은 다른 차원에서 뉴밀레니엄을 준비하고 있었다. 뉴밀레니엄을 100일 앞둔 날(9월 23일), 세계에서 3번째로 높은 히말라야의 칸첸중가봉 등반을 위성 생중계한다는 담대한 계획이었다. 해발 8,586m의 고봉 등반을 생중계한다는 것은 그 때까지 세계 어느 방송사도 시도해 본 적이 없는 획기적인 기획이었다. KBS는 그 야심찬 계획을 위해 휴대용 소형 카메라와 휴대용 무선영상전송장치도 개발해 놓은 상태였다. 등반대원들의 헬멧에 카메라를 장착한 뒤 그 카메라가 찍는 생생한 영상을 바로 베이스 캠프에 전송하고 그 화면을 위성을 통해 국내로 보내 생방송하는 방식이었다. 구체적인 계획을 마친 KBS는 우선 내부에서 그 역사적 기획에 동참할 방송인력을 선발하는 절차에 돌입했다. 그해 6월 어느 날, 참가를 희망하는 사람들은 과감하게 나서달라는 공지가 기자들에게 전달됐다. 일정 높이까지 함께 등반하며 현지 방송을 맡게 될 역할이라고 했다. 내심 구미가 당기는 일이었다. 언젠가는 한 번 꼭 가보고 싶었던 히말라야였기에 가슴도 뛰었다. 방송역사에 기록될 의미 있는 기획에 함께 하고 싶다는 욕심도 생겼다. 당시 내게 붙여졌던 '현장 기자'라는 별명이 그런 마음을 더 재촉했다.

현장기자라는 타이틀, 사실 그건 영광스런 별명이었다. 기자에게 현장만큼 중요한 것이 또 어디 있을까? 전쟁터를 포함해 크고 작은 현장을 누비던 시절이었다. 적지 않은 사람들이 물었다. 위험하지 않냐고, 겁나지 않냐고. 그들은 진심어린 걱정을 담은 표정이었다. 하지만 나는 현장이 좋았다. 물론 위험하지 않다면 거짓말일 터였다. 고맙게도 현장엔 늘 가슴뛰는 설렘과 예기치 못한 기쁨이 있었다. 정신 바짝 차리게 만드는 긴장과 배움도 있었다. 스스로에 대한 적나라한 자각, 그럼에도 역사의 증언자라는 자부심도 솟아났다. 그 즈음 나는 그런 현장이 주는 기쁨에 푹 빠져 있었다. 칸첸중가는 그런 내 마음을 흔들고 있었다. 그러나 몇 가지 중요한 장애 요인이 있었다. 당시 나는 동료들이 뽑아준 기자협회장이었다. 그것도 다른 업무는 하지 않고 전적으로 그 일에만 전념하도록 돼 있는 첫 번째 전임직 회장. 나는 거의 매일 기자들 편에서 보도국 간부들과 신경전을 벌여야 했다. 또 보도국의 권익을 위해 회사와 민감한 문제도 풀어내야 했다. 그 한 해 전에 시작된 금강산 관광에 기자들이 참여하는 문제, ○○○ 청와대 정책기획수석의 한강변 별장과 관련된 기사 누락 문제, 중국언론인협회와의 교류 등 적지 않은 현안들로 복잡한 상태였다. 거기에 생방송으로 매주 진행되는 사건 25시의 진행도 맡고 있었다. PD들이 만드는 프로그램이었지만 사건기자의 경험이 필요하다고 협조를 요청해 와 맡게 된 경우였다. 문제는 두 자리 모두 대체 인력을 찾기 어렵다는 것이었다. 아쉬웠지만 포기할 수밖에 없었다. 결국 몇 사람의 자원자들 가운데 사회부 현명근 기자가 적임자로 선발됐다. 나보다는 7년 후배, 해병대 출신의 몸매가 다부진 친구였다.

드디어 8월 12일 칸첸중가 생방송팀이 네팔을 향해 출국했다. 현명근 기자 외에 이 OO PD와 이OO 카메라맨도 포함됐다. 두 사람은 등반의 전 과정을 기록하는 다큐멘터리를 제작하면서 뉴스가 아닌 교양 프로그램에 관련 소식을 전하게 될 것이라고 했다. KBS 팀원들 가운데서는 그들 둘만이 히말라야에 오른 경험이 있는 유경험자들이라고 했다. 방송팀 외에 KBS의 계획에 기꺼이 참여하기로 한 대한산악연맹 등반대원들도 함께 했다. 등반대의 대장은 세계적인 산악인 엄홍길 씨가 맡았다. 당시까지 히말라야의 8천m 이상 봉우리 14개 가운데 12개를 정복한 최고의 산악인이었다. 칸첸중가는 그의 13번째 봉우리 도전이었고 생방송은 그의 등반과정을 중계하는 것이었다. 그렇게 출발한 방송팀과 등반대는 도착하자마자 히말라야 현지에서 적응 훈련에 돌입했다. 현기자는 그렇게 적응훈련을 하는 기간에도 가끔씩 위성을 통해 현지 소식을 전하곤 했다. 새빨간 등산복을 입은 그의 모습이 정말 멋져 보였다. 한 달이 채 안 됐는데도 화면에 비친 그의 얼굴은 이미 새까맣게 변해 있었다. 건강하고 당당한 모습, 목소리에도 투지와 자신감이 넘쳐나고 있었다. 산소가 희박한 지역이라는 것을 확인시켜 주듯 숨소리가 거칠기는 했지만 그건 시간이 지나면 자연스럽게 해결될 문제라고 생각했다. 어느 순간 뉴스를 볼 때마다 그런 그의 모습에 내가 겹쳐 보였다. '내가 저곳에 갔어야 하는데', '저런 방송은 내가 했어야 하는데...' 책임을 맡고 있는 일만 없었다면 분명 그리 했을 것이었다.

2. 비극적인 눈사태, 아 현명근 기자여!

칸첸중가 등반 생중계 계획은 그렇게 순조롭게 진행되는 것 같았다. 정상 정복을 위한 베이스 캠프 설치작업이 성공적으로 진행되고 생중계를 위해 자체 개발한 장비들도 성능이 뛰어난 것으로 확인됐다고 했다. 그렇게 그렇게... 시간이 흐르면서 이제 D-day인 9월 23일만 기다리면 되겠다고 생각하던 상황이었다. 특별할 것 전혀 없던, 모든 것이 순조롭던 9월 14일 오후 3시쯤, 나는 며칠 뒤 있을 보도본부의 전체 MT 준비상황을 점검하며 통일부를 살피고 있었다. 편집회의를 마치고 돌아오며 툭 던지는 박OO 부장의 독백이 귀에 확 꽂혔다. '큰일 났네... 이걸 어째...' 한숨이 섞여 있었다.

해직기자로 고생하다 복직해 뒤늦게 부장 보직을 받은 분, 부장들 가운데서도 과묵한 것으로 소문난 분이었다. 9시뉴스 리포트 제작과 관련해 뭔가 고민이 생긴 것 같다고만 생각했다. 빙긋이 웃으며 '무슨 일 있으세요?' 하고 물었다. 그가 심각한 표정을 풀지 않은 채 답했다. '히말라야에서 사고가 났대. 두 명이 죽고 두 명은 중상이라는데... 그중에 현명근이가 포함된 것 같아...' '예? 명근이한테 사고가 난 것 같다고요?' 갑자기 정신이 멍해졌다. 청천벽력같은 소리였다. 이게 무슨 소리란 말인가? 정신을 가다듬는데 약간의 시간이 필요했다. '대체 무슨 사고라는데요? 명근이가 포함된 게 정말 맞는 거예요?' 재차 물었다. 하지만 박부장 자신도 더 이상은 모른다고 했다. 회의 시간에 거기까지만 들었을 뿐이라고 했다.

보도본부장실로 뛰었다. 뭔가 잘못된 소식일 거라고, 명근이는 괜찮을 것이라고 주문을 외듯 되뇌이고 또 되뇌었다. 본부장은 멍한 표정으로 앉아 있었다. 분위기가 침통했다. 우리 시간으로 오후 2시 45분쯤, 현지 시간 10시 45분쯤 6,400m인 캠프2에서 7,000m에 위치한 캠프3으로 이동하던 중 눈사태를 만난 것 같다고 했다. 하지만 본부장도 구체적으로 누가 죽고 누가 다쳤는지, 그들이 현재 어떤 상태인지에 대해서는 모른다고 했다. 현지에서 연락이 오기만 기다리고 있다고 했다. 제발 명근이는 포함되지 않았기를... 혹 포함됐더라도 죽지는 않았기를... 다른 희생자들에겐 미안한, 분명 이기적인 생각이었지만 나도 어쩔 수 없는 마음이었다. 혹시 진전된 소식이 있는지 3층 보도국장실로 내려가 봤지만 거기도 사정은 다르지 않았다. 그렇게 3층과 4층을 뛰어다니며 작은 정보라도 확인하기를 여러 차례, 5시쯤 드디어 현지에서 연락이 왔다. 숨진 사람 가운데 한 명이 현명근 기자라는 것이었다. 순식간에 온 몸의 기운이 다 빠지는 기분, 모든 것이 정지된 느낌이었다. 다른 한 명은 대한산악연맹 한도규 대원, 중상자는 오OO 대원이라고 했다. 목표지점의 70%쯤 오른 상태였다고 했다. 믿어지지 않았다. 아니 믿을 수가 없었다. 이틀전까지 생생하게 현장에서 방송을 전하던 녀석이었다. 표정과 목소리에 자신감이 넘치던 모습이었다. 그 기억이 생생한데... 그런 녀석이 눈을 감았다는 사실을 도저히 받아들일 수 없었다.

보도국이 술렁거렸다. 분위기가 어수선해졌다. 사회부장과 국제부장이 국장실로 급하게 들어가는 모습이 보였다. 이어 다른 부장 몇 명도 뛰어가고 있었다. 그렇게 어수선하고... 여기저기서 관련 소식들을 확인하고... 그렇게 술렁거리던 보도국 분위기는 어느 순간 무거운 적막으로 바뀌었다. 어디서도 작은 소리조차 들리지 않았다. 내근자들은 전화를 받으면서도 목소리를 낮췄다. 출입처에서 돌아오는 기자들도 조용히 자기 자리를 찾아가 앉을 뿐이었다. 조심조심... 누구 하나 예외 없이 말소리를 낮추고, 발소리도 죽여가며 분위기만 살피고 있었다. 구석진 공간에 삼삼오오 모여 걱정을 나누는 사람들도 있었지만 그들도 다르지 않았다. 그 넓은 공간에 말소리, 기침소리 하나 들리지 않는 상황. 팽팽한 긴장감이 보도국을 가득 채우고 있었다. 모든 것이 비현실적으로 느껴졌다. 모두가 남의 일로만 여기지 못하는 표정들이었다.

기자들 가운데서도 가장 젊고 강한 친구, 엊그제까지만 해도 뉴스를 통해 자신만한 모습을 보였던 동료였기에 충격은 더한 것 같았다. 그런 분위기에 나도 더 이상 서성거릴 수 없었다. 머리가 멍했고 다리도 후들거렸다. 기자협회 사무실로 돌아왔다. 아무 생각도 할 수 없었다. 아닐 거라고, 분명 뭔가 잘못 전해졌을 것이라고 수없이 도리질만 해댔다. 하지만 그럴수록 사고가 현실이라는 자각만이 또렷하게 살아왔다. 그런 자각에 의미없는 원망이 터져 나왔다. '미련한 자식. 기자면 베이스캠프에나 있을 일이지 뭐 한다고 캠프3까지 따라나섰단 말인가?', '왜 경험도 없는 놈이 그런 무리를 감행했단 말인가?'... 계획서 상에 기자는 해발 5,000m까지만 가는 것으로 돼 있음을 알기 때문이었다. 녀석이 한없이 원망스러웠다. 생각할수록 미련하기 짝이 없는 녀석이었다.

그런 원망 끝에 궁금증도 일었다. '카메라맨은 함께 가지 않았다는데 왜 녀석은 혼자 등반대를 따라 나선 것일까? 카메라맨이 없으면 혼자서는 아무 것도 할 수 없는데 녀석은 무슨 생각으로 그리 했던 것일까? 현장에서는 왜 그런 녀석을 통제하지 않고 올려 보낸 것일까? 무엇이 녀석을 그리 움직이게 만들었단 말인가? 이해 안 되는 일들이 한두 가지가 아니었다. 무모한 욕심 때문이었을까? 아니면 그렇게 하지 않으면 안 되는 분위기가 있었단 말인가? 혹시 PD와 신경전에 욱했던 것은 아닐까? 이○○ PD와 카메라맨은 먼저 캠프3에 올라가 있었다고 하지 않았는가... 그런 생각의 끄트머리에 여리고 참하게 생긴 녀석의 부인이 떠올랐다. 떠나기 전날 로비에서 함께 있는 모습을 봤었다. 배가 많이 부른 그녀는 밝게 인사하며 함께 준비물을 챙기고 있다고 했었다. 기자들의 행사가 있을 때마다 남편을 따라 열심히 참석해 나와도 많이 가까워진 사이였었다. 갑자기 정신이 번쩍 들었다. 제수씨에게 이 사실을 어떻게 알린단 말인가? 여리디 여린데다 이제 곧 세상에 나올 유복자를 품고 있는 그녀에게 어떻게 남편의 사망 소식을 전한단 말인가? 또 가족들에게는 뭐라고 설명한단 말인가? 망자에 대한 걱정이 살아있는 가족들에 대한 걱정으로 이어지고 있었다.

3. 29살의 부인, 배 속의 유복자

얼마나 망연자실하고 있었을까? 문득 정신이 들었다. 그렇게 넋 놓고 앉아 있어서는 안 된다는 생각이 들었다. 기자협회가 해야 할 일이 있었다. 가장 급한 것은 수습을 돕는 일일 터였다. 그 가운데서도 녀석의 아내를 위로하고 돌보는 일이 가장 중요한 일로 판단됐다. 녀석과 가까운 동기와 여기자 1명을 묶어 전담시키기로 했다. 조문객들을 맞고 장례까지의 절차를 관리하는 것도 우리가 해야 할 일이었다. 서둘러 당번을 편성하고 역할을 지정했다. 거기에 당장은 아니지만 사고원인을 조사하고 그에 따른 책임소재를 따지는 문제, 보상문제 등을 해결하는 데도 힘을 쏟아야 할 터였다. 처음 당해보는 엄청난 일, 어느 것 하나 만만해 보이는 게 없었다. 정신을 바짝 차려야 할 것 같았다. 오랫동안 잊고 있었던 기도가 터져 나왔다. 주여, 이게 무슨 일이란 말입니까? 어쩌자고 이런 엄청난 시련을 주신단 말입니까? 도대체 무슨 뜻이 있기에 이런 엄청난 일을 안기신단 말입니까?... 원망, 원망, 또 원망... 담대함과 지혜를 구해야 했지만 입에선 원망만 쏟아져 나오고 있었다.

보도국장이 그의 집을 찾아가 달라고 부탁했다. 혼자는 아니고 이○○ 주간이 가는데 동행해 주면 좋겠다는 얘기였다. 명근이의 부인에게 남편의 사망 소식을 전하는 팀이었다. 어떻게 확인했는지 부인은 충남 홍성의 친정에 가 있는 것 같다며 도착시간에 맞춰 집으로 가면 될 것이라는 설명도 덧붙였다. 일단 전화 통화는 했다고 했다. 하지만 '사고가 생긴 것 같으니 올라오는 게 좋겠다'고 운만 뗐을 뿐 구체적인 얘기는 안 했다고 했다. 충격이 클 수 있으니 사망 소식은 분위기 살펴가며 조심스럽게 전해달라는 것이 국장의 주문이었다. 회사의 그런 전화에 부인은 '알겠다'고만 했을 뿐 더 이상 아무것도 묻지 않더라고도 했다. 아마도 최악의 소식을 듣게 될까 두려워서 그랬던 것 아닌가 싶었다. 제주의 부모님께 소식을 전할 사람들도 정해졌다고 했다. 보도제작국의 이○○ 부장과 제주총국의 간부가 간다고 했다. 아무래도 젊은 실무 책임자보다는 나이 지긋한 간부가 나을 것이라는 판단에 따른 것으로 보였다. 그들은 어쩌면 나보다 훨씬 더 곤혹스러울 것이라는 생각이 들었다. 촌동네에서 사는 가난하고 연로하신 부모에게 잘난 아들은 단순한 아들 이상의 존재라는 사실을 잘 아는 까닭이었다.

  녀석의 부인이 도착할 시간에 맞춰 집에 도착했다. 구로동에 있는 작은 아파트였다. 그녀는 아직 도착하지 않은 상태였다. 현관 문이 굳게 닫혀 있었다. 그녀를 어떻게 대해야 할까, 말문은 또 어떻게 열어야 할까... 수 많은 생각들이 머릿속을 맴돌았다. 하지만 정리되는 것은 하나도 없이 어지럽기만 했다. 한 30분쯤 기다렸을까? 그녀가 가족들의 부축을 받으며 올라오는 모습이 보였다. 쌍둥이 여동생과 오빠인 것 같았다. 눈이 마주친 그녀가 힘겹게 인사를 건넸다. 핏기 없는 하얀 얼굴, 쓰러질 것 같은 모습이었다. 사망 소식을 듣지는 않았지만 이미 다 알고 있는 것과 같은 표정이었다. 함께 집으로 들어가 앉았다. 우선 물을 청해 한잔 마시며 잠시 시간을 벌었다. 그런 뒤 조심스럽게 운을 뗐다. '눈사태가 있었답니다. 그 눈사태가 명근이와 일행들을 덮쳤대요. 그래서...' 거기까지만 얘기했다. 더 이상 말을 할 수 없었다. '죽었다는 건가요?' 벽을 기대고 앉아있던 그녀가 물었다. 작지만 또렷한 목소리였다. 입이 바로 떨어지지 않았다. '...네...' 잠시 바라보던 그녀가 앞으로 고꾸라졌다. 여동생이 그런 그녀를 급히게 감싸 안고 물을 먹였다. 그녀는 그렇게 엎드린 자세로 한참을 흐느꼈다.

  얼마나 시간이 지났을까? 그녀가 힘겹게 몸을 세웠다. 그리곤 멍한 표정으로 허공을 응시했다. '죄송합니다... 사고 수습팀이 바로 현지로 떠날겁니다.'... 그녀가 고개를 떨구고 다시 흐느끼기 시작했다. 여동생도 그런 언니의 손을 잡고 함께 눈물을 쏟아냈다. 뭐라 더 설명할 말도, 위로의 말도 할 수 없었다. 죄인된 심정으로 그저 지켜보고만 있었다. 또 얼마나 지났을까? 그녀가 자세를 고치고 앉아 한마디를 툭 던졌다. '하나님 곁으로 갔을 거예요' 그리곤 다시 허공을 주시했다. 딱 거기까지였다. 더 이상의 말도, 격한 몸짓도 없었다. 사고가 난 것 같다는 전화를 받은 후 급하게 올라오며 어느 정도 마음을 정리한 것 같았다. 하고 싶은 말이 왜 없고 따지고 싶은 것이 왜 없을까? 하지만 애써 참는 것 같았다. 배 속의 아기에 대한 걱정 때문인 것 같았다. 차라리 멱살이라도 잡고 '내 남편 살려내라'고 떼를 쓰고 오열이라도 했다면 마음이 덜 쓰렸을 텐데... 큰 덩치에 인상이라도 강인해 보였다면 조금은 나았을 텐데... 가녀린 29살, 젊디 젊은 여인의 처연한 모습에 가슴이 찢어졌다.

이튿날 보도본부장, 보도제작국장 등 간부들과 다시 명근이 집을 찾았다. 가족들을 위로하기 위한 방문이었다. 마침 대전에 사는 형님 등 가족들이 함께 와 있었다. 사고 현장을 직접 보기 위해 카트만두로 떠날 예정이라고 했다. 누군가가 회사에 대해 서운한 마음을 쏟아냈다. '전문 등산가가 아닌 사람을 그렇게 위험한 곳에 보내는 법이 어디 있느냐?'고, '도대체 누가 그런 곳에 오르도록 명령한 것이냐?'고 따졌다. 유족의 입장에선 당연히 주장할 수 있는 얘기였다. 그건 회사를 향한 원망이면서 스스로를 달래기 위한 일종의 넋두리일 수도 있겠다는 생각이 들었다. 이○○ 주간이 정색하며 그 말을 받았다. '회사에서 이동하라고 명령한 것이 아니다. 현기자가 개인의 판단으로 이동한 것이었다.' 단호한 톤이었다. 그 얘기에 본부장이 한 마디를 더 보탰다. '서운한 마음 알지만 회사의 잘못 아니다. 회사를 단 1%라도 의심해서는 안 된다' 아찔한 얘기들이었다. 위로한다고 찾아와서 대체 무슨 말들을 하고 있는 것인가? 내 마음이 다 불편할 지경이었다. 그저 속상한 마음을 쏟아내는 것이라고 이해하고 들어주면 좋을 것을. '죄송하다'고, '무의미한 죽음이 되지 않도록 최선을 다하겠다'고 얘기하고 손을 잡아주면 될 것을... 책임문제가 추궁될까 방어막을 치는 모습이 역력했다. 그런 모습에 가족들의 감정이 격해진 것은 당연한 일이었다. 그렇게 감정만 자극한 후 높은 분들은 서둘러 자리를 떠났고 가족들의 격앙된 감정을 진정시키는 것은 내 몫으로 남겨졌다. '기자협회 차원에서 철저하게 조사하겠다'고, '조사를 통해 문제가 있다면 그대로 드러내고 싸울 일이 생기면 치열하게 싸우겠다'고, '절대 명근이의 죽음을 헛되게 하지 않겠다'고, '굳이 편을 나누자면 기자협회는 회사편이 아니라 명근이 편'이라고, '그러니 저를 믿고 기다려 주시라'고. 그렇게 겨우 겨우 가족들은 진정시킬 수 있었다.

그날 오후 사고 수습을 위해 히말라야 현장에 유○○ 부장과 사회부의 안○○ 기자가 파견됐다. 출국 전 안○○ 기자를 불러 단단히 주문했다. '기자협회 대표로 가는 것임을 명심해 달라. 사고 전후 상황을 포함한 현지 분위기를 철저하게 조사해 달라. 가급적 많은 사람들의 얘기를 듣고 판단의 자료들을 챙겨 달라. 그리고 그 모든 내용을 내게 별도로 보고해 달라'는 내용이었다. 회사와는 별도로 기자협회차원에서 전체적인 상황을 파악하고 어떻게 움직일지를 결정할 생각이었다. 하지만 그런 상황에서도 회사는 예정된 방송을 걱정하고 있었다. 보도국장이 명근이를 대신할 다른 기자를 물색하고 있다는 사실이 확인됐다. 이○○ 기자가 알려온 얘기였다. '국장이 갈 수 있는지 물으며 고생해 달라고 하는데 어떻게 하면 좋으냐'고 자문을 구해온 것이었다. KBS라는 거대 방송국 입장에서 쉽게 포기할 수 없는 기획이라는 사실, 거기에 방송 책임자로서의 난감함을 이해한다고 해도 선뜻 동의하기 어려운 일이었다. 그곳이 어디라고, 아무런 훈련도 안 된 기자를 불쑥 보낸단 말인가? 그것도 큰 사고가 난 마당에... 다행히 국장의 계획은 현지 책임자인 장○○ 국장이 안 된다고 단호하게 거부함으로써 실행되지는 않았다.

4. 너의 죽음을 헛되이 흘리지 않으리라!

현명근 기자. 그는 제주도 출신의 촌놈이었다. 해병대 출신의 강한 인상에 다부진 체격, 하지만 속은 한없이 부드럽고 여린 인간미 넘치는 기자였다. 선배들에겐 깍듯하면서도 제 책임 다 못하는 후배들에겐 무서운 선배로 통하던 녀석이었다. 그런 녀석이 나는 마음에 들었다. 어쩌다 회식이 있는 날엔 특유의 투박한 모습에 멋쩍은 미소로 좌중을 사로잡던 녀석, 목에 핏대를 세워가며 하이톤으로 질러대는 그의 노래는 노래인지,

악에 받친 절규인지 모를 강한 금속성으로 듣는 사람들의 귀를 고문했었다. 모든 사람들이 귀를 막으며 그만두라고, 내려오라고 외쳐도 녀석은 꿋꿋하게 끝까지 끝내고야 마는 뚝심의 사나이이기도 했다. 특별히 녀석은 축구를 아주 잘 하는 만능 스포츠맨이었다. 녀석이 듬직하게 버티는 수비는 웬만한 실력을 가지고는 뚫을 수 없는 견고한 벽이었다. 녀석 덕분에 KBS는 매년 열리는 전국기자축구시합에서 최강팀의 위치를 지킬 수 있었다.

언젠가 녀석은 예쁜 아내를 만난 얘기를 수줍게 털어 놓았었다. 대학 재학시절, 구두를 사기 위해 학교 근처 제화점에 들어갔다 빛나는 여인을 발견했노라고, 그 여인의 마음을 얻기 위해 틈만 나면 음료수를 사들고 그 가게를 찾았노라고, 그런 노력 끝에 결국 결혼에 성공했노라고... 녀석은 그렇게 결혼한 사랑스런 아내와 가장 어렵다는 수습기자 시절 함께 현장을 뛰었다며 멋쩍게 웃기도 했었다. 이른 새벽 함께 집을 나서 아내는 차에서 기다리게 한 뒤 경찰서 형사계를 뒤지고 병원 응급실과 영안실을 돌았다고 했었다. 잠시도 헤어져 있기 싫은 마음이 그런 웃기는 짓까지 하게 한 것 같다며 녀석은 머리를 긁적였다. 그렇게 순진하고 우직한 녀석의 모습에서 나는 초년병 시절의 내 모습을 발견하곤 했다. 그랬기에 녀석에겐 늘 후배 기자 이상의 마음, 막내 동생 같은 감정이 일었었다.

사고 소식이 전해진 그날 밤 회사안 민주광장에 분향소가 차려졌다. 국화꽃으로 장식된 빈소 중앙에 녀석의 영정사진이 놓였다. 듬직하게 잘 생긴 청년이 그 안에 있었다. 31살의, 아직도 앳된 티가 남아 있는 청년이었다. 밤늦도록 쓸쓸하게 빈소를 지키고 있는데 누군가가 찾아와 말을 건넸다. '과거 NHK는 히말라야에 취재팀을 보내며 적응훈련에만 1년을 보냈다. 그런데 우리는 불과 석 달만에 위험스런 일을 강행했다. 추진과정을 꼼꼼히 살펴봐라.', '현장의 질서가 엉망이었다고 하더라. 위 아래도 없이... 그것도 한번 들여다 봐라.' 본인이 누구인지 밝히지는 않았지만 PD인 것 같았다. 기자협회 차원에서 반드시 짚어보리라 마음 먹었다. 그가 떠난 후 물끄러미 사진을 들여다 보자니 문득 엉뚱한 생각이 스쳤다. 비극의 주인공이 명근이가 아니라 나였을 수 있다는 생각이었다. 내가 기자협회장이 아니었다면, 사건 25시를 맡지 않았다면 나도 지원했을 것 아닌가? 그랬다면 명근이를 대신해 내가 그 자리에 갈 수도 있었던 것 아닌가? 정신이 번쩍 들었다. 정말 그럴 가능성이 없지 않았다고 생각됐다. 아마도 그 프로젝트의 기획에 자원했다 탈락했던 다른 기자들의 생각도 그러했을 것이었다. 그리고 나처럼 마음은 굴뚝 같았으나 이런 저런 사정으로 기회를 갖지 못한 많은 기자들도 마찬가지였을 것이었다. 결국 그 사고는 현명근 기자만의 문제가 아니라 모든 기자들의 문제라는 깨달음이 일었다. 녀석의 사진을 보며 약속했다. '너의 죽음을 결코 헛되이 흘리지 않으리라', '너의 빛나는 도전정신, 아름다운 청년정신이 KBS의 역사와 함께 길이 기억되게 하리라.'

사흘째 되던 날 그의 아내가 빈소를 찾았다. 잠시 멍한 표정이던 그녀는 영정사진을 보더니 멀찌감치서 참았던 눈물을 쏟아냈다. 잠시 후 감정을 추스린 그녀가 남편의 영정앞으로 다가섰다. 그러더니 나직이 얘기를 시작했다. '명근 씨, 지난 5년 2개월 너무 행복했어. 세상에 이런 행복이 있나 싶을 정도로... 돌아보니 모든 순간이 행복이었어. 그런 행복을 알게 해줘 정말 고마워... 아이를 명근씨 만큼은 못되겠지만 훌륭하게 키울게. 물론 어려운 일도 많겠지. 그렇지만 약해지지 않고 강하게 이겨낼게. 힘들 때마다 명근씨 생각하며 이겨낼게. 옆에서 지켜보면서 도와줘... 아이에게도 아빠가 훌륭한 분이었다는 사실을 가르쳐 줄게. 명근 씨가 얼마나 멋진 사람이었는지 알려줄게... 사랑해. 내가 갈 때까지 하나님 옆에서 기다려줘...' 그녀는 다시 감정이 복받치는지 숨을 골랐다. 잠시 후 진정을 찾은 그녀가 말을 이었다. '일요일 날, 당신 돌아올 때 단단히 준비하고 있을게. 우황청심환도 먹고 미리 링거도 맞고...' 젊은 미망인은 사진속 남편과 그렇게 대화를 나누고 있었다. 그 얘기들이 너무도 또렷이 들렸다. 가슴이 미어졌다. 눈물이 나서 바라보고 있을 수가 없었다. 그 자리에 보도국의 간부들이 한명도 없다는 사실이 죄스러웠다. 부인이 온다는 연락을 받고 국장에게 그 내용을 알렸었다. 가능하다면 국장이 계셨으면 좋겠다고. 그게 어렵다면 부장들이라도 몇 명 자리를 지키다 맞아주시면 좋겠다고 부탁했었다. 하지만 그녀가 찾았을 때 빈소엔 간부들은 물론이고 일선 기자들도 몇 명 없는 썰렁한 상태였다. 무슨 큰 죄를 지은 것처럼 미안하고 민망했다.

그날 밤 9시쯤 아내와 함께 구로동 집으로 다시 찾아갔다. 기자 대표가 아닌 명근이를 사랑했던 형의 마음이었다. 친정 엄마와 여동생, 오빠가 그녀와 함께 있었다. 눈빛이 선한 분들이었다. 그녀가 조곤조곤 애기했다. '무뚝뚝해 보이지만 정말 좋은 사람이었어요. 장남은 아니었지만 집안에 대해서 장남보다 더 큰 책임감도 느끼고 있었고요. 그만큼 부모님 생각도 극진했고... 고향에 계신 부모님은 명근 씨를 정말 자랑스러워하셨어요. 가정 형편이 좋지 않아 중학교를 졸업하고는 대전으로 보내셨대요. 그래서 대전에 있는 형님집에서 고등학교를 다녔대요. 형님도 넉넉한 살림이 아니었지만 기꺼이 책임을 맡아 주셨다고 하고요. 명근씨는 형님께 잘 해야 한다고 입버릇처럼 말했어요... 제가 임신을 한 뒤론 그 좋아하는 술도 극도로 절제했어요. 태아에게 안 좋은 영향을 줄 수 있다고... 아이가 나올 날을 얼마나 기다렸는지 몰라요. 아마 배 속에 아이가 없었다면 저도 몇 번은 넘어갔을 거예요. 아이를 위해서도 제가 견뎌야지요...' 그녀는 묻지도 않는 애기들을 그렇게 조금씩 조금씩 흘려내고 있었다. 아내는 그런 그녀의 옆에서 손을 꼭 잡고 애기를 들어주고 있었다. '사고 소식을 들은 그날 밤새 울다가 깜빡 잠이 들었어요. 그런데 꿈 속에 명근 씨가 나타났어요. 빨간 등산복을 입은 환한 모습이었어요. 한데 말은 한마디도 없이 잠시 저를 바라보다가는 눈 덮인 히말라야 산 뒤로 홀연히 사라지더라고요. 환한 얼굴이었어요. 너무나 생생해서 오히려 이상했어요. 깨고나서 가만히 생각해보니 마음이 조금 놓이더라고요. 밝은 모습인 걸 보니까 본인은 좋은 것 같고... 그래서 본인이 좋아하는 곳에서 잠들었으니 그래도 좋은 것 아니냐고 생각하기로 했어요. 꿈 속에서라도 만나면 한번 꼭 안아주고 싶은데...' 의연한 그 모습이 더 가슴아렸다.

5. 현명근 기자가 남기고 간 선물, KBS 명예의 전당

시신을 모셔오는 과정이 만만치 않았다. 특별히 관을 구하는데 어려움이 있었다고 했다. 결국 현지 미국대사관에서 비상용으로 가지고 있던 것을 내줘 문제를 해결할 수 있었다고 했다. 현명근, 한도규 두 사람의 시신이 도착한 것은 사고 엿새 만인 9월 19일이었다. 공항에서 아들을 맞은 어머니는 혼절했다. 시신은 강남성모병원에 모셔졌다. 많은 사람들이 그의 빈소를 찾아 안타까운 젊은 넋을 위로했다. 그리고 사흘 째 되던 날 영결식이 KBS 회사장으로 치러졌다. 태풍 애니의 영향으로 굵은 비가 뿌리던 날이었다. 명근이를 태운 운구차는 강남성모병원을 떠나 그가 살던 구로동 집을 거쳐 KBS에 도착했다. 그의 동기인 김원장 기자가 영정사진을 들고 그가 그렇게도 사랑했던 곳, 그렇게도 열정적으로 일했던 보도국과 사회부를 한 바퀴 돌았다. 일하던 모든 기자들이 침통하게 그 모습을 지켜봤다. 이어서 비를 피해 IBC홀 앞에서 진행된 영결식엔 직종을 가리지 않고 많은 사람들이 참석했다. 기자들을 대표해 조사를 할 때 몇 번을 멈추고 호흡을 가다듬어야 했다. 눈물 보이지 말자고, 담담하게 가자고 그렇게 다짐했는데도 불쑥불쑥 감정이 올라와 추스리기 힘들었다.

다행히 빗속에서도 제주행 비행기는 정상 운항중이었다. 제주에 도착해서는 다시 그의 고향 서귀포 위미로. 굵은 빗방울이 이어지는 가운데 가족과 친인척들, 동네 주민들에 서울에서 내려간 동료 기자들이 그의 마지막 길을 전송했다. 그의 묘지는 제주 바다가 훤히 내려다 보이는 언덕 위 너른 곳이었다. 그 와중에도 녀석이 답답하지는 않겠다는 생각이 들었다. 이른 새벽부터 추적추적 이어지는 빗줄기가 그칠 기미를 보이지 않았다. 한 많은 세상과의 이별을 아쉬워하는 녀석의 눈물 같았다. '명근아, 애썼다. 이제 편히 쉬어라. 제수씨와 아들은 우리가 잘 챙길게...' 그렇게... 그렇게... 충격적이고 황망했던 사고의 한 매듭이 지어졌다. 회사와 대한산악연맹은 예기치 않았던 사고에도 불구하고 칸첸중가 등반과 생중계 방송은 예정대로 진행하겠다고 밝혔다. 엄홍길 대장은 현명근 한도규 두 사람을 생각해서라도 반드시 등정에 성공하겠노라고 다짐했다.

그렇게 한바탕 거센 폭풍이 지나갔다. 이제 기자협회 차원에서 해야 할 일을 할 차례였다. 녀석의 입장이 돼 생각해 봤다. 31년, 짧디짧은 인생을 살고 간 녀석의 입장에서 가장 억울한 것은 무엇일까? 그건 잊혀지는 것일 거라고 생각됐다. 사랑하던 사람들, 가깝게 지내던 사람들, 목숨 바쳐 일하던 조직에서 잊혀지는 게 가장 억울하고 서러울 것 같았다. 기자협회장 자격으로 박권상 사장께 면담을 청했다. 현명근 기자의 죽음은 단순히 직원 한 사람의 사고가 아니라 불굴의 기자정신을 보여준 상징적 사건이라는 사실, 같은 상황이었다면 그가 아닌 누구라도 같은 운명을 맞았을 것이라는 사실을 강조했다. 따라서 현 기자의 사고를, 그가 죽음으로 일깨운 KBS의 오랜 숙제들을 해결하는 계기로 삼아주시면 좋겠다고 건의했다. 현명근 기자를 오래도록 기억할 만한 기념 사업과 추후에는 그런 사고가 재발되지 않도록 하기 위한 제도적인 장치 마련 등의 내용을 구체적으로 제안했다. 고맙게도 사장은 전적으로 동의한다며 회사 차원에서도 적극적으로 검토하고 지원하겠다고 약속했다. 한 걸음 더 나가 사장은 차제에 현명근 신화를 만들어보는 것이 어떻겠냐는 의견도 제시했다. 당신의 생각에도 눈 앞의 심각한 위험을 피하지 않고 과감하게 도전했던, 그러다 장렬하게 산화한 현 기자의 도전정신은 분명 그만한 가치가 있는 것이라고 강조했다. 역시 기자 출신 사장이 다르다고 느꼈다.

바로 실무작업에 돌입했다. 이른바 현명근 기자 신화를 만드는 작업이었다. 먼저 추모 상징물을 만들기로 했다. 유복자 아들을 비롯한 녀석의 가족들이 언제라도 찾아볼 수 있도록 하기 위한 것이었다. 동료 선후배들은 물론 KBS를 찾는 외부 인사들도 볼 수 있도록 하면 좋겠다고 생각했다. 그건 녀석을 동료들 사이에서 잊히지 않도록 하는 것은 물론 후배들에게 녀석이 보여줬던 치열한 기자정신을 일깨우는 계기도 될 것이라고 생각했다. 하지만 일을 진행하는 과정에 예상치 않았던 반응이 일었다. 내부의 반발이었다. 처음엔 조심스럽게 의견을 개진하는 모양새던 것이 조금씩 커지며 노골적인 비판과 비아냥의 모습으로까지 발전하고 있었다. '냉정하게 말하면 화면에 폼나게 나오려고 무리하다 죽은 것 아니냐? 그런데 이렇게까지 영웅화 할 필요가 있는 것이냐?'는 것이었다. 부끄러운 인식, 어이없는 얘기임이 분명했다. 하지만 차분하게 감정을 누른채 설득했다. '그런 걸 보지말고 그의 기자정신을 보자'고. '눈앞에 펼쳐진 심각한 위험을 보고도 피하지 않은 그의 도전정신을 보자'고. 또 되물었다. '멋있는 화면을 추구하는 것은 방송기자의 당연한 책무 아니냐'고. '우리 가운데 좀 더 멋지게 나오려고 1백 미터 수직 빙벽을 오를 사람이 과연 몇이나 되겠냐'고. '그런 위험을 무릅쓸 수 있는 사람이 과연 얼마나 되겠냐고...

　다른 차원의 문제제기도 있었다. 주로 PD와 엔지니어들 쪽에서 나온 얘기였다. 현명근 기자 외에도 '현장에서 순직한 동료들이 적지 않은데 왜 현 기자에게만 특별한 대접을 하려느냐'는 것이었다. 따져보니 그건 일리 있는 지적이었다. 내가 기억하는 것만해도 안타까운 죽음들이 여럿 있었다. 84년 충주댐 수몰지구 헬기취재 도중 헬기 추락으로 숨진 이희완(당시 26세), 박장하 기자(당시 34세), 1992년 12월 태국 취재 중 풍토병에 걸려 숨진 홍권섭 PD(당시 34세), 1994년 7월 울산에서 수중촬영 도중 숨진 카메라맨 정임규(당시 37세) 씨 등이 그들이었다. 그들 모두를 대상으로 범위를 넓히는 것이 맞겠다는 생각이 들었다. 그렇게 하는 것이 녀석의 희생을 더 의미 있게 만드는 작업이 될 것이란 판단이 들었다. 그런 저런 의견수렴 과정을 거쳐 최종안을 확정했다. 직종과 관계없이 공영방송 KBS의 역할을 수행하다 숨진 모든 사람들을 위한 상징물로 규모를 키우자는 것이었다. 녀석의 순직을 개인의 희생을 넘어 KBS의 의미 있는 제도로 연결시키는 작업, 그건 분명 처음의 계획보다 엄청나게 커진 것이었다. 그렇게 정하고 나니 자연스럽게 상징물의 콘셉트도 정해졌다. KBS인들의 명예의 전당이었다. 상징물과 함께 순직자의 이름과 사고일시, 사고내용을 간략하게 새겨넣는다면 의미가 충분히 전달될 것 같았다. 또 이후에 순직자가 나온다면 추가로 이름을 새겨넣으면 될 일이었다. 그렇게 해서 순직자들의 가족들이 언제라도 찾아와 볼 수 있도록, 함께 일하던 동료들 사이에서 잊혀지지 않도록, 신입사원들이 들어오면 반드시 돌아보며 각오를 다지는 필수 공간으로 삼는다면... KBS 역사에 더 할 수 없는 귀한 상징이 될 것이란 생각이 들었다.

　확정된 안을 가지고 사장을 다시 만났다. 사장은 그런 계획에 반가움을 표했다. 회사에서 미처 생각하지 못한 것을 제안해 줘 고마움을 느낀다고도 했다. 반가움과 고마움이 빈말이 아니라는 듯 회사는 바로 구체적인 움직임에 들어갔다. 예상과 기대보다 훨씬 적극적인 모습이었다. 그 모습이 정말 고마웠다. 며칠 후 회사는 우리나라를 대표하는 조형전문가들을 대상으로 추모 상징물의 작품을 공모했다고 알려왔다. 이어서 작품

선정위원회가 꾸려졌고 나도 선정위원의 한 사람으로 선임됐다. 짧지 않은 시간, 몇 단계의 과정을 거쳐 중앙대 신현중 교수의 작품이 최종 선정됐다. 아랫부분에 지름 3m의 지구 모형을 배치한 뒤 그를 중심으로 5m짜리 원뿔 4개가 하늘을 향해 올라가는 형태로 돼 있는 작품이었다. 신 교수는 순직자들의 숭고한 희생정신과 미래를 향한 도전정신을 형상화했다고 설명했다. 이 상징물엔 '참빛, 참소리, 영원한 불꽃'이라는 이름이 붙여졌다. 내 마음에 꼭 드는 작품이었다. 작품의 수준에 비해 책정된 예산이 턱없이 부족한 것 같아 민망했지만 신 교수는 당신의 작품이 KBS에 설치된다는 사실만으로도 만족하는 것 같았다. 그 또한 고마운 일이었다.

상징물은 그렇게 비교적 순탄하게 결정됐다. 하지만 상징물에 기록할 순직자 명단을 선정하는 작업이 만만치 않았다. 상징물이 명예의 전당 성격을 갖게 된다는 사실이 알려지면서 순직이 아닌 단순 사망자들 가운데서도 등재를 요구하는 목소리가 커지고 있었다. 'KBS 재직 중 사망했다면 모두 직간접적으로 업무와 관련된 것 아니냐? 한데 왜 죽음에서 마저 차별을 하려고 하느냐?'는 논리가 동원됐다. 그런 주장에 그들이 소속됐던 관련 직능단체들은 물론 노조까지 가세하면서 회사가 곤혹스러워 하고 있었다. 상징물 제안자로서 기자협회가 나설 수밖에 없었다. '재직 중 사망자 모두를 대상으로 한다는 것은 결국 고귀한 순직자들의 희생을 가벼이 여기는 것이 되지 않겠는가? 그렇다면 굳이 이런 상징물을 만들 필요도 없는 것 아니겠는가? 솔직히 우리는 동료들의 죽음에 대해 너무 잘 알고 있지 않은가? 업무를 수행하다 그런 것인지 아니면 다른 문제들 때문에 그리 된 것인지... 의미있는 작업에 불필요한 소모적 논쟁은 접도록 하자. 상징물에 이름이 올라가는 사람들도, 그걸 바라보는 사람들도 찜찜함이 없도록 하자. 명단은 노사합의가 아니라 노동법에 의해 순직자로 인정된 경우로 제한하는 것이 마땅하다고 본다. 그게 명예의 전당이라는 상징물의 정신에 맞는 것 아니겠는가?'... 약간의 진통이 있기는 했지만 고맙게도 그런 의견이 받아들여졌다. 이듬해 현명근 기자의 1주기 즈음에 상징물이 완성됐다. 거기엔 기자 8명을 포함해 1984년 이후 희생된 순직자 42명의 이름이 새겨졌다.

6. 한국언론의 진보, 위험지역 취재 준칙의 탄생

한편으로 추모 상징물 제작에 매달리면서 다른 한편으로 집중한 것이 있었다. 위험지역 취재에 관한 원칙을 정하는 문제였다. 명근이를 떠나 보낸 후 차분하게 칸첸중가 생방송이 추진된 과정을 살펴봤다. 기획에서부터 사고가 나기까지의 과정이었다. 기안서는 물론 네팔 현장에서 함께 일했던 관계자들의 증언도 들어봤다. 그렇게 살피니 여러 가지 문제가 보였다. 의욕이 넘쳐 미처 살피지 못한 부분들이 많았다는 생각, 뉴밀레니엄 D-100일이라는 의미에 맞추기 위해 지나치게 서둘렀다는 생각이 들었다. 그러다 보니 방송요원들이 위험스런 현장에 적응할 시간이 충분치 못했고 각자의 역할에 따른 훈련도 부족했던 것으로 보였다. 그런 상황에 현장을 통제할 시스템이 전혀 작동하지 않았던 것이 치명적인 사고로 이어진 핵심 원인으로 판단됐다. 이해가 되지 않는 일이었다. 경험이 전혀 없는 자원자를 선발해 놓고도 왜 그렇게 서두르기만 했을까? 구성원들 사이에 갈등이 노골적으로 표출되고 그런 상태로 각자 움직이는데도 왜 강력한 통제나 합리적인 의견조율이 없었을까?... 나의 종군시절이 떠올랐다. 아무런 경험 없이, 의욕만 강한 상태로 전쟁터에 자원했던 당시의 기억이었다. 달랑 자원자를 뽑아 놓은 회사는 훈련은커녕 간단한 행동수칙조차 가르쳐주지 않았었다. 심지어 보험도 들어주지 않았었다. 그리곤 전쟁터로 내보냈었다. 그렇게 전쟁터라는 현장에 투입됐을 때 얼마나 황당했던지... 더욱 당황스러웠던 것은 현지 사정을 짐작도 못하면서 외신에 나왔다고 툭하면 이리 가라 저리 가라 지시하는 윗사람들의 무모함이었다. 연차가 5년도 안 된 병아리 기자로서 그런 지시를 받으면 이러지도 못하고 저러지도 못하면서 정말 어쩔줄 몰라했었다. 더 이상 그런 일이 반복되도록 해서는 안 된다는 생각이 들었다.

다시 한번 사장께 면담을 청했다. 몇 차례 만남을 통해 얘기가 통한다고 느끼셨는지 사장은 면담을 요청할 때마다 한번도 거절하지 않으셨다. 위험지역 취재 가이드라인이 필요하다고 건의했다. 위험지역에 보낼 때 적절한 훈련이 필요하다고 설명했다. 현지에서의 활동과 판단에 대한 준칙도 필요하다고 강조했다. 거기에 보험 등 최소한의 보호장치와 적절한 수준의 보상(위험수당) 필요성도 강조했다. 물론 종군시절의 경험을 곁들인 얘기였다. 그런 주장을 1차 걸프전에 다녀온 직후부터, 소말리아에 취재 때 또 유고내전에 다녀올 때까지 줄기차게 해왔지만 전혀 받아들여지지 않았다는 사실도 설명했다. 더 이상 늦춰서는 안 된다고 강조했다. 현명근 기자의 사고로 계기가 마련됐으니 더 없이 좋은 기회라는 사실도 덧붙였다. 그런 준칙이 마련된다면 KBS로서는 물론이고 사장께도 의미 있는 업적이 될 것란 사실도 강조했다. 사장이 많이 놀라는 표정이었다. 호기심 어린 표정으로 물었다. '그런 상태인데도 자네는 왜 그렇게 전쟁터를 쫓아다녔는가'고 물었다. 그게 정말 궁금한 것 같았다. 역사적인 현장이 좋았다고 답했다. 배우고 깨닫게 되는 것이 정말 많았다고 말했다. 세계 여러나라의 기자들과 경쟁하다보면 비로소 내가 기자라는 생각이 들곤 했다고 설명했다. 정말 그랬었다. 사장이 위험지 취재준칙을 포함한 정책을 만들겠다고 약속했다.

1년이 조금 넘는 작업 끝에 결과물이 나왔다. '위험지역 제작 가이드라인'이라는 제목이 붙었다. 교양국의 최훈근 PD가 책임을 맡았다. 1년 동안 혼자 독도에서 생활하며 '독도 365일'이란 다큐멘터리를 만든 독종(?)으로 소문난 PD였다. 그 작품은 독도의 겉모습뿐 아니라 바닷속까지 꼼꼼하게 기록한, 많은 사람들을 놀라게 한 수작이었다. 프로그램을 보면서 그를 보통 PD가 아니라고 생각했었다. 무엇보다 독도에서 1년 동안 산다는 것은 아무나 할 수 있는 일이 아님을 잘 알기 때문이었다. 가이드라인은 우선 위험지역을 정도에 따라 1~3급으로 구분했다. 1급지역엔 전쟁과 폭동 지역, 해발 5,000m 이상 등반, 오지와 열대림, 그리고 남북극지 취재 등이 포함됐다. 2급지는 방사능 유출과 지진발생, 화산폭발 지역, 항공과 수중 취재 등이 포함됐고 그외 통상적인 자연재해 지역과 안전을 위해 특별한 주의가 필요한 지역은 3급 위험지역으로 규정했다. 위험지역에서 취재하다 사고를 당할 경우에 대비한 구체적인 보상기준도 마련됐다. 위험 정도와 근무연수에 따라 최고 3억 원에서 최저 2억 원의 특별공로금을 지급한다는 내용이었다. 거기에 부상을 당했을 경우 1급 장애의 경우에는 사망에 준하는 보상을 하며, 2급 장애의 경우 사망 보상금의 90% 이내, 3급 장애의 경우 80% 이내에서 보상한다는 내용도 포함됐다.

위험수당도 당연히 규정됐다. 위험지역에서 취재할 경우 부상이나 사망 여부와 관계없이 특수직무수당 형태로 지급한다는 내용이었다. 액수는 급수에 따라 차등 적용하되 파견된 날짜만큼 계산하기로 했다. 위험지역 파견기간은 20일을 넘지 않도록 한다는 내용도 포함됐다. 걸프전에 파견될 당시 경험을 들어 내가 강하게 주문한 내용이었다. 당시 회사는 나를 보내며 보름안에 교대시켜준다고 굳게 약속했었다. 하지만 40일을 넘겨서도 교대가 이뤄지지 않아 많이 지치고 힘들었다. 1급 위험지역에서의 취재를 위해 팀장과 팀원을 선발할 경우에는 당사자의 의사를 존중하도록 하고 현장에서의 활동과 관련된 결정은 현장팀의 판단을 최우선으로 한다는 내용도 명시했다. 그와 함께 위험지에 직원을 파견할 때는 비상연락용 위성전화를 제공하고 여행자보험 제공 등 안전을 위한 사전조치들을 취해야 한다는 내용도 포함됐다. 꼼꼼히 살펴보니 내가 제기했던 내용, 필요한 것들은 대체로 다 담겨 있었다. 고맙게도 최훈근 PD는 완성된 안을 발표하기 전에 기자협회에 먼저 가져와 검토하도록 했었다. 사장의 지시가 있었다고 했다.

진심으로 고마웠다. 사실 따지고 보면 준칙 내용은 지극히 당연한 것들이었다. 그때까지 그런 규정이 없다는 것 자체가 부끄럽고 한심한 일이었다. 웃지못할 코미디같은 일이기도 했다. 스스로는 안전에 관한 어떤 규정도 갖추지 못했으면서도 KBS는 대형사고만 터지면 정부와 해당 기관들을 향해 '안전 불감증' 운운하며 준엄하게 꾸짖는 모습을 보여왔었다. 사실 그건 KBS만의 현실도 아니었다. 대한민국의 모든 언론사가 같은 상황이었다. 한데 그런 오랜 숙제가 현명근 기자의 희생을 계기로 드디어 해결된 것이었다. 명근이가 남아있는 동료들에게 큰 선물을 줬다는 생각이 들었다. 그동안 기회 있을 때마다 줄기차게 요구했던 내용, 그러나 철저하게 무시되기만 했던 내용들이 단번에 해결된 것은 절대적으로 그의 희생 덕이었다. 물론 몇 차례 고비도 있었다. 특별히 기자와 PD들만을 대상으로 한 편법 임금인상 꼼수라는 노조의 반발이 만만치 않았다. 그때마다 사장은 곤혹스러워하며 심하게 흔들렸었다. KBS 노조는 그만큼 강한 조직이었다. 그런 사장을 찾아가 이렇게 말했었다. '대한민국 언론 발전을 위한 큰 걸음이다. 언제까지 기자들과 PD들을 애사심과 열정이라는 그럴듯한 포장 아래 위험지로 내 몰것인가? KBS가 시작하면 다른 언론사들도 다 따라 올 것이다. 지금까지 대한민 국의 대표 방송사로 한번도 타사들을 선도하지 못했던 KBS가 타 언론사들을 이끌 수 있는 기회다. 사장님이 못하시면 다른 어떤 사장이 와도 힘들 것이다' 사장이 기자출신 이라는 사실이 정말 다행이던 시절이었다.

7. 산 자와 죽은 자를 연결한 현명근 기자 장학금

2000년 2월, 그러니까 현명근 기자가 순직한 지 5개월만에 제주도 그의 모교를 찾았 다. 서귀포 위미중학교. 위할 爲에 아름다울 美, 이름만큼 아름다운 곳이었다. 운동장 에 서니 눈 덮인 한라산이 손에 잡힐 듯 가까웠다. 그날은 졸업식 날이었다. 교장 선생 님께서 학생들과 학부형들에게 서울에서 오신 귀한 손님이라고 나를 소개했다. 현명근 기자의 고향 후배들에게 장학금을 전하러 간 자리였다. 학생들에게 간략하게 현명근이 라는 선배에 대해 얘기한 후 10명의 학생들에게 장학증서를 전달했다. 첫 번째 현명근 장학생들이었다. 녀석을 위미의 양지바른 언덕에 묻으며 했던 약속 '결코 사랑하던 사 람들 사이에서, 가까이 지내던 사람들 사이에서 그냥 잊혀지지 않게 하겠다'고 했던 그 약속의 일환이었다. 200만 원의 장학금을 들고 학교를 찾았을 때 교장선생님을 비롯한 다른 선생님들은 의아한 눈빛이었다. 한번도 본 적 없는 사람이 느닷없이 나타나 '이 학교 출신 현명근 기자 이름으로 장학금을 주고 싶다고 했으니...' 그들은 제법 이름과 얼굴이 알려졌던(?) 박선규 기자를 전혀 모르고 있었다. 그런 나를 학생들이 먼저 알아 봐 줬다. '사건 25시 아저씨가 왔다!' 아이들이 봐서는 안 되는 프로그램이었지만 부모 몰래 보는 아이들이 많다는 얘기를 종종 들었었다. 그 사실을 제주도 아이들을 통해 확 인한 셈이었다. 중요한 것은 그런 아이들의 반응에 선생님들의 어색했던 표정이 풀렸 다는 사실이었다.

현명근 기자 장학회. 녀석의 이름으로 장학금을 줘야겠다고 생각한 후 이름을 고민 했었다. 검토했던 여러 이름들 가운데 그 이름이 가장 좋을 것 같았다. 가장 큰 목적이 녀석이 기억되도록 하기 위한 것이었으니 취지에도 맞았다. 다른 회원들이 없었기에 자연스럽게 내가 회원 겸 회장이었다. 고맙게도 내 생각에 공감해준 가까운 친구가 있었다. 그의 이름은 장남기, 중학교 졸업의 학력으로 탄탄한 회사를 일군 놀라운 친구였다. 경제적 형편 때문에 어려움을 겪는 학생들, 주변 여건 때문에 꿈을 꾸지 못하는 학생들에게 무한 애정을 가진 친구였다. 돈은 자기가 대고 싶다고 했다. 처음엔 학생 2명을 선발해 100만 원씩 줄 계획이었다. 현명근 기자의 이름으로 주는 것, 이왕이면 규모 있게 줘서 더 빛나게 하고 싶은 욕심이 있었다. 그러나 학교에서 난색을 표했다. 너무 많다고, 오히려 학생들 사이에 위화감을 조성할 수 있다고 했다. 그러면서 자신들에게 맡겨 주면 지혜롭게 배분하겠노라고 했다. 학교는 장학금 액수로 선배를 기억하게 하는 대신 더 많은 학생들에게 현명근 기자와의 인연을 맺어주는 방식을 택했다. 그렇게 위미중학교에서는 매년 10명씩 현명근 장학생이 탄생했다. 얼마 지나지 않아 그건 탁월한 선택이었음이 입증됐다. 규모가 크지 않은 시골 학교였기에 10년이 지날 때쯤 확인해 보니 위미리의 웬만한 학생들이 현명근 선배와 다 연결이 된 것 같았다. 학생들은 물론 동네 사람들도 좋아했다. 그들은 자그마한 자기 동네 출신이 KBS에서 유명한 기자였다는 사실, 히말라야 칸첸중가에서 용감한 도전을 펼치다 장렬하게 산화했다는 사실에 놀라면서도 자랑스러워 하는 눈치였다. 특별히 학생들은 멋진 선배처럼 자신들도 멋있는 사람이 되겠다고 다짐하는 모습을 보이곤 했다.

학생들에게 명근이의 멋진 모습도 보여주고 싶었다. 3년째 되던 해 대형 걸개그림을 제작했다. 히말라야의 설산 앞에서 결연한 표정으로 정면을 주시하는 녀석의 모습을 담은 그림이었다. 흰색 점퍼에 두꺼운 방한 모자, 검은 썬그라스... 굳게 닫은 입술과 꽉 잡은 스틱에서 정상 정복을 향한 강한 의지가 느껴지는 사진, 사고 두 달 전쯤 베이스 캠프에서 촬영한 것이었다. 그 사진과 함께 헬기에서, 또 사건 현장에서 방송하던 몇장의 작은 사진들도 더해졌다. 걸개 그림의 윗 부분에는 이런 글도 새겼다. '도전을 두려워 하는 자는 아무 것도 이룰 수 없다' 녀석의 아름다운 청년정신, 멋진 도전정신을 강조한 글이었다. 나의 부탁에 그를 많이 좋아했던 영상 편집부와 컴퓨터 그래픽실 동료들이 만들어준 것이었다. 마음에 쏙 들었다. 그 그림을 졸업식 하루 전날 제주에 도착해 멋지게 표구했었다. 그런 뒤 졸업식 당일, 학생들이 많이 오가는 복도에 걸었다. 학교의 배려로 조촐하게 기념식이 열렸고 제주 KBS의 취재팀이 그 모든 과정을 카메라에 담았다. 그 그림 하나로 학교 전체가 빛나는 것 같았다. 물론 학교에서 좋아했고 학생들도 환호했다. 말로만 듣던 선배의 모습이 자신들이 생각했던 것보다 훨씬 멋지다며 그를 배경으로 사진을 찍는 아이들도 여럿 있었다. 교장 선생님이 진심으로 고맙다며 한 가지를 약속했다. 학교 안에 현명근 기념관을 만들어 보겠다는 것이었다. 그건 자신들이 해야 마땅한 일인 것 같다고 했다. 생각도 못했던 선물이었다.

그렇게 위미 중학교, 위미리 주민들과의 인연이 시작됐다. 그렇게 맺어진 귀한 인연은 지금까지 이어지고 있다. 매년 장학금을 전하러 갈 때마다 명근이가 학교와 후배들 사이에서 잘 자리 잡아 가고 있음을 확인할 수 있었다. 현명근 장학생들도 기대대로 잘 자라 주었다. 그들은 단체로 KBS에 견학 와 밝게 성장하는 모습을 확인시켜 주기도 했고 졸업후 명문 대학에 진학했다는 반가운 소식을 전해오기도 했다. 개인적인 일로 서울을 찾는 위미의 주민들도 스스럼없이 연락해 얼굴을 보고 정을 나누는 사이로 발전했다. 그들은 '위미'라는, 제주도에서도 작은 마을이 대한민국에서 가장 크고 영향력 있는 KBS와 인연을 맺게 된 것이 너무 좋고 고맙다고 했다. 그들에게 명근이가 고향과 후배들을 위해 남긴 귀한 선물 아니겠냐고 답해줬다. 사실이 그랬다.

그들은 처음엔 장학금 전달이 한 두해 진행되다 말 것으로 생각했다고 했다. 하지만 5년이 넘고 10년이 넘어가는 모습을 보며 부끄러워졌다고 했다. 따지고 보니 자신들이 할 일을 KBS가 하고 있더라고 했다. 그런 자각에 동창회 활동이 활성화 됐다고 했다. 스스로 장학활동도 시작했다고 했다. 내가 회사를 떠나고 얼마 지나지 않아 KBS와의 인연이 끊어진 후에는 동창회가 현명근 장학금을 맡았다고 했다.(사실 나는 그런 사실을 전혀 모르고 있었다. 내가 떠난 후에도 기자협회에서 장학금을 맡겠다고 해서 잘 가는 줄로만 알고 있었다.) 미안하고도 고마운 얘기였다. 가슴 따뜻한 얘기이기도 했다. 그런 주민들 가운데 몇몇은 매년 귤 수확이 시작되면 가장 좋은 것을 골라 푸짐하게 보내주곤 했다. 알고 보니 위미는 제주도에서도 가장 맛있는 귤 생산지로 유명한 곳이었다. 그런 날이면 보도국과 우리 아파트에서는 귤 잔치가 벌어지곤 했다. 망자가 산자를 연결한다고 했던가? 명근이 덕에 만들어진 위미 주민들과의 인연으로 나의 행복은 더 커지고 깊어졌다. 위미를 찾을 때마다 고향같은 푸근함도 느끼곤 했다. 그 또한 명근이 가 주고 간 선물임이 틀림없으리라.

어느 회사의 동화같은 이야기,
효도수당 10만 원

1. 부모님의 월급, 10만 원의 행복

2000년대 초반 미국을 깊이 있게 경험할 기회가 있었다. Edward R. Royce라는 연방하원의의 보좌관으로 1년을 일한 기간이었다. 세계정치의 중심이라는 워싱턴, 거기서도 연방 하원의원의 보좌관 생활은 슈퍼파워 미국을 경험하고 관찰하는데 더 없이 좋은 조건이었다. 기자생활 15년차에 미국을 조금 안다고 생각했던 나름의 자만심(?)이 무참하게 깨진 시간이었다. 충격과 놀라움 속에서 정말 많이 배우고 많이 깨달았다. 때는 마침 9.11이라는 상상 초월의 테러 직후였다. 테러 분위기가 다 가시지 않은 만만치 않은 상황이어서 적지 않은 긴장과 걱정속에 워싱턴에 도착했었다. 하지만 워싱턴의 모습은 생각보다 훨씬 평온했다. 전반적인 사회 분위기는 무거웠지만 정연한 질서가 유지되고 있었다. 상원 원내대표 사무실에까지 테러용 탄저균이 배달되는 등 분위기는 심상치 않았지만 필요이상의 소란이나 호들갑은 없었다. 정치도 언론도 흥분없이 각자의 위치에서 무섭게 중심을 지키고 있는 모습이 인상적이었다. 국민은 테러와의 전쟁에 나선 대통령에게 전폭적인 지지를 보내 주면서 또 다른 테러를 막기 위한 상당 정도의 희생 감수도 다짐하고 있었다.

놀라웠다. 건국이후 최악의 테러에 당황하고 분노하면서도 서로를 위로하는 모습, 그런 가운데 경쟁적으로 애국심을 다지는 모습... 그런 모습들은 차라리 충격이었다. 가장 큰 놀라움은 어디서도 책임자 문책을 요구하는 소리가 나오지 않더라는 것이었다. 무슨 일만 터지면 희생양을 찾아 책임을 떠안게 하고 원인이 밝혀지기도 전에 문책부터 요구하는 우리의 모습과 달라도 너무 달랐다. 실로 놀라운 경험이었다. 최악의 위기 상황에 서로 갈라져 갈등하지 않고, 오히려 그것을 국민 통합과 또 다른 전진의 계기로 삼고 있는 모습은 일종의 경이였다. 부러웠다. 숱한 총기사고와 마약, 인종차별, 각종 강력 범죄같은 심각한 문제에도 불구하고 미국이 왜 강한지, 어떻게 세계의 슈퍼파워가 됐는지 그 비결의 일단을 들여다 본 느낌이었다. 당시의 놀라운 관찰과 경험을 나는『미국 왜 강한가』라는 제목의 책으로 엮었었다.

강렬한 미국 경험을 뒤로하고 돌아와 맞은 첫 번째 연말, 나는 취재파일 4321이라는 약간은 긴 호흡의 프로를 제작하고 있었다. 뭔가 따뜻한 기사를 쓰고 싶었다. 마침 세상은 참여정부 출범이후 복잡하게 돌아가고 있는 상황이었다. 비주류 정치인 출신 대통령은 거침없이 소신을 쏟아냈고 그의 한마디 한마디에 국민은 이리 갈리고 저리 갈려 갈등했다. 처음에 부자와 빈자 정도이던 편가르기는 어느 순간 친미와 반미, 자본과 노동, 친북과 반북, 강남과 비강남... 등 다양한 분야로 확대되며 사람들을 갈랐다. 그리고 그렇게 편이 갈린 사람들은 거칠게, 아주 거칠게 상대를 향한 적개심을 표출하며 눈을 부릅뜨고 핏대를 세우곤 했다. 혼돈. 무질서. 충돌. 혼란.... 불과 몇 달 전 월드컵을 통해, 특별히 질서정연하게 하나된 응원을 통해 세상을 놀라게 했던 나라가 정말 몰라보게 달라져 있었다. 그런 일이 있었다는 사실조차 믿어지지 않는 상황이 이어지고 있었다. 어쩌다 세상이 이렇게 변했단 말인가?... 안타까웠다. 하지만 눈을 돌려보니 편 갈려 핏대를 세우고 싸우는 사람들의 소란 너머에 전혀 다른 사람들이 있었다. 못난 정치나 위험천만한 선동에 관계없이 묵묵히 자신의 삶을 사는 사람들이었다. 자신의 위치에서 최선을 다해 하루하루를 살아내고 있는 사람들이었다. 안타깝게도 숫적으로 절대 다수인 그들의 얼굴엔 그러나 지친 표정이 역력했다. 그들을 위로할 따뜻한 기사를 쓰고 싶었다.

그즈음의 어느 날, 교육부 출입시절 알게 된 한 선배의 사무실을 방문하게 됐다. 동대문에 있는 낡은 건물의 허름한 사무실이었다. 좁고 어두컴컴한 실내 계단을 올라 사무실로 들어서니 정면의 작은 액자가 눈에 들어왔다. 액자엔 '부모님 행복은 자식 자랑입니다'라는 글귀가 새겨져 있었다. 양손을 모아 기도하는 그림과 함께. 학창시절 버스를 타면 기사 아저씨 바로 옆에 걸려 있던 촌스런 그 그림이었다. '오늘도 무사히'라는 기원이 새겨져 있던 바로 그 그림. 호기심에 무슨 의미냐고 물었더니 사훈이라고 했다. 무슨 특별한 의미가 있는 것이 아니라 '열심히 일해서 부모님 기쁘게 해드리자'는 의미라고 했다. 세상에... 21세기 대한민국에 이런 투박하고 촌스런 사훈이 있다니. 그것도 서울 한복판에서 젊은이들을 대상으로 하는 회사가.... 호기심이 생겼다. '사훈이 그렇다면 부모님들을 위한 무슨 제도같은 것도 있겠네...' 웃음기 머금은 질문에 선배가 겸연쩍게 답했다. '효도수당이라는 게 있어요. 직원들 월급날 부모님 통장으로 10만 원씩 넣어드리는 건데 부모님들이 좋아하시지...' 아니 이게 무슨 소리란 말인가? 직원 월급날 부모님들에게 돈을 보내주다니. 특별히 결혼한 여직원은 친정 어머니 통장으로 넣어준다고 했다. 직원들은 그걸 효도수당이라고 부른다고 했다. 놀라운 얘기였다. 이건 무슨 동화같은 얘기 아닌가? 잘 하면 좋은 기사가 될 수 있겠다는 생각이 들었다.

2. 데스크의 걱정, 그런 기사는 오해받기 십상인데...

딱 내가 찾던 기사감이었다. 사실이라면 얼마나 따뜻한 얘기인가? 선배에게 '기사화 해도 되겠냐'고 물었다. 하지만 그는 손사래를 쳤다. '절대 안 된다'고 했다. 가뜩이나 오해가 많은 세상에 불필요한 오해나 시비가 생길 수 있다고 했다. 괜히 구설에 휘말리고 싶지 않다고도 했다. 그리고 누군가에게 자랑하려고 하는 일이 아니라는 얘기도 덧붙였다. 그런 그를 설득했다. 선배 회사를 칭찬해 주고 싶은 생각은 추호도 없다고. 다만 기사를 보고 효도수당을 도입하는 회사가 대한민국에 500개만 나오면 좋겠다고. 안 그래도 효가 사라져가고 있는 세상인데 그렇게 된다면 얼마나 좋겠느냐고... 생각보다 설득에 시간이 많이 걸렸다. 며칠 동안의 설득 끝에야 겨우 동의를 얻을 수 있었다. 솔직히 워낙 거절의 톤이 강해서 뭔가 속사정이 있는 것 아닌가 (혹시 말은 그렇게 해놓고 실제로는 지키지 않는다든가...) 살짝 의심도 했었다. 해서 직원들을 대상으로 은밀하게 확인해 보기도 했다.

일단 당사자의 동의는 얻어냈지만 더 어려운 단계가 남아 있었다. 회사의 데스크를 설득하는 일이었다. 부장의 반응은 예상했던대로였다. '오해받기 십상인 기사를 왜 쓰려고 하느냐'는 거였다. 의도와 관계없이 결과적으로 특정 회사를 홍보하는 내용이 될 것이기 때문에 무조건 온갖 억측이 따를 것이라는 걱정이었다. '돈을 받았다'거나 '회사와 특수한 관계에 있다'거나 아니면 '뭔가 약점을 잡혔을 것'이라거나... '왜 군이 그런 오해를 자초하려느냐'는 게 부장의 걱정이었다. 충분히 일리가 있는 말이었다. 실제로 그런 관계 속에서 이뤄지는 기사나 제작물이 적지 않은 게 방송계의 현실이었다. 웃으며 받았다. '누가 뭐라든 제가 당당하면 되지요. 부장 저 못 믿습니까? 그 정도 오해를 감수하고라도 쓸만한 가치가 있는 내용이에요. 오해는 제가 다 감수하겠습니다.' 곤혹스런 표정의 부장이 말꼬리를 흐렸다. '물론 너는 믿지. 너는 믿지만 세상이라는게 그런게 아니잖아....'

사실 부장의 걱정은 지극히 당연한 것이었다. 그는 마음이 놓이지 않는지 얘기를 길게 이었다. '그 회사가 순수한 회사라는 걸 어떻게 믿니? 속으로 나쁜 짓 하면서 겉으로만 위장하고 있을 수도 있잖아. 너도 속속들이 다 아는 것은 아니잖아. 만일 그렇다면 KBS가 사기꾼 회사를 칭찬하는 꼴이 되는 것인데 왜 그런 위험부담을 감수하려고 해?...' 내가 받았다. '저도 사실 걱정하는 부분입니다. 사장이야 오래 알고 지내 그럴 사람이 아니라고 믿지만... 그래서 일단 취재를 허락해 주시면 그 부분을 철저하게 파보겠습니다. 취재 과정에 단 하나라도 문제가 있는게 확인된다면 바로 접겠습니다...' 그만큼 욕심나는 기사였다. 내가 물러설 기미를 보이지 않자 부장은 마지못해 '정 그렇다면 일단 시작해 보라'며 70%의 사인만 냈다. 하지만 마지막까지 철저하게 검증, 또 검증해야 한다며 구겨진 표정은 풀지 않았다.

부장의 허락은 얻었지만 또 다른 단계가 아직 남아 있었다. 국장을 포함한 다른 부장들을 설득하는 일이었다. 프로그램의 생사를 결정하는 방송의 최종 관문인 셈인데 사실 부장은 그것을 더 걱정하고 있었다. 예상은 빗나가지 않았다. 기획단계부터 우려와 의혹의 눈길이 만만치 않았다. 대놓고 말하지는 않았지만 마뜩치않게 생각하는 분위기가 역력했다. 혼자로는 감당이 안 되겠다고 생각했던지 부장은 회의 시간에 나를 대동하기도 했다. 내게 직접 설명하라는 의미였다. '당신의 의도와 원칙은 믿는다. 하지만 세상에 선의를 가장한 불의가 얼마나 많은지 잘 알고 있지 않냐? 방송이 나간 후 시청자들의 반응이 걱정된다. 그 회사 나쁜 회사라고, 그 사장 사기꾼이라고 항의 전화가 오면 어떻게 할 것이냐?' 참으로 집요하기도 했다. '그런 가능성에 대해 철저하게 확인하겠습니다. 걱정 안하셔도 됩니다. 만일 그런 일이 생긴다면 제가 책임지겠습니다.' 결연하게 의지를 거듭 밝히고 나서야 오케이 사인을 받을 수 있었다.

그런 과정을 통해 확실히 깨닫게 됐다. 방송에 왜 잘 한다는 기사, 미담 기사가 드문지. 왜 잘못한다는 기사, 나쁜 사람들에 대한 기사는 그렇게 많은지.... 그런 구조와 분위기가 숨어 있기 때문이었다. 사실 은밀한 거래를 통해 쓰여지는 기사들이 종종 있었다. 또 그런 문제로 물의가 되거나 처벌을 받는 경우도 드물지 않은 상황이었다. 그랬기에 속상하기는 했지만 그런 까다로운 과정을 탓할 수만도 없었다. 그런 전체적인 분위기 속에서 미담기사, 잘 한다는 기사를 쓰는 것은 분명 모두에게 부담스런 일이었다. 적지 않은 용기가 필요한 일임이 분명했다. 더 나가 그런 까다로운 과정을 거쳐 취재하고 방송을 마친다 해도 의심의 눈초리로 바라보는 사람들이 생기는 것은 어쩔 수 없는 일이었다. 그것이 현실이었다. 어느 정도 그런 구조를 짐작은 하고 있었지만 직접 겪어보니 그 강도는 생각을 훨씬 웃돌고 있었다. 반면에 고발기사, 잘못한다는 기사에는 그런 문제가 전혀 없었다. 대신 '시원하다', '잘 했다'는 격려와 칭찬이 쏟아지는게 보통이었다. 고발기사와 미담기사의 이면에는 그런 엄청난 분위기의 차가 존재하고 있었다.

3. 연말 송년회는 부모님과 함께 하는 축제 마당

허락이 떨어졌으니 본격적인 취재에 들어갈 차례였다. 우선 직원들을 만나봤다. 홍보실을 통하지 않고 무작위로 현장을 찾아가 만나는 형식이었다. 궁금한 것을 묻고 들으면서 그들의 표정을 유심히 살폈다. 그건 나의 오랜 취재 습관이었다. 어느 조직이나 조직원들의 얼굴엔 그 조직의 분위기가 녹아 있다는 게 경험을 통한 내 믿음이었다. 직원들의 표정이 맑았다. 밝았다. 전혀 구김살이 없었다. KBS라는 큰 방송이 유명하지도, 크지도 않은 자기 회사에 관심을 갖는다는 것 자체가 신기한 모양이었다. 직원들 스스로도 자기 회사는 촌스러운 회사라고 했다. 그런데 그런 회사가 자기들은 좋다고 했다. 효도수당 얘기를 꺼내자 이들의 표정이 더 밝아졌다. 회사 덕분에 효자, 효녀가 됐다며 유쾌하게 웃었다. 사실 부모님 용돈을 일부러 챙기려 해도 바쁜 일상에 쉽지 않은데 회사에서 매달 꼬박꼬박 챙겨주니 너무 고맙다고 했다. 특히 결혼한 여직원은 시집 보낸 후 쓸쓸해 하시던 엄마의 행복한 모습에 눈물이 나더라고 했다.

부모들의 얘기도 들어봐야 했다. 직원들 몇 사람의 동의를 받아 부모들을 만났다. 그들의 표정은 자식들보다 더 밝았다. 특별히 딸을 출가시킨 어머니들의 반응은 감동이었다. 열 아들 부럽지 않다며 눈물까지 흘렸다. 그렇게 부모들을 만나는 길은 강원도 홍천의 산골마을까지 이어졌다. 마침 함박 눈이 내려 낭만적인 풍경이 연출된 날이었다. 굵직한 눈발에 산자락 마을은 한 폭의 동양화처럼 아름다웠다. 주인공의 집앞에 도착하니 4~5명의 노인들이 모여 있었다. KBS가 온다는 얘기에 이웃들까지 다 모였다고 했다. 어머니는 통장을 손에 들고 있었다. 뿌듯함이 가득한 얼굴이었다. 어머니는 입금 날짜를 손으로 짚어가며 단 한 번도 빠진 적이 없는 용돈의 기록을 자랑했다. 그러면서 10만 원은 당신의 월급이라고 했다. 월급날은 친구들에게 자장면을 사는 날이라고 했다. 옆에 모인 친구들이 '그럼, 그럼' 하며 맞장구를 쳤다. 어떤 회사인지 잘은 모르지만 참 좋은 회사인 것 같다는 얘기, 부모에게까지 이렇게 신경쓰는 것 보면 직원들에게는 얼마나 더 잘하겠냐는 얘기... 부러움 섞인 덕담들이 이어졌다. 어머니는 딸 덕분에 노년이 마냥 행복하다고 했다.

그랬다. 그렇게 확인한 효도수당은 그저 돈 10만 원이 아니었다. 부모님들에게 그건 100만 원 이상이었다. 손주들 오면 과자 사주고 용돈도 주고.. 친구들에게 한턱도 내고.. 비상금으로 적립도 하고... 그 덕분에 부러움도 사고... 세상에 어떤 효자가 매달 이런 기쁨을 드릴 수 있단 말인가? 한편의 가슴 따뜻한 동화를 보는 것 같았다... 아, '부모님의 행복은 자식 자랑'이라던 회사의 사훈은 바로 이런 의미였구나... 이해가 됐다. 제 3자인 내가 이렇게 행복할진대 그 부모와 가족들은 얼마나 더할까?... 푸근하고 행복한 취재였다. 떠나는 발걸음이 가벼웠다. 기분좋게 인사하고 돌아서는데 어머니의 한마디가 귀에 꽂혔다. 며칠 뒤 회사의 송년회에 초대받았다는 것이었다. 해서 서울에 올라 갈 것이라는 얘기였다. 아니, 이건 또 무슨 얘기란 말인가? 직원들의 송년회에 부모를 초대하다니... 그건 몰랐던 얘기였다. 기분 좋은 놀라움이 이어지고 있었다.

확인해 보니 송년회에 부모님을 모시는 것은 이 회사의 오래된 전통이었다. 서울의 가장 좋은 호텔, 가장 큰 룸을 빌려 부모님과 함께 한바탕 축제를 벌이는 형식이었다.

그 축제를 위해 직원들은 과별로, 팀별로 몇 주전부터 장기자랑 연습을 한다고 했다. 마치 학예회를 준비하는 초등학교 어린이들처럼. 그리고 송년회 당일 부모님들은 모범 택시로 모셔진다고 했다. 회사가 '계시는 곳으로 보내는 택시'라고 했다. 부모님들은 송년회 최고의 게스트라는 의미였다. 그해의 송년회장은 워커힐 호텔이었다. 취재를 위해 찾은 송년회장은 그야말로 가족잔치 마당이었다. 유명 개그맨의 구수한 입담과 재치에 웃음 소리가 끊이지 않았다. 다 큰 자식들은 부모님 앞에서 재롱을 떨고... 그 모습에 부모님들과 직원들은 박수를 치면서 환호하고... 부모들의 얼굴은 그야말로 세상에서 가장 행복한 표정이었다. 그러면서 비까번쩍 화려한 화장실에 경탄하고, 보도 듣도 못했던 다양한 음식들에 흥분하고... 어질어질하다면서도 자식 덕분에 생전 못 했던 구경을 한다며 흐뭇한 표정을 감추지 않았다.

놀랍게도 부모를 위한 이 회사의 배려는 그게 끝이 아니었다. 10년 근속 직원들에게 부부동반 유럽여행을 보내주는 프로그램이 있었다. 한데 거기에도 부모님을 동행시키고 있었다. 그 취지가 감동적이었다. '처음엔 직원들만 보냈다. 그런데 그렇게 하니 어린 자녀들이 부모님들에게 맡겨지더라. 해서 직원들에겐 행복한 시간이 오히려 부모들에게는 고역의 시간이 되더라. 그래선 안 되겠다는 생각이 들었다. 그럴 바에야 온 가족이 함께 가도록 하는 것이 낫겠다는 판단이 들었다. 돈은 조금 더 드는데 비용이상의 효과를 보고 있다...' 호기심이 일었지만 한 가족당 비용이 얼마나 드는지는 알아낼 수 없었다. 비용 얘기에 선배는 그저 잔잔한 미소만 지을 뿐이었다. 기분 좋은 충격이 이어지고 있었다. 들여다보면 들여다볼수록 대단한 회사였다. 평소 넉넉한 웃음 외에는 별 특징이 없었던 선배가 위대해 보이기까지 했다.

4. 최상의 복지는 경쟁력을 높여주는 것

기사 작성을 위한 취재는 거의 마무리 됐다. 취재과정 내내 불안해 하던 부장도 얼굴이 많이 풀어졌다. 전혀 걱정 안 해도 될 것 같았다. 하지만 들여다 볼수록 재미있는(?) 이 회사에 호기심이 더 생겼다. 이미 취재 분량은 충분하게 나왔지만 개인적인 궁금증이 이모저모를 더 살피게 했다. 그 과정에서 직원들을 대상으로 한 외국어와 컴퓨터 시험이 있다는 사실을 알게 됐다. 직원들이 원하는 외국어와 컴퓨터를 배우도록 비용을 전액 지원한 뒤 1년에 한번씩 시험을 본다는 것이었다. 이건 또 무슨 일인가? 중고등학생들도 아니고 성인들인 직원들을 대상으로 회사에서 시험을 보다니... 괴짜 사장이 운영하는 회사이니 회사차원에서는 그런 아이디어를 낼 수 있겠다는 생각이 들었다. 그러나 아무리 그렇다고 해도 그 귀찮고 만만치 않은 과정을 고분고분 따르는 직원들은 또 뭐란 말인가? 그것도 유쾌한 표정으로. '왜?'나는 물음에, 처음에 너털웃음으로 넘겨버리려던 사장이 그 배경을 털어 놓았다.

'잘 나가던 회사가 정부의 정책이 변경되는 바람에 큰 위기를 맞은 적이 있어요. 이익은 커녕 직원들 월급도 못 줄 형편에 사장으로서 비상경영을 할 수 밖에 없었지. 직원들을 모아놓고 최후 통첩을 했어. 지금 퇴사하면 얼마간이라도 퇴직금은 줄 수 있으니 나갈 사람은 나가라고. 겨우 그 얘기만 하고 자리로 돌아와 앉으니 눈물이 쏟아지더라고. 무엇보다 퇴사하는 직원들이 걱정이 되더라고. 우리 회사에서 나가는 친구들을 어디서 받아줄까? 과연 받아줄 회사가 있기는 할까?... 정말 걱정이 됐지. 경쟁력을 키워줘서 어디 가더라도 환영받을 수 있도록 했어야 하는데 그동안 너무 베푸는 복지에만 신경썼던 것은 아닌가... 반성이 많이 되더라고. 그때 분명하게 깨달았어. 직원을 위한 최고의 복지는 경쟁력을 키워주는 것이라고...' 거기까지 얘기를 마친 사장이 담배를 꺼내 물었다. 잠시 허공을 바라보던 눈빛이 제자리로 돌아오기까지 제법 시간이 걸렸다. '놀랍게도 그때 회사를 나간 직원은 단 6명뿐이었어. 그것도 자신들은 비교적 여유가 있다며 회사의 부담을 덜어주겠다고 나간 친구들이었지. 나머지는 거의 무급으로 6개월 이상을 버텼어. 정말 힘든 시간이었지만 그렇게 모두가 똘똘 뭉치니 생각보다 빨리 회사는 정상화될 수 있었지. 그렇게 회사가 정상화 된 후 첫 번째로 도입한 제도가 바로 외국어와 컴퓨터 학습 지원이야. 특별한 의미는 없고 언제 또 찾아 올지 모르는 위기상황을 대비한 프로그램이라고 해야겠지. 적어도 외국어와 컴퓨터 하나만 잘 해도 어디 가서 굶어죽지는 않을 것이라는 생각에 도입한 제도지...'

수년 동안 만나면서도 전혀 들어보지 못했고 따라서 알지 못했던 얘기들이었다. 한데 그 모든 얘기들이 감동이었다. 진심으로 이런 회사가 대한민국에 500개쯤 생긴다면 좋을 것 같았다. 취재가 잘 됐으니 편집에도 어려울 게 없었다. 걱정하는 부장에게는 진행과정마다 설명을 드렸던 터였다. 이렇게 취재한 내용들은 그해 취재파일 4321의 연말 마지막 방송으로 전파를 탔다. 당당하게 회사 이름까지 밝힌 채였다. 여전히 특정 회사를 홍보해주는 것 아니냐는 곱지 않은 시선이 남아 있었지만 감동적인 내용에 분위기가 달라져 있었다. 제목은 '10만 원의 행복'. 정말 많은 사람들에게 소개하고 싶은 따뜻한 얘기였다. 각박한 세상의 연말에 딱 어울리는 주제이기도 했다. 방송이 나가는 날 주변의 사업을 하는 지인들에게 일일이 시청을 권했다. 나도 집에서 가족들과 함께 프로그램을 봤다. 좋은 얘기를 다 담지는 못했지만 소개된 내용만으로도 충분히 감동적이었다. 군이 내 멘트가 아니어도 화면에 등장하는 직원들의 표정에 모든 것이 다 담겨 있었다. 그들의 표정은 정말 행복으로 가득했다. 시청자로서 좋았고 취재기자로서 흐뭇했다.

방송에 대한 반응은 기대 이상이었다. 방송 중에도, 방송이 나간 후에도 걱정했던 항의 전화는 한통도 없었다. 해당 회사의 숨겨진 문제, 부정적인 문제를 고발하는 전화도 없었다. 대신 '좋은 기사 고맙다', '가슴이 따뜻해졌다' 'KBS가 용기를 내줘서 고맙다'는 시청자들의 칭찬과 격려가 쏟아졌다. 마지막 순간까지 걱정을 감추지 않았던 국장도, 다른 간부들의 표정도 완전히 달라져 있었다. 시청률도 15%, 평균 이상이었다. 노골적인 PR 아니냐는 시선이 전혀 없지 않았지만 충분히 감수할 수 있는 수준이었다. 그들조차도 방송에 소개된 내용들이 감동적이라는데는 이의를 달지 않았다. 회사내 어느 부서에서는 '박선규와 그 회사와의 관계'를 캐보자는 짓궂은 농담도 있었다고 했다. '박선규와 그 사장이 어떤 관계인지, 와이프들끼리 가까운 사이는 아닌지, 혹시 고향이 같거나 같은 교회에 나가는 교인은 아닌지...' 그런 얘기를 전한 동료는 '한 가지 분명한 것은 박선규가 아니면 쓰기 어려운 기사'라는 데는 모두가 동의했다고 했다. 기분 좋은 얘기였다.

며칠 후 그 회사 홍보팀장에게서 전화가 왔다. 진심으로 고맙다고 했다. 방송이 나간 후 혹시 달라진 것이 없는가고 물었다. 기다렸다는 듯 그의 얘기가 튀어나왔다. '직원들이 달라졌어요. 지금까지는 우리 회사가 그렇게 좋은 회사인 줄 몰랐다고 하더라고요. 그런데 방송을 보니까 정말 좋은 회사더라고... 가족들이 엄지척 해주고, 밥 먹으러 들어간 식당에서 사람들이 와, 저런 회사가 어디 있냐고 놀라고, 친구들이 너희 회사 아니냐고 묻고... 지금까지는 대기업에 다니는 친구들을 부러워했는데 오히려 그 친구들이 자신들을 부러워한다고도 하고요...' 역시 기분 좋은 얘기였다. 그날 오후 한 출판사에서 전화가 왔다. 방송 잘 봤다며 그 회사를 모델로 예쁜 동화를 만들고 싶다고 했다. 기꺼이 홍보책임자에게 연결해줬다. 그 외 효도수당을 도입하고 싶다며 구체적인 정보를 요청해온 회사들이 7~8개, 이런 저런 경로를 통해 간접적으로 의사를 타진한 곳이 10여 군데에 달했다. 그렇게 그렇게... 그해 연말은 그 기사로 따뜻하고 행복했다. 지금도 가끔씩 궁금할 때가 있다. 그때 효도수당 도입한 회사들은 몇 개나 될까? 그리고 그 회사들은 지금도 잘 하고 있을까?

잊혀진 국민
납북자

1. 이산가족 상봉장의 납북자 성경희 씨

기자가 되기 훨씬 전부터 KBS에 대한 나의 인상은 '이산가족찾기 생방송'으로 각인 돼 있었다. 육군 상병으로 전방 철책에서 근무 중이던 1983년 여름 어느 날, 서로의 이 름을 부르며 부둥켜 안고 눈물 펑펑 쏟아내는 수 많은 사람들을 봤다. 텔레비전을 통 해 본 그 모습은 그야말로 충격이었다. 헤어진 가족을 찾겠다고, 그 뜨거운 여름, 가족 의 이름과 특징, 사연들이 적힌 종이쪽을 들고 방송국 주변은 물론 여의도 광장을 가득 매운 사람들… 그들은 경쟁적으로 카메라 앞에서 가족의 이름을 불러대고 있었다. 세 상에서 가장 간절한 표정으로. 그러다 찾던 사람이 연결되면 화면을 통해 서로의 기억 을 더듬으며 묻고 또 묻고, 그런 과정을 통해 마침내 가족으로 확인되면 위신도 체면도 다 내던진 채 울부짖으며 덩실덩실 춤을 추었다. 그런 극적인 장면들이 하루에도 수십 건씩 일어나고 있었다. 그건 눈물없인 볼 수 없는 순도 100퍼센트의 휴먼 드라마였다.

당시 내가 근무하던 곳은 북한 병사들의 일상이 쉽게 관찰되는 곳, 금강산이 손에 잡 힐 듯 가까운 동부전선의 끝 지점이었다. 북한땅을 지척에 마주하고 있던 군인의 입장 에서 그 감동적인 그 드라마를 지켜보는 마음은 특별할 수 밖에 없었다. 해방에 이어 벌어진 끔찍하고 잔인했던 전쟁과 휴전, 3년여의 피와 눈물이 만들어낸 분단과 이별… 그로부터 30년 만에 펼쳐지는 충격적 드라마는 서럽고 가슴 절절한 휴먼 드라마가 분 명했다. 동시에 그건 우리의 비극적 현대사가 농축된 슬픈 다큐멘터리이기도 했다. 그 것도 과거에만 머물지 않고 현재도 이어지며 아픔을 더하고 있는 현재 진행형 다큐멘 터리였다. 호기심에 몇 년이 흐른 후 자료를 찾아봤다. 애초 이 방송은 2시간 짜리 단 발 특별방송으로 기획됐던 것이라고 했다. 한데 엄청난 폭발력에 모든 정규방송을 취 소한 채 5일 동안 이어지는 진짜 '특별방송'으로 바뀐 것이라고 했다. 그 기간동안의 시 청률이 무려 78%에 달했다고 했다. 방송은 그 후로도 특별편성으로 11월까지 이어지며 1만 189명에게 만남을 선물한 것으로 기록돼 있었다.

군복을 벗고 기자가 되고도 제법 시간이 흐른 2001년 2월 어느 날, 뉴스를 보다 깜짝 놀라고 말았다. 그날 뉴스는 평양 고려호텔에서 진행된 남북 이산가족 상봉소식을 톱으로 전하고 있었다. 한 해 전인 2000년 6월 15일, 분단후 처음으로 이뤄진 김대중 대통령과 김정일 국방위원장간의 남북정상회담에서 합의된 행사였다. 합의에 따라 이미 두 차례의 이산가족 상봉이 이뤄진 후 3번째로 진행된 행사, 리포트를 소개하는 앵커 멘트가 이렇게 시작됐다. '오늘 이런 만남도 있었습니다. 지난 69년 납북됐던 KAL기 승무원 성경희 씨가...' 이어진 리포트 속에서 화면은 30여년 전 납북된 대한항공 승무원 성경희씨가 어머니와 상봉하는 모습을 비추고 있었다. 그러나 너무도 변해버린 모습에 바로 딸을 알아보지 못하는 엄마... 엄마는 딸의 두세발짝 앞에서 그저 멍한 표정으로 바라보기만 했다. 딸 또한 선뜻 다가가지 못하고 그런 엄마를 지켜보기만 했다. 수건으로 입을 막은 채, 울음을 삼키면서... 그러다 어느 순간 '엄마, 경희야.' 하며 7순 노모의 품으로 파고드는 딸... 그제서야 넋이 나간 듯 멍했던 엄마는 딸을 부둥켜 안으며 눈물을 쏟아냈다. 아무리 감정이 무뎌진 사람일지라도 눈물없이 볼 수 없는 극적인 장면이었다. 말로 표현하기 어려운 아프고도 슬픈 드라마였다. 성경희씨는 30여년 전인 1969년 12월 11일 강릉을 떠나 서울로 향하던 중 비행기와 함께 납치된 승무원이었다. 다른 승무원 3명, 승객 47명과 함께였다.

내가 놀랐던 이유는 변해버린 성경희 씨의 모습 때문만이 아니었다. 그들 모녀가 그려내는 비극적인 장면 때문만도 아니었다. 물론 그런 것들도 당연히 놀라운 것이기는 했다. 하지만 그보다는 눈 앞에 확인된 납북자의 비극을 '이런 만남'이라는 단순 화제성 이벤트로 소개하는 앵커의 인식 때문이었다. 그것이 내겐 훨씬 놀라웠다. 어느 방송이었던지 정확하게 기억하지 못하지만 방송기자의 한 사람으로 부끄러웠던 기억만은 지금도 선명하게 남아 있다. 한심했다. 누가 뭐래도 그녀는 본인의 의지와 관계없이 북한에 납치돼 살고 있는 대한민국 국민이었다. 정부가 보호하지 못해 인생이 송두리째 뒤틀린, 한 많은 삶을 살고 있는 명백한 피해자였다. 당연히 대한민국 정부는 그녀를 데려와 가족과 함께 살게해야 할 책무가 있었다. 그런데 명백하게 대한민국 국민인 피해자가, 북한주민의 이름으로 이산가족 상봉장에 나온 그런 모습을 보고도, 남쪽의 어머니와 30여년 만에야 얼굴을 마주하고 눈물을 쏟는 그런 비극을 보고도 분노하지 않고 그저 '이런 만남'이라니... 다음날 출근해 보니 '스튜어디스 출신 성경희'는 많은 사람들의 화제였다. '북한이 어렵긴 어려운 모양이더라. 입고 있는 한복이 우리가 70년대에 입던 것이더라..', '승무원이면 꽤 예뻤을텐데 얼굴이 말이 아니더라...' 역시 자신들과는 전혀 관계없는 화제성 얘기들 뿐이었다. 어디에도 본인의 의지에 반해 납치된 채로 살아가는 대한민국 국민 성경희 씨와 가족들의 처지에 대한 안타까움은 없었다. 그날 취재수첩에 '언젠가 납북자 문제를 꼭 취재해 보리라'고 적었다.

2년 뒤, 나는 똑 같은 뉴스를 마주해야 했다. 이번에는 금강산 상봉장이었다. 36년 전 고기잡이 나갔다 납북됐던 외아들 윤강구 씨가 어머니를 만나고 있었다. 감정이 복받친 윤씨가 큰 절을 올린 뒤 들뜬 몸짓과 목소리로 아내와 아들을 소개했다. 하지만 8순의 어머니는 아무 말도 못하고 눈물만 흘리고 있었다. '이 기쁜날 우시면 되냐?'며 안타깝게 어머니를 달래는 윤 씨의 눈에도 눈물이 가득했다. 그의 눈물은 차라리 소리없는 통곡이었다. 그 모습에 가슴이 미어졌다. 그건 기쁨이 아니라 짙디짙은 슬픔이었다. 윤강구씨만이 아니었다. 75살 오말신 할머니도 16년 전 백령도 앞바다에서 납북된 아들을 만나 눈물을 쏟았다. 아들은 일어서지도 못하고 눈물만 흘리는 엄마를 부둥켜 안고 쓰다듬고 또 쓰다듬으며 눈물을 떨구고 있었다. 말 없이 토해내는 그런 눈물겨운 몸짓들이 가슴을 더 아리게 했다. 그날 상봉자들 가운데는 국군포로 가족들도 있었다. 북한 주민으로 나왔지만 모두 분명한 대한민국 국민들이었다.

가슴 깊은 곳에서 꿈틀거리며 올라오는 것이 있었다. 미뤄놓았던 기사를 써야 할 때였다. 더 늦춰선 안 되겠다는 생각이 들었다. 자료를 모으기 시작했다. 6.25 한국전쟁이 끝난 후 강제로 끌려간 납북자 수가 통일부 공식집계로만 3,835명에 이르는 것으로 확인됐다. 엄청난 숫자였다. 집계되지 않은 사람들까지 포함하면 훨씬 더 많다는 얘기였다. 이들 가운데 3,319명이 돌아오고 516명은 여전히 북한에 억류중인 것으로 나타났다. 그리고 그때까지 6명이 이산가족상봉을 통해 가족을 만난 것으로 돼 있었다. 유감스럽게도 정부차원에서 그들을 위해 어떤 노력을 하고 있는지는 확인할 수 없었다. 보안사항이라 알기 어려웠던 것이 아니고 아무리 찾아봐도 그 흔적을 찾을 수 없다는 얘기였다. 관련 질문을 했을 때 통일부 실무 책임자는 아무런 답도 내놓지 못했었다. 다만 앞으로 더 신경을 쓰겠다는 원론차원의 얘기만 했었다. 내가 확인한 것은 대한민국 정부와 국민에게 납북자는 완전히 잊혀진 국민이라는 사실이었다.

2. 정부가 모른 체 한다면 나라도 나서 데려 오리라!

관련 기사를 모두 검색했다. 최성용이란 이름이 눈에 들어왔다. 납북자 가족 모임 대표라고 소개돼 있었다. 강제로 북한에 끌려간 사람들의 송환을 위해 싸우고 있는 사람이라고 했다. 이 분을 만나보면 전체적인 내용을 파악할 수 있을 것 같았다. 전화를 드리고 그가 사는 충남 서천의 장항을 찾았다. 그는 짙은 눈썹에 눈이 부리부리한, 한 눈에도 강단이 느껴지는 사람이었다. 물어물어 찾아간 그의 집엔 노쇠의 기미가 역력한 80세 노모와 지친 표정에 어딘가 아파 보이는 형이 함께 있었다. 낡고 허름한 집이었다. 인상만큼이나 굵고 투박한 목소리로 그가 반갑게 인사했다. '멀리 누추한 곳까지 오시느라 고생하셨습니다.' 간단한 인사였지만 '누추한 곳'이란 단어가 의미심장하게 들렸다. 납북자들의 처지가 그 한단어에 함축돼 있는 것 같았다. 그가 내민 명함엔 수협직원이라고 돼 있었다. 조금은 의외였다. 납북자 문제에만 전념할만큼 형편이 넉넉지 않아 두 가지 일을 병행하고 있다고 했다. 다행이 수협에서 편의를 봐줘 도움이 많이 되고 있다고 했다.

그는 모든 것이 시원시원했다. 잘 오셨다는 의례적인 인사를 끝낸 뒤 정부와 언론에 대한 성토부터 시작했다. 상당히 강한 톤이었다. 지금까지 어느 정부도 납북자 문제에 진지한 관심을 보이지 않았다고 했다. 아니 관심은커녕 납북자들을 의심하고 가족들을 간첩 취급하는 작태도 서슴지 않았다고 했다. 따지고 보면 정부가 보호를 못해 끌려간 사람들인데... 정부의 무능 때문에 강제 억류돼 온갖 고생 다하고 있는 사람들인데... 퍼줄 것 다 퍼주면서도 돌려 보내라고 요구도 못하고 사과도 한번 요구하지 못하고... 힘없는 국민 하나도 보호하지 못하는 정부가 무슨 정부냐고 목소리를 높였다. 대통령이나 장관이나 국회의원들이나... 자신들의 가족이 그런 일을 당해도 지금과 같이 하겠느냐고 반문했다. 언론도 마찬가지라고 했다. 왜 납북자 문제에 눈을 감고 모른 체 하냐고 흥분했다. 지금까지 어느 언론도 납북자 문제에 진지한 관심을 보이지 않았다고 울분을 토했다. 수도없이 찾아가서 설명하고 고함도 질러봤지만 귀찮아 할 뿐 상대도 해주지 않더라고 했다. 그는 탈북자들에 대한 관심의 100분의 1만이라도 받는다면 소원이 없겠다고 했다. 그 또한 납북자의 처지를 '잊혀진 국민'이라는 한 단어로 압축했다. 구체적인 사례를 들어, 자신의 경험을 더해 열변을 토하는 그의 얘기엔 강한 울림이 있었다.

구구절절 가슴을 울리는 그의 얘기에 취재 방식을 바꾸기로 했다. 질문을 하는 것보다 우선 그의 얘기를 다 들어보는 것이 좋을 것 같았다. 그는 정말로 가슴 속에 쌓인 것이 많은 듯했다. 그가 납북자 문제에 매달리게 된 것은 1993년부터라고 했다. 김영삼 정부가 비전향 장기수 이인모 노인을 북한으로 보내는 모습을 보면서 툭 던지신 어머니의 한마디가 가슴에 꽂혔다고 했다. '둘째야, 이거 뭐가 잘못된 거 아니냐? 납북자는 아직 한 사람도 못 오고 있는데... 네가 가서 아버지 유해라도 찾아오거라. 만일 처형당했다면 그 이유라도 알아오거라..' 어머니의 간절한 마음을 외면할 수 없었다고 했다. 처음엔 아버지를 찾는 것이 목적이었다고 했다. 아버지는 그가 17살 되던 해 고기잡이 나갔다가 납북됐다고 했다. 당시 57세, 납북 전 배 3척을 가진 부자로 남부러울 것 없이 살았던 가정은 그후 풍비박산 났다고 했다. 고생 모르고 사셨던 어머니가 생선 장사로 3형제를 교육시키며 생계를 꾸려야 했다고 했다. 어머니 김애란 씨는 2002년 금강산 이산가족 상봉장에서 남편 사진과 당시 타고 나갔던 배의 사진을 들고 '너희가 잡아간 내 남편 내 놓으라'고 통곡했던, 바로 그 여인이었다. 가만히 누워 아들의 얘기를 듣고 있던 김 씨가 힘없이 한 마디 던졌다. '기자들은 맨날 취재만 해. 우리집 양반 돌려줄거야?' 맥풀린 그 한 마디가 가슴을 찔렀다.

옆에 앉았던 형도 입을 열었다. '어머니는 그때 북한에 다녀온 후부터 앓아 누우셨습니다. 그 후유증이 말도 못해요. 저는 가족상봉한다고 들떠 있는 사람들 보면 불쌍합니다. 잠깐 보고와서는 더 큰 병이 생기는데...' 형은 아버지가 끌려간 뒤 공부도 제대로 할 수 없었다고 했다. 형사들이 수시로 찾아와서 묻고 감시하는 바람에 정상적인 생활이 불가능했다고 했다. 당시 납북자 가족들은 북한에 끌려간 가족이 간첩이 돼 넘어 올 수 있다는 의심 때문에 24시간 감시를 당하는 처지였다고 했다. 이사도 마음대로 하지 못하고, 이사를 하거나 혼사를 치르면 그 돈이 어디서 났느냐고 꼬치꼬치 따지고... 형은 어렵게 친구가 운영하는 회사에 취직을 했지만 '왜 저런 사람 쓰느냐?'고 형사들이 친구를 괴롭히는 바람에 그마저도 다니지 못하고 쫓겨났다고 했다. 당시 기억이 떠오르는 듯 깊은 한숨을 내쉬었다. 옆에서 지켜보던 최 대표는 모든 납북자 가족들이 가족을 뺏긴 설움에 억울한 감시까지 당하면서 비참한 생활을 견뎌내고 있다고 울먹였다. 어느 새 그의 흥분됐던 목소리는 울먹이는 소리로 변해 있었다. 도대체 말이 되느냐고, 이런 나라가 어디 있느냐고.... 하지만 그렇다고 어디 하소연 할 데도 없으니 어쩌겠냐고 최 대표는 깊은 한숨을 내쉬었다.

최 대표의 얘기가 끝없이 이어지고 있었다. '이인모 씨를 보내는 날 '북한은 납북자를 송환하라'는 플래카드를 임진각에 걸었습니다. 그것이 '납북자' 활동의 시작이었지요. 그러나 당시는 물론 그 후로도 누구도 우리 목소리에는 귀를 기울여주지 않았습니다. 결국 스스로 방법을 찾아 나설 수밖에 없었습니다. 수시로 중국을 드나들면서 북한에 연결이 된다는 사람들과 조직을 만났습니다. 그들에게 아버지 소식을 수소문했습니다. 더러는 도움이 됐지만 돈만 챙기고 달아나는 사기꾼들도 적지 않았습니다. 힘 들었습니다. 때려치고 싶은 마음도 굴뚝 같았습니다. 하지만 생선 팔아 마련한 돈을 찔러주며 꿋꿋하게 독려하시는 어머니의 마음을 외면할 수 없었습니다. 명절 때도 그깟 명절 한 두번쯤 안 쇠면 어떠냐며 어머니는 등을 떠밀었습니다. 그러다가 2000년, 드디어 아버지와 함께 생활했었다는 사람을 만날 수 있었습니다. 하지만 그로부터 들은 소식은 '아버지가 1970년 처형당했다'는 안타까운 내용이었습니다. 그때 저는 결심했습니다. 무능한 정부에 기대지 않고 최소한 내손으로 납북자 10명은 구해야겠다고 말이지요...'

3. 납북어부 출신 이재근 씨의 증언

최 대표의 얘기는 놀라웠다. 상상도 못했던 얘기들이 쏟아져 나오고 있었다. 그는 정부와 기관의 도움없이 납북자들을 탈출시키고 있다며 자신이 해온 일, 하고 있는 일들을 소개했다. 북한에 사람들을 들여 보낸 뒤 그들을 통해 소식을 묻고 들으며 사람들을 찾아내고 있다고 했다. 그런 과정을 통해 찾는 사람을 발견하면 일단 사진과 편지를 교환하는 방식을 쓴다고 했다. 놀랍게도 가족들은 수십 년 지난 필체만 가지고도 서로를 확인하곤 한다고 했다. 그렇게 국내에 정착시킨 사람들이 여럿이라고 했다. 한편으로 놀라면서 다른 한편으로는 의구심도 생겼다. 그것이 정말 가능하다는 말인가? 한 개인의 힘으로 그 엄청난 일을 정말 할 수 있단 말인가? 놀라는 내게 그는 자신의 활동내역이 기록된 사진과 자료들을 내보였다. 그 속에 모든 것들이 다 담겨 있었다. 누구도 시비못할 진실이 거기 세세하게 기록돼 있었다. 그것은 눈부신 번영의 시대, 모두가 번드르르한 겉모습에만 치중할 때 대한민국의 한쪽 구석에서 진행된 슬픈 역사의 기록이었다. 심한 자책이 일었다. '명색이 기자라는 사람이 이런 것도 까맣게 모르고 있었다니…' 20세기 대한민국에서, 중국과 북한 땅에서 그런 일이 실제 일어나고 있다는 사실이 충격이었다. 그의 얘기에 따르면 납북자 문제는 철저한 당사자들만의 문제였다. 철저한 비극의 주인공 그들을 기억하고 돕는 손길은 어디에도 없다고 했다. 자국민 보호 책임을 포기한 정부는 미안해하기는커녕 그들을 죄인 취급하며 아픔을 배가시키고 있다고 했다. 그에게 '당신이 탈출시킨 사람을 한번 만나 볼 수 있겠는가' 하고 물었다.

며칠 뒤 그가 구출해냈다는 이재근 씨를 만났다. 최씨가 처음으로 국내에 정착시킨 사람이라고 했다. 그의 집은 서울 송파구 거여동에 있었다. 그는 호리호리한 체격에 편안한 얼굴이었다. 인상이 좋으시다고 인사를 건넸더니 한국에 와서 편하게 지내서 그럴 것이라고 했다. 북한에서는 안 그랬을 것이라며 웃었다. 한국에 들어온 지 만 3년째라는 이 씨는 북한에서 지낸 억울한 세월을 보상받는 것 같다고 했다. 하루하루가 행복하다고 했다. 그는 북한에서 결혼한 부인, 아들과 함께 대한민국으로 들어와 더 그럴 것이라고 했다. 그는 1970년 4월 29일 새벽, 봉산호를 타고 서해에서 조업하다 북한으로 끌려갔다고 했다. 함께 끌려간 27명 중 20명은 7개월 후 송환됐지만 자신을 포함한 7명은 남겨져 간첩교육을 받았다고 했다. 사격과 수영, 지형학 등 모질고 고된 훈련을 다 받았다고 했다. 하지만 마지막 순간에 사상이 안 좋다며 배제시키는 바람에 실제 간첩활동은 못 했다고 했다. 납북자 중에는 자신과 같은 어부가 제일 많다고 했다.

이씨의 얘기가 이어졌다. 1998년 함경남도 함주군의 집을 떠나 두만강을 넘었다고 했다. 노동당에 입당하고 선박전동기 공장 선반공, 양수기 운전공 등으로 누구보다 열심히 일했지만 늘 감시속에 살아야 했던 현실, 특별히 52개로 나뉘어진 인민등급 가운데 51번째 등급으로 분류돼 최상위권 성적이던 아들이 대학에 가는 길이 막히는 모습에 절망감을 느꼈다고 했다. 때마침 최악의 식량난이 겹쳐 사방에서 아사자가 속출하는 현실이 결심을 재촉하게 했다고 했다. 그렇게 북한을 탈출해 중국에 숨어살던 중 최 대표를 만났다고 했다. 그리고 최 대표 덕분에 한국으로 들어오게 됐다고 했다. 이 씨를 만나기 전에 당시 기사를 검색해 봤었다. 2000년 6월 대한민국으로 들어왔다는 사실, 기자회견을 통해 납북자들의 존재와 생활을 생생하게 증언해 충격을 던진 인물이라는 사실이 기록돼 있었다. 그가 확인한 납북자 수만 32명에 달한다는 사실 또한 기록돼 있었다. 당시 그의 증언에 따라 우리 사회에 잠시동안 납북자들에 대한 관심이 생기는 듯 했다고 최 대표는 부연했다. 하지만 흥미 이상의 관심으로 이어지지는 못했다고 아쉬워했다. 언급된 납북자들의 가족들만 격한 감정에 흥분했을 뿐이었다고 했다.

이재근 씨는 돌이켜보면 참으로 우여곡절 많은 삶이라고 했다. 한국에서 30년 살다 납치돼 북한에서도 30년을 살았다고 했다. 간첩훈련을 받을 땐 속으로 기뻤다고 했다. 남파된 뒤 자수하면 가족과 함께 살 수 있다는 생각에 가슴도 뛰었다고 했다. 해서 남파계획이 취소됐을 땐 속으로 많이 울었다고 했다. 정부를 많이 원망했다고도 했다. 특히 목숨을 걸고 탈출한 뒤 중국에서 대한민국 영사관을 찾아갔을 때는 절망적이었다고 했다. 납북어부라는 신분을 밝히고 도움을 청했지만 도움은커녕 심한 면박만 당했다고 했다. '당신이 세금 낸게 있느냐? 뭐 한게 있다고 대한민국에 가겠다고 하느냐? 자꾸 국가에 부담주지 마라'고 호통을 치더라고 했다. 항의도 못하고 돌아설 수 밖에 없었다고 했다. 차라리 죽고 싶었다고 했다. 북한에서 나올 때, 격하게 환영까지 해주리라는 기대는 안했지만 그래도 받아줄 줄 알았다고 했다. 고생했다면서 따뜻하게 안아줄 것이라고 기대했다고 했다. 그런 기대로 탈출과정의 어려움을 견뎌냈다고 했다.

그런데 대사관에서 문전 박대를 당했으니... 그렇게 막막하던 상황에서 최 대표를 만난 것이라고 했다. 그는 최 대표를 생명의 은인이라고 했다. 그를 만나 대한민국에 들어올 수 있었고 정착 생활도 많이 의지하고 있다고 했다. 그는 납북어부들이 81년과 85년 2차례에 걸쳐 원산에서 집단 교육을 받았는데 기자회견에서 밝힌 32명은 그 때 알게된 사람들이라고 했다. 교육기간이 3개월이나 돼 동병상련의 심정에서 서로 많은 얘기를 나눴다고 했다. 북한에 남아있는 그들이 생각나는 듯 그가 잠시 허공을 응시했다. 그의 눈가가 촉촉해졌다.

4. 한마을 남자 24명의 납북, 거제 농소마을의 비극

며칠 후 그와 함께 경상남도 거제 농소마을을 찾았다. 1972년 마을의 남성들이 타고 나갔던 오대양호가 납북되면서 온 마을이 쑥대밭이 된 동네였다. 끌려간 사람들이 자그마치 24명이나 됐다. 그들 가운데는 친척들이 모여사는 집성촌의 성격상 친척들이 적지 않았다고 했다. 한 가족을 넘어 한 집안이 풍비박산 났다는 의미였다. 북한에 납치됐다 돌아온 사람이 마을을 찾는다는 소식에 한 많은 사연들을 품고 살던 주민들이 다 모였다. 그들은 당시 끌려간 남편, 아들의 사진을 들고 왔다. 하나같이 나이들어 쇠약한 모습이었다. 사진들을 일일이 살피고 짚어가며 이재근 씨가 기억나는 이들의 소식을 전했다. 놀랍게도 주민들이 얘기하는 거의 모든 사람들을 이 씨는 기억하고 있었다. 특별할 것도 없는 '언제 봤다', '무슨 얘기를 나눴다', '모습이 어땠다'... 는 등의 간단한 얘기였지만 그들은 감격했다. 그러면서 흐느꼈다. 큰 소리도 내지 못하고 꾹 눌러 참으며 흘려내는 흐느낌, 그건 차라리 처절한 몸부림이었다. 그 흐느낌 속에 지난 세월의 아픔이 고스란히 녹아 있었다.

그 모습이 더 아팠다. 슬퍼도 마음껏 슬퍼하지 못하고 혹 좋은 일이 있어도 소리내 웃지 못했다는 사람들... 그들은 납북된 가족을 만났다는 사람 앞에서, 처음 보는 낯선 기자 앞에서 오랫동안 가슴에 담고 살아 온 응어리들을 쏟아냈다. '신고하지 않고 이사했다고 〇〇경찰서에서 고문을 받았어요. 12일 동안이나... 어찌나 모질게 몰아치던지...' '79년 큰딸을 결혼시켰는데 결혼비용이 어디서 났느냐고.. 남편이 왔다 간 것 아니냐고 며칠을 괴롭히는 통에...' '애가 학교 갔는데 친구들이 빨갱이 아들이라고 놀린다며 안 가겠다고...' 일단 말문이 터지자 눈물 겨운 사연들이 봇물 터지듯 쏟아졌다. 아들을 보내고 석달동안 술만 마시다 세상을 떴다는 어머니, 이산가족 상봉신청했다가 아들이 숨졌다는 소식에 쇼크로 돌아가셨다는 다른 어머니도 있다고 했다. 그냥 앉아 있을 수가 없었다. 차마 맨정신으로 들을 수 없는 얘기들이었다. 도대체 이분들이 무슨 죄를 지었다고... 못난 정부탓에 가정이 풍비박산 난 피해자들인데... 잘못은 자기들이 해 놓고 그리도 모질게 피해자들을 괴롭혔다니... 카메라 기자에게 현장을 맡겨놓고 화장실 간다는 핑계로 자리를 잠시 물러나왔다. 그런 얘기들이 정말 내가 살고 있는 내 나라에서 벌어졌다는 사실이 믿기지 않았다. 머릿속이 어지러웠다.

취재는 기대이상으로 잘 되고 있었다. 하지만 그만큼 답답함도 쌓이고 있었다. 최근의 납북 사례가 있으면 더 좋을 것 같았다. 확인해 보니 1995년 납치된 안승운 목사가 있었다. 6년 전이었다. 중국 연길에서 선교 활동을 벌이다 7월 9일 납치됐다고 했다. 그의 납치는 한국과 중국, 양국 정부가 공식적으로 확인한 사실이었다. 납치되기 직전 '7월 25일 귀국한다'고, '귀국하면 함께 여행가 맛있는 것 먹으며 좀 놀자'고 전화한 것이 마지막이 됐다며 부인은 눈물을 훔쳤다. 명백하게 북한으로 납치된 것이 확인됐기에 대통령에게 편지하고 정부 요로에도 진정서를 냈지만 아무런 답변을 듣지 못했다고 했다. 딱 한 차례 안기부 직원을 통해 '노력하고 있으니 조금만 기다려 보라'는 비공식 통보를 받기는 했지만 그걸로 끝이었다고 했다. 부인은 묻지도 않았는데 혹시 이산가족 만남 형식을 통해서라도 만나라는 연락이 오면 자신은 안 갈 것이라고 했다. '만나는 것이야 좋지만 짧은 만남 뒤에 다시 떼놓고 와야 하는데 어떻게 그럴 수 있겠느냐고 되물었다. 자국민이 제 3국에서 명백하게 납치됐는데 어떻게 정부가 이렇게 철처하게 나몰라라 하는 것인지 도저히 이해할 수 없다고 했다. 나즈막히, 조근조근 얘기를 잇는 부인은 이제 화 낼 기운조차 없다고 했다. 부인의 눈에 눈물이 가득고여 있었다.

옆에 있던 대학생 아들은 격하게 서운함을 토해냈다. '어떻게 자국민이 납치됐는데 탈북자 만큼도 관심을 안 보이냐? 탈북자들은 대학지원 다 해주는데 대한민국 국민인 나는 돈이 없어서 휴학했다. 세금은 받아서 다 뭐하는 것이냐? 아버지가 강제로 납치됐다는 것은 정부에서도 확인한 것 아니냐? 그런데 어떻게 이렇게 무심할 수 있는거냐?...' 아들은 도무지 이해가 되지 않는다고 했다. 이게 나라냐고 했다. '아버지의 납북 이후 우리 가정은 다 무너졌다. 이건 한 개인의 납치가 아니라 한 가정의 파괴고 한 국가에 대한 도발이다. 정부가 이렇게 무능하고 무력하다면 대체 우리는 뭘 믿고 기대야 한다는 것이냐? 대통령에게, 장관에게, 국회의원들에게 묻고 싶다. 당신들의 가족이 납치돼도 지금처럼 이렇게 하겠느냐?...' 아들은 거의 울부짖고 있었다. 아버지가 납치 되기 전에는 '납북'이라는 것은 상상도 못했다는 그는 그건 결국 다른 사람들도 어느 순간 '납북의 피해자'가 될 수 있다는 의미 아니겠냐며 쓴 웃음을 지었다. 아들의 눈엔 정부에 대한 원망이 가득했다. 그의 눈을 바로 보기가 민망했다.

그렇게 취재는 마무리 됐다. 기사의 방향은 분명했다. 정부의 책임을 추궁하고 분발을 촉구하는 것이었다. 북한에 납북자의 송환을 요구하고 피해자들에 대한 책임을 다 하도록 하는 것이었다. 클로징이 고민됐다. 강하게 메시지를 전하고 싶었다. 화면에 직접 등장해 시청자의 눈을 마주보며 의미를 전하기로 했다. '국가의 가장 중요한 책무는 자국민을 보호하는 일입니다. 그런 정신에 따라 일본은 납북자 송환을 북한과 수교하는데 첫 번째 조건으로 삼고 있고 미국은 50년 전에 이땅에서 숨진 전사자들의 유해까지 찾고 있습니다. 납북자는 납북자대로, 또 남겨진 가족들은 가족들대로 고통속에 방치되고 있는 우리의 현실은 국가의 존재 이유에 대한 근본적인 의문을 제기합니다.' 15분짜리, '잊혀진 국민, 납북자' 방송은 이렇게 마무리 됐다.

5. 감사합니다. 독일 ZDF에서 연락이 왔어요

방송을 내보내고도 마음이 영 개운치 않았다. 그저 허공에 대고 소리친 공허한 외침은 아니었는지... 취재과정에서 확인한 정부 관계자들의 뜨뜻미지근한 반응 때문이었다. 그들에게선 도무지 어떤 책임감도, 의지도 확인할 수 없었다. 자신들과는 너무 멀리 떨어진 철저하게 '타인의 일'이란 분위기만 강했다. 심란한 마음으로 우울한 차에 최성용 대표가 연락을 해왔다. '감사합니다. 언론에서 이렇게 집중적으로 보도해준 건 처음입니다. 10년 묵은 체증이 다 내려간 것 같아요... 이제 언론에 서운했던 마음 다 씻었습니다...' 그의 목소리에 약간의 물기가 묻어 있었다. 그는 그저 자신들의 사연을 소개해 준 것 만으로도 감동한 것 같았다. 그의 얘기가 이어졌다. '독일 ZDF 방송국에서 취재하고 싶다고 연락왔습니다. KBS 방송 봤다면서요. 이제 뭔가 돌파구가 생길 것 같아요. 이 고마움 잊지 않겠습니다.' 약간의 흥분도 느껴지는 목소리였다. 그의 마음이 이해가 됐다. 그 동안 얼마나 서러웠으면... 이런 중요한 문제가 지금까지 한번도 깊이 있게 보도되지 않았다는 것이 나로서는 불가사의였다. 정말 이해되지 않는 일이었다.

정부도 방송 후 공식 입장을 냈다. 그동안 납북자 문제에 소홀했던 측면이 있었다는 사실을 인정한다며 적극적으로 방법을 찾아보겠다는 내용이었다. 구체성 없는 원론적인 내용이었지만 일단 관심을 갖게 됐다는 것이 중요했다. 그 사실에 의미를 두기로 했다. 나중에 어느 부서로 옮기더라도 납북자 문제 만큼은 관심을 가지고 정부의 움직임을 지켜봐야겠다는 개인적인 의지도 다졌다. 회사 안팎의 평가도 좋았다. 'KBS 다운 의미있는 문제 제기'라는 기분 좋은 얘기가 들려왔다. '사각지대에 묻혀 있던 바로 이런 문제를 제기하는 것이 언론의 역할'이라는 어느 대학 교수의 평가도 있었다. 흐뭇했지만 민망함도 작지 않았다. 사실 그건 늦어도 너무 늦은 문제 제기였다. 그걸 아는 까닭이었다. 아쉬운 것은 그런 상황에서도 정치권의 반응이 전혀 없다는 것이었다. 여당이든 야당이든 당차원의 논평 정도는 내줘야 하는 사안이 분명했다. 국회차원의 대책위원회를 만들어야 하는 사안이었다. 방송을 안 본 것인지 아니면 자신들과 관계없다고 생각했던 것인지... 물론 평소 정의와 인권을 외치던 시민단체들 가운데서도 입장을 밝힌 곳은 단 한 곳도 없었다.

ZDF가 관심을 보였다는 것은 그런 분위기 속에서 가장 반가운 얘기였다. ZDF는 독일의 대표적 공영방송이었다. 그들이 특집을 만들기로 했다는 것은 납북자 문제가 독일은 물론 유럽에도 소개가 된다는 의미였다. 그건 국제적인 관심을 이끌어 내는 계기가 될 수도 있다는 의미였다. 인권문제에 민감한 그들이 목소리를 내준다면... 그렇게만 된다면 철저한 외면속에 당사자들만의 고통으로 묻혀 있는 납북자 문제가 인권차원의 구명운동으로 이어질 수 있을 것 같았다. 실로 그건 엄청난 얘기였다. 정확하게 탈북자 이슈가 그랬었다. 94년 KBS가 세상에 드러내기 전까지 비참한 탈북자들의 문제는 철저하게 당사자들만의 문제였었다. 그랬던 것이 KBS의 취재를 계기로 세상에 알려졌고 국내외 언론이 적극적인 관심을 보이면서 국제적 이슈가 됐었다. 그리고 결국 탈북자들이 대거 대한민국은 물론 미국과 유럽 등 자유세계에서 새 삶을 찾는 오늘로 이어졌었다. 분단과 갈등의 시대를 먼저 경험한 입장에서 납북자들의 고통이 남의 일로 여겨지지 않았던 모양이었다. 자신들의 아팠던 지난 시절을 기억나게 했던 것인지도 모르겠다. 아무튼 고마운 일이었다. 내 방송이 그런 계기를 만들었다는 사실이 반갑고 뿌듯했다.

사실 취재를 하는 내내 독일을 생각했었다. 동독 정치범 석방을 위한 서독의 집요한 노력을 잘 알기 때문이었다. 그래서 독일통일정보연구소 박상봉 소장도 만났었다. '냉전이 한창이던 1963년 서독 내독성 장관이 동독을 방문했다. 그의 가방엔 10만 마르크가 들어있었다. 그 돈은 정치범 석방을 위한 비밀자금이었다. 장관은 그 돈으로 단 한명의 정치범을 석방시켜 그와 함께 서독으로 돌아갔다. 서독의 동독 정치범 석방 작전의 시작이었다. 그후 서독은 꾸준하게 정치범 석방 노력을 진행했다. 동독을 지원하면서 무조건 지원만 하지 않고 조건을 걸었다. 그 결과 통일전까지 3만 3천여 명의 정치범을 서독으로 구해낼 수 있었다. 거기에 들어간 예산이 우리 돈으로 2조 원 정도 됐다...' 그런 그의 얘기에 감동했었다. 역시 독일이구나 했었다. 납북자 문제 해결에도 그런 방식을 적용하면 좋을 것 같았다. 효과가 클 것 같았다. 그런 면에서 햇볕정책에 기대가 컸었다. 사실 햇볕정책의 이름으로 그동안 얼마나 많은 지원을 북한에 쏟아 부었던가?

6. 왜 비전향 장기수와 납북자를 맞바꾸지 못했을까?

햇볕정책! 돌아볼수록 아쉬움이 많은 용어가 됐다. 나그네의 옷을 벗기는 것은 강한 바람이 아니라 따뜻한 햇볕이라는 비유, 적대적인 대립관계를 넘어 따뜻한 교류와 지원을 통해 북한의 변화를 유도한다는 그 정신에 공감하는 바가 컸었다. 체제대결 양상으로 전개돼 온 그전까지의 대북정책에 아쉬움이 컸기 때문이었다. 그러나 진행과정을 보며 실망할 수밖에 없었다. 특별히 무조건적으로 지원만 할 뿐 아무런 요구도 하지 못하는 퍼주기 방식에 화가 났었다. 애초부터 요구할 생각도, 의지도 없는 것 같았기에 실망감은 더 커지기만 했었다. 그렇게 해야 할 요구엔 입을 다문채 무리할 정도로 퍼주면서도 북한의 눈치를 살피는 저자세에는 짜증이 밀려왔었다. 도저히 이해할 수가 없었다. 받는 쪽은 거드름 피우며 큰소리 치고 주는 쪽이 아쉬워 받아달라고 사정하는 모양새라니... 더욱 충격적이었던 것은 그런 웃지못할 모양새에 대한 수많은 지적에도 그런 방식이 조금도 달라지지 않았다는 것이었다. 왜 그랬을까? 정말 왜 그래야 했을까? 정말 어떤 사람들의 지적처럼 대통령이 노벨상을 받기 위해 그런 무리를 계속한 것일까? 아니면 북한에 무슨 약점이라도 잡혔던 것일까? 다시 돌아봐도 아쉬움이 진하다. 대통령 개인에게 영예로운 훈장을 안긴 것 외에 햇볕정책이 우리에게 득이 된 것은 무엇일까? 국민에게, 특별히 납북자와 그 가족들에게는 어떤 도움이 됐을까?

다급한 그들에게 필요한 지원을 하면서 납북자와 국군포로의 송환을 요구했다면, 천문학적인 돈을 주는만큼 실질적 변화와 교류 정례화의 틀을 요구했다면... 모르긴 몰라도 많이 달라졌을 터였다. 적어도 납북자 문제 만큼은 상당한 성과를 낼 수 있었을 것이었다. 도대체 그때 나라의 운영을 책임지고 있던 사람들은 무슨 생각을 했던 것일까? 정말로 순진하게 꺼져가는 북한을 도와야 한다는 인도주의적인 생각만 했던 것일까? 그랬다면 국가가 지켜주지 못해 생이별의 고통을 겪고 있는 납북자와 가족들을 위한 인도주의는 왜 생각하지 않았던 것일까? 몇 번의 실질적인 기회도 있지 않았던가? 1993년 비전향 장기수 이인모 씨를 북한에 돌려 보내면서, 또 2000년 9월에도 63명의 비전향 장기수들을 조건없이 북한으로 돌려보내면서 왜 우리는 그런 요구를 하지 못했던 것일까? 납북자라는 존재를 남북관계에 있어 걸림돌로만 생각했던 것이 아닐까? 그래서 애써 외면했던 것은 아닐까? 아니면 정부도 까맣게 잊고 있었던 것일까?

최성용 대표는 정부뿐 아니라 우리 사회의 수많은 인권단체, 시민단체에 속상함이 많다고 했다. 비전향장기수들이 북한으로 돌아갈 때 경쟁적으로 선물을 주고, 그들이 떠나는 버스 앞에서 잘 가시라고 손을 흔들던 그들이 정작 납북자들을 위한 도움 요청은 철저하게 외면하더라고 했다. 어떻게 그렇게 위선적일 수 있느냐며 그것이 원통하다고 했다. 그랬었다. 비전향장기수들을 북으로 돌려보내던 날 현장엔 수많은 시민단체들이 나와 그들을 전송했었다. 그들에게 온갖 선물을 안겨주고 통일되면 다시 만나자며 굵은 눈물도 흘렸었다. 모든 언론은 현장에 중계차까지 보내 그런 모든 장면들을 세세하게 보도했었다. 최 대표가 느꼈을 배신감이 이해됐다. 내게도 비슷한 경험이 있었다. 처음으로 탈북자 문제를 세상에 드러내면서 종교단체와 시민단체들에게 관심과 도움을 요청했었다. 하지만 철저하게 외면당했었다. 입만 열면 인도주의와 북한 동포들을 위한 노력을 강조하던 그들이었기에 작지 않은 실망감을 느껴야 했었다. 그러나 그랬던 그들이 시간이 조금 흘러 탈북자 문제가 사회적 이슈가 되고 정부가 지원 입장을 밝히고 나자 완전히 태도를 바꿨었다. 서로 나서 돕겠다며 경쟁에 몰두하는 모습까지 연출했었다. 대중 집회를 열어 악어 눈물을 뿌리며 정부의 의지 부족을 질타하는 뻔뻔한 쇼까지 벌였었다. 그런 그들의 자기기만을 지켜보는 마음이 씁쓸했었다.

취재과정을 통해 알게 된 흥미로운 사실도 하나 있었다. 납북자라는 용어와 납북자의 존재 자체를 알지 못하는 사람들이 우리 사회에 의외로 많다는 것이었다. 그건 일반인들만의 문제가 아니었다. 젊은 기자들, 심지어 회사 내 후배 기자들 가운데서도 전혀 몰랐다는 친구들이 적지 않았다. 물론 알고 있었다는 경우도 있기는 했지만 '조업중 어선 납북' 기사의 수준에서 한 발자국도 나가지 못한 상태였다. 그뒤 그들이 어떻게 됐는지, 그들을 데려오기 위해 정부는 어떤 노력을 했는지, 그들의 가족들은 어떻게 살고 있는지... 관심이 없고 당연히 아는 것도 없었다. 그 사실이 충격이었다. 그랬으니 이산가족 상봉장에서 만나는 그들이 그저 화제성 얘깃거리였을 터였다. 대체 이런 기막힌 상황은 어떻게 만들어진 것일까?... 그건 두말할 것 없이 정치권과 정부, 언론의 책임이었다. 그들이 눈을 감고 있는 사이 인식자체가 흐려졌고 존재자체가 잊혀진 것이 분명했다. 하긴 기자인 나조차 별 관심을 갖지 않았었으니...

취재는 끝났지만 최성용 대표와의 인연은 그후로도 쭉 이어졌다. 그의 열정은 도무지 식을 줄을 몰랐다. 어느 새 그는 의로운 운동가에서 강인한 투사의 모습으로 변해 있었다. 한동안 연락이 끊겼다 갑자기 나타날 때면 그의 옆엔 항상 납북자들이 있었다. 그리고 놀라운 구출 스토리로 모두를 충격에 빠뜨렸다. 언론은 '기획 구출'이란 용어를 만들어 그의 활동을 기록했다. 적절한 용어라고 생각됐다. 그렇게 구출해 낸 납북자가 6명, 국군포로는 12명에 이른다고 언론은 밝혔다. 일본에서 납치된 요코다 메구미의 남편이 한국인 납북자 김영남이라는 사실을 밝혀낸 것도 그였다. 북한이 그런 그를 달가와 할 리 없었다. 2005년 '최성룡 대표를 제거하라'는 지령을 내렸다는 사실이 우리 정보기관에 포착됐다. 그날 이후 그에게는 24시간 경찰의 밀착 경호가 이뤄지고 있다. 하지만 그는 의연했다. '북한은 전혀 무섭지 않습니다. 하지만 우리사회에서 무조건 북한편 드는 사람들은 정말 무섭습니다. 저를 가장 모질게 비난하는 사람들, 납북자 가족 모임을 못마땅하게 생각하고 공격하는 사람들도 바로 그들이지요'

내가 아는 한 그는 철인이었다. 일을 하다 막히면 드러눕고 단식도 불사했다. 감옥에 가는 것도 두려워하지 않았다. 그런 그를 정부는 불편해 했다. 그의 일거수일투족을 감시하며 그의 행동을 막아서기도 했다. 명백히 북한을 의식한 행동이었다. 그가 일갈했다. '불편하면 정부가 직접 납북자들을 구해주면 될 것 아닌가? 왜 할 일은 않고 시비만 거는 것인가?...' 진한 궁금증에 비용이 얼마나 드는지, 그 돈은 어떻게 조달하는지 물었다. 한 사람을 탈북시켜 국내에 정착시키기까지 대략 1,500만 원에서 2,000만 원 정도의 비용이 든다고 했다. 그 모든 비용은 자신과 뜻을 함께 하는 사람들이 십시일반 모은다고 했다. 정부나 공적 기관에서 지원받는 돈은 한푼도 없다고 했다. 드물기는 하지만 국내에 들어온 뒤 고맙다며 정부에서 받은 정착금 가운데 일부를 비용으로 들고 오는 사람들도 있다고 했다. 그가 허탈한 미소를 흘렸다. 2003년 첫 만남 때 '맨날 취재만 하면 뭐하나?'고, '우리집 양반 돌려줄거냐?'고 물었던 그의 어머니는 2년 후 한 많은 세상을 떠났다. 그후 10년이 더 지나 국가보훈처는 그녀가 남편과 함께 6.25 당시 군번없이 싸웠던 캘로부대원이었으며 인천상륙작전에 기여한 사실이 확인됐다고 발표했다.

기획 10년 만의 취재,
못 믿을 정수기

1. 보급은 엄청 늘었는데... 달라진 것 없는 정수기

원래 계획대로라면 정수기 취재는 녹즙기 기사 후 바로 들어갔어야 했다. 하지만 메가 톤급 기사의 파장이 몸도 마음도 움츠러들게 했다. 무엇보다 마음이 무거웠다. 상상을 초월하는 기사의 영향력에 두려움이 몰려왔다. 기사로 인해 아픔을 겪은 사람들을 생각 하니 선뜻 비슷한 고발기사에 나서는 게 쉽지 않았다. 의식적으로 관심을 뒤로 돌렸다. 그렇게 흘러간 시간이 어느 새 10년 가까워지고 있었다. 미국 의회 연수를 마치고 돌아 와 취재파일 4321팀에 배치됐다. 아이템을 찾기 위해 환경 관련 잡지를 뒤적이는데 거기 에 잊고 있었던 정수기가 있었다. 학교에 보급된 정수기들 가운데 65% 정도가 음용수 기 준에 맞지 않는, 사용할 수 없는 수준이라는 기사였다. 제시된 자료를 보니 대부분 일반 세균에 관한 문제, 내가 심각하게 여겼던 10년 전 바로 그 문제였다. 시간은 그렇게 흘렀 지만 문제는 전혀 개선되지 않고 그대로 이어지고 있다는 얘기였다. 새로운 내용도 있었 다. 정수되기 전의 수돗물보다 정수 된 후 물의 상태가 더 나쁘게 나온 경우도 있다는 얘 기였다. 비록 기준치를 넘지는 않았다고 돼 있었지만 눈이 번쩍 뜨이는 내용이었다.

분석을 맡았던 고려대 보건과학연구소에 연락을 취해봤다. 놀랍게도 그곳의 반응이 너무 태연스러웠다. 별 문제가 아니라는 것이었다. 일반세균이 나왔다는 사실이 중요 하기는 하지만 이미 여러 차례 제기된, 새로운 문제가 아니라는 설명도 덧붙였다. '이 미 모두 다 알고 있는 얘기에 웬 호들갑'이냐는 핀잔성 반응이었다. 그런 설명에 의미 있는 분석결과가 왜 중요기사로 취급되지 않는지, 그 이유를 알 수 있을 것 같았다. 그 에게 물었다. '혹시 댁에서는 아이들에게 그런 물 먹이실 수 있을까요?' 잠시의 여유도 없이 바로 답이 튀어 나왔다. '그럴 수는 없지요. 어떻게 알고서 그런 물을 먹일 수 있 겠습니까?' 분석 담당자와의 얘기를 통해 거듭되는 지적에도 불구하고 전혀 개선이 이 뤄지지 않는 정수기 문제의 구조를 엿볼 수 있었다. 언론도, 업자들도, 관계당국도, 심 지어 전문가들까지도 '정수기의 위생문제'를 1년에 한 번씩 치르는 일종의 연례행사 정 도로만 여기고 있는 것이 분명했다. 그것이 문제의 해결을 가로막는 첫 번째 요인으로 판단됐다. '우리 아이에게는 그런 물 안 먹이겠다'는 연구원의 얘기에 마음이 정해졌다.

방향도 분명해졌다. 그 10년 동안 정수기 시장은 연 매출 1조 원대로 성장해 있었다. 수돗물 불신 풍조 속에 다섯 집 가운데 두 집이 정수기를 사용할 정도로 보급률도 높아진 상태였다. 취재를 위해 필요한 모든 조건은 이미 성숙돼 있었다.

사실 어려울 것이 없는 취재였다. 그냥 집에서, 학교에서 사용하는 정수기 물을 그대로 분석해 보면 되는 것이었다. 중금속 등 성분들이 기준치를 초과하지 않는지, 세균이 나오지는 않는지… 그리고 문제가 나타나면 그 문제가 어디에서 비롯된 것인지 살피면 될 일이었다. 그런 후 그 결과를 가지고 제조업체들과 관리책임 당국을 만나면 의미 있는 기사가 완성될 터였다. 하지만 취재에 들어가자 녹즙기 때와 비슷한 현상이 재연됐다. 거의 모든 분석기관들이 '취재'라는 사실을 확인하고는 뒤로 빠져버렸다. 다들 문제제기엔 공감한다면서도 막상 '같이 해보자'는 얘기엔 이런 저런 핑계를 들이대며 난색을 표했다. 취재기자가 박선규라는 사실에도 그들은 겁을 먹은 것 같았다. 그들은 10년이나 지난 녹즙기의 공포를 떠올리는 것 같았다. 생각지도 않았던 장벽이 생긴 셈이었다. 믿을만한 분석기관만 함께 한다면 전혀 어려울 것이 없는 취재인데…

2. 학교 정수기의 40%는 부적합

평소 다져놓은 관계를 활용할 수밖에 없었다. 녹즙기 보도 이후 가까워진 수도연구소로 쳐들어갔다. 이미 전화로는 '어렵다'며 난색을 표한 상황이었다. 연구소는 그동안 많이 커져 있었다. 이름을 '한국환경수도연구소'로 바꾸고 사무실도 포이동에서 영등포의 번듯한 독립건물로 옮긴 상태였다. 책임자는 곤혹스런 표정을 감추지 않았다. 취재의 의도를 거듭 설명하고 거의 협박반 애원반으로 매달렸지만 요지부동이었다. 오히려 한번만 봐달라며 거꾸로 사정하기까지 했다. 난처한 입장을 모르지 않았지만 그보다는 취재가 우선이었다. '이렇게 나오시면 정말 곤란하죠…' 나도 강하게 나갈 수밖에 없었다. 당황한 얼굴의 책임자는 급기야 민감한 자료까지 들고 나왔다. 자료에는 이 연구소가 정수기 심의위원회의 핵심 멤버일 뿐만 아니라 정수기 품질검사를 가장 많이 하는 기관이라는 사실이 기록돼 있었다. 그는 취재 자체도 부담스럽지만 그보다 업계에서 배신자로 낙인 찍힐 수밖에 없는 상황이 더 부담스럽다고 속을 털어 놓았다.

   그렇다고 다른 기관들이 난색을 표하는 상황에서 나도 물러설 수 없었다. 10여 년 전 처음 만났을 때 나눴던 얘기까지 끄집어냈다. '대한민국이 잘 되려면 민간 연구기관들이 제 역할을 해줘야 한다. 앞으로도 역사적 책임감을 가지고 최선을 다해 달라. 나도 가능한 선까지 최선을 다해 수도연구소를 돕겠다'는 얘기였다. 그도 내 얘기에 전적으로 동의했었고 고맙다며 감격스런 인사까지 전했었다. 그런 기억을 상기시킨 후 '지금이야말로 역사적 책임감이 필요한 때가 아니냐?', '당시 했던 약속 다 잊고 이래도 되는 것이냐'고 몰아부쳤다. 사실 10년 전 첫 만남 후 나는 중요한 취재가 있을 때마다 수도연구소를 앞세웠었다. 그런 나를 의아하게 생각하는 사람들이 있을 정도였다. 무슨 유착이 있는 것 아닌가 의혹의 눈길로 바라보는 사람들도 있었다. 하지만 전혀 개의치 않았다. 그들과의 약속을 지키는 것이 무엇보다 중요했었다. 그들 또한 최선을 다하는 모습으로 나를 감동시켰었다. 그런 과정을 통해 수도연구소는 전문기관으로서의 입지를 다질 수 있었고 불과 몇 년 만에 자타가 공인하는 국내 최고수준의 분석기관으로 성장도 할 수 있었다. 그런 사실은 나 못지 않게 그도 잘 아는 사실이었다. 결국 그의 태도가 조금 누그러졌다. '시간을 좀 달라'고, '고민해 보겠다'고 했다.

   '하겠다'가 아니라 '고민해 보겠다'는 얘기였지만 일단 마음이 놓였다. 아마도 최고 책임자의 결심이 필요하리라. 그와 함께 다른 분석기관들에게 불가피성을 설명하는 절차도 가져야 하리라. 시간이 조금 필요하다는 것은 바로 그런 의미일 터였다. 몇 일 뒤 연구소를 다시 찾았을 때 책임자인 ○○○ 이사의 얼굴은 굳어 있었다. 단호한 표정의 그가 역제안을 했다. '고민을 많이 했다. 어차피 한번은 짚어야 할 문제라고 생각한다. KBS의 의뢰를 받아주겠다. 하지만 이왕 하는 것 철저하게 해달라. 그래서 앞으로는 정수기 문제가 더 이상 거론되지 않도록 해달라. 그래야 우리도 의미를 찾을 수 있을 것 같다..' 그의 손을 꼭 잡았다. 고마웠다. 전문가로서의 책임감에 그동안의 관계를 감안한 우정이 더해진 결정임이 분명했다. 비로소 마음이 편해졌다. 취재의 절반 이상은 된 셈이었다. 이제 믿고 진행하기만 하면 될 일이었다. 이미 분석기관으로서의 위상이 확고하고 신뢰도도 인정받고 있는 상태였기에 환경수도연구소에서 내 놓는 결과라면 누구도 시비를 걸 수가 없을 터였다.

　그렇게 취재가 시작됐다. 출발은 서울 목동의 한 초등학교였다. 정수기 8대가 설치돼 있는 곳, 복도 한쪽에 서서 꽤 오랫동안 지켜봤지만 이용하는 학생들이 거의 없었다. 점심 시간에 교실에 들어가 봤다. 학생들은 모두 집에서 물병을 가지고 온 상태였다. 41명 학생 가운데 단 한명의 예외도 없었다. 학생들은 '학교 정수기 물은 절대 먹어선 안 된다'고 엄마로부터 주의를 들었다고 했다. 서울초등학생들의 80% 정도는 물을 싸가지고 다닌다는 소비자단체의 조사결과를 현장에서 확인한 순간이었다. 들여다 보니 엄마들의 불신엔 그만한 이유가 있었다. 그 얼마 전 실시된 검사에서 무려 전체의 40% 정도가 불합격으로 나타난 것이었다. 한 해 전 '부적합 65%'에 놀란 교육청이 부랴부랴 72억 원의 예산을 들여 관리를 강화하고, 검사도 사전통보된 상태에서 이뤄진 결과가 그랬다. 결과표를 구해 살펴보니 놀랍게도 황산과 구리, 아연, 알루미늄, 망간 등이 정수기를 거친 후 더 증가된 사실도 포함돼 있었다. 단 한 마리도 있어서는 안 되는 대장균이 검출된 경우도 있었다. 부적합률은 제조회사별로 별 차이가 없었고 필터 교체주기와도 무관한 것으로 나타나 있었다.

　이제 본격적으로 분석에 들어갈 차례였다. 가정에서 식당에서, 또 학교에서 사용하는 정수기 11대를 분석 대상으로 삼았다. 정수기로 들어가기 직전의 수돗물과 정수기를 통과한 후의 물을 비교하는 방식이었다. 분석결과는 예상대로였다. 아니 나의 예상을 훨씬 뛰어넘고 있었다. 정수기를 통과하기 전의 수돗물과 정수된 물 사이에 거의 차이가 없었다. 그저 통과만 시켰을 뿐 정수기가 해낸 일은 거의 없다는 의미였다. 중금속을 확실하게 걸러준다던 특정 제품들의 실제 제거율이 30%에 미치지 못한다는 사실도 확인됐다. 분석 대상 중 절반이 넘는 6대는 아예 중금속이나 음이온 물질을 거르지 못했고 9대에서는 원래 물에는 없던 일반세균이 검출되기도 했다. 먹을 수 있는 물이 정수기를 거침으로 오히려 먹지 못할 물로 악화된 경우도 여러 건 있었다. 충격이 아닐 수 없었다.

3. 드러난 결과, 거즈와 비슷한 수준의 정수기

정수능력을 보다 정확하게 확인해 봐야 할 것 같았다. 이번엔 역삼투압과 중공사막 등 정수방식별로 새 정수기 3대를 분석해 봤다. 중금속과 카드뮴, 망간, 비소 등 6가지 성분을 넣어 특별히 만든 물을 정수기에 통과시키는 방식이었다. 놀랍게도 2대는 어떤 성분도 거의 제거하지 못하는 것으로 확인됐다. 다시 수돗물을 통과시켜 봤다. 그 2대는 질산성 질소 등 수돗물에 녹아 있는 물질들도 거의 거르지 못했다. 통과시키기 전과 통과 후가 거의 같은 수준, 그런 결과를 보며 갑자기 엉뚱한 생각이 들었다. '정수기가 그저 수돗물을 통과시키는 정도의 역할밖에 못한다면 거즈에 통과시켜도 같은 결과가 나오지 않을까?', '정말 그런 결과가 나온다면 시청자들이 정수기 문제의 핵심을 쉽게 이해할 수 있지 않을까?...' 중간 결과를 통보받던 날 연구원에 거즈 실험을 제안했다. 연구 책임자도 재미있는 방식이 되겠다며 흔쾌히 동의해줬다.

근처 약국에서 위생용 거즈를 구해 몇 겹으로 겹친 뒤 수돗물을 통과시켜 봤다. 결과는 예상했던 대로였다. 시중에서 판매되고 있는 수 십만 원짜리 정수기와 간단히 거즈를 통과시킨 물 사이에 거의 차이가 없었다. 누군가 그럴듯한 정수기 몸체를 만든 뒤 복잡한 필터대신 거즈만 통과하도록 해서 검사를 받아도 합격 판정을 받을 수 있다는 얘기였다. 그 결과에 분석을 맡았던 연구원들이 허탈한 표정을 감추지 못했다. 물론 그런 결과는 정수기에 통과시키기 전의 수돗물이 그만큼 깨끗하기에 가능한 일이었다. 그것은 다른 한편으로는 굳이 정수기를 사용하지 않더라도 수돗물은 충분히 깨끗하고 먹는데 아무런 문제가 없다는 의미이기도 했다. 예정에 없던 거즈 실험으로 취재는 한층 탄력을 받게 됐다.

허우대만 멀쩡했던 2대와는 달리 다른 1대는 확실한 정수능력을 보여줬다. 역삼투압 정수기였다. 그러나 이 방식은 정수를 너무 심하게 하다보니 인체에 필수적인 미네랄 요소들까지 다 걸러내는 것 아니냐는 또 다른 의구심을 불러일으켰다. 거의 증류수와 같은 수준으로 정수된 물, 전문가들은 이런 물 또한 결코 좋은 물이라고 할 수 없다고 단언했다. 제품과 정수방식에 따라 정수기들 사이에는 그런 작지 않은 차이가 있었다.

그러나 그런 차이에도 불구하고 모든 정수기에는 한 가지 공통점이 있었으니 그건 필터를 사용하는 정수방식이었다. 정수 능력에 심각한 문제가 있는 것으로 드러난 분석결과는 그 필터라는 것 자체에 대한 별도의 조사 필요성을 제기했다. 필터를 통과시킨 물과 거즈를 통과시킨 물 사이에 별 차이가 없다는 사실은 필터가 거의 역할을 하지 못하고 있다는 사실을 의미하기 때문이었다. 결국 소비자들은 겨우 거즈로 거르는 수준의 정수기에 수십만 원의 돈을 들이는 지극히 비합리적인 소비를 한다는 얘기였다. 필터를 한번 들여다보기로 했다.

필터를 구하는 것은 전혀 어렵지 않았다. 제조처와 규격이 다른 수십 종류의 필터가 시중에 널려있었다. 가격도 편차가 컸다. 더러는 공인기관의 테스트를 거친 것도 있었지만 상당수는 아무런 표시도 돼 있지 않은 것들이었다. 무작위로 그런 필터 5개 제품을 구해 분석해 봤다. 정수기와 마찬가지로 필터를 통과하기 전의 수돗물과 통과 후의 수돗물을 비교하는 방식이었다. 예상했던 대로 5개 모두에서 거의 변화가 없었다. 그건 필터가 전혀 기능을 하지 못한다는 의미였다. 실험을 더 진행시킬 이유가 없다는 판단이 들었다. 물론 아예 정수되지 않거나 수돗물보다 훨씬 정수가 덜 된 지저분한 물에는 어느 정도 효과를 보일 수도 있을 터였다. 아예 그런 능력조차 안 되는 것들도 있을 수 있었겠지만. 문제는 이미 상당 수준으로 정수된 물에는 모두가 무용지물이라는 사실이었다. 문제는 그럼에도 그런 필터들이 대부분의 정수기에 버젓이 사용되고 있다는 사실이었다. 더 놀라운 사실은 그렇게 사용돼도 막을 방법이 전혀 없다는 사실이었다. 필터를 교환한지 얼마나 됐는지, 정수기를 얼마나 오랫동안 사용했는지와 수질과는 별 관계가 없는 것으로 나타났던 분석결과의 이유가 비로소 이해됐다.

그렇게 필터의 문제가 확인됐다. 결국 필터의 문제가 정수기 문제로 이어지고 있다는 사실이 확인된 셈이었다. 정말 이해할 수 없는 일이었다. 어떻게 그런 일이 가능하단 말인가? 정수기가 세상에 나온 게 언제인데... 위생문제 등 각종 문제가 제기된 게 언제적인데... 한 단계 더 들어가 보니 법의 문제가 있었다. 필터에 관해서는 어떤 내용도 법으로 정해진 것이 없다는 사실을 확인할 수 있었다. 제품으로서의 정수기에는 그나마 몇 가지 갖춰야 할 규정들이 있었지만 필터에 관해서는 아무 것도 없는 상태였다. 완전한 사각지대였던 셈이었다. 그런 제도적인 구멍이 이익에만 몰두하는 업자들을 자극했고 결국 엉터리 정수기들이 판치는 세상을 만들어 낸 것으로 판단됐다. 정수기에 사용되는 수돗물이 이미 엄격하게 처리된 질 높은 먹는 물이라는 사실, 그럼에도 불구하고 수돗물에 대해 높아지기만 하는 막연한 불신풍조, 그에 따라 정수기만 찾는 안타까운 심리가 돈만 밝히는 업자들에게 좋은 토양이 되고 있는 셈이었다.

취재를 마무리할 단계였다. 검사결과를 들고 업체들을 찾았다. 반론권 차원에서 업체들의 설명을 듣고 해명할 기회를 주기 위해서였다. 다른 한편으로는 그들의 뻔뻔한 얼굴을 확인하고 싶기도 했다. 제시된 결과에 관계자들은 당황하는 빛이 역력했다. 그러면서도 그들은 연구 책임자들을 내세워 제품의 문제가 아니라 관리상의 문제라고 발을 뺐다. 즉 제품은 문제가 없는데 사용자의 부주의로 문제가 생긴다는 얘기였다. 예상했던 반응이었다. 그건 그동안 유사한 문제들이 제기될 때마다 업자들이 활용하는 상투적 수법이었다. 그랬기에 나는 그럴 경우를 대비한 질문을 준비해 두고 있었다. '제품의 문제가 아니고 단지 관리의 문제라면 회사가 직접 관리까지 맡고 있는 학교 정수기, 가정용 정수기의 문제에 대해서는 뭐라고 설명하시겠습니까?' 몇몇 대형 회사들이 이른바 코디라는 이름의 관리인력을 별도로 운영하고 있음을 알기 때문이었다. 그들은 더 이상의 답변을 하지 못하고 고개를 숙였다.

4. 녹즙기 때와는 확연히 다른 정수기 업자들

취재파일 4321을 통해 15분 분량의 방송이 잘 나갔다. 녹즙기 때와 마찬가지로 분석과정까지 상세하게 설명한 과학적 실증적 분석 리포트였다. 방송을 본 아내가 한 마디 했다. '우리부터 정수기 치워야겠네요. 앞으론 보리차만 믹는게 좋겠어요.' 방송을 본 내부분 사람들의 반응이 비슷했을 터였다. 당연히 문의와 항의 전화가 빗발쳤다. 인터넷 홈페이지에도 문의와 의견이 쇄도했다. 대부분 '그러면 어떻게 해야 하느냐?'는 걱정스러운 내용들이었다. A,B,C 등으로 표시된 업체의 이름을 구체적으로 밝혀달라는 주문,

사용하던 정수기를 반품하겠다는 격앙된 사람들도 적지 않았다. 그들은 속은 것이 억울하다며 방법을 모색해 달라고 하소연했다. 소비자 단체들도 덩달아 바빠졌다. 소비자 보호차원에서 공정거래위원회에 제조사들을 고발하고 반품 운동을 벌이겠다고 나섰다. 정수기를 심의하던 심의위원 3명은 사퇴를 발표하기도 했다. 자신들도 정말 그런 정도인 줄은 몰랐다고 했다. 그들은 결과적으로 소비자들을 속이는데 들러리 역할을 해온 데 대해 진심으로 사과한다고도 밝혔다. 그러나 반대의 목소리들도 없지 않았다. 전국적으로 퍼져 있는 영업사원들과 제조회사 관계자들임이 분명했다. 그들은 엉터리 보도라며 나와 KBS를 매도했다. 심지어 내가 돈을 받고 엉터리 보도를 했다는 비난도 있었다. 녹즙기 방송 때와 아주 유사한 상황이 10년 만에 되풀이 되고 있었다.

다음 날 서로 약속이나 한 듯 제조회사 책임자들이 회사를 찾았다. 그들은 머리를 조아리며 조금만 시간을 주면 다 고치겠다고 약속했다. 홈페이지에 들어와 온갖 비난과 상스러운 소리를 해 대는 사람들은 통제가 안 되는 영업사원들이라며 그것도 최선을 다해 막겠다고 다짐했다. 자신들의 입장에서 당분간 어려운 상황이 되겠지만 오히려 문제 해결의 기회를 얻게 된 것을 고맙게 생각한다고도 했다. 그들은 어떤 변명도 하지 않았다. 그건 녹즙기 때와는 완전히 다른 모습이었다. 저들은 내가 녹즙기 기사를 쓴 바로 그 기자라는 사실을 잘 알고 있었다. 또 녹즙기 회사들이 보도 후 대응을 잘못함으로써 결국 업계 전체가 문을 닫게 됐다는 사실도 잘 알고 있는 것 같았다. 그들에게 서둘러 대책을 마련하라고, 대책이 미진하다면 바로 2편 취재에 들어갈 것이라고 경고했다. 그러면서 '정말 잘못됐다는 사실을 인정한다면 내게 미안하다고 하지말고 소비자들에게 하라'고, '반드시 고치겠다고 내게만 말하지 말고 공개적으로 모든 국민들이 볼 수 있도록 하라'고 요구했다.' 저들은 사과광고를 신문에 내겠다고 약속했다.

그들의 사과에도 부장은 격앙돼 있었다. 적어도 '돈 받아먹었다'고 주장하는 사람들만이라도 찾아내 혼내줘야 하는 것 아니냐고 목소리를 높였다. 하지만 내가 괜찮으니 그냥 웃어 넘기자고 했다. 하루아침에 생계에 타격을 받게된 저들도 어딘가에 분풀이는 해야 되지 않겠느냐고, 그렇게 생각하면 넘어갈 수 있지 않겠느냐고 여유를 보였다.

녹즙기 때 한 차례 앓았던 경험 때문이었다. 그때만큼은 아니었지만 이번에도 내 기사로 힘들어진 사람들의 처지가 안쓰러웠다. 문득 돌아보니 내가 많이 달라져 있었다. 10년 전의 내가 아니었다. 당시보다 훨씬 여유있고 단단해져 있었다. 그들의 얘기가 화나기는 했지만 견디지 못할 정도는 아니었다. 그래도 분이 덜 풀린 듯 열을 내는 부장에게 '혹시 최 선배도 내가 돈 받아 먹었다고 생각하시나요? 회사 내부에 정말 그렇게 생각하는 사람이 있는 건가요? 그렇다면 당연히 저도 그냥 넘어갈 수 없지요..' 정색하고 물었다. '아니 그건 아니지.. 그건 아니지만 이 새끼들 하는 짓이 너무 괘씸하잖아. 내가 이렇게 열 받는데 너는 아무렇지도 않냐?...' 하며 여전히 분을 삭이지 못했다. 후배를 사랑하는 마음이었다.

업자들은 약속대로 신문에 두 차례에 걸쳐 사과 광고를 실었다. 물론 자발적이라기보다는 2편이 보도되는 것을 막아 보기 위한 일종의 선제수임이 분명했다. 그러나 첫 번째 광고는 오히려 역효과를 냈다. 두 개의 일간지 귀퉁이에 아주 작게 실어 신경 써 찾지 않으면 알아보기도 어려울 정도였다. 차리리 광고를 내지 말던지, 아니면 광고를 낸다는 약속을 하지 말던지... '약속'이란 단어의 의미를 돌아보게 한 민망한 촌극이었다. 기자와 취재원 사이의 관계에 대한 심란함도 몰려왔다. 답답한 사람들.... 그러나 심상치 않은 분위기를 눈치챘던지, 아니면 스스로도 민망했던지 업자들은 뒤늦게 두 번째 광고를 다시 냈다. 이번엔 광고 전에 광고 문구를 들고 와 봐 달라고 하기도 했다. 누군가 분위기를 전한 것 같았다. 이미 신뢰가 깨졌다고 판단한 나는 '나로서는 할 말이 없으니 소비자들만 의식해 주면 좋겠다'며 뒤로 빠졌다. 이번에는 신문 하단 전체를 차지하는 꽤 큰 광고였다. 하지만 그들의 광고에도 나는 이미 2편 취재에 들어가 있는 상태였다. 문제를 제기했으니 해결책도 제시하는 게 맞다는 생각이었다. 그것은 어렵게 취재에 협조해 준 환경수도연구소와의 약속을 지키는 일이기도 했다.

5. 구조에 집중한 2편, 개정안을 이끌어내다

방송 후 폭발적으로 나타난 것은 제조업체들에 대한 불만과 항의만이 아니었다. 열

혈 시청자들의 제보도 쏟아졌다. 구체적인 내용을 담은 것들이었다. 정수기의 성능에 관한 것들도 있었지만 그보다는 관리 등 외부적 요인에 관한 것들이 더 많았다. 특별히 학교나 공공기관, 식당, 역, 터미널 등 많은 사람들이 이용하는 시설에 있는 것들의 문제를 지적하는 내용이 많았다. 당연한 일일 터였다. 문제가 있다면 가정용보다는 제대로 관리되지 않는 공공용이 훨씬 더 할 것이었다. 가벼운 마음으로 그 내용들을 정리했다. 한데 몇몇 내용들에 고민이 생겼다. 정수기 내부가 온갖 곤충과 벌레들의 서식처로 변한 모습, 심지어 그 안에 쥐가 죽어있는 사진, 곰팡이가 피어있는 필터 등... 그런 충격적인 내용들이 기록된 사진과 동영상들이었다. 당장이라도 방송에 활용할 수 있는 것들이었다. 그런 것들을 쓸 것인가 말 것인가에 관한 고민이었다. 원래 계획은 엉터리 정수기가 유통되는 구조와 제도적 문제점을 짚는 것이었다. 한데 그런 충격적인 내용들에 마음이 살짝 흔들리고 있었다.

제보들 가운데 몇 개를 취해 문제의 심각성을 다시 한번 확인시킨다면... 그와 함께 구조와 제도의 문제를 제기한다면... 그러면 1편보다 훨씬 큰 관심을 끌 수 있을 것 같았다. 시청자들의 주목도를 끌어 올리면서 보도의 효과를 확실하게 담보할 수 있을 것 같았다. 하지만 그렇게 한다면 소비자들의 불안이 증폭되고 제조사들의 상황도 더 악화될 것이 분명했다. 어떻게 해야 하나? 고민이 깊어졌다. 결정이 쉽지 않았다. 기자는 기사의 영향력을 통해 존재감을 인정받는 직업인이었기에... 습관적으로 눈을 감았다. '일이 복잡할 때는 목적에 집중하자', '목적을 벗어난 부차적인 것들은 과감하게 버리자'는, 스스로 정해 놓은 원칙을 생각했다. 돌이켜 생각하니 내가 취재에 나선 목적은 '정수기의 문제를 바로 잡자'는 것이었다. '그를 통해 누구나 안심하고 정수기를 사용할 수 있도록 하자'는것이었다. 누군가를 혼내고 어렵게 하자는 것이 아니었다. 시청자들의 혐오감을 자극해 기사의 영향력을 과시하자는 것은 더 더욱 아니었다. 그렇게 생각하니 비로소 머리가 맑아졌다. 제보 내용은 미련없이 버리고 원래의 계획에 집중하기로 했다. 물론 녹즙기 때의 아픈 경험에 1위 회사 홍보관계자의 습격사건(?)도 고려됐다. 이미 시장에는 1보 기사로 인한 심각한 충격이 이어지고 있는 상황이었다.

자연스럽게 2편은 구조에 초점이 맞춰졌다. '심각한 문제가 있는 제품들은 어떻게 시판될 수 있었을까?', '수많은 지적에도 불구하고 문제들은 왜 개선되지 않는 것인가?'... 문제요인들이 너무 선명했다. 수돗물을 통과시켜 정수능력을 판단하는 심의제도가 핵심으로 판단됐다. 물 관리법엔 정수기가 이렇게 규정돼 있었다. '먹는 물을 처리해 먹는 물의 수질 기준에 적합하게 하는 기구'. 아무리 생각해도 이해할 수 없는 내용이었다. 먹는 물을 처리해 먹는 물의 수질 기준에 적합하게 하다니... 정수 대상인 수돗물은 이미 철저하게 정수된 최상급 1급수였다. 이런 물을 통과시켜 문제없으면 정수기로 인정한다는 제도, 합격이 안 되면 그것이 오히려 이상할 터였다. 그 외 일반세균과 냄새, 맛, 색, 맑기 등 5가지 검사가 추가되기는 하지만 그 또한 수돗물도 다 통과한 것들이었다. 그런 제도라면 이미 평가수단으로서의 의미를 잃은 것이 분명했다. 눈가리고 아웅하는 수준의 심의 제도, 거즈와 거의 다름없는 수준의 정수기가 판매될 수 있는 것은 바로 그런 구조에 비밀이 있다는 사실을 강조했다.

　심의위원회의 구성도 짚었다. 심의위원회는 제품으로서의 정수기를 허가하는 절대 권한을 가진 기구였다. 한데 이 기구의 위원장을 제조업자들의 대표가 맡고 있었다. 거기에 위원들은 위원장이 임의로 지명하도록 돼 있었다. 당연히 심의위원회에는 다른 제조업자들은 물론 업체들에 우호적인 인사들이 대거 참여하고 있었다. 그건 프로 스포츠로 얘기하면 심판들의 모임을 선수와 구단 관계자들이 이끌고 있는 격이었다. 그런 상황에서 어떻게 엄정한 판정이 나올 수 있을까? 그것은 모든 공적인 기관에서 첫 번째 원칙으로 삼는 이해충돌 회피의 원칙에 정면으로 어긋나는 일이었다. 거기에 심각한 문제가 한 가지 더 있었다. 시판되고 있는 정수기들이 정기적으로 받아야 하는 품질검사 또한 제조업자들에게 맡겨져 있다는 사실이었다. 통과되지 못할 경우 판매가 금지되는 중요한 검사였다. 제조업자들은 이 검사를 만만한 분석기관을 골라 일감을 나눠주는 방식으로 결과를 통제하고 있었다. 수단은 한해 수억 원대의 검사 수수료, 그 수수료는 분석기관들의 주요 수익원이 됐고 댓가는 최고 수준의 합격률로 연결됐다. 그야말로 누이 좋고 매부 좋은 거래, 그런 말도 안 되는 구조를 강도 높게 지적했다.

구조가 그렇다 보니 터무니없는 일들이 버젓이 행해졌다. 제품이 기준을 충족하지 못할 경우 불합격 대신 보류 판정이 내려졌다. 그리곤 업체에 보류 사실을 알리고 다른 제품을 보내도록 했다. 아예 검사대상 자체를 바꿔치기하는 기상천외한 방법이었다. 일단 검사에 들어가면 무조건 합격판정이 날 수 밖에 없는 놀라운 비결이었다. 그리고 그런 관행의 이면에는 그럼에도 불합격이 잦을 경우 조합이 해당 기관을 아예 지정 검사기관에서 빼 버릴 수 있도록 한 규정이 숨어 있었다. 제품의 하자를 제조회사의 문제가 아니라 검사기관의 까탈스러움으로 돌려버리는 기막힌 발상이었다. 이런 충격적인 사실도 들춰냈다. 허가와 판매에 관련된 핵심적인 권한들이 그런 식으로 오롯이 업자들의 손에 맡겨진 상황이었으니... 고양이에게 생선가게를 맡겼다는 말은 이런 경우에 딱 들어맞는 표현일 터였다. 초기에 누군가가 의도적으로 그렇게 하지 않았다면 도저히 있을 수 없는 일이었다. 비로소 분석기관들이 기획단계에서 '함께 문제를 확인해 보자'는 KBS의 제안을 왜 그렇게 피했었는지가 이해됐다. 시판되고 있는 정수기에서 문제가 발견된다면 그것은 업자들만의 문제일 수 없기 때문이었다. 그것은 제품의 허가와 판매에 직접적으로 관여하는 자신들의 문제이기도 한 때문이었다.

방송에 대한 반응은 즉각적으로 나타났다. 2편에 대해 바짝 긴장하고 있던 업계가 적극적으로 움직였다. 그들은 안도하는 빛이 역력했다. 1편 방송 후 순간 매출이 30% 정도까지 줄어든 상태에서 자칫하면 치명타가 될 수 있다며 숨죽이고 있던 그들이었다. 그들은 고맙다는 인사와 함께 제기된 문제 다 해결할테니 걱정하지 말라는 뜻을 전해왔다. 그리고 약속을 실천이나 하듯 스스로 정부에 제도보완을 요구하는 놀라운 장면을 연출했다. 이례적인 일이었다. 그들 스스로도 많이 민망했던 모양이었다. 제기된 문제 속에 이미 답이 다 들어있었으니 사실 해법은 고민할 일도 아니었다. 그때까지 뒷짐지고 있던 환경부도 적극적으로 나섰다. 여러 차례의 공청회와 토론회도 이어졌다. 고무적인 것은 누구보다 업자들 스스로가 개선에 적극적이라는 사실이었다. 그들은 나도 공청회에 초청해 의견을 말하도록 배려했다. 기꺼이 참석했다. 문제를 제기한 사람으로서의 책임감과 근본적인 해결책을 얻고 싶은 희망에서였다. 적어도 녹즙기 때 공업진흥청과 같은 치졸한 장난이 반복돼서는 안 된다는 걱정이 있었다. 그런 과정을 통해 정부차원의 대안이 마련됐다. 기사에서 제기된 문제점들이 대부분 반영된 안이었다.

　기자로서 또 하나의 가슴 뿌듯한 기억이 만들어진 셈이었다. 하지만 작지 않은 아쉬움도 남았다. 정부가 개선안을 발표하던 날, 거의 대부분 매체는 비중있게 이 소식을 보도했다. 해묵은 정수기 문제를 근본적으로 해결할 수 있는 의미있는 진전이라는 의미도 부여했다. 어떤 매체는 기사의 말미에 개선안이 KBS 보도를 계기로 만들어졌다는 고마운 내용도 담아줬다. 하지만 정작 우리 뉴스에서는 이 기사를 볼 수 없었다. 확인해 보니 기사 자체가 없었다. 해당 출입기자에게 무슨 일이 있었던 것인지 아니면 다른 피치 못할 일이 있었던 것인지... 일부러 그것까지 확인해 보지는 않았다. 그러나 혹 기자에게 무슨 일이 있었다고 하더라도 데스크는 챙겼어야 했던 기사였다. 연합통신으로 기사가 다 타전됐고 경쟁사인 MBC도, SBS도, YTN도 이 기사를 의미있게 보도하고 있어 혹 놓쳤다 해도 못 볼 수 없는 기사였다. 왜 그랬을까? 여러 달 동안 문제 제기에서부터 해결책 마련까지 가장 중심적인 역할을 했고 그 결과로 개선안이 나온 것인데... 개선안은 그야말로 공영방송 KBS의 위력을 확인시켜준 분명한 성과인데... 이해 못 할 일이었지만 당시 KBS는 그런 일이 종종 일어나는 아주 답답한 조직이었다.

6. 보도국과 보도제작국의 차이, 기자라는 직업

　중요한 문제를 제기해 대안을 끌어냈다는 것은 분명 보람있고 자랑스러운 일이었다. 그건 기자 개인뿐 아니라 해당 언론사에도 자부심을 갖게 하는 일임이 분명했다. 언론의 가장 중요한 책무인 '감시'를 통해 문제를 바로 잡고 발전의 계기를 마련했다는 것은 얼마나 가슴 뿌듯한 일인가? 그렇게 의미 있는 기사인데... 우리가 취재해 분명한 대책까지 마련되게 한 우리 기사의 홀대에 속이 상했다. 1보 때부터 기사가 취재되는 동안 만만치 않은 로비가 있었다는 사실, 그 과정에서 나와 취재 자체에 대해 수많은 얘기들이 오고 갔다는 사실을 나중에 알게 됐다. 그것도 회사 내부가 아닌 취재원들의 고백을 통해서. 물론 나는 모르게, 바로 내 등뒤에서 진행된 일들이었다. 예상 못했던 일은 아니었지만 확인된 내용은 예상을 훨씬 뛰어넘는 수준이었다. 기사의 홀대는 그런 일들에 영향받은 결과임이 분명하다는 생각이 들었다. 1차와 2차의 충격적인 내용은 물론, 정부의 대책이 나왔을 때조차 KBS 뉴스에서 전혀 다뤄지지 않았던 이유는 결국 그렇게 확인된 셈이었다.(통상적으로 뉴스가 아닌 시사프로그램이라고 할지라도 중요한 내용은 별도의 기사로 만들어 뉴스에 내는 것이 관행이고 기본이었다. 하지만 정수기 기사는 2차례 모두 취재파일에만 나갔을 뿐 뉴스에는 전혀 소개되지 않았다) 참으로 민망하고 속상한 일이 아닐 수 없었다. 내가 소속된 곳이 뉴스를 제작하는 보도국이 아니라 주간 단위로 제작물을 방송하는 보도제작국이란 사실이 고맙게 여겨진 순간이었다.

결과를 가지고 추론해 볼 때, 내가 보도국 소속이었다면 엄청 힘들었을 것 같았다. 취재에 돌입하는 순간부터 방송을 내보내는 단계까지 적지 않은 문제들이 있었을 것임이 분명했다. 어쩌면 기사를 둘러싼 여러 상황에 심한 갈등과 가슴앓이를 했을지도 모를 일이었다. 생각이 거기에 미치니 뉴스에 나가지 않은 것 정도는 그저 허허하고 웃어줄 수 있을 것 같았다. 1, 2편 방송이 제대로 나간 것만으로도 고마운 일이라는 생각이 들었다. 부장이 많이 시달렸을 것 같았다. 아무런 표시 내지 않고, 생색도 내지 않고 모든 과정을 견뎌준 부장이 고마웠다. 그런 한편으로 정말 궁금했다. 언제까지 우리는 이런 불필요한 소모전을 벌여야 할까? 좋은 기사를 쓰고도 흐뭇해 하기보다 속상해 하는 일은 언제까지 계속돼야 할까? 그저 웃어주기로 했지만 속까지 편할 수는 없었다. 모든 것을 사람들의 문제로 이해하기로 했다. 하필이면 그 시기에 중요한 자리를 차지하고 있던 개인들의 문제라고 생각하기로 했다. 굳이 KBS라는 조직의 구조적인 문제, 공영방송이라는 주인 없는 회사의 문제라고까지는 보고 싶지 않았다. 그렇게 생각하면 더 견디기 어려울 것 같았다.

2편 취재가 한참 진행되던 어느 날 밤 초인종 소리에 문을 열었다. 업계 1위인 ○○○○○의 홍보팀장이었다. 그동안 취재 과정에서 몇 차례 만나 인간적으로 많이 가까워진 친구였다. 알고 보니 가장 절친한 회사 동료의 고향 후배이기도 했다. 이 친구가 한밤중에 집으로 찾아 온 것이었다. 우선 녹음기 사건 이후에는 집에 대해 극도의 보안을 유지해 왔기에 놀랄 수밖에 없었다. 아마도 회사 동료인 그의 선배가 알려준 모양이었다. 놀라는 내게 이 친구는 고개를 푹 숙이고는 대뜸 안주머니에서 흰 봉투를 꺼내 내밀었다. '이게 뭐하는 짓이야?' 순간 나는 돈 봉투라고 생각했었다. 해서 버럭 소리를 질렀다. 당황한 그가 급하게 봉투를 뜯었다. 편지였다. 수단과 방법을 가리지 말고 2편을 막아 보라는 회사의 지시에 고민 고민하다 사무실에서 밤늦게까지 편지를 하나 써 들고 찾아온 것 같았다. 편지에는 조직원으로서의 고민과 개인으로서의 갈등, 인간적인 번민이 짙게 배어 있었다. 눈물이 핑 돌면서 측은한 마음이 들었다. 1편 방송이 나간 후 위기를 맞고 있는 상황인데 2편이 또 나간다는 얘기에 회사전체가 거의 패닉 상태라고 했다. 홍보책임자로서 그저 앉아 있을 수 없었다고 했다. 상황을 충분히 짐작할 수 있었다.

편지를 보고 나니 화를 낼 수도 없었다. 누가 집을 가르쳐 줬느냐고 다그칠 수도 없었다. 그를 데리고 집 근처의 호프집으로 갔다. 그는 연신 죄송하다는 말만 할 뿐 큰 죄를 지은 사람처럼 고개를 푹 숙이고 있었다. 더 이상의 말도 없었다. 동생 같은 측은함이 느껴져 괜히 마음이 찡했다. 1편 방송까지만 해도 의연한 척했지만 자기 회사는 지금 어쩌면 문을 닫을 수도 있다는 엄청난 위기감에 사로잡혀 있다고 했다. 한 차례 더 맞는다면 누구도 그 이후를 장담하기 어려운 상황이라며 숨죽이고 KBS의 움직임만 지켜보고 있다고 했다. 자기 회사뿐 아니라 업계 모든 회사들이 내가 10년 전 녹즙기 기사를 쓴 바로 그 기자라는 사실, 그 결과 업계 전체가 다 죽었다는 사실에 일종의 공포감을 느끼고 있다고도 했다. 그러면서 박선규라는 기자는 '기사'와 관련해서는 어떤 로비나 압력도 통하지 않는다는 사실도 잘 알고 있다고 했다. 그래서 큰 결례인줄 알면서도 불쑥 집으로 찾아올 수밖에 없었다고 했다. 조직원으로, 또 언론관련 책임자로...

이 친구에게 우선 '정수기 업계 전체를 어렵게 만들기 위해 취재하는 것'이 아니라는 사실을 설명했다. 그러니 너무 걱정 말라'고 일단 안심시켰다. 그리고 '녹즙기 눈제는 아직도 내게 가장 가슴 아픈 기억으로 남아 있다'는 사실도 얘기해줬다. 그는 처분만 바라는 고양이 앞의 쥐 모습으로 그저 듣기만 했다. 그런 모습이 더 안쓰러웠다. 문득 이런 생각이 들었다. '지금 내가 저 친구의 입장이라면...', '회사의 명운이 걸린 문제로 누군가에게 사정을 하는 입장이라면...' 비참할 것 같았다. 스스로의 처지가 너무 힘겨울 것 같았다. 그렇다고 해도 나는 그렇게까지는 못 할 것 같았다. 자리가 불편했고 더 이상 길게 말을 하는 것도 부담스러웠다. 형된 마음으로 그를 다독여 돌려 보냈다. 그가 떠난 후에도 한참을 그 자리에 앉아 있어야 했다. 제보 받은 자극적인 내용들은 쓰지 말자는 2편 기사의 방향은 사실상 그날, 거기서 정해진 것이었다. 더 이상 욕심을 부리지 말자고 마음을 다잡았다. 그 친구의 애잔한 모습이 계속 눈에 밟혔다. 이미 휘청거리고 있는 상황에 그런 자극적인 화면이 또 나가면 제2의 녹즙기 사태가 나지 말라는 보장도 없을 것 같았다.

그런 면에서 그 친구는 회사와 업계의 입장에서는 엄청난 역할을 한 셈이었다. 회사에서 그의 노력을 어느 정도나 평가하고 이해했는지는 모르겠지만... 나중에 회사 고위 관계자들을 만날 기회가 있었지만 그 친구와 그날의 얘기는 전하지 않았다. 괜한 오해를 부를 수 있을 것 같았다. 오히려 그가 불편해질 수 있겠다는 생각도 들었다. 세상사에 그런 일이 다반사라는 것을 나는 경험을 통해 알고 있었다. 놀라운 것은 그렇게 당하고 나서도 오히려 고맙다고 인사하는 저들의 모습이었다. 언론은 고발의 대상이 되는 사람들과 기관에조차 그런 존재였다. 입장을 바꿔 생각하니 나같으면 결코 그럴 수 없을 것 같았다. 나의 직장이 그런 일반 조직이 아니라 누구에게나 당당할 수 있는 언론사라는 사실이 너무 감사했다. 정수기 기사는 그렇게 마무리 됐다. 어쨌거나 의도했던 대로 모든 것이 정리됐기에 기분은 좋았다. 여기저기서 상을 주겠다고 연락이 왔다. 이번엔 받아도 될 것 같았다. 여러 상중에 방송통신위원회의 '이달의 좋은 프로그램'상이 가장 마음에 들었다. 그건 정부 차원에서 내 기사를 높게 평가했다는 의미였으므로.

7. 뒤늦게 찾아온 고등학교 후배

그런 기분 좋은 일들이 이어지고 있는 와중에 한 통의 전화를 받았다. '형님, 저 남강 6회 ○○○입니다. 뵙고 싶은데 시간 좀 내주시죠.' 고등학교 1년 후배라는데 솔직히 얼굴은 전혀 기억나지 않았다. 녀석은 이번 취재로 가장 타격이 큰 정수기 회사의 사장이라고 했다. 1년 후배에 굴지 기업의 대표를 맡을 정도의 인물이라면 학창시절을 포함해 몇 차례 마주쳤을 테고 그러면 안면이 있을 법도 한데... 하지만 전혀 기억이 없었다. 1편 보도가 나간 직후 동창회 사무국에서 일하는 후배를 통해 그의 이름을 한번 듣기는 했었다. 느닷없이 전화한 후배는 '형, 그 정수기 회사 사장이 형 후배인데 너무 한 것 아니예요?' 하며 웃었다. 농반진반의 목소리였다. 물론 깜짝 놀랐었다. 상상도 못했던 일이었으니... 물론 후배라는 것을 알았어도 달라질 것은 없었을 테지만... '그래? 후배 누군데?..', 'OOO이라고 6회예요' 해서 머릿속에 기억된 이름이었다.

약속 장소에 나가보니 자그마한 체구에 아주 단단하게 생긴 친구였다. 자세히 보니 본듯한 기억이 있는 얼굴이었다. 깍듯하게 인사한 이 친구는 예상과는 달리 밝은 얼굴이었다. 짧게 자른 머리에 반짝반짝 빛나는 눈빛이 인상적이었다. 녀석은 고등학교 때 연대장이었던 내게 몇 차례 혼난 적이 있다며 너스레부터 떨었다. '특별한 건 아니었어요. 교복 윗단추 풀고 가방 옆구리에 끼고 다니다가, 모자 삐닥하게 쓰고 지나가다가 걸렸죠. 엎드려뻗쳐 당하고 그랬는데... 그땐 왜 그랬나 모르겠어요.' '학기 초엔 형 덕분에 공포스런 상황을 벗어난 적도 있어요. 쉬는 시간에 3학년 선배들이 몰려와 설쳐대며 얼마나 겁을 주던지... 머리가 길다, 양말이 흰색이다, 태도가 불량하다... 온갖 트집을 잡으며 멱살잡고 흔들어 대고, 때리기까지 하는데... 그때 형이 짠하고 나타나 다 쫓아줬지요. 그때 형 정말 멋있었어. 그때 형 얘기가 지금도 기억나요. 앞으로 선배들에게 부당하게 당하는 건 내가 다 막아주겠다. 그러니 괜히 트집 잡힐 짓 하지 말고 똑바로 하고 다녀라... 어린 마음에도 감동적이었어요...'

어렴풋하게 생각나는 일들이 있었다. 당시 서울 외곽에 있던 우리 학교는 생긴 지 5년도 채 되지 않는 신설 학교였다. 분위기가 꽤 거칠어서 나 또한 1, 2학년 때 선배들에게 무던히도 괴롭힘을 당했었다. 해서 연대장이 되면서 그런 잘못된 관행을 끊어야겠다고 다짐했었다. 예상 외의 얘기에 함께 웃어주긴 했지만 미안한 마음도 어쩔 수 없었다. '한데 너 왜 이제야 찾아왔나? 진작 와서 엄살이라도 좀 떨지 않고...' 어색함도 덜겸 한마디 던지며 씩 웃었다. 녀석의 대답이 걸작이었다. '형. 내가 진작 찾아왔어 봐.

형이 얼마나 괴로웠겠어. 나도 참느라고 무지 힘들었어요.' 녀석은 너털웃음을 터뜨렸다. 그리곤 잠시 뜸을 들이더니 한마디 더했다. '내가 형을 모르지 않잖아' 그 얘기에 가슴이 쿵했다. 녀석은 나의 고지식함을 잘 알고 있는 것이 분명했다. 농담 속에 깊은 마음이 묻어 있었다.

맞는 말이었다. 만일 녀석이 취재 중에 찾아왔었다면 정말 힘들었을 것이었다. 성격상 부탁을 들어주지는 못했을 것이고 그렇다고 독하게 쫓아내지도 못했을 것이고... 이러지도 저러지도 못하는 상황에 머리 깨나 빠졌을 것임이 분명했다. 그런데 녀석이 그런 내 입장을 이해해 찾아오지 않았었다니... 녀석의 마음이 느껴졌다. 고마웠다. 그런 마음 하나만으로도 녀석은 CEO 자격이 충분하다는 생각이 들었다. 녀석은 그룹 회장이 주재하는 대책회의에서 '박선규 기자를 아는 사람이 없느냐', '직접은 모르더라도 선을 댈 수 있는 사람 없느냐'고 묻는데 가슴이 철렁했다고 했다. 회장의 표정이 정말 비장했다고 했다. 다른 사람들은 마치 죽을 죄를 지은 것처럼 아무 말도 못하고... 나서야 하나 말아야 하나 무지 망설였다고 했다. 자신의 마음을 회장에게 들킬까 식은땀까지 흘려야 했다고 했다. 이해가 됐다. 회사가 초비상 상황이었고 최고 책임자가 절박하게 방안을 찾는 상황이었으니... 거기에 자신은 직접적으로 연결돼 있는 책임자였으니...... 당시 상황이 어렵지 않게 그려졌다.

'솔직히 찾아올까 말까 무지 고민했어요. 그런데 내가 형을 알잖아. 형은 까까머리 교련복을 입던 시절에도 깐깐했으니까... 그래서 후배들이 좋아하면서도 무서워했지. 이미 소문도 다 났더라고. 로비나 압력에 까딱할 사람이 아니라고. 잘못하면 오히려 역효과 난다고... 그래서 독하게... 차라리 이번 기회에 해묵은 문제를 다 해결해 버리자 맘먹었죠. 그러자면 길게 볼 때 한번 쎄게 맞는 게 낫다고 생각했어요. 안 그러면 또 어영부영 지나갈 거고 그러면 또 주기적으로 같은 문제로 시달릴 테고...' 녀석은 다행히 부임한지 몇 달 안 돼 마음먹기 편했다고 했다. '형 기사로 회사가 무지 어려워진 건 맞죠. 하지만 걱정 말아요. 우리 회사 만만한 회사 아니니까...' 녀석은 오히려 나를 위로했다. 자신도, 경영진도 내가 제기한 문제들이 어제 오늘의 얘기가 아니라는 걸 잘 알고 있다고 했다. 그동안 너무 안이하게 생각하고 있었는데 이번 기회를 한단계 더 나가는 계기로 삼겠다고 했다. 드러난 문제를 다 바로잡을 테니 지켜봐 달라고 했다. 녀석은 회장에게도 이번 기회에 문제를 바로 잡지 않으면 박선규 기자가 아닌 다른 기자들에게 또 당할 수밖에 없을 것이라며 전면적인 혁신을 건의했다고 했다. 그 결과 회사의 연구인력을 3배 가까이 충원하는 등 구조조정도 이뤄졌다고 설명했다. 고마운 일이었다.

8. 원수같은 기자를 초청한 정수기 회사

그런 일이 있은 지 얼마 뒤 이 회사에서 전화가 왔다. 직원들에게 강연을 한번 해 달라는 정중한 요청이었다. '아니 이게 무슨 말인가?' 그건 예사로운 일이 아니었다. 정말 놀라운 일이었다. 회사와 직원들을 심각한 어려움에 빠뜨린 사람을, 쳐다만 봐도 열이날 수밖에 없는 그런 사람을 불러 강연을 듣겠다니... 혼란스러웠다. 이걸 어떻게 해석해야 하나? 성사 여부를 떠나 초청 사실 자체만으로도 흥미진진한 얘깃거리임에 분명했다. 어떤 기자들에겐 재미있는 기삿감이 될 수도 있을 터였다. 우리 사무실에서도 가야 한다, 가지 말아야 한다... 의견이 갈리며 한동안 화제가 됐다. 나는 흔쾌하게 가겠다고 약속했다. 그건 분명 실무자 차원에서 이뤄진 결정이 아니라고 생각했다. 최고 책임자의 지시로 이뤄진 결정임이 분명하다고 판단했다. 그 놀라운 회사의 책임자를 직접 보고 싶어졌다. 그런 리더가 이끌고 있는 회사의 분위기를 한번 살펴보고 싶었다.

이른 아침 시내 중심에 있는 그 회사를 찾았다. 강의 전 나를 안내한 실무 책임자는 표정이 밝지 않았다. 강사로 나를 맞기는 하지만 썩 유쾌하지는 않다는 의미였다. 그건 티타임을 갖자며 함께 한 다른 임원들도 마찬가지였다. 20여 분, 그 시간이 참으로 어색했다. 그날 시간에 맞춰 강당에 들어설 때의 분위기를 나는 지금도 잊지 못하고 있다. 한 200명쯤 됐을까? 강당을 가득 매운 사람들의 시선이 싸늘하게 느껴졌다. 예상을 못했던 건 아니지만 당황스러울 정도였다. 어찌 안 그럴 수 있었을까? 그들의 입장에서 보면 나는 회사는 물론 자신들을 어렵게 만든 '원수같은 사람'일 수밖에 없었으니. 최고 책임자의 결정에 따라 나와 앉아 있기는 했지만 다들 나를 향한 감정까지 숨기지는 못하고 있는 것 같았다. 어떻게 풀어야 하나? 긴장이 됐다. 중앙에 서서 잠시 그들과 눈을 맞췄다. 그들도 조금은 긴장하고 있는 것 같았다. 잠시 무거운 침묵이 흐른 후 살짝 웃으며 한 마디 던졌다. '강의 순서를 조금 바꿔야 할 것 같군요. 혹시 계란 준비한 분들 계시면 지금 던지십시오. 맞고 시작하겠습니다.' 그 얘기에 '와' 웃음이 터졌다. 팽팽하던 긴장이 풀리면서 저들의 표정들도 많이 달라졌다.

60분 동안 이어진 강의에서 나는 기자라는 직업에 대해 얘기했다. 특별히 문제를 들춰내는 고발 기자의 어려움, 그 때문에 어쩔 수 없이 맞게 되는 관계의 어려움을 얘기했다. 직업인으로서의 기자와 자연인으로서의 누군가의 친구, 선후배 등... 그런 사이에서 끊임없이 비정한 선택을 강요받는 곤혹스러운 처지... 그런 현실적인 얘기들을 솔직하게 털어놓았다. 내 마음이 제대로 전달되고 있는 것 같았다. 그들의 눈빛이 달라지고 있었다. 그런 얘기들과 함께 본의 아니게 아픔을 준 부분에 대해 양해를 구했다. 그러면서 그동안 문제를 알면서도 그대로 방치해온 업계의 인식에 대해 아쉬움도 표했다. '여러분들이 내 입장이라면 어떻게 했겠느냐?'는 도발적 질문을 던지기도 했다. 그들은 곤혹스런 표정이었다. 그들로서도 전혀 예상 못 했던 얘기였던 것 같았다. 불편한 내용이 적지 않았을 텐데도 그들은 모든 얘기들을 진지하게 들어주었다. 질의시간엔 언론의 한건주의와 오만방자한 기자들의 행태에 관해 지적받기도 했다. 그렇게 강의가 마무리 됐다. 서로에게 의미 있는 시간이었다. 적어도 역지사지의 기회는 된 것 같았다. 강의를 마치고 나오는 내게 저들은 뜨거운 박수를 보내줬다. 초청에 응하길 잘 했다는 생각이 들었다.

'회사를 위기로 내몬 원수같은 기자를 강연자로 세우다니 ○○은 참으로 대단한 회사군요. 앞으로가 정말 기대가 됩니다.' 사무실을 빠져나오며 손을 내미는 임원에게 얘기했다. 진심이었다. 그가 웃으면서 내 얘기를 받았다. '우리회사가 대단한 회사인 것은 분명하지요. 하지만 부른다고 선뜻 찾아 온 박선규 기자란 사람도 보통은 아닌 것 같습니다.' 우린 서로 마주보고 웃었다. 그날 이후 이 회사의 윤○○ 회장은 나의 멘토가 됐다. 당사자에게는 한 번도 제대로 고백하지 못한 마음속 멘토였다. 나를 놀라게 한 그를 알고 싶었고 또 그 담대함을 닮고 싶었다. 그가 쓴 책을 찾아 읽고 그의 강연 테이프도 구해 열심히 들었다. 그러면서 많이 놀라고 감동했다. 특별히 또또사랑이라는 그의 경영철학에 저절로 고개가 숙여졌다. 사랑하고 또 사랑하고 또 사랑하겠다는 다짐, 그런 마음이라면 세상에 무엇이 불가능할까? 그의 말과 글에는 어디에나 치열한 경험과 무거운 고민을 통해서만 얻을 수 있는 보석같은 지혜들이 가득했다. 사변과 추상을 벗어난 구체적인 삶의 흔적이 녹아 있었다. 특별히 미래를 향한 뜨거운 비전이 가득했다. 그런 마음들을 대하노라면 가슴이 뜨거워졌다. 외국계 백과사전 외판원으로 시작한 그의 인생이 어떻게 대한민국의 대표적 기업인 자리까지 이어졌는지 이해할 수 있었다. 그것은 정수기 취재를 통해 얻은 또 다른 기쁨이었다.

■

새로운 입시부정의 확인,
문학특기자 전형

1. 신문에 난 1단짜리 문학상 취소 기사

2003년 4월, 참여정부 출범 50여 일을 지나고 있는 대한민국은 복잡했다. 대통령은 연일 충격적인 행보로 국민을 놀라게 했고 그의 말 한마디, 몸짓 하나하나에 세상은 요동쳤다. 특히 강금실 법무장관의 파격 인사와 관련해 마련된 평검사들과의 대화는 많은 국민들에게 신선함과 함께 적지않은 충격을 안겼다. 생방송으로 중계되던 대화에서는 양측의 가시돋친 언사가 여과없이 그대로 안방까지 전달됐다. 결국 감정을 제어하지 못한 대통령은 검찰 수뇌부뿐 아니라 한 기업인에 대한 강한 불만을 드러냈고 그건 바로 검찰총장의 사표와 해당 기업인의 자살이라는 비극으로 이어졌다. 임기를 막 시작한 대통령의 결정에 집권 여당이 극렬하게 반대하는 초유의 상황도 빚어졌다. 이라크 파병 결정이 그것이었다. 결국 국회는 야당의 도움에 힘입어서야 대통령이 발의한 파병 동의안을 통과시킬 수 있었다. 대다수 국민과 야당은 물론 여당까지 강하게 반감을 표시하는 이런 분위기에 대통령은 급기야 '대통령직 못해먹겠다'는 푸념을 내뱉는 일까지 벌어졌다. 취임 3개월 만이었다. 그것도 내부 인사들과의 자리가 아닌 외부 인사들과 마주 앉은 자리에서.

교육현장에서도 혼란이 이어졌다. 학교행정정보화시스템(NEIS) 시행을 둘러싸고 교육부의 방침이 오락가락하며 한바탕 소동이 빚어졌다. '한다, 안 한다', '된다, 안 된다' 그 혼란의 중심에 장관이 있었다. 충남 천안의 한 초등학교에서는 대형화재사고가 일어나 어린 생명들이 희생되기도 했다. 축구부 합숙소 화재였는데 9명이 숨지고 16명이 다치는 가슴 아픈 비극이었다. 기본과 스포츠 정신을 가르쳐야 하는 시기에 승부에만 집착하는 잘못된 풍토가 만들어 낸 한국적 비극이었다. 그즈음 일어난 충남 보성의 초등학교 교사 자살 사건도 많은 이들을 안타깝게 했다. 기간제 교사에게 차 심부름을 강요했다고 지목돼 괴로워하던 교사였다. 달라진 세상을 미처 인식하지 못했던 해당 교사는 모진 공격에 시달리다 결국 스스로 목숨을 끊는 충격적인 선택을 했었다. 참으로 복잡하고 어지러운 날들이 사회 전분야에서 이어지고 있었다.

그런 가운데 서울대학교가 2004학년도 입시요강을 발표했다. 여러 내용 가운데 지역균형

선발제도라는 특별한 제도의 도입이 큰 관심을 끌었다. 서울과 수도권 등 대도시의 학생들에 밀려 기회를 갖지 못하는 지방 학생들에게도 입학의 기회를 주겠다는 의미였다. 지방 중소도시를 포함해 군 단위 학교에까지 문을 열겠다는 발표에서 대학의 의지가 엿보였다. 그건 당장의 성적만 보지 않고 미래의 잠재력을 보겠다는 결코 작지 않은 변화였다. 국내 최고의 대학, 그것도 국립대학으로서 의미있는 시도라는 생각에 흐뭇했다. 지역 학교들은 물론 학부형들과 지방자치단체의 책임자들은 쌍수를 들어 환영했고 전체적인 여론도 우호적이었다. 그러나 반발도 없지 않았다. 실력 안 되는 아이들 때문에 우수학생들이 오히려 역차별을 받는 것 아니냐는 지적, 분명 학교의 수준이 떨어질 것이라는 걱정이 그것이었다. 서울 강남 등 특정지역 학부모들과 일부 교수들, 그리고 동문들이 그 반발의 중심에 있었다. 우리 사회에서 대학입시가 가지는 중요성과 의미를 다시 한번 확인시켜주는 장면이었다.

그 무렵 나는 취재거리를 고민하고 있었다. 어느 날 석간신문의 한 기사가 눈에 들어왔다. 사회면 한 귀퉁이에 있는 'OO청소년문학상 취소'라는 제목의 작은 기사였다. 중고등학생들을 대상으로 한 백일장 관련 기사였다. 기사는 취소 사유에 관해서는 아무런 언급없이 '취소했다'는 사실만 간단하게 전하고 있었다. 궁금증이 일었다. 왜지? 이미 줬던 상을 취소한다면 분명 뭔가 이유가 있을 텐데… 자료를 찾아보니 OO문학상은 10년 넘게 진행되면서 상금도 적지 않은 나름 권위 있는 상이었다. 문학에 재능이 있는 학생들을 발굴하고 격려하는 목적으로 만들어진 상이라는 사실도 확인할 수 있었다. 행사를 주관하는 OO문화재단에 전화를 걸었다. 기자라는 신분을 밝히고 궁금해서 전화를 했다고 하니 대답 대신 한숨이 먼저 새 나왔다. 뭔가가 있다는 직감이 들었다. 하지만 세세한 내용은 말하려 하지 않았다. '제 입장에서는 말씀 드리기 곤란하다'는 얘기만 반복했다. 일단 취재를 해 볼 필요가 있을 것 같았다.

다음날 서울 광화문에 있는 OO문화재단을 찾아갔다. 담당자는 곤혹스러운 표정이 역력했다. 자신도 문인의 한 사람이라고 소개한 직원은 여기까지 찾아오셨으니 말씀을 안 드릴 수가 없겠다며 저간의 사정을 설명했다. 그 얼마 전 있었던 백일장에서 수상작으로 선정돼 시상까지 마친 작품이 다른 사람의 작품을 거의 그대로 베낀 것으로 드러낳다는 얘기였다. 그것도 다른 대회에서 입상한 작품이었다고 했다. 어떤 내용이었는 지 궁금하다는 내 얘기에 그가 원래의 작품과 베껴 제출됐다는 작품을 탁자 위에 펼쳐 놓았다. 「구둣방」이라는 제목의 시였다. 서울시내 외곽 거리의 구두 수선점 풍경을 잔 잔하게 그려낸 정감 어린 작품이었다. 자세히 비교하며 살펴보니 '구둣방'이라는 제목 부터 마지막 행까지 거의 같았다. 딱 한 군데가 달랐는데 시작 부분의 지명 '진월동 사 거리'가 '구암동 삼거리'로 바뀐 것이었다. 중간 부분의 '사거리'라는 표현은 발견하지 못했던 듯, 미처 삼거리로 바꾸지 못하고 '사거리'라고 그대로 돼 있었다. 그건 표절의 차원을 넘어선 완전 도용이었다. 담당자의 곤혹스러움이 이해가 됐다. 그의 곤혹스러 움은 단순히 수상작이 바뀌었다는 사실에 머무는 것 같지 않았다. 어떻게 그렇게 대담 한 일이 있을 수 있었는지, 또 청소년 문학도들을 격려하기 위해 마련한 의미 있는 행 사가 어쩌다 그렇게 오염됐는지에 대한 안타까움에서 비롯된 것 같았다. 거기에 문학 을 꿈꾼다는 청소년들이 보이고 있는 위험스런 세태에도 작지않은 상처를 입은 것 같 았다. 반쯤은 기자의 마음으로 또 반쯤은 교육의 중요성을 절감하고 있는 기성세대의 한사람으로 그의 얘기에 빠져들었다. 그러던 어느 순간, 안타까움을 표하던 그의 입에 서 더 놀라운 얘기가 새나왔다. 실은 수상 취소가 이번이 처음이 아니라는 얘기였다. 11번 행사 가운데 3번째라고 했다. 심각한 것은 그 3번이 2000년부터 최근 3년 동안 연 속으로 이어지고 있는 것이라고 했다. 그래서 재단에서는 적지 않은 예산을 들여 운영 하고 있는 청소년 문학상을 아예 없애야 하는 것 아닌가 하는 고민까지 하고 있다고 했 다.

2. 줄 잇는 수상 취소, 쉬쉬하는 기관들

3번째 취소라는 숫자도 그랬지만 최근 들어 계속 이어지고 있다는 사실에 더 궁금증 이 생겼다. '왜 최근에 문제가 집중적으로 발생되고 있을까요?' 잠시 멈칫하던 그가 대 답했다. '아마도 대학입시 문학특기자 전형과 관련이 있지 않을까 생각하고 있습니다' 그의 표정이 복잡했다. 확실하지 않다고 전제는 했지만 스스로는 확신하고 있는 표정 이었다. 문학특기자 전형은 성적 중심의 입시를 벗어나 문학적 재능이 있는 학생들에게 기회를 주자는 취지로 새로 도입된 제도였다. 그런 취지에 따라 권위 있는 기관에서 문학상을 받을 경우 가산점을 주고 그를 통해 유리한 조건으로 입시를 치를 수 있도록 설계된 제도였다. 그건 공부는 못해도 다른 한 가지만 잘하면 누구든 대학에 갈 수 있게 하겠다는 정부의 방침에 딱 들어맞는 제도이기도 했다. 그랬기에 채택하는 대학과 선발 학생수가 급격하게 늘고있는 상황이었다. '문학특기자 전형을 노리는 거라면 OO재단 외에 문학상을 운영하는 다른 기관에서도 비슷한 문제들이 발생하고 있다고 봐야겠네요.' 잠시 생각하던 그가 입을 열었다. '아마도 그럴 겁니다. 다들 공개적으로 발표는 하지 못하고 있지만요...' 역시 조심스런 답변이었지만 그는 그 또한 확신하고 있는 듯했다. 정신이 번쩍 들었다. 기사가 된다는 의미였다. 그것도 새로운 입시부정의 형태가 드러나는 큰 기사가 될 수 있다는 의미였다.

사무실로 들어와 청소년들을 대상으로 문학상을 시상하고 있는 기관들을 확인해 봤다. 어림잡아도 100군데가 넘는 것 같았다. 그 가운데는 대학들도 적지 않게 포함돼 있었다. 그들은 예외 없이 문학특기자 전형을 도입하고 있었다. 청소년들을 대상으로 매년 열리는 백일장 대회가 전국적으로 200개 가까이 된다는 사실도 확인할 수 있었다. 예상했던 것보다 숫자도, 규모도 훨씬 컸다. 그 기관들을 대상으로 유사 사례들을 찾아보면 뭔가가 나올 것 같았다. 가까운 곳부터 일일이 방문해 확인하는 원시적인 방법을 동원하기로 했다. 그런 중요한 문제를 전화로 답해줄 순진한 기관은 없을 것이기 때문이었다. 숫자가 워낙 많았기에 우선 문화관광부에서 후원하고 있는 기관들을 대상으로 삼았다. 정부가 공식적으로 후원하는 기관이라면 그만큼 권위도 인정받는 기관일 것이라는 판단 때문이었다. 당연히 입시를 노리는 학생들이 많이 노릴 것이라는 계산도 작용했다.

먼저 진보 문인들의 모임인 OO문학작가회의 사무실을 찾았다. 민족주의적 관점에서 한국의 민주주의 발전과 분단체제 극복을 위해 노력한다는 분명한 설립목적을 가진 곳이었다. 기록을 찾아보니 1974년 유신체제에서 자유실천문인협회로 설립됐다가 1987년 조직을 확대, 개편하면서 이름을 바꾼 것으로 돼 있었다. 사무실은 작고 소박했다. 하지만 문인들의 공간이라는 분위기가 물씬 풍기는 곳이었다. 사무실을 지키던 직원은 카메라까지 동원한 모습에 조금은 당황하는 모습이었다. 하지만 이내 여유를 되찾고 방문 목적을 물었다. '최근 ○○문학작가회의의 청소년 대상 수상작이 취소된 것으로 알고 있습니다. 그 이유를 확인하고 싶어 찾아왔습니다.'라고 조심스럽게 운을 뗐다. 사실 정말 그런 일이 있었는지는 모르는 상태였다. 다만 ○○문화재단이 그랬다면 여기도 다르지 않을 것이라는 판단에서 넘겨 짚고 던진 질문이었다. 그가 멈칫했다. 순간적으로 얼굴에 복잡한 감정이 스치는 게 보였다. 잠시 후 그가 멋쩍은 미소와 함께 입을 열었다. '어떻게 아셨어요? 나름 보안을 유지한다고 했는데...' 뭔가 감추고 싶었던 잘못을 들킨 것 같은 겸연쩍은 표정이었다. '표절이었죠. 그것도 우리 모임 회원의 작품을 표절한 거였어요.' 그의 시선이 허공을 향했다. 복잡한 속내가 눈빛에 담겨 있었다. '시상식 때까지는 누구도 몰랐습니다. 나중에 그 시를 알고 있던 저희 회원분이 원본을 보내와서 알게 됐습니다....' 문제의 시를 살펴봤다. 「소리」라는 제목의 시였다. 중간 부분에 '이끼 이제 막 고개드는/ 처마끝에서 떨어지는 물방울/ 오래된 날들이 문을 열어 놓는다..'는 표현이 있었다. '이 표현은 이 작가만의 독특한 표현이거든요. 일반적인 표현이 아니고 다른 어떤 누구도 이런 식의 표현을 하지는 않죠. 그런데 이 학생의 작품에 이런 표현이 들어있어요.', '이끼 막 고개드는/ 처마끝 빗줄기 따라...', '이걸 보고 표절이 명백하다고 판단한 거죠. 아마도 회원분이 신고하지 않았다면 영영 표절사실을 발견하지 못했을 겁니다.' 설명을 마친 그는 고개를 저었다. '의구심에 확인해 봤더니 해당 학생은 다른 대회에서도 표절을 한 전력이 있더라고요.' 그의 얘기가 이어졌다. '어쩌다 문인을 꿈꾸는 청소년들까지 이렇게 됐는지 모르겠습니다'.. 자조 섞인 독백을 내뱉던 그가 조금 편안해졌는지 수상 취소가 이번이 처음이 아니라는 사실도 설명했다. 한 해 전에도 같은 문제가 있었다는 얘기였다. 연속 2년 표절 문제로 수상이 취소됐다는 얘기였다.

취재가 잘 되고 있었다. 몇 군데 더 확인이 필요했다. 이번엔 우리나라의 대표적인 문예지를 내고있는 ○○사상사를 찾았다. 1972년 이어령 선생이 창간한 곳이었다. 1990년대까지만 해도 창작과 비평, 문학과 사회 등과 함께 우리나라의 대표적인 문예지인 월간 문학사상을 발간하는 규모가 큰 출판사였다. 특별히 이상 문학상, 소월시 문학상 등을 통해 신예작가들을 발굴하고 격려하는데도 열심인 곳이었다. 도수 높은 두꺼운 안경이 인상적인 이곳의 관계자는 '심각한 문제'라는 말로 말문을 열었다. 드러내 놓고 말도 못하고 고민중이라고 했다. 2000년 대상 수상작 취소 등 '최근 3년 동안에만 2차례 수상 취소가 있었다'고 했다. 뒤늦은 발견에 출판사는 수상작이 인쇄된 잡지를 다 수거해 다시 인쇄하는 소동까지 벌였다고 했다. 그는 아마 더 있을 텐데 밝혀내지 못했을 수도 있다고 했다. 워낙 대회가 많고, 또 워낙 많은 사람들의 작품이 세상에 나와 있다 보니 마음 먹고 표절하거나 도용을 한다면 그것을 밝히는 것은 불가능에 가깝다며 허탈한 표정을 지었다.

놀라운 일이 이어지고 있었다. 특별한 정보 없이 찾는데도 가는 곳마다 사정이 비슷했다. 이런 정도라면 실제 규모는 상상초월일 수 있다는 판단이 들었다. ○○사상의 책임자는 아예 단언을 했다. '명백히 문학특기자 선발과 관련돼 있는 겁니다. 영악한 학생들이 대학진학의 수단으로 제도를 악용하고 있는 거지요. 아마도 어딘가에는 그런 일을 부추기거나 실제로 돕는 자칭 진학 전문가들이 있을 겁니다…' 그는 자신들이 취소한 대상 수상 학생도 문학특기자로 서울에 있는 대학에 진학한 사실을 확인했다고 말했다. 수상은 취소했지만 해당 대학에 관련 사실을 알리지는 않았다고 했다. 일이 더 복잡해지는 것을 원치 않았다고 했다. 몇 곳을 더 확인해 봤다. 놀랍게도 직전 3년 동안에만 수상 취소가 확인되는 곳이 몇 군데 더 있었다. 생○○○○ 2회, 시○○○○○ 1회, ○○대학교 1회 등… 더 확인하는 것이 겁이 날 지경이었다.

3. 도용한 작품들만으로 서울 ○○대에 합격한 K군

1단짜리 신문기사에서 시작된 호기심이 엄청난 기사로 커지고 있었다. 의미 있는 기사를 발굴했다는 생각에 미소가 돋았다. 새로운 입시부정의 수법을 입증할 만큼 취재도 잘 됐다. 전반적으로 만족스러웠다. 문제의 학생들을 한번 만나봐야 할 것 같았다. 여기까지 온 것 그들의 얘기도 들어보고 싶었다. 확인해 보니 2003학년도까지 문학특기자 전형으로 대학에 입학한 학생들의 총수가 2,000여명에 달했다. 문학특기자 전형을 운용하고 있는 대학도 전국에 65개나 됐다. 취재 과정에서 확인한 사례를 중심으로 학생들을 추적했다. 어렵지 않게 몇 명을 확인할 수 있었다. 취재된 내용들을 가지고 해당 대학들에 협조를 요청했다. 하지만 대학들은 완강하게 거부했다. 자기 학교는 철저하게 검증을 했기 때문에 그런 학생들이 있을 수 없다는 얘기였다. 또 설사 그런 일이 의심된다고 하더라도 심증만으로 내용을 확인해 줄 수 없다고 버텼다. 그들의 곤혹스런 처지가 이해됐다. 까딱하면 입시부정이 저질러진 학교로 낙인이 찍힐 터였다. 그렇다고 그대로 물러설 수 없었다. 그들에게 취재 과정에서 확보한 자료들을 제시하며 거듭 협조를 압박했다. 부탁의 형식이었지만 협박으로 느낄만한 강도였다. '끝까지 거부하시면 학생의 신원과 함께 학교도 공개할 겁니다. 하지만 협조해주시면 학교 이름은 밝히지 않겠습니다.'

그런 과정을 거쳐 서울 시내 ○○대학의 협조를 받을 수 있었다. ○○재단에서 수상이 취소된 학생, 그의 입학지원 서류를 확인해 봤다. 지원서의 수상 실적란에 3개 대회의 수상 내역이 기록돼 있었다. 해당 대학을 포함해 대학 2곳과 지역 문인협회에서 상을 받은 기록이었다. 각각의 상에 80점, 80점, 50점이라는 학교당국이 매긴 점수도 선명하게 표시돼 있었다. 학교 관계자는 대회의 권위와 성적에 따라 배점이 다르다고 했다. 해당 학생은 3개의 상을 합해 210점을 받았기 때문에 합격할 수 있었다고 관계자는 설명했다. 그해 그 대학이 뽑은 문학특기자는 24명이었다고 했다. 혹시 수상실적이 없었다고 해도 합격할 수 있었겠냐고 물었다. 그건 불가능하다고 했다. 수상실적이 없었다면 합격은 커녕 원서도 내지 못했을 것이라는 설명이 이어졌다. 놀라운 것은 정작 취재의 단서가 됐던 ○○재단의 수상실적은 지원서에 기록되지 않았다는 사실이었다. 원서작성 날짜를 확인하니 ○○재단의 문학상을 받기 전에 전형이 이루어진 것으로 돼 있었다.

함께 기록된 다른 수상작품들을 확인해 봐야 할 것 같았다. 여러 사람과 단체의 도움을 받아야 했다. 나흘째 되는 날 결과가 나왔다. 먼저 최우수상을 받은 것으로 돼 있는 작품, 놀랍게도 그건 이름만 대면 알 수 있는 중견 시인의 작품이었다. 원작의 제목 '가을산'을 '추월산'으로 바꾸어 제출한 것이었다. 제목만 다를 뿐 내용은 똑 같았다. 그 대담함에 정신이 아찔할 지경이었다. 나머지 두 작품 또한 다른 대회에서 수상한 다른 사람들의 작품으로 확인됐다. 결국 지원서에 상을 받았다고 기록된 모든 작품이 남의 작품으로 드러난 것이었다. 그것도 표절 정도가 아니고 통째로 갖다 쓴 도용이었다. 지원서에 기재하지 않은 ○○문학상까지 생각하면 이 학생은 상습적인 도용꾼인 셈이었다. 나도 놀랐지만 학교 관계자는 나보다 더 놀란 모습이었다. 어떻게 이런 일이 가능하단 말인가? 이런 상황에 단순히 협조만 하려던 학교에 비상이 걸렸다. 그런 말도 안 되는 지원서를 거르지 못한 실수를 설명해야 하는 상황이 된 것이었다. 거의 사색이 돼 달려온 책임자는 워낙 지원자가 많다보니 수상내용을 일일이, 세세하게 확인하지 못했다고 고백했다. 아예 도용이나 표절 가능성을 의심하지 않고 제출된 수상내역에 점수를 매기는 데만 신경썼다고 고백했다. 아마도 다른 학교들도 다르지 않을 것이라고 했다. 어이가 없었다. 허술해도 너무 허술한 입시관리였다.

4. 확인된 입시부정의 구조, 그러나 너무 담담한 교육부

이제 문제의 학생을 만나봐야 할 차례였다. 그가 무슨 얘기를 할지 정말 궁금했다. 어떤 학생인지, 어떤 생각으로 사는 친구인지, 무슨 마음으로 그런 대담한 일을 벌였는지 정말 궁금했다. 학교의 협조를 받아 수업시간을 알아냈다. 건물 밖에서 그가 강의실 밖으로 나오기를 기다렸다. 봄 기운이 완연한 캠퍼스에는 젊은 분위기가 넘쳐나고 있었다. 삼삼오오 무리를 지은 학생들의 하이톤이 경쾌했다. 신나게 떠드는 소리, 깔깔거리며 웃는 소리… 세상에서 가장 행복한 표정들이었다. 그들을 바라보는 마음이 복잡했다. 잠시 후 수업을 마치고 나오는 그가 보였다. 가까이 다가가 신분을 밝히고 한적한 곳으로 자리를 옮겨 마주 앉았다. 그는 앳된 얼굴에 너무도 평범한 학생이었다. 그는 그런 당혹스런 상황에서도 대학생활이 재미있다고 했다. 동아리 활동도 적극적으로 하고 있다고 했다. 그에게 취재 내용을 알리고 작품을 도용한 것이 맞는지부터 물었다. 처음엔 부인하더니 내 표정이 심상치 않았던지 바로 좋은 표현 몇 가지를 차용한 것이 있다고 말을 바꿨다. 그러나 도용하지는 않았다고 했다. 그의 표정이 담담했다. 그런 그에게 확인한 내용들을 하나하나 제시하며 설명을 요구했다. 잠시 바라보던 그가 고개를 떨궜다. 그리곤 입을 닫았다. 그러더니 한참 후 기어들어가는 목소리로 다 맞다고 했다. 그의 눈동자가 심하게 흔들리고 있었다. 그런 그를 바라보고 있자니 감정이 복잡해졌다. 그는 영락없는 죄인이었고 나는 잘못을 추궁하는 형사의 모습이었다.

떨고 있는 그에게 '왜 그랬냐?'고 물었다. '글로 대학에 진학하고 싶은 욕심이 컸다'고 했다. '하지만 실력으론 자신이 없었다'고 했다. '발각될 것이라는 생각은 안 했냐?'고 다시 물었다. '백일장 작품들은 공개되지 않는다는 사실을 알고 있었다'고 했다. '걸릴 우려가 없다고 생각했다'고 했다. '그렇게 해서 한번 상을 받고 나니 자꾸 욕심이 생기더라'고 했다. '기분도 너무 좋았고. 그렇게 상을 받다 보니 그런 식으로 안 하면 상을 받기 어려울 것이란 압박감도 생겼다'고 했다. 그런 얘기들 뒤에 충격적인 한 마디를 덧붙였다. '솔직히 처음엔 떨렸는데 해보니 너무 쉬웠습니다. 그래서 계속하게 된 것 같아요. 나말고도 그렇게 하는 아이들이 많이 있어요.' 상습적으로 표절과 도용을 하는 사람들이 적지 않다는 얘기, 그건 문학특기자를 노리는 학생들 사이에서는 비밀도 아니라는 얘기였다. 어느 순간 그의 표정이 일반 대학생의 모습으로 다시 돌아가 있었다. 그런 그에게 마지막으로 물었다. '그게 범죄행위라는 생각은 안 해 봤어요? 본인 때문에 한 사람은 입시에 떨어졌는데 그 학생에게 미안하지 않아요?', '....' 한동안 침묵하던 그가 무겁게 입을 열었다. '범죄라는 생각까지는 안 해봤습니다. 그저 욕심이 생겨서... 용서해달라는 말밖에 드릴 말씀이 없습니다.' 나쁜 녀석이라는 생각보다는 참 안 됐다는 생각만 들었다. 내가 참 잔인한 기자라는 생각도 들었다.

취재의 마무리를 위해 교육부를 찾았다. 취재 내용의 설명에 담당 과장은 깜짝 놀라는 표정이었다. 그런 일이 있으리라고는 짐작도 못했다고 했다. 그건 명백한 범죄행위라고 목소리를 높였다. 그러나 대학들이 자체적으로 진행하고 있는 입학전형에 교육부가 이래라저래라 할 수는 없다고 선을 그었다. 아마도 입시전형 담당자들이 문학전공자들이 아니기 때문에 그런 것 같다는 나름의 분석도 내 놓았다. 당황스러웠다. 새로운 유형의 입시비리를 대하는 교육부 당국자의 태도치고는 너무 담담했다. 그는 책임자가 아닌 제3자적인 분석가의 모습이었다. 교육행정의 주무부처가 그것도 대한민국에서 가장 민감한 이슈인 대학입시와 관련된 범죄행위에 그토록 여유있는 모습이라니... 심각한 문제이니 만큼 최소한 실태조사라도 해봐야 하는 것 아니냐는 질문에 그는 현실적으로 쉽지 않다고 했다. 책임있는 답변을 들어내기 위해 이렇게 돌려보고 저렇게 돌려가며 찔러 봤지만 그는 요지부동이었다. 그와의 많은 질문과 답변은 그렇게 계속 겉돌기만 했다. 무겁고 허탈한 마음으로 발길을 돌려야 했다. 정말이지 이해하기 어려웠다. 범죄

사실이 밝혀졌는데, 그렇게 대학에 들어간 학생들이 확인되고 있는데, 제도의 구조적인 문제가 드러났는데 교육당국이 할 수 있는 일이 없다니... 그렇다면 정부의 역할은 무엇이란 말인가? 이런 심각한 현실이 그대로 이어지도록 지켜보고 있어야 한다는 말인가?

돌아오는 길, 마침 청량리역 근처 영휘원에서 '세종의 날' 기념 백일장 대회가 열리고 있었다. 따스한 봄날을 맞아 영휘원에는 청소년 문학도들의 열기가 가득했다. 그들은 제시된 주제에 따라 진지하게 원고지를 채워가고 있었다. 마치기를 기다렸다 여러 학생들을 만나봤다. '왜 왔냐?'라는 질문에 글쓰기를 좋아해서라는 답들이 이어졌다. 문학특기자 제도를 통해 대학에 진학할 계획이라는 답도 여럿 있었다. 학생들은 예외 없이 이 대회에서 상을 받을 경우 대학입시에서 가산점을 받을 수 있다는 사실을 잘 알고 있었다. 주최 측 관계자에게 확인하니 참가 학생수가 1,200~1,300명쯤 된다고 했다. 1년에 한 번 백일장을 여는데 문학특기자 전형이 도입된 후 참가 학생들의 수가 많이 늘었다고도 했다. 그 얘기가 그리 반갑게만 들리지 않았다. 분명 취재과정에서 확인한 부정적인 현상들 때문일 터였다.

사무실에 도착하니 책상에 ○○대학에서 전해 온 메모가 놓여 있었다. 'OOO 학생 입학 취소했습니다. 기사 작성에 참고해 주시기 바랍니다.' 그렇게... 기사는 잘 나갔다. 여기저기서 좋은 평가들이 나왔고 상도 받았다. 그러나 그뿐이었다. 어디서도 구체적인 후속 움직임이 진행됐다는 얘기는 듣지 못했다. 몇몇 대학들이 내부적으로 관리 강화를 다짐했다는 얘기를 전해 듣기는 했다. 하지만 교육부의 강한 의지없이 그것이 얼마나 실효성이 있을지에는 별로 자신이 없었다. 결국 K군만 운 없이 걸린 셈이었다. 그런 상황이 민망했다. 후속 취재를 통해서라도 더 파고들었어야 했는데, 정부가 의지를 천명하고 개입하도록 더 강하게 압박했어야 했는데... 두고두고 아쉬움이 많은 기사였다.

참여정부의 시작,
격동의 대한민국

1. 2002년, 역사의 변곡점을 맞은 대한민국

2002년, 대한민국은 여러 면에서 중요한 변곡점을 맞고 있었다. 월드컵 4강이라는 성적은 한마디로 기적이었다. 그 놀라운 기적은 전 세계는 물론 우리 스스로에게도 엄청난 충격이었다. 잠재해 있던 우리의 의식, 정신까지 흔들어 놓은 역사적 사건이기도 했다. 적어도 내 눈에 비친 4강신화는 단순히 축구 성적에만 국한된 것이 아니었다. 오랜 기간 우리 마음 속 깊숙한 곳에 또아리를 틀고 있던 촌티까지 모두 벗어버리게 한 계기였다. 경제적으로나 정치적으로나 세계의 중심에 근접할만큼 성장했으면서도 당당하게 어깨펴지 못했던 우리가 그 심리적 위축을 떨쳐버릴 수 있게 한 결정적 사건이었다고 확신한다. 내가 생각하는 촌티란 이런 것이었다. 동네에서는 펄펄 날다가도 큰 도시에만 나가면 주눅이 들어 실력의 반도 발휘하지 못하는 못난 경향, 큰 무대만 만나면 화들짝 놀라 누가 뭐라기도 전에 스스로 쪼그라져 주저 앉아 버리는 속상한 모습이었다. 그 못난 경향에 발목 잡혀 결정적인 무대에서 답답하게 무너져 내렸던 경험이 실로 얼마나 많았던가? 그런면에서 나는 히딩크라는 지도자를 대단하게 평가하고 깊이 존경한다. 그때까지 어떤 지도자가 선수들은 물론 국민 모두에게 그런 자신감과 자부심을 심어줬던가? 어떤 지도자가 세계속에서 어깨 펴고 당당하게 설 수 있도록 만들었단 말인가?

비주류 괴짜 정치인 노무현이 대통령으로 선택된 것도 엄청난 변화였다. 월드컵이 전 국민의 자신감을 고양시키는 심리적인 변화를 이끌었다면 노무현의 선택은 그런 심리적 변화가 만들어 낸 혁명적 사건이었다. 오랫동안 거대 주류세력에 주눅들어 지내던 소시민들이 주도적으로 움직여 이뤄낸 경천동지할 기적이었다. 그것은 긴 세월 우리 사회에 고착돼 있던 주류 절대 강세의 시대가 마감되면서 사회구조 자체가 바뀌고 있음을 알리는 상징적 사건이기도 했다. 국회의원 선거에서 떨어진 초라한 낙선자를, 불과 2년 만에 대통령으로 화려하게 부활시킨 놀라운 역사를 '국민의 힘'이라는 말 외에 달리 무엇으로 설명할 수 있을까... 이전에는 결코 꿈도 꿀 수 없었던 기적, 그의 말마따나 반칙과 위선, 기회주의에 대한 국민의 준엄한 심판이었다. 중요한 것은 그 자신이 만들어 낸 기적이 아니라 촌티를 벗어낸 소시민들이 이뤄낸 가슴 뜨거운 역사라는 사실이었다. 그 엄청난 반전 드라마는 어떤 사람들에겐 충격이었지만 대다수 국민에겐 진한 감동으로 새겨졌다. 오랜 시간 동북 아시아의 한 구석에서 움츠려 지내던 대한민국이 세계중심으로 나갈 수 있는 기반과 조건이 우리사회 곳곳에서 그렇게 차근차근 만들어지고 있었다.

그런 면에서 2002년 12월 19일은 우리에게 역사적인 날임이 분명했다. 대한민국 역사상 최초 비주류 대통령의 탄생. 이회창 후보와 57만 표 차에 불과한 신승이었지만 누구도 부정할 수 없는 기념비적 사건이었다. 나는 흥분했다. 적어도 내 관점에서 노무현의 당선은 새로운 시대의 도래를 알리는 신호탄이었다. 대한민국 현대사의 흐름을 확 바꿀 수 있는 결정적 모멘텀이었다. 고집스런 원칙주의자로 대의를 위해 눈앞의 이익을 포기할 줄 알았던 그가 일으킬 바람, 그를 통해 만들어질 세상의 변화에 대한 기대가 컸다. 사실 그런 기대 때문에 대통령 선거 나흘 전 '한국의 대통령'이란 프로그램도 만들어 방송했었다. 노무현 후보의 당선을 예상하면서 그와 참모들이 반드시 새겨줬으면 하는 내용, 전직 대통령들과 비서실장들의 경험담을 담은 프로그램이었다. 경험자인 그들과의 인터뷰를 통해 당선자 시절에 해야 할 가장 중요한 일은 무엇인지, 청와대 참모와 내각은 어떻게 구성하고 운영해야 하는지, 친인척 관리는 어떻게 해야 하는지... 등의 구체적인 제언들을 담았었다. 특별히 초기 방향을 잡는데 도움이 됐으면 하는 바람에 '그때 그렇게 했어야 하는데...' 하는 아쉬웠던 부분들을 드러내 강조했다. 프로그램을 위해 만났던 노태우, 김영삼 전 대통령과 노재봉, 박관용, 한광옥 등 전 비서실장들은 한 사람의 예외도 없이 능력과 품성을 갖춘 인재를 찾는 것이 가장 중요하다는 점을 강조했었다.

선거 다음 날, 미국에서 축하 이메일이 왔다. 의회 연수기간 한국 정치에 관심을 보이던 정치학회 사무실의 간사 제프였다. 2002년 1월, '차기 대선에 누가 유력하냐?'고 묻던 그에게 '노무현'을 얘기했었다. 미국의 누구도 노무현을 잘 알지 못하던 그때, 대부분의 한국 언론조차 노무현을 거론하지 않던 때였다. 그때 노무현을 주목하라고 했었다. 그가 한국 정치에 돌풍을 몰고 올 것이라며 희망 섞인 전망을 내놓았었다. 물론 나도 확신의 단계는 아니었다. 하지만 한국 정치를 바꾸고 한국 사회를 바꾸기 위해서 그런 인물이 필요하다는 믿음만은 확고한 상태였다. 아마도 그렇게 스스로를 최면 걸고 있었다고 봐도 틀린 말은 아닐 터였다. 당시 그는 놀라는 표정을 지었었다. 내 얘기에 상당한 흥미를 보이며 빠져들었었다. 어디서도, 누구에게서도 들어보지 못한 얘기라며 내 얘기에 집중했었다.

그 후의 과정은 나 스스로도 놀랄 정도였다. 거의 모든 것이 나의 기대대로 진행됐다. 그리고 결국 그가 대통령까지 됐으니... 제프는 노무현이 민주당 대선 후보로 결정된 후 한동안 후보 교체론으로 뒤숭숭할 때는 나보다 더 심각한 표정으로 한국의 집권당과 정치의 수준을 걱정했었다. 나에게 따지듯이 후보 교체론에 대해 묻기도 했다. 그것이 일부의 주장인지, 대통령까지 포함한 여당 수뇌부의 생각인지, 국민은 그런 상황을 어떻게 바라보고 있는지, 나는 어떤 입장인지... 등을 물었었다. 그는 메일의 첫 머리에 'Congratulations!'라고 썼다. '당신 얘기를 들으며 의아했는데 결국 예상대로 다 됐다'며 '놀랍다'고도 했다. 그런 그의 말에 약간 흥분해서 '거봐라. 내가 뭐라고 했냐?'며 다소 건방진 답신을 보냈었다. 노무현이라는 인물의 성향으로 볼 때 미국으로선 다소 거북한 상황이 빚어질 수도 있을 것이라는 예상도 짧게 붙였다. 아무튼 유쾌한 경험이었다. 대통령의 여러 얘기들 가운데 '반칙과 특권이 용납되는 시대는 이제 끝나야 한다', '정의가 패배하고 기회주의가 득세하는 굴절된 풍토는 청산돼야 한다'는 취임사가 특별히 가슴을 울렸다.

2. 달라진 대통령, 흔들리는 세상

2003년 2월 25일, 드디어 새 시대가 열렸다. 그와 함께 새 대통령의 파격 행보도 이어졌다. 당선자 시절부터 거침없는 모습을 보였던 대통령은 어떤 일에도 주저함이 없었다. 좋으면 좋은대로, 싫으면 싫은대로 감정도 숨기지 않았다. 그전 대통령들이 보이던 신중하고 조심스러운 태도와는 완전히 다른 모습이었다. 어느 새 솔직하고 직설적인 화법은 대통령의 트레이드 마크가 됐다. 매사 자신감이 넘쳤고 그게 말과 행동으로 그대로 표출됐다. 그런 스타일을 반기는 사람들도 있었지만 한편에서는 걱정하는 사람들도 적지 않았다. 하지만 자신감 충만한 대통령은 전혀 개의치 않는 모습이었다. 반대를 만나면 신중하게 설득하며 속도를 조절하기 보다는 직접적인 대결을 통해 상대를 제압하는 방식을 택했다. 어찌 보면 그런 방식을 즐기는 것 같기도 했다. 그런 모습에 조금씩 신경이 쓰이기 시작했다. 그런 사람이 나만은 아니었던 듯 어느 순간부터 조심스럽던 걱정과 지적의 목소리들이 커지고 있었다. 그리고 급기야 그런 걱정과 지적은 반감과 거부감의 모습으로 노골화되기 시작했다.

사람들은 국회의원 시절의 겸손하고 예의 바르던 모습이 다 사라졌다고 수군댔다. 어쩌면 의원 시절의 그런 모습은 의도된 가면이었을지 모르겠다는 얘기도 들려왔다. 그런 얘기들을 확인시키듯 언뜻언뜻 비치는 대통령의 말과 행동에선 오기와 독선의 분위기까지 감지됐다. 그런 대통령의 일거수일투족에 세상이 흔들리고 있었다. 그에게 투표하지 않았던 사람들은 물론 그를 선택했던 사람들, 심지어 그가 소속된 정당안에서도 고개를 갸웃거리는 사람들이 늘어났다. 급기야 야당 정치인이라는 자리와 대통령이란 자리의 차이를 이해하지 못하는 것 아니냐는 우려의 소리까지 터져나왔다. 머리에 비해 너무 큰 모자를 쓴 것 아니냐는 식의 비아냥도 쏟아졌다. 그렇게 정치적으로 사회적으로 불안불안한 하루하루가 이어지고 있었다. 바라보는 마음이 조마조마했다. 불과 취임 석달도 지나지 않은 상황에 대한민국은 달라져도 너무 달라져 있었다. 수십만이 하나 돼 펼쳤던 질서정연한 응원과 뜨거운 열정, 특별히 응원 현장의 쓰레기까지 스스로 치울 정도의 의식으로 세계를 놀라게 했던 1년 전 모습은 어디에서도 찾아볼 수 없었다. 그런 상황에 정부도 국민들도 심하게 흔들리고 있었다. 심각한 것은 흔들림의 원인이 다른 것이 아니라 대통령 자신이라는 사실이었다.

당선인 시절 대통령의 일성은 '청탁하다 걸리면 패가망신 당할 것'이라는 선언이었다. 그건 '반칙과 편법을 결코 용납하지 않겠다'는 엄중한 다짐이기도 했다. 한데 공교롭게도 그런 엄명에 가장 먼저 걸린 사람은 그의 형 노건평이었다. 그 뒤를 이어 임채

정 인수위원장이 또 적발됐다. 난감한 상황이 아닐 수 없었다. 모든 언론과 국민이 긴장감 속에서 대통령의 처분을 주목하는 상황이 된 것이었다. '공언한 대로 과연 읍참마속이 있을 것인가?', '가족과 핵심 측근에까지 패가망신의 벌이 주어질 것인가?'... 하지만 그 중차대한 일에 내려진 결론은 '조사해 보니 별 것 아니더라'라는 실망스런 제 식구 감싸기였다. 엄벌 대신 눈을 질끈 감은 것이었다. 그에 대한 비난 여론이 일자 대통령은 오히려 청탁했다는 사람을 공개 비난함으로써 그를 자살로 내모는 충격적인 상황도 빚어졌다. 또 임기가 몇 달 남지 않은 공영방송 사장을 쫓아내고 그 자리에 측근의 인척을 임명하는 무리수도 감행했다. 검찰총장 등 고위직의 임기를 보장한다고 해놓고는 며칠 뒤 인사수석을 앞 세워 대놓고 내쫓는 촌극도 벌어졌다. 대체 이게 무슨 일들이란 말인가?... 많은 사람들이 고개를 갸웃거렸다. 평소의 주장, 약속과 상반되는 혼란스런 일들이 꼬리에 꼬리를 물고 이어졌다. 혼란스러웠다. '정말 이게 무슨 일이란 말인가? 내가 아는 대통령은 저런 사람이 아니었는데... 원칙을 존중하고 적어도 잘못에 대해서는 시인하고 사과도 할 줄 아는 사람이었는데... 어디서 무엇이 잘못됐단 말인가?' 이해 못할 상황에 머리가 복잡한 날들이 이어지고 있었다.

이런 현실에 본분을 잊은 장관들의 한심함이 더해졌다. 그들은 어이없는 행보로 혼란을 가중 시켰다. 새만금을 둘러싸고 농림부 장관과 해양수산부 장관, 환경부 장관이 공개적으로 맞섰다. 싸움은 회의 석상을 벗어나 각기 국민 앞에서 실력행사를 하는 단계로까지 이어졌다. 급기야 대통령이 사업 지속을 약속한 상황에 해양수산부 장관과 환경부 장관이 개발을 반대하는 삼보일배 시위대열에 합류하는 모습이 연출됐다. 그 모습에 농림부 장관이 기자실을 찾아 시위대와 해당 장관들을 성토하는 비난전도 감행됐다. 쳐다보기 거북한 블랙 코미디가 아닐 수 없었다. 그런 혼란에 교육부총리도 가세했다. 고등학생들의 개인정보를 기록한 나이스 사용을 두고 '안 된다', '된다', '보류한다', '된다'로 몇 차례나 입장을 바꾸며 입시현장을 흔들어 댔다. 그로 인해 16개 시도 교육감들이 교육부에 맞서 집단행동에 나서는 상상초월의 사태까지 벌어졌다. 포항에서 시작된 화물 대란으로 전국이 난리가 났는데 대통령에게는 보고조차 되지 않는 어이없는 일도 벌어졌다. 정부의 여러 부처가 연관된 이 문제에 해당 부처들은 서로 책임을 미루기에만 바빴다. 그러다 나중에 언론 보도로 심각성을 알게 된 대통령의 질책을 받고서야 장관들이 현장에 총출동하는 촌극을 연출했으니... 이런 일들에 더해 쉴새 없이 이어진 대통령의 정제되지 않은 발언과 행동은 혼란을 가중시키는 결정적 요인이었다. 대통령의 발언에 따라 국민들은 쫙쫙 갈라졌고 나라는 심하게 흔들렸다. 정말 당황스러웠다. 이게 대체 무슨 일이란 말인가?

그런 흔들림에 있어 KBS도 예외일 수 없었다. 주인공은 한겨레 신문 워싱턴 통신원 출신 정연주 사장이었다. 애초 대통령 후원회장 인척이 내정됐던 자리에 대타로 들어선 그는 취임하자마자 효율화라는 명분을 내세워 조직을 파괴하기 시작했다. 팀제라는 이름으로 전통적으로 유지돼 오던 부서를 다 폐지했다. 과거의 수직적 배타적 조직을 수평적 효율적 조직으로 변모시키기 위해서라는 주장이 동원됐다. 후배가 팀장이 되고 선배들이 그 밑에서 팀원으로 일하는 초유의 상황이 전개됐다. 국장으로 부장으로 역량을 인정받던 사람들은 어느 순간 한직으로 내몰리고 대신 뒤로 처져 있던, 외곽에 있던 인물들이 대거 주요 보직을 꿰차는 역전 현상이 일상화됐다. 한순간에 선후배간의 위계질서가 사라지고 언론사를 지탱하던 공고한 도제식 전통도 무너졌다. 효율은커녕 기본적인 기능을 유지하는 것도 버거운 혼란이 계속됐다. 효율을 내세운 수평적 조직은 결국 기존 질서를 무너뜨리기 위한 수사였음이 자명해졌다. 당연히 선후배, 조직원들 사이의 끈끈한 인간관계도 다 사라졌다. 수십 년 역사를 통해 세워진 공든탑이 무너지는 데 채 6개월도 걸리지 않았다. 여기 저기서 탄식이 이어졌지만 대단한 위세에 반발조차 쉽지 않았다.

3. '미디어포커스' 신설에 동의할 수 없다

전광석화처럼 조직개편을 마친 사장은 2단계 작업에 돌입했다. 정권의 입맛에 맞는 프로그램을 신설하는 것이었다. 토론의 모양새를 꾸렸지만 이미 방향은 정해진 상태였다. 사측의 계획을 제시한 뒤 의견을 듣는 형식, 하지만 그것은 절차적 정당성을 주장하기 위한 눈 가리고 아웅하는 식의 쇼였다. 그런 블랙 코미디를 통해 참여정부 내내 논란이 끊이지 않던 '인물 현대사', '미디어포커스'와 같은 프로그램들이 만들어졌다. 드라마에선 북한의 혁명가요 적기가가 안방까지 울려 퍼지고 간첩을 미화하는 프로그램이 버젓이 방송되는 일도 벌어졌다. 그런 움직임을 그대로 지켜보고만 있을 수 없었다. '미디어포커스'라는 언론비평 프로그램 신설을 둘러싼 토론이 벌어지던 날, 나는 일찌감치 토론회장에 자리를 잡았다. 이미 결론을 정해 놓은 상태에서 진행하는 쇼라는 사실을 알았지만 반대의 목소리라도 남겨 놓아야 한다는 생각이었다. 주변을 살펴보니 내 연배나 나보다 윗 선배들은 거의 보이지 않았다. 연차가 얼마 되지 않은 후배들이 대부분이었다. 예상했던 대로 모든 과정이 일사천리로 진행되고 있었다. 사측은 '언론의 자성과 책임있는 모습을 위해서'라는 프로그램의 취지를 강조했고 그 주장에 찬성 의견들이 이어지고 있었다. 짜고 치는 고스톱이 분명한 느낌, 안타깝게도 그 대열에 보도국의 몇몇 후배들이 적극적으로 함께 하고 있었다. 그런 상황에 손을 들어 발언권을 청했다. 그리고 일어나 반대론을 제기했다.

나의 주장은 대략 이런 내용이었다. '일반적으로 발전된 언론을 얘기할 때 두 가지를 지표로 삼는다. 하나는 성역 없는 취재와 보도의 자유, 그리고 그를 바탕으로 한 다양한 색깔의 언론의 공존이다. 안타깝게도 아주 오랫동안 우리 언론은 그 두 가지 모두에서 심각한 문제를 갖고 있었다. 취재는 봉쇄되기 일쑤였고 애써 취재해도 보도되지 못하는 경우가 비일비재했다. 권력의 위세에 눌려 사진 한 컷, 제목 한 줄 쓰는데도 눈치를 살펴야 했던 게 불과 얼마 되지 않은 우리의 현실이었다. 그 상황에 강하게 저항하며 싸운 언론이 있었지만 자발적으로 굴종과 아부의 길을 택한 언론도 적지 않았다. 그 결과 대부분 언론은 비슷한 톤, 비슷한 색깔의 기사를 쏟아낼 수밖에 없었다. 지금 돌아봐도 아프고 부끄러운 기억임이 분명하다. 그러던 것이 최근 몇 년 새 많이 달라졌다. 언론들이 자기 색깔을 적극적으로 드러내기 시작했고 근자엔 더 달라지기 위한 피 튀기는 경쟁까지 불사하고 있다. 독재와 권위주의에서 민주로 달라진 시대상황이 가장 큰 배경이 되겠지만 그동안 치열하게 싸워준 선배들의 희생과 헌신, 분투노력이 의미 있는 씨앗이 됐다고 생각한다.'

'나름대로 현장을 치열하게 뛴 만 15년 차 기자로 감히 말할 수 있다. 이제 과거에 우리를 괴롭히던 성역은 더 이상 존재하지 않는다고. 압력을 통해 취재를 방해하고 보도를 막는 무도한 권력도 더 이상 존재하지 않는다고. 나는 세상이 많이 달라졌고 언론환경도 엄청나게 달라졌다고 확신한다. 물론 지금도 말도 안 되는 지시로, 부당한 압력으로 구태를 유지하려는 사람들이 있기는 하다. 하지만 그것은 보신을 위해, 일신의 영달을 위해 양심을 파는 파렴치한들의 개인적인 일탈이지 법과 제도의 문제는 아니라고확신한다. 전체 조직의 문제나 사회적 분위기의 문제도 아니라고 믿고 있다. 더 중요한 것은 이제는 그런 사이비들조차 함부로 나설 수 없는 세상이 됐다는 사실이다. 기자협회가 있고 PD협회가 있고 강력한 노조가 두눈을 부릅뜨고 있다. 그런 분위기 속에서우리는 그렇게도 소망하던 다양한 언론이 함께 하는 세상을 만나게 됐다. 왼쪽으로는오마이뉴스 한겨레부터 오른쪽으로 동아일보 조선일보까지... 다양한 색깔의 언론이공존하는 세상이 비로소 만들어진 것이다. 우리가 얼마나 꿈꿨던 세상인가? 다양한 생각을 가진 국민의 입장에서 얼마나 다행스런 일인가? 그런데 미디어포커스는 이런 현실을 문제 삼겠다고 공언하고 있다. 왜, 무엇을 위해 우리 스스로가 그렇게 힘겹게 이뤄낸 성취를 허물려 하는가? 개혁이라는 이름을 앞세워 어찌 그런 무지하고 무모한 일을 시도하려 한다는 말인가? 그것은 개혁이 아니라 수구반동이요 개혁을 빙자한 언론말살의 자해행위에 다름 아니라고 나는 확신한다.'

'냉정하게 생각하자. 이성적으로 판단하자. 우리가 만들겠다는 미디어 비평이라는것은 어떤 명분을 갖다 붙여도 언론의 시계를 거꾸로 돌리겠다는 것이다. 비로소 구현된, 다양한 언론이 공존하는 세상을 파괴해 획일적인 언론 세상을 만들겠다는 것이다.지금 얘기하는대로 라면 기사의 방향과 내용을 감시하고 비판한다는 것인데 그게 온당한 일이라고 생각하는가? 과거 권위주의 정부들이 언론을 옥죄던 수단이 바로 그런것 아니었던가? '특정 사안에 대해 너희들은 왜 그렇게 썼느냐?', '타사들의 기사 방향은 이런데 당신들만 왜 다른 것이냐?' 이렇게 따지겠다는 것 아닌가? 도대체 왜, 무엇을 위해 역사의 바퀴를 거꾸로 돌리려고 하는 것이란 말인가? 말도 안 되는 소리지만일단 백보 양보해 그것까지 그럴 수 있다고 치자. 그렇다면 대체 그렇게 따지는 기준은 누가 만들 것인가? KBS가 그 기준을 만들 권위와 자격이 있다는 것인가? 그렇게 KBS가 들이대는 기준에 대해서는 과연 누가, 어떻게 개런티할 것이란 말인가? 무모할 뿐만 아니라 지극히 위험한 발상이라는 사실을 지적하지 않을 수 없다. 도대체 왜, 무슨 목적으로 이런 엉뚱한 일을 벌이겠다는 것인지 도저히 이해할 수가 없다.'

'나는 누구보다 언론의 윤리와 책임의 필요성을 인정하는 사람이다. 당연히 잘못에 대해서는 무거운 책임을 물어야 한다고 믿는 사람이다. 그를 위해 끊임없이 성찰하고 겸허한 자세로 세상을 대해야 한다는 명제에도 이의가 없다. 나 또한 기자로 살면서 그렇게 하려고 최선을 다해왔다는 사실을 자신 있게 말할 수 있다. 필요하다면 지금까지 내가 쓴 기사들을 검증해 봐도 좋을 것이다. 그렇기 때문에 더 자신 있게 말할 수 있다. 윤리나 책임성과 같은 가치들은 미디어 비평식의 방법을 통해서 달성할 수 있는 성질의 것이 결코 아니라는 사실이다. 그것은 오롯이 법과 제도가 감당해야 할 영역이라고 나는 믿는다. 잘못에 대해 혹독하게 책임을 묻는 방식만 엄격하게 적용한다고 해도 대부분의 문제는 풀릴 것이라고 생각한다. 법과 제도는 바로 그런 목적을 위해 존재하는 것 아니겠는가? '프로그램을 통해 언론의 책임을 묻는다'는 것이 누구의 생각인지 모르겠지만 그건 지극히 무모하고 위험한 발상일 뿐이다. 그 자체로 KBS의 무지와 오만을 보여줄 뿐이라는 것이 내 생각이다.

오해하지 마시라. 윤리와 책임성이 중요하지 않다는 것이 아니다. 언론을 감시하고 언론의 자정을 촉구하는 목소리의 필요성 자체를 부정하는 것도 아니다. 당연히 중요하다고 생각하고 언론이 감시와 견제를 받아야 한다는 주장에도 반대하지 않는다. 다만 그런 일들은 언론사가 나서서 무슨 캠페인 벌이듯이 할 일이 아니라는 것이다. 그건 전문가 집단과 시민단체에 맡겨야 할 일이라는 것이다. 언론을 감시하고 견제하는 일, 언론의 윤리와 책임성을 지적하고 따지는 일, 그건 그들이 그들의 방법으로 하면 되는 일이라고 나는 확신한다. 시민단체에서 할 일과 언론기관에서 할 일을 혼동해서는 안 된다고 믿는다. 대한민국의 대표 언론인 KBS가, 내가 사랑하는 KBS가 스스로 언론자유를 부정하고, 민주화된 언론 세상을 파괴하는 행위를 하겠다는 시도에 나는 결코 동의할 수 없다. 그런 시도는 당장 중단돼야 한다. 그럼에도 불구하고 미디어 비평 프로그램을 고집한다면 역사에 커다란 부끄러움으로 남을 것이다…'

분위기가 숙연해졌다. 여기저기서 박수도 터져 나왔다. 의외로 PD들 가운데 동조자들이 많았다. 하지만 역시 토론회는 요식행위일 뿐이었다. 그런 반발과 동조의 분위기에도 불구하고 프로그램은 일사천리로 만들어지고 말았다.

4. 부사장의 전화, 네가 프로그램을 맡아주면 좋겠다

토론회가 있은 지 며칠 뒤 부사장이 전화를 해왔다. 지방으로 사전 취재를 가던 길, 서해대교를 건너기 직전이었다. '그날 토론회에서 했던 너의 말 다시 한번 듣고 싶다…' 그날 현장에서는 모습을 볼 수 없었으니 보고를 받은 것 같았다. 목소리가 무겁게 가라앉아 있었다. 심상치 않은 분위기에 차를 갓길에 세운 뒤 내 논리를 다시 한번 반복했다. 다 듣고 난 부사장이 말했다. '나도 네 의견에 전적으로 공감한다. 그래서 하는 말이다. 네가 그 프로그램을 맡아주면 좋겠다.', '프로그램을 맡아 제대로 가도록 중심을 잡아주면 좋겠다…' 상상도 못했던 기습이었다. 가장 강렬한 반대자에게 프로그램을 맡으라니… 당황스러웠다. 머리가 복잡해졌다. 부사장까지 저렇게 말할 정도라면 프로그램은 사장의 고집으로 추진된다는 의미였다. 그리고 그건 거부할 수 없는 외부의 강력한 주문이 있다는 의미였다. '잠시 후에 말씀드리면 안 되겠습니까?' 일단 전화를 끊었다. 그렇게 시간을 벌었다. 이게 무슨 의미란 말인가? 회유를 위한 당근인가 아니면 흔들기인가? 그것도 아니면 무슨 다른 꿍꿍이 속이 있는 건가? 머리는 그렇게 생각하면서도 이미 내 마음은 어느새 살짝 흔들리고 있었다.

새 사장이 개혁의 상징으로 삼고 있는 프로그램이었다. 그렇기에 사장 임기 내내 KBS의 간판이 될 것이고 회사의 전폭적인 지원이 이뤄질 것임도 분명했다. 그렇다면 큰 노력 없이도 사장 눈에 들 수 있고.. 회사 내 입지도 강화될 것이고.. 회사 내 입지만 생각한다면 그야말로 절호의 기회였다. 당시 나는 방송 진행을 탐색하던 상황이었다. 이미 뉴스 앵커와 사건 25시를 통해 진행의 맛도 본 상태였다. 하지만 그때는 스스로 생각해도 많이 부족했던, 뭘 잘 모르던 때였다. 그렇지만 이번에는 달랐다. 미국 의회 연수에 다녀온 후 비로소 '이제는 프로그램을 하나 맡아도 되겠다'는 의욕이 생기던 참이었다. 잘 할 자신도 있었다. 그래서 기회를 엿보고 있던 중이었다. 흔들림은 바로 그런 마음 때문이었다. 짧은 시간이었지만 많은 생각들이 겹쳤다. 그런 생각들 너머로 다른 마음이 강하게 일었다. 아무리 생각해도 내 원칙, 철학과 맞지 않았다. 책임자로 프로그램의 방향에 어느 정도 영향을 미칠 수 있다해도 이미 큰 틀이 짜여진 상태에서 별 의미가 없을 것이라는 판단도 들었다. 순간적으로 출세의 수단이 될 수는 있을지 몰라도 긴 삶에선 부끄러운 기록이 될 수밖에 없을 것이란 생각도 분명했다. 기자가 된 후 헷갈릴 때마다 다졌던 다짐 '당당하자'를 되뇌었다. '유리하다고 덥석 잡지 말고 불리하다고 도망가지 말자'..... 어렵지 않게 결론을 낼 수 있었다.

부사장께 바로 전화를 드렸다. '배려해 주셔서 감사합니다. 하지만 안 되겠습니다. 제 원칙과 철학에 맞지 않습니다.' 부사장은 그저 듣기만 했다. 따로 묻는 말도 없었다. '아마도 제가 맡게 된다면 매번 윗분들과 싸우게 될 겁니다. 그러면 부사장님도 힘드실 겁니다. 어쩌면 그렇게 싸우고 싸우다 견디지 못하고 회사를 그만두게 될지도 모르겠습니다. 어느 쪽일지는 모르지만 둘 중 하나가 될 건 분명합니다...' 수화기 너머로 한숨 비슷한 것이 들려왔다. 거기까지였다. 부사장도 나를 더 설득하지는 않았다. 그런 그에게 이미 결정이 난 '미디어비평 프로 자체를 해서는 절대 안 된다'는 주장까지 더하지는 못했다. 전화를 끊었다. 하지만 바로 운전을 할 수 없었다. 머릿속이 복잡했다. 왜 전화를 한 것일까? 정말 나를 설득할 수 있다고 생각했던 것일까? 부사장에게 그렇게 속마음을 다 드러낸 것이 과연 잘한 것일까? 묘한 기분에 한참을 더 앉아 있어야 했다. 하지만 결론은 '잘했다. 냉정하게 잘 판단했다'는 것이었다.

예상대로 미디어포커스는 요란스럽게 출발했다. '언론의 책임감을 높이고 자성을 촉구한다'는 취지에 속없는 사람들이 박수를 보냈다. 몇몇 신문들도 지면을 할애해 개혁정부 출범과 함께 달라진 공영방송이라는 식의 우호적인 기사로 호응했다. 여기저기서 쏟아지던 우려의 목소리는 그런 화려한 조명에 다 묻히고 말았다. 미디어포커스는 첫 방송으로 스스로의 잘못을 돌아본다며 과거 KBS 뉴스의 부끄러운 모습들을 드러냈다. 권위주의 시절 정권의 입장에 섰던 아픈 역사가 당시의 화면과 함께 한 시간 가까이 이어졌다. 부사장을 포함해 보도본부의 최고위급 간부들이 거기 섞여 있었다. 민망한 모습들이었다. 나름 의미가 없지 않았지만 그건 앞으로의 억지를 가리기 위한 한 순간의 위장에 불과했음이 바로 확인됐다. 그날 이후의 방송은 사사건건 다른 언론사들의 기사에 시비를 거는, 내가 예상했던 그대로였다. 그것도 정부에 비판적인 입장을 취하던 특정신문들이 주요 대상이었다. 그 흐름에 특정대학 중심의 교수들이 위험스런 개인적 주관으로 함께 하고 있었다.

그런 방송에 출범 직후부터 사내외에서 숱한 비판과 비난이 쏟아진 것은 지극히 당연한 일이었다. 그런 흐름 속에 시작의 화려한 기억은 그리 오래가지 않았다. 나중엔 프로그램 구성을 위해 인터뷰 해줄 전문가를 구하는 것조차 쉽지 않은 상황에 내몰리기까지 했다.

그 팀에서 일하는 후배들의 얼굴엔 늘 그늘이 가득했다. 생각없이 개혁 프로그램이란 미명에 속아 자원했던 후배들도 힘들어 하는 모습이 역력했다. 당연히 그 팀은 얼마 지나지 않아 기자들에게 기피 1순위 부서로 자리잡았다. 일정기간 근무하면 다음 인사에 최우선적으로 배려한다는 당근까지 동원됐지만 지원자를 찾는 것이 쉽지 않았다. 그 정도라면 당연히 폐지되는 것이 정상이었다. 하지만 프로그램은 참여정부가 끝날 때까지 이어졌다. 시대가 낳은 블랙 코미디가 아닐 수 없었다. 그런 모습을 지켜 보는 마음이 결코 편할 수 없었다. '원칙과 철학상 맡을 수 없다'고 부사장의 제안을 단호하게 거절했던 것이 두고두고 위안이 됐다. 당시의 결정은 지금까지 'KBS에 있을 때 가장 잘 한 결정의 하나'로 기억되고 있다.

5. 독한 기획, 참여정부 100일 흔들리는 원칙

그런 혼란은 비단 KBS에만 국한된 것이 아니었다. 공기업을 비롯한 상당수 조직들이 그런 충격 속에 흔들리고 있었다. 개별 조직을 벗어난 사회 전체의 혼란은 그보다 훨씬 심각했다. 새정부 출범이 불과 100일도 되지 않았는데 세상은 너무 달라져 있었다. 안타까웠다. 속이 상했다. 어디를 봐도 별 희망이 보이지 않았다. 고심 끝에 나는 독한 기사를 기획했다. 노무현 대통령과 그의 참모들을 향한 기획이었다. 참여정부 출범이후 벌어진 일들을 구체적으로 드러내 그들에게 보여주자는 생각이었다. 그를 통해 냉정하게 자신들을 돌아보고 초심을 회복하라는 무겁고 따가운 제안인 셈이었다. 애초의 계획에서 얼마나 벗어나 있는지, 얼마나 심각한 상태인지, 왜 그런 일들이 벌어지고 있는지, 그걸 바라보는 국민의 마음은 어떤지... 사실 그건 기자로 살아오면서 갖게 된 언론의 책무를 실현하는 길이기도 했다. 살아있는 권력에 대한 감시와 견제, 그를 통해 역사의 발전을 돕는다는. 교과서가 아니라 15년 기자 경험을 통해 갖게 된 확신이었다. '참여정부 100일, 흔들리는 원칙', 15분짜리 프로그램이 그렇게 기획됐다.

회의 시간 나의 발제에 약간의 웅성거림이 일었다. 의구심, 놀람, 걱정... 이런 감정들이 섞여 있었다. 핵심은 '갓 출범한 서슬 퍼런 정부에 그래도 괜찮겠는가' 하는 것이었다. '취재한다고 해도 과연 방송이 될 수 있을까'에 대한 의구심도 있었다. '설혹 부장이 OK한다고 해도 국장선에서 분명히 잘릴 것'이라며 '만들지 못할 프로그램'이라고 단정하는 목소리도 있었다. 한 후배가 호기심 가득한 표정으로 물었다. '형님은 누구보다 노무현 대통령과 가까운 사람인데 왜 이러세요? 괜찮으시겠어요?' 의미심장한 미소를 머금은 표정이었다. 그의 얘기엔 얼마 만큼의 의아함과 얼마 만큼의 걱정이 함께 담겨 있었다. 후배들은 노무현 대통령이 인기없던 비주류 정치인 시절부터 나와 가깝게 지냈다는 사실, 가끔씩 속 깊은 얘기까지 나누는 특수관계라는 사실, 그가 대통령에 당선되자 가까운 사람들에게 밥을 살 정도로 내가 기뻐했던 사실을 잘 알고 있었다. '그래, 가깝기 때문에 내가 쓰려는 거다. 안타까움도 있고... 나같은 사람이 쓰는 게 낫지 평소 안 좋아하던 사람이 그런 기사 쓰면 악의적이라고 비판받지 않겠냐?' 내 대답이었다.

회의 후 나를 따로 불러 걱정하는 부장에게도 같은 논리를 제시했다. '걱정하지 마십시오. 비난하고 공격하려는 것이 아니라 바로 갈 수 있도록 돕자는 것입니다. 제 마음을 누구보다 부장이 잘 아시지 않습니까?'... 한참 동안의 설득에도 부장은 여전히 마음이 안 놓이는 모양이었다. '당연히 그런 기사가 필요하다'고 동의하면서도 '그렇다고 굳이 우리가 그걸 쓸 필요는 없지 않느냐'는 반응이었다. 지극히 현실적인 주장이었다. 그런 마음이 이해되지 않는 것도 아니었다. 아무리 좋은 논리를 갖다 붙여도 내가 쓰겠다는 기사는 서슬 퍼런 힘을 과시하던 새 대통령을 정면으로 공격하는 모양일 수 밖에 없었다. 사장이 깨지고 회사가 불편해지고... 부장도 난처해질 수 있는 기사였다. '평소 부장 답지 않게 왜 이리 약한 모습을 보이시냐'고, '중요한 기사를 남들에게 맡기고 구경만 하자는 것은 너무 비겁한 것 아니냐'고, '시비걸릴 일 없이 깔끔하게 정리하겠다.'고 일부러 유들유들 할 말을 다했다. 곤혹스런 표정의 부장이 말끝을 흐렸다. '물론 나는 너를 믿지. 그렇지만....'

일단 먹은 마음 바로 준비에 들어갔다. 새롭게 취재할 것은 없었다. 자료를 찾아 정리하는 것이 가장 중요한 일이었다. 지난 시절의 신문기사, 잡지의 인터뷰 기사, 방송기사, 심지어 방송에 소개되지 않은 각종 현장의 취재 원본을 뒤지는 작업이 시작됐다. 그와는 별도로 경선과정부터의 후보 일정표를 확보해 기사와 비교하는 작업도 병행했다. 빠지는 것 없이 세세히 살피기 위해서였다. 봐야 할 자료의 양이 엄청났다. 일정표에 맞춰 기사를 검색하고, 중요한 발언이 보도된 기사는 인쇄하고, 그 발언이 녹취됐는지 영상 자료를 확인하고, 그런 발언과 관련돼 진행된 그 후의 일들을 연결하고... 이런 자료와의 싸움이 열흘 이상 이어졌다. 다음은 그렇게 확보한 자료들을 주제별로 모아 비교하는 일이었다. 후보자 시절과 당선자 시절의 발언이 달라지지는 않았는지, 대통령이 된 후 그런 발언들은 어떻게 실행됐는지 비교했다. 또 취임사에서 천명됐던 참여정부의 원칙은 100일 동안 제대로 구현되고 있는지 또 대통령의 철학을 현장에 구현하는 내각은 어떤지도 검증했다. 모든 내용은 철저하게 대통령 본인의 말을 중심으로, 녹취된 내용이 없는 경우에는 관련 원고와 기사에 인용된 내용들을 근거로, 구체적인 사례와 사건 중심으로 정리했다. 막연히 짐작했던 것보다 훨씬 많은 문제들이 확인됐다. 모순, 변질, 억지, 오기.... 심각했다. '이것들을 다 기사에 포함시킨다면...?' 은근히 격정이 됐다.

자료를 모으는 과정은 복잡했지만 제작은 지극히 단순했다. 대통령의 발언을 보여주고 그 뒤에 그 발언과 배치되는 다른 발언, 또는 현상을 연결하는 형식이었다. 그 화면에 날짜를 함께 보여줌으로써 그 발언이 어떤 경로를 거쳐 달라졌는지도 보여줬다. 예를 들면 *원칙이 바로 서는 세상 만들겠다(03.2.25 취임사)는 대통령의 육성을 소개한 뒤 그 뒤에 전 정부시절 인준안이 부결된 장상 총리 사례를 붙였다. 민주당 후보였던 대통령이 공직자의 도덕적 기준을 세운 의미 있는 일(02.7.31)이라고 평가한 내용이었다. 그리고 그 바로 뒤엔 도덕적 문제가 제기된 진대제 장관 후보자 사례를 이어 붙였다. '그의 도덕적 흠결은 사소한 것'이라며 임명을 강행(03.3.27)한, 후보자 시절의 발언과 모순된 사실이었다. 같은 방식으로 *임기제 공직자 임기 보장하겠다(2.27)는 발언을 소개한 뒤 바로 뒤에 검찰 상층부 신뢰하지 못한다(3.9)는 달라진 입장을 붙이고 그에 이어서 검찰총장, 공정거래위원장, 금감위원장 사표 사실을 연결했다. 그와 함께 *대결 아닌 대화와 타협의 정치하겠다(03.2.25, 취임사): 고영구 국정원장 후보 청문회 여야 합의 부적절 의견서(03. 4.23)-〉 대통령 임명강행, 국회가 이래라 저래라 하는 것은 임명권에 대한 월권이다(4.25) 등 대표사례 7건을 적시했다. 본인의 발언을 본인 스스로 또는 핵심참모가 부정하는 내용들을 구체적으로 보여주는 방식이었다. 여기에 문제를 더 복잡하게 하고 국민을 더 혼란스럽게 했던 장관들의 얘기도 같은 방식으로 더했다. 프로그램의 상당 부분을 그렇게 관련 영상들로 꾸렸다. 대신 내 멘트는 최소화했다. 주제를 명확하게 하기 위해, 또 누구도 내용을 가지고 시비하지 못하도록 하기 위해 택한 방식이었다.

물론 전문가들의 얘기도 포함시켰다. 38명의 청와대 비서관 가운데 관료 출신은 단 2명뿐이라는 사실, 그러다보니 경험보다 코드가 중심이 돼 효율성이 떨어진다는 사실, 청와대의 보고라인이 분명치 않아 각 부처가 중요한 문제는 모든 수석실에 보고서를 다 보낸다는 사실, 코드 장관과 참모들에 밀려 고건 총리의 존재가 희미해졌다는 사실, 문제를 일으키는 장관들의 방치로 혼란이 더 심해지고 있다는 사실 등... 그리고 그런 구성의 제일 뒷부분에는 다양한 국민의 목소리도 실었다. 자영업자, 교사, 직장인, 평범한 시민... 모두가 현실의 어려움을 호소하며 걱정을 담은 내용이었다. 그렇게 다 만들어 놓고 보니 톤이 정말 강했다. 상당 부분을 덜어내고 나름대로 완화시켰는데도 그랬다. 그러나 그렇다고 수위를 더 낮출 방법도 없었다. 영상과 녹취, 기사를 근거로 한데서 오는 당연한 결과였다. 기록은 참으로 무섭다는 사실을 새삼 확인할 수 있었다. 내용이 내용인지라 편집된 테이프를 부장, 국장께 먼저 보였다. 15분 내내 무거운 침묵... 간혹 깊은 한숨만 흘렀다. 다 보고서도 그들은 아무 말이 없었다. 고민에 빠진 것이 분명했다. 막자니 명분이 없고 동의하자니 걸리는게 너무 많고... 침묵은 바로 그런 의미로 해석됐다.

7. 언론의 역할은 감시와 견제... 끊어진 관계

2003년 6월 8일 밤 10시 35분, 경쾌한 시그널 음악과 함께 취재파일 4321 방송이 시작됐다. 심혈을 기울인 작품 '참여정부 100일, 흔들리는 원칙'은 첫 번째 아이템이었다. '이제 나흘 뒤면 노무현 대통령의 참여정부가 출범한지 100일이 됩니다. 그동안 나이스와 한총련, 물류대란 등 심각한 현안들이 적지 않았지만 이를 처리하는 정부의 모습은 영 미덥지 못했습니다...' 소개 멘트에 이어 심혈을 기울인 제작물이 흐르고 있었다. 집에서 보니 톤이 더 강해 보였다. 방송을 끝까지 지켜본 아내가 '괜찮겠냐'고 물었다. 걱정을 가득 담은 표정이었다. 미리 운은 뗐지만 아내 또한 생각보다 훨씬 강하다고 생각한 것 같았다. 걱정 말라고, KBS가 저 정도는 낼 수 있는 언론사라고 빙긋이 웃어줬다. 놀라운 것은 결코 만만치 않은 내용의 방송이 나갈 때까지 어떤 시비도 없었다는 사실이었다. 부장과 국장 사이에서 어떤 얘기들이 오갔는지, 그 윗선에서 또 어떤 논의가 있었는지... 당연히 적지 않은 일들이 진행됐을 터이지만 내겐 어떤 내용도 전달되지 않았었다. 그런 사실이 고마웠다. 내게 있어 가장 중요한 것은 방송이 계획대로 잘 나갔다는 사실이었다.

한데 그런 시비 없는 분위기가 오히려 긴장감을 갖게 했다. 약간의 소란을 각오했기에 다음날 일부러 조금 늦게 출근했다. 의외로 조용했다. 어느 누구도 방송에 대한 얘기를 하지 않았다. 동료들도, 얼굴을 마주친 부장도 국장도 별다른 반응을 보이지 않았다. 보도제작국 전체가 묘한 분위기였다. 평소보다 무겁게 가라앉은 가운데 적막감이 감도는, 마치 학창시절 도서관 같은 분위기였다. 폭풍 전야의 고요함 같은 느낌이라고 나 할까... 하지만 그런 모든 상황이 무엇을 의미하는지를 나는 알고 있었다. 그런 분위기는 역설적으로 방송 후 지휘부 사이에 심각한 일이 있었음을 알리는 분명한 표시였다. 청와대와 여당이 경악했고 그 결과 사장과 본부장이 곤란한 상황을 겪었고... 당연히 국장과 부장에게 불똥이 떨어졌고... 다만 누구도 내 앞에서 내색을 하지 않을 뿐이었다. 당시 정부와 정연주 사장 체제의 KBS 사이에 그건 당연한 일이었다. 그건 기획 단계부터 충분히 예상했던 일이기도 했다. 그럼에도 나를 향해 단 한마디의 질책도 없었던 것은 명백한 기록으로 이루어진 기사에 시비를 걸 수 없었기 때문이리라. 그렇다고 기사의 의도를 문제 삼기도 어려웠기 때문이리라. 그것이 아니라면 섣불리 건들었다 내가 반발할 경우 더 심각한 문제가 생길 수 있다고 걱정한 때문이리라. 이유가 어떤 것이 됐든 나로서는 굳이 깊게 생각할 필요가 없는 것이었다. 말없이 상황을 견뎌주는 그분들이 고마울 뿐이었다.

방송에 대한 반응은 오히려 사무실 밖에서 실감 나게 전달됐다. 일부러 불러내 엄지손가락을 세워 보이던 선배, '도대체 어떤 방송이 저렇게 겁 없는 방송을 하나 싶어 채널을 확인해 보고는 깜짝 놀랐다'는 다른 선배, '기자의 멘트없이 영상 중심으로 나오는 쇼킹한 내용에, 그 방송을 내보내는 곳이 KBS라는 사실에 충격을 받았다'는 동료, '과감한 기사에 너무 가슴 뿌듯했다'는 후배, '과연 박선규. 그게 기자'라며 칭찬을 아끼지 않으신 은사님 '방송을 보고 가슴이 뻥 뚫렸다' '용기 있는 보도에 감사한다', '모처럼 기사다운 기사를 봤다'는 등의 시청자들의 반응... 점심 시간 식당에 가니 옆 테이블에 앉은 직장인들의 화제도 그것이었다. 그들은 방송의 내용 보다 KBS에서 그런 방송을 했다는 사실에 놀란 듯 했다. 그들 가운데 누군가가 '앞으로 수신료를 열심히 내야겠다'고 하는 말이 들렸다. 흐뭇했다. 사무실 분위기에 짓눌려 답답했던 기분이 확 풀렸다. 마음도 많이 편해졌다. 그래, 많은 사람들이 나와 같은 마음이었구나. 답답한 현실을 보면서 말도 못하고 안타까워만 하던 마음들이 정말 많았구나.

하지만... 주변의 반응은 그렇게 뜨거웠지만 가깝게 지냈던 386 참모들, 대통령 주변 사람들은 너무 조용했다. '서운하다', '이럴 줄 몰랐다' 원망 섞인 전화를 할 만도 한데 그조차 전혀 없었다. 당연히 기사를 쓰면서 그들이 불편해 할 것이란 생각은 했다. 그럼에도 나를 잘 아는 사람들이기에 어느 정도 진심을 이해해 줄 것이란 기대도 있었다. 그런 마음이 정말 순진한 것이었단 사실을 얼마 지나지 않아 깨닫게 됐지만. 아무튼 방송 직후에는 그들의 철저한 무반응이 조금은 당황스러웠다. 멋쩍게 씩 웃으며 잘 봤다고 하는 사람들이 최소 몇 명은 있을 줄 알았는데... '먼저 전화를 해볼까? 전화를 해서 분위기를 살피고 독한 기사의 의도를 설명해 줄까?...' 머릿속이 복잡했다. 그러다 생각을 접었다. 굳이 그렇게까지 할 필요는 없을 것 같았다. 받아들이는 것은 그들의 몫으로 남겨두는 게 맞을 것 같았다. 얘기를 하더라도 나중에 시간이 한참 지나서나 하는 게 좋겠다고 판단했다. 그날 저녁 누군가가 그들의 분위기를 전해줬다. '그럴 줄 몰랐다'고 '다른 사람도 아니고 박선규가 그럴 줄은 정말 몰랐다'고 분개했다고 했다. 어떤 친구는 '배신감을 느꼈다고까지 하더라'고 했다. 그리고 그날 이후 그들은 나를 지웠다고 했다. 많이 씁쓸했다.

얼마 후 민주당의 중진의원과 자리를 할 기회가 있었다. 같은 호남 출신이라며 호감을 표하던 분이었다. '언론이 좀 도와줘야 하는데 너무 흔들기만 하는 것 같아...' 직접 언급은 안 했지만 내 기사에 대한 서운함을 그런 식으로 표현하는 것 같았다. 정색하고 말 할 상황이 아니어서 웃으며 받았다. '도와줘야 한다는 게 무슨 말씀이신가요?..' '힘을 좀 달라는 거지. 도끼눈 뜨고 잘못하는 것만 따지지 말고 잘하는 면을 더 부각해 주고. 그래야 대통령이 힘을 내고 국민도 안심하고 살지 않겠어?'... 아무래도 분명하게 정리를 하는 게 좋을 것 같았다. '무슨 말씀인지는 알겠습니다. 그런데 언론은 본질상 그렇게 하기 어렵다는 것 아시지 않습니까? 유신때, 5공때 다 보시지 않았습니까? 무조건 정부 편들고 잘 한다고 하고... 그랬다가 시청료 거부운동 일어났었지요. 그때 언론이 분명하게 깨달은 게 있습니다. 빤히 보고 있는 국민의 눈을 속이려 한다면, 의도적으로 국민의 관심을 다른 곳으로 돌리려 한다면 불신만 더 쌓이고 결국 외면당하게 된다는 사실을 말이지요. 당연히 언론도 정부의 성공을 도와야 한다는 것 잘 압니다.

그런데 돕는 방법이 달라야 한다고 생각합니다. 잘 한다고, 힘 모아준다고 무조건 편드는 것은 오히려 망치도록 조장하는 것이지요. 저는 '감시와 견제'를 통해서 잘못될 가능성을 미리 차단하는 것이 돕는 길이라고 생각합니다. 또 보지 못하고 있는 부분을 볼수 있도록 알려주는 것도 돕는 것이고요. 그런 역할을 통해서 발전을 이루고 역사에 성공한 정부로 기록되게 하는 것, 그것이 진짜 돕는 것 아니겠습니까?' 고맙게도 그는 얼굴을 붉히지 않고 허허 웃으며 얘기를 다 들어줬다.

8. 참여정부 1년 언론정책 토론회, 조○○ 교수와의 설전

그런 일이 있고 나서 9개월쯤 후 고려대학교 언론대학원에서 토론회가 있었다. 주제는 '참여정부 1년, 언론정책을 말한다'였다. 발제는 그 얼마 후 청와대 홍보수석으로 발탁된 이화여대 조○○ 교수가 맡았고 나는 토론자였다. 조 교수는 그날 낮이 뜨거울 정도로 신랄하게 언론을 비판했다. 대략 이런 내용이었다. '참여정부가 인기가 없는 것은 철저하게 조중동(조선, 중앙, 동아)을 위시한 언론 때문이다. 정부가 정책을 내놓으면 그들은 무조건 비판만 한다. 국민은 정책에 대해 의구심을 가지게 되고 당연히 그 정책은 힘을 잃게 된다. 그렇게 힘을 잃은 정책은 기대했던 만큼 성과를 내지 못하고 그들은 또 그런 결과를 가지고 정부를 비난한다. 국민이 실망할 수밖에 없고 그것이 결국 정부에 대한 불신으로 이어지는 것이다. 결국 노무현 정부의 문제는 언론이 만들어 낸 문제다. 대통령과 정책을 싸잡아 비난만 하는 언론은 사회의 공기가 아니라 반드시 척결돼야 할 사회의 악이다. 그들은 누구도 부여하지 않은 권력을 휘두르고 있다. 누가 언론에 그런 권한을 주었는가?...' 언론을 향한 그녀의 독설을 익히 알고 있었지만 옆에서 들어주기 민망할 정도로 강한 톤이었다. 객석을 살피니 젊은 청중들은 연신 고개를 끄덕이며, 받아적기도 해가며 그녀의 그런 독설에 공감을 표하고 있었다.

내가 반론을 제기했다. '유감스런 발제다. 조 교수의 얘기는 우선 사실관계가 잘못 돼있다. 지나치게 감정적일 뿐 아니라 논리에도 맞지 않는다. 냉정하게 생각해보자. 지금까지 단 한 차례라도 조중동이 노무현 편이었던 적이 있었던가? 없었다. 지금은 물론

이고 대선 전에도 마찬가지였다. 오히려 대선전에 그들은 더 노골적이었다. 그런데 그런 반 노무현 경향을 뚫고 당시에는 오히려 지지자들이 더 결집했다. 그래서 대통령까지 만들어냈다. 그런면에서 나는 역설적으로 조중동이야말로 노무현 당선에 상당한 공이 있다고 평가하는 사람이다. 한데 그때 그렇게 언론의 반대 경향 속에서도 열광했던 지지자들이 지금은 돌아서고 있다. 그때나 지금이나 조중동은 달라진 것이 없다. 언론은 달라진 게 없는데 대통령에 대한 지지자들이 달라진 것이다. 그런데 이것을 어찌 언론탓이라고 주장한단 말인가? 언론학자인 조교수에게 묻고 싶다. 그렇다면 노무현 정부의 잘못에 언론은 어떻게 대응했어야 한다는 것인가? 살아 있는 권력을 감시하고 견제하는 것이 문제라면 언론은 도대체 왜, 무엇을 위해 존재해야 한다는 것인가?'

'언론이 누구도 부여하지 않은 권력을 휘두르고 있다는 얘기에도 동의할 수 없다. 언론이 언제, 누구에게 권력을 달라고 요구한 적이 있는가? 언론이 힘이 있다면 그건 언론으로서의 역할을 수행하는 과정에서 자연스럽게 갖게 되는 힘일 뿐이다. 그것도 그 언론이 움직이는 방향에 동의하는 사람들이 있어야 비로소 생기는 힘이다. 일반적으로는 우리는 그것을 영향력이라고 말한다. 한데 그 자연스런 영향력을 굳이 권력이라는 용어로 치환해 공격하는 것을 이해할 수 없다. 한번 냉정하게 생각해보자. 우리가 국회의원을 뽑을 때 권력자로 뽑는가? 심지어 대통령을 권력자로 선출하는가? 아니다. 국민을 위해서 일해 달라고, 더 나은 세상을 만드는 데 힘써 달라고 국민의 일꾼으로 선출하는 것이다. 그런데 그들은 자연스럽게 권력자로 불린다. 그들 역시 자신들에게 부여된 역할을 통해 자연스럽게 힘을 가지게 된 것이다. 조 교수의 논리대로라면 그들은 언론보다 10배, 100배 욕을 더 먹는게 마땅하지 않겠는가? 정말 묻고 싶다. 왜 언론에 대해서만 언론권력이란 자극적인 용어를 만들어 그렇게 모질게 공격하는 것인가? 분명하게 짚어두고 싶다. 조교수가 말하는 언론권력이란 것은 국민이 동의하지 않는 한 한 순간에 물거품처럼 사라지는 것이란 사실이다. 그러니 정부가 제대로만 간다면 크게 걱정하지 않으셔도 된다는 말씀이다.'

토론회가 끝나고 몇몇 사람이 반갑게 인사를 청했다. 조 교수와의 토론을 정말 재미

있게 봤다고 했다. 조중동을 향한 조 교수의 여론몰이식 공격이 불쾌했는데 좋은 논리를 얻은 것 같다며 고맙다는 사람도 있었다. 그들 가운데 '참여정부 100일, 흔들리는 원칙' 기사를 잘 봤다는 사람이 있었다. '최근 몇 년 사이 본 기사 중 가장 인상적이었다'고 했다. 현실을 외면한 채 용비어천가를 부르는 언론에, 특히 방송에 화가 많이 나 있었는데 그 기사로 마음이 많이 풀렸다고 했다. 그러면서 자신이 꼽는 어용기자들이라며 몇몇 기자의 이름을 구체적으로 언급했다. 그들은 기자가 아니라 정치적 의도를 가진 선동꾼이라며 분명히 역사에 부끄럽게 기록될 것이라고 했다. 한편으로 민망하고 다른 한편으로는 감사한 일이었다. 물론 그의 얘기에 다 공감했던 것은 아니었다. 하지만 그날 그분을 통해 분명하게 깨달은 게 있었다. 그것은 권력뿐 아니라 기자도, 언론도 무섭게 감시 받고 평가 받는 존재라는 사실이었다.

8. 어이없었던 대담방송 진행자 OO

직업인으로서의 '기자'가 갖는 가장 큰 장점은 무엇일까? 사람마다 다르겠지만 내 경우는 현장을 지키고 관찰할 수 있다는 것이었다. 사람들이 모여 사는 세상에서 일어나는 크고 작은 사건과 사고, 국내외의 각종 행사들과 특정 시기에 나타나는 현상들... 시간이 지나면 역사로 기록될 그런 일들을 가장 가까이서 지켜본다는 것은 실로 엄청난 행운이었다. 그 과정에서 자연스럽게 많은 사람들을 만나며 안목을 키우고 경험의 폭도 넓힐 수 있었다. 그 또한 무엇과 견줄 수 없는 보람이자 기쁨이었다. 시간이 지날수록 깊어지고 넓어진다는 느낌, 그것이 그저 느낌만으로 끝나지 않았기에 20년이 넘는 기자 생활 동안 매 순간 행복하게 현장에 임할 수 있었다. 기쁘고 감격스러운 현장뿐 아니라 아프고 안타까운, 때론 분노가 치미는 현장까지도... 그런 의미에서 '역사의 기록자'라는 별칭은 기자의 속성을 가장 잘 표현한 것임이 분명하다고 나는 믿고 있다.

그렇게 기자의 삶을 살며 확인한 것이 있다. 눈에 보이는 것이 다가 아니라는 사실, 누가 무슨 말을 한다고 곧이곧대로 믿어서는 안 된다는 것이었다. 기자의 옷을 입고 경험한 세상은 내가 어렸을 적 생각했던 것처럼 단순하지 않았고 사람들은 보여지는 것만큼 순수하지 않았다. 눈 앞에 펼쳐진 멋들어진 현장이 때로는 음흉한 진실을 가리기 위해 연출된 것일 수 있다는 사실, 심금을 울리는 아름다운 이야기가 실은 대중의 관심을 얻기 위해 조작된 것일 수 있다는 사실도 알게 됐다. 때론 누구도 주목하지 않는 초라한 현장, 보잘 것 없는 사람들의 표정이 감춰진 진실을 드러내는 역사적 증언이 된다는 사실도 깨달을 수 있었다. 권력자와 영향력 있는 사람들의 그럴듯한 주장과 행동 또한 본 모습을 가리기 위한 거짓과 위선의 가면인 경우가 적지 않고... 무엇보다 세상이 순리적으로만 돌아가는 것이 아님도 깨달을 수 있었다. 그런 모습들에 필요 이상으로 익숙해지게 된 것은 기자라는 직업이 가져다 준 반갑지 않은 선물이었다. 하지만 그런 경험을 통해 자연스럽게 감시와 검증의 중요성을 깨달을 수 있게 됐다. 감시와 검증이야말로 언론의 가장 중요한 책무라는 사실을 확인할 수 있었다. 그 대상은 당연히 힘 있는 기관과 영향력 있는 사람들이 될 터였다.

2004년 2월, KBS는 노무현 대통령 취임 1주년 기념으로 대담방송을 준비하고 있었다. 공영방송으로 충분히 할 수 있는 기획이었고 의미도 작지 않았다. 그러나 대담자로 결정된 인물을 보고 나는 경악하지 않을 수 없었다. 내정된 사람은 하버드대 박사라는 학력과 독특한 말투로 전국적 유명인사로 급부상한 동양 철학자 김OO 교수였다. 대담자의 수준과 시청률을 고려해 결정했다는 것이 국장의 설명이었지만 나는 결코 동의할 수 없었다. 사실 그는 외적인 조건만 본다면 자격이 충분한 사람이었다. 특유의 직설적인 말투와 넘치는 자신감을 잘 활용한다면 이제까지와는 다른 형식의 대담방송도 가능할 것이 분명했다. 하지만 그에게는 치명적인 몇 가지 문제가 있었다. 그 첫째는 바로 몇 해 전, 시청자들을 대상으로 'OO의 논어이야기'라는 방송을 진행하다 갑자기 일방적인 중단을 선언하고 사라졌던 인물이라는 사실이었다. 그것도 다른 곳이 아닌 KBS에서. 사전에 어떤 양해나 암시도 없었던, 그야말로 일방적인 중단이었다. 덕분에 이후 방송은 급하게 다른 프로그램으로 대체돼야 했고 KBS는 엄청난 시청자들의 항의에 시달려야 했었다. 그것은 한 개인의 계약 파기가 아니라 시청자들을 배신한 행위였다. 그는 매주 그 시간에 특강을 하기로 장기 계약을 했고 KBS는 시청자들에게 그런 내용을 공지한 상태였다.

거기에 어쩌면 그보다 훨씬 심각한 문제가 또 있었다. 노무현 대통령에 대한 종잡을 수 없는 그의 판단이었다. 비주류 정치인이었던 노무현 후보가 드라마틱한 과정을 거쳐 대통령에 당선됐을 때 그는 한 일간지를 통해 낯뜨거운 찬양가를 불러댔었다. 신문의 한 면을 가득 채운 그의 글은 모두를 당황스럽게 할 정도로 노골적이었다. 사람들은 그의 충격적 헌사에 노비어천가라는 별명을 붙였고 그 글은 여러 날 동안 세간의 화제가 됐었다. 하지만 그랬던 그는 불과 몇 달도 안 돼 완전한 비판론자로 입장을 바꿔 또한 번 사람들을 놀라게 했다. 기회가 있을 때마다 노 대통령을 극렬하게 비난했다. 애정어린 비판이 아니라 명백한 감정적 비난이었다. 그는 대통령에 대한 존칭조차 사용하지 않을 정도로 대담했다. '노무현 대통령 그대는...' '당신은...'으로 이어진 신랄한 비난과 감정의 배출, 그 또한 언론을 통해서 그대로 공개됐다. 다시 한번 화제가 됐음은 물론이었다. 불과 얼마 전에 그렇게 낯뜨거운 용비어천가를 불러대던 사람이 어떻게 저럴 수 있을까?... 그의 말과 글이 전해준 충격이 작지 않았지만 사실 그보다 더 컸던 것은 자칭 지성인이라는 사람이 보여준 민망한 변심과 그를 부끄러워하지 않고 세상에 드러내는 놀라운 인식이었다.

그랬던 그가 얼마 지나지 않아서는 다시 찬미 쪽으로 방향을 틀었으니... 그는 말과 글을 통해 노 대통령에 대한 애정을 드러냈다. 오죽하면 그에게 고정 특강을 맡겼던 모 방송이 너무도 노골적인 그의 발언에 매주 골머리를 앓고 있다는 소문이 날 정도였다. 그나마 매번 녹화 후 심하다고 판단되는 것은 편집했기에 망정이지 그렇지 않았다면 논란이 끊이지 않았을 것이라는 게 관계자들의 얘기였다. 그는 그렇게 변덕이 심한 사람, 매사가 마음대로인 사람이었다. 많은 사람들이 그의 종잡을 수 없는 행보를 의아해했지만 첫 번째 변심이후 그를 유심히 관찰해 온 나에게 그것은 별로 놀라운 일이 아니었다. 그는 능히 그럴 수 있는 사람이었다. 조금 놀랐다면 찬양에서 비난으로, 거기서 다시 찬양으로 바뀌는 일들이 불과 1년도 안 되는 짧은 시간 동안 벌어졌다는 사실이었다. 길지 않은 시간, 같은 대상에 대한 극과 극을 달린 혼란스런 판단과 그것을 거리낌 없이 내뱉는 그의 배짱은 나로서는 도저히 이해할 수 없는 것이었다. 그에 대한 개인적인 호,불호의 문제를 떠나 그것은 중요한 대담방송 진행자로서의 자격에 심각한 문제가 있다는 사실을 확인시켜 주는 것임이 분명했다.

　당연히 그의 부적격성을 지적하는 사람은 나만이 아니었다. 그의 혼란스러운 모습을 지켜본 사람들에게 그건 지극히 당연한 일이었다. 그 판단은 사실 복잡할 것도 없는 문제였다. 그의 말과 글, 실제 행동, 그리고 주변을 살피면 되는 일이었다. 약간의 수고를 통해 과거의 행적을 들여다보면 될 일이었다. 하지만 이런 중요한 일에 KBS는 아예 관심을 두지 않고 있었음이 분명했다. 그것이 속상하고 가슴 아팠다. 결국 내부의 문제 제기는 철저하게 무시되고 말았다. 찻잔 속에 잔물결조차 일으키지 못하고 사그라지고 말았다. 그는 대통령과의 대담을 진행했고 화면 속에서 대통령과 마주 앉아 때론 진지하게 묻는 모습으로, 또 때론 유쾌하게 웃는 모습으로 자신의 이미지를 꾸밀 수 있었다. 이튿날 높은 사람(?)들은 시청률이 잘 나왔다며 희색이 만면한 모습이었다. 무지한 것인지 아니면 아예 속없는 사람을 자처한 것인지... 그들은 '역시 OO'이라며 그를 선택한 누군가의 안목을 대단한 것이었다고 치켜세웠다. '못난 사람들'이라는 생각밖에 들지 않았다. 언론의 역할을 새기고는 있는 것인지, 공영방송의 책임을 고민하고는 있는 것인지...

　개인적으로 김OO 교수에 대해 특별한 감정은 없었다. 어렵게만 느껴지는 동양철학을 쉬운 말로 대중화시키는데 기여한 부분에 대해서는 높이 평가하는 입장이기도 했다. 그러나 그런 것과 공영방송의 중요 프로그램을 진행하는 것은 완전히 다른 차원의 문제일 수밖에 없었다. 불과 1~2년 전의 일조차 까맣게 잊고 사는 사람들, 기록을 보려하지 않는 사람들에게 대통령과 마주 앉은 그는 그야말로 멋지고 권위있는 지성인으로만 보였을 터였다. 그리 생각하면 KBS는 문제 많은 인물에게 멋진 가면을 씌워준 몹쓸 역할을 자임한 셈이었다. 그건 언론의 역할을 완전히 뒤집은, 결코 해서는 안 되는 일이었다. 가면을 벗겨야할 기관이 새로운 가면을 만들어준 꼴이라니... 그날 KBS가 언론의 이름을 부끄럽게 했다는 생각에, 시청자들에게 큰 잘못을 저질렀다는 자책에, 지성인을 자처하는 한 지식인의 한없이 가벼운 처신에 속을 다스리기 어려웠다. 이 일은 내게 '검증'의 문제를 다시 생각하게 하는 계기가 됐다. 현장에 대한 검증, 주장에 대한 검증, 기록에 대한 검증, 인물에 대한 검증, 정책에 대한 검증... 어느 것 하나 소홀히 할 수 없는 것이지만 가장 중요한 것은 사람에 대한 검증이란 사실을 새삼 일깨웠다.

느닷없이 맡게 된
토론 프로그램 '일요진단'

1. 내 역할은 중심잡기, 독하게 시청자만 보고 가자

2003년 12월 2일, 미국 연수를 마치고 돌아온 지 1년쯤 지난 시점이었다. 보도본부장이 부르더니 새해부터 일요진단을 맡으라고 했다. 뜻밖이었다. 일요진단은 매주 일요일 오전, 장관이나 국회의원, 대학교수 등 당국자와 전문가들을 초대해 현안을 논의하고 정책을 묻는 역사 깊은 프로그램이었다. 내용과 성격상 진행도 주로 국장급들이 맡을 정도로 회사 내에서는 나름 비중있는 프로그램이었다. 한데 겨우 차장급에 불과한 내게 그런 프로그램을 진행하라니.... 그건 KBS 관행상 전례가 없는 일이었다. 알아보니 다급한 내부 사정이 있었다. 그 보름 전쯤 있었던 전면적인 프로그램 개편에서 심야토론을 맡게 된 진행자가 심각한 결함을 보이며 비상이 걸린 상태였다. 심야토론은 그야말로 KBS의 간판이었다. 더 이상 문제의 진행자로 갈 수 없다고 판단한 수뇌부가 궁여지책으로 일요진단을 맡고 있던 정○○ 씨를 심야토론으로 돌리며 일요진단에 자리가 생긴 것이었다. 그리고 시간적 여유가 없는 상태에서 내부 인사를 물색하다보니 내게 기회가 온 것으로 판단됐다.

우선 기뻤다. 드디어 내게도 프로그램을 진행할 기회가 오는구나. 그건 방송국 내에서 단순히 역할이 달라지는 차원의 변화가 아니었다. 비중이 달라진다는 의미였다. 개별 기자로서의 인식을 넘어 회사 안팎에서 주목받는 인물이 된다는 의미였다. 사실 그건 오래전부터의 바람이기도 했다. 특히 미국의회 연수를 마치고 돌아온 후 '이제는 내 이름을 걸고 프로그램을 하나 진행하면 좋겠다'는 욕심을 은근히 품고 있던 터였다. 하지만, 마음은 그렇게 기뻤지만 두 가지 면에서 걱정이 됐다. 우선 '한 번도 안 해본 토론 프로그램을 내가 제대로 소화해 낼 수 있을까?' 하는 것이 첫 번째였다. 방송 프로그램 가운데서도 토론 프로그램은 고도의 전문성과 테크닉이 필요한 분야였다. 그동안 경험 많은 국장급들이 진행을 맡았던 것은 바로 그런 이유에서였다. 경력 15년차로 비록 애송이의 티는 벗었지만 나는 여전히 많이 부족한 상태였다. 거기에 프로그램의 성격에도 신경이 쓰였다. 권위주의 시절부터 이어져 오던 긴 역사속에서 일요진단은 정부의 정책홍보 방송으로 인식되고 있었다. 시대의 변화와 함께 시청자들의 의식은 높을대로 높아져 있었지만 방송의 형식과 내용은 크게 달라지지 않은 상태였다. 당연히 시청률도 경쟁 프로그램들 가운데 최하 수준에 머물고 있었다.

불현듯 하나님의 뜻이라는 생각이 들었다. 마치 기자가 될 준비가 전혀 없던 상태에서 기자가 됐던 1987년처럼. 때는 노무현 대통령의 참여정부가 출범 1년을 눈앞에 두고 있는 상황이었다. 그 길지 않은 시간 동안 세상은 정말 복잡하게 변해 있었다. 여러 문제들 가운데 친미와 반미, 친북과 반북, 자본가와 노동자, 부자와 가난뱅이, 국가보안법 찬성과 반대, 친일청산, 과거사 규명... 등으로 심각하게 갈라진 민심이 걱정을 부르고 있었다. 그리고 그 중심엔 거침없이 하고 싶은 말과 행동을 쏟아내는 대통령이 있었다. 그런 상황에 대부분의 언론은 대통령과 정부를 옹호하는 입장으로 기울어 있었다. 이전 정부들과 마찬가지로 참여정부 또한 인사와 완력을 동원한 통제로 언론과의 관계를 꾸려가고 있었다. '혼탁한 세상, 원칙과 중심이 심하게 흔들리는 세상에서 중심을 잡아줘라. 그 중심을 통해 국민이 바로 판단할 수 있도록 도와라. 그래서 시간이 흐른 뒤 2000년대 초반을 돌아보며 '아, 그때 그래도 KBS가 있어서, 일요진단이라는 프로그램이 있어서 중심을 잃지 않고 바로 갈 수 있었지...' 얘기할 수 있도록 하라. 그것이 네게 주어진 시대적 소명이다...' 마음 속에서 그런 음성이 울렸다.

그래, 그런 일 하라고 하나님께서 이 일을 맡기시는 거구나. 가슴 속에서 뭔가 뜨거운 것이 올라왔다. 그 뜨거움은 조용하게, 그러나 묵직하게 명령으로 새겨지고 있었다. 그렇게 받아들이니 그건 거룩한 책무이자 가슴 벅찬 영광이었다. 물론 버거운 일이었다. 하지만 용기가 생겼다. '그래, 독하게 원칙만 잡고 가자. 시청자만 바라보고 가자. 철저하게 공정을 추구하리라. 누구도 시비하지 못하도록 무섭게 균형을 유지하리라. 언제가 될지 모르지만 프로그램을 물러나는 날 스스로 흐뭇한 미소 지을 수 있도록 내 모든 깃 다 던지리라'... 독한 마음이었다. 물론 그렇게 하려면 직지 않은 시련을 긱오해야 한다는 사실, 때론 거친 싸움도 피하지 말아야 한다는 사실쯤은 잘 알고 있었다. 무엇보다 지혜가 필요하다는 생각이 들었다. '주여, 영광스러운 책임을 주실 거라면 감당할 능력도 함께 허락해 주소서!' 하루에도 몇 차례씩, 기회가 생길 때마다 그렇게 기도했다. 한쪽으로 심하게 기운 세상이기에 부딪힘을 최소화하면서 꼬투리를 잡히지 않을 묘책이 필요했다. 그런 각오의 다른 한편으로는 언젠가 맡게 될 정통 토론프로그램 진행 능력을 키워보자는 욕심도 생겼다. 박선규가 뉴스 아닌 다른 프로그램도 잘 하는 기자라는 것을 시청자들에게 인식시키고 싶다는 새로운 희망도 피어났다.

2. 6개월의 기적, 부동의 꼴찌에서 강력한 1등으로

2004년 1월 4일, 김진표 경제부총리와의 대담을 시작으로 일요진단 생활이 시작됐다. 그동안 몰랐던 여러 문제가 보였다. 패널 선정의 문제, 진행 방식의 문제, 작가의 문제, 데스크의 문제... 들여다보는 모든 곳에서 문제가 확인됐다. 다행히(?) 최저치를 보이는 시청률 탓인지 회사에서는 누구도 관심이 없는 것 같았다. '정권의 홍보방송'이라는 달갑지 않은 인식이 무관심을 부른 것 아닌지 모르겠다는 생각이 들었다. 첫 한달을 관행대로 따라간 나는 그 뒤부터 하나하나 변화를 주기 시작했다. 우선 작가를 내보냈다. 지급되는 급료에 비해 수준이 떨어진다는 것을 명분으로 삼았다. 그건 사실이기도 했다. 일주일 단위로 진행되는 시사 프로그램을 효율적으로 꾸릴 수 있는 역량있는 작가는 사실 흔치 않았다. 그것도 여럿이 아닌 단독으로. 다행히 데스크는 내 제안을 물리치지 않았다. 역량있는 작가를 찾을 때까지는 자료 조사원을 두고 내가 직접 작가 역할까지 맡겠다는 얘기에 고맙다는 반응을 보이기까지 했다. 이렇게 시작한 작가 없는 체제는 내가 방송을 그만둘 때까지 이어졌다.

다음 단계는 주제를 정하고 패널을 선정하는 문제였다. 맡고 보니 주제는 국장이 정해주거나 특별한 지침이 없을 경우엔 부장이 임의대로 결정하는 구조였다. 세상의 관심을 따라가기보다는 정부의 움직임을 보면서 그에 맞춰 쉽게 가자는 분위기가 강했다. 내외부적으로 윗선의 심기를 거스르지 말자는 인식이 뿌리 깊은 상태로 판단됐다. 청와대와 정부 여당의 입김이 많이 작용하고 있음도 확인할 수 있었다. 그런 상황이니 주제는 물론 패널까지 미리 결정돼 내려오는 경우도 적지 않았다. 방송국은 이미 오래 전에 국영을 벗어나 공영이 됐지만 실제로는 여전히 국영의 인식을 벗어나지 못하고 있는 셈이었다. 작가는 그런 상황에 맞춰 패널에게 연락을 취하고 원론적인 질문으로 순서를 꾸리는 정도의 역할만 감당하고 있었다. 조심스럽게 정책 진단을 벗어나 '주간 핫이슈' 중심으로 성격을 바꾸는 것이 좋겠다는 의견을 냈다. 국장도 부장도, 부원들도 별 저항감 없이 동의해줬다. 그들도 관행에 따라 제작을 해오기는 했지만 정체성과 역할에 적지 않은 회의가 있었던 것이 분명했다. 그렇게 해서 주제는 부장과 PD, 그리고 진행자가 협의해 정하기로 하고 출연자도 협의해서 정하는 새로운 방식이 도입됐다. 이른바 협의 시스템이 만들어진 것이었다.

방송형식에도 변화를 줬다. 일대일 대담 중심이던 방식을 핵심 관계자들의 찬반 토론형식으로 전환했다. 다만 주제의 성격에 따라 찬반 아닌 다른 방식이 필요한 내용은 집중 토론 등 다양한 방법을 적용했다. 그렇게 내가 원하는 방향으로 큰 틀이 교정됐다. 고맙게도 달라진 틀과 원칙은 확연히 다른 모습의 일요진단을 만들어냈다. 프로그램에 활기가 생기고 집중도도 높아졌다. 주변의 관심도 덩달아 올라가고 있었다. 변화가 생긴 마당에 이왕이면 타이틀까지 좀 세련된 것으로 바꿨으면 했으나 의외로 그 부분에 관해서는 국장이 완고했다. 같은 제목으로 이어져 온 프로그램의 역사를 생각하는 것 같았다. 틀이 바뀐 만큼 진행자로서 나의 역할에도 변화를 줬다. 그전 진행자들과는 확연히 다른 방식을 택했다.

중립적인 입장에서 연결에 집중하던 소극적 역할을 벗어나 적극적으로 개입하며 활력을 높이는 방식이었다. 전체 흐름을 주도하면서 흐름을 벗어나면 바로 끌어오고, 답변이 질문의 요지를 벗어나면 재차 답을 요구하는 식이었다. '얘기가 조금 옆으로 흘렀지요. 오늘 주제에 집중해 보겠습니다...', '질문 내용은 이런 것이었는데 거기에 대해서는 답을 안 주셨네요...', '지금 주신 말씀을 답변으로 이해해도 되겠습니까?..' 이런 식이었다. 다른 것에 집중하느라 핵심을 놓치거나 불리하다고 얼렁뚱땅 넘어가는 것을 막기위한 방식이었다.

답변에 통계가 제시되면 출처를 물었고 새로운 주장엔 근거도 요구했다. 준비 없이 나와 어영부영 말로 때우는 식의 프로그램이 되게 하지는 말자는 것이 나의 생각이었다. 본질을 벗어난 노골적인 비방이나 지나친 우기기가 등장할 때에는 따끔한 지적도 빼놓지 않았다. '지금 시청자들이 보고 있는 것 알고 계시죠?', '그런 방식은 별로 도움이 되지 않을 것 같은데요...' 심각하지 않게, 씩 웃으며 던지는 그 한 마디면 대개의 경우 정리가 됐다. 그렇게 하니 프로그램의 밀도가 높아졌다. 전체적으로 긴장감이 생기는 것을 실감할 수 있었다. 50분이라는 길지 않은 시간이었지만 불필요한 것들을 줄이고 밀도를 높이니 완성도에도 전혀 문제가 없었다. 그런 방식으로 탄핵 문제를 포함해 친미반미, 국가보안법, 북한 인권법, 행정수도 이전, 과거사 규명, 친일청산 확대 등 민감한 주제들을 다 다뤘다. 어떤 이슈도 회피하거나 우회하지도 않았다. 중국의 동북공정, 한류열풍, 한국 영화의 미래 등 역사와 문화 관련 내용도 외면하지 않았다. 고맙게도 그런 민감한 주제를 다 다루면서도 공정성에 관련돼 문제가 제기된 것은 단 한 차례도 없었다. 그건 진행자로서 큰 보람이자 자랑이었다.

그렇게 되니 어느 순간부터 일요진단에 대한 평가가 달라지기 시작했다. '보고 나면 정리가 된다'고, '긴장감이 살아 있어 채널을 돌리기 어렵더라'고... 그런 평가들 가운데 '공정하다' '균형감이 있다' '일방적인 편들기가 횡행하는 세상에 보석 같은 방송이다'라는 평가가 가장 반가웠다. 인지도가 올라가니 패널들도 긴장하는 모습이 역력했다. '일요진단엔 공부하지 않고 나가면 망신만 당한다'는 소문이 폭넓게 퍼져나갔다. 기분 좋은 얘기였다. 덩달아 시청률도 계속 오르고 있었다. 프로를 맡았던 첫 분기, 2004년 1/4분기 일요진단은 방송 3사 6개 토론 프로그램 가운데 꼴찌였다. 물론 그 이전부터 부동의 꼴찌이던 상황이 이어진 것이었다. 하지만 2/4분기에는 2등으로 성큼 올라섰다. 그러더니 3/4분기부터는 1등으로 자리 잡으면서 다른 프로와의 격차를 벌려 나갔다. 그렇게 올라선 1등 자리는 내가 그만둘 때까지 그대로 이어졌다. 일요일 아침 8시 10분, 그 시간에 평균 5%가 넘는 시청률이 유지됐으니.... 많이 나올 때는 8% 가까이 됐다. 엄청난 변화였다.

3. 1등이 못마땅한 사람들, 거세지는 압력

전혀 기대하지 않았던 현상이었다. 프로그램과 진행자에 대한 과분한 평가에 기분 좋은 날들이 이어졌다. 하지만 그런 변화가 좋은 쪽으로만 연결된 것은 아니었다. 역풍도 나타났다. 물론 예상하지 못했던 바는 아니지만 실제는 그보다 훨씬 강한 수준이었다. 노골적인 견제와 간섭이 들어오기 시작했다. 처음엔 뜨문뜨문 지나가는 듯한 말투더니 어느 순간 그런 분위기가 일상화됐다. 윗사람들의 표정도 바뀌고 있었다. 편한 얼굴에 미소가 사라지고 심각한 표정에 미간이 구겨져 있었다. 정말 이해할 수 없는 일이었다. 프로그램에 대한 평가가 좋아져 시청률이 올라가고 영향력이 생기면 당연히 기뻐하고 좋아해야 마땅하거늘... 그들은 전혀 그렇지 않았다. 오히려 반대였다. 드러내놓고 불편한 감정을 표출했다. 방송이 공정하지 못하다고 시비를 걸었다. 진행자가 오만하고 독선적이라고 몰아붙이기도 했다. 시청률이 낮을 때는 아예 신경도 쓰지 않던 사람들이었다. 급기야 상황은 오프닝 멘트가 어땠다느니, 질문이 어땠다느니, 진행이 중립적이지 못했다느니.... 사사건건 시비를 거는 단계로까지 이어졌다. 그러다 노골적으로 감정을 폭발시키는 경우도 있었다. 평소에 거의 말이 없던 국장이 그 중심에 있었다. 그런 역할이 맡겨진 것 같았다. 그건 사장을 포함한 고위층이 큰 불만을 가지고 있다는 의미였다. 그리고 그것은 힘 있는 외부기관과 인사들이 압력을 행사하고 있다는 의미이기도 했다. 분명 그것은 청와대와 정부, 여당쪽일 터였다.

2005년 2월 6일은 그런 날 가운데서도 좀 특별한 날이었다. 방송이 나가고 20분쯤 지났을까?... 본부장이 전화를 해왔다. 노기가 섞인 목소리였다. 그는 대뜸 '왜 방송을 그런 식으로 하느냐?'고 목소리를 높였다. 앞뒤 모든 과정이 생략된 채였다. 당황스러웠다. 아무리 불만이 있다고 해도 이른 아침 집으로까지 전화하는 경우는 그전까진 없었다. 쿵쾅거리는 가슴을 누르며 차분하게 무슨 말씀이시냐고 물었다. 본부장은 중요한 팩트가 제대로 정리되지 못한 것 아니냐고 소리쳤다. 대체 어떤 부분이냐고 물으니 몇 가지를 얼버무렸다. 하지만 그가 얘기한 내용들은 방송에서 일일이 짚어가며 다 얘기한 부분이었다. 그는 방송을 안 본 것이 분명했다. 그날의 주제는 북한의 핵 문제였기에 군이 그리 예민할 것도 없는 상황이었다. 전화의 배경이 짐작됐다. 누군가 방송 내용에 불만을 가졌거나 평소 나를 못마땅하게 생각하는 사람의 전화를 받은 것 같았다. 그리고 그 사람은 본부장이 무시하지 못할 영향력이 있는 사람이 분명할 터였다. 아마도 본부장이 받은 전화도 질책성이었을 것이고… 그런 상황에 불뚝성이 난 본부장이 내게 바로 전화한 것이 분명했다.

거듭 방송내용과 당시의 상황까지 설명하며 오해가 있는 것 같다고 설명했다. 출연 자들의 구체적인 관련 발언 내용과 서로 간에 논박이 오간 부분까지 되짚었다. 본부장이 제기한 문제들이 충실하게 짚어졌다는 사실을 강조하기 위함이었다. 감정을 최대한 자제한 채 설명을 하면서도 '내가 지금 왜 이래야 하는 거지?'라는 생각이 머리를 떠나지 않았다. 일종의 모욕감 같은 것이 올라왔다. 설명이 이어지자 본부장은 느닷없이 출연자가 문제가 아니고 진행자인 당신이 문제라고 직접 나를 겨냥했다. '아, 결국 내가 기분 나쁘다는 것이었구나. 프로그램이 아니라.' 그의 목소리에서 '그동안 꾹 참아왔는데 이제 도저히 안 되겠다'는 분위기가 감지됐다. '오랫동안 벼르고 별렀는데 오늘 잘 걸렸다'는 일종의 결기같은 것도 느껴졌다. 못마땅하게 생각한다는 것은 알았지만 그건 전혀 예상하지 못한 방식이었다. 결국 그건 내용이나 논리에 관한 부분이 아니라 감정의 문제라는 의미였다. 설명을 해서 풀릴 수 있는 문제가 아니라는 얘기였다. 몇 달 동안 쌓이고 쌓였던 것이 누군가의 전화를 계기로 폭발한 것이 분명하다는 판단이 들었다. 감정을 누른 채 최대한 차분하게 다시 설명을 해야 했다. '뭔가 큰 오해를 하고 계신 것 같습니다. 회사에 녹화된 테이프가 있으니 한번 확인해 보시는 게 좋을 것 같습니다'라고 말한 뒤 전화를 끊었다.

가슴이 사정없이 뛰었다. 얼굴이 벌개지고 속이 부글부글 끓었다. 주일 아침, 평화롭게 교회에 가려던 마음이 엉망이 됐다. 아내와 아이들은 굳은 표정으로 지켜보기만 했다. 그리고 30분쯤 후 본부장에게서 다시 전화가 왔다. '미안하다'고 '자신이 오해한 것 같다'고 했다. 아마도 부장 등 다른 사람들에게 내용을 다시 확인한 것 같았다. 그렇게 자신이 받았던 전화 내용과 나의 설명을 검증해 본 것 같았다. 그리고 그날 저녁 시간,

본부장에게서 한 차례 더 전화가 왔다. 술 기운이 묻어 있는 목소리였다. 그는 정말 미안하게 됐다고 했다. 자신이 큰 실수를 했다고도 했다. 사무실에 나가 확인해 보니 방송은 나무랄 데 없이 잘 됐더라고 했다. 허탈했다. 울컥 감정이 올라왔다. 무시하지 못할 인물의 질책성 전화와 완강한 내 목소리에 일부러 출근해 직접 확인해 본 것 같았다. 그의 목소리엔 민망함이 묻어 있었다. 편들어 주기를 강요하는 힘 있는 사람들과 눈치없이 원칙만 지키려는 진행자 사이에 서 있는 그의 곤혹스런 처지가 그대로 느껴졌다. 안타까웠다. 사실 그는 일요진단을 맡기 전 내게 무한 애정을 표시하던 선배였다. 나의 고집스런 원칙주의를 지지하고 격려해 주던 몇 안 되는 사람들 가운데 한 명이기도 했다. 차장급인 내게 과감하게 일요진단을 맡긴 것도 그였다. 그랬던 그였는데... 본부장이 되고 나서 달라진 그의 모습이 서글프게 느껴졌다.

그런 분위기 속에서 원고의 사전 검열이 시작됐다. 그것도 국장이 직접 나서서 챙기는 방식이었다. 전에 없던 일이었다. 주말 프로그램의 성격상 종종 밤 12시가 넘어서야 마무리되는 원고를 보기 위해 국장은 그때까지 사무실을 지켰다. 모두가 퇴근한, 100평 가까운 큰 사무실에 그와 나만 남아 있는 상황이 종종 연출됐다. 그의 처지가 안쓰럽게 느껴졌다. '그동안 지켜보셔서 잘 아시겠지만 질문지대로 진행은 안 될 겁니다. 진행되는 상황에 맞춰야 하니까...' 어느 날, 스스로도 곤혹스러워 하는 국장에게 원고를 건네며 말했다. 답답하고 안쓰러운 마음을 담은 상태였다. 이미 시간은 자정을 넘어서고 있었다. 한참 원고를 들여다보던 국장이 얼굴을 들더니 무겁게 한 마디 던졌다. '박선규 씨, 왜 양쪽에서 다 욕을 먹으려고 그래...' 예상치 못했던 얘기였다. 그러나 아주 오래 전부터 마음속에 담고 고민해 왔음이 분명한 표현이었다. 정부 여당의 입장을 들어주면 다들 편하고 좋을 텐데 왜 그렇게 눈치없이 고집을 피우냐는 의미였다. 그의 표정이 진지했다. 그 또한 일요진단의 진행자와 국장으로 만나기 전에는 서로 편안한 사이였다. 그의 처지가 조금 안 됐다는 생각이 늘었다. 어쩌면, 그의 기준으로는 진심으로 나를 위하는 마음을 담았을 수 있겠다는 생각도 들었다. 일부러 가볍게 웃으며 받았다. '양쪽에서 다 욕먹어야 기자지요. 한쪽에서만 욕먹으면 그게 어디 기자인가요?'

4. 장인상 기간에도 카메라 앞에 앉아야 했던 사정

애초에 나에게 일요진단을 맡길 때 윗사람들의 생각은 '펑크 내지 않는 방송' 정도를 기대했던 모양이었다. 대대적인 예고를 통해 프로그램 개편을 단행한지 불과 한 달만에 문제가 생긴 것이었으니... 사고없이 막아주기만 해도 좋겠다는 마음으로, 그것만으로도 의미가 있다고 여겼던 것 같았다. 하긴 애초부터 시청률이나 평판 같은 것엔 초연한 프로그램이었으니 그게 이상할 것도 없었다. 그런데 눈치 없이 내가 너무 열심히 하면서 문제가 생긴 셈이었다. 시청률이 낮을 때는 아무 것도 신경쓰지 않아도 됐는데 시청률이 높아져 영향력이 생기면서 여기저기서 간섭이 들어오게 됐으니... 그래서 신경을 안 쓸 수 없게 됐으니... 윗사람들로서는 달가울리 없는 상황이 분명했다. 그렇다고 주제와 패널 선정 등에 관한 원칙을 정해놓고 노골적으로 그걸 무시할 수도 없었을 터였다. 또 객관적으로 평판이 높아지고 공정성 시비도 없는 프로그램을 대놓고 나무랄 수도 없었을 터였다. 윗사람들의 곤혹스런 표정은 그런 현실을 그대로 반영한 것으로 해석됐다.

그런 분위기에 마음을 풀고 지낼 수가 없었다. 스스로를 지킬 방책이 필요하다는 생각이 들었다. 맡은 지 얼마 되지 않아 시작됐던 불편해 하는 눈빛들이 점점 강해지고 있었다. 보호장치가 필요했다. 저들로부터 나를 지키고 터무니없는 시비로부터 나를 막아줄 보호막이었다. '패널들과의 협의 시스템'은 그런 생각에 따라 마련한 첫 번째 장치였다. 프로그램의 구성 단계부터 패널들을 참여시키는 방식이었다. 일단 주제가 정해지고 그에 맞춰 패널이 결정되면 예외 없이 그들에게 전화를 했다. 왜 그 주제를 선정했는지, 프로그램을 통해 시청자들에게 전달하고 싶은 것은 무엇인지, 또 왜 많은 사람들 가운데 당신을 패널로 선정했는지를 설명했다. 그런 뒤 프로그램에서 꼭 짚어야 할 핵심은 무엇인지, 그를 위해서 필요한 것은 없는지 그들의 의견을 받았다. 패널의 입장에서 꼭 말하고 싶은 포인트는 무엇인지, 그와 관련해 진행자에게 바라는 것은 무엇인지 등도 꼼꼼하게 물었다. 그리고 그들의 의견을 반영해 큐시트와 질문지를 만들었다. 그렇게 준비된 큐시트와 질문지는 최소 하루 전에 전달됐고 그 과정에서 혹 빠진 것은 없는지 다시 한번 확인했다. 이런 과정이 매주 반복됐다. 당연히 일요진단의 루틴으로 자리 잡았다. 패널들은 그런 방식에 놀라며 정말 고마워했다. 물론 방송은 그렇게 준비한 큐시트에 따라 진행됐다.

  기계적 균형도 신경을 쓴 부분이었다. 구체적인 질문에서는 양쪽에 던지는 질문의 숫자를 맞췄다. 공정이 의심받을 수 있다는 판단 때문이었다. 한쪽이 불리한 상황이라면 어떻게 해서든 다른 쪽에도 불리한 질문을 던졌고 유리한 질문도 마찬가지로 배분했다. 방송을 마치기 3분쯤 전에는 꼭 해야 하는데 미처 하지 못한 말이 있다면 하라고 마무리 기회도 공평하게 줬다. 그리고 방송이 끝난 후에는 그 자리에서 설문을 받았다. 하고 싶은 얘기를 다 했는지, 상대 패널에 불편한 점은 없었는지, 진행자의 방식에 문제는 없었는지... 등의 간단한 내용이었다. 그것은 프로그램 참가자들이 발행하는 일종의 공정성 확인 증명서였다. 적어도 공정성을 문제로 공격하고 쫓아내려는 시도는 애초부터 차단하자는 의도였다. 그건 사실 외부의 공격보다는 내부의 시비에 대한 대응용 성격이 강했다. 고맙게도 일요진단을 물러날 때까지 진행자의 문제, 특별히 공정성을 제기한 패널은 단 한 명도 없었다. 오히려 좋은 프로그램에 초대해줘서 고맙다거나 타방송과 분명하게 차별되는 격조 높은 프로그램이었다는 과분한 평가가 대부분이었다.

  그린 목적에서 택한 또 다른 장치엔 '편집 없는 방송'도 있었다. 방송은 대략 20% 정도의 생방송에 80% 정도는 녹화로 이뤄졌다. 하지만 녹화방송의 경우에도 진행은 생방송과 전혀 다르지 않게 했다. 일단 녹화가 시작되면 중간에 세우지 않았다. 발언이 중간에 끊겨 말하고자 하는 흐름이 흐트러졌다는 오해를 피하기 위함이었다. 그 원칙은 2년 동안 무섭게 지켜졌다. 딱 한 차례 예외가 있었다. 이해찬 국무총리와의 1:1 대담 때였다. 한창 녹화를 진행하는데 파리 한 마리가 날아들어 총리의 정신을 흔들어 놓았다. 녀석이 어찌나 총리의 얼굴 앞에서 앵앵 거리며 날아다니던지... 결국 15분쯤 진행된 상태에서 총리의 요청으로 녹화가 중단됐는데 그것이 유일한 경우였다. 실제 방송 분량보다 길게 녹화한 뒤 나중에 편집하는 오래된 관행도 없었다. 대부분 녹화방송의 경우 조금 길게 녹화하는 것이 관행이었다. 녹화분 가운데서 NG샷 등 마음에 들지 않는 부분을 들어내 깔끔하게 방송에 내보내기 위한 목적이었다. 하지만 나는 그렇게 하지 않았다. 정확한 시간 분량만큼 녹화해 편집없이 그대로 방송에 걸었다. '내 의도는 그게 아니었는데 방송국에서 이상하게 편집해 의도가 왜곡됐다'고 주장하는 일들이 종종 있던 시절이었다. 그런 시비를 피하기 위한 것이었다. 그 무렵 MBC의 한 시사프로그램에서 딱 그런 일이 벌어졌다. 권양숙 여사를 예로 든 어떤 사람의 발언을 앞뒤다 자르고 편집 방송함으로써 심각한 문제가 된 사건이었다. 일요진단을 진행한 2년 동안 단 한 차례도 이 원칙은 허물어지지 않았다. 그런 나를 PD나 다른 관계자들은 참 독하다고 했었다.

여기에 그런 모든 장치들이 내 의도대로 작동하도록 든든하게 받쳐준 것이 하나 있었으니 그건 방송초기부터 시작된 '작가 없는 시스템'이었다. '역량있는 작가'를 찾는다는 것을 명분으로 내걸었지만 사실은 나를 지키기 위한 보호장치였다. 일요진단의 성격을 내 구상대로 바꿀 경우 지도부와의 갈등이 불가피할 것이라는 것을 나는 애초부터 예상하고 있었다. 온통 한쪽으로만 쏠려 있는 분위기 속에서 중심을 잡는다는 것은 어떤 사람들에게는 또 다른 편파로 비쳐질 터였다. 이미 한 쪽에 서 있거나, 서기로 작정한 사람들은 그것을 명백한 불공정이라고 주장도 할 것이었다. 그리고 그것은 결국 심각한 마찰과 갈등으로 이어질 것 분명했다. 15년차 기자였던 나는 저들이 급하게 나를 세워놓기는 했지만 기회만 생기면 다른 생각을 할 수도 있다는 사실을 잘 알고 있었다. 특별히 자신들의 뜻대로 움직여 주지 않을 경우 나를 매몰차게 끌어내리려 할 것이라는 것도 예상하고 있었다. 그것은 사실 상식에 속하는 일이었다. 그럴 경우 작가가 있는 상태라면 그건 언제라도 가능한 일이었다. 하지만 작가가 없다면 그리 만만한 일이 아니라는 사실을 나는 잘 알고 있었다.

실제로 그렇게 택한 '무작가 시스템'은 기대 이상의 효과를 발휘했다. 일요진단을 내려오는 그날까지 나를 지키는 가장 강력한 보호막이 돼 줬다. 작가가 없는 것을 알고는 보도국의 어느 누구도 일요진단을 넘보지 않았다. 아니 넘볼 생각도 하지 못하는 것 같았다. 방송 6개월쯤 지나면서부터 회사 안팎에는 일요진단의 밀도 있는 진행과 작가 없는 시스템에 대한 소문이 쫙 퍼졌었다. 그런 실험을 흥미롭게 지켜보는 사람들도 적지 않은 것 같았다. 그러는 사이 일요진단은 아무나 진행하기 어렵겠다는 평판이 자연스럽게 형성됐다. 그것은 대타로라도, 누구도 나를 대신해 방송을 진행하기 어렵다는 것을 의미했다. 결국 그런 평판은 나와 가족에게 안타까운 아픔으로 돌아오는, 예상 못한 상황으로 연결되기도 했다. 장인이 돌아가신 상황에서도 스튜디오를 지킬 수 밖에 없었다. 통영의 빈소에서 이틀동안 조문객들을 맞은 뒤 발인 당일 나는 장지가 아닌 스튜디오로 향해야 했다. 밤새 빈소를 지키다 첫 비행기로 서울로 올라와 녹화를 마친 뒤 급하게 다시 돌아가야 했던 상황... 방송에선 표시를 낼 수 없었지만 속으로 얼마나 '아버님, 죄송합니다'를 되뇌었던지... 처가쪽 가족과 친족들에게 얼마나 미안하고 민망했던지... 맏사위의 책임을 들어 회사에 조치를 부탁했지만 돌아온 대답은 '작가 없이 대신 할 수 있는 사람이 없다'는 것이었다.

5. 2년 만의 전격 하차, 그래도 감사했던 시간

윗사람들과의 갈등은 깊어졌지만 방송은 정말 재미있었다. 1분 20초, 길어야 2분으로 승부하는 데일리 뉴스와는 차원이 달랐다. 특별히 바로바로 전해지는 방송의 영향력이 가장 큰 매력 포인트였다. 각 분야의 최고 전문가들은 사안마다 해법을 제시했고 정책 결정자들은 제시된 해법을 참고하며 대책을 마련했다. 그러는 과정에 불필요하게 시간을 끌지도 않았다. 자주는 아니었지만 방송 현장에서 결단을 밝히는 경우도 간혹 있었다. 뉴스를 할 때는 느껴보지 못했던 쾌감이었다. 탈북자 정책에 관해, 수능관리에 관해, 국회의 원구성에 관해, 돈 안 드는 선거에 관해.... 일요진단이 제기한 문제들이 뉴스의 중심이 되고 대안이 마련돼 정책에 반영될 때마다 짜릿한 전율을 느낄 수 있었다. 중국의 역사 왜곡에 맞서 설립된 '고구려 역사재단'도 그런 경우였다. 역사 문제는 일반 토론 프로그램이 기피하는 주제였지만 일요진단은 문제가 생길 때마다 다루는 것을 주저하지 않았다. 한데 그 방송을 보고 '재단설립'을 망설이던 대통령이 결심했다는 것이었다. 나중에 문화부 장관을 지냈던 고려대 최광식 교수가 대통령에게 직접 들은 얘기라며 그 소식을 전해왔다. 그의 얘기에 우리는 박수를 쳤었다.

　매주 달라지는 주제에 따라 세상의 흐름을 읽어내는 것도 흥미로운 일이었다. 단순히 함께 하는 것이 아니라 다양한 각도로 폭넓은 시각을 가질 수 있었다. 그것은 엄청난 행운이었고 이후 기자로서의 성장에 큰 도움이 됐다. 그렇게 일주 단위로 세상을 바라보며 확인한 사실은 대한민국은 정말 다이나믹한 사회라는 것이었다. 전 세계 어디서도 찾아볼 수 없는 역동성과 활력이 사회 구석구석에서 넘쳐났다. 이건 서울에 주재하는 외신 특파원들이 공통적으로 하는 얘기이기도 했다. 그런 세상에서 곳곳에 숨어 있는 각 분야의 고수들을 만나는 것도 엄청난 기쁨이었다. 조승수, 노회찬, 이원삼, 김광수, 이원희, 김정호... 이런 분들의 한마디 한마디에 나는 감탄하고 감동했었다. 반면에 허명에 기대 사는 가짜 전문가들이 꽤 많다는 사실도 알게 됐다. 정치인 이OO, 유OO, 김OO, 전OO 장관 허OO, 정OO 경제학자 임OO, 언론학자 김OO, 신OO, 교육학자 남OO... 신문에 그럴듯하게 기고를 하고 뉴스에 짧은 인터뷰는 잘 하는 사람들이었지만 조금 깊이 들어가니 엉터리들이었다. 도무지 전문가답지 않은 사람들이었다. 도대체 무슨 생각으로 방송에 나오겠다고 욕심을 냈는지... 겁 없이 방송에 나왔던 그들 가운데 상당수는 '괜히 나와 망신만 당했다'며 울상을 짓곤 했다. 하지만 놀랍게도 그들 가운데 상당수는 그후로도 오랫동안 전문가 행세를 하며 여기저기 방송에 얼굴을 내밀곤 했다.

　그렇게 일요진단을 진행하며 욕심이 생겼다. '조금만 변화를 줄 수 있다면 이런 프로를 정년까지 해도 좋겠다'는 생각이었다. 해서 열심히 얘기도 하고 다녔다. 일요진단만 계속할 수 있게 해 준다면 보도국장 자리도, 본부장 자리도 욕심내지 않겠다고. 그냥 전문 방송인으로 뚜벅뚜벅 갈 수 있겠다고. 그런 속마음을 드러내며 윗사람들에게도 그 마음이 전달되기를 내심 바랐다. 언제부턴가 미국 방송을 보며 CNN의 *Larry King Live*나 NBC 방송의 *Meet the Press*같은 방송을 하고 싶었었다. 한 주간 가장 뜨거웠던 이슈의 주인공들을 불러내 깊이 있는 얘기를 듣는, 그를 통해 현상 뒤에 감춰진 이면과 배경을 살피고 앞으로를 가늠해 볼 수 있도록 돕는... 일종의 고급 토크쇼였다. 아쉽게도 대한민국에는 그런 프로그램이 없었다. 이제는 그런 프로그램이 생길 때가 됐다는 생각도 들었다. 그리고 그렇게 된다면 당연히 KBS가 그 역할을 맡아야 한다고 생각하고 있었다. 일요진단을 그런 프로로 만들어 KBS의 역사가 존재하는 한 계속 이어갈 수 있게 한다면, 그 프로가 내게 맡겨진다면 다른 것들은 다 포기할 수 있을 것 같았다.

뜨거운 세상의 변화와 함께 시간이 흐르고 있었다. 내가 진행을 맡은 3/4분기째부터 토론 프로그램 1위 자리에 올라선 일요진단은 경쟁 프로들과의 격차를 더욱 벌리며 대내외에 성가를 과시하고 있었다. 그렇게 또 한 해가 저물어 가던 2005년 12월 13일 본부장이 불렀다. 그 얼마 전 새로 바뀐 본부장이었다. '2006년, 신년 첫 방송은 특집으로 꾸며보는게 어때?' 그는 내 의견을 물었다. 반대할 이유가 없었다. 좀 더 의미 있게 만들어 보자는 얘기였으니. '좋지요. 한번 의미 있게 만들어 보겠습니다.' 내 반응에 본부장은 그러면 특집답게 이번엔 작가를 한번 써 보는 것이 어떻겠냐고 권했다. 그 또한 굳이 마다할 이유가 없었다. 자리로 돌아오니 부장에겐 미리 통보가 됐던 듯 작가가 이미 선정돼 있었다. 나 모르게 음모가 진행되고 있던 것이었다. 하지만 그때까지만 해도 나는 아무런 낌새를 눈치채지 못하고 있었다. 높아진 방송의 위상, 진행자로서의 과분한 평판에 마음을 놓고 있었다. 그렇게 순진한 마음으로 신년 특집방송을 위해 패널을 선정하고 작가와 방향을 상의하며 기분 좋게 녹화준비를 진행하고 있었다. 그런 상황에 다시 본부장이 불렀다. '일요진단한 지 얼마나 됐지?', '2년 됐습니다.', '2년 했으면 할 만큼 했네…' 그만 물러나라는 의미였다. 그는 웃고 있었다. 그의 웃음속에 이죽거림이 배어 있었다. 그제서야 특집을 명분으로 작가를 권유했던 것이 나를 내리기 위한 준비 작업이었다는 것을 깨달았다. 당황스러웠다.

본부장은 그동안의 공은 인정한다고 했다. 하지만 이제 데스크도 하고 팀장도 해야할 것 아니냐며 조만간 인사명령을 내겠다고 했다. 말도 안 되는 소리, 완전히 '고양이 쥐 생각' 해주는 격이었다. 일련의 과정이 본부장 선의 결정이 아니라는 판단에 부사장 방으로 뛰어올라갔다. 직전까지 본부장으로 있던 기자 출신 부사장이었다. '가을 개편

끝낸지 한 달인데 이건 너무한 것 아닙니까? 일요진단도 KBS 간판 프로그램인데 그 진행자를 이런 식으로 내리신다는 건 동의하기 어렵습니다. 군말 않고 내년 봄 개편 때 내려오겠습니다. 그때까지만 봐 주십시오...' 처음에 자신은 모르는 일이라고 딱 잡아 떼던 부사장이 말했다. '정년 때까지 하고 싶다더니 왜 내년 봄에는 내려오겠다 하나?' 명백한 비아냥거림이었다. 멋쩍음의 표시였던지 아니면 순진함을 비웃는 것이었던지 웃음 띤 그의 표정에 부아가 치밀었다. '지금 그거 안 시켜주시겠다는 것 아닙니까?' 내 목소리가 높아져 있었다. 그제서야 부사장이 속내를 털어 놓았다. '지방선거가 내년 봄에 있잖아.' 머리를 한 대 맞는 느낌이었다. '아, 그거였구나. 지방선거에 대비한 작업이었구나...' 전혀 예상하지 못했던 일이었다. 허탈했다. 솔직히 그런 식의 비열한 방식의 축출은 예상하지 못하고 있었다. 2년이란 시간이 흘렀고, 프로그램에 대한 인지도와 공신력이 올라갔고, 여기저기서 칭찬이 이어졌고, 시비를 피하기 위한 몇가지 장치도 가동하고 있었고... 그래서 마음을 놓고 있었는데...

　자리로 돌아오니 마음 약한 부장이 어쩔 줄 몰라했다. 의자에 기댄 채 눈을 감았다. 화는 났지만 내가 할 수 있는 일이 없었다. 마음을 가라앉히고 생각을 가다듬었다. 지나간 2년이 주마등처럼 스쳤다. 가만히 생각하니 고마운 시간이었다. 어차피 맞아야 할 시간이었다. 예상보다 길게 해 왔다는 생각도 들었다. 무엇보다 2년 동안 목표했던 것을 다 이뤘다는 사실이 떠올랐다. 그런 사실이 감사했다. 토론 프로 진행자라는 새로운 경험을 쌓은 것만 해도 행운이었다. 누구도 주목하지 않던 프로를 맡아 최고의 프로로 살려 놓은 것, 흔들리는 세상 속에서 중심을 잡을 수 있도록 도운 것, 민감한 주제들을 다 다루면서도 공정성 시비가 없었던 것, 그 과정에서 많은 영향력 있는 사람들을 만날 수 있었던 것, 프로그램을 통해 박선규라는 기자의 가치를 높인 것... 모두 감사할 것들 뿐이었다. 돌아 볼수록 얻은 것 뿐이었다. 담담히 내려 놓기로 했다. 구차하게 집착하는 모습 보이지 않기로 했다. 훗날 아이들이 '그 복잡하고 혼란스럽던 시절 아빠는 뭐 했냐?'고 물을 때 자신있게 내보일 수 있는 귀한 기록을 만들었다는 사실만으로도 의미가 있다는 생각이 들었다. 나는 복받은 사람이라고 생각하기로 했다.

6. 인사권, 표적 감사... 그 무서운 권력

인사가 났다. 전체 인사가 아니고 나만 콕 집은 인사였다. 데스크도 하고 팀장도 해야 할 것 아니냐고 했던 본부장이 나를 보낸 곳은 기사를 쓸 수 없는, 완전한 변방이었다. 기자가 아닌 프리랜서 작가들과 함께 NHK, BBC, ZDF 등 다른 나라 방송국들의 화제성 기사들을 번역해 방송하는 팀. 새벽 3시에 출근해 오전 11시가 되면 모든 일이 끝나는 자리였다. 씁쓸했다. 그건 유배였다. 기사를 쓸 수 없는 기자, 세상의 흐름에 아무런 영향도 미칠 수 없는 기자... 그 곳에 있는 한 나는 기자가 아니었다. 그저 정시에 출근해 도장 찍고 월급 받는 직장인일 뿐이었다. 누구도 신경 쓰지 않는 후미진 곳에 나를 보내놓은 저들의 미소가 느껴졌다. 큰 걸림돌 하나를 치워버린 후의 시원해 하는 모습이었다. 무력감이 밀려왔다. 처음으로 조직의 힘이 실감났다. 인사권이라는 것이 무섭게 느껴졌다. 내가 아무리 방송을 하고 싶어도, 아무리 좋은 기록을 가지고 있어도, 아무리 상을 많이 받았어도, 아무리 취재능력이 뛰어나다고 평가를 받아도... 인사권자가 한직으로 보내면 그것으로 끝이라는 사실을 깨달았다. 입사 이후 처음으로 나는 그렇게 조직의 쓴맛을 경험하고 있었다.

그런 상황에서 일요진단을 지켜보는 것은 참으로 곤혹스러운 일이었다. 내가 물러난 자리엔 나보다 한참 선배가 앉았다. 실력 있고 여러모로 장점이 많은 선배였다. 모든 면에서 나와는 비교할 수 없을 정도의 경험과 능력을 지닌 분이었다. 안타깝게도 그의 체제 아래서 일요진단의 모든 것이 바뀌고 있었다. 내가 애써 이뤄냈던 장치들이 하나, 둘 사라지는 것이 보였다. 패널들과의 협의 시스템이 사라졌다고 했다. 협의를 통해 진행되던 주제와 패널 선정 방식도 바뀌었다고 했다. 자료조사 요원이 사라지고 작가가 다시 합류했다고 했다. 그런 상황이었기에 외형적인 방송의 모습이 달라진 것은 당연했다. 특유의 긴장감과 치열함이 보이지 않는다는 지적이 잇달았다. 내가 패널들을 장악하는 스타일이라면 선배는 패널들을 편안하게 지켜보는 스타일이었다. 솔직히 그런 변화가 못마땅했다. 어떤 것이 옳다, 그르다고 잘라 말할 수는 없지만 2년 동안 쌓았던 이미지가 달라지고 있는 것만은 분명했다. 그건 시청자들의 반응에도 그대로 나타나고 있었다. 결국 나는 프로그램을 안 보는 쪽으로 마음을 정하고 말았다. 어쩌다 오가는 길에 마주치면 선배는 '당신이 있어야 할 자리에 내가 앉아 있다'며 미안해 했다. 그 말 한마디가 고맙게 느껴졌다. 사실 그에겐 서운한 것이 없었다.

그렇게 일요진단을 벗어난 후 얼마쯤 지났을까? 감사실에서 사람이 찾아 왔다. 나의 시간 외 수당 기록에서 부당하게 청구된 내역이 발견됐다며 반납해야 한다고 했다. 시간 외 수당은 매일 본인이 출근 시간과 퇴근 시간을 기록해 그를 근거로 지급하게 돼 있었다. 한데 거기서 허위로 기재된 내용이 발견됐다는 얘기였다. 말도 안 되는 소리라고 생각했다. 하지만 내가 실수한 것이 있을 수도 있다는 판단에 그게 얼마나 되냐고 물었다. 50만 원이 조금 안 된다고 했다. 그러면 어떻게 해야 하냐고 다시 물으니 반납만 하면 된다고 했다. 원상복구만 되면 아무 문제가 없을 것이라며 야릇한 미소까지 지었다. 이미 인사를 둘러싼 갈등을 포함해 나는 지칠대로 지쳐 있던 상태였다. 그러면 그렇게 하자며 방법만 알려달라고 했다. 한데 그의 미소가 마음에 걸렸다. 액수가 적다고, 피곤하다고 그렇게 해서는 안 될 것 같았다. 다시 물었다. '이거 혹시 사장에게 보고되는 건가요?', '예, 사장님께는 보고됩니다' 그가 바로 확인했다. 아, 그랬구나. 그건 사장이 일개 직원인 나의 감사 사실을 알고 있다는 얘기였다. 그말은 표적감사를 확인시켜 주는 또 다른 단서였다. '아, 그러면 안 되지요. 그렇게 처리할 수 없지요. 부당하게 청구했다는 내역을 그대로 다 가져다 주십시오. 제가 다 소명하겠습니다.'

다음 날 그가 자료를 가져왔다. 그전 3년 동안의 시간 외 수당과 출장비가 꼼꼼하게 조사된 것을 확인할 수 있었다. 명백한 표적 감사의 기록이었다. 놀랍고도 충격적인 일이었다. 나는 그전까지 단 한 차례도 비리나 불법, 위법과 관련돼 어떤 형태로든 조사받은 적이 없는 평범한 사원이었다. 지적된 내용을 보니 7~8건 정도 되는 것 같았다. 한데 더 놀라운 것은 지적사항들의 내용들이었다. 단 하나의 예외도 없이 객관적인 자료로 다 소명이 되는 것들이었다. 예를 들면 이런 식이었다. 'OO월 O일. 차량 출입 기록표상 출근시간: 오전 10시 05분, 근무 기록표에는 07:00부터 일한 것으로 기록, 3시간 5분 초과 기재' 그날의 취재수첩을 확인했다. 여의도 모처에서 여야 조찬 총무회담이 있던 날이었다. 그런 날은 회사로 출근하지 않고 바로 회담장으로 나가 취재하는 것이 기자들의 근무 방식이었다. 차량 출입 기록표에 찍힌 것은 취재를 다 마치고 회사로 들어온 시간의 기록이었다. 보도정보시스템에 확인해 보니 당일 07시 20분에 기사를 전송한 기록도 남아 있었다. 'OO월 O월 O일. 차량출입 기록표상 퇴근 시간: 14시 30분, 근무 기록표에는 오후 8시 퇴근으로 기록, 5시간 30분 초과기록' 그 날은 중요한 취재원과 점심 약속이 있던 날이었다. 차를 갖고 나간 뒤 회사로 들어왔으나 주차 공간을 찾지 못해 바로 빠져 나가 회사 밖 공영주차장에 차를 댄 날이었다. 다행히 그 날짜에도 19시 50분으로 송고시간이 기록된 기사가 있었다. 감사실에서 적발했다는 내용들은 다 그런 것들이었다.

생각할수록 어이없는 일이었다. 화가 났다. 이런 엉터리 감사가 어디 있단 말인가? 감사실에 강하게 문제를 제기했다. '보도정보시스템에 한번만 접속해 봐도 쉽게 확인되는 것들인데 이게 말이 되는 일인가?' '감사란 것이 한 개인에게 치명적일 수 있다는 사실 잘 알텐데... 그걸 잘 아는 사람들이 정말 이래도 되는 건가?' 그들은 미안하다고 했다. 연신 고개를 숙이던 감사 담당자가 내놓은 답이 기가 막혔다. '저희들에게는 보도정보시스템을 볼 권한이 없습니다' 그 중요한 감사를 하면서 보도정보시스템도 보지 않았다는 고백이었다. 이게 말이나 되는 소리인가? 몇년치 시간 외 수당 내역, 출장비 내역을 샅샅이 뒤지며 확실한 근무 기록인 보도정보시스템도 들여다보지 않았다니... '뭔가 잡아내고야 말겠다'는, 목적의식만이 지나치게 강했던 표적감사였기에 가능했던 일일 터였다. 당연히 감사를 요청한 주체는 회사나 보도국의 고위층이었을 테니 그런 절차쯤은 생략해도 된다고 생각했던 것임이 분명했다. 해명은 다 됐지만... 그래서 덫은 피하게 됐지만 마음은 더 무거워졌다.

그렇게 모든 것이 해명되고 난 며칠 후 더 황당한 전화를 받았다. '그동안 수도 없이 많은 감사를 해봤지만 선배님같이 깔끔하게 정리된 경우는 처음입니다. 개인적으로 많이 놀랐습니다. 그래서 드리는 말씀인데 혹시 감사실에 오셔서 일 해 보고 싶은 생각 없으십니까?' 감사팀장의 전화였다. 놀라운 얘기였다. 보도국 기자인 나를 감사팀 팀원으로 청하다니. 그것도 후배인 자신이 팀장으로 있는 조직으로. 그건 그 스스로 제안할 수 있는 성격의 얘기가 아니었다. 윗선에서 합의가 된 게 아니라면 꺼낼 수 없는 얘기였다. 저들은 기사를 쓸 수 없는 곳으로 나를 보내 놓은 상태에서도 아예 보도국 밖으로 내몰 계획을 세워 놓은 것임이 분명했다. 참으로 모진 마음들이었다. 저들이 왜 그렇게까지 모질게 나를 대했는지 나는 지금도 이해하지 못하고 있다. 감사팀장은 공채 17기라며 깍듯하게 예를 갖췄다. 새 사장이 만들어 놓은 팀제를 통해 팀장이 된 것이 분명했다. 아무튼 그의 전화로 모든 것이 명백해졌다. 감사는 나를 보도국에서 쫓아내기 위한 수단이었음이. 그 꼬투리를 잡기 위해 3년 전 자료까지 철저하게 뒤졌던 것임이. 입사 후 처음으로 KBS란 조직이 무서워졌다. 이런 분위기 속에서 어떻게 조직 생활을 이어갈 것인가? 처음으로 KBS를 떠나야 하는 것 아닌가 하는 생각이 들었다.

KBS를 그만두고 2년여가 지난 어느 날, 지인이 내 얘기가 났다며 기사 하나를 보내왔다. 오마이뉴스에 난 정연주 사장의 글이었다. 읽어보니 KBS 사장 당시를 회상한 그의 글 한 부분에 황당한 내 얘기가 실려 있었다. 헛웃음이 나는 얘기였다. 그의 글은 이런 내용이었다. '2007년 5월 어느 날, 사장의 입장에서 기자협회 축구시합을 응원하러 경기도 파주에 갔다. 그날 선수들에게 점심을 사려고 식당에 갔는데 그 자리에서 박선규가 하소연을 하더라. 프로그램을 하나 진행하게 해 달라는 청탁이었다. 프로그램 진행자를 사장이 정하는데 아닌데... 참 딱한 친구더라...' 그는 청탁을 강조하며 '하소연'이라는 거북한 표현까지 동원하고 있었다. 기가 막혔다. 그 자리는 나도 정확하게 기억하는 자리였다. 나는 축구팀의 핵심 멤버 가운데 한명이었다. 우리가 식사를 위해 한 식당에 모였을 때 정 사장이 그곳으로 찾아왔었다. 길게 연결된 테이블에 30여명이 둘러 앉은 곳이었다. 마침 정 사장이 자리 잡은 곳이 내 맞은편이었다.

조직원으로 당연히 인사를 해야 했다. 이미 일요진단과 관련된 마음도 깔끔하게 정리된 후였다. 날씨와 축구 등을 소재로 잡담을 나누던 중에 장난기가 발동했다. '일요진단 참 좋았는데 저를 왜 내리셨을까요? 시청률도 높고 평가도 좋았는데...' 진지함 전혀 없이 웃음기를 잔뜩 머금은 상태였다. 인사권자를 향한 일종의 야지성 조크이기도 했다. 그도 허허 웃으며 자신은 모르는 일이라고 여유 있게 받아 넘겼다. 그 얘기에 나도 주변 사람들도 함께 웃으며 마무리 한 것이 상황의 전부였다. 그뿐이었다. 한데 그게 청탁이었다니. 아니 세상에 청탁을 그렇게 많은 사람들 앞에서 목소리 높여 하는 사람도 있단 말인가? 그걸 청탁을 위한 하소연으로 느꼈다니... 정말 그랬다면 그는 청탁과 조크도 구분 못하는 모자란 사람임이 분명했다. 그게 아니라면 뭔가 다른 목적을 가지고 글을 썼음이 분명하다 할 것이고... 적어도 그는 내가 일요진단에서 내려오기의 과정을 소상하게 알고 있는 사람이었다. 표적감사에 관해서도 다 기억하고 있을 터였다. 아마도 뒤늦게 내가 공개적인 자리에서, 또 글을 통해 그의 리더십과 그가 이끄는 KBS의 문제점을 지적했다는 사실을 보고받고 그에 대해 속 좁은 반감을 드러낸 것 아닌가 하는 생각이 들었다.

에필로그 1

1. 교사가 되고 싶었던 소년, 기자가 되다

원래 내 꿈은 교사였다. 그것도 초등학교 교사. 5학년 때 담임 선생님의 무자비한 차별이 그런 꿈을 갖게 했다. 당시 나는 정부의 구호 식량으로 하루하루를 견뎌야 했던 생활보호대상자였다. 31살에 혼자 되셔 세상과의 사투를 벌이시던 홀어머니의 장남, 한 살 많은 누이에 동생 둘이 더 있었다. 그런 나를 친구들은 반장으로 뽑아줬다. 놀라운 일이었다. 그 어렵던 시절에도 반장을 학생들의 투표로 뽑는 민주적 방식이 도입돼 있었으니. 하지만 지혜롭지 못했던 선생님은 가장 가난했던 내가 반장이 된 게 못마땅했던 것 같았다. 그분은 노골적으로 나를 미워했다. 나의 어린 자존심을 사정없이 짓밟으며 흔들어 댔다. 어느 날 학급회의 시간에 결정적인 사건이 벌어졌다. 선생님은 느닷없이 '학급문고 책을 볼 때 돈을 내고 보도록 하자'는 제안을 내놓았다. 가난한 반장에 여러 가지로 답답했던 마음이 그렇게 표현됐던 것인지 모르겠다. 그러나 나는 그 제안에 동의할 수 없었다. '안 그래도 책을 안 보는데 돈 내고 보라면 더 안 볼 것 같습니다...' 눈치없는 나의 반론에 선생님이 폭발했다. '뭐야? 반장이란 새끼가 그런 소리를 해? 앞으로 나와!' 그날 나는 사정없이 맞아야 했다. 아팠다. 억울했다. 하지만 눈물을 보일 수 없었다.

심하게 맞는 가운데도 친구들의 눈길이 느껴졌다. 회의시간 벌어진 느닷없는 상황에 친구들은 겁에 질린 얼굴로 나를 보고 있었다. 반장은 약하지 않다는 것을 보여줘야 할 것 같았다. 자리로 돌아오며 씽긋 웃어 보였다. '나 괜찮아!'라는 표시였다. 한데 그 모습을 담임이 보고 말았다. '뭐야, 반성은 안 하고 웃어? 이 새끼 다시 나와!' 다시 불려

나가 또 한참을 맞아야 했다. 그렇게 한참을 맞은 후 나는 반성문을 써야 했다. 다음 시간은 체육 시간, 마침 우리 교실은 운동장 바로 옆이었다. 친구들이 운동장에서 선생님의 호루라기 소리에 맞춰 웃고 떠드는 소리가 들려왔다. 그 소리를 들으며 나는 텅 빈 교실, 선생님 책상 앞에 무릎 꿇고 앉아 반성문을 썼다. 그때야 비로소 울 수 있었다. 누르고 눌렀던 눈물이 사정없이 터져 나왔다. 서러웠다. 억울했다. 스스로의 처지가 한없이 불쌍했다. 뭘 잘못했는지도 모르고 쓰는 반성문... 그날 반성문과 함께 '선생님이 되리라. 가난한 아이들도, 못난 아이들도 차별 없이 사랑하는 선생님이 되리라'하는 다짐도 가슴 속에 꾹꾹 눌러썼다. 당시의 모든 상황이 잘 보존된 기록영화처럼 지금도 선명하다.

그랬던 내가 기자가 됐다. 그것도 공영방송인 KBS 기자. 1987년 11월, 권위주의가 극에 달했던 5공화국 말기였다. 교생실습 기간에 확인한 교직 사회의 엄격한 권위주의와 답답한 폐쇄적 분위기에 마음이 흔들렸다. 교사는 학생들을 사랑하고 가르치는 데만 신경 쓰면 되는 줄 알았는데 직접 경험한 현장의 분위기는 그게 아니었다. 생각했던 것과 달라도 너무 달랐다. 심각하게 길을 고민하다 '밑져야 본전'이라는 마음으로 언론사 시험에 응시했다. 한데 덜컥 붙고 말았다. 마침 민주화 시대를 맞아 대학가에는 언론사 시험 열풍이 불어닥친 상황이었다. 1차 시험으로 국어, 영어, 상식 150문제를 푸는 동안 놀라운 경험에 몸을 떨어야 했다. 모르는 문제가 거의 없었다. 그때까지 치렀던 수없이 많은 시험에서 단 한 번도 경험한 적 없는 신기한 경험이었다. 마치 누군가가 내가 아는 문제만 콕 찍어 골라낸 것 같았다. '어? 이러다 정말 붙겠는데?...' 그때 기분이 정말 그랬었다. 막히는 것 없이 잘 풀리던 문제가 마지막 시간 상식 한 문제에서 덜컹했다. 모든 세포가 다 일어서는 것 같았다. '분명 이 시험이 내게만 쉬운 것은 아닐터 그렇다면 이 한 문제로 당락이 결정될 것이다. 지금까지는 특별히 어려운 게 없었으니 이 문제만 넘으면 합격할 수 있을 것 같은데...' 온갖 지혜를 다 동원해야 했다.

문제는 이것이었다. '다음 중 KBS 프로그램이 아닌 것은? 그 질문에 4개의 보기가 주어져 있었다. 1 지구촌 지금, 2 사랑방 중계 3 도시의 얼굴, 4 일요추리 극장.' 어떤 사람들에게는 가장 쉬웠을 문제가 분명했지만 내게는 이 문제가 가장 어려웠다. 집에 텔레비전이 없던 시절이었다. 다행인 것은 그래도 '지구촌 지금'과 '사랑방 중계'가 KBS 프로그램이라는 사실은 알고 있다는 것이었다. 당시 나는 군에서 제대한 후 매주 토요일 오후 6시부터 한강성심병원을 찾아 봉사활동을 하고 있었다. 병실마다 찾아다니며 환자들의 얘기를 들어 주고 함께 기도하고 찬양하는 일종의 선교활동이었다. 한데 병실을 반쯤 돌다보면 병실마다 원종배 아나운서가 진행하는 '사랑방 중계'를 틀어놓고 있었다. 그리고 9시를 조금 넘겨 병원에서 나올 때쯤이면 박성범 앵커가 진행하는 '지구촌 지금'이 방송되고 있었다. 문제는 '도시의 얼굴'과 '일요추리극장'은 도무지 알지 못한다는 것이었다. 도시의 얼굴은 당시 최고 인기 드라마였다. 하지만 간혹 친구들이 하는 얘기만 들었지 스스로는 한 번도 본 적이 없었다. 이 문제를 맞추면 합격, 틀리면 불합격이라는 생각에 정신이 번쩍 들었다. 하지만 25%의 확률이 50%로 높아진 상황이었다. 찍어야 했다. 나름대로 과학적인 추론을 동원했다. 제목에서 나타난 차이에 주목했다. '도시의 얼굴'이란 제목은 아주 세련된데 비해 '일요추리극장'은 투박하기 그지 없었다. 당시 MBC는 모든 면에서 KBS를 압도하는 최고 방송사였다. 세련미가 물씬 풍기는 회사였다. 반면 KBS는 국영의 그림자가 짙게 배있는 촌스런(?) 방송사였다. SBS는 물론 종편이나 보도전문채널도 존재하지 않던 시절이었다. 아무리 생각해도 '도시의 얼굴'이라는 세련된 제목은 KBS에서는 나올 수 없을 것 같았다. 그렇게 도시의 얼굴을 찍었다.

시험을 기분 좋게 봤기에 1차에는 무난히 합격할 것으로 생각했다. 그러나 합격자 발표 당일 나는 예상치 않았던 입원을 해야 했다. 그 며칠 전, 사고로 크게 다친 누나의 피부이식 수술을 위해서였다. 누나는 전신 97%에 3도 화상을 입은 중환자였다. 병원에서는 치사율 97%라며 치료할 방법도, 의미도 없다고 했다. 온 몸을 붕대로 감싼 누나에게는 상처 부위의 감염을 막기 위한 하루 한 차례 드레싱이 거의 유일한 치료였다. 그때 나는 화상 환자는 몸만 아플 뿐 의식은 마지막 순간까지 또렷하다는 사실을 알게 됐다. '선규야. 왜 나 치료는 안 해주니? 나 치료 안 해주는 것 맞지?...' 누나의 얘기에 가슴이 찢어졌다. 그렇지 않다고, 곧 수술을 할 것이라고 안심시켰지만 병원은 여전히 부정적이었다. 의사를 찾아 간곡하게 사정했다. '수술이 실패해도 원망하지 않겠습니다. 혹 저 상태로 돌아가셔도 다른 소리하지 않겠습니다. 다만 환자가 눈을 감을 때 감더라도 최선을 다한 치료는 받았다는 안도감이라도 가지고 갈 수 있도록 도와주십시오...' 한참만에 의사가 무겁게 한마디 했다. '정 그러시다면 한번 해봅시다. 환자가 너무 젊고 또 삶에 대한 의욕이 강하니. 그러나 큰 기대는 하지 마십시오.'

그렇게 수술이 결정됐다. 한데 수술 날짜가 바로 1차 합격자 발표 다음날이었다. 병원에서는 하루 전에 입원을 하라고 했다. 여러 가지 사전 검사가 필요하다고 했다. 혹 있을지 모를 거부반응 가능성 등을 체크하는 것 같았다. 입원 절차를 마친 뒤 동생을 KBS에 보냈다. '형이 합격했을 것 같은데 한번 가서 확인해 주라' 인터넷이 없던 시절이었다. 30분쯤 지나 녀석이 전화를 걸어왔다. '형! 축하해. 합격이야.' 녀석의 목소리가 흥분돼 있었다. 이미 예상을 했던 때문인지, 아니면 수술에 신경이 쓰여서였는지 의외로 마음이 담담했다. 하지만 이어진 녀석의 얘기에 정신이 번쩍 들었다. 4일 후에 2차 시험이 있다는 것이었다. 그건 수술 3일 뒤 더 어려운 시험을 봐야 한다는 의미였다. 사실 쏟아지는 복잡한 일들에 신경 쓰느라 2차 시험은 거의 생각도 못하고 있던 상태였다. 우선 시험을 보는 것이 중요하다는 생각이 들었다. 의사 선생님을 붙잡고 사정했다. '선생님! 제가 나흘 뒤에 아주 중요한 시험을 봐야 합니다. 그 시험을 볼 수 있을까요? 시험을 볼 수 있게만 좀 도와주십시오.' 무거운 표정의 의사 선생님은 듣기만 할 뿐 아무런 답도 주지 않았다. 1차 합격의 기쁨보다는 2차에 대한 걱정이 훨씬 크게 밀려왔다. 저절로 기도가 새 나왔다. '주여. 도와주소서.'

2. 휠체어에 의지해 본 2차 시험

수술은 생각보다 힘들었다. 아니 실제 수술은 마취 상태에서 진행됐기에 아무런 기억이 없었다. 하지만 그 이후가 너무 고통스러웠다. 무엇보다 엉덩이 바로 아래에서 무릎 위까지 피부를 벗겨내 진물이 흐르는 수술 부위의 통증이 견디기 어려웠다. 수술 부위를 말리기 위해 양 무릎을 세운 채 다리 사이에 백열등 스탠드를 세워놓고 누워 있어야 했다. 몸을 돌릴 수도 옆으로 움직일 수도 없는 자세였다. 어쩌다 수술 부위가 백열등에 닿으면 온몸에 경련이 일었다. 누워만 있자니 무엇보다 허리가 말할 수 없을 만큼 아프고 불편했다. 그런 가운데 상처부위의 감염을 막기 위해 하루에 한 차례씩 치뤄야 하는 드레싱은 최악이었다. 마치 바늘로 온 몸을 사정없이 찌르는 느낌, 새가 날카로운 부리로 살점을 쪼아댈 때의 아픔이 바로 이런 것일까?... 상상도 못했던 아픔이었다. 세상에 이런 아픔도 있었구나... 한 차례씩 드레싱룸에 다녀오고 나면 나는 한참 동안 정신을 못 차리고 퍼져 있어야 했다. 견딜 수 없을 만큼 아팠다는 기억 외에 다른 생각은 나지 않았다. 그런 상태에서 사람들이 찾아 오면 헛소리를 해댔던 모양이었다. 아마도 '걱정하지 마라', '나는 괜찮다'는 것을 보여주려는 마음이 그렇게 나타났을 터였다. 그런 상황이었으니 2차 시험을 준비한다는 것은 애초부터 불가능한 일이었다. 남들은 예상문제를 뽑아 준비하고 있을 시간이었지만 나는 엄두도 못낸 채 그렇게 처절한 고통과 싸워야 했다.

그러나 그렇다고 2차 시험을 포기할 수는 없었다. 내겐 그만큼 중요한 시험이었다. 시험장에 갈 수 있을지, 간다면 어떻게 갈지 그리고 시험은 어떻게 치러야 할지... 정신이 멀쩡한 시간엔 온통 그 생각뿐이었다. 고맙게도 의사 선생님은 '수술 부위를 거즈로 감싸고 나갔다 오는 것은 괜찮을 것 같다'고 했다. 시험을 볼 수 있다는 말이었다. 그말이 눈물겹도록 고마웠다. 드디어 2차 시험일, 이웃집에 사는 아저씨께서 봉고차를 가지고 오셨다. 개인택시 기사로 일하는 분이셨다. 쉬는 날, 나를 위해 봉고차를 빌려 오신 것이었다. 그분의 도움으로 입원 후 처음으로 휠체어를 타고 용감한 외출길에 나섰다. 그렇게 봉고차를 타고 휠체어에 앉아 시험장을 찾은 나를 KBS는 의무실에서 혼자 시험을 볼 수 있도록 배려했다. 2가지 제목이 주어진 논술문제는 비교적 평이했다. 하지만 100분이라는 시험시간이 묘했다. 왜 그랬는지 나는 그 100분을 2시간으로 착각하고 말았다. 결국 한번 작성한 답안지를 다시 살필 여유도 없이 그대로 제출해야 했다. 아마도 1차처럼 2차 합격자 발표를 따로 했다면 나는 당연히 떨어졌을 것이었다. 그러나 놀랍게도 2차 합격자를 따로 발표하지는 않았다. 3차 면접까지 마친 후 최종 합격자를 발표한다는 것이었다. 다른 때는 어땠는지 몰라도 내게 한 차례 더 기회가 주어진 것만은 분명했다.

　3차 면접 때도 불편함과 통증은 크게 가시지 않았다. 하지만 전체적인 컨디션은 그래도 많이 나아진 상태였다. 훨씬 좋아진 기분으로, 많이 익숙해진 휠체어에 의지해 시험장을 찾았다. 이번엔 피부를 벗겨낸 부위에 얇은 비닐을 덧댄 후 거즈로 싸매는 방식을 택했다. 2차 때 거즈가 상처에 그대로 눌러 붙어 그것을 떼내는데 엄청나게 고생했던 기억 때문이었다. 그때는 거즈와 피부가 엉겨붙은 상태에서 조금 굳기까지 해 거의 드레싱에 준하는 정도의 극심한 고통을 겪어야 했었다. 덧댄 비닐은 확실히 효과가 있었다. 공기가 통하지 않아 말라가던 상처부위가 다 짓무르기는 했지만 적어도 다시 떼낼 때의 고통만큼은 크게 줄일 수 있었다. 그 때문에 나중에 의사 선생님께 엄청 혼나기는 했지만... 그런 저런 조치 덕분에 면접 때는 그전에 비해 훨씬 더 여유를 가질 수 있었다. 무엇보다 지극히 온전한 정신으로 임할 수 있었다. 그 사실이 고마웠다. 그렇게 시험때마다 휠체어를 타고 나타나는 나는 이미 지원자들 사이에서는 화제의 인물이 돼 있었다. 그들 가운데는 'KBS가 공영방송이다 보니 기자직에 장애인을 특별채용 하는가 보다' 하고 생각했다는 친구들도 있었다.

　면접장엔 5명의 면접관이 앉아 있었다. 그리고 그들 뒤로 스튜디오 카메라가 배치돼 있었다. 방송기자를 뽑는 것이니만큼 카메라 테스트를 면접과 겸하고 있는 것 같았다. 잔뜩 긴장하고 있는데 예기치 않은 질문이 날아왔다. '자네는 이번 대통령 선거에서 누가 대통령이 되면 좋겠나?' 지금 같으면 상상도 못할 질문이지만 당시는 그런 질문이 가능하던 시대였다. 때는 1987년 6.29 선언 후 노태우, 김영삼, 김대중, 김종필의 이른바 '1노3김'의 대결이 펼쳐지던 시기였다. 잠시— 순간적이었지만— 생각한 뒤 이렇게 답했다. '우리는 짧은 민주주의 역사 속에서 정치인 출신 대통령도 가져봤고 학자출신 대통령도 가져봤고 군인출신 대통령도 가져봤습니다. 그리고 외교관 출신 대통령도 가져봤죠. 길지 않은 시간이었지만 그런 과정을 거쳐 이제는 어떤 사람이 대통령이 된다고 해도 적어도 국민의 입장에선 민주주의를 할 능력을 갖게 됐다고 생각합니다. 하지만 안타깝게도 퇴임 후에도 존경받는 전직 대통령은 아직 없는 것이 우리의 현실입니다. 저는 그분들이 국민에게 믿음을 주지 못했기 때문이라고 생각합니다. 그런 의미에서 저는 이번만큼은 국민이 믿을 수 있는 분, 후보들 가운데 가장 정직한 분이 대통령이 되면 좋겠습니다.' 물론 예상하지 못했기에 미리 준비한 답변은 아니었다. 오랫동안 머릿속에 정리돼 있던 평소의 생각을 그렇게 풀어낸 것이었다. 그렇게 답한 후 나는 다음 답변을 머릿속으로 준비하고 있었다. 당연히 '그러면 자네는 네 후보중 누가 가장 정직하다고 생각하는가?'라는 질문이 이어질 것으로 생각했다. 그러나 다행히(?)도 후속 질문은 나오지 않았다.

면접장을 물러 나와서도 그 질문과 답변에 약간의 신경이 쓰였다. 정부의 입김이 센 KBS라는 조직의 성격을 조금은 감안했어야 했던 것 아닐까?... 하지만 어쩌랴? 이미 끝난 일이었다. 마음에 없는 답을 하는 것은 내 성격과 맞지 않는 일이기도 했다. 그런 생각의 한편으론 오히려 답을 잘 했다는 생각도 들었다. 그런 질문에 구체적인 인물을 거명하는 것은 출제자가 원하는 답도 아닐 것이었다. 순간적으로 정리하고 답한 것이었지만 하고 싶었던 말, 꼭 필요한 말이었다는 생각도 들었다. 합격이 결정된 후 연수 기간 중, 사내 강사 한 사람이 그 답변이 당시 면접관들 사이에서 화제가 됐다는 얘기를 전해줬다. 물론 답변자의 이름은 밝히지 않은채 '지원자들의 답변 가운데 이런 것도 있었다'고 소개하는 정도였다. 괜시리 가슴이 뛰었다. 좋은 회사에 잘 들어왔다는 생각이 들었다. 나중에 들은 얘기로는 모든 지원자에게 비슷한 성격의 질문이 주어졌다고 했다. 적지 않은 친구들이 직설적으로 노태우 후보를 꼽았다고 했다. 그들 대부분은 '나라의 안정을 위해서'라는 이유를 내세웠다고 했다. 하지만 그렇게 답한 사람들은 모두 떨어뜨렸다고 했다. 너무 일찍부터 머리를 쓰는 그런 친구들은 필요치 않다는 것이 회사의 방침이었다고 했다. 그런 얘기가 단순한 소문이었는지 아니면 사실이었는지 여부는 확인하지 못했다.

3. 기자, 하늘이 만들어 준 자리

그런 과정을 통해 나는 기자가 됐다. 말할 수 없이 기뻤다. 8명 합격자 중 가장 뒤였을 테지만 기분만큼은 하늘을 날 것 같았다. 그리고 그런 나의 합격 소식은 여전히 희망 없이 병상에 누워 있던 누나와 우리 가족에게 모처럼만의 큰 기쁨이 됐다. 안타깝게도 누나를 위한 이식수술은 실패로 돌아갔다. 하지만 누나는 내가 당신을 위해 피부를 떼 낸 사실을 알고는 고마워 했다. 나 또한 환자로 누워 지내는 상태였기에 수술 후 누나를 자주 찾아가지는 못했지만 마음은 한결 편했다. 사람의 마음이 간사한 것이라고... 나는 피부를 줬다는 그 사실 하나로 마치 내 할 일을 다 한 양 마음이 많이 풀려 있었다. 시험을 위해 외출했다 돌아올 때나 잠시 들러 안타깝게 얼굴을 마주하는 정도였으니... 돌아볼수록 미안하고 민망한 일이었다. 마땅한 치료책이 없었던 누나의 상태는 갈수록 악화됐다. 하지만 여전히 의식만은 또렷한 상태가 유지됐다. 누나는 회진 때마다 찾아오는 의사들에게, 간호사들에게 '내 동생 KBS 기자 됐어요'라고 자랑을 해댔다고 했다. 잘 나오지도 않는 목소리로. 그리고 그렇게 며칠을 더 지낸 뒤 세상을 떠났다. 29살의 꽃다운 나이, 피붙이 둘을 남겨둔 채였다.

그제야 나는 깨달았다. 내가 실력이 좋아 합격한 것이 아니라는 사실을. 나의 합격은 누나로 인해 너무 큰 슬픔을 겪게 된 우리 가정에 슬픔의 상쇄 수단으로 주어진 선물이라는 것을. 그랬다. 그것은 엄청난 충격으로 몸조차 가누지 못하시던 어머님을 위해, 세상의 가장 낮은 곳까지 내동댕이쳐진 우리 가정을 위해 하나님께서 준비하신 놀라운 선물이었다. 그것이 아니고는 일련의 모든 과정들이 설명되지 않았다. 교직을 준비하다 느닷없이 치르게 된 응시과정에서부터 아는 문제만 나와 '이러다 정말 합격할 것 같다'는 걱정 아닌 걱정을 하게 했던 1차 시험, 뜻하지 않은 누나의 사고와 입원 수술, 의무실에서 고통과 싸우느라 제대로 마무리도 하지 못했던 2차 시험, 여전히 휠체어에 앉아 불편하게 치러야 했던 3차 시험, 그리고 최종 합격까지... 그것은 하나님의 선물이라는 표현 말고는 어떤 것으로도 설명될 수 없는 놀라운 기적의 연속이었다. 더욱이 그 시험은 오랫동안 언론사만을 목표로 실력을 갈고 닦은 전국의 인재들이 몰려 250대 1 이상의 경쟁률을 기록했던 엄청난 시험이 아니었던가?

여기에 놀라운 사실이 하나 더 있었다. 나는 당시 정권이 껄끄러워하고 그래서 감시를 늦추지 않던 녹화사업 대상자였다. 전혀 과격하지 않은, 보통의 비판의식 정도를 갖고 사는 대학생이었지만 당시의 군사정권은 그런 내게도 '민주투사'라는 타이틀을 붙여 줬었다. 1학년 2학기를 마친 후 강제로 휴학이 된 상태에서 나는 갑작스럽게 군에 끌려가야 했다.

군에서는 '데모하다 온 놈'으로 찍혀 상급자들에게 적지 않은 시달림을 당해야 했고 주기적으로 보안대에 들어가 교육도 받아야 했다. 피곤했던 군 복무를 마치고 복학한 후에도 한동안 감시는 사라지지 않았었다. 당연히 그런 기록들이 그대로 학적부에 남아있을 터였다. 범죄 전과자들에게 빨간 줄이라고 하는 기록이 남아 있듯이… 당시만 해도 이런 기록은 유학이나 취업, 진학과정에 중요한 자료로 활용됐었다. 그런 사실을 잘 알고 있었기에 3차 면접까지 마치고 나니 은근히 신경이 쓰였다. '잘 하면 합격할 것 같은데… 여기까지는 잘 왔는데 혹시 학적부의 기록이 발목을 잡지는 않을까….' 합격은 그런 현실적 우려도 넘어선 것이었다. 세상의 일반적 용어로 기적, 신앙적인 표현으로 하나님의 은혜라고 고백하지 않을 수 없었다. 그것은 시험을 잘 봤다는 것과는 근본적으로 다른 차원의 문제였다.

입사 후 조금 여유를 갖게 됐을 때 인사부 책임자에게 조용히 물어봤다. '혹시 제가 학적변동자(학생운동으로 처분받은 학생)라는 사실 통보 받지 않으셨어요?' 그가 빙그레 웃으며 답했다. 통보가 왔다. 다만 학적변동자기 때문에 합격시켜서는 안 된다는 것이 아니라 그런 전력이 있으니 주의 깊게 관찰하기 바란다는 내용이었다'고 했다. 하지만 겉으로는 분명 권고의 형식인 그 통보는 실제로는 합격시키지 말라는 강한 주문이었다고 했다. 그랬기에 그런 통보를 받으면 회사는 당연히 탈락시키는 것이 상식이었다고 했다. 당연할 터였다. 정보기관에서 그렇게 연락이 오는데 어느 회사가 그런 사람을 합격시켜 끌어 안는 부담을 감수한단 말인가? 특별한 인연이 있는 깃도 아닌데. 그가 전해주는 그 다음 얘기가 더 놀라웠다. '중요한 문제였기 때문에 사장께 보고했다. 사장이 들더니 '젊은 친구가 그 정도 패기는 있어야지. 더욱이 기자를 하겠다는 친구 아닌가? 걱정말고 뽑으세요.' 했다는 것이었다. 그래서 내가 합격할 수 있었다는 것이었다. 그런 얘기를 전하며 인사 책임자가 환하게 웃었다. 얼굴 한번 제대로 본 적이 없는 사장이 정말 존경스러웠다. 사장은 3차 면접 때 딱 한 차례 봤을 뿐이었다. 당시 그는 바늘로 찔러도 피 한방울 안 날것 같은 깐깐한 모습으로 중앙에 앉아 있었다. 질문을 하지도 않고 그저 날카롭게 살피는 모습에 누구인가 했는데 그분이 정구호 사장이라고 했었다. 그분의 소신과 배짱이 대단하다는 생각이 들었다. 그런 분이 사장이었기에 망정이지…. 그분이 아니었으면 쉽지 않았을 것임이 분명했다.

그런 모든 과정을 돌이켜 보니 기자라는 직업은 내가 선택하고, 내 실력으로 얻은 것이 아니었다. 그것은 하늘이 정해준 거룩하고 고귀한 직분이었다. 생각이 거기 미치니 일을 맡겨 주신만큼 감당할 능력도 주실 것이라는 강한 믿음도 생겼다. 다른 곳이 아닌 공영방송 KBS로 보내진 것도 분명 의미가 있을 것 같았다. 내가 아니면 할 수 없는 일, 내가 해야만 하는 일이 분명히 있다는 의미로 받아들여졌다. 그런 일을 피해서는 안 된다고 생각했다. 최선을 다해야 한다는 책임감이 일었다. 기자의 옷을 입고 사는 동안 그런 마음을 잃지 않으려 노력했다. 그랬기에 해야 할 일이라 판단되면 피하거나 도망치지 않았다. 어렵다거나 위험하다는 사실에도 눌리지 않았다. 그저 현장을 찾아 뛰고 또 뛰었다. 때론 무모하게 달려들었고 불가피한 경우에는 싸움도 마다하지 않았다. 그런 마음이 걸프전, 소말리아 내전, 유고 내전 등 전쟁터를 자원하게 했다. 삼풍백화점, 성수대교, 서해훼리호, 고양 제방 붕괴 등 대형사고와 재해현장을 누비게 했고 온갖 세상의 부정과 부조리에도 담대하게 맞설 수 있게 했다.

고맙게도 하는 일마다 잘 됐고 능력 이상의 성과도 낼 수 있었다. 과분할 정도로 인정을 받았고 상도 많이 받았다. 행복한 시간들이었다. 기자가 되기까지의 준비과정에서는 꼴찌였을지 몰라도 기자의 일을 하는데 있어서만큼은 꼴찌가 아닌 것이 분명했다. 그런 과정을 통해 세상을 낮게 바꾸는데 조금이나마 힘을 더했다는 자부심도 가질 수 있었다. 누가 뭐래도 기자는 나의 천직이었고 사람들은 나를 KBS 대표 기자 가운데 한 사람으로 인정해 주었다. 그랬기에 신생 방송사들이 생길 때마다 이직의 유혹이 끊이지 않았지만 흔들리지 않을 수 있었다. 그들에게 오히려 KBS에 뼈를 묻겠다고 공언도 할 수 있었다.

4. 10년 만 바깥 세상 경험해 보리라

그런데... 그랬던 내가 기자의 옷을 벗었다. 그것도 스스로 KBS를 걸어나온 것이었다. 2008년 2월 마지막 날이었다. 많은 사람들이 놀라는 모습이었다. 그만큼 주변 사람들은 물론 가족들에게도 느닷없는 결행이었다. 하지만 실상은 오랜 기도 후 내린 결단이었다. 당시 나는 윗사람들과의 갈등에 정말 많이 지쳐 있었다. 무엇보다 비열한 표적감사와 그에 이은 무자비한 인사에 망연자실했었다. 그 과정에서 분노와 함께 원오브뎀의 한계도 절감했었다. 보란 듯이 공정이라는 가치를 내던져 버리고 한쪽 편에 서버린 방송, 팀제라는 엉뚱한 발상으로 의도적으로 조직을 무너뜨리는 사람들, 힘을 무기로 조직원들을 편 가르고 싸움을 부채질하는 사악한 리더십, 그 결과 생각없는 허수아비춤이 난무하는 분위기에 한 없는 무력감을 느끼고 있었다. 그렇게 조직원들 사이의 관계가 파탄나고 피땀 흘려 쌓아올린 신뢰도 1위라는 공든탑이 순식간에 무너져 내리는 모습에 억장이 무너졌었다. 정권이 바뀌었다고 어떻게 모든 것이, 그렇게 순식간에 뒤집힐 수 있단 말인가? 어떻게 사람들이 그렇게 달라질 수 있다는 말인가? 그런 조직이라면 조금 더 머문다 한들 아무런 의미가 없을 것 같았다. 그 모든 것을 모른 척 그대로 앉아 있기에는 내 머리가 너무 커져 있었다.

새로운 길을 고민해야 했다. 이미 조직 안엔 내가 서 있을 자리가 없어 보였다. 망가질대로 망가진 조직의 한 구석을 차지한다 한들 아무런 의미가 없을 것 같았다. 시간이 지난다고 상황이 더 나아질 것 같지도 않았다. 세상을 바꿀 수 있는 기자가 아니라 한낱 월급쟁이 회사원으로 살아가야 한다면 굳이 언론인의 옷을 입고 있을 필요가 있을까? 심각한 고민의 시간이 흐르고 있었다. 모든 생각들이 멈춤과 전환으로 모아지고 있었다. 따져보니 기자생활이 만 20년을 조금 지나고 있었다. 전환의 목표지점은 독립기관이었다. 누구의 간섭도 받지 않으면서 세상을 조금이나마 낫게 바꿀 수 있는 자리, 내 신념과 능력에 따라 분명하게 성과물을 낼 수 있는 자리라면 어디든 괜찮을 것 같았다. 잘 할 자신이 있었고 스스로에 대한 확신도 있었다. 물론 모든 것이 쉽게 이루어지지 않을 것이라는 것쯤은 예견하고 있었다. 일단 부딪혀보는 것이 좋겠다는 결론에 도달했다. 10년쯤 부딪히며 뛰다보면 뭔가 답이 보일 것 같았다. 그런 생각에 마지막까지 걸린 것은 하나님의 뜻이었다. 기자라는 옷을 내 의지로 입은 것이 아님을 알기 때문이었다. 지금의 자리까지 이른 것이 내 능력이 아니고 하나님의 놀라운 은혜 덕분이었음을 너무 잘 알기 때문이었다.

마침 50일 기도가 끝나가고 있었다. 방향을 정한 후 남 몰래 하나님께 매달리고 있었다. 응답의 데드라인으로 정했던 날, 마침내 기도의 응답이 왔다. '동의하신다면 이렇게 저렇게 해달라'고 구체적으로 요구했던 몇 가지 조건들이 다 이루어진 응답이었다. 미련없이 사표를 썼다. 구체적으로 결정된 것은 아무 것도 없는 상태였다. 그러나 두렵지 않았다. 의외로 아내도 막지 않았다. 새벽마다 거실에서 엎드려 기도하는 내 모습을 봤다고 했다. 기도 끝에 내리는 결정이라면 걱정할 필요가 없을 것이라 생각했다고 했다. 아빠가 방송하는 모습을 몹시도 좋아했던 아이들도 결정을 존중한다고 했다. 초등학생인 막내만 '그럼 이제 월급 못 받는 것이냐'고 물었을 뿐 딸들은 아무 것도 묻지 않았다. 그 마음들이 고마웠다. 담담한 마음으로 10년 만 바깥 세상을 경험해 보겠노라고 말해줬다. 언론 바깥 세상, 이제까지와 다른 경험을 통해 시야를 넓히고 깊이를 다진 후 더 크고 더 넓어진 모습으로 방송으로 돌아올 것이라고 말해줬다. 그건 스스로를 향한 다짐이기도 했다. 가슴 속엔 다시 돌아와 Larry King Live나 Meet The Press같은 프로를 멋지게 하고 싶다는 열망이 여전히 강한 상태였다.

어떻게 알았는지 부사장이 전화를 해 왔다. '너 혹시 다른 생각 하고 있는 것 아냐?' 다급한 목소리였다. 어떻게 알았을까? 누구에게도 속을 비치지 않았었는데… 갑자기 이상한 생각이 들어 전화한 것이라고 했다. 담담하게 그만두려 한다는 사실을 알리고 그동안 감사했다는 인사를 전했다. 그는 다른 말을 하는 대신 깊은 한숨을 내쉬었다. 갑작스러운 사표에 부장도 사무실 동료들도 놀라는 표정이었다. 하지만 만류하거나 왜냐고 묻는 사람은 없었다. '저들도 내 고민을 알고 있었던 것일까?' 아니면 '너무 당황스러워 어찌 반응할 줄 몰랐던 것일까?' 문득 약간의 궁금증이 일었다. 최대한 밝은 표정으로 선배들께 인사하고 후배들은 일일이 손을 잡아준 후 돌아섰다. 눈물이 나오려는 것을 꾹 참았다. 그들과 헤어져 최대한 빠른 속도로 보도국을 벗어났다. 그리곤 머리가 복잡할 때마다 찾던 곳, 아이디어가 떠오르지 않을 때마다 찾던 본관 지하의 도서실을 향했다.

  마침 그곳엔 아무도 없었다. 심호흡을 몇 번 한 후 편하게 앉아 눈을 감았다. 결코 짧다 할 수 없는 20년이 토막토막 살아나 꿈틀거렸다. 촌티 가득하고 못생겼던 애송이가 기자가 돼 감격하던 순간부터 정신없이 화재현장, 수재현장, 붕괴현장을 뛰던 모습, 특종에 의기양양하고 낙종에 의기소침하던 모습, 불안과 공포 가득한 눈으로 전장을 헤매던 모습, 짙은 분장을 하고 스튜디오에 앉아 방송을 진행하던 모습, 마치 검사가 된 듯 취재원들을 다그치던 모습, 느닷없이 어려움에 내몰린 사람들을 지켜보며 가슴 아파하던 모습, 그렇게 허둥지둥대던 나를 때론 미소로 또 때론 불안한 눈빛으로 지켜보던 가족들의 모습까지... 참으로 많은 일들이 또렷이 살아났다. 결코 쉽지않은 시간들이었다. 그 시간들을 무사히 보냈다는 사실이 무엇보다 감사했다. 그 과정에서 많이 배우고 엄청나게 성장했다는 사실도 감사했다. 순간순간 아쉬움과 안타까움, 절망감과 견디기 힘든 분노도 없지 않았지만 그 또한 나를 성장시켜 준 계기였음을 확인할 수 있었다. 그렇게 조용히 돌아보니 지난 20년의 모든 일들이 감사, 또 감사였다. 그 모든 일들 덕분에 지금의 내가 있음을 깨달을 수 있었다. 마음이 차분해졌다. 참았던 눈물이 흘러내렸다.

에필로그 2

1년을 돌아보며... 감사드립니다.

  벌써 1년이란 시간이 흘렀군요. 먼저 부끄럽지 않은 모습으로 임기를 마칠 수 있도록 도와주신 모든 분들께 진심으로 감사드립니다. 나름대로는 최선을 다한다고 뛴 기간이었지만 부족한 부분이 적지 않음을 잘 알고 있습니다. 그것은 전적으로 제 개인의 능력 부족 때문이었음을 고백하며 이해를 구합니다.

  돌아보니 취임 당시 약속했던 일들 가운데 상당수는 이룬 것 같습니다. 고맙게 생각합니다. 지난 1년 동안 특별히 보도본부 안에 '우리' 문화를 되살리기 위해 노력했습니다. 동료들끼리 사소한 일이라도 관심을 가져 기쁨은 더하고 슬픔은 나누는 가족적인 문화를 만들고 싶었습니다. 그래서 우리들끼리의 소통공간인 KBS 기자협회보를 만들었고 전국단위의 기자협의회도 결성했습니다. 덕분에 서울은 서울대로, 지방은 지방대로 각각 독립적으로 움직이던 기자들이 서로 얼굴을 마주하고 공동의 관심사를 논의할 수 있게 됐습니다. 기대했던 만큼의 수준은 못되지만 '첫걸음'을 뗐다는 데 개인적으로는 의미를 두고 있습니다.

  '우리' 문화와 함께 신경 쓴 것이 언제, 어디서나 '당당한 KBS의 기자상'을 세우는 일이었습니다. 그런 의미에서 실천규범으로서의 'KBS 기자의 다짐'을 제정했습니다. 일각에서는 또 한번의 요식행위로 전락될 가능성을 경계하기도 했지만 회장의 의지로 밀어부쳤습니다. '도움을 받으면 어떤 형식으로든 고마움을 표시한다'는 원칙을 특별히 강조했습니다. 그를 위해 취재원들에게 드릴 작은 기념품이 만들어졌고 '열린 음악회'나 '가요

무대' 티켓을 전하는 좋은 관행도 만들어졌습니다. 감사하게도 취지를 이해한 관련부서의 협조가 있었습니다. 명절에 청소원들과 청원경찰들에게 선물을 돌리고 산불피해 주민 등 어려움을 당한 사람들에게 성금도 전달했습니다. 항상 남들에게만 '그렇게 하라'고 주장하는 입장에서 직접 참여하는 모습을 먼저 보여야 한다고 생각했습니다. 그리고 무엇보다 당당한 KBS 기자의 모습을 갖추기 위해 우리의 얼굴인 '앵커의 자격기준'을 제시했고 본부장의 동의도 얻어냈습니다.

이런 일들이 보도본부 차원에서 진행된 것이라면 '순직사우 추모 상징물'과 '위험지 파견에 관한 준칙제정, 보상요구'는 회사를 향한 것이었습니다. 물론 현명근 기자의 죽음이 계기가 됐습니다. 다행스럽게 제안이 받아들여져 상징물은 완성됐고 위험수당 등 제도적인 보장방안도 마무리 단계에 있습니다. 사실 이제야 이런 일이 추진된 것이 KBS의 위상에 비춰 부끄러운 일이지만 그동안은 아무도 관심 갖지 않던 일이었습니다. 이런 일들은 'KBS의 역사를 위한 하나의 발판이 되는 것은 물론 한국 언론의 발전을 견인하는 의미있는 진보'로도 평가될 수 있을 것이라 생각합니다. 여기에 현명근 기자의 기자정신을 기리기 위해 두 종류의 장학금을 만든 것도 의미있는 일이라 자평하고 있습니다. 저는 '영웅은 태어나는 것이 아니라 만들어지는 것'이라고 믿고 있습니다. 그리고 그 핵심은 '어떤 점을 보고 평가하느냐'에 달려있다고 보고 있습니다. 그런 면에서 아직까지 현명근 기자의 '고귀한 도전 정신'을 보려하기 보다 그것을 그의 '치기어린 무모함'으로 돌리려는 시선들이 남아 있는 부분에 대해 아쉬움이 많습니다.

하지만 이런 성과들에도 불구하고 공정보도와 관련해서는 한계를 절감한 1년이었습니다. 우리의 보도가 정말 '어쩌지 못할 수준'으로 문제가 많았다는 얘기는 결코 아닙니다. 가끔 문제기 돌출될 때 문제를 확인하고 따져야 할 협회장의 입장에서 많은 정보를 갖지 못했고 당연히 적절하게 대응하는데 어려움이 있었다는 말입니다. '옷 로비 의혹 사건'과 '김○○ 수석 별장 취재'와 같이 눈에 분명하게 드러난 부분은 대응하기가 수월했지만 드러나지 않은 부분에 대해서는 어찌해 볼 도리가 없었습니다. 당사자들조차 쉬쉬하는 상황에서 기협은 항상 한 박자 이상 늦을 수밖에 없었습니다. 뒤늦게 나마 문제를 확인하고 본부장, 국장에게 문제를 제기했다가 '나름대로 이유 있는 반박'에 말문이 막혀 돌아오기도 여러 차례였습니다.

그런 과정에서 '함께 해 주는 힘'의 필요성을 절실하게 느꼈습니다. 하지만 대부분의 경우 그런 '힘'은 없었습니다. 오히려 힘보다는 '어디 한 번 지켜보자'는 감시의 눈길이 아프게 느껴지는 경우가 종종 있었습니다. 그런 몇 차례의 시행착오를 거쳐 택한 방법이 노조와 역할을 분담하는 것이었습니다. 적어도 공정방송에 관한 한 노조의 공방위를 활용하는 것이 훨씬 영향력 있고 효과적이라는 생각이 들었습니다. 전체적인 방향과 방식에 대해 동의하지 못하는 부분이 적지 않았지만 적어도 공정방송에 관한한 노조의 힘을 이용하는 것이 좋겠다고 판단했습니다.

돌아보니 지난 1년 동안 참으로 많은 일들이 있었네요. '옷 로비 의혹'에 '파업 유도' '뉴 밀레니엄'.... 여기에 앵커의 구속, 방송법과 관련된 파업이 있었고 히말라야 방송단 사고와 16대 총선이 있었습니다. 어느 한 가지 만만하게 볼 수 없는 일들이 지난 1년 동안 끊임없이 이어졌습니다. 당연히 기자협회도 바쁘게 움직여야 했습니다. 그런 굵직한 일들 외에 기자 전문화를 위한 팀제에도 의견을 내야했고 백화점식 나열이라는 비판을 받아온 뉴스 형태를 바꾸는 일에도 빠질 수 없었습니다. 여기에 해외취재 지원시스템을 만드는 일, 편성회의, 인사제도 개선회의, 수당 현실화 문제 등에도 목소리를 내야 했고 지금은 전체 회사차원에서 진행되는 직무분석 TF팀에도 참여하고 있습니다. 그런 적지 않은 일들 속에서 각종 현안이 발생할 때마다 소집한 운영위원회가 22차례였습니다. 회의를 거쳐 8건의 공식 성명서를 발표했고 본부장이나 국장을 만나 항의하거나 문제를 제기한 것도 40여 회에 달했습니다.

솔직히 그런 1년 동안의 생활이 쉽지 않았습니다. 무엇보다, 중요한 순간 '혼자'라는 느낌은 참으로 극복하기 어려운 문제였습니다. 눈앞의 현상에만 집착해 쉽게 판단하고 마구 공격해 대는 분위기에 속이 상한 적도 여러 번 있었습니다. 어떤 경우에는 올라가기 싫은 나무에 억지로 올려놓더니 도와주기는커녕 마구 흔들기만 한다는 생각에 야속하기도 했습니다. 그런 면에서 주장의 반만큼도 움직여주지 못하는 동료들에 서운했고 제3자의 시각으로 냉소와 비난에만 몰두하는 선,후배들에 서글픔도 느껴야 했습니다. 그렇기에 그런 분위기 속에서 시간과 정성을 들여 도와준 동료들이 눈물겹도록 고마웠습니다. 협회보를 만드는데 애써 준 이재강, 정인성, 정재용, 소현정, 김진우 기자. MT와 기자의 밤 등 각종 행사를 도맡아 준비해 준 임장원, 이웅수, 전종철 기자. 고민을 함께 나누고 몸으로 움직여준 박승규, 이동채, 김태선, 김철민 기자... 여기에 잔심부름 마다 않고 다 해준 혜숙 씨, 희라 씨, 정란 씨, 승연 씨까지... 지난 1년 동안 그래도 인정받을 만한 일들이 있었다면 모두 이들이 있었기에 가능했던 것이었습니다. 지나시다 이들과 마주치면 '그동안 수고했다'는 따뜻한 말 한마디라도 건네주시길 부탁드립니다.

지난 1년 동안 복잡한 일들이 생겨날 때마다 끊임없이 되뇐 게 있습니다. '지혜롭게'라는 말이었습니다. 갈등을 줄이면서 원하는 결과를 얻기 위해 어떻게 하는 것이 좋은지에 대해 생각하고 또 생각했습니다. 그에 따라 어떤 때는 직접 부딪히고 어떤 때는 돌아가고, 또 어떤 때는 때를 기다리기도 했습니다. 그런 방법으로 대응해야 한다고 생각되는 문제에 대해서는 하나의 예외도 두지 않고 모두 맞섰습니다. 하지만 본래 지혜롭지 못한 사람이기에 항상 원하는 결과를 얻을 수는 없었습니다. 여러 차례의 실패가 있었음을 스스로도 잘 알고 있습니다. 아마도 미처 깨닫지 못한 실패도 적지 않았을 것입니다. 거듭 양해를 구합니다. 돌아볼수록 아쉬운 점이 많지만 그럼에도 나름대로는 공부를 많이 한 시간이었습니다. 조직을 위해, 동료들을 위해 조금이라도 일을 할 수 있었다는데 사실에 기쁘고 고마운 마음도 있습니다. 지난 1년 동안 도와주신 모든 분들께 거듭 감사드리며 새로운 집행부에 조금씩만 더 힘을 모아 주시기를 부탁드립니다.

2000년 5월 6일 기자협회장 박선규